孟子文獻集成

孟子文獻集成編纂委員會　編纂

山東人民出版社

圖書在版編目（CIP）數據

孟子文獻集成. 第一〇三卷 /《孟子文獻集成》編纂委員會編. --濟南 : 山東人民出版社, 2020.1
ISBN 978-7-209-12314-3

Ⅰ. ①孟… Ⅱ. ①孟… Ⅲ. ①儒家 ②《孟子》-研究資料-匯編 Ⅳ. ①B222.55

中國版本圖書館CIP數據核字(2019)第227433號

項目統籌: 胡長青
責任編輯: 劉　晨
裝幀設計: 武　斌
項目完成: 文化藝術編輯室

孟子文獻集成（第一〇三卷）
《孟子文獻集成》編纂委員會 編

主管單位　山東出版傳媒股份有限公司
出版發行　山東人民出版社
社　　址　濟南市英雄山路165號
郵　　編　250002
電　　話　總編室（0531）82098914
　　　　　市場部（0531）82098027
網　　址　http://www.sd-book.com.cn
印　　裝　山東新華印務有限責任公司
經　　銷　新華書店

規　　格　16開（210mm×285mm）
印　　張　67.5
字　　數　540千字
版　　次　2020年1月第1版
印　　次　2020年1月第1次
印　　數　1-200
ISBN 978-7-209-12314-3
定　　價　900.00圓

《孟子文獻集成》編纂委員會

學術顧問 杜維明　張豈之　李學勤　牟鍾鑒

學術委員會

主　　任　陳　來

副 主 任　郭齊勇　李存山

委　　員　王　傑　王中江　王志民　王其俊　王鈞林　王漢東　孔德立　杜澤遜　李存山　李景林　吴　婧　袁汝旭　徐洪興　高兆波　郭齊勇　陳　來　孫明霞　梁　樞　梁　濤　董洪利　曾振宇　楊海文　楊朝明　趙　勇　鄭傑文　劉瑾輝　顔世安　顔炳罡　龔鵬程

（按姓氏筆畫排序）

編纂委員會

主　　編　王志民

副 主 編　杜澤遜　梁　濤　胡長青　李梅訓

委　　員　王　路　王恒柱　李西寧　李振聚　李國慶　黄顯功　張　勇　張志清　趙永和　趙紅彦　劉　晨

（按姓氏筆畫排序）

編　務　劉晨　楊雲雲　孫姣　李濤　劉嬌嬌　張艷艷
趙菲　呂士遠

組織實施

中國孟子研究院
山東人民出版社

序

《孟子文獻集成》是在孟子故里鄒城市委市政府鼎力支持下，由中國孟子研究院、山東人民出版社協同合作，共同致力完成的一項大型儒家文獻的搜集、整理、出版學術工程。

一

孟子是中國歷史上偉大的思想家、政治家、教育家，是僅次於孔子的儒家學派重要代表人物。戰國時期，戰争頻仍，『角戰英雄，六經泥蟠，百家飆駭』（《文心雕龍·時序》），孔學既黜，儒道中衰。孟子遵夫子之道，批邪説，正人心，發揚光大孔子學説，復興儒學，成爲孔子之後最重要的儒家傳人和先秦原始儒學理論體系的主要奠基人。韓愈論儒家道統由堯、舜、禹、湯、文、武、周公代代相傳，言及『文、武、周公傳之孔子，孔子傳之孟軻。軻之死，不得其傳焉』（《原道》），又説『自孔子没，群弟子莫不有書，獨孟軻氏之傳得其宗』（《送王塤秀才序》）。可見，後世尊孟子爲『亞聖』，稱儒學爲『孔孟之道』，實爲孟子歷史地位使然！

《孟子》一書，是孟子及其弟子編著的全面反映孟子思想的儒家經典著作。漢文帝時，即曾設立《孟子》學博士，全國推闡。六朝時期，玄學、佛學興盛，儒學式微，《孟子》亦受冷落，但唐宋以後，隨着孟子地位的大幅提昇，《孟子》一書越來越受到統治者和學者文人的廣泛重視。唐代大儒韓愈倡論中國文化道統，其《原道》之説，影響甚大，已掀『孟子熱』；北宋時期，《孟子》與《論語》俱列入『十三經』之數；南宋朱熹作《四書章句集注》，將《孟子》列『四書』之中。南宋統治者更將其正式列入官方之學，設爲科舉考試科目，欽定爲必讀經典，學孟子、讀《孟子》，蔚然而成社會風氣。此後，孟子地位進一步提昇：元文宗封孟子爲『亞聖公』，尊其爲『百世之師』；明清兩朝更大推『四書』，地位儼然超越『五經』。《孟子》與《論語》並行，上自帝王，下至百姓，家有之，户誦之，『所研究者惟「四書」，所辨訂者亦惟「四書」』（《四庫全書總目·四書大全提要》語）。孟子思想，深入人心；《孟子》之學，遍佈各地；《孟子》

文獻，汗牛充棟。

根據我們的初步調查，歷代《孟子》文獻有兩千種之多。這些文獻，依孟子學史的發展，大致形成了以下幾点較鮮明的時代特徵：宋元文獻多義理闡發，以朱熹《孟子章句集注》爲代表；明代以王夫之《讀四書大全説》爲代表，多從心性之學挖掘孟子豐富的思想内涵；清代孟子學最盛，不僅産生了以乾嘉學者戴震《孟子字義疏證》、崔述《孟子事實録》爲代表的大量考據、辨僞著作，還出現了集前人研究成果之大成的焦循《孟子正義》。大致可以説，以東漢趙岐《孟子章句》爲發端，歷代學者多所闡釋研究。尤其宋元以來，孟學實爲千年『顯學』。《孟子》文獻内容所涉注釋訓詁、義理闡發、思想挖掘、考證辨僞等所有方面，其對孟子及《孟子》文本的研究廣度、深度可謂前無古人，後難爲繼。尤爲重要的是，歷代學者秉持儒家人生理念，一生所繫，立德立言，以『爲往聖繼絶學』爲生命追求之本，往往傾一生之力終注一經。孟子文獻不僅真實地展示了孟學及儒學發展的歷史，也留下了代代學者治學的心路，實在是應該认真进行挖掘整理的傳統文化瑰寶。

然而，毋庸諱言，孟子文獻的收集整理向未受到應有的重視。這固然與二十世紀以來，儒學命運多舛有關：批孔之時，孟子亦受其累；近數十年來，『孔子熱』不斷升温，孟子受冷落的現象却未有大的改觀，歷代孟子文獻迄未收集整理即是一例。據我們不完全統計，包括臺灣在内的中國圖書館，現存宋元至清代的刻本與鈔本計有一千二百餘種之多。由於各種原因，百分之九十餘未曾整理出版，而百分之七十以上仍處於人所罕见的塵封狀態。歷史的責任，現實的需要，未來的期盼，都在呼唤能有一套《孟子文獻集成》的編纂出版。

二

二〇一三年四月底，孟子研究院在孟子故里山東省鄒城市正式成立。時值一年一度的『孟母文化節』，同時進行的還有由鄒城市、《光明日報》國學版、山東師範大學山東省齊魯文化研究院共同策劃主辦的『孟子公開課』開講儀式。來自國内各著名高校的部分主講學者和與會專家對孟子研究院成立後的學術規劃提出了許多建設性意見，多位專家提出了編纂《孟子文獻集成》的建議。

同年十月二十九日至三十日，孟子研究院學術委員會第二次會議在主任陳來先生主持下於鄒城召開。會議就《集成》的立項和編纂事宜進行了認真深入地討論，參閲審查了初選孟子文獻書目，形成了以下四點共識：一是孟子文獻的搜集、整理向稱薄弱，絶大多數迄未面世，影響了孟學研究的深度和廣度。編纂《集成》，填補空白，意義重大。二是要在廣泛搜集、精心選編的基礎上，力求將《集成》做成收羅全、質量高、權威性强的精品學術工程。三是应制定具体工作規劃，選編文獻时代可由遠及近；文獻收集範圍，宜先國内後國外，分段完成，穩步推進，確保質量。四是在孟子研究院學術委員會基礎上，应增加部分孟子研究專家，充實到《集成》學術委員會；選聘孟學研究、版本目録、館藏出版等方面專家，組建高層次、有效率的編纂部和工作班子，扎實有效開展工作。

在經過編纂部四次召開籌備會議和系列籌備工作基礎上，二〇一四年五月，在濟南召開了特邀專家選目審查論證會。來自北京大學、中國人民大學、山東大學等全國各地的十餘位孟子和孟學史專家就編纂部提供的《集成》選編總目（國内）進行了認真研析、讨论審查。這次會議的召開更堅定了大家对編纂《集成》的信心和認識，許多專家從長期孟學研究的切身感受中充分肯定編纂《集成》的重大意義，一致認爲：這是一項立足當前又澤被後世的重大學術工程；目前国内編成的經典文獻集成中唯獨没有孟子文獻集成，这不僅是文化建設的一种缺憾，也从多个方面影響了孟子研究的深入和拓展，从这个意義上説，該項目的实施确是一項填補空白、意義深遠的學術工程。專家們特别指出，這項重大學術工程，由山東，特别是孟子故里鄒城市支持，由孟子研究院、山東省齊魯文化研究院牽頭承擔，正是歷史責任與當前文化建設的最佳選擇。相信《集成》的出版，對於提昇孟學研究、促進孟子研究院發展、推动山東文化强省建設，贡献巨大，意義深遠。會議還就選目原則形成以下共識：一是《集成》應當是一套研究孟子文獻的集大成之作，所收以獨立成書的研究《孟子》專書爲主，兼顧其他，儘量收全。對孟子文獻的含義可以放得寬一些，對書名没有『孟子』的，例如以『四書』『諸子』爲書名的，也要注意在考察辨析基礎上做好，要高標準、高質量。二是《集成》應兼顧古籍的重要性與稀見性，做到常見書精選善本，重要文獻不遺漏。三是海外孟子文獻應作爲一個工作目標，與海外學者合作，广匯博收，規劃編纂。四是時代大致截止到清末，現代部分可作爲『附編』或單獨列編收集出版，部分難以收入文獻應附列存目。這次專家會議的意見，得到二〇一四年六月五日召開的孟子研究院第二次學術委員會的重視和確認。

在籌備、啓動《集成》的整個過程中，得到鄒城市主要領導及社會各界鼎力支持。山東人民出版社主動、積極地參與了各項工作。二〇一四年八月二十八日，在山東省第五届文博會上，省有關領導和衆多媒體記者見證了孟子研究院與山東人民出版社共同簽訂《〈孟子文獻集成〉編纂出版協議書》的过程。

經過編纂委員會及有關方面的共同努力和各相關圖書館的大力支持，宋元時期傳世文獻已基本全部收録，共四十八種，分裝十四册，已於二〇一六年初首批出版發行。其中，收録宋元刻本十四種，海外善本四種，第一次影印的即有十六種，屬於披沙揀金的珍本，將爲孟子文獻及思想研究提供寶貴資料。

第二輯精選明代孟子文獻八十一種，分裝爲三十二册影印，已經於二〇一七年三月出版。

第三輯爲明代文獻的第二批，共收入著作四十五種，分裝爲二十册影印，其中五種來自日本，三種來自美國；其他部分也多爲稀見的珍本和善本，已經於二〇一八年三月出版。

第四輯，共收録著作六十二種。其中，明代著作四十八種，分裝爲二十四册；清代著作十四種，分裝爲十册。共出版三十四册。底本皆爲精選珍本善本，其中，明代刻本四十種，清代刻本二十二種。又有二十三種來自日本，多爲國内未見，彌足珍貴。

本次出版爲《孟子文獻集成》第五輯，清代文獻之第二部分，也是《集成》編纂以來，收録文獻最多的一輯。共收入著作三百六十八種，分裝爲一百册；至此，自康熙朝至清末絶大部分與《孟子》相關文獻已基本囊括。其中：來自日本的珍稀文獻八種；稿抄本二十六種；孤本二十二種，國内未出版者達三分之二以上。

編纂出版《孟子文獻集成》，既有利於深入挖掘孟子思想精髓，洞見《孟子》世代傳承的歷史場景，又有利於珍貴文獻的保護、傳承和共享、共用，是惠及當代、澤被後世的文化善舉。值此共出版二百册之際，我們對國内外各有關圖書館和學界同仁的鼎力支持與真誠合作表達崇高的敬意和誠摯的感謝！

讓我們黽勉同心，共同努力，以期這一重大學術工程的圓滿完成。

王志民

二〇一五年四月十二日第一稿
二〇一八年三月八日修改第二稿
二〇一八年十二月十二日修改第三稿
二〇一九年十月六日修改第四稿

凡例

一、《孟子文獻集成》匯聚歷代關於《孟子》之著述，要其旨歸，不外經學之考證、義理之推闡、文章之批點，故舉凡注釋、析義、批點等書皆酌加收録，大致以著者時代先後爲次，俾經學之大，義理之善與夫文章之美，庶幾由此而知。

二、《孟子文獻集成》選用底本多未經整理，或孤傳海外，或秘庋深閣，學者既不能徧歷中外而窺其概貌，又不能盡探二酉而知其大略，不能無憾焉。今集爲一編，則學者循覽而知《孟子》一經之本末，歷代著述之昇沉。

三、各書或得自日本、美國，或攝自國家圖書館、天津圖書館、上海圖書館、浙江圖書館、山東大學圖書館等。底本皆經選擇，其存世孤秘，列爲首選，而後出佳槧，流佈稀少，亦資採摭。

四、諸書著録書名、卷數、著者時代、姓名、撰著方式及版本，覽者便焉。

五、著者真僞，學者所重，凡有歧異，均於著者前加『題』字，略示區別。

六、諸家解《孟》之作，或爲獨立成書者，或爲總集内別裁而出者，或以『四書』著述總題者，今所匯集，以能獨立析出者爲斷。其單篇零什，概所不收。

七、 裁出之書，凡原有題名者，概依原題，而於版本項注其從來；凡無獨立題名者，則仍用大題，而括注『孟子』二字；其不能析離者，則全書收録。

八、 是編博訪廣蒐，固難周徧，續有所得，拟輯《補編》，庶免遺珠之憾。伏望博雅君子，匡其不逮，補其未備，是所幸焉。

目録

四書斷（孟子）七卷

清 周心屺撰

清康熙十七年刻本

敘

余束髮受書縱觀漢唐詮疏家異議人異師浩渺而不得其要旋取宋儒語錄及大全諸說互相參訂則又言人人殊未能畫一已而從周先生游廝同較異推極指歸始得排黜百家殫究精義喟然曰一閧之市必立之平一卷之書必立之師甚哉言之貴折衷也先生博極群書禮樂兵農洞見源委尤精心理學諸西銘太極靡不窮測微旨其

釋書也以考亭爲經以諸儒爲緯凡瑰異奇誕之說屏而勿錄俾聖賢神理不復爲狂瀾所汩語不云乎睹日月而知衆星之蔑先生足當之矣余于函丈之側聆其緒論曉然知微言所在因念先生是編匪獨後學之津梁寔爲考亭之羽翼倘得公諸海內其利益當復不淺力請壽諸梨棗余雖食貧竭蹷從事閱數月而告成先生曰子之爲功也大矣夫余則何敢居功惟是

先生數十年之精力俾海內登於覺路則余之不負先生即以不負海內也遂略次其顛末如此

康熙十七年歲次戊午孟秋門人蔣光世孝修氏百拜撰

凡例八條

一是書恪遵朱註凡諸儒之說雖不敢不尋繹然必於正註有相發明方始叅入蓋諸儒非不各有所見而章句集註朱子脩改數過其集先聖賢之大成亦既涯原尋泒繭絲牛毛一字不苟故以正註爲標的而圈外或間採一二

一是書取資頗廣不唯宋六君子遺書槩經體認即有明諸大家如薛文清胡敬齋羅整菴高景逸陳清瀾顧涇陽及吾里幾亭陳先生景暘李先生凡著書垂訓有功理學者不能殫述無不竊捜折衷即間有陰陽於朱陸之間者亦虛心求其一是但疑之不敢作兩騎之說深之又不敢涉影像之見則寧向身心平實處斷之云爾若曰以先聖先賢堂奥

之書妥以去取爲斷案也夫何敢

一書之本文凡有長篇者先斷總意一段後另或節節分疏或連貫隨文訓義

一書有上下兩章文義相承者即合兩章爲斷如中庸道其不行章連舜其大知章斷之人皆曰予知章連回之爲人章斷之天下國家可均章連子路問强章斷之以明知行相足三德連屬之意

一書有上下兩章文雖相反而義實互足者如自行束脩章連不憤不啓章一言聖人誨人不倦一言學者勉于用力以爲受教之地槪遵朱註爲斷又如上章言不病人之不己知下章言君子疾沒世而名不稱亦類此

一書有相連三四章其次似以類從而意實同而異者如今有無名之指章拱把

之桐梓章人之於身也章均是人也章玩本文一言惡一言愛一歸重養小以失大一歸重先立乎其大者則條析其所以異處斷之餘可類推

一是書成之維艱憶丁酉以前壯歲精力半爲舉子業消耗究于書理鹵莽自後始甞意看書窮年採錄積久成帙其初猶列引大全蒙引存疑淺說達說說約

間及先儒之言而後附以己意斷之謂之引斷旣乃苦其紛雜且所引反有未周不足以括諸書之體要于是畧其所引錄成所斷曰四書斷其藁凡七易歷二十年而始成

一是書初意特留此手澤傳爲家法并携之爲硯田耒耜無負二三弟子爾已去歲蔣子孝培孝脩兄弟鋭意欲梓之以

公同好而孝脩指貲首事尤仔肩其任
凡一字之訛黙畫之失皆再四校正今
板之精工字之端楷幸覩厥成纖毫皆
孝脩力也板存其家亦恃其精明强力
以永斯刻余唯旮兢兢恐此書徒爲甕
覆有負玉成耳

康熙戊午孟秋武塘周心吧永瞻甫識

四書斷校閱姓氏

顧　碞誠民　陸標錫叔音　葉逄年二田
毛　蕃拜賓　李　燁亦茂　顧瑆美輝六
郁　喬彥卓　陸　埜我謀　葉　珏古千
曹爾垣彥師　郁　廣逵心　曹　晃伊人
丁棠發燕公　蔣之瑩璧臣　蔣之琪珣右
蔣晉錫晝三　顧秉堅雲伋　魏哲嗣孝儀
郁世綸龍允　蔣德壆子亢　蔣　雍寧周
蔣希哲方思　程艮侃亦陶　程　迥正侯

蔣昌陛孚九　蔣問儒近思　蔣昌壽公望
蔣　禾我稼　蔣　濤皋宗　張　惠迪哲
弟振璜渭揚　珂越石　振藻肅陶
　　珽上衡
姪允師惺公　平世虞階　行乾惕若
　　秉節子昭　禹子鉉　燠堯文
　　以坦履旃　用淳古民
婿顧其本酉眷
男　梁好生

四書斷卷之十四

武塘周心屺亢瞻甫著　門人蔣光世孝脩氏參訂

孟子

孟子見梁惠王章 六節

此章全在推崇一箇王字頻頻呼醒其親其君從王字來前從王曰說起見本欲利吾國而反致國危是利之害既自王始之而自王終之矣故後言仁義集註卽照前白文意補出人主躬行仁義來以見仁義之利亦始終於君親蓋化下必自上始故天下所以不遺親不後君者恃有仁義以正其心而人主所以致天下不遺親不後君者亦恃有仁義以成其治此是孟子恐仁義之說有其

言無其事爲其事無其功不足以明天德王道之全故因其言利仍以仁義之利濟之非爲欲動當時諸侯之聽同於揣摩說術也其語意雖與宋牼章同然此章是對王說則重在人主躬行起彼是對宋牼說則重在人臣進說起其樞機各別末節根仁義未嘗不利作足上語意以見利卽在仁義中便只消說仁義不消說利了玩集註朱子以爲造端託始之深意所以謹學者心術之初程子以爲拔本塞原而救其弊所以砥當時流極之勢二意已得孟子體要

孟子見梁惠王王立章 四節

通章重賢者而後樂此六箇字兩句不平集註雖以後兩節雙申爲一法一戒然重法文王一邊章內一偕字正賢者而後樂此處一獨字正不賢者雖有此不樂處曰故能曰豈能字字緊對詩云經始到子來六句卽寓以民力爲臺沼的意王在到魚躍六句卽寓文王樂此的意故文王以民力爲臺以下是總承詩意釋之結穴在古之人二句末節只當做反繳

梁惠王曰寡人之於章 五節

此章卽主盡心二字發論章內曰王如知此曰不知檢不知發其知與不知孟子皆在心上挑撥首節惠王遽以小惠爲盡心便有當凶歲而不知反躬責已的意故第二節孟子先以易明者爲納約自牖之法使知敗軍不可言勇便知小惠不可得民第三節乃

以樽節愛養之事把盡心引到王道上去以破移民移粟之非不違農時三段兼民之食與用而食爲本此雖田里未制樹畜未敎而天地自然之利必須人君平素樽節之愛養之庶有以因其利而不致耗其利則王道根基已具於此第四節白文但言法制未言品節法制品節截然兩意有法制無品節則濫而不足用有品節無法制則於何處取用集註要包足王道之成故云未五十者不得衣未七十者不得食以補出箇品節來便已寓孝弟意在內了但必須謹庠序之敎以申其孝弟之義方完得箇王道庠序之敎不止是孝弟而重在申之以孝弟之義故一謹字原有正人心許多防維在內末節更極陳民害又把一箇盡心的心引到脩省

上夫以爲行仁政根本狗彘食人食以上若不補入無法制民產
則狗彘句便接不去故集註云惠王不能制民之產又使狗彘得
以食人之食是補足上截之法王無罪歲以下若不補入自反而
益脩其政則斯天下之民至焉句亦接不去故集註云不罪歲則
必能自反而益脩其政是補足下截之法天下之民至焉正與無
望民之多於鄰國也相應

梁惠王曰寡人願安章 六節

此章孟子因惠王願安承教之心是欲行王道來欲行王道必須
先除虐政故通章層層借客形主搜尋箇殺人病根以見殺人固
在虐政而虐政病根却又在忘了爲民父母四字故後兩節呼籲

更切益須逼出箇不忍人之心來方可行不忍人之政章內兩政
字相應使斯民饑而死是政使之也又卽父母使之也忍乎不忍
乎

梁惠王曰晉國章 六節

此章以施仁政爲綱領首節惠王開口說箇莫強說箇恥之則一
肚皮急於報怨豈能休養生息爲根本之圖以佚民生既遂民心
既固而後用之故第二節孟子先安頓他一句以振其喪敗之氣
第三節乃以施仁政者申明百里可王之故仁政該得廣省刑二
句特從當時重弊救起下文俱根此二句說效驗玩集註一氣貫
下曰君行仁政則民得盡力於農畝而又有暇日以脩禮義是以
尊君親上而樂於效死也此句句與下兩節白文反照入事出事
正是脩孝弟忠信處非脩後事可使卽就民心信之下文方實說
戰勝此節已說完了可王的意第四節五節又以在彼者斷之益
見得仁者無敵可勿疑耳引古語正以明行仁政則百里可王非
迂闊之論當時不能施仁政者其病正在一疑字故曰王請勿疑

孟子見梁襄王章 六節

此章俱是出語人之言重不嗜殺人者能一之一句正爲今天下
之人牧存其說耳蓋天下共苦戰爭久矣其勢必定於一統唯不
嗜殺人者能一之便見得秦隋之類未爲定也末節一段喻言一
段正言俱形容天下莫不與的意莫不與照下文兩民字指民心

說苗喻民唯民與之故曰孰能禦之曰誰能禦之嗜字凡謀富強
者皆是故曰未有不嗜殺人者所謂天下謷謷明主之資也

齊宣王問曰齊桓章 二十四節

此章層波疊嶂開闔變化緊要全在是心足以王矣一句前面俱
是趕到此句後面俱是發明此句首二節是黜霸功進王道陳善
閉邪正於此先定取舍第三節一問一答言王道不外乎保民是
答德之可以王第四節五節反覆問答言保民不外乎不忍之心
是答王之可以保民足以王足字便含察識擴充在內察識屬知
擴充屬行察識是是心方發之時便須自知其爲本來自內而發
非從外而得擴充是是心既發之後便須自小及大自近及遠推

而廣之以滿其本然之量二者一時相連尤重擴充唯擴充而後能完得一箇足字也此處孟子固知其爲不忍第六節王亦自知其爲不忍將不忍二字緊緊注定以見是箇足王的根本下第七節孟子姑以牛羊何擇設一問難齊王一時不能反求曰是誠何心哉此正是一箇本然之心隨感而應未暇安排計較者故第八節孟子遂以仁術代爲解之凡遇著難處之事而有善處之方謂之術故仁術二字便把齊王前日之心寫得活現第九節遂使齊王不消見牛而所謂不忍者已復動於中故曰於我心有戚戚焉可見此戚戚者若非我固有則一過便無了如何尚在乎此時齊王幾幾乎自能察識但其端尚微而未知所以用力推廣之方故自此以前是要他察識自此以後便要他擴充矣

第十節至十四節以用力用明引起用恩專爲要辨仁民易而愛物難集註難易二字指不忍之心説此心動於同類則易動於異類則難今王既爲其難而反不爲其易則所謂保民而王者是不爲也非不能也以挾山超海折枝斷之已明甚而要其所以非不能而特不爲者惟其不知推恩而已推恩的意只在老吾老二句内天下可運於掌以及人之效言之即所謂保民而王莫之能禦之説舉斯心加諸彼斯字對彼字據釋詩之意則寡妻兄弟家邦盡是彼也只此一箇心循序加去而已據引詩之意則自詩云到而已二十四字俱是引斷老吾老三句則無非是舉斯心加諸彼也所謂推恩者如此推恩足以保四海意上文已説過推恩即是老吾老兩句足以保四海即是天下可運於掌一句故只用故字頂接又反繳一語結之此處已荅完了此心之所以合於王者何也一問矣古之人二句又是起下文語勢葢由親及民由民及物此古人之善推也則知恩足以及禽獸而功不至於百姓者今王之不善推也故又將相反處作一問難使王自度之此正敎他從心上做省察工夫搜尋箇受病處出來何以愛物反重且長仁民反輕且短則必别有箇快於心者奪其本來之心以至於此矣心爲甚心字亦指本心言此道心也葢本心中原有自然之權度非由外來故物差了只是一事心差了萬事皆差然後快於心心字

即是箇欲字此人心也只因錯認了一箇心則這箇本心反爲那箇心遮蔽若要長養本來天性須先拔去病根葢不忍觳觫一句此是道心發源處一發則不可遏便有箇仁術以遂之此天理流行之勢也欲闢土地四句此是人欲發源處一發亦不可遏便有種種興兵構怨之事以甚之此人欲横流之勢也

第十五節至十八節王亦知三者非可快之事特無如愛民之心不敵其求大欲之心故孟子即就王之大欲反覆辨駁把齊王一箇熱鬧癡心説得氷冷則不如反其本矣發政施仁正是反其本處葢王道得失全在仁不仁分途孟子一則引之一則格之宜宣王惛　有輔志之請也自此至末遂敎以以不忍人之心行不忍

人之政始完得箇足王之心始無疑於保民而王兩句反其本一言發政施仁是王天下之本一言民有恆產是發政施仁之本末一節又補出制民之產之法此章是兼天德王道之要一篇大文章凡所謂道學之學與文章之學皆醇乎醇者也

莊暴見孟子章 八節

此章只重好樂甚一句以見樂不分古今甚字猶云索性能滿其量此已含與百姓同樂意若直遂答之只消以今王鼓樂兩節將不與民同樂與民同樂一反一正相形則所謂今之樂由古之樂者亦已了然乃中間忽插一峰以為言樂張本先從王心所明揆得箇獨樂不若與人便見得與人為甚揆得箇與少不若與衆便

見得與衆為甚只看兩箇孰樂孟子便是言樂之情非止言樂之文也故集註釋不與民同樂補出不恤其民使之窮困釋與民同樂補出推好樂之心以行仁政使民各得其所可見不論好樂與好貨好色件件要說到行仁政方是實際唯所以致王者不分古今故樂亦不分古今也末節方答明甚字及齊其庶幾的意本言好樂而兼田獵者以田獵亦人君樂事有一件不同樂便非甚矣

齊宣王問曰文王章 三節

此章亦是因事納誨說箇與民同之不以七十里五十里為囿之大小而以民情為大小民以為小不是利其芻蕘雉兔而以為小直是往焉者忘其為大耳此便是文王之民皞皞景象民以為大

亦不是以囿為大直是畏其為阱於國中而以為大耳此即是齊國之民踽踽景象孟子隨問接來突然把民猶以為小也一句激出齊王民猶以為大一句來便生出下文兩幅異樣書圖至若文王之囿七十里不必辨論其有無只要得與民同之之意便了

齊宣王問曰交鄰章 八節

通章本交鄰國說作兩大截看前三節集註從首節兩箇為能層層推詳出來八箇者字作三層意唯仁者之心寬洪惻怛而無計較大小强弱之私寬洪則小國雖或不恭自能容之惻怛則小國雖或不恭自能恤之故所以字之之心自不能已唯智者明義理識時勢明義理則大國雖或侵陵便見得理當事大識時勢則大

國雖見侵陵便見得勢不得不事大故所以事之之禮尤不敢廢湯與文王等是事小事大的樣子次節天字作理字解大之事小初無人逼勒我去事他其字之之心自不能已則自然合理故曰樂天小之事大逼於勢之不得不然便即是理之當然其事之之禮尤不敢廢則不敢違理故曰畏天唯其自然合理故能包含徧覆無不周徧有保天下之氣象此氣象不是空空說箇氣象上文已把湯文事小作証則實實能以寬洪惻怛之心行出寬洪惻怛之事使小國受庇而天下安非泛指黎民徧德之說唯其不敢違理故能制節謹度不敢縱逸有保一國之規模此規模亦非空空守箇規模上文已把大王句踐事大作証則實實能以明義理識

時勢之心行出明義理識時勢之事使大國無可乘之隙而其國
安非疎於自治而徒依附強大之說引詩雖單証係國而係天下
在內此古文法孟子每有之此處作一截
第四節齊王說箇好勇便有不能忍小國不恭大國侵陵之氣故
曰王請大之後三節便就勇言勇說到安天下之民以見事大事
小中未嘗無除暴救民一著三箇一怒須知一怒以前必有許多
脩爲非輕恃一怒而遂安天下也第六節以遏三句一串說下密
人侵阮非侵周然侵阮不已勢將滋蔓故遏密不但安阮遂以篤
周祜以答天下之望曰此文王之勇也是先把文王做箇大勇的
樣子第七節天降至四方是推上天立君師之意有罪二句是言

我當盡君師之道一人二句是孟子釋書之意一人暗指紂衡行
言不循道而行即越志也玩而字亦字則武王之勇承文王言之
是又把武王做箇善法大勇的樣子此兩節正爲下文今王一怒
張本末節亦字便承文武說所謂王請大之者以此齊大國也可
以係天下則亦可以安天下交鄰國有道道字內原無不包足不
必將仁智勇三字紐合

齊宣王見孟子於雪宮章 九節

此章以與民同樂爲主責重在爲民上三字宣王因館孟子於雪
宮乃以賢者亦有此樂爲問便兼與賢者共之說故集註曰非但
與賢者共之而已也孟子乃引他推到民上去則所謂爲民上所
謂其樂其憂却專指君言樂與憂不平君自有君之樂民自有民
之樂樂民憂民便有所欲與聚所惡弗施實實以仁政及民不是
空空憂樂此正是樂以天下憂以天下而不以一巳也民亦樂其
樂亦憂其憂兩亦字在上截包足樂以天下二句其意雖總承上
四句然以字是人君以之自上兼下此處巳答完了問樂之意
昔者起至惟君所行也皆述晏子之言此先王指古先王方與後
面夏諺合無非事者是繳上語言巡狩是爲巡所守述職是爲述
所職所以無非事者省耕省斂在巡狩述職之外故集註曰而又
春秋循行郊野玩而又二字轉筆故夏諺接去則春省二句是貫
下文讀專指先王省其畿內之郊野以爲四方諸侯取法也今也

不然則指時君說爲諸侯憂集註謂是附庸之國縣邑之長蓋天
子本以省其畿內者敎諸侯撫一國之民今諸侯不以爲度便是
方天子之命以虐其民其所以方命虐民者全在師行而糧食二
句師行則以夫役虐民故致勞者弗息糧食則以供億虐民故致
饑者弗食睊睊胥讒便是民乃作慝正所謂不得而非其上者飲
食若流雖單就糧食二字說亦舉一該彼文法故流連荒亡原兼
師行以下總說非單承飲食句從流節又釋上文之義此正是爲
民上而不與民同樂實事惟君所行正是答我何脩一句緊頂先
王無流連之樂荒亡之行來非兩可之說
景公說一節孟子兼述其事并釋其所作之樂又釋其樂章之詩

之意大戒示與民更始出舍兼自責以省民曰於是始興正大反
今也不然之弊作樂一段又摹寫君臣相説皆在樂民之樂不但
與賢者共之亦重君一邊方與爲民上相應舜樂在齊想孟子時
遺音猶在故獨取徵招角招以証相説之樂在事治民安也末句
是就樂章中推原晏子畜君之心如此蓋畜者是止其不與民同
樂的根好者是好其與民同樂的實此句隱然要聽言者察言者
之心是亦借古人之言發自家意思文法

齊宣王問曰人皆章　五節

此章只重行王政而不在明堂之毁與不毁王政亦就平素施仁
政説非專指明堂所出之政曰王者之堂是推崇天子之制以見

雖行王政者能居之以起下文的意不是嚴名義之説與餼羊一
般第二節引文王治岐正是箇諸侯行王政[illegible]樣子耕者五件是
王政大綱鰥寡孤獨一段就中抽出言之必先只是加意周卹非
在五件之先蓋民之老幼文王既導其妻子使有以養之恤之矣
雖此四者無父母妻子之養則窮而無告故王制皆有常餼此掌
引有官養一説引詩一哀字便有以不忍人之心行不忍人之政
在內

好貨好色兩節自齊王言之則皆不能行王政之病自孟子言之
則皆可推己之心以及於民於王何有蓋詩詠公劉詠大王本無
好貨好色之意乃一則就詩釋之言公劉之民雖居者有積倉故
行者有裹糧兩箇有字便見得公劉之政平時不使民貧也一則
因詩而推之言大王之民內無怨女外無曠夫兩箇無字便見得
大王之政平時不使民無室家也此存疑所謂聖賢説道理有借
古人之言發自家意思者此類是也

孟子謂齊宣王曰王之章　三節

此章亦納約自牖之意由交諠以及官職由官職以及君道漸漸
説入使聽者其始自然見之明斷之決而其後乃無以自解矣顧
左右以釋其媿言他事以亂其辭玩集註憚於自責恥於下問一
箇憚字便不能改過一箇恥字便不能求言俱是心上病痛可見
宣王惻隱羞惡是非等心本皆有之只是不能擴而充之實用其

力以誠其意耳凡有四端於我者知皆擴而充之故謂其君不能
者賊其君者也所以孟子敬君每委曲陳善閉邪如此

孟子謂齊宣王曰所謂章　六節

此章從世臣發論歸結到爲民父母可見國家樹人原爲保民久
遠之圖所以不可不慎集註兩箇謹字兼用與去在內只看左右
皆曰賢節可見世臣非世官乃賢人而任之久與國同休戚者親
臣是腹心之臣與君同休戚者昔者集註作昨日解昨日所進今
日亡去而不知何等率易便見無親臣了無親臣則無世臣更不
消說卽據王問吾何以識其不才而舍之便見他平日輕於始進
原不是灼知其賢而信任之故忽進忽亡此皆不慎以至於此曾

國君進賢而可若是乎故孟子以如不得已四字作思前筭後之
計言苟非謹之於未用之先勢必顚倒於既用之後若果賢則早
者使之尊疏者使之戚固國君進賢之權但恐未必賢則必進疏
遠之賢而用之是將使卑踰尊疏踰戚非禮之常可不愼與如字
意全在將使三句摹寫出來左右皆曰賢一節集註已結云所謂
進賢如不得已者如此則可殺一節乃是補入一意故曰至於用
刑亦以此道末節民字承國人來如此二字雖指上三段然須合
到有世臣意方可以爲爲民父母此如秦誓思一个臣以能保黎
民一般又如爲天下得人者謂之仁註中云恩惠廣大教化無窮
然後可以爲民父母不止是與民同好惡之意

齊宣王問曰湯放章　三節

此章孟子因放伐一問竟數紂惡以示爲君之戒見得必賊仁賊
義如紂方可謂之誅一夫而非弑君也放伐一載湯誓一載武成
一夫亦本書曰獨夫紂非臆對賊仁就本心上說賊義就一事上
說故集註曰滅絕天理則是絕其本根曰傷敗彝倫則是損其枝
葉賊之害深殘之害淺把湯武置言外不用回護亦不消添入

孟子見齊宣王曰爲巨章　二節

此章見任賢正所以愛國賢人不可小用猶爲巨室必用大木故
上節姑舍女所學而從我是說看錯了賢人治國家當付賢人猶
琢玉必付玉人故下節姑舍女所學而從我是說看輕了國家雖
分任賢愛國而意實聯貫雖萬鎰猶言不過是萬鎰而且重之是
愛國家不如愛玉也

齊人伐燕勝之章　四節

此章是齊初勝燕之時宣王意在取故先言勿取而後言取之孟
子意在勿取故先言取之而後言勿取各側重下一說宣王託之
天意孟子決之民心是亦以民與爲天與之說引文武正要宣王
自揣悅與不悅須預先度定非既取而後觀民也此節亦是論理
非實事文王未嘗取商而有民不悅之事末節言燕民所以迎齊
師者不過爲避水火非遂悅齊之取燕故齊若更爲暴虐便轉而
望救於他人矣此時孟子已早見燕民之不悅斷斷以勿取答取
之何如絕不含糊

齊人伐燕取之章　四節

此章是齊王不聽孟子之言而取燕以致諸侯將救燕而乃急待
之之策孟子以爲凡未行仁政而輕用兵者既失其本故引湯之
征葛爲爲政於天下的樣子天下信之從平素能行仁政來引書
作兩截看於雲霓也作一斷以上言湯師未至而望之切則先舉
書文而後以民望之兩句申言之以下言湯師既至而慰之深則
先言民悅之故而後以書曰兩句証之今燕虐其民一節正與湯
之征相反是平素既未行仁政而今更爲暴虐則適足以增鄰之
忌而動天下之兵耳若殺其四句若字指其已然之事非設辭末

節乃不得已爲止兵之計以答何以待之此是末著三件俱在速出令內先布告燕人以安其心而尤重置君一著亦是正當道理

鄒與魯鬨章 三節

此章言民心既失亦唯有行仁政方可挽回鄒民所以不死其長者由其民素無親上之心所以不親上者由其上素有殘下之事而有司所以殘下者又由於君不行仁政來故穆公不尤有司而尤其民孟子不獨責有司而幷責其君章內字句皆緊緊對照曰君之民對吾有司曰幾千人矣對三十三人曰有司莫以告對而民莫之死直說到君行仁政斯民親其上死其長矣荅明了疾視其長上而不救如之何則可親長二字前後本俱指有司說惟上慢而殘下上字集註指君及有司蓋因上文從君之倉廩實府庫充說來後又歸重在君行仁政故此上字兼君與有司說存疑所謂君之倉廩實府庫充君之慢也有司莫以告有司之慢也皆所以殘虐在下之民

滕文公問曰滕 連下 三章

第一章重則是可爲一句言當盡其在我不可僥倖其在人者把事齊事楚一概撇開唯有結民心以自守一策故集註云當守義而愛民不可僥倖而苟免效死言君自死守而民弗去言民亦爲之死守民弗去由平素湊得其心來第二章重彊爲善一句言當盡其在我幷不可僥倖其在天者把後世成功亦不作妄想唯有彊爲善一策故集註云但當竭力於其所當爲不可徼倖於其所難必第三章亦重世守一句文公又就事大而不得免焉者求圖存之策孟子雖亦述太王去邠事然此處特引箇不免焉之証非教文公以遷國唯大王時乃有可遷之地有從遷之民文公自度有其地否有其民否則唯有國君死社稷是常法耳蓋時至文公凡爲小國從權亦亡守義亦亡故孟子只是論理集註釋末句曰審已量力擇而處之則明明重世守一說

魯平公將出章 三節

此章見國有嬖人則其君雖有下賢之心而不能行其臣雖有薦賢之事而不能效然而聖賢處此則視出處自關氣數之盛衰絕非小人所能爲集註或使之或尼之即指人說然其所以行所以止者固有天命方轉出天字來可見君子自信處自有箇所以行所以止者故曰樂天知命三鼎五鼎禮有定分棺槨衣衾固人人所得自盡然貧富不同亦自有箇禮義非所謂踰也

四書斷卷之十四終

四書斷卷之十五

武塘周心屺元贍甫著　門人蔣光世孝脩氏參訂

孟子

公孫丑問曰夫子當路章 十三節

此章孟子本意未嘗不以德爲致王之本特就齊論齊乃兼時勢言之而時字尤重故章内時字凡五見不與勢字平對前六節提一王字壓倒霸顯正惟以齊王故由反手也第七節以下雖言文王之德屈於時勢其王所以難而齊之所以易王者在勢之易時之易然畢竟以德爲本故仍引孔子之言斷之文王之德德字不兼時勢說德之流行德字兼時勢在内蓋德非時勢無以行時勢無德則無本文王何可當一節作兩段讀以發明何可當一句由湯至於武丁到故久而後失之也此段與後且王者一節對照尺地莫非其有到是以難也此段與後夏后殷周一節對照中間插入齊人有言一節以比體點出時勢兩字亦爲有知慧有鎡基者言之若無知慧鎡基雖有時勢何以作事耕田前論管仲曰得君專便含勢字曰行政久便含時字曰功烈卑亦便含德之不足只看末節當今之時萬乘之國行仁政十一箇字將三件一口吸盡當今是時萬乘是勢行仁政是德則未有不行仁政而可王者此章文體生動處在引孔子齊人兩節從借景點綴出實字

公孫丑問曰夫子加章 二十八節

此章若論文章章法則以不動心爲綱以知言養氣爲目以願學孔子爲不動心的淵源作兩大截看自始至必從吾言矣爲一截自宰我子貢至末爲一截然體認孟子本領却是一篇性學自序也章内曰縮曰直曰道義曰仁且智等字總不出一箇性字不動心心字主義理之心說浩然之氣氣字兼理在内只看配義與道言無氣則道義餒矣便是理脫不得氣集義所生言行有不慊於心則氣餒矣便是氣脫不得理故朱子曰浩然之氣乃天地之正氣人得以生者曰天地之正氣即是元亨利貞之命曰人得以生者即是仁義禮智之性矣然則言理不言氣者此孟子性善之教惟恐本體不明也言理必兼氣者此孟子養性之學惟恐工夫不備也知言猶云知性養氣猶云養性孟子之學所謂得洙泗之正傳者以此

首節一問動心一答不動心其意尚懸空集註乃先補出恐懼疑惑四字以釋動心補出道明德立四字以釋不動心此先與丑之問動心是但知不恐懼不疑惑遂以爲不動心而孟子之答不動心便有知言養氣在内惟知言則道明故無疑惑惟養氣則德立故無恐懼也但其意尚留待後面申明未可太露

第二節過孟賁一問丑便錯認一味勇敢爲不動心了故曰是不難是字不是說不動心不難此三字連下文告子句爲義蓋謂若不問所以不動心而但言不動心則告子早已能之也告子之不

勤心只是於心上除掉了箇理字便一槪不疑惑不恐懼故不難

第三節問不動心有道乎曰有道此道字程子云心有主便見得以一心而能勝天下之事必有箇主張在內不是冥然一心謂之不動於是先引箇必勝爲主無懼爲主者粗粗擬似以爲過峽專爲要引出箇大勇來曾子之言本出自夫子故自曾子述之則以爲夫子之大勇自孟子斷之則以爲曾子之守約此即是後面願學孔子根本處也自反而縮四字後面所謂浩然之氣塞天地配道義集義所生者其本源俱在此舍比黝爲守約者以黝務敵人而人或以力勝之則猶有在人者不可必不如舍專守己不論勝與不勝而其心只是無懼爲守約至於舍之守氣又不如曾子之

守約者此乃岐路之分非淺深相去所謂烈士殉名不可以效懼之而不能不屈於理豈能如內省不疚者之自無憂懼乎此處答完了不動心有道乎總前共八節作一段

第九節敢問夫子之不動心連下節因丑把孟子之不動心與告子之不動心並問故即就告子之言斷之而因明志氣之說蓋孟子與告子不同處只在心上分別孟子所謂持志必反求諸心自反而縮方持得志定非但如告子固守其心便謂之持志只因告子把心與言與氣截做三路故不得於言其病源本是先失之心而後失之言乃告子竟舍置其言而不必反求其理於心是凡事聽他不明白罷了心只是不疑惑也既不得於心其病勢必至既失於心則幷失於氣乃告子竟力制其心而不必更求其助於氣是凡事聽他做差罷了心只是不恐懼也故就其言斷之其看心與氣猶似急於本而緩於末其看言與心則又既失於外而遂遺其內可與不可總是不知內外本末交相培養其失一而已矣夫志以下六句及下節集註俱用固字亦字側重氣上此專爲告子說箇勿求於氣便不能無暴其氣故遂提氣字說去而丑又未明志氣合一工夫看得志氣分別故相承言之以見兩件原脫不得一件若非持其志便像後面所謂行有不慊於心則氣餒矣如何能無暴其氣若非無暴其氣便像後面無氣以配道義則道義餒矣如何能持其志所以壹則皆壹動則皆動是一時事也志壹氣

壹俱就不好的說即如大學所謂心有所便是志壹志壹動氣則氣便暴了氣暴則氣亦專一志又反爲之動元儒譬諸家長偶有過舉縱奴僕放肆及奴僕放肆又累家長故兩箇動字是一齊事則持志無暴氣亦一齊事告子之勿求於氣原是勿求於心非兩樣病痛孟子之持其志即是無暴其氣非兩樣工夫也今夫蹶者二句雖單說氣壹動志然亦就不能持志者言之若能持其志便先有箇管攝自不至此所以氣壹動志其病原從志壹動氣來此兩節作一段

敢問夫子惡乎長一節是問所以長於告子處故兩箇我字即對告子說知言養氣的意尚待何謂浩然之氣何謂知言以下方發

明此處但論不動心之故所以長於告子者正與告子不得於言
四句相反告子惟把言與氣截出在心外故不求言之理於心不
求心之助於氣只以冥然無覺悍然不顧者爲不動心而已孟子
看言與氣無非是一心管攝故言必有以知之氣必有以善養之
苟非事事明理事事合理無以拔去疑惑恐懼之根此所以長於
告子者也

敢問何謂浩然連下兩節因丑但問浩然之氣而不問善養故下
兩節先說氣未說善養前節提其爲氣也就本體說此氣原來本
處處充滿初無限量時時流行不可屈撓故曰至大至剛以直養
直字猶人之生也直直字蓋任此氣發出來無作爲以害之則我

之氣一如天地之正氣亦自然無限量無間斷塞乎天地之間矣
後節提其爲氣也兼作事上說故集註云是養成之氣以別於上
文言人儘有於道義了了却畏首畏尾做事不來此必恃至大至
剛之氣有以助其所爲然後能行之勇決而無所疑懼故無是氣
則道義餒也道是仁義禮智之總名義是道之一節凡仁義禮智
行之合宜處皆是義此處兼言道義下文乃止言集義蓋事事合
宜便是道之合宜此義字又包得道字

是集義一節方發明所以善養浩然之氣唯首句六箇字是正說
下文俱用反說以申明首句集義是事皆合理件件自反而縮則
其氣自然發生於內非由一事偶合於義便可襲取若所行有一
件不慊於心則自反而不縮氣便餒矣曰集義便含慊於心在內
曰不慊於心便含不合義在內餒字與生字反正交相發明也不
慊主心上說便見得義不在外告子既勿求於心豈非外之此所
謂義襲而取之也

必有事焉一節又發明是集義所生不可義襲而取據集註曰養
氣者必以集義爲事而勿預期其效其或未充則但當勿忘其所
有事而不可作爲以助其長看用兩箇而字是做兩句讀看其或
未充一轉是做兩截解下二件卽申足上二件據朱子或問意亦
以必有事焉而勿正七箇字爲一讀蓋謂專以集義爲事而不期
襲取之功則已斷定了是集義非義襲矣心勿忘心字亦主義理

之心說苟不集義則不慊亦在心上忘之亦在心上章內心字皆
喫緊忘與助俱從預期其效來唯期而不至則或以爲無益而忘
之或不勝其欲速而助之是把四件幷做忘與助兩件而兩件又
歸重助長一件故下文以爲無益而舍之者是申明忘的病助之
長者是申明助長的病然舍之只是箇不善養助長又增箇作爲
以害之故尤戒助長卽如苗凡自苗而秀自秀而實雖有自然變
化而耕芸灌漑則有節度苟忘其所有事而純任自然何以養成
其氣乎若更作爲以助其長將幷不成變化而害其自然矣

何謂知言一節見得孟子之知言是因其人言之失知其心之失
而又必自家心上義理通徹方能如此此猶所謂致吾之知在卽物

而窮其理若告子不得於言乃不求其理於心則自家之言且不能知何由知人之言乎詖陷離窮四句是因言以知其心此如醫者纔見病證便知其病源害政害事四句又因心以知其害此如醫者既知其病源便知其病勢總只是知言一事逆推向前順推向後皆從一枝生出若詖既發爲言之病又發爲政事之害則分爲兩枝有一枝不在言上了如何見皆是知言自敢問夫子惡乎長至此共七節乃説完了知言養氣白文詳於養氣畧於知言養氣在集義白文已推本言之知言本於窮理是白文所未及而程朱發明之

自宰我子貢起至則學孔子也共五節是專發明一箇聖字皆爲

孟子地位言之丑所以引箇善爲説辭是根知言來引箇善言德行是根養氣來説孔子兼之而猶自謂不能辭命是兼之若此之難也孟子乃自謂能知言養氣故丑疑其既聖

不厭不倦四字自孔子言之則猶以聖人之道做工夫未便是聖自子貢言之則正是聖人地位此處智字卽始條理者智之事智字此處仁字卽聖人無我安仁仁字俱是聖字註脚凡人之學各以其智爲量苟畫於智之有及有不及則厭乘之若孔子之智正是集大成根基雖終身學不能塡滿其智之量所以不厭也凡人之敎各以其仁爲量苟限於其仁之有及有不及則倦乘之若孔子之仁正是物我無間雖終身敎不能塡滿其仁之量所以不倦也此孟子亦見得孔子既聖而猶不敢自居故以丑爲失言

昔者竊聞一節是移下一層以爲入聖地步一體具體原在聖人路上接引上去非貶諸子曰姑舍是亦因意中先有最上一層故惟恐稍退一步便是自棄非不足諸子也

問伯夷伊尹何如亦卽頂敢問所安者別開聖人一類曰不同道是説與我不同道隱然見淵源各別亦非輕之之辭直到乃所願句方説出本意此處仕止久速要與夫子之大勇相關惟事事自反而縮與時皆行便有箇不動心在內所以願學孔子也

自問伯夷伊尹於孔子起至末共六節則皆爲孔子地位言之班字根皆古聖人來此處生民未有二句是孟子形容孔子無有第

二人的話不必再泥前面仕止久速至於不同之中求其所同則亦有同者一則皆能有爲是言其德之盛一則皆有所不爲是言其心之正兩段相承説下尤重心之正一邊曰皆不爲也亦是自反而不縮所以不爲至於同之中又求其所以異則亦有大異處

孟子先説三子皆智足以知聖人必不是汙下私其所好而空譽之以明其言之可信而後竟引成説不釋一辭此又文章先斷後引倒裝一法汙字對上文智字言假使汙下必不阿私所好而空譽之況智足以知聖人而豈汙下者乎三説非有淺深夫子以堯舜之道垂敎萬世此以有功於堯舜爲賢於堯舜見其禮二句指百王制作説此二句正是所以由百世之後差等百世之王而知

其未有如孔子者出乎其類承上類字說拔乎其萃又就出類者說出類拔萃是羣賢所共所以異於凡民若孔子則更在出類拔萃之上所以尤盛於羣聖

孟子曰以力假章 二節

此章是辨王霸之所以爲王霸下節即申明上節勿分治術治效爲兩截上節白文雖無心字集註却一言本無是心則假字便是外面裝成一言得之於心則行字便是裏頭發出所以誠僞不同也霸者以土地甲兵之力假仁以濟其事使有其力而不假仁一味強暴亦霸不來使假仁而無其力自處寡弱亦霸不來故霸必要假仁假仁必要大國王者以躬行心得之德行出仁來此仁字包得廣不止是救民水火之心凡吾之得於心者平日自己身上無一不備所以行出來事事皆仁故集註曰無適而非仁若無這前面的雖欲行仁其道無由故與假仁迥別

惟其以力假仁則所以得人之服者亦非心服特力不贍也唯其以德行仁則所以得人之服者乃中心悅而誠服如七十子之服孔子也只看找一句力不贍也寫出非心服的意則何等不心服找一句如七十子之服孔子也寫出中心悅而誠服的意則何等誠服此註所謂王霸之心誠僞不同故人所以應之者其不同亦如此獨舉孔子見以德的意引詩亦是形容以德服人不獨以思字証心字

孟子曰仁則榮章 六節

此章首尾雖雙起雙收却以今惡辱而居不仁作逆勢翻入第二節遂因惡辱之情而進之以強仁之事文勢奇矯而意亦警策莫如二字直貫到明其政刑貼仁字大國必畏貼榮字德是士之所具士則指其人言之賢能即是士之德在位在職即尊士之實又有箇分別既能用人便當乘時立政此所謂仁則榮也引詩節在周公是借鳥言以比思患豫防在孔子是釋作詩之意以見安不忘危是以國家可係在孟子既引詩又引釋詩之語則又借兩聖人之言以申明上文國家閒暇一段句句對照

今國家節又以今字提起與今惡辱二句照應蓋注意爲今國家言之也禍福無不自己求之一句及下節引詩引書俱是總結上文然從是自求禍接來亦要見得禍是自求則福亦是自求方與前面因惡辱而說到爲仁文勢相合兩箇及是時前是及時爲仁後是及時爲不仁般樂是動而縱欲怠敖是靜而偷安書所謂凶人爲不善亦惟日不足則亦有一副求禍的精神

孟子曰尊賢章 六節

此章扼要全在信能行此一句前五節先言王政所以得人心悅字指心言兼已至未至尤重未至者說方與後鄰國之民合末節遂以得人心之效歸之蓋能使天下皆悅便是無敵於天下便是天吏把世主看得甚難者說得甚易此全重信能二字貫下天吏

照註云廢興存亡惟天所命則兼命德討罪二意據白文主無敵說是重討罪一邊

此章於士農商賈之外又添爲氓一條此氓字字義是去本土而隸籍他國者凡新來安插非久居游惰者皆是其居本非桑麻之地則不宅與不種桑麻者同罰使出二十五家之布其民非盡游手游食則不宅與無常業者同罰使出一夫百畝之稅一家力役之征想戰國時忘却先王所以儆游惰之意但拘周禮常法既賦其廛又使出三征是多取未有若此之甚者矣故孟子於此處兼五者爲行王政

孟子曰人皆有章　七節

此章是爲人君論心不比告子篇中惻隱八句但言性情之善又重論擴充之心不是論空空有此皆有之心故歸重在末節擴而充之首節一句是總腦第三節所以謂人皆有不忍人之心者本該聯首句說去乃第二節插入先王一段此處不是敎天下以法先王此先王作聖人看蓋謂唯聖人之心本不爲物欲所蔽故有不忍人之心遂行爲不忍人之政不待擴充工夫斯字矣字是自然之辭若今人之心則必須察識於方發之初又必須擴充於既發之後乃可滿其本然之量故此節先言聖人事以引起今人下文便皆爲今人說法乍見節先指出一怵惕惻隱之心無所爲而發者做箇証據由是觀之接下便把一件推類四件四句非人也不是說名雖爲人而實無異禽獸只是申明人皆有之之意惟人皆有之則情之所發即性之固有此處惻隱之心一節比對告子說多之端二字端字便含著擴充地步非僅僅以端而止也且此章本爲心言之故集註引張子心統性情之說統性者是存養之心統情者是省察之心皆重工夫意人之有是四端猶其有四體此言四端非本無而暫有非人有而我無若自謂不能便是自有而自賊之謂其君不能便是君有而我賊其君此賊字即賊仁賊字猶所謂滅絕天理上六節已把人皆有之意層層曉暢到末節方結出擴充二字通節作一句讀知字亦不泛亦未是結果處不知則何以察識本心但知皆擴而充之其勢即如火之始然泉之

始達而始字猶之上文端字一般尚有能充不能充分別也集註即此推廣是釋擴字充滿其本然之量是釋充字擴是起手處充是實足處故單用充字收煞曰本然之量是說發源的能處處充滿非以所滿之處爲量

孟子曰矢人章　五節

此章亦爲人君言強仁之事前章以人皆有不忍人之心說起是猶性相近的說故要人擴充以滿其本然之心之量此章以矢人豈不仁於函人說起是猶習相遠的說故要人反求以復其本然之心兩章相發而此章言仁言不仁言爲仁更逐件明辨其所以由仁而至不仁者是由不愼術來其所以由不仁而至於仁者是

由知恥來蓋苟不愼術便墮落淡塹苟知恥便回頭是岸此通章
前後錯綜連貫意也章內仁字雖不脫本然之心說然須細辨豈
不仁仁字照下傷人不傷人則就憂之理說天爵安宅言人道之
大則就心之德說下文兩箇不仁卽緣上文天爵安宅爲義亦主
心之德說莫如爲仁仁者如射上根恥爲人役下接正己則此兩
仁字兼強仁之事說與前章莫如貴德一節言仁則榮一般擇不
處仁仁字據論語集註則曰擇里而不居於仁是專指仁厚之俗
主擇里說此處集註則曰人擇所以自處而不於仁是概指人之
處仁說蓋因孟子所以引之之意是承上文愼術以起下文爲仁
故下文卽以孔子之意釋仁道之大也天字雖與人字對言然亦

就人身上指其本然之性原於天者言之尊爵照註兼得之最先
統之至備二義安宅亦兼有天理自然之安無人欲陷溺之危二
義莫之禦二句正申明孔子所謂焉得智者以此此處以不智收
煞是言不仁由於不智蓋爲不知擇處者言之則先智而後仁也
第三節以不仁提起是言不智由於不仁蓋以本然之心言之則
先仁而後智也唯不仁故不智并致無禮無義俱根不仁來蓋無
了一箇全德便件件失其本來德既不足以服人彼有德有力者
遂皆足以役我既自處於不仁而又恥爲人役是何異既爲弓人
矢人而又恥以弓矢爲人役則徒恥何益哉如恥之莫如爲仁頂
人役來主諸侯說以當時諸侯但知恥爲人役而不知有爲猶射

者但知怨勝己者而不知正己故又借射者以發明爲仁之義曰
正己而後發則未發以前自有許多有爲處卽發而不中以後猶
有許多有爲處不可如戰國之君雖有時不用兵而究竟不用兵
之前與不用兵之後俱不知強仁事也

孟子曰子路人告章　五節

此章在古聖賢只是樂善之誠未有助人爲善的意此是孟子引
伸出來通章文勢層疊文義變幻忽減一件忽增一件定論總在
末句正是借古人以發自家意思也子路與禹亦卽在舜之徒一
條路上聞過則喜是見得己未善而勇於自脩善言則拜是見得
人有善而屈己以受則猶分己之善人之善爲二也集註自脩屈

己二句便隱然爲大舜地步但只消隨人贊去不必分層級善與
人同四字是大舜有大焉註脚舍己從人兩句又是善與人同註
脚善與人同善字非說舜把自家的善與人同之只是看得天下
之善乃是天下所公共不分人己我的卽是人的故自無係吝而
舍己從人人的卽是我的故不待勉強而取之於己此取舍二字
是聖人性之之事非有所係吝而克己非有所勉強而虛受也其
取舍亦只是一事故下節又把舍己的意并入在取於人內以明
舜生平如此末節遂單根取諸人者說到與人爲善此就孟子意
中推詳出來非發明舜之心也末句故字乃歸結到發論本意玩
集註曰益勸於爲善益字是根取諸人來指善者說曰皆勸於爲

善皆字是照莫大乎與人意兼天下之人不論善不善說善本是天下所同故莫大乎善與人同則莫大乎與人為善兩箇大字相應

孟子曰伯夷非其章 三節

此章見學古人不可徒得其偏處非貶夷惠兩箇孟子曰連為一章亦非衍文前一箇是從孟子口中為夷惠寫照後一箇是孟子自為寫照論伯夷之清只是惡其惡不是惡其人故看得其君其友惡人鄉人與諸侯其足以浼我者總是一樣故雖善其辭命其所以不屑受一也此節便要句句映著箇隘字意論柳下惠之和只是嚴於律已不嚴於律人故看得自家必要不隱賢不怨不憫

不自失看得汙君小官遺佚阨窮與袒裼裸裎於我側其不能浼我者總是一樣故雖援而止之其所以不屑去一也此節便要句句映著箇不恭意末節君子不由玩集註云夷惠之行固皆造乎至極之地然既有所偏則不能無弊故不可由也此專怕不善學夷而徒得其隘不善學惠而徒得其不恭則何如學箇時乎為夷而不失之隘時乎為惠而不失之不恭者之為得也故知其隘與不恭是君子善論古人處不由隘與不恭是君子善學古人處俱是創闢議論不同道的話若據聖之清聖之和百世之師斷之須看得活

孟子曰天時不如章 五節

此章本是說得天下者以得人心為本乃前從[illegible]兵說起歸重到人和後又從人和兼說到用兵見得人和不專為用兵而用兵亦無有過人和者前三節文雖雙起雙申而意實單行故曰以下一氣貫到底便俱就人和言之勿以封疆山谿再泥地利得道即是人和不必更上一層多助尚有天下順之在下面則當就豪傑諸侯等說多助而天下順此漢高之所以興寡助而親戚畔此項籍之所以亡凡言人和主平時說末節方兼及戰勝此天時專言攻守之時兵革米粟皆出於地利故皆主地利說

孟子將朝王章 十節

通章只務白一箇敬王的心輔世長民之德即是仁義即是堯舜

之道孟子一生推崇仁義專為期望箇大有為之君故不敢貶損其道並非自為尊大此章主意全在故將大有為之君一節說出此節集註引程子云古之人所以必待人君致敬盡禮而後往者非欲自為尊大也為是故耳孟子一生心事被程子道破學者但看得孟子英氣太露不知其心殊不如是即引曾子之言亦是尊德之言非尊我之言其所以尊德之故尚在下文發明故用故字接去方顯說出不赴召之意後面故湯之於伊尹節是說所以大有為今天下節是說所以不足與有為是否了然末節又說到不為管仲亦只是我非堯舜之道不敢陳的意非自為尊大若甘為管仲便不是以大有為者期望君矣總註曰此章見賓師不以趨

走承順爲恭而以責難陳善爲敬人君不以崇高富貴爲重而以貴德尊士爲賢可見君有不召之臣實自爲非爲臣也臣之不可召亦爲君非自爲也則所以尊德者總是箇尊君的意

景子曰否非此之謂也此字指孟子所謂與王言仁義說云我所謂不敬非不與王言仁義之謂特以不合禮爲不敬耳孟子曰豈謂是與是字指景子所謂不赴召說猶云我之敬王豈徒以赴召爲敬乎故遂引曾子之言以示另是一箇道理天下有達尊以下只解曾子所言之意尚未顯說自家意思

陳臻問章 五節

此章集註釋皆是也曰皆適於義此之謂在物爲理處物爲義宋

薛當受則當受之理在宋薛當受而受之義也於齊當不受則不受之理在齊當不受而不受義也君子處事唯義所在不以一介千駟爲輕重如兼金一百七十鎰五十鎰以義視之一而已矣只是於齊於宋於薛則確有箇主張在內於外物何有焉此不獨不當受而受者爲動於物即當受不受亦爲物所動蔽於物而見物之大也苟於義無當便是無處貨取取字註釋猶致也此即韓文以禮爲羅羅而致之幕下之致

孟子之平陸章 四節

此章雖寫孟子兩段委曲規諷之意却把齊君臣一箇說此則距心之罪也一箇說此則寡人之罪也作兩段收煞不益一辭則是徒有罪已之空言無及民之實政正所謂說而不繹從而不改以任罪塞議者之口而已側重諫王一邊

孟子謂蚳鼃章 五節

此章見君子去就各有當於理者有官守二句兩箇則字是逼迫之辭正與有餘裕相反有官守者以官爲職有言責者以言爲職故一失其職便勢不得不去矣則我進退則字是從容之辭兩箇我字一箇吾字全是自家主張其進而寬裕者以大有爲期之也其退而寬裕者以庶幾改望之也此其心皆是爲王非所以爲蚳鼃亦非所以自爲齊人那得知

孟子爲卿章 二節

此章上節是案下節是斷但只寫孟子境遇不是寫齊君臣情狀蓋孟子雖爲卿於齊然仕而不受祿其不居職任事之意原是義之所在所以自處亦所以處人不因出弔一事而變亦不因王驩一人而變故未嘗與言行事也若謂是嚴於待小人如木偶一般覺太露圭角非渾厚廣大之氣象

孟子自齊章 五節

此章重在人心兩句後一句根前一句來前以制禮言後以用禮言無度指厚薄尺寸唯人心皆在過厚一邊故先王棺椁之制自天子達於庶人非直爲觀美必如是然後盡於人心耳既說達於庶人則法制固當得了特患得爲之而財不足以盡其心若得之

而又有財吾何爲獨異於古之人乎且所以用之者正爲死者無使土親膚然後人心始盡棱字即悅字上文皆一氣貫串末節是反結以見凡送終之禮苟得之又有財稍有箇愛惜財物的念頭便是薄其親便非人子之心俱在心上說不在外觀

沈同以其私章 二節

上節就燕論燕明燕有可伐之罪所以尊王命下節就齊論燕明齊非伐燕之人所以重天吏

燕人畔章 四節

此章據陳賈意是專以畔之難料爲王解慚孰仁且智且字便倒重智一邊明明曉得管叔一畔是周公不知而使之却故意反詰

要遏出一箇不智之過以申其說此但知聖人之過而不知聖人所以過者實以愛兄之心誠信任之正是天理人倫之至故周公之過所以爲空

末節且字又進一層見得今人與古人不但其過不相及即其處過亦不相及古人既過矣便思改之今人既過矣猶欲順之古人雖能改之則唯恐人不知其過故當未改之前如日月之食民皆見之既改之後如及其更也民皆仰之今人雖欲順之則唯恐人或知其過故既不能改又增箇掩飾以益滋其過其相反更甚

兩畔字實不同在周公自然不知管叔之畔在齊王不可不知燕人之畔當其商取燕時孟子既敎以順民心便逆料燕人之畔及諸侯謀救燕時孟子又敎以速置君便逆料燕人必立君以畔在齊王本質亦非不知之只是生平爲一箇大欲所蔽故雖有惻隱羞惡之心不能達耳此慚字正是悔過之萌其如陳賈一流於君之惡則逢之於君之過則順之解之所謂一暴十寒我如有萌焉何哉

孟子致爲臣章 七節

自此至篇末相連五章俱載去齊事章各爲義如詩家一事訊數首一般此章只因萬鍾一語齊君臣誇張相告竟視孟子似欲富者故孟子本別有箇不可處獨難爲不知者道姑就欲富言之後二節又竟借他人之言他人之事形容欲富情狀絕不說及自家

既不欲富則所欲何在此亦去國忠厚之意

孟子去齊宿於章 四節

此章是言君子去國自有不可畱之義專爲爲王畱行者不出自齊王之意便與繆公待子思之事異矣孟子本以子思自處泄柳申詳是陪說蓋無人乎子思之側則無以道達尊賢之意以安子思無人乎繆公之側則無以爲義不苟容者維持調護以安其身此兩等人俱是愛君以尊賢的人亦是平日如此不但是畱行一事至於畱行而又不出自王之誠意是不使孟子爲可畱也故曰子絕長者

孟子去齊尹士章 七節

此章是言君子行道之心去留皆自有至意只看集註聖賢行道濟時汲汲之本心憂君澤民惓惓之餘意二句便見得所謂千里見王王如用予天下之民舉安皆是行道濟時汲汲之本心所謂三宿出晝王庶幾改之予日望之皆是憂君澤民惓惓之餘意增箇餘意情更深至此猶辭官表云秋燕將舞必徘徊於大厦老馬雖去終顧步於華軒同一忠厚之心

孟子去齊充虞路問章 五節

此章是孟子自言本領不復論齊事自首節至以其時考之則可矣是言所以不能無不豫之故此乃憂世之志末節又以天意未可知而其具又在我二意說未嘗不豫此乃樂天之誠作兩段大

文章讀是禹稷顏回之道合爲一人者也故集註曰有並行而不悖者乎素不怨尤亦正是樂天處當憂則憂當樂則樂一而已矣

孟子去齊居休章 三節

此章是明不受祿之義白文是問一道字孟子乃答兩志字言欲去是志久則非志則但明仕而不受祿之由未嘗以仕而不受祿爲道也集註曰仕而受祿禮也不受齊祿義也義之所在禮有時而變此變字卽漢儒反經合道之說禮則有常義則有權義當守經則經是道義當用權則權亦是道然權非聖賢所得已也故孟子寧言志不言道禮可變而志不可變確有主張在內此卽是義

四書斷卷之十五終

四書斷卷之十六

武塘周心屺元瞻甫著　門人蔣光世孝脩氏參訂

孟子

滕文公爲世子章 五節

孟子言性善是就氣質中指理言之故集註所謂欲其知仁義不假外求聖人可學而至而不懈於用力也此三句已括盡通章全意惟拏定了仁義不假外求爲性善標的則凡無善無惡與善惡混性惡等說一齊打開而古今聖愚本同一性無復有他說也只消篤信力行以師聖賢不當復求他說也但惡安於卑近不能自克則不足以去惡而爲善也竟把集註融貫讀去便直截痛快不

必多費思索前言性善旣稱堯舜以實之則第三節道字卽是性字不可分性道爲二第四節三說一說吾何畏一說有爲者一說豈欺我總是申明道一則總是申明性善而已善國善字亦卽從性善推來誠能克去因循之弊如毒藥治惡疾一般則擴充其仁義之心自能發於事業何患不爲善國蓋孟子言性善每言理必言事未嘗專守理一而畧於分殊只看後兩章論喪禮論爲國便見得體用一原矣

滕定公薨章 五節

此章發源從我言於宋於心終不忘心字起故扼要全在親喪固所自盡一句自盡者心也行事由心以見之事也曰盡便見得不

可一毫不慊於心曰即盡便見得不可一毫外求於人曰固所自盡便見得事在獨斷不可畧爲人沮撓故曰自天子達於庶人三代共之此是說古今貴賤皆在自盡與上章集註言古今聖愚本同一性一般即使父兄百官皆不欲而自盡之外無可他求引孔子一段正以明人同此心唯有自盡以先之而已故孟子因孔子之言又斷一句曰是在世子世子亦遂自信曰是誠在我五月居廬到可謂曰知是未葬之時能自盡而感近人及至葬至末是方葬之時能自盡而感遠人可謂曰知亦在心上可之與前皆不欲相反可見人性本善故孟子言性善便足以使世子於心終不忘世子行出性善來便足以感動遠近人心章內哀慼等字正是制

禮之本

滕文公問爲國章　二十節

此章前十二節是答問爲國後八節是答問井地作兩大段看爲國莫先於民事而其要只在力行井地莫先於經界而其要只在潤澤民事一句是總腦章內凡兩件相連說者不是把一件陪說正見得兩件相關處都包在民事中所以民事不可緩也葢古者制祿俱出自公田凡所謂禮下所謂世祿圭田之類所以厚君子者俱從急民事得來後世只是行貢法其貢法亦不止是十一則件件不是取民有制以供之者故章內本要說箇取民有制却連禮下說及本要說箇行助却連行世祿說及本要說野人却連君子說及本言井地遂兼穀祿總是合兩件做一件非對舉

首節引豳風言民自不緩其事正以明君當急民之事民之爲道一節言民事所以不可緩之故恆產是第一件事但予之產而取之無制猶之乎無產故下文是故二字緊頂焉有仁人二句一反一正接來禮下句正是恭儉實事曰禮下便含後面制祿等件曰有制便含後面分田等件罔民便是爲富不仁恭儉便是爲仁不富引斷之意亦是一正一反危言之

夏后氏起說到雖周亦助也四節注意在行助上貢助徹三句言制民之產其實皆什一也言取民有制此也字已煞了上文下徹者兩句是連下節說去集註耕則通力而作收則計畝而分通字均字便是徹意助亦但借民之力以助耕公田其義不甚相遠隱

然俱就好的說龍子曰一節見貢與助大相懸絕便單就不好的說而好的自見夫世祿一節只作過脈以起下文行助非贊行世祿葢此時助法不行世祿從何得來特多一取民之事實無其制也故即其所已行者益見得未行者要緊矣引詩斷之曰雖周亦助便大開箇行助活法

學記曰古之學者家有塾黨有庠術有序葢周制也故設爲庠序學校以教之是兼設根雖周亦助來庠者三句指鄉學各取一義夏曰三句指鄉學各異其名此六句言鄉學所以從異學則句言國學所以從同古者二十五家爲閭同在一巷巷各有門門側有

塾民在家者一授教於塾五百家爲黨黨之學曰庠教閭塾所升之人二千五百家爲州州之學曰序教黨學所升之人以次升之至於國學而待用天子所都及諸侯國中之學皆謂之國學以教元子衆子公卿大夫之適子與凡民之俊秀者皆在國學皆所以句總承庠序學校以申明教之二字也人倫明於上上字兼本諸躬行彰諸設教二意小民親於下是各以人倫自親於下以見厚生正德之效教養之制既明則顧其力行何如耳故有王者一節及引詩一節一言爲王者師是爲小國退一步說法此以勢斷之一言亦以新子之國是又爲小國進一步說法此以理斷之此處答完了問爲國

井地不均二句照集註是平說俱根經界不正來唯經界不正則田無定分而豪強得以兼幷故井地不均賦無定法而貪暴得以多取故穀祿不平此分田制祿必自經界始也然穀祿不平又根井地不均來

夫滕節言滕雖小然無君子莫治野人故祿不可不制無野人莫養君子故田不可不分而制祿實由分田來故下文接去便單言田制田制三法本欲行助乃請野一節是言周之徹法周禮所謂都鄙用助鄉遂用貢是也即此已見因地制宜損益二代斟酌盡善處蓋都鄙地廣則用八家同井出粟於公田故曰九一然但藉其力以耕而豐歉共之則周雖行徹而亦助也鄉遂地狹則各授田而輸粟於公家故曰使自賦按林氏說周制鄉遂用貢亦有司稼之官巡野觀稼視年之上下以出斂法其弊未至如龍子之言則周之用貢仍以徹之意通之雖用貢而亦助也所以莫善於助卿以下兩節又即就公田中中分之以厚君子就私田中四分之以厚野人原在井田制內非常制之外另有別田按位有尊卑則廟有多寡廟有多寡則祭有豐儉而圭田定於五十畝者蓋卿大夫祿厚故廟多祭豐而圭田不必增士之祿薄故廟少祭儉而圭田不可減也年十六以上爲餘夫或問一夫受田百畝六十傳與其子子養其父只是長子受父之田次子便是餘夫若無子則百畝納之官

死徙無出鄉節又說到井田不獨厚民生且以善民俗

方里而井節方詳言井田形勢所謂惟助爲有公田請野九一而助者以此貢法乃當時所行故弗之及末節潤澤二字集註謂因時制宜使合於人情宜於土俗而不失先王之意釋之最備蓋孟子言井地之法與王制周禮都不相符所以貢助徹三句後儒紛紛聚訟終無定論然即據周本行徹而野則用助國中則用貢則由此推之凡先王之法可損者則損可益者則益未嘗強天下而同之皆潤澤之說也故以潤澤責之滕君臣

有爲神農之言章　十八節

此章正是闢邪說以閑先聖之道所稱好辯者莫備於此章首節

是記許行來歷以伏竝耕之案第二節是記陳相來歷以伏倍師之案第三節又記陳相從邪棄正以見邪說之易於惑人如此故辨之不可不力自必種粟起至亦不用於耕耳八節是闢竝耕之非自吾聞用夏起至不善變矣五節是闢倍師之失末二節又因日中爲市亦始於神農故以市價不貳爲許行之道孟子闢之亦卽是人與物皆不可比而同之故其亂天下一也

仁政指井地說竝耕一說正欲與孟子分別君子小人相反

許子必種粟一節孟子明知許子是種粟而食乃把一句不消問的問起以爲下文折辨地步第二件彼曰衣褐已明知他不自織了且停頓一件再增冠乎一問奚冠一問而後以自織詰之便逼

出以粟易之一句又增奚爲不自織一問乃逼出害於耕一句則破綻盡露矣於是明知其耕而食者必以釜甑爨以鐵耕却又增一詰再逼出以粟易之一句來則下文便緊接以粟易械器四句先闢了厲民自養一說此哉字是煞上節下且字是貫下節用兩箇何字又逼出了百工之事固不可耕且爲一句然則謂治天下獨可耕且爲再說不去矣有大人二句卽承上治天下不可耕且爲說治天下大人之事也耕小人之事也只此兩事已不可兼且欲以一人之身備百工之所爲豈不率天下奔走道路無時休息乎然後引古語六句以明天下之通義此處已就其言折倒了厲民竝耕之說下文乃舉堯舜治天下之事專辨竝耕一件當堯之

時兩節言堯舜憂民急於爲治而不暇耕堯以不得舜爲已憂兩節又言堯舜憂民所憂者大而不必耕故集註曰不惟不暇耕而亦不必耕是兩層意分人以財三句正申明堯以不得二句是故以天下與人二句又申明爲天下得人一句見得爲天下者當知所重也仁字兼教養在內集註曰恩惠廣大別於惠字曰教化無窮別於忠字末節引孔子稱堯舜之言以見堯舜之治天下其蕩蕩巍巍如此是又就既治之後推原其所用之心亦不用於耕則斷斷乎治天下不可耕且爲矣此處作一截

章內憂字正是勞心實事然意各有別堯獨憂之是憂天下未平下文卽接舉舜則卽是堯以不得舜爲已憂憂字聖人有憂之聖

人之憂民如此是單指教民說據集註意則堯以不得舜爲已憂二句兩憂字專以急務爲憂非事事而憂之以別於上文故下文爲天下得人句正根此兩憂字來

已上五節每有舉一而互見之義前面云堯獨憂之舉舜而敷治焉舜使益掌火則下文禹治水稷教稼穡契教人倫皆舜使之矣因說到中國可得而食遂以禹爲不暇耕便見得上面諸聖人所以爲民生計者皆不暇耕矣此節既結過了一箇不暇耕故下節聖人之憂民便單頂教民說以見聖人所以爲民心計者又不暇耕矣此兩節提綱原從堯舉舜舜使益說來故下節接堯以不得舜爲已憂舜以不得禹臯陶爲已憂雖照上文增了臯陶脫了益

與稷契然諸聖人皆包羅在得人內非專指兩人只看末節仍以堯舜之用心亦不用於耕收煞則五節實前後貫串不必以字句拘泥

北條之水九河爲大濟漯爲小據孟子是說疏與瀹皆爲北條一水要注諸海南條之水江淮爲大汝泗與漢爲小據孟子是說決與排皆爲南條一水要注之江

按禹貢導河積石 雍山 至于龍門 雍山 南至于華陰 雍山 東至于底柱 冀山 又東至于孟津 豫地 東過洛汭 豫水 至于大伾 豫山 北過降水 冀水 至于大陸 冀地 又北播爲九河 兗州 同爲逆河入于海葢河出崑崙至積石而始大自大伾而上環河之山皆崇岡巨

麓則其流專一無所重防惟有即就環河之山間爲疏導順其勢以入於海自大陸以下瀕河之地皆平沙曠野則其流渙散無所夾制唯有不惜濱河之地廣爲疏導分其勢以入於海

按禹貢導沇水東流爲濟入于河溢爲滎 豫澤 南出于陶丘北 豫地 東至于菏 豫澤 又東北會于汶 青水 又東北入于海葢濟水發源於王屋山崖之下初名沇水東出溫縣西北始名濟水濟水勁疾自其入河折而東又折而東北以入於海其性與衆水同流不與衆水同波別有一條奔勁之水在內故視其分別處則爲倏見其無分別處則爲倏伏所以有四見三伏之說劉向稱濟能蕩滌垢濁通百川於海今東阿之井取以煮膠則能鎮墜下膈止吐皆以濟水性趨下清而重故以治淤濁及逆上之疾也

按禹貢浮于濟漯達于河葢漯者河之支流或曰從漯入濟從濟入河正義云二水上承黃河由淄青之北入海禹釃二渠引河其一漯也或曰漯即濟水泛溢漯無涯因名曰漯風俗記曰漯水東北入海河盛則通津委海水耗則微涓絕流則此水盈耗有時也合諸說總之瀹濟漯亦是疏九河一條入海路

按禹貢嶓冢導漾 梁水 東流爲漢 梁水 又東爲滄浪之水 梁水 過三澨 荆水 至于大別 荆山 南入于江東匯澤爲彭蠡 揚州 東爲北江入于海此南條之漢也始於梁之嶓冢泉始出山曰漾既導其源其流自順東流爲漢自此又東即爲滄浪之水由是過荆之三

澨至荆之大別而南入於江則漢合於江矣漢既入江復東至揚州匯澤爲彭蠡因漢水南來入江兩水廻合於大別之下故又有彭蠡一澤由是又東出爲北江漢於是與江而同入於東海也

按禹貢岷山導江 梁山 東別爲沱又東至于澧 梁水 過九江 荆 至于東陵 荆 東迤北會于匯 揚 東爲中江入于海此南條之江也始於梁之岷山在江唯有東迤一派祇因漢水南來入江便似江水北去會漢其實來合者乃東匯之漢非江又去北會也二水合流於荆去揚州入海之處尚遠然水道既安而其勢已奔趨於海猶諸侯之朝宗於王故曰江漢朝宗於海

按禹貢導淮自桐柏東會于泗沂東入于海葢淮水發源於胎簪

山經流於桐柏禹自桐柏導之桐柏豫州山也至徐始大故爲徐
患沂水出沂山南至下邳西南而入泗泗水出卞縣姚墟西北至
臨淮入淮淮又會泗沂而東入於海也據攷則漢異於汝而俱言
決淮本受泗而俱言排淮不必會於江而俱言注之江此亦孟子
約畧南條之水入海一路

吾聞用夏一節以陳良楚人而北學於中國便是用夏變夷陳相
素事陳良而爲許行所變便是變於夷

昔者孔子沒一節俱是不倍師之証相向而哭皆失聲不倍師也
獨居三年然後歸不倍師也致其思慕之心欲以所事孔子事有
若不倍師也曾子以爲不可不倍師也江漢言水多而濯之潔秋

陽言燥烈而暴之乾其形容夫子道德明著光輝潔白的意原在
裏頭見得人欲淨盡天理流行如此非外面言行氣象所能彷彿
故曾子以爲不可今也接下獨言異於曾子者是說曾子尊師卽
欲以似聖人者事之猶以爲不可況非先王之道者乃倍師而學
之乎以其大相懸絕故深責陳相非獨取曾子爲不倍師

吾聞出於幽谷二節俱是變於夷的駁語吾聞未聞且虛虛影射
詩本僖公之頌乃歸之周公是引箇兼夷狄的定案此如引經斷
獄緊緊縛定不寬一線

同貫之說卽推並耕意來凡異端亂天下之道大都要把人倫物
理比而同之許行則欲齊貴賤精粗楊墨則欲齊親疎上下告荀
則欲齊善惡遂至以仁義爲外莊周則欲齊人物遂至放浪形骸
者廢其禮法欲齊人道於牛馬其於人倫物理皆不能無失也故
易曰君子以類族辨物方是審異以致同不是比而同之

墨者夷之章五節

此章見孟子正人心有卽就邪說者之心而正之者夷之雖治墨
翟之道而葬其親厚則其心尚未汨沒到無父田地故孟子本欲
就其好處引而正之却故意用反擊法要他自省言本以薄爲貴
乃反以所賤事親者此心從何而來但夷子此時所見猶在兩騎
之勢故引康誥之言以爲儒者亦近於墨又自明其所以厚葬之
意以爲墨者亦近於儒此其於彼於此依稀疑似正坐於一本處

見得不淸楚耳故孟子先就書辭辨之以明儒者必無兼愛之說
此是答他儒者之道到何謂也一段又以一本二本明愛無差等
之誤此是答他之則以爲到施由親始一段蓋天之生物各有一
箇父母故凡愛之理皆從自家一箇根本上發出然後推以及人
自有差等若愛無差等則把親疎對待而言這處也可起頭那處
也可起頭便是二本看故也二字已搜出他一向迷惑根源然畢
竟厚葬一念儘可反到一本上去故末節又推原出孝子仁人所
以掩其親者爲人道之當然卽是天理之自然正申明一本之意
孟子段段在本心上挑撥不由他不聞言而悟也非爲人泚言非
有所爲而爲與非所以納交三句同意

陳代曰不見諸侯章 五節

此章在孟子只拏定一箇巳不可枉故引虞人一事與孔子歎美虞人之言便斷定了決不不待其招而往以破見不見較量之說下三節因陳代引志之意殆以利言故又寫出三段議論以三箇且字作三轉一說人若一有計利之心則雖利小而亦爲之而謂利可爲乎一說御者且以詭遇爲羞則雖利多而弗爲之而謂枉道可爲乎一說枉巳者究竟必無得直之理而謂枉巳可爲乎一步淡一步原說到不可枉巳住以見無一可爲在内則空若可爲四字氷釋矣

景春曰公孫衍章 三節

此章以末節爲主謂之大丈夫唯有盡性本領地位儘高非區區與衍儀一流人爭箇相反衍儀皆魏人皆破六國之從以爲横者是焉得是字指上文一怒二句此之謂此字指居廣居全節中間插入學禮一段專爲說箇妾婦之道以順爲正亦孟子釋禮之辭但借景寫照集註阿諛苟容竊取權勢言其所以竊取強國之勢以恐喝諸侯者全從阿諛苟容得來故猶之妾婦之道也居廣居是以仁存心立正位是以禮持身行大道是以義處事此雖以仁統衆善又以心爲持身處事之本然君子所性件件根心生出則三者俱兼體用在内曰廣居便兼心之德愛之理曰正位便兼德性堅定品節詳明曰大道便兼心之制事之宜不然則居之立之行之猶有未全也與民由之是推其仁禮義於人獨行其道是守其仁禮義於巳富貴不能三句特就成德後說箇養成地位憑他窮達利害舉不足以動其心是外面自不能動我非我去強鎮外面此節意分明是孔顔所樂處孟子每曉暢說出盡露圭角亦時爲之也

周霄問曰章 六節

此章周霄發問本意與孟子本意直待末節方說出首節問答兩引古語只証一仕字第二節第三節是解弔之故霄之意以弔在不得君故疑爲急不知三月無君不足弔豈三月無祭亦不足弔乎諸侯耕助四句是禮文犧牲四句是孟子解之以明諸侯之失

國家惟士無田二句是禮文牲殺四句是孟子解之以明士之失位以諸侯証士諸侯是客士是主第四節第五節問答是解載質之故末節問答方解難仕之故仕如此其急也二句霄看得急仕與難仕是兩箇念頭古之人未嘗不欲二句見得難仕之故即在欲仕之中欲仕者正欲由道以仕不由道便無由仕故又惡不由其道也此道字猶云守不見諸侯之義非指抱負

周禮天官甸師掌帥其屬而耕耨王籍以時入之以供粢盛王以孟春躬耕帝籍天子三推三公五推卿諸侯九推庶人終於畝蒙引蠶本是世婦繭成然後獻夫人繅今云夫人蠶繅者蠶亦夫人主之也且曰使世婦使者君使之夫人治内事也禮記注曰三盆

手者置繭於盆中而手三次淹之每淹則以爪振出其緒故曰三盆手也方氏曰夫人之繅止於三盆猶天子之耕止於三推王制大夫士宗廟之祭有田則祭無田則薦注云祭有常月薦無常時祭必卜日薦不擇日祭有尸薦無尸祭以三牲黍稷薦無牲其隆殺不同固如此宎人子之不敢以宴而至於弔也趙岐注田作圭田

彭更問章 五節

此章雖以四箇道字照應然彭更發問之意全在士無事而食不可也一句則尤重事字事字即照功字看首節彭更以爲泰便暗指無功孟子不以爲泰便暗指有功故第二節曰士無事而食是

直以孟子爲無事說明了泰的意第三節於此有人焉五句是孟子自言其事說明了非泰的意仁義便是道爲仁義便是事也章內最重於此有人焉一句此字指戰國異端蜂起之時說守先待後全在此字上見得功大蓋當時之學者幾幾乎不歸楊則歸墨先王之道何等難守不有守者豈可使後之學者不知先王之道乎故守之正所以待之守字即爲仁義爲字爲其事便有其功矣第四節彭更以無事而食說不去乃遁爲食志之說及末節毀瓦畫墁一詰則食志又說不去則到底是食功了故後兩節是文章餘波

萬章問曰宋小國章 七節

此章是論行王政不專論宋事小國如宋而齊楚伐之誠爲難事獨不可致疑於行王政耳故中五節孟子特引兩箇行王政的做箇樣子其引意皆前照齊楚惡而伐之後照四海之大欲以爲君句蓋通章是答則如之何一問故末節因湯武而概斷之仍以齊楚雖大何畏焉收煞據章內則湯之行王政在弔民武之行王政在救民然湯之所以行王政者則在不邇不殖以彰信兆民不止在弔民之時武之所以行王政者則在亶聰明作元后不止在救民之時方是行王政的根本不然把甚麼去行王政

孟子謂戴不勝章 二節

此章言爲人臣者進善當廣兩節分四段看末只以兩句縮合此

二段是引喻後二段是正意緊緊對照

公孫丑問曰不見章 四節

此章明不見諸侯之義總是不爲臣不見盡之故首節先以古者一句斷定主意下文遂皆以古者之事古者之言証之每節有引即有斷曰是皆已甚迫斯可以見矣是不見中原有箇可見者在曰當是時陽貨先豈得不見是可見中仍有箇不見者在必如此方完得箇義字曰由是觀之則君子之所養可知矣此君子集註即指二子說者蓋因孟子此章竟以古者爲斷不復說到自己身上故也所養當貼曾子子路寫出後世士氣日卑只爲看得區區一見沒甚緊要不知吾身自有必不可貶的氣節即一笑一言苟

且不得故所養不可不嚴

戴盈之曰什一章 三節

此章主意在革弊以義爲斷然義字與知字速字俱重天下事既患於不知其非尤患於既知之而斷之不速只一箇不能割捨病痛不知失了許多機會并汩沒了許多羞惡之心故此章是改行從善的至言不止是什一去關市之征二事

公都子問曰外人章 十四節

此章以一治一亂爲提綱而結穴在我亦欲正人心一句自當堯之時起至不易吾言矣其八節各以兩節爲一亂一治凡四變其亂到後愈甚其治到後愈難惟堯時之亂是洪水爲之其後皆邪

說暴行爲之兩件中又必先有邪說蠱惑了人心然後暴行始作故章內邪說兩字五見邪說生於人心而還以害人心所以拔本塞源以正人心爲主通章前面是敘到此句後面是發明此句

其亂也惟洪水氾濫則蛇龍居之以致民無所定其治也惟險阻既遠則鳥獸之害人者消然後人得平土而居之兩害只是一件故水由地中行雖承上二句而下文單指江淮河漢爲証水不止是江淮河漢舉其大者言之巳上兩節雖有堯舜在上然既使禹治之便是禹之不得已

堯舜既沒以後中間不知幾治幾亂未有如紂之甚者故紂獨登大亂之數此處邪說暴行根上文壞宮室棄田來主戕民之生說既爲園囿汙池便沛澤多而禽獸至矣曰又作曰又大亂兩箇又字猶云又使民無所定前所謂得平土而居之者又以人事失之也

天下大亂既由紂之身爲之則戡亂者便不得已而誅紂并及其助紂爲虐者三年討其君戮幸臣滅黨惡驅虎豹犀象件件要照後面爲百姓寧的意所以天下大悅引書說文謨武烈亦歸功於周公也據後云兼夷狄則此處所伐所滅必有夷狄在內故集註指奄爲東方之國指五十國爲紂黨虐民者也亦是照顧兼夷狄而百姓寧的意巳上兩節雖有武王爲之君然周公既相便是周公之不得已

惟世衰而文武周公之道微而不振故邪說暴行有作此處邪說暴行上根道微下接弑君弑父則主戕民之性說此是東遷以後二百四十年之事看三箇有字謂從前所未有也其亂既在亂臣賊子則治之者不得不誅亂賊誅亂賊不得不作春秋以存王法

春秋曰天子之事胡氏以惇典庸禮命德討罪四事斷之此存疑繹之最悉存疑曰如天王下勞晉侯則削而不書晉侯以臣召君則書天王狩於河陽皆所以存君臣之分可見其惇典也名宰咺歸賵以譏亂法書履綸逆女以志變常所以定衆妾之分嚴大昏之禮可見其庸禮也召陵之師書次書來盟以存其績城邢之役再敘三國之師以美其義可見其命德也討罪意尤明白凡春秋

所貶皆是故曰天子之事是故二字卽承天子之事來惟其爲天子之事故知之者以爲功罪之者以爲僭此正是孔子不得已處惟聖王不作諸侯放恣以致處士橫議而楊墨之橫議尤甚故其言布滿天下楊氏爲我以下皆極言其言之害引公明儀一段在梁惠王章內所謂率獸而食人則照上文饑色餓莩是說食人之食此處根上文無父無君是禽獸來則此獸字指無父無君者說言食人之心葢仁義本在人心若一肚皮俱是邪說使仁義無所容處故曰充塞仁義便是率獸食人一般楊墨之道不息是邪說誣民也孔子之道不著是充塞仁義也吾爲此懼懼字卽孔子懼懼字其所以懼者緊頂邪說誣民充塞仁義來先聖之道卽仁義

之道此處是說因爲要閑先聖之道故距楊墨放淫辭歸於使邪說者不得作邪說卽楊墨之說淫辭卽其說之浩瀚放蕩者故下文作於其心四句單言邪說之害

昔者禹抑洪水起文勢貫下把三聖人做箇不得已的樣子以見無父無君凡爲聖人者皆所必膺故引詩一節本非周公事而歸之周公以起下文我亦欲正人心的意不泥前周公說此處是說欲正人心必先要息邪說惟息邪說所以要距詖行放淫辭也葢既有爲我兼愛之邪說勢必造出許多無父無君之行溢出許多無父無君之辭不有以距之放之邪說何由息人心何由正乎孟子所以正人心者其體用反覆相因其始也以聖人之道不著是以人心不正而邪說得以乘間入之則以閑先聖之道爲正人心之本以正人心爲息邪說之本其究也以邪說誣民則人心益以不正聖人之道益以不著則又以息邪說爲正人心之用以正人心爲明聖道之用此所以撥亂世而反之正雖得其本而不得不辯之力也

末節又推廣一意一不敢以聖人之徒自外一以聖人之徒望人章內拏定一箇聖人爲淵源由前言之曰聖人之道衰由後言之曰聖人復起自家擔任曰閑先聖之道期望天下曰聖人之徒此是孟子一篇自序

臣章曰陳仲子章　六節

此章隨問接來便斷定了一句曰仲子惡能廉此不是說仲子不廉是說充仲子欲廉之意連仲子亦做不來故必蚓而後可者也仲子齊之世家也一句連下文讀去以見其兄之蓋祿萬鍾本傳之世家非不義之粟不義之室而仲子乃不食不居則避兄離母之案定矣卽能如蚓亦以小節亂大倫況究竟不能乎

四書斷卷之十六終

四書斷卷之十七

武塘周心屺氶膽甫著　同里錢維城孝和氏參訂

孟子

孟子曰離婁章　十三節

此章以四箇故曰作四段結束兩段後又以是以惟仁者宜在高位一節爲承上起下一箇樞紐後兩段一是責其君一是責其臣通章以仁政二字爲骨子他處論政重心一邊此章重政一邊所謂先王之道先王之法以及道揆法守無禮無學責難陳善等字俱貼仁政說

首節至第三節主用法言堯舜之道三句該括全旨第二節正是

當時不能平治天下之故以證首節之意徒善二句重上句見徒善之弊與徒法同此第一箇故曰斷定了舍法無以成治

第四節至第六節主立法言遵先王之法二句是起下節聖人立法之善不連上文不行先王之道說以上文已有故曰結過唯聖人既竭其耳目心思之力而又有繼之者以行出其既竭的力來故能及天下後世三段雖平然制有大小看兩也字一矣字跌重仁政立法本善所以不可不遵下文因字即遵字此第二箇故曰斷定了不因先王之道便是不智

第七節是以二字根不因先王之道來此仁者是有仁心仁聞而又能擴充以行仁政者不仁反是第八節正是不仁而在高位之禍上無道揆六句首句是總領第二句根上句來上字指君下字包下文大臣小臣有位無位即播惡於衆衆字下四句又分頂上二句來既上無道揆則凡近君之臣俱不信義理故以朝言之既上無道揆以致下無法守則凡遠君之臣俱不信法度故以工言之不信道則君子犯義不信度則小人犯刑總是由上播下漸播漸廣故謂之播惡於衆第九節因當時所以不行仁政者其病在專重富強故先把兩件撇開獨重上之人以禮自治即所以教民下之人以學奉法即所以杜亂若上無道揆則必至於無禮下無法守則必至於無學由是賊民興而喪無日其國豈能幸存此第三箇故曰又斷定了人君不可不行仁政

夫國至喪無日則其臣亦與有責焉於是引大雅板之篇所以戒羣臣者緊緊連貫說入凡人臣只是一箇怠緩悅從的意不知誤了許多人國故所謂泄泄者徵之時人之語而已然非別有甚深之旨也而所謂沓沓者徵之今之事君者而已然亦非別有積惡大罪也蓋事君者苟不以仁政事其君便是無義苟不以仁政之行不行爲進退便是無禮苟不以先王之仁政爲不可不因便是非先王之道此皆從怠緩悅從來則便是沓沓別無可寬假故必須責難於君方謂之恭陳善閉邪方謂之敬此二句朱子謂下句即是做那責難的工夫故就上句中緊一步說此敬字當照忠爲能勿誨乎能勿二字意方寫得出蓋反是便如齊人之心謂是何

足與言仁義了故謂之賊此第四箇故曰又斷定了人臣不可不輔君以行仁政此章段段俱用反勢故文章最整練最奔勁

孟子曰規矩章 五節

此章以聖人人倫之至一句爲提綱至字不可作到字解只是至當不易不論古今聖愚處常處變皆脫不得此規矩一般故一箇至字便包下文兩箇而已矣在內一以見聖人亦不過是人倫恰好處所以其道不可不盡一以見舍聖人別無人倫恰好處所以其道不可不謹通章全旨俱在第二節包括此節上半截便是下文仁字下半截便是下文不仁字前一箇而已矣言堯舜之外別無可爲法後一箇而已矣言出此入彼更無中立之處可容託足

已上三節作一束

後兩節乃單言不仁之禍暴其民二句是生前之禍名之曰二句是歿後之辱皆由一箇不法堯舜來故惟有法堯舜而已矣葢撇住了不仁一條路正是使人單走一條路的意非把堯舜與幽厲對說

孟子曰三代之得章 四節

此章雖自天子說到庶人然本意爲當時諸侯言之重在國之所以廢興存亡句又側重在廢與亡一邊葢到底爲樂不仁者危言之也前引三代仁不仁說起便見得廢興存亡四字相連正是出此入彼存乎仁不仁而已矣後兩節便專言不仁則分明爲不仁者發論

孟子曰愛人不親章 三節

此章亦承上章爲有國者言之只重反求之功不重效驗首節且虛論箇道理仁智敬是本體愛人治人禮人是仁智敬之用人親人治人答是仁智敬之效次節方推詳自反工夫行有不得二句皆字雖似推開說然三者亦約畧可該自反故集註只指不親不治不答反其仁反其智反其敬說其身正卽在反求上看出天下歸之卽在其身正上看出以明不必外求的意葢其身正何必人歸然仁智敬乃天下人心所同故曰其身正而天下歸之引詩亦只以自求與求諸已相照不重多福

孟子曰人有恆言章

此章照集註承上章其身正而天下歸來不是泛論恆言有序只是借恆言以推究其有本的意重在補足末句

孟子曰爲政不難章

此章一氣貫注以不得罪三字爲德教之本不重巨室發論其所以不得罪者全在脩身脩身便是德教以德教爲政所以不難集註云得罪謂身不脩而取怨怒也又云君子不患人心之不服而患吾身之不脩可見爲政不在一國不在天下亦不在巨室故曰亦承上章脩身來

孟子曰天下有道章 六節

此章注意是欲今之諸侯脩德行仁以爲政於天下不是要他一味聽天天字照註作理勢之當然則順字不是聽字謂必自盡其所當然非諉而聽之也首節雖以有道無道並起然下文俱主無道時說故總註云不能自強則聽天所命脩德行仁則天命在我可見聽天所命特爲不能自強者言之此是前三節意也天命在我則爲脩德行仁者言之此是後三節意也故通章轉筆全在如恥之一節蓋無道之天不徒以受命爲順天而以行仁爲順天所以莫若師文王引詩及孔子之言正是文王爲政於天下實証末節方是孟子承上文斷之師文王是仁師大國便是不仁當時諸侯只是苟且圖存遂自謂順天而不知順天者之有所爲也兩處

今也引喻最爲喚醒一是徒恥無益一是當急不急小德大德以行說言凡天資學問皆是小賢大賢以事功言凡功業制作皆是景公所謂受命是聽命於人非天命命字

孟子曰不仁者章　五節

此章看首句喝起是專爲不仁者傷其不可與言之故正意盡在首節後面俱是申明樂其所以亡者總上二句說所以二字見危與菑皆不仁所致安之利之是樂其所以亡也此便含自取意下文引歌及孔子之言接不仁說夫則兩斯字當側重下一箇方接得自取一句只看下節曰自侮自毀自伐孟子又根孔子所謂自取者推廣言之俱就不好的說則末節引大甲亦當側重自作孽句此之謂正指不仁者所以亡也最可惜是雖有忠言其如私欲錮蔽失其本心者何

孟子曰桀紂之失章　六節

此章先以失天下者斷出得天下之故便專爲今天下之君言之首節以兩段滾起又申出得其心有道一段則所欲所惡二句便實實有知之明處之當在內即所謂仁也仁則民必歸之不待敺之而然而況更有敺之者乎歸之便得敺之便失故爲淵敺兩節是又增一敺之說以斷好仁者之必可爲也

今之欲王者兩節另提一意起言平日既無積久之功今日不可無必爲之志是又寬一畜之說以斷欲王者之猶可爲也及今不

爲乃如詩所云耳兩箇今字期望甚切

孟子曰自暴章　三節

自暴者是剛惡喚不醒的故不可與有言自棄者是柔惡激不起的故不可與有爲言非禮義四句是自暴自棄註脚曰禮義曰仁義特就其言就其自謂不能者分別凡不知其美者必從外面淺近處非毀故曰禮義知之而不能行者是不能從裏面體用處行出來故曰仁義而其實總是箇仁義所以下文竟言仁義兩人字雙承上文兩自字即指其人當身說猶云仁義非他本是你自家安宅自家正路柰何曠之舍之正所謂自暴自棄所以可哀

孟子曰道在爾章

此章據白文集註俱甫截了當是論道術非論治術首二句且虛
說道字是天理之自然事字是人爲之當然如親長便是道親之
長之便是事豈不在邇在易則只消人人親其親長其長而天下
自平何必求諸遠且難哉大全達說主倡率說蒙引亦本之教養
作治道解似皆添設

孟子曰居下位章　三節

此章以思誠爲主思誠在明善之後便本是懸空思索實有身自
欺工夫由誠意包到誠身處故集註曰思誠爲脩身之本而明善
又爲思誠之本此本字作先字看葢明善是知先於行思誠是由
明入誠而脩身是知行兼到首節從獲上信友悅親逆推到誠身

便見得動物與不動物全在誠身與不誠身了則思誠之功烏能
自已故第二節用是故接下誠者天之道句亦主人身上說惟推
原人之身本有此誠所以不可不思誠也末節說至誠亦由思誠
以造其至卽如中庸由致曲說到至誠能化一般動字是思誠之
效末句卽是反身不誠不悅於親之意此章思字猶所謂我固有
之也弗思耳矣及思則得之不思則不得也思字正是孟子盡心
工夫下手處

孟子曰伯夷辟紂章　三節

首節據白文本言伯夷太公歸文王耳集註則曰來就養非求仕
也此恐人見太公後來佐武王伐紂遂以其來爲求仕或看壞了
伯夷太公故辨之次節本言二老歸則天下皆歸之耳集註又引
蕭何所謂養民致賢以圖天下云其意則有公私之辨不可不察
此又恐人看壞了文王故辨之此章首節重伯夷太公四字以下
文要說二老歸之也後兩此節重西伯善養老者以下文要說西
伯善養老也

孟子曰求也章　三節

此章專爲戰國以善戰者爲第一等功臣故孟子偏以第一等罪
罪之首節是引次節是案末節是斷富強本皆是仁政之害前引
富國之罪說起正所以甚強戰之罪爭地爭城一段此定案也彼
連諸侯以敎之戰變爲井田辟草萊把土地分授於民以養其戰

本是一條路上人然猶爭地爭城所謂率土地而食人肉者斷之
則罪無有過善戰者而次之俱對善戰者爲次非又分輕重須看
君不行仁政而富之句棄於孔子者也況於爲之強戰語意是就
皆棄之外特標出一箇大罪來皆字原包得廣故後又引兩箇次
之者以甚其罪

孟子曰存乎人章　二節

此孟子又就知言中更加一箇觀人之法人惟不禁其本心發見
便是固有之良凡存乎人者原在胷中不獨在眸子惟眸子不能
掩其惡是眸子好處下文兩則字正是不能掩其惡下節又兼聽
其言說以見人卽有能掩其惡之言必無能掩其惡之眸子故觀

其眸子正是觀其胷中所以莫良於眸子

孟子曰恭者不侮章

此章是爲侮奪人之君言恭儉之實則主向外說恭儉之實事非空空在心上說凡恭者儉者自然以不侮人不奪人之心行出不侮人不奪人之事不是外面妝點若侮奪人之君其心惟恐人不順其侮奪則不恭儉之甚者矣豈可以聲音笑貌爲恭儉哉故掌引解侮人奪人兼本國鄰國說謂在本國則不能禮下不能取民有制在鄰國則無故而加之兵無故而侵其土地皆是侮奪此說與戰國時甚合

淳于髡曰男女章　三節

此章淳于髡發問本意專爲要孟子說出箇權字以申今天下當從權以援之殊不知孟子平素守先王之道固無日不以道援天下唯援之以道則權即在道之内若離了道從何處用權援嫂溺則以手爲權援天下則以道爲權髡乃疑其不援是但知以枉道爲援而不知以守道爲援故集註言直己守道所以濟時枉道徇人徒爲失已

公孫丑問曰君子章　四節

此章特爲不可責善之子而發非謂爲父者盡如此曰教者必以正以正不行繼之以怒此是正論至於易子而教以全父子之恩此特爲不可責善者又寫出箇爲父之心耳責善即是教以正離

即是相夷不祥即是惡後兩節即上兩節意但第二節是說明所以不教子第四節是說明所以易子而教

孟子曰事孰爲大章　四節

此章以事親起以事親收煞皆爲事親而發但事親在於守身故首四句文雖對舉意實相承曰事親爲大是以事親爲第一件事曰守身爲大是以守身爲事親第一件事此守身便包養志在内了論語父母唯其疾之憂朱子謂人子體此而以父母之心爲心則凡所以守其身者自不容於不謹矣豈非養志而何故不失其身四句一正一反已說明了事親必在守身孰不爲事四句又以本字申明大字葢事親之外非無事然未有不本於事親者所以事親爲大也守身之外非無守然未有不本於守身者所以守身爲大也此處以守身爲守之本與别處泛言脩身爲本不同須根事親來曾子養曾皙兩節專爲事親引証養口體養志俱就好的說末節可字只指養志說養志便脫不得守身唯曾子無一時無一事不體親之志只一餕餘亦在志上用心則未有能養志而失其身者故只以養志結之可也二字不是板定要如曾子之孝亦是人人做得來話

孟子曰人不足章

通節一氣注下直到末句方應起意言用人立政之本在於君心格君之本在於大人之德重唯大人爲能五字唯大人正已而物

正故程子曰欲格君心之非者非有大人之德則亦莫之能也德字卽仁義字唯大人以仁義格君心故君仁君義君仁君義則君正君正於是用人行政莫不盡仁盡義而歸於正是一正君而國定矣曰國定見得人不足適政不足間也

孟子曰有不虞章

毀譽雖不盡出於意料之外然亦有不虞之譽有求全之毀故使人全不顧毀譽非所以自攷使一味顧毀譽亦非所以自信集註云是以脩己者不可以是遽爲憂喜觀人者不可以是輕爲進退二義竝舉最爲詳備尤以前一義爲主

孟子曰人之易章

謹言固是君子本領何待有責而然故集註謂是常人之情非君子之學此卽人偪過然後能改的意爲常人言之也

孟子曰人之患章

集註云若好爲人師則自足而不復有進矣是從好字看出患字來專爲自足而不復有進者說非患在爲人師

樂正子從 連下 孟子謂章 共四節

讀此兩章知人不可恃其平素爲人把隨便一事看得輕忽如學古之道是樂正子平素爲人從子敖之齊是樂正子偶處一事正子豈爲餔啜之人其本意只是之齊見孟子却把從子敖之齊看得輕忽初不意其與生平大相剌謬不知人之失已盡有求其說而不得者便有不意其然而然者矣玩徒字不意字令人通身汗下無以自解本說一事旣分爲兩章則前三節未可說破首節竟記正子之齊之由次節竟記正子見孟子孟子又另說一箇不意其差而差處使之自悟三節竟記正子勇於受責後一章方說明其實是一篇文義

孟子曰不孝有三章 二節

此章是原心之論首節卽爲舜不告而娶伏案下節是斷爲無後三字是人心所同聖人爲人倫之至亦爲其同然者而已故曰猶告

孟子曰仁之實章 二節

此章言天下之道皆原於孝弟集註云仁義之道其用至廣而其實不越事親從兄之間則實字如果核之實猶孝弟爲仁之本本字凡仁義以性言之則事親從兄由仁義發出來以道言之則仁義由事親從兄發出來故此章集註以愛敬言仁義所以別於惻隱羞惡之說也天下之道有仁義則有智禮樂未有於事親從兄或知之不明守之不固而能廣智之用者則智之實在是未有於事親從兄或多儀而不節或徑情而不文而能廣禮之用者則禮之實在是至於樂之實亦唯有樂斯二者而已樂則愛敬之心自然從根本上生發出來一生發便自然充長不能自已有不知其然而然者矣樂則生以下總是形容一箇樂字作一句讀非有三

層接續

孟子曰天下大悅章　二節

此章全重舜盡事親之道而瞽瞍底豫句上文不得不順是逆翻到此句下文天下化父子定是從此句順推出來天下大悅至惟舜爲然是懸空想舜之心如此不是實事不得乎親四句亦在舜心上說集註云得者曲爲承順以得其心之悅而已順則有以諭之於道心與之一而未始有違尤人所難也則是上二句特趕重下二句順乎親順字不是曲爲承順之順故集註先補出道字便見得舜盡事親之道而瞽瞍底豫正所以順乎親也瞽瞍底豫全從盡事親之道來則下兩段重子一邊俱以盡事親之道爲主惟

瞽瞍底豫而天下之爲子者知無不可順之親而化於孝故天下之爲父者亦無不可底豫而化於慈則是瞽瞍底豫而天下父慈子孝各得其道是爲父子者定也定字即在化字內看出孝至於天下化所以爲大孝

孟子曰舜生於章　四節

此章注意在末節本欲概論先聖後聖道無不同特引舜文做箇樣子東夷西夷猶云東邊西邊不必泥極東極西故但曰千有餘里從地之相去及世之相後說來則先聖後聖亦兼時異地殊在內一字從揆字來惟能揆之而隨事當理故無不一非死煞板子曰文未嘗說道字集註兩箇道字從行字揆字補入行便是行其道揆便是以道揆之也得志行乎中國註主爲天子爲方伯說此正從不同處看出同來行字便照揆字若合符節便照一字末節方發明本意

子產聽鄭章　五節

此章孟子特借子產乘輿濟人一事以論爲政非深貶子產子產固惠與義並行之人即乘輿濟人亦一時惠人之心如此非遂欲違道干譽特以其聽鄭國之政則既有聽政之權又有憂人之心何以徒發而爲惠不發而爲政故曰惠而不知爲政第三節即就濟涉言王政一事以見濟涉亦不在乘輿第四節與下節一正一反乃推廣言之前集註所謂有公平正大之體綱紀法度之施皆

在君子平其政五字內包足說箇行辟人可也則凡所謂殺之不怨利之不庸者皆無害其爲政矣何必以惠濟人說箇每人而悅之日亦不足則凡所謂驩虞小補者皆無當於爲政矣惠何足以濟人

孟子告齊宣王章　四節

人臣之心本不應論報施此章節節提君字爲主此爲君言之非爲臣言之也齊王舊君有服之問專爲寇讎一句以爲去國尚有服豈在國而視之者是故後兩節一曰此之謂三有禮焉則知君先以禮自處所以有舊君有服之說此是答何如斯可爲服之問一曰此之謂寇讎則知君先以寇讎自處所以有視如寇讎之說

此是釋其所疑之意諫是閉邪言是陳善膏澤下於民便實實有華懋與利之政以及於民人臣所以愛君者全在此此章亦是孟子法語之言與齊宣王問卿章畧同

孟子曰無罪章

此章可以二字言去者不可見幾而遲議者亦不得議其人早稍遲將有欲去而不能者矣東坡范增論立意本此

孟子曰君仁章

此二句照輔氏說言人君當以正己爲先是即人君躬行仁義而其下化之無不仁義的意與上篇此二句專指用人立政者不同但此處雖指君身而心亦在內未有仁義不本於君心而能莫不仁莫不義者

孟子曰非禮章

此章說箇大人弗爲則二者之蔽苟察理不精雖賢者不免如禮之無不敬也其非禮易明然有一種非禮之禮或過乎恭而以爲恭或過乎哀而以爲哀之類誰能察之義之無不宜也其非義易明然有一種非義之義或與之而傷惠或死之而傷勇之類誰能察之唯大人知之素明自不惑於疑似之際行之素熟自不淆於兩可之間故弗爲之集註隨事而順理因時而處宜不必分配禮義重察理不精句

孟子曰中也章

此章責重父兄說養字不止是敎字棄字不止是不敎看集註涵育薰陶俟其自化則知凡責之太難期之太急皆是棄之則父兄之賢與子弟之不肖便相去無幾中以德言才以能言賢兼才德言樂字便有歡欣鼓舞從涵育薰陶來不是癡兒氣象

孟子曰人有不爲章

程子曰有不爲知所擇也橫渠亦主此說謂不爲不仁則可以爲仁不爲不義則可以爲義此如攔截了一條邪路方專走正路存疑以伊尹証之最是非如老子守雌之說

孟子曰言人之不章

新安陳氏曰隱惡是忠厚之道亦遠害之道此語當佩

孟子曰仲尼不爲章

此章是孟子專論仲尼非輕以仲尼比己甚者集註云聖人所爲本分之外不加毫末此本分謂事事物物各有箇當然之理便是本分若於當然之理再過些子便是已甚聖人不是不欲爲已甚自不至已甚也者字說得自然此即聖之時時字

孟子曰大人者章

此節作一句讀不必二字照集註作不先期必於信果解惟不先期必於信果則事有前日當如彼今日又當如此者各有時宜方是義之所在若必信必果便預先執了一見不知時宜矣唯大人只是一箇義故有時信果亦是義不信果亦是義外註亦詳

孟子曰大人者不失章

此章言大人不失其赤子之心此心字亦主義理之心說方是性善本旨故集註雖補出擴充一意說到無不知無不行然玩是以二字究竟根不爲物誘而有以全其純一無僞之本然爲做工夫的本領此是朱子恪遵孟子處也若脫却擴充工夫而專守箇赤子之心豈赤子之心果能盡無氣稟所拘而不待擴充乎按張子曰合性與知覺有心之名則使一任知覺爲心總通達萬變可爲大人乎故學者又當恪遵集註方不錯認不然恐像了體認本來面目以致良心爲照心則去朱子遠矣

孟子曰養生者章

此章但論孝子之事非以心言古人一日養不以三公易則養生亦有後日之悔孟子言此專爲殯葬之時更有必誠必信舍是無以用其力者故上句即照下句相形非輕一件重一件的意

孟子曰君子深造章

此章專爲學者欲其自得之而發工夫全在首句程子以潛心積慮解深字是不淺求之猶所謂勿忘的意以優游厭飫解造字是不急求之猶所謂勿助的意而尤重以道二字言必有箇持循方法如學問思辨之類積漸做去以俟夫默識心通方可自然而得之於己也程子言自得與有所安排布置者不同則專主自然而得之於己不必又夾雜自得之於己之說下文三箇則字俱在首

句一氣貫足亦自然之辭蓋苟非自然而得之於己者便如倖致之物雖勉強襲取終非我有如何能居之安苟非自然而得之於己者便是有盡之物雖一時取給久之漸少如何能資之深苟非自然而得之於己者便是無根之物雖多方求之不能盡遇其本來之處如何能取之左右而逢其原惟其皆由自得來故君子工夫必要深造必要以道非此無以自得則非此無以居安資深而逢其原也自得得箇甚麼逢原逢箇甚麼曰孟子之致知性復性而已得之逢之總是這件猶之大學知止至能得知之得之亦總是這件一般

孟子曰博學章

看集註不可徒博不可徑約是上下截俱重但看將以二字語意趨下中間詳說之正是要反說到約處兩箇說字便是會通工夫不是會通了又去裏面尋箇約來集註融會貫通四字曰融會是把散殊者融做一件曰貫通是又把一件貫串散殊蓋衆理之所會即一理之所通無不融便無不貫也俱主工夫說

孟子曰以善服人章

此章人字指當時諸侯言以善服人是幸人之不善欲以己之善去勝人如齊桓會首止而定王世子晉文盟踐土而率諸侯朝王之類以善養人是閔人之不善欲其皆歸於善如湯之於葛再三教之不欲其弗祀之類善不外仁義但有霸術王道之分服人人

字與服天下有別服天下是使天下皆服猶所謂天下信之

孟子曰言無實不章

言之不祥者亦不少但其實有蔽賢之言當了去此實字如果核之實許多不祥皆自此生出來也何蔽賢者甘心當之何聽言者信讒不悟

徐子曰仲尼亟稱章 三節

此章從何取於水發論俱是論水重有本二字原泉雨集此有本無本之分首節曰有本者如是是之取爾是解孔子所以有取於水如是二字兼指上文無間斷有漸次有會歸未嘗露如人有實行的意下節急轉苟為無本四字便句句與上節相反故聲聞過情君子恥之此是孟子補入一意集註因釋此二句謂如人無實行而暴得虛譽不能長久故於前節亦預先補入如人有實行一句然而兩節末二句一是為孔子斷之一是孟子自家斷之不必扭合

孟子曰人之所以章 二節

此章幾希二字亦是孟子道性善本旨猶所謂道心唯微微字專指人之所以異於禽獸者全在這點不同故曰幾希不可看做是善惡關頭作審幾幾字解玩集註曰其不同者獨人於其間得形氣之正而能有以全其性為少異耳即此兩句便兼兩義曰獨得形氣之正是指原來之理生而異者說曰而能有以全其性是指

後來學問用功說則分明把存幾希作全其性說了而戰兢惕厲乃其存之之功夫也君子存之此君子通管到舜禹湯文武周公孔子及子私淑諸人以見天下後世皆賴有君子存此幾希有以使庶民與斯無邪慝非徒獨善其身以別於庶民去之而已首節言存幾希本旨四章而次節乃從舜始此亦如道性善必稱堯舜之意非謂舜又在君子之外只是性之之聖其所受之正者合下完全凡庶物人倫皆有本然之理在聖人則先得其本然之理而生知安行一齊俱到明則有以識其理察則有以盡其理之詳不待存之而心之德愛之理不假外求不待存之而心之制事之宜不假外求故集註曰仁義已根於心而所行皆從此出非以仁義為美而後勉強行之所謂安而行之也此節已把幾希說到仁義便顯然是性善名目故幾希即是所存乎人者仁義之心直到夜氣不足以存則其違禽獸不遠矣此所謂去之也

孟子曰禹惡旨酒章 五節

此章是敘禹湯文武四事而以周公承之各舉兩件相足總是一箇憂勤惕厲之心見得無事不然皆是論心不是論事禹兼好惡為一事此即遏欲存理唯危唯微之心也湯兼執中立賢為一事此即立政用人無過不及之心也文王兼視民望道為一事此即治人脩己不自滿假之心也武王兼不泄不忘為一事此即主一無適敬勝怠之心也遠邇包人與事幷地與時在內周公兼思與

施爲一事思則從不合處必求其理以見古今之事原有時異勢殊事不同而理同故思則得之施則從既得後便急於行之以見古今之事理既同則事無不同故與時偕行即所謂先聖後聖其揆一也思與施原是一箇心貫串此章内執中就事物上說若未發如何執得

孟子曰王者之迹章 三節

此章是根前兩章來脈而以孔子承之首節重迹熄不重詩亡因迹熄而致詩亡則詩亡特迹熄之証故春秋爲迹熄而作非繼詩亡也集註釋詩亡指正雅不及變雅若變雅何嘗不載幽平諸什惟東遷以後政教號令不行而朝聘燕饗之詩不作所以黍離之

詩雖周之大夫所作似宜歸之於雅然其閔周室之傾覆辭意悲怨則施之燕饗奏之朝會皆非所宜實同於風土謠俗之作故曰黍離降爲國風而雅亡第二節本重孔子所作之春秋乃追說到魯國所紀之春秋并帶晉楚說來以見當時列國各有史官掌記時事此亦本周制非列國之僭但未經孔子筆削之先其始爲魯之史者無以異於列國之史則既經筆削之後其後之爲經者已非列國之史而爲周之史矣所以前此天下但知其事爲桓文之事而不知其事之有功有過但知其文爲史官編年紀月之文而不知其文之有予有奪必待孔子斷之而後知有其義在内其義即是王迹此王迹所以熄而不熄也通章至此方說明本意是則孔子憂勤惕厲之心

孟子曰君子之澤章 二節

此章是根前章孔子來脈言聖人之澤尚存孟子不得不憂勤惕厲以繼孔子的意五世不必泥亦不必泥一孔子爲小人但說箇道統相傳有位無位總是一様以起下節道當有屬耳人字即論語所謂未墜於地在人人字亦不必泥定謂子思之徒

孟子曰可以取章

此章亦是察理不精之病以取者爲傷廉是就不好的說以與者爲傷惠死者爲傷勇是就好的說不好的病人知之好的病人不知故孟子先舉傷廉以例下二者以見過猶不及集註曰可以者

畧見而自許之辭可以無者深察而自疑之辭凡人只是依了畧見而自許不肯依深察而自疑不知誤了許多事

逢蒙學射章 二節

起處先敘逢蒙殺羿之由後即用孟子曰是亦羿有罪焉一句突然翻案却是定案隨就孟子口中引公明儀一語又作一折隨用曰字接下申明宜若二字的意一句一轉如層波叠嶂下節竟引子濯孺子之事借端人取友必端一語爲羿罪案書不復再舉前事此章奇峰奇格便開蘇家父子最勝筆法

孟子曰西子蒙章 二節

此章是比體見美惡無定質以示戒勉的意兩則字甚緊言人苟

喪善雖西子無可自恃何況不如西子者人苟自新雖惡人無可
自棄何況不至如惡人者雖分兩段然文義相承說下

孟子曰天下之言章　三節

此章遵程子說專爲智者而發以利字爲主曰故者以利爲本便
見得言性者雖因情以驗性然使徒就發見處爲已然之迹則爲
善固有發見處爲不善亦有發見處故此處而已矣三字尚未叫
斷只看集註云然其所謂故者又必本於自然之勢然字轉下而
下文又云若人之爲惡水之在山則非自然之故矣可見故字內
有自然之故亦有非自然之故所以必本於自然者方可言性也
第二節只承以利爲本說去鑿字正與利字相反只看亦字他只

是順其原來本色何嘗有做作畧有做作便是鑿了此節逐句推
詳出來不是惡智者盡學禹之行水只是惡智者學禹之行所無
事兩箇亦字是人無有不善的隱語末節千歲之日至其已然之
迹亦有自然之理在內首節既說故者以利爲本則苟求其故亦
求其利之故以申明不必鑿的意故集註曰又何以穿鑿爲哉

公行子章　三節

孟子只是重朝廷之禮若不應歷位不應踰階即非王驩亦不得
與之言非有意鄙驩也即孟子聞之而言此亦是欲人明禮不獨
爲王驩置辨不可看聖賢度量容不得一箇小人

孟子曰君子所以章　七節

此章存心是說有箇存於心者與泛言存心工夫不同所以異於
人者便暗含爲法可傳的意仁禮照下文愛敬貼惻隱辭讓意不
可看淺了君子以仁兩句集註曰以是存於心而不忘也不忘二
字便見得君子有終身之憂別無一念間斷了下文一連五節言
施言驗言三箇必自反俱在存心內包足唯仁禮存於心而不忘
故時時發出愛敬來若不能施未爲存心唯仁禮存於心而不忘
故愛人敬人我感而人應若施之而無其驗未爲存心即到人終
橫逆不能自反亦未爲存心故自反二字即是上文存心又即是
下文憂字故末節竟用是故接下以有憂無患兩句直截斷定憂
是憂我的不仁無禮患是患人之橫逆所憂所患下文分作兩段

看乃若所憂至而已矣作一段獨舉舜者此非因說橫逆故以處
人倫之難者言之是遠下爲法可傳說去是說仁禮能化天下後
世鄉人是說仁禮不能化橫逆曰如舜而已矣猶云必如舜而後
乃可已原是終身憂的意言著鞭非駐足也若夫君子至不患矣
作一段非仁無爲二句亦即是存心無虧欠無間斷處言只好自
家做工夫何暇責備他人故又找一句如有一朝之患則君子不
患矣不患即包在憂字內故有憂無患不平

禹稷當平世章　七節

此章玩集註前後四箇心字則所謂同道而易地皆然俱主聖賢
之心說首二節以當平世當亂世六箇字爲伏案孔子所以賢之

便從此二六箇字有心相照處與論語贊顏子有別第三節所謂同道孟子又下一斷語其意尚在下文第四節單以禹稷之思言是以如是其急而顏子之不急却在言外則第五節説易地皆然便當側重顏子能爲禹稷一邊蓋以孟子之地與顏子畧同此即孟子自爲寫照也且看後兩節引喻其説法亦不平故此章前三節雖雙起雙承以後白文原不板對

公都子曰匡章章 五節

凡觀人之善必察其所安觀人之不善亦必察其所不安此亦是因事而原其心也故此章專重心字章内有三等人在内世俗所謂五不孝是一等當絶的人而章子不在數内章子所以稱不孝者由父子不相遇來其父子所以不相遇者由章子之責善來以責善而傷天性之恩是一箇得罪的章子以得罪而不得近以養其父遂終身亦不受妻子之養是一箇知罪自罰的章子故曰是則章子已矣此句正與章子有一於是乎憋應總是其設心有不安處特哀其志而不與之絶耳

曾子居武城章 三節

此章文義雖與禹稷顏子章相類然玩集註君子之心不繫於利害惟其是而已則議論有别蓋君子之心以是非爲禍福不以利害爲禍福道當遠害則遠害是道道不當遠害則害亦是道所謂天下之動貞夫一而已矣不繫於利害也師也臣也是眼目父兄與微字對作尊字解非謂父兄不爲子弟死不繫二字正是不疑惑不恐懼不動心的淵源

儲子曰王使人章

此章重人字不重堯舜字無異於人便無異於堯舜

齊人有一妻章 二節

此一幅求富貴利達圖也今之所以求富貴利達者有道乎曰有齊人驕足之道是彼驕人者方居之不疑何有乎妻妾之羞泣此在君子自當看破故曰由君子觀之

四書斷卷之十七終

四書斷卷之十八

武塘用心屺冠瞻甫著　門人蔣光祖孝培氏參訂

孟子

萬章問曰舜往章 五節

此章不是極高舜之大孝只發明舜之心不過是終身不失人少則慕父母之心便是大孝首節怨慕未可說明直到夫公明高至於我何哉方答明得怨字蓋舜之心視父母未有不我愛者故曰我竭力耕田共為子職而已矣而已矣三字是說子職外原無一些虧欠處不是說我竭力已盡了曰父母之不我愛於我何哉何哉二字是說在我必有箇不好處若一日不在自心上尋求箇子職未盡之罪出來便是懟了孝子之心不若是懟也此孟子又從公明高意中推原出舜之心如此帝使其子節是述舜之實事以見怨慕之心不獨歷山時為然即登庸後其心常自如此事之者就之者遷之者作三段遞下總要反照出如窮人無所歸一句此句前應怨慕後應憂字最為迫切天下之士節又推舜之心以解上文之意兩節一串說人少則慕父母六箇字方單提出慕字的本原以見聖人與常人同是箇赤子之心特常人不能不因物而遷聖人只是到底不失所以終身慕父母耳五十而慕即終身意若人人能守少時一慕便是人皆可以為堯舜

萬章問曰詩云章 四節

此章前兩節論舜之娶及堯之妻後兩節論舜之待弟皆以人倫之變原聖人之心故總註云舜遭人倫之變而不失天理之常也據尚書所載舜側陋時亦既烝烝乂不格姦則其娶已在歷試諸艱之後萬章所述事不必其果否孟子特就事原心隨問隨荅以見舜之心視父母未有不我愛者則廢大倫必非父母之心視其弟未有不愛兄者則鬱陶忸怩正是愛兄之道發見處故告則廢大倫以懟父母則便以不告為天理之常象憂則便以憂為天理之常象喜則便以喜為天理之常曰誠信而喜之見得聖人只是一箇誠絕無別樣念頭夾雜何處容此一偽帝之不告其心一舜之心

萬章問曰象日以章 三節

此章以仁字為主親愛是仁之實富貴是親愛之實封之是富之貴之之實舜流工共四句在萬章口中只為誅不仁引例以明象不該封孟子先以仁人之於弟六句言仁人大概如此而後以封之有庳四句言舜之封象猶之仁人之心不知有前此怨怒并不知有後此之暴彼民也此兩節是說明封之

末一節乃解放字雖言使吏治其國而象不得暴彼民以釋有庳之人奚罪之疑然雖然一轉原欲象無吏事之拘得常常而見之故源源而來舜之心并無禁他暴民之意則惟有親愛之而已矣引書不及貢以政相連作一句讀言不待諸侯朝貢之期以政事

接見有庳之君所以得常常而見之也

咸丘蒙問曰語云章 四節

此章專爲君不得而臣父不得而子兩句不經之語發出兩段議論自堯老而舜攝至二天子矣是說必無臣堯之事自普天之下至末是說必無臣父之理而其要只在堯老而舜攝一箇攝字便斷定了舜典所謂汝陟帝位正月上日受終於文祖一件大案以見雖堯禪舜而君臣之常勿以易也曰堯老而舜攝則堯在時舜固未嘗爲天子矣又引堯典及孔子釋堯典之言說到堯崩之後原以天子之禮待堯以証無二天子則益信堯在時舜未爲天子堯何由北面而朝之

第二節咸丘蒙說詩既謬則只消與之解詩而非臣之疑自釋北山之詩辭也勞於王事而不得養父母志也猶之雲漢之詩辭也憂旱志也若不以意逆志則以辭害志者多矣至第三節方以孝子之心正斷之孝子之至四句猶泛說至字是窮其心之所至下四句方貼舜說兩箇莫大乎下一箇更難尊猶是身後可追養則雖帝王亦有親不逮者故惟舜則有尊親養親之心兼有尊親養親之事所以爲尊之至養之至可見舜爲天子唯有尊其父養其父必無臣其父之理引下武之篇亦概指尊親養親之心以見孝不同而思無不同此則字不是板定樣子若泥武王所以孝文王者與舜相形便有不同處矣引書禹謨篇猶所謂舜盡事親之道而瞽瞍底豫見得父反見化於其子此父不得而子之語所由來也此句輕

萬章問曰堯以天下章 八節

此章是一篇絕奇絕大文字第一句霹頭一翻說箇天子不能以天下與人以下皆發明此句雖以天與爲主却以人與驗之非如後世矯誣之說章內行與事二字是有天下的根本集註謂行之於身爲行措諸天下爲事包德業在內所謂薦之於天者薦其行與事也暴之於民者暴其行與事也百神享之享其行與事也百姓安之安其行與事也通章五問五答若一言道破只消首兩節便已說完乃第三節把天與之者故意作諄諄然命之一難以下

遂層波疊嶂又生出三箇問答許多議論直待使之主祭兩段一箇也字收煞見天與之者全在民與之方發明得天與的意方發明得天子不能以天[illegible]與人的意此處已結前說

舜相堯二節乃專爲後[illegible]世藉口天與而其實是篡者立萬世之防故又[illegible]舜攝位之久與[illegible]位之時迫於朝覲訟獄謳歌者以見唯人與之者也故曰天也引泰誓即根上文朝覲以下一段以証天與必視民與正見得天與之故曰天子不能以天下與人

萬章問曰人有言章 七節

此章以天與賢四句爲提綱以啓賢能敬承一句爲定案蓋賢在賢則與賢賢在子則與子是天之與賢與子一而已矣首節以舜

薦禹而民從之者爲天與賢一箇成案以引起禹雖薦益而民乃不之益而之啓則天之與子可知矣然必待第二節方發明民之所以從舜而不從益之故全在子之賢不肖而相之歷年多少特帶說莫之爲而爲四句推開説以見天意自然如此天與命本只一理命即包在天之中集註云以理言之謂之天自人言之謂之命則以天爲總主而以命爲交付於人身上説天如家主一般家主大概無私意厚薄但在童僕即使同一職任各有遭逢不同便是命該如此故樂天知命者正是樂天之無私而知我各有命也不是自家做成故曰莫之爲而爲不是有因而至故曰莫之致而致此處已荅完了正意

匹夫繼世兩節又相承説下匹夫一節是引起話頭歸重在天不輕廢繼世以補出箇萬世之防伊尹相湯一節是述伊尹不有天下之事見得天不輕廢太甲所以伊尹不有天下周公一節是推周公所以不有天下之意亦以天不廢成王之賢故猶益之於夏伊尹之於殷也此三句照本節文義則周公是主照章旨則益是主通章唐虞夏殷周俱已包括故又引孔子曰一節作一總結其義只指天與爲義禪繼二字正與前與賢與子照應

萬章問曰人有言章　九節

此章拏定了堯舜之道爲伊尹本領蓋因後世功名一流原不知有道義自謂幹得幾分事業便藉口古人小屈大伸以自爲地步此伊尹割烹要湯之説所由來也故此章喫緊處全重非其義也兩段是就樂道內想見其爲人如此凡人亦有大節不虧而不矜細行者亦有兢兢小節而臨大事不及持者俱非大任之器故必須平素辭受取與無大無小一於道義而不苟則一生有爲有守其素所蓄積已定所以第三節第四節第五節竟就湯聘時述尹之言以驗其出處前一箇吾豈若見得樂堯舜之道者必達可行於天下而後行此即後面或遠或去的意後三箇吾豈若又見得樂堯舜之道空言不如實事此即後面或近或不去的意前節一串說下而其所以必欲親見之者正以天意所在不得而辭耳天之生此民一節又述尹之所自言者以申明應聘之意是欲以斯

道覺斯民非若後人揣摹當世之務圖度所以親見之術也故第六節即就尹之言推尹之心謂其思如此故其任如此思字亦從樂道來此處已把伊尹本領説完雖已見得必無割烹要湯之事却未點破

第七節吾未聞以下乃專照要湯補出潔身一説此是概論聖人以證伊尹必無割烹之事不是以伊尹證聖人之潔身或遠二句側重近與不去一邊以明聖人之行不同聖人之道則一故第八節幷將要湯包入道內蓋即就上節聖人之行斷之潔則不要要則不潔其非割烹要湯明矣末節又引誥伐夏救民以明其自任如此

萬章問曰或謂章 四節

此章斷孔子不苟所主以平素安於義命者斷之自於衛主顏讎由到孔子曰有命是孟子述其事述其言曰有命便破了主我可得一句孟子以爲卽此便見得孔子平素進必以禮而不輕進退必以義而勇於退其所以難進者謂得之有命存焉其所以易退者謂不得有命存焉故安之也若主癰疽與侍人瘠環是義當退而不退則無義命不當得而倖其得則無命矣此處只消用義字不必以義該禮

不悅於魯衛一節因孔子去衛適陳時方當阨而猶擇所主此亦是証平素不苟主的意又因貞子而紀其始爲宋司城今爲陳侯

周臣不過發明貞子之賢以証孔子擇主的意俱是以客形主不重敘他事末節言人品各以類從則近臣如癰疽侍人其所爲主必無孔子豈遠臣如孔子而所主乃癰疽侍人乎上句伴下句說

萬章問曰或曰章 三節

此章頭緒從百里奚不諫一句看出智字來從智字又生出賢字來百里奚食牛事亦不必諱只是好事者以爲是要秦穆公借此大開箇徑巳捷徑耳第二節是敘事其敘晉之假道宮之奇諫特引起百里奚不諫一句末節是斷語前四段說智後二段說賢而此節頭緒又以知虞公之不可諫而去之秦第一段爲承上起下一箇挈領唯知其不可諫而遂不諫知其不可諫便知其將亡而先去之此兩箇智字是從知虞公之不可諫來而其所以去之秦者是知穆公之可以有行也而相之則又從知亡者而知與又生出一箇智也至因相秦之功業而以賢歸之又說賢者必不自鬻以成其君可見百里奚其始窮困則有之只不是以要秦穆公故曰好事者爲之也

孟子曰伯夷章 七節

此章照總註作兩段議論解自前五節列敘四人而趕重到孔子聖之時而因以集大成斷出孔子所以不同處此註所謂三子之行各極其一偏孔子之道兼全於衆理是也至末節方發明聖由於智此註所謂所以偏者由其蔽於始是以缺於終所以全者由

其知之至是以行之盡是也

凡造其極而無勉強者皆謂之聖但偏全不同集大成是借用字面故下文遂以樂之大成金聲玉振釋之可無疑於大成矣又就金聲玉振而以始條理終條理釋之可無疑於金聲玉振矣然後因始條理終條理而復挽到孔子之智聖可無疑於孔子之謂集大成矣始終只是一箇條理始則條理皆始終則條理皆終故謂之集大成智與聖雖貼知行然知行是用功名目智聖是知行已成名目兩箇事字只是一箇地位非工夫此處且以兼全平說智譬則巧二句又譬喻出智聖二字亦明明借用射之巧力字面故下文卽以由射於百步之外三句發明巧力以見智聖所以似

乎巧力者正如由百步之外射去其至是力其中是巧故雖孔子之全德由於智之至所以行之盡也專主孔子說而三子自見於言外

北宮錡問章　九節

此章從諸侯去籍發論故每提天子二字為主以見周之盛時爵祿自天子出內外相馭大小相維尊卑隆殺截然不紊首節一問一答見周室猶在人心以下七節作班爵班祿兩大截看兩截內又各分兩段以天下言之則以天子統公侯伯子男為五等專主為君者說此封建之典也所以內外相馭而體統正以國中言之則王畿以天子為君統卿大夫上士中士下士為六等侯國以諸侯為君統卿大夫上士中士下士為六等皆兼君臣說此命官之制也所以大小相維而名分明此一節是班爵一截

天子之制一節是班祿之通於天下者此一節與前天子一位凡五等一段對天子之卿一節是班祿之在王畿者大國次國小國三節是班祿之在侯國者此四節與君一位凡六等一段對王臣之尊亦居重馭輕之義言其受地所得之祿視侯伯子男而非世受百里七十里五十里之地故畿內之田不憂其不給不言公者公侯皆方百里也不言中下士者當視附庸也此亦言其畧之意國有三等雖皆以君十卿祿提起然君之祿上文已言過此專以臣言之卿祿本厚若不因國為隆殺恐地之所出不足以供大夫

以下其祿寖薄無可更殺照君十卿祿文義說下句句是從上及下則下士與庶人在官者同祿句是主下士說祿足以代其耕句乃主庶人在官者說蓋下士一位本列在班爵一等是已仕之臣不可泥無田為未仕者則下士之祿當定於百畝而庶人在官者事有繁簡則祿亦有差故末節特以農之勤惰分作五等單發明祿足以代耕之義已上五節是班祿一截

末節本旨只為庶人在官者定制祿之差但從此推之則知凡祿俱出自公田故集註因田計食大概以開方法方里為井以百畝食九人積之凡天子之制以下其祿多寡皆準諸此其不皆授田而其受祿之數亦準諸此矣故云提封萬井封建與井地相表裏之說以此

萬章問曰敢問友章　六節

此章重友其德末節尊賢正是友其德也又必如王公之尊賢方是尊賢集註謂當時但知貴貴而不知尊賢故孟子曰其義一也此是立言大意但看孟子文章鑄局處却以友也者友其德也一句先斷定了主意友字指我去友他便專見得他重了我有何可挾三挾中挾貴尤易故下獨詳之孟獻子以下三節層層翻上忽然以然終於此而已矣作一轉[illegible]王公之尊賢便更上一層舜尚見帝一節正是王公尊賢之証隱含共天位治天職食天祿在內末節貴貴是客尊賢是主然此處尊賢二字既在王公尊賢

之後便不止是泛泛敬下之說葢通章注意在王公之尊賢也義
者謂理所固然無可輕重

萬章問曰敢問章 七節

通章主交際說前五節論交際有可受之義而折衷於孔子後二
節卽以孔子之仕發明可受之義一氣貫串七節內八問八答各
就問答爲義第一答曰恭也是答交際之心爲恭第二答曰故弗
御也是答御之之心爲不恭第三節答曰斯孔子受之矣是答不
必御之而以他辭無受已上三節皆言交際之當受
第四節第五節萬章又看得今之諸侯取之於民之不義猶禦也
君子不應受其賜故設一禦人於國門之外者引起下節孟子第

四答曰如之何其受之是言不待敎而誅者乃三代相傳不煩辭
說今尚昭然以答受禦一說至謂諸侯之取民爲不義則旣與不
待敎而誅者不同則王法上說不去且必推其類至於義之盡而
謂非其有而取之者皆盜究竟與眞盜有別則公論上亦說不去
故又說到獵較猶可而況受其賜乎仍應前斯孔子受之之意此
處已答完了交際之當受矣
第六節萬章忽就孔子提出一箇道字來換了交際二字一步緊
一步曰非事道與遂答以事道也曰事道奚獵較也遂答以先簿
正祭器而不以四方難繼之物實之以示本正而其弊自革正是
以道變俗作用曰奚不去也遂答以爲之兆也必待兆足以行而

不行而後去故未嘗有三年淹留則總見得去非得已第七節復
申明孔子之仕有三件此亦根爲之兆說來見行可一件上文已
言魯事是仕魯實事至不得已而又有際可公養兩件此兩件明
明屬交際事了推此則交際皆是爲之兆之心矣事道道字最重
故集註謂事道者以行道爲事也謂見行可見其道之可行也葢
以聖人之去就以行道爲本而特借交道接禮爲之兆此方是本
論

孟子曰仕非爲貧章 五節

此章劈頭提一仕字此爲當時仕者但知居尊食厚而不行其道
者發首句說仕非爲貧便暗定末句行道意而有時乎口氣猶云

泯柰何有此一項則但可揀箇職之易盡不至虛靡其祿者爲之
是爲貧之中亦隱然有箇恥字不容泯滅與由他笑罵者不同故
下文引孔子斷之以見委吏乘田之位雖卑而會計當牛羊長便
是委吏乘田所當行之道只看兩箇曰字及而已矣三字又卽是
下文不言高的意委吏乘田且如此則立乎人之本朝益不容於
曠官矣恥字遡上文來見虛其尊且富者更甚於卑與貧則恥字
比罪字更當不起

萬章曰士之不章 六節

此章本意是欲國君知養君子之道而能養全在能與前三節言
士之所以自處其不敢託者不敢以諸侯自處餽之則受者以抵

自處賜之則不受者不敢以臣自處士遊他國而不仕與民遊他國而爲氓同此主不仕者說故換了周字賜是因能授任而與之常祿故與餽不同

但其受餽亦必須餽之有道故引子思卻餽一事爲例已上皆在士身上說悅賢不能舉三句孟子方轉出本意來其意便重能舉在人君身上說矣故第五節仍以子思卻餽之意說明養君子之道末節引堯之能養能舉者以見必能舉方爲能養故以王公之尊賢結束

萬章曰敢問章 九節

此章總發明不見諸侯之義只往見不義也一句便斷定了不可召意禮義二字正是不可召的本領首節但問不見諸侯則士當引庶人之分自處指出禮字來第二節問召之則不往見之則士又不以庶人之職自處指出義字來此卽爲後面義路禮門伏案第三節突提且君之欲見之也二句振起通篇全勢存疑謂孟子自設問答以見所以不可召者皆在君欲見之四字內喝醒出來下五節反覆翻騰忽引事忽插議論皆申明此節的意雖分多聞是以攷德問業賢足以正君善俗然非對舉多聞特賢之一事故下文都是見賢說話繆公一節言繆公以友求子思氏之召之亦云加禮子思且不悅而況可召與是把召字一翻

齊景公田三節言景公以旌招虞人比其本分尚高一等虞人且

不敢往況乎以不賢人之招招賢人乎是又把招賢人一翻

然則欲見賢人者可不知賢人之道乎其道卽指義禮不以其道卽指召之此節義禮主君子平素說義是制事之權宜故以路言路則隨路走去這可由那不可由就變易之中又有箇斷制在內卽如往役是義往見非義此卽是義之一節不可不由是路者禮是守己之大節故以門言門則預先限定出以是入以是就不易之中又有箇安和在內卽如不敢見於諸侯禮也此卽是禮之一節不可不出入是門者引詩雖似單言義路却兼明唯君子能由一句以見斷斷不可召者以此末節不重孔子以赴召爲義禮只是說有官職者可召而士終不可召以結通章意曰爲其多聞也爲其賢也上下兩曰字有主萬章荅而孟子又荅者亦妥

孟子謂萬章章 兩節

此章全重自巳地位必我能到此地位方可友此等善士故取友於今不論一鄉一國天下皆然取友於古亦必我能友天下士而猶以爲未足方可尚友古人若徒頌詩讀書而不能知其爲人之實則但知前言而不攷其行以知古人之心非所以尚友也上節斯字與下節是尚友也四字俱是難辭故朱子解此章槪主成德言但在孟子教萬章當兼取善之心說蓋天下善蓋一世者能有幾人只是善之量非一世所能盡若取善之心纔退了一步則巳之地位便多虧欠故饒氏云進善無窮巳故其取善也亦無窮巳

取善無窮已則其進善也亦無窮已論其世知論禹稷顔子同道之類

齊宣王問卿章 四節

此章據孟子不過要齊王納諫故因問正對耳集註解兩箇則字作兩樣看前是難辭後是易辭以見大臣之義親疏不同故守經行權各有其分然亦須辨大臣之品及大臣之遇何如故集註又引三仁貴戚不能行之於紂而霍光異姓乃能行之於昌邑不可執一而論也

四書斷卷之十八終

四書斷卷之十九

武塘周心屺元瞻甫著　同里程鵬鳴雲甲氏參訂

孟子

告子總斷

告子病痛只是性不明故屢變其說無所不差若使原曉得性卽理也而不能不雜於氣與程子說善固性惡亦不可不謂之性一般分剖出理是本然之性理在氣中便有清濁昏明之異乃是氣質之性則彼所謂生之謂性與易傳所謂成之者性亦不甚差謬但告子除掉了一箇理字而竟以氣爲性且不論蠢蠢槪以知覺運動言之此說一開後世遂有逃儒入釋甚至陽儒陰釋之流專認知覺運動爲性便專認知覺運動爲善於是釋氏以作用爲性有云在目曰見在耳曰聞在鼻嗅香在口談論在手執捉在足運奔者矣陸象山因之亦遂謂目能視耳能聽鼻能知香臭口能知味心能思手足能運動如何更要甚存誠持敬楊慈湖訓語亦謂吾目視耳聽鼻嗅口嘗手足運動無非大道之用至王陽明因之以敎門人曰所謂汝心却是那視聽言動的這箇便是性便是天理有這箇性才能生這性之生理便謂之仁則陽明所謂仁字又卽是上蔡以知覺言仁告子以食色言仁之類豈非認性旣差則認仁亦差乎蓋理氣本不相離凡異學分內外爲兩截者則必至內外皆非故有謂告子論氣不論性而不知彼所謂氣者又不辨

清濁昏明之氣則幷不知氣質之性也有謂象山言理不言事而不知彼所謂理者特以精神知覺爲理原不是本然之性也凡此者性既不明則告子謂義在外固不是象山謂義專在內其說更不是按象山看義內與致知必要自家預先知得的方爲在內若待外面讀書講求義理便是在外故指朱子爲外義此卽是致知不消格物之說不知學者果能精義而行之無所不宜固由內發其或一時未能見到從學問窮理見得這裏當如此則宜那裏宜如彼則宜反之於心而行之合宜者未嘗非內也此象山所謂在內與告子所謂在外其失一而已矣故象山死朱子曰可惜死了告子

告子曰性猶杞柳章 二節

告子諸章大概是疑孟子性善之說此章以杞柳喻性亦卽後章生之謂性性字有類乎荀子性惡之說耳見得性自性仁義自仁義截然分彼此先後並非性原來有此仁義則其失在一爲字爲字便是戕賊將使天下以仁義爲害性而不肯爲此孟子直[illegible]異端流禍處也禍字猶所謂仁義充塞

告子曰性猶湍水章 三節

此章以湍水喻性集註謂告子因前說而小變之近於楊子善惡混之說亦終不脫生之謂性性字故見得爲善則善爲不善則不善可東可西並非性原來自分東西則其失在無分二字曰無分便是善與惡皆由於使然而不知善是本然惡是使然故孟子直斷定了性善把可使爲不善者盡出在性外正是發明人無有不善的意不是爲兩等人說法

告子曰生之謂章 三節

此章生之謂性四字正是告子立言本意皆因他不明箇理字又不明理不能離氣氣亦不能離理而專以氣爲性故見得有此知覺便知甘食悅色有此運動便能甘之悅之把凡物之嗜欲看做與人之知能一般所以幷不辨氣質之清濁昏明概等之白之謂白由其說豈非以犬之性牛之性與人之性猶之皆謂之白乎孟子此章說性字卽就告子所謂性詰之非以理言告子無以應亦可見不得於言矣其如只是勿求於心所以成告子

告子曰食色章 五節

此章所謂仁內義外亦只從食色說來蓋以食色爲性則言性既粗故言仁義亦粗只說得下一截脫了上一截程子曰仁者生之性也而愛其情也則愛未便是仁愛之理方是仁告子但以愛爲仁故見得愛此食色卽如愛吾弟不愛秦人之弟一般遂以爲仁愛之心生於內也義是心之制事之宜則事之宜未便是義所以義制而得其宜者方是義告子但以事之宜爲義故見得食色亦有宜有不宜卽如楚人亦長吾長亦長一般皆是彼做主遂以爲事物之宜由於外也首節雖以仁內義外並提卻是借仁內以斷

義外故下文四節單辨義外告子以彼長而我長之猶彼白而我
白之爲義外是不知長之之心本在內也故此章喝醒處只在長
之者義乎一句亦已了當乃告子又以耆之有異長之無異猶執
義外之辨是弃不知耆之之心亦有無以異者故因其以食色爲
性又以耆炙通之蓋耆之悅之總是一箇心之所發內則皆內外
則皆外集註前後三箇心字貫串

孟季子問章 五節

此章雖行吾敬三字已足該義內之旨但行字內便有因時制宜
處皆是我主張非因人轉移故必待庸敬二句方發明得透時當
常敬而常敬時當暫敬而暫敬皆憑心上裁制故集註曰因時制

宜皆由中出即如兩箇人這箇人當如此則宜那箇人當如彼則
宜又或同此一人在這裏當如此則宜在那裏又當如彼則宜猶
所謂隨時處中義之所在禮有時而變皆此意也公都子初不能
答特尚未見到此及既經指點遂悟飲湯飲水亦有箇因時制宜
皆由中出則義內不待再辨矣

公都子曰告子章 八節

此章孟子發明性善尤爲層層詳盡前四節公都子述三說以究
性善之旨一說性之渾淪一說性之無定一說性之有定此非惑
於三說只是要借彼發明箇性善出來孟子亦因諸說紛紛更提
出情字才字徹前徹後言之尤爲曉暢乃若其情兩節已斷定了

性善大意惻隱一節作三段解釋人皆有之四句申明情善仁也
四句申明性善只問何以有此惻隱羞惡恭敬是非之心則知原
來有箇仁義禮智而性之本善可知矣自仁義禮智非由外鑠至
末乃申明非才之罪蓋既以情之善驗性之善必要開豁箇非才
之罪使人不得以爲不善累其性則性善方無疑義也唯仁義禮
智我固有之所以求則得之唯弗思耳矣所以舍則失之唯舍則
失之故失之者與得之者其不善與善相去甚遠其病皆由弗思
求思字便有擴充在內故能盡其才如充其惻隱而仁不可勝用
充其羞惡而義不可勝用皆思之功也若弗思則便有陷溺在內
故不能盡其才豈才之罪乎末節詩辭四句雖以天所賦人所得

相承言之然猶未明言有物有則之故秉夷好德之故也自孔子
釋之於上一句增箇故字必字此故字猶言有了這件必有那件
以明天之生人與之氣以成形而有物則必與之理以成性而有
則即此可以証性善矣於下二句增箇也字故字此故字猶言唯
有此一件故好此一件以明民之所得乎天者唯有此所秉之常
性故無不好此懿美之德即此可以証情之善本於性之善矣道
字兼性情說曰則曰秉夷曰懿德總是一理而異其名夫道一而
已矣故孔子曰爲此詩者其知道乎此節引詩及釋詩正以答前
三說皆非

性情才三字先儒分疏最詳或問情與才如何分曰性之發爲情

性之能爲才如仁性也發而爲惻隱情也其能以之親親仁民而愛物則才也義禮智亦然此皆天地之性之所爲也可見性則其足於未發之初人所受於天之理所以未發中已有喜怒哀樂不是空空人生而靜也情則勃露於方發之際如乍見童子入井禁不住惻隱之類此是由靜而動先有箇條理在內隨感而應故發而皆中節亦不是紛然感物而動也才則擴充於既發之後如盡惻隱之才必要到仁民愛物仁不可勝用方能擴充得本然之量若使偶然發動却被物欲阻隔便是不能盡其才者才字亦從性中發出主好的說即使爲氣質用事別有一種爲不善之才究竟是陷溺其心非天之降才所爲也如何算得才之罪

孟子曰富歲章　八節

此章又辨一心字以發明性善是要人識箇理義之心方可以心之所同然者驗性之同不可誤認陷溺之心爲心也其章法亦是一篇逆局文字先從陷溺之心說到同然之心由反入正由淺入深層層逼入直到末節方出正意章內本重一同字首節偏把殊處翻起多賴多暴是富歲凶歲之殊非天之降才獨殊於凶歲子弟其所以陷溺其心者然也麰麥一節只証降才不殊故亦說到有不同處與陷溺意對照

故凡同類者故字接來是承上貫下以推廣物類漸漸引到人身上此處聖人與我同類但說人字未露心字直待後面聖人先得我心句方與此句照應故龍子曰故字又承上聖人同類來屨之相似二句是孟子解龍子之言以起下文口耳目三節遂歸結到心之所同然此理義照上文有同嗜有同聽有同美只就衆人之心粗淺可見處說集註在物爲理處物爲義二語本伊川此物字亦猶事也天下事物當然之理皆性之德而具於心故有一物便有一義皆在心上處置不分內外即如人隨分處一事必當於理合於義則此心乃安人亦以爲當然如口耳目之所同一般豈非心之所同然乎在聖人不過先得此理義之心非有異於我也理義之悅我心悅字便要做得事來以遂自家的心不是空空曉得故曰猶芻豢之悅我口如知其可嗜則必嗜之嗜之則必飽之不然猶恐爲物欲陷溺其心也悅理義猶所謂好是懿德故總是發

明性善之旨

孟子曰牛山章　四節

此章亦以仁義之良心爲主歸重一養字前兩節其層折皆對照一賓一主第三節乃補出養字養字照上兩節兼未伐而保之既伐而復之二意此節雖雙承山木人心實起下節下節便以人心單收操字正是養之之法程子曰敬以直內敬字又補出操之之法操舍二句不平兩則字亦別操之始存舍之即亡存亡便是出入出入無時便是莫知其鄉皆在操舍內見得如此可見心是箇活物不可聽他放逸在外亦不可禁他呆守在內唯有天理乃心

之本體心在天理則爲存爲入離了天理則爲亡爲出故操存者只是於應事接物時事事中理便是存若處事不當理心便亡去了非謂心不可泊一事也故程子單提操之之道說箇敬字敬則兼動靜存養省察工夫方是存心之學大全朱子曰梏如被禁械在那裏更不容他走作亡如將自家物失去了以喻良心爲物欲所制不能自存平旦之氣只是夜間息得許多時節不與事物接纔醒來便有這些清明之氣此心自恁地虛靜少間纔與物接依舊又汩沒了反覆有互換更迭之意這件去那件又來如何存得良心住

孟子曰無或乎章 三節

此章文格最奇矯霹頭先喝破不智一句下便純用引喻以明不智之由至末竟以所喻作結不添一語而意已了然凡人臣所以格君心者必從有萌上著力善端所發正須君子輔益而開廣之乃孟子之於齊王既進見時少無以勝衆邪之交蔽此如物之一暴十寒者是也而齊王之於孟子又聽信不專有以分其心於外誘此如學奕之不專心致志者是也有兩件病痛故設兩喻以斷之使奕秋使字作設使說直貫到末句專心是心之所主專在此致志又是極其志之所向直要學至得手處其權全在學者而誨者末如之何矣故末句竟以學奕之智收煞

孟子曰魚我所章 八節

從來道學之學與文章之學學者毋分爲兩路此章若論學術則拏定了一箇義字爲羞惡之良心層層發明其喫緊處在兩箇心字前五節專爲要斷出非獨賢者有是心也人皆有之二句後三節專爲要斷出此之謂失其本心一句此學術之醇也而前後文勢却層波叠嶂虛實盡變此又是三蘇竊取文章衣鉢而學則蘇氏不醇矣

首節提出一箇欲字便見得人雖當生與義不可兼得之時慷慨殺身從容就義亦是揀箇最快心的事非強其心之所不欲也但首節止說得取舍之分而所以舍生取義之意尚待第二節解釋出來兩箇故字集註雖已說利害之常情不敵理義之良心而心

字白文猶未露節第三節與第四節亦只就上文作一呼一應猶不過申明第二節的意直至第五節是故接下方是結穴處前半說來後半說去俱只爲人皆有是心而發曰賢者能勿喪耳亦重其同處不重其異處第六節所謂弗受不屑者俱主心言本引此爲人皆有之之驗却句句與下文又尋由對照處以見一則得之則生失之則死何等要緊一則於我何加焉何等沒要緊乃鄉爲身死而不受今爲三者而受之豈非失其羞惡之本心乎集註曰物欲之蔽人所易昏只看一昏字則凡美者奉者德我者俱是迷魂陣圖大不如嘑與蹴與者爲成我矣蓋一是醒我一是昏我故人不可不省察於此

孟子曰仁人心章 四節

此章本是發明仁義𨚫提四箇心字貫到底曰仁人心也蓋言仁者人之所以爲心也故人之心不可違仁若混說仁卽心心卽仁便開了以心覓心話頭不消用求仁工夫矣故大全存疑看求放心每主節所以求仁說天下爭言仁義而卒不悟所以求仁由義者皆因不識仁義爲何物不識失仁義爲失何物并不識學問之道其所重者在何事既不知本體所有復不知工夫所存空其脉焉不知求也亦思仁卽是人之所以爲心義卽是人之所以爲路則人不由義直舍其路耳人不求仁直放其心耳豈不可哀則唯有以學問之道教之而已玩集註云學問之事固非一端然其道

則在於求放心而已矣此道字與事字亦有別事則凡致知力行俱是學問之事道則如把舵一般自始至終時時事事挈定箇求放心一條路尋向上去故程子曰聖賢千言萬語只是欲人將已放之心約之使反復入身來自能尋向上去下學而上達也若使脫了學問之道而專務求心不令放逸其所認爲心者徒以精神知覺爲心則與所謂仁人心也本體不合矣其所認爲求放心者又徒向空處尋求則與所謂學問之道工夫又不合矣此非孔孟之心學也前兩節雙提仁義後兩節單言求放心而義已在內體立而用自行皆不在心之外

程子曰心如穀種仁則其生之性是也雲峰胡氏曰中庸言仁者人也此人字指人之身而言此則直指人之心而言言身則人有此身便自具此生理比之他處言仁已甚親切此言心則又見生理具於人身而心如穀種又具此生理而日生者也視中庸又親切矣心如穀種一說精甚

孟子曰今有無章 二節

此章與下三章大意似乎相類其實每章各自爲義正當從相同處看出不同來不是說了又說也此以指之屈而不信對心之屈於物欲看則當玩知惡不知惡兩箇惡字是說惡得不知輕重便要人遏人欲一邊

孟子曰拱把章

此章以所以養物者對所以養身看重所以二字若以聲色嗜欲之類養之便是不知所以養身則當玩豈愛身不若桐梓哉愛字是說愛得不知輕重便要人存天理一邊

孟子曰人之於身章 六節

此章又就一身上辨箇輕重出來以明上章所以養身之意只看飲食之人則人賤之矣兩節收煞是指小害大賤害貴一等人言之便見得不過人欲必不能存天理

體有貴賤一節正發明養之善與不善於已取之取已之體而考其孰貴孰賤便是孰大孰小此卽狥人欲循天理小人大人分塗處故有善有不善也今有場師兩節俱是養其小者爲小人的意

不必分場師爲喻賤害貴狼疾人爲喻小害大只是養其小者未有不失其大者以引起飲食之人一節此三節一氣貫下總以爲其養小以失大也一句斷定末節特一反繳原是說養小者之必有失非寬一語

公都子問曰鈞是章 二節

此章又就從其大體從其小體辨箇大人小人出來只看說到先立乎其大者則其小者不能奪也此爲大人而已矣收煞是重從其大體一等人言之便見得必存天理方能遏人欲

首節兩箇從字從其大體是憑他作主從其小體是任他驅逐其所以或從其大體或從其小體者卽如耳目但能司視聽而不能思視聽之理則聲色既能蔽我而我反爲聲色所引非從其小體爲小人乎若夫心至虛至靈凡事物之來心得其職則當思而思不當思而不思便有箇綱領可挈思此一事更勿以他事參之便有箇頭緒可尋皆大體主張則小者自不能奪此爲大人而已矣

先立立字猶所謂敬以直內正是從其大體主一工夫只看前大人者不失其赤子之心章其集註原補出擴而充之方無所不知無所不能而爲大人則知此處思字立字亦有工夫在內故又添入不思則不得一句

孟子曰有天爵章 三節

此章孟子以世之所榮者爵也故特爲天爵之說與人爵合言之

此天爵一段是申明各得於天無待而然的意此人爵一段是申明柄從人握有待而然的意雖意重天爵而文則平敘蓋古之人但知脩天爵而不知有人爵則不論人爵之從與不從而自有得人爵之理是專致之而實兼得之者也今之人所以脩天爵者原只爲要人爵故既得人爵便棄其天爵則不論人爵之亡與不亡而自有亡人爵之理是紛騖之而實盡失之者也從是彼自來亡是我自失則人安知所審處矣仁義發於心而無不盡曰忠見諸事而無不實曰信樂善不倦卽樂此仁義忠信無間斷處蓋秉彝好德亦是天之所畀原來如此故曰天爵下文脩字方是工夫

孟子曰欲貴者章 二節

此章又直以人人有貴於己者爲人心提醒上章尚有脩天爵而人爵自至之說此章更把人爵付之不願是并不將那箇作效驗引詩正見在己者重則外物自輕德卽是仁義仁義充於中聞譽溢於外猶所云良貴也人之膏粱人之文繡猶所云趙孟之所貴也不重詩詞只重釋詩兩段正要人思其所以然以反求諸己不纔是輕富貴的話

孟子曰仁之勝不仁章 二節

此章當主朱子小註及張南軒說作一人看專爲爲仁不力者發曰猶水勝火此就本來之仁說曰猶以一杯水救一車薪之火此就今之爲仁者說今之爲仁者初既爲之不力以致不能勝其私

及至不勝遂以爲眞不能勝而幷怠於爲仁是使人欲愈熾天理
盡亡而已矣若主兩人說便與末句不接蒙引存疑亦指諸侯說
引梁惠王行小惠爲杯水之仁恐與此篇內仁義等章不類

孟子曰五穀者章

集註曰爲仁貴乎熟而不可徒恃其種之美此是用力之說以釋熟之二字曰又不可以仁之難熟而甘爲他道之有成此是專力之說以釋而已矣三字用力則前此不可恃專力則後此不可懈兩箇不可意甚周到

孟子曰羿之教人章 二節

此章是借喻教學相成之法如詩之比體大抵爲馳心高遠而厭

棄常法者發四箇必字見舍此別無可教無可學提羿與太匠說起下句用亦字重教者一邊其正意總註方補出

任人有問章 八節

此章正是孟子息邪說正人心不得不好辨處蓋人不能不以禮制心者即是道心即是仁義禮智天地之性其不能不甘食悅色者即是人心即是知覺運動氣質之性朱子曰人心是箇無揀擇的心道心是箇有揀擇的心必須把一箇有揀擇的心爲人心之主宰而人心據以爲準則輕重之權衡定於此矣任人之問分明顛倒輕重將使理不勝欲其說大壞人心術故屋廬子汲汲之鄒以求明而孟子精義純熟自然其應不窮外人所稱好辨大率類

此

屋廬子兩箇禮重是論禮之常任人以禮食則饑而死親迎則不得妻兩段正所謂於食色取重於禮取輕之說孟子不揣其本兩節一反一正可使二字是言其變姑順其說以喻之豈謂二字是言其常乃駁其說以喻之此兩節正引起下文往應一節以見答之不難也蓋任人言食在軀命所關言色在人倫所係而比之飲食之禮親迎之禮一重一輕正猶之寸木可高岑樓鉤金重於輿羽也奚翅食重色重乎是何不取兩件俱重者而比之即使至於饑而死而兄臂必不可紾即使至於不得妻而處子必不可摟則禮尤重明矣天下只是一箇當然之理非邪說所能混淆但學者

不可察理不精耳

曹交問章 七節

此章言人皆可以爲堯舜在白文是指孝弟爲堯舜之道所以人皆可爲在集註則仍以性善爲斷故其釋孝弟曰孝弟者人之良知良能自然之性也堯舜亦率性而已其釋子歸而求之曰歸而求之事親敬長之間則性分之內萬理皆備隨處發見無不可師亦是說性分之內有餘師不是說家庭之間有餘師也則此章原與道性善稱堯舜同意章內五箇而已矣前兩箇作一串從無力人振出有力人此兩段是先反後正以申明亦爲之而已矣後三箇作一串從是堯增出是桀此兩段是先正後反以申明孝弟而

已矣奚有於是一節是說堯舜在於爲之不是說人人便是堯舜即曹交說箇形體亦非呆話但自分拘於氣稟而不知加學力工夫故孟子以奚有於是接下便專重爲字徐行後長一節是說堯舜本不難爲子服堯之服一節是說爲堯舜與不爲堯舜皆在我而已服與言行緊頂上文來即指孝弟不孝弟說此處本意已完後兩節是答其不必留而受業

公孫丑問章 五節

此章只是論詩以見小弁固有宜怨者非謂平王行事其於驪山以前驪山以後盡有合於仁人孝子凡爲人子者當怨而怨則怨正是親親親親正是仁之所發當怨而不怨則不怨正是愈疏愈

疏正是不孝高子以怨疑小弁爲小人之詩孟子以怨見小弁爲仁孝小弁是主凱風是客引舜之大孝特以小弁之怨其一點不自超的心與舜之怨慕同一親親之仁非比擬人倫之變孟子把小弁之怨看做仁字便是怨慕之怨高子看怨字便但作怨懟解

宋牼章 六節

此章與見梁惠章亦同而異前重王字謂開其端者王也此重說字謂開其端者先生之說也悅字懷字內含心字如懷仁義以事其君父是懷箇仁義之心以事其君父不是把仁義去繩其君父故集註曰其心有義利之殊而其效有興亡之異特補出箇心字來

孟子居鄒章 六節

此章見孟子於報施即一見一不見皆有理義至當處故屋廬子前以得間而喜後以有悟而悅喜悅二字是理義相長自有最快心處不重淡責儲子首節爲處守爲相五字便爲不得之鄒得之平陸伏案此書法也其報之不同雖在他日而其實適如其所施之禮因應自然而已爲其爲相一問屋廬子亦非真疑孟子以其爲相而輕之只是要發明不見的意孟子乃置儲子勿論而但引書釋之儀字是禮意即志字物字是禮文享字猶幣交之類必志與物兩盡方成箇享若儀不及物便與不享同惟不役志于享句是書自解不享之故爲其不成享也是孟子解書所謂不役志于

享之故屋廬子悅又是悅孟子所謂不成享之故至因或問之而說箇不得之鄒隱然見得幣交爲實意說箇得之平陸隱然見得幣交爲虛文此亦言外意也以此二句爲通章結案却從屋廬子口中對或問者說出此古文傳記最勝之法

淳于髡章 六節

此章六節三折三答作三段看曰仁者固如此乎便答以君子亦仁而已矣何必同曰賢者無益於國便答以不用賢則亡曰有則髡必識之便答以衆人固不識也雖俱以引証成文然君子亦仁二句君子之所爲二句其君子皆推開說此是於引事中即插議論之法章內仁字最重然髡所謂仁者與孟子所謂仁各是一路

髮乃一肚皮戰國習氣功利之學首節雖舉爲人自爲二議其意却專爲先名實者發故仁者句單頂名實未加說卽後面言賢者無益於國言有諸內必形諸外爲其事而無其功俱是名實未加之說見得其內有一分抱負其外必有一分功業則俱就事上論不論心也若孟子所謂仁則根三子包去就在內直管到孔子去魯用意忠厚弁含著去齊心事惓惓之餘意故集註於此處仁字方以無私心而合天理釋之蓋人亦有恃其心之無私而外或徑情者亦有事雖合理而內或不誠者於仁字皆未完全故孔子之許三仁許夷齊之仁俱因事而原其心孟子之許三子亦因論出處以明仁者之心直指仁言則內外合矣不必泥定無私爲心合

天理爲事只無私心自然合天理故曰無私心而合天理之謂然則衆人所見者事也君子所自信者心也此功利之學去孔孟遠矣

孟子曰五霸章　四節

此章論無王之罪雖首節以三句爲提綱後以三節分疏然孟子主意是欲爲今之諸侯救正則責備在今之大夫身上故末節言大夫之罪獨詳兩今字是一時事

第二節專爲要定五霸摟諸侯以伐諸侯之罪故特尊天子引王制說起本雙提巡狩述職却插入春省二句以明天子重農一說諸侯亦奉而行之此在巡狩述職之外天子與諸侯自行於國中者慶讓兩段乃言巡狩至於述職又單提不朝言之由貶爵而後削地由削地而後六師移之三王之制如此是故接下便專就天子討而不伐諸侯伐而不討兩句爲王法定案以見天子之權莫大於命討而五霸之假莫大於摟伐卽或申明天子之禁亦正爲執辭摟伐地步旣不奉天子而又合諸侯則名雖伐而實討故無王之罪自五霸始之

第三節於五霸獨舉桓公於桓公獨舉葵丘之會此特取其令諸侯者卽以天子之命爲載書之辭耳以此推之在五霸猶或不犯此五禁而今之諸侯皆犯之故又爲五霸之罪人初命正家之事再命貴德之事三命能遜柔遠之事四命用人用刑馭臣之事五

命睦鄰尊王境外之事

第四節所謂君之惡卽指犯五禁說惡從君心始則凡爲大夫者不能止其君之惡反順而長之其罪已不小但更有逢君之惡者於君之惡其始或尚有未安於心未發於事者而彼且逆揣其意逢迎他出來更能去其所不安遂其所欲發則君之愛之必篤而臣之賊其君更甚故輔氏曰長君之惡者是無能而爲儒阿諛之人也逢君之惡者是有才而傾險陰邪之人也故又爲今之諸侯之罪人只看此後幾章每爲事君者連類說去則知此章亦責重在今之大夫

魯欲使慎子章　九節

此章雖從魯欲使慎子說起却歸重在事君者身上故以末節見
本意通章重仁字雖殃民踰制俱是不仁然看然且不可一句便
見下踰制在內故吾明告子以下四節皆言魯之踰制而以然且
仁者不爲二句答明了不可的意末節乃告以事君之本集註云
當道謂事合於理志仁謂心在於仁若論大人之德則所以格君
者先使心在於仁而後事合於理此章與下章特爲殃民民賊一
流人說故先言當道鄉道而後及於志仁蓋謂君心本自有仁只
因此等事君者日以富強之事引他在不合理上去了所以但知
爭不當得之地不復顧不當殺之人故欲保全箇不嗜殺的心須
先把合理之事引他做去看而已兩字見得此外即有倖致之功

亦所不爲正是孟子撤却富強處凡諸侯祭祀會同之制皆載典
籍典籍藏於宗廟而世守之故曰宗廟之典籍

孟子曰今之事君章　三節

此章雖從事君者說起却重在提醒人君故亦以末節見本意凡
戰國之君看得富強之臣爲良臣者皆誤認其道可得天下耳故
孟子直說到雖與之天下不能一朝居則把今之所謂良臣說得
到底有害無利以喚醒醉夢由字與變字主君說今之道今之俗
指富強說正要人君不以富強爲良臣及早不由其道以變其俗
耳

白圭曰吾欲章　七節

先王什一之制必準於國用所以無弊若過輕而不足勢必反開
過重之端故欲輕之桀與欲重同白圭欲二十而取一將必齊中
國於貉道而後可不知萬室之國一人陶則器不足用亦猶治中
國無君子則人不足用故此章以陶以寡且不可以爲國況無君
子乎一節爲總斷前面說無城郭宮室宗廟祭祀之禮無諸侯幣
帛饔飧無百官有司似三箇無字作三句後乃說去人倫無君子
則又以無城郭宮室兩句爲去人倫無百官有司一句爲無君子
及至應前器不足用却以況無君子乎一句收煞可見城郭宮室
宗廟祭祀等件所謂人倫者皆賴有君子治之也故歸重君子
按集註云無君臣祭祀交際之禮是無人倫無百官有司是無君

子潛君臣二字包城郭宮室宗廟諸侯等件則城郭宮室亦兼制
度在內方合人倫的意不但是營繕之費

丹之治水章　四節

此章只重兩句子過矣專責他以鄰國爲壑不重贊禹之行水蓋
築隄害鄰是使水逆行者白圭爲之也堯時之洪水氣數爲之而
此之洚水人事爲之則不仁甚矣

孟子曰君子不亮章

此亮字兼知之明守之固在內不是必信必果只是有箇定見定
力則應事乃有主張執字即易傳所謂貞者事之幹也幹字不亮
便察理不精執亦都差亦執不到底

魯欲使樂正子章　八節

此章爲政主爲相說爲相之道不在才而在量以好善優於天下一句爲主腦前兩節所以喜所以不取強知慮多聞者皆照著好善特未說出強知慮多聞之才是當時所尚三箇否字孟子是答喜樂正子者不在此非謂正子不長於此好善是好人之善所包甚廣不止是上三件葢爲政者欲以一已之善以正一國必合天下之善以正一已欲合天下之善以成一已之善必先虛一已之善以集天下之善此好善之量所以優於天下也優字集註主治天下說正與末句治國對照夫苟好善一節已申明優於天下之故末節又一反繳知苟不好善欲求國治而不可得則愈知好善

優於天下矣

陳子曰古之君子章　四節

通章以道字作主特借古之君子寫出委曲欲仕之意其爲行道計者皆在言外故集註竟引孔子見行可際可公養以証三箇去就隱然皆是爲之兆也的心首節所就三所去三即照下文三節相近說見得有一箇就便有一箇去在內三字又即有其次其下許多不得已在內了

第一節按白文是以言爲去就而意則在行道第三節據白文是以禮爲去就而意仍在行其言以行其道第四節乃從其君曰中說出大者不能行其道又不能從其言則已無可去就矣姑以悔過之言猶知以行其道爲大也曰周之亦可受僅爲免死而已矣則不言去而去即在而已矣三字內

孟子曰舜發於章　五節

此章重儆人以困阨自勵不重天心仁愛聖賢前兩節以舜說諸人言之引現成樣子便是勉勵後人的意葢動忍增益莫大於改過故第三節遂以中人言之是此章著意處也第四節言雖國亦然又是推類兼及末節乃總結

集註釋動忍曰竦動其心堅忍其性動是動其仁義禮智之心忍是忍其聲色臭味之性即如嘑蹴不受之人便是竦動其羞惡之心堅忍其欲食之性也故程子曰若要熟也須從這裏過此語正

是聖賢反已親切處

人恆過一節集註把下兩段釋上文七箇字一云不能謹於平日故必待自家困心衡慮而後能興起一云不能燭於幾微故必待人之徵色發聲而後能警悟兩箇而後正是然後能改之事憂患安樂俱在心上說不在境遇上說生死路頭皆在人心上分出必待困阨而始奮者猶庸流也

孟子曰敎亦多術章

此章術字便見得敎思無窮首句原諷歎得廣下文特舉不屑之敎誨一件爲是亦敎誨豈不多術集註其人若能感此退自脩省正補出是亦敎誨意

卷之十九終

四書斷卷之二十

武塘周心屺永瞻甫著　姪　持謙子旋氏參訂

孟子

孟子曰盡其心章 三節

此章是就學者成功後把心性天直說到脩身立命徹上徹下作一理貫通不是說挨次工夫即朱子以首節為造其理以次節為履其事又以殀壽不貳為智之盡貼首節知天脩身以俟死為仁之至貼次節事天亦是說知行兼至一以貫之非劃然把理與事知與仁分作兩截也

首節心性天一理而已按總註程子張子朱子皆字字分疏三者唯心之名不能不雜於知覺故學者工夫必從心上做起苟其心為知覺蔽了一分則本體便欠了一分故盡其心盡字必去其所蔽復其所本包許多學問之道在內直到全體大用無不充滿其本然之量方知得箇性之所有而并知性之所從來也故伊川曰盡心然後知性大全朱子亦曰天者理之自然而人之所以生者也性者理之全體人之所得以生者也心則人之所以主乎身而具是理者也天大無外而性稟其全故人之本心其體廓然亦無限量惟其梏於形氣之私滯於見聞之小是以有所蔽而不盡人能即事即物窮究其理至於一旦會通貫徹而無所遺焉則有以全其本然之體而吾之所以為性與天之所以為天者皆不外是

而一以貫之矣此兩說固皆主知性由於盡心即集註云能極其全體而無不盡者必其能窮夫理而無不知者也玩必其能三字亦是從盡其心者言其貫通處未嘗除掉了盡心工夫而謂必先知性竟像知性有工夫盡心無工夫則幾幾乎以致良知為致知非即物而窮其理矣以格物盡頭處遂為起頭處非朱子之教也次節存心養性與盡心知性亦不是斷續工夫故存疑謂存心即存其所盡之心養性即養其所知之性蓋既盡其心便要操而不舍既知其性便要順而不害此處存養二字皆兼靜存動察則必須先存其既盡之心方依得箇本來之性使本來之性直養無害則天以是分付於我我以是報職於天即所以事天也事天亦照上節單頂性說

末節命字亦主理言不粘殀壽之數重在不貳二字猶所謂天下之動貞夫一者也蓋持一定之理以準不齊之數看得殀壽之類雖有脩身而已不脩身則福亦非正命能脩身則禍亦是正命故脩身即所以立命也脩身亦不外心性上用功立命亦不外事天總是一串事

孟子曰莫非命章 四節

此章正是君子立命之學故集註謂發上章末句未盡之意首節大意已盡第二節是故接下即申明順受其正後兩節是解正命非正命莫非命也莫字言不論吉凶禍福必人事毫無差處皆莫

之致而至者方是正命此命字概指人物吉凶禍福說下文知命命字單指君子知正命說知命便是殀壽不貳不立乎巖牆之下便是脩身以俟之盡其道與桎梏即脩身不脩身之別兩章殀壽及死字皆兼吉凶禍福等但人最怕是生死關頭看不破故舉重以例其餘

孟子曰求則得章 二節

此章本要人求其在我不求其在外却意旨在言前又畱在言後上節說求則得不求便失者寫出箇求之有益來而後申明之曰求在我者也唯求在我所以求之有益則何為不求之下節說求之既有道及得之又有命者寫出箇求之無益來而後申明之曰求在外者也唯求在外所以求之無益則何為求之雖平敘而勸戒躍然

孟子曰萬物章 三節

此章發論本注定了一箇仁字為萬物皆備之本體教人以求仁方法乃分作三條說入首節先就理之本然提箇總腦萬物不外一理理不外一性性分內便有仁義禮智如仁之於父子義之於君臣以至處事待物莫不有箇仁義禮智當然之理具足於我故集註實實補出大小二句以該皆備二字下兩節誠字恕字俱是工夫字眼反身而誠則真見得倫物當然之理實有諸已而行之不待勉強自然心無私而事合理故樂莫大焉強恕而行則凡事

求合於倫物當然之理庶幾心公理得磨礲到心無私處故存疑謂強恕而行是磨礲去私的方法蓋仁者天地生物之心人之所得以生者與萬物本相貫通惟知有已不知有物遂致間隔若能克去已私便與本來不遠矣按程子曰仁者生之性也而愛其情也此正是萬物皆備之本體又曰公者所以體仁此正是萬物皆備之工夫此章仁字在白文至末句方出在集註便貫串上文一曰反身而誠則仁矣是不待勉強而無不利者仁也一曰庶幾心公理得而仁不遠也是勉強而推已及人者仁也則分明通章注重一仁字為同然之理拏定一公字為勉然之功使人不得自諉則信乎萬物皆備於我矣

孟子曰行之章

此章三句一滚說下行暫而習久故著淺而察深既行之而不能明其所當然及習矣而猶不能識其所以然所以終身由之而不知其道者多也道者率性之謂有當然之理便有所以然之故何難認取只是一般在行習中竟莫向心裏體會便一生鶻突過了由之須行習來不知須不著不察來三句俱用而字轉語見得不該如此而如此正要人著之察之以知其道

孟子曰人不可章

此章四箇恥字照註作兩橛看上三箇是無羞惡之心下一箇是無恥辱之累無恥之恥下恥字是從汨沒未盡中尋出一點良心

直反到本原處此恥字便有遷善改過在內故集註直以終身無復有恥辱之累斷之

孟子曰恥之章 三章

此章不恥二字又與無恥不同是從無所用恥來蓋機變之巧人所羞恥而彼方自以爲得計遂無所用其恥心此是置而不用禁制他不復出來故曰不恥此不恥二字是從汩沒殆盡中推類以盡其餘直究到流極處故集註直以事事不如人斷之蒙引謂孟子當時蓋指儀秦孫吳之徒此殆爲機變之巧而言

孟子曰古之賢王章

此章雖從賢王說起却側重古之賢士故下文竟以賢士單收好善好人之善忘勢忘己之勢樂其道樂己之道忘人之勢忘君之勢玩而字是重了上一件便不見有下一件此不但爲士者概當知道之不可枉并當知士之所以不枉道者正欲爲賢王各盡其道非妄自尊大也王公亦有致敬而不盡禮者故兼致敬盡禮非內外之別

孟子謂宋句踐章 六節

此章上六節雖節節相承然看集註又把後四節作兩箇段落第三節既以尊德樂義發明了囂囂本領下節乃就士之出處指出尊德樂義見於行事之實第五節既以士得已民不失望發明了窮不失義達不離道下節又引古之人指出士得已民不失望之實趙氏以無欲自得形容囂囂無欲又本自得來此四字即冒尊德樂義意集註德謂所得之善如仁義禮智樂善不倦是也故云尊之則有以自重而不慕乎人爵之榮義謂所守之正如進退出處之不苟是也故云樂之則有以自安而不徇乎外物之誘尊之樂之是素所樹立不失義不離道是見於行事之實此義字又兼德在內此道字又兼德義在內唯窮不失義故士之所以守己者到底是尊德樂義惟達不離道故民之所以不失望者到底是尊德樂義末節又引古之人證之古之人得志必澤加於民此即是民不失望之實不得志而脩身見於世此即是士得已之實末二句即上二句意窮達即是得志不得志獨善即是脩身見於世兼善即是澤加於民兩箇善字原歸結到尊德樂義兩箇則字見得無往而不善故士以下皆開說不專泥人知人不知矣

孟子曰待文王章

此章兩興字一樣看是感發爲善在聖賢路上說若如後世以事業爲豪傑豈可概責之凡民凡民皆性善之民則人人皆能興之人只是必待文王而後興則無文王何以自處故惟賴有豪傑之士有文王固興而無文王猶興不然將使文王之後這擔子遂無人身任耶孟子此言自處勉人皆在此

孟子曰附之以章

此章附字是看得於我不加損毫末故曰自視欿然不是看韓魏

之家猶不滿其願此等器識直與舜禹有天下而不與相似所以過人遠若有意重之輕之但是過人不遠處又須知是道所當得者若不當得豈但自視欿然

孟子曰以佚道章

道者為其所當為集註曰本欲佚之本欲生之是原其心曰不得已是諒其事所以雖勞雖死民自不怨

孟子曰霸者之章　三節

此章是論王道之所以大與霸不同故起止皆以容形主首節兩箇如字只在民風上摹寫其所以驩虞者正由小補來所以皥皥者正由過化存神與天地同流來但待末節方發明耳殺之是刑

利之是養民日遷善是教不怨不庸不知光景即皥皥如也殺之而不怨三句已是過化了凡政教所及便是所過聖人施此政教之心便是所存化是物從而化神即化之速也兩句一串勿分德業德即在業內見之集註身字特對心之所存言不必泥身親經歷說同流須貼註同運並行形容德業之盛註云舉一世而甄陶之猶云把天地閒之物一弁重新鑄過相似非逐件小小補綴故同流正與小補反照所以其民一驩虞如一皥皥如也

孟子曰仁言章　三節

此章是就治道之善者分別淺深仁言發於已又感動於一時仁聲傳於人又浸灌於平日故同一仁而入人則有淺深此節是與起次節次節善政善教即是仁言仁聲之實舍政教更從何處見仁故下文單釋政教而不復及仁言仁聲善政民畏四句串下唯善政之在民者使民不敢不奉其政故畏之畏之則止於得民財善教之在民者使民不忍不服其教故愛之愛之則至於得民心得民財是使民富不止是輸將之說民自得其財便是得民財不然霸者之積儲非善政也得民心是使民善不止是愛戴之說民自得其心便是得民心不然霸者之驩虞非善教也末二句方辨得善政不如善教之得民

孟子曰人之所章　三節

此章是就本然之善發明仁義以見仁義為天下之所同非由外

鑠首節先以人之不學不慮者提出箇良知良能此處先能後知便就本體說次節即以愛親敬兄實指出良知良能最切近處無不知三字即是上文不學不慮又即是下文達之天下意此知字兼知能在內第三節遂就親親敬長推原出仁義仁義是性也只問此親親敬長從何而發便識得原來有此仁義故不待學慮而無不知之在人更無他道所以達之天下而無不同蓋既出於人之本然必通乎人之同然也達字即達德達道之達猶所謂夫道一而已矣此章不學不慮專為發明良字意莫看做必盡廢學慮像了子靜陽明派頭

孟子曰舜之居章

此章通節一氣貫下只寫得聖人一箇至虛至明取善的心非敍其歷境雖其未感而萬理畢具所以隨感而應只一善言一善行便撥動了一箇大原頭處雖一時之感而生平之善應之所以無不速無不通也及其二字正根上截來其源最大其流最猛聖人渾然天理即在無以異處見得

孟子曰無爲章

此章照註單舉擴充其羞惡之心指義不可勝用說集註前釋知皆擴而充之曰即此推廣而充滿其本然之量釋盡其心者曰盡其心之量此章所不爲所不欲即是本然之心無爲無欲即是充滿其本然之心之量兩箇無字猶毋自欺毋字有斷然斬截意葢人明明有此所不爲所不欲之心又明明有知其所不爲所不欲之心而顧自我爲之自我欲之這正是自欺處故曰如此而已矣是要人攔截了不當爲不當欲處便要人爲所當爲欲所當欲方接得如此句無爲無欲四字推之四德皆然熊氏謂無爲是就躬行上克治無欲是就心之發念處克治必件件用得著乃可說無復餘事

孟子曰人之有章 二節

此章與生於憂患而死於安樂節同疢疾雖比遇言却重心上說疢疾之境不必有而疢疾之心人不可一日無在心之理謂之德人處順境中乃可安然守箇在心之理若處逆境必又從在心之

理生出一箇慧來以灼事幾於未然故註曰德慧者德之慧處事之方謂之術人處順境中乃可安然行箇處事之方若處逆境必又從處事之方生出一箇智來以善事理之當然故註曰術智者術之智孤臣孽子舉此爲疢疾之例操心在未有事是恐懼的意慮患在既有事是脩省的意故能達於事理達字從德慧術智來惟其知之既明處之又當也

孟子曰有事君章 四節

此章俱主人臣說一節深一節四節八箇者字截然四等人品便有四等作用有事君人者其千方百計只要其君容我悅我則全從自己打算絕非爲君有安社稷臣者其千方百計只要安社稷則全從社稷打算絕非自爲故次節集註即照上節釋悅字曰大臣之計安社稷猶小人之務悅其君眷眷於此而不忘此直以心之公私形容出忠佞情狀所謂社稷臣集註即以大臣斷之則其本領亦由素所樹立來但既以身許國則毋論時之可爲不可爲事之濟與不濟總是一心在安社稷此專論人臣後一截品地不復問其不輕出上一截也故雖此節實指出臣字至若臣之中有所謂天民者則重在不輕出一截便包含後來當大任處天民即先知先覺之稱把天之所以生斯民者一并責重在先知先覺身上故曰天民集註云不肯小用其道以狥於人也此節重道字臣之中有所謂大人者則又不分出處爲兩截矣天民前此不能不

待時而大人無所待天民後此不能辭其功而大人冥其功故集註云德盛而上下化之所謂見龍在田天下文明者以德盛釋正已以上下化之釋物正以乾二爻釋大人字字切當此節重德字

孟子曰君子有三章　五節

此章必就君子身上說箇能有三樂處方見得王天下不與存焉唯君子實能盡其孝友故有父母兄弟之樂唯君子實能克己無一不慊於心故有俯仰之樂唯君子實能以所樂乎己者傳之天下後世故有教育之樂不然彼倖而俱存無故或無大愧怍而亦能教人以善者豈盡能如有天下而不與的心不與存焉只是形容三樂不重輕天下假使王天下而不能得俱存無故王天下而

不能心無愧怍王天下而不能盡得英才而教育之則不如三樂多矣故在此不在彼

三樂中唯克己一條可以自致所以程子林氏尤爲學者勉焉

孟子曰廣土章　四節

凡人性分在有生之初外遇在有生之後其初已定後面便一毫增減不得孟子每發此論而此章尤分疏得曉暢首節以一國引起廣土未及中天下而立衆民未及定四海之民故欲則欲其澤可遠施樂則樂其道之大行由淺入深說到所性不存焉方見本意前君子所性節是申明所性不存之故蓋唯不加不損是以所性不存焉也後君子所性節又申明不加不損之故蓋惟所性其足是以不加不損也大行不加即是舜禹有天下而不與焉窮居不損即是孔顏之樂分定二字已指出性之本然仁義禮智本是性乃曰根於心者蓋人雖有是四端纔爲物欲所累反從心上壞了箇根本便無生意唯君子氣稟清明而靜存動察又加培養擴充工夫則積之既盛自然發見於外故生字正從根上生出生色二字貫下三件總是形容渾身是心則渾身是性句句有仁義禮智在內亦句句有不加不損在內不言而喻只言其自然而然此句據本文則單承四體然玩集註云發而著見於外者不待言而無不順也則通指其生色也以下說當得其意不泥其字

孟子曰伯夷辟章　三節

此章專發明文王所以善養老者以爲天下養老的樣子與前二老章小異二老章以二老歸之爲文王行政之驗此章以文王之政爲善養老之本故首節兩段所引雖同然下文要說二老歸之則重在伯夷太公下文要說西伯善養則重在善養老者此伏案各有不同也五畝之宅一節且舉文王治岐之政以見老者之得所如此所謂西伯善養以下方就上文發明善養老之意此節首句謂字是說伯夷太公所謂西伯善養老者末句謂字是說此善養老之謂也總是善養老者非家賜而人益之此實有知之明處之當使之各足非徒空空感化之說

孟子曰易其田章　三節

此章前後富字仁字俱要照著聖人治天下說若霸者之積聚霸者之驩虞非使民富民仁也前兩節是民富之所由第二節是民富之所致便見得聖人所以豐財之源節財之流實有善政以致之下文所謂使有菽粟如水火者正在此也曰聖人治天下使有菽粟如水火不但是形容至足并根無弗與來方合下文仁字此仁字雖不外有恆產者有恆心然試思無弗與者是何等風俗只據放辟邪侈不待勢禁而自無故曰焉有不仁非聖人之民而能若是乎

孟子曰孔子登章 三節

此章三段連貫說下言聖人之道大而有本學者必以其漸乃能至也首節先形容聖人之道登東山二句就本身所處上言其大觀於海二句就他人所見上言其大看故字相承則單重聖人未可以學聖人並說留學者在末節講次節言道之有本水與日月說法不平源字是集註補出明字是白文指出據白文則因瀾而知水之本者此由顯測微也因明而知日月之本者此由體及用也惟知其本之所在則道之大者乃有箇入門頭路矣故末節遂言學者漸進工夫流水二句影下君子二句如由善信以至美大聖神節節都有箇成章成章猶言各有足於此的時候方與盈科而後進相照若這裏工夫尚欠分毫便透過那裏不得集註云達者足於此而通於彼也尤重足於此一截方合盈科而後及不成

章不達語意

孟子曰雞鳴章 三節

此章據白文兩箇與字及集註程子二說一曰才出於善便以利言一曰只主於敬便是為善則當以善字為主而以出此入彼者為舜與蹠之分故慎獨謹幾之學所謂莫見莫顯者俱指遏人欲於將萌不使潛滋暗長於隱微之中也凡人看得為善為利必在感物而動之後不知一念初動這箇縫裏便不能兩騎勢必至分開一邊去分處卽在間處不是未接於物未算做為所以不可不謹程子主敬兼動靜說存疑或問細辨獨字幾字與此間字有別恐太精微總是一箇道心人心分塗處差不得毫釐便了

孟子曰楊子章 四節

此章是孟子辨論異端各就他所以執一者推究到至極之處以斷出箇賊道來此道字主仁義及仁義之得中者說與為我害仁兼愛害義執中者害於時中對照惟為我害仁則賊仁并以賊義兼愛害義則賊義并以賊仁執中者害於時中則亦仁義俱賊蓋孟子之時楊墨所以致天下之言歸之者亦自有一種學術能惑亂人心處未嘗自立為我兼愛名目至於拔一毛而不為摩頂放踵而為之此皆是孟子斷之非述之也在楊墨立幟索性專主一敎一以為天下所以不治者皆起於舍己為人若使人人自愛其身而天下治矣一以為天下所以不治者皆起於有親有疎若使

人人無分爾我而天下治矣至子莫之執中又見得二者各有是處但揣摩於二者之間執定一箇銖兩不知隨時隨事合於當然之理正所謂彌近理而大亂眞則猶之楊墨之言而陰陽其說也故孟子所謂息邪說大概以距楊墨爲斷總註云道之所貴者中中之所貴者權此中字非子莫之中此權字亦非經權之權中即是權權即是道只看禹稷顏子之道有一些反經否楊子曰禹稷顏子易地則皆然以其有權也不然則亦楊墨而已矣其說了然

孟子曰饑者甘章 二節

此章兩箇甘字正是以之爲心害處甘者雖不甘而亦以爲甘遂致失飲食之正味由此推之則知人心亦皆有害矣亦皆有二字

所包甚廣世之饑渴我者非一端則我所以甘之而失其正者亦非一端集註云人心爲貧賤所害故於富貴不暇擇而失其正理貧賤富貴四字雖似添設然書旨實如是蓋人不怕有以害之而最怕以之爲心害故第一等人是能安之故無不可饑之渴之第二等人是能忍之故不得而饑之渴之此正要從最易動心處尋出箇不失正的心來方能過人

孟子曰柳下惠章

此章要在柳下惠極和處想出箇極介來不是又增一件本事人但知柳下惠之和視天下無一足以浼我耳而不知和而不流者正在此不以三公非實事特借言以形其不可易以伯夷之清而不念舊惡以柳下惠之和而不以三公易其介此皆善論古人處

孟子曰有爲者章

此章有爲依棠引兼德學事功說正要人打點一副耐久精神爲克終德業故借棄井示戒掘井九軔未有不及泉者正恐人不能稍待爲可惜耳

孟子曰堯舜章 二節

此章看下節獨詳假之一條則性之身之俱專與假之對照不是以帝王霸作三平說即性反之辨自在後面堯舜性者也章內詳之此處性之即以本體當工夫身之是以工夫復本體故集註謂堯舜天性渾全不假脩爲湯武脩身體道以復其性俱歸到一條

路上蓋人只是一箇性性中自有仁義何消外面假借獨五霸却從事跡上剽竊不求其本剽竊既久連自家亦居之不疑不自知其非眞有也假字不可又看做僞字三之字指道言道不外仁義故集註以仁義言之

公孫丑曰伊尹章 三節

此章特借伊尹立論以嚴人臣之防兩箇民大悅始悅其能正君終悅其能成君便見得伊尹之志足以取信於天下處則可二字其辭甚危明知不是正當道理但可推原其一段不得已的心耳意重末句予不狎一句存疑取蔡九峰說謂我不可使其狎習不順義理之人然看賢字與不順反對還依朱註爲妥

公孫丑曰詩曰章

此章當依南軒張氏謂君子仁義脩於身補出君子之事來方是安富尊榮孝弟忠信之本凡所謂以堯舜之道敬王守先待後皆其事也用之從之兩段只概論君子之係於人國其重如此雖或其君不用其子弟不從而君子之可用可從者其具自在豈得謂之素餐乎不必拘牽不仕之故如蒙引說用其言不是用之爲臣若使其君果用其言至安富尊榮而猶不用之爲臣恐說不去

王子墊問章 三節

此章全重尚志二字仁義皆在尚志內包足其始王子問何事而答以尚志則尚志便是士之事矣如所謂守先待後實有許多做

事工夫非空空高尚其志也繼問何謂尚志而答以仁義則下文所以嚴其非仁非義而居之由之無一非仁義者皆要從志上打掃得乾淨必其志無一毫殺一無罪之心方所居皆仁必其志無一毫非其有而取之之心方所由皆義故非仁也非義也與仁是也義是也四句相承說下猶所謂人有不爲也而後可以有爲又即如伊尹一介不以兩段此正是任重本領所以備大人之事者此也備字言體用全備仁是體義是用非預備之備苟大人之事有一不備不謂之尚志也故尚志即士之事

孟子曰仲子不章

此章正爲人皆信之者嚴其辨仲子本無不受齊國之事特因其以兄之祿兄之室爲不義而不食不居推論到極高處正是極小處故曰是舍簞食豆羹之義也何也人之大義莫大於親戚君臣上下而仲子特以小廉亡之則豈可以其小者被他瞞過了大者此所謂衆好必察之意

桃應問章 六節

此章只就天理之極人倫之至明聖賢之用心便見得天下無難處之事不可夾雜一分人情權變在內集註內四箇心字貫串首節曰舜雖愛父而不可以私害公臯陶雖執法而不可以刑天子之父故設此問以觀聖賢用心之所極次節曰臯陶之心知有法而已不知有天子之父也末節曰舜之心知有父而已不知有天

下也白文兩箇知之何是問臯陶之心舜之心集註兩句而已兩句不知有是答臯陶之心舜之心天下人人有箇本心事事當以本心處之在天爲理在人爲倫總是一件故爲臣爲子皆兼有之總註亦以爲士爲子對舉不必偏重

孟子自范章 三節

通章俱是爲廣居說話大哉居乎四字是歎居之能移人不是空空歎居之大又隱然有箇廣居在意中只就眼前虛說未專著王子下文方就王子所居喚出居廣居者前此所謂居能移人俱已說過故廣居句竟用況字接來而移字大字了然在內不用註脚正是形容不盡處末節雖以王子之居推類言之然既在贊歎居

廣居之後則亦爲居廣居者增一引證氣是氣象體是形體言居則養在其中故下文單指居說

孟子曰食而弗章 三節

此章亦爲待賢人而不以其道者發凡諸侯所以待君子者惟有一敬敬則必恭恭敬必有其實非別有箇無實之恭敬可以假託首節以食字引起愛字以愛字引到敬字便照末節意充類言之次節先發明了恭敬二字言恭敬自在幣未將之先則此恭敬便含實字末節恭敬而無實則此恭敬徒幣焉而已未將之先本無敬心如何算得恭敬既無其實便是虛拘留君子而可以虛拘乎

孟子曰形色章

此章據集註云衆人有是形而不能盡其理故無以踐其形惟聖人有是形而又能盡其理然後可以踐其形而無歉也玩又能然後四字則非謂形色卽天性形色是氣形色之理乃天性也故唯聖人又能盡其理若使不能盡其理而概以形色爲天性則如口之於味也五句誤以嗜欲之性爲性豈得謂踐形乎按周子太極圖說謂人得其秀而最靈形既生矣神發知矣此指形色而言曰至聖人定之以中正仁義便是聖人踐形之實不然是有物無則了如何踐得此形色有形便有色色不出形之外凡渾身一動一靜一嚬一笑等皆是

齊宣王欲短章 四節

此章只消玩欲短欲終四字便分別出人子之心先王制禮不敢過不敢不及全在人子自盡其心卽是喪禮之本若有了箇欲短念頭則雖三年不如一日若本有箇欲終念頭則雖一日不啻三年此無他一箇是莫之禁而弗爲一箇是欲終之而不可得也蓋孝弟之道自有箇天理人情之至無可以猶愈於已者姑爲遷就亦無可引他人事依傍樣子亦教以孝弟句卽對上紾兄之臂者說

孟子曰君子之章 六節

此章只重所以教者不重人能受教唯君子自家學之正學之熟所學在我而其應不窮故能不遺一人於教外玩所以二字便有

箇因材而施多少委曲成就意時雨謂不先不後適當其可雨適當其物則以化者爲時物適當其雨則以化之者爲時重化之者說成德是因其性之所近而裁其過勵其不及使其養之純而不虧其體故曰成達材是因其才之所長而擴其所未能矯其所未善使其規於正而不滯於用故曰達答問就一事一理之疑者言之淑是進於善艾是去其不善私兼時與地此亦重教者遺風有以及之末又總結一句以明君子所以有五教之實集註人品高下指前四教遠近先後指後一教

公孫丑曰道則章 三節

此章在孟子只發明得教有成法但因首節公孫丑一問說箇高

美不可及是主道說說箇使彼爲可幾及是主敎者說說箇而日
孳孳是主學者說是欲敎者貶道以殉學者故集註兼言道有定
體敎有成法以見唯道有定體故敎有成法也大匠節言凡敎者
皆有不可易之法此已是下一節意但尚是比喻下節乃即借敎
射之法以正言之此節作一氣貫下集註謂君子敎人但授以學
之之法而不告以得之之妙蓋學之之法如孔子之博文約禮是
敎者事也得之之妙如顏子之欲罷不能既竭吾才以致知力行
是學者事也中道而立只形容非難非易不可作大中之道解譬
諸君子在中塗站立聽那學者跟上來我不去遷就他一般此之
謂敎有成法

失道一而已孔子敎人每重學上說即言聖言仁總是言學其弟
子看輕了學字遂有疑其爲隱而欲求之高遠孟子敎人每重性
上說即言孝言弟總是言性其弟子看淺了性字遂有疑其爲高
美而欲求之卑近不知聖賢之敎毋論自誠明自明誠總在一條
路上孔子之作止語默無非敎者亦是敎有成法孟子之語不能
顯默不能藏者亦是敎有成法則皆因道有定體故也

孟子曰天下有道章　二節

此章專爲枉道者發殉字猶云死死跟定蓋君子之出處皆以道
爲主以道殉身是身出而道隨之所謂達不離道者爲道也以身
殉道是道隱而身隨之所謂窮則獨善其身者亦爲道也俱要與

末句反照若以道殉乎人如舍學從我之類已筭不得箇道了君
子之道未聞有此故集註曰妾婦之道分明畫出在道外

公都子曰滕更章　二節

此章言受敎貴誠一有所挾便先有私意橫據於中而不能入矣
公都子看得滕更在門以介弟而肯來學宜特加禮貌而不知凡
有所挾皆所不答非獨待滕更爲然滕更有二亦不必顯說挾貴
挾賢只是心不虛總是一樣

孟子曰於不可章　二節

此章據雲峰胡氏謂前二者是當用心而不用心之弊後一者是
過用其心之弊然其病三者皆在第一句亦皆從心上來凡處事

待人以至爲學莫不有箇當然之理若於事所不得不爲者而能
已之便是箇怠心人故無所不已於人之必當厚者而能薄之便
是箇忍心人故無所不薄至於爲學必勿忘勿助循序漸進自然
有得若其進過銳便是箇躁心人豈能持久故總註云三者之弊
理勢必然雖過不及之不同然卒同歸於廢弛

孟子曰君子之於章

此章是理一而分殊最精之辨不但論推恩有等只看物字民字
親字便見得異類同類同氣其分不同而愛物愛字是以不暴殄
爲愛與仁民之愛不同仁民仁字是以仁之用爲仁與親親之仁
不同便見得其施不能無差等此其輕重厚薄之序用不得一分

鶻突顛倒說箇萬物一體爲理一也故楊氏曰其分不同故其施不能無差等所謂理一而分殊者也雖君子知愛之而弗仁則自有用其仁者在矣知仁之而弗親則自有用其親者在矣此所以親親而仁民仁民而愛物也若墨氏之愛無差等梁武之祭不用義牲其於親民物三字先辨之不明遂致混於所施此異學差謬尤在分殊處故孟子辨之

孟子曰知者章 二節

此章是以知仁論治道知者仁者指理言非指人言急當務急親賢正所以成其無不知無不愛故集註云常以所當務者爲急則事無不治而其爲知也大矣常急於親賢則恩無不洽而其爲仁也溥矣非謂先務親賢之外遂無所事也只看堯舜之知堯舜之仁未嘗徧物而事無不治未嘗徧愛而恩無不洽則信乎在急先務急親賢也下節又引箇不知務之証以喻知不急先務仁不急親賢祭所不當祭問所不當問猶之雖欲徧物徧愛總是不知務而已

孟子曰不仁哉章 二節

此章是借梁惠王做箇不仁之戒首節且虛說次節方指出惠王事仁者四句不平以仁形起不仁蓋仁者發源是愛推之自無不愛此天理充滿之勢不仁者發源是不愛自不暇顧其所愛是人欲自賊之勢故次節問答單發明不仁者

孟子曰春秋章 二節

此章意重尊王無義戰三字斷定了春秋所書諸侯兵爭之罪此是大斷案次節上伐下是義敵國不相爭故春秋所以無義戰此是斷案之律例彼善於此二句亦不重節取意正見得必無義戰也

孟子曰盡信書章 三節

此章孟子特恐盡信書者執其辭而或有害於義故直反書意言之非謂書真可無也書字泛指載事之辭首節便當照下文說第二節而已矣三字正申明不盡信的意第三節不信血流漂杵之辭又申明取二三策的意蓋恐執其辭而爲後世不仁者藉口則不知識其義以明仁人無敵於天下也集註奉天伐暴之意屬初伐紂時反政施仁之法屬既伐紂時此亦是程子發明孟子之意

孟子曰有人章 六節

此章只發明國君好仁天下無敵意首二節相連說下言好仁便無敵則善陳善戰豈非大罪第三節四節五節引湯武之事以爲好仁無敵之証作湯武兩段看末節即承湯武之事而以民情斷之唯民皆欲仁者來正己之國則天下無敵明矣曰焉用戰雖申言無敵亦以明善陳善戰之人無所用之方與發論照應

孟子曰梓匠章

此章雖引喻教者而學者已在言表人之巧原不離規矩中然規

矩可傳而巧不可傳則須學者自能心悟

孟子曰舜之飯章

此章正所謂君子所性窮居不損大行不加分定故也故唯性之之聖尤合下渾全一毫增減不得兩箇若字特形容舜之心體如此在舜并不知有安貧賤輕富貴的見方是前後一樣與我沒相干

孟子曰吾今章

此章全在吾今而後知五箇字為有所驗而致戒的意若論人心則雖無報復之說亦當知殺人親之重祇因睹殺人者難與言是非故姑與言利害一間猶言此往彼來特換一手耳

孟子曰古之為章二節

此章特舉為關一件以見今之取民者盡失古人之意而猶託古法以為暴只看將以二字正是立法行法不同處

孟子曰身不行章

此章妻子二字特舉最近而易行者以例其餘照集註道以行言不行者道不行也使人以事言不能行者令不行也

孟子曰周於利章

此章上句是興起下句下句周字便當與上句意對照利不足者無以處凶年德不足者無以處邪世故周字須兼道明德立二意必平素窮理無不到處則事事無所疑惑故不能亂其明平素養氣無不到處則事事無所恐懼故不能亂其守方是一樣積之厚則用有餘的意若人之德積之不厚徒執一端之說為異議所搖便不能應之不窮矣邪世與亂世有別亂世以政言邪世以道言

孟子曰好名章

此章只依集註觀人不於其所勉而於其所忽然後可以見其所安之實也便正反了然此即東坡所謂人能碎千金之璧而不能不失聲於破釜之說

孟子曰不信章

此章照南軒張氏及朱子內註俱以三段作三平看故尹氏以仁賢為本置之圈外國之所恃以正君庇民者仁賢也然富強之臣

君所易信而往往不信仁賢不信則雖有若無故其國空虛國之所恃以辨上下者禮義也無禮以品節之無義以裁制之何以定民志則上下亂矣國之所恃以綱舉目張者政事也政事雖不止是理財然按周禮以九職任萬民是生之有道九賦斂財賄是取之有度九式節財用是用之有節故集註兼三說以釋財用不足若尹說亦是端本之論存之

孟子曰不仁而得章

此章專為不仁而得國者遂妄冀得天下故分別斷之不是平論孟子時得國者已有之若得天下必如三代而後可故集註引鄒氏說直以秦事為斷

孟子曰民爲貴章　四節

此章亦是孟子翻案文章與天子不能以天下與人章相類若論其分則君爲神人之主社稷次之而民爲輕孟子特提民爲貴三字爲一篇主腦第二節用是故二字直貫下三節便俱是民爲貴註脚世之言貴者自大夫而諸侯至天子極矣爲天子必本之得乎丘民來則是民爲貴也諸侯危社稷節雖言君輕於社稷亦爲虐民者不能保社稷故改立其君不是滅國犧牲既成節雖言社稷次於民亦爲不能爲民禦災捍患故更置祀神之壇壝非更置其神節節是申明民爲貴的意

孟子曰聖人百世章

此章專以伯夷之風柳下惠之風明夷惠爲聖人與他章論聖人不同他章論聖人每就人心所同然特引聖人做箇樣子不重擡高聖人意此章先提一句以爲唯聖人然後能爲百世師也下文乃以夷惠實之聞其風是聞其清與和興起是興起爲廉立敦寛頑則不辨清濁與廉辨反懦則不能自守與有立志反薄則刻薄待人不能不忍去自處不能不隱賢與敦厚反鄙則量狹不能遺佚而不怨阨窮而不閔與寛大反奮乎百世至若是乎二十五字做一句喝定奮字有自我特起意此正是聖人的本領非聖人而能致百世興起若是乎此處語意已完而況句特帶言百世且然則當時可知原是賛聖人不重親炙之者

孟子曰仁也者章

此章作兩句相承說其文義雖是解釋仁與道二字然挑兩頭擔子却在一箇人字第一句先把仁字著落在人身上然後可接合而言之四字合而言之集註只說以仁之理合於人之身而言之方有率性之道不可倒轉來說仁是人之所具不是懸空有箇天命之性道是人之所循亦不是懸空有箇率性之道無仁則所率何物無人則誰實率之唯以人載仁而後道之在心者由明善必及誠身亦唯以人行仁而後道之在我者有成己所以成物插一人字在性道中間正是孟子不空言性空言道的意此亦發明性善至精處

孟子曰孔子去魯章

此章要從孟子口中斷出道字道者天理之當然可久可速無不恰好處此之謂聖之時所願學者此也

孟子曰君子之戹章

此章見得陳蔡之戹既無上下之交而懷資不足則絕糧應爾所謂君子固有窮時在當時原無怨尤在後人亦無用感慨不必說到陳蔡大夫發徒圍之史記亦不足信

貉稽曰章　三節

此章言爲士者顧自處何如不妨爲衆口所訕理字如分理清理之理猶云不能拖白於衆口故孟子先慰其憂讒畏譏之心曰無

傷也而以士之爲士爲斷慴字依註作增字解增茲多口正所謂大不理於口也末節引詩本言衛之仁人却以孔子當之本言太王却以文王當之可見古人之言人人移得動則古人之事人人做得來豈可見之不廣乎此又爲士字推廣地步以見不理於口者固無傷也

孟子曰賢者以其章

此言凡有治人之責者皆然昭昭照集註指自昭明德說昏昏反是

孟子謂高子章

此章正意在末句方說出大約高子不昔學於孟子之門其理義

之心亦有開發處只是不能時時存養以致間斷玩末句今字可見山徑之蹊僅容人行處尚未成路所爭在用與不用而尤重介然爲間四字介然用之而遂成路是比良心發而天理明爲間不用而依舊茅塞是比物欲蔽而天理暗成路不難茅塞亦易跌重茅塞一邊則字甚緊甚危

高子曰禹之聲章三節

此章因高子淺論樂孟子亦不與深言但就其所言者解之曰是奚足哉謂追蠡何足以知樂如城門之轍迹深者非一車兩馬之力由日久故車多所致則禹之鐘紐所以敝者亦日久之故何足以論樂通篇但與辨追蠡不與辨樂

齊饑章二節

此章見君子處事可否自有箇心之制此正於國人皆以爲發棠時見箇惟義所在天下之爲馮婦者大都爲衆皆悅之誤耳兩箇衆字照應笑是笑不知止非以爲善不卒

孟子曰口之於味章二節

此章示人以性命之辨各就其重處言之兩節性命兩字依蒙引說上節性字專指氣質言是嗜欲之性皆人所認爲性而實縱其欲者上節命字合理與數言性也有命蓋謂數有默定而理亦難越不可謂我性所固然不能如其願則必求遂之能如其願又將縱之也故曰不謂性是伸命而抑性下節命字專指氣言氣有二

義所稟有厚薄清濁是氣質之氣而遭逢亦有厚薄脩短是氣數之氣皆人所委之於天而不復致力者下節性字專指理言是本然之性命也有性蓋謂所稟雖有厚薄然我有薄處便當勉強以致其厚去其薄即所值君父等或有薄處亦當致其厚以感動之皆可反之於厚也故曰不謂命是伸性而抑命蓋君子之學本是性命合一但有重在命者君子不謂性有重在性者君子不謂命是就世人論性命之偏處正之

孟子曰浩生不害章九節

此章雖茲提善人信人說起却以善字爲本體資稟是箇善人而善非虛假故又說信人信便兼學力要合兩等相連說來方合二

之中二字非平對可欲是別人以爲可愛也此善字猶所謂懿德是人情無不好之者故曰可欲之謂善然善人者或其天資之美則質美而未學者有之或其知及之而向往焉則能擇善而未能固執者有之故必其用力之久眞實有此善於已而後謂之信人信是大學誠意地位故集註亦引如惡惡如好色爲言凡學者得力處全在這一截由是而充實是向內說入必力行其善至於無欠缺無一毫不善夾雜在內方是充滿其量蓄積誠實故註云美在其中而無待於外由是而光輝是向外說出善旣積中自然發外故註云暢於四支發於事業德業至盛而不可加也自此以下而字轉語尤重在上截則所謂足於此而通於彼也聖字脫不得

大字但大而未化則施於四體者尚有矜持猶未到不言而喻發於事業者尚有造作猶未到無爲而成故必須大而化方謂之聖神字脫不得聖字但學問到窮神知化過此以往未之或知時候方謂之神畢竟更上一層故曰四之下也化與不可知不同化主自家說故集註曰不思不勉從容中道曰大可爲也化不可爲也在熟之而已矣不可知者自人而言故註云人所不能測也不能測者大也是這件小也是這件故曰神無方中下兩字正要他足於此而通於彼

孟子曰逃墨章　二節

此章特開引正異端一法須玩集註漸字久字新字凡人旣厭務外勢必歸近實及厭太簡勢必歸中正是其反正之漸也而向我來到歸儒上故曰歸蓋從陷溺之久得此悔悟之新則斯受之外別無他說此而已矣三字釋了異端許多遲疑破了我儒許多執滯末節引喻說追咎其旣往便與斯受之相反可見專爲今與楊墨辨者發此論

孟子曰有布縷章

三征名色固算做正供三箇有字見上有不得不取之民民有不得不供其上然君子立法行法之意則各以其時惟用一緩二民即無望饒樂亦可保全軀命完聚其家人父子若末二句竟是鄭俠流民圖矣所以不可不緩此專言後世所以害民者徒執成法

而不知所以用之故也

孟子曰諸侯之寶章

此章上寶字即照下寶字爲義以諸侯寶之之意說惟寶其土地則知所以立國寶其人民則知所以愛民寶其政事則知所以治其政事故尹氏曰寶得其寶則安寶失其寶則危

盆成括章

此爲專恃才者發小有才猶言畧有才非以小才對大道此大道亦特就仕者說不必深責以仁義忠信但小有才而未聞君子之大道則殺其軀者正才足以殺之而已矣徐氏謂君子道其常設使幸而獲免孟子之言猶信亦補得好

孟子之滕章 二節

此記之滕一事是說君子所遇之窮見疑於人者到底不釋如明夷卦初爻辭所謂主人有言一般不是取或人之言有合於聖賢之指故記之子以是爲竊屨來與是說來滕與下文來字不同苟以是心至是說以向道之心而來故斯受之而已矣則原是疑從者的話

孟子曰人皆有所章 四節

此章言人皆有仁義必要充其心以滿其量首節達字是從本心所不忍所不爲原來處達起無稍壅遏又從本心之量達到底無稍欠缺與次節充字一樣看若分達爲推之始充爲推之終則兩箇字俱無完義了故第二節承上文只是一意但指出箇無欲害人無穿踰之心來使人知所以達之耳能充則能達矣第三節單就無穿踰之心充到辭受又直充到無受爾汝之實實字與無穿踰之心心字俱指羞惡之心言不指事言故集註云有慚忿而不肯受之之實只要人能即此而推之於此能充於彼亦能充則無所往而不爲義也士未可節又特舉語默爲例其事隱微更有甚於前者是直把心上畧有不光明處俱要打掃得乾淨然後爲能充其無穿踰之心一節密一節故集註云又推無穿踰之心以達於此而悉去之玩悉去之三字正是省察克治兩件工夫不容一毫自欺處故以士言之不比未學之人有能充不能充也前兩節

仁義並提後兩節竟申明充無穿踰之心蓋總是一箇皆有的心把一件直窮到底便件件曉暢此正是大文章包羅處非偏指

孟子曰言近章 三節

此章是正天下之言與道言是君子教人之事道是君子治天下之事前節先斷定了善言善道而後以君子之言君子之守證之末節單提箇不守約而務博施者以見人之不能學君子皆因有此通病只看末節文義則知前兩節四箇而字是說指遠施博即在言近守約中直近約邊蓋以上截連下截也不必如紹聞編作四字互說所求於人者重謂專務治人所以自任者輕謂畧於治己故與守約而施博者相反雙起單收孟子文每有之

孟子曰堯舜性者章 三節

此章是論堯舜湯武之爲聖人不同與前堯舜性之章有別性之身之之字指道言性者者字指人言堯舜是不假修爲聖人之至也反之之字即承上文性字言湯武是修爲以復其性而至於聖人也動容周旋一節是發明性者之德不是說堯舜如哭死三段不像說堯舜的說話君子行法節亦但發明反之之事嘗引動容以容貌言周旋以動履言盛德句是總包雖其盛德之至故細微曲折無不中禮則其大者可知下三段集註云三者亦皆自然而然玩亦皆二字是說動容周旋中禮固皆自然而然三者亦皆自然而哀自然不回自然必信皆聖人之事不是以三者方見

得動容周旋中禮也蓋聖人相傳只是一箇性性卽理也理之自然謂之禮理之當然謂之法君子盡其在我絕無計較趨避之心正是純心行法處玩而已矣二字亦非有所爲而爲與上節非爲生三段相似但性之之德是得於天者自然而然非有意爲之故曰中禮反之之事是脩爲於人者當然而然非有所爲而爲故曰行法唯性反不同故聖人之於天道亦有不同

孟子曰說大人章 二節

此章層層發明但主說大人言之首節勿視句方發明得藐之意堂高三段方發明得巍巍然意在彼在我兩句方發明得我弗爲意畏字與藐字反曰吾何畏彼卽根上兩句見得在彼原無吾畏

處在我亦無畏彼處所以說大人則藐之非徒抑大人也制字集註以古聖賢之法釋之凡天理當然處卽是法故在貧賤則貧賤不能移在富貴則富貴不能淫不能移不能淫便有箇一定限制確然可守此亦不外我以吾仁我以吾義之說故存疑謂居廣居立正位行大道非仁無爲非禮無行便是古聖賢之法非仁無爲二句尤得皆我所弗爲意

孟子曰養心章

此章從理欲爭勝處斷出箇養心之法養心二字兼省察克治工夫直到欲淨理純由寡欲以至於無欲方是住處故其始也當從人心道心辨其孰爲心孰爲欲不可誤認理義之心爲欲亦不可誤認嗜欲之心爲心此省察工夫也於是卽從其欲所起處便覺得早斬斷得快若待其根深則難拔矣此克治工夫也蓋欲莫多於內之潛滋暗長生於心者卽以害心又莫多於外之紛紜反覆交於心者卽以引心那件多這件便少必使欲之數日少則心之數日多而欲不能勝心矣此易所謂損先難而後易也

曾晳嗜羊棗章 二節

此章重不忍二字人子如生如存一點念頭終身不解故觸物便動此自從思其所嗜來若把羊棗與膾炙較量孰美則就物上說不在心上說脫了羊棗所獨的意便脫了不忍的意矣諱名不諱姓作親名說亦是心上不忍提起

萬章問曰孔子在陳章 十三節

此章以中道二字爲主中道卽堯舜之道卽末節經字中道之絕續辨於人之眞僞狂獧與鄉原一眞一僞正是邪正消長對頭故孔子思狂獧正思他進於中道惡鄉原正惡他亂了中道通章共十三節作三截看前七節是荅問孔子所以思狂獧之意第八節至第十二節是荅問孔子所以惡鄉原之意末節孟子乃以已意斷之反經是正人心的根本

第一節萬章但問狂士狂則必簡故集註云志大而畧於事進取謂求望太高不忘其初謂不能改其舊此在孔子口中已包含其志嘐嘐行不掩焉的意了因萬章不察而復問故後面又發明之

第二節引孔子之言本兼狂獧孟子荅萬章問意則其久專指狂者故下文兩問兩荅俱言狂至第七節方説獧

第三節四節敢問何如斯可謂狂矣萬章是問魯士中如何人可謂狂故孟子亦但以其人荅之未徵其事

第五節何以謂之狂也萬章乃問狂者爲人之實故孟子謂狂者只是一箇志大其志二字略讀唯其志大故嘐嘐然其言亦太及平平考其所行却不能掩其所言據白文但以行字與志字對言字是集註補出此所謂進取不忘其初也

第七節因上文必也狂獧之思并解思獧之意獧者只是一箇有守故其心以不善爲不潔而不屑爲之是又中行之次也

第八節九節因萬章又引孔子之言而問鄉原爲人之實孟子即以鄉原之爲人摘摩鄉原的説話何以是嘐嘐一段是譏狂者其志太高行何爲踽踽一段是譏獧者其守太拘生斯世也一段是鄉原自言其志闇然媚於世二句是孟子斷語闇然是收斂閉藏不敢發一件人之辭不敢行一戾俗之事以求悦於衆心上照生斯世三句下照非之無舉一節正由盡闇然媚於世情狀

第十節十一節十二節萬章又以無所往而不爲原人致疑於德之賊之説而不知所謂德之賊者正在此非之二句是處己善於彌縫同流二句是待人善於迎合非之無舉是欲概舉其不善而不可得刺之無刺是欲細刺其不善而亦不可得刺之甚於非之汙世廣於流俗而其所以善彌縫善迎合者則在存心本非忠信却居之似忠信制行本非廉潔却行之似廉潔此節重在此二句即下文所謂似是而非者唯此兩件做得爛熟連自家亦居之不疑堅不可破故不可與入堯舜之道非德之賊而何忠信廉潔即是下文德字似字即是亂字使人莫辨其眞僞曰亂故與凡似而非者同類佞者能言兼有才智妝點得合於事理故曰亂義利口者只是應對便利巧言不實似乎由中而發故曰亂信

末節正爲鄉原之屬拔本塞源之計君子兼德位言反經兼躬行發化言就君子身上説庶民興方是人之化之蒙引謂端化源脩治法於以一天下之道德同天下之風俗則非兼德位不能也邪

説中於人心曰邪慝常道既明人心自正邪慝自無由作矣

孟子曰由堯舜章　四節

此章是孟子自序重見知一邊只看末節則亦二字明明是串下語故蒙引之説如此雖朱子總註及許白雲小註槪照若字作平列然據孟子語意則依蒙引説爲是蓋千聖相傳只是一箇知字由前言之必待有聞而知者而道於是乎有屬由後言之必先有見而知者而道於是乎可傳故孟子説無有見知則亦無有聞知此乃自任見知以明守先待後意也若論道在天地間豈盡限定五百年方生一箇聞知即見知亦不必限定前此只是一人後此只是一箇孟子把從前唐虞三代諸賢與孔門顔曾子思等多人

俱置格外即如所謂文武之道未墜於地在人人字及予私淑諸人人字可見道之相傳原未嘗或絕但要箇擔當的人挑前後擔子耳

四書斷卷之二十終

朱子四書語類（孟子）十一卷

清 周在延輯

清康熙十七年金陵大業堂刻本

重刻朱子四書語類序
於書無所不讀而
治人化民成俗者
書故其用力為尤
尤備集註外有或
問精義輯略而語類一書則與

門人問荅門人退而記錄者永
樂時纂修四書大全採擇語類
僅十分之一且於各條內刪削
割裂文義既多不屬而或問則
取學庸而去語孟登載尤為未
詳自大全行而或問等全本湮

沒無聞夫不讀其全豈能盡其
藴哉自是以後講章盛行轉相
傳習迄于今坊間本子愈出愈
謬學者不知方且家估戶俾至
問以朱子之書則識其名者或
鮮矣是亦可慨也已近呂晚村

先生刊論孟或問論孟精義中
庸輯略近思錄名曰朱子遺書
學者亦既誦習之獨語類尚爾
埋沒在延因取家藏舊本重加
校梓先成四書五十二卷其餘
雜錄與四書相發明者亦多有

可採而朱子文集所載四書說其發揮四聖之微言反覆詳盡更有或問語類所未備者暇日復合二書分章類輯共爲一編名曰朱子四書集解行將公之海内庶天下得讀紫陽之全書不特一切繆種講章支離陋劣不足叅觀卽取大全而反覆玩味盡爲糟粕矣然近日學者守一不全之説約奉爲金科玉律求其能細閱大全亦不可得又安望盡取朱子之書熟讀而精

思之使非有好學深思特出於流俗之外者其孰勉焉尤願好爲講章者亦取或問語類諸全本降心卒業識力自當精進不必徒費筆墨撫擬蒙存淺達之唾餘餖飣成書遂謂有合乎千載不傳之祕也

康熙戊午六月朔日大梁後學

周在延謹識於師經堂

語類姓氏

廖德明 字子晦 南劍人 癸巳以後所聞 池錄一

輔廣 字漢卿 慶源人 居嘉興 甲寅以後所聞 池錄二

余大雅 字正叔 上饒人 戊戌以後所聞 池錄三

陳文蔚 字才卿 上饒人 戊申以後所聞 池錄四

李閎祖 字守約 邵武人 戊申以後所聞 池錄五

李方子 字公晦 邵武人 戊申以後所聞 池錄六

葉賀孫 字味道 括蒼人 居永嘉 辛亥以後所聞 池錄七八九十十一

潘時舉 字子善 天台人 癸丑以後所聞 池錄十二 饒錄四十六

董銖 字叔重 鄱陽人 丙辰以後所聞 池錄十三 饒錄四十六

竇從周 字文卿 丹陽人 丙午以後所聞 池錄十四

金去僞 字敬直 樂平人 乙未所聞 池錄十五

李季札 字季子 婺源人 丙申乙卯所聞 池錄十五

萬人傑 字正淳 興國人 庚子以後所聞 池錄十七 饒錄四十六

楊道夫 字仲愚 建寧人 己酉以後所聞 池錄十八十九

徐寓 字居父 永嘉人 庚戌以後所聞 池錄二十二十一 饒錄四十六

林恪 字叔恭 天台人 癸丑所聞 池錄二十二 饒錄四十六

石洪慶 字子餘 臨漳人 癸丑所聞 池錄二十三

徐容 字仁父 永嘉人 辛亥所聞 池錄二十四

甘節 字吉父 臨川人 癸丑以後所聞 池錄二十五

黃義剛 字毅然 臨川人 癸丑以後所聞 池錄二十六二十七 饒錄三十八

晏淵 字亞夫 涪陵人 癸丑所聞 池錄二十八

龔蓋卿 字夢錫 常寧人 甲寅所聞 池錄二十九

廖謙 字益仲 衡陽人 甲寅所聞 池錄三十

孫自修 字敬父 宣城人 甲寅所聞 池錄三十一

潘履孫 字坦翁 婺源人 居紹興 甲寅所聞 池錄三十二

湯泳 字叔永 丹陽人 乙卯所聞 池錄三十三

林夔孫 字子武 三山人 丁巳以後所聞 池錄三十四〇三十五[illegible]錄已刪

錢木之 字子山 晉陵人 寓永嘉 丁巳所聞 池錄三十六

曾祖道 字 人 丁巳所聞 池錄三十七

沈僩 字杜仲 永嘉人 戊午以後所聞 池錄三十八三十九四十四十一

郭友仁 字德元 山陽人 寓臨安 戊午所聞 池錄四十二

李儒用 字仲秉 兵陽人 己未所聞 池錄四十三 饒錄三十

黃榦 字直卿 三山人 饒錄一 饒後錄一

何鎬 字叔京 邵武人 乙未以前所聞 饒錄二

程端蒙 字正思 鄱陽人 己亥以前所聞 饒錄三

周謨 字舜弼 南康人 己亥以後所聞 饒錄四五

潘柄 字謙之 三山人 癸卯以後所聞 饒錄六

魏椿 字元壽 建陽人 戊申所聞 五夫 饒錄七 饒後錄二十

吳必大 字伯豐 興國人 戊申己酉所聞 饒錄八

黃㽦 字子耕 豫章人 戊申所聞 饒錄九十

楊若海 字[illegible]道 夫之子 饒錄十一

楊驤 字子昂 道夫族兄 己酉甲寅所聞 饒錄十二

陳淳 字安卿 臨漳人 庚戌己未所聞 饒錄十三十四

童伯羽 字蜚卿 甌寧人 庚戌所聞 饒錄十五

鄭可學 字子上 莆田人 辛亥所聞 饒錄十六

滕璘 字德粹 新安人 辛亥所聞 饒錄十七

王力行 字近思 同安人 辛亥所聞 饒錄十八

游敬仲 字連叔南劍人 辛亥所聞 饒錄十九
不知何氏 辛亥同舍共聞 饒錄二十
黃升卿 辛亥所聞 饒錄二十一
周明作 字元興建陽人 壬子以後所聞 饒錄二十二
祭鑾錄 字行夫衡陽人 壬子所錄 饒錄二十三
楊與立 字浦城人遺夫從兄 壬子同劉栗錄見 龔饒錄二十四
鄭南升 字文振潮州人 癸丑所聞 饒錄二十五
歐陽謙之 字晞遜 癸丑所聞 饒錄二十六
游倪 字和之建寧人 癸丑所聞 饒錄二十七
楊至 字至之泉州人 癸丑甲寅所聞 饒錄二十八 饒後錄二十五
潘植 字立之 癸丑所聞 饒錄二十九
王過 字幼觀鄱陽人 甲寅以後所聞 饒錄三十
董拱壽 字仁叔鄱陽人 甲寅所聞 饒錄三十一
林學蒙 字正卿三山人 甲寅以後所聞 饒錄三十二
林賜 字聞一 乙卯以後所聞 饒錄三十三
胡泳 字伯量南康人 戊午所聞 饒錄三十四
呂燾 字德昭弟煥字德遠南康人 己未所聞 饒錄三十六三十七
不知何氏 己未同舍共錄 饒錄三十九
不知何氏 饒錄四十四一四二
吳壽昌 字大年邵武人 丙午同广浩錄 饒錄四三
楊長孺 字伯子廬陵人 甲寅記見 饒錄四四
吳琮 字仲方臨川人 甲寅記見 饒錄四五○已上三家非拱本見者許之
楊方 字子直汀州人 庚寅所聞 饒後錄一○聞有可疑
包揚 字顯道建昌人 癸卯甲辰乙巳所聞 饒後錄三四五六○聞有疑誤

劉炎 字　人 己酉甲寅以後所聞 饒後錄七
劉子寰 字圻父建陽人 己未所聞 饒後錄八
邵浩 丙午所聞 饒後錄九
劉砥 字履之三山人 庚戌所聞 饒後錄十
劉礪 字用之三山人 己未所聞 饒後錄十一
李煇 饒後錄十二
陳芝 字庭秀 壬子所聞 饒後錄十三
黃灝 饒後錄十四
黃卓 字先之 饒後錄十五
汪德輔 字長孺鄱陽人 壬子所聞 饒後錄十六
吳振 饒後錄十七
吳雉 字和中建陽人 饒後錄十八
鍾震 字春伯潭州人 甲寅所聞 饒後錄十九
林子蒙 饒後錄二十
林學履 己未所錄 饒後錄二十一
蕭佐 甲寅所聞 饒後錄二十二
舒高 甲寅所聞 饒後錄二十三
李杞 字良仲平江人 甲寅所聞 饒後錄二十六
張洽 字元德清江人 丁未癸丑所聞 附池錄後
黃士毅 字子洪 蜀類 徽續類
李壯祖 字處謙邵武人 蜀類
李公謹 蜀類
一之 蜀類
枅 徽續類

郭逍遥　建別錄十九
不知何氏　建別錄二十

四書語類目錄

論語　微子
卷之三十七
論語　子張
卷之三十八
論語　堯曰
卷之三十九
孟子　梁惠王
卷之四十
孟子　公孫丑上之上
卷之四十一
孟子　公孫丑上之下
卷之四十二

孟子　公孫丑下
卷之四十三
孟子　滕文公
卷之四十四
孟子　離婁上
卷之四十五
孟子　離婁下
卷之四十六
孟子　萬章
卷之四十七
孟子　告子
卷之四十八

孟子　盡心上
卷之四十九
孟子　盡心下
卷之五十
中庸　首章
卷之五十一
中庸　第二章至第十九章
卷之五十二
中庸　第二十章至末章

朱子四書語類目錄終

朱子語類卷三十九

金谿後學周在延重校

孟子一

題辭

陳丈言孟子趙岐所記者却做得好曰做得絮氣悶人東漢文章皆如此卓〇解書難得分曉趙岐孟子拙而不明王弼周易巧而不明

梁惠王上

孟子見梁惠王章

希真說孟子對梁惠王以仁義章曰凡事不可先有箇利心才說着利必害於義聖人做處只向義邊做然義未嘗不利但不可先說道利不可先有求利之心蓋緣本來道理只有一箇仁義

更無別物事義是事事要合宜顆〇說義利處曰聖賢之言所以要辨別教分明但只要向義邊一直去更不通思量第二着才說義乃所以爲利固是義有大利存焉若行義時便說道有利則此心只邪向那邊去固是未有仁而遺其親未有義而後其君纔於爲仁時便說要不遺其親爲義時便說要不後其君則是先有心於爲利聖賢要人止向一路做去不要做這一邊又思量那一邊仲舒所以分明說不謀其利不計其功顆〇孟子大綱都剖析得分明如說義利等處如荅宋牼處見得事只有箇是非不通去說利害看來惟是孟子說得斬釘截鐵顆〇正淳問仁者心之德愛之理義者心之制事之宜德與理俱以體言制與宜俱以用言否曰心之德是渾淪說愛之理方說到親切處心之制却是說義之體程子[illegible]處物爲義是也[illegible]

言義以宜之韓愈言行而宜之之謂義若只以義爲宜則義有在外意須如程子言處物爲義則是處物者在心而非外也又云大槩說道理只渾淪說又使人無捉摸處若要說得親切又却局促有病如伊川說仁者天下之公善之本也說得渾淪開濶無病知言說理是要親切所以多病顆〇或問心之德愛之理以體言心之制事之宜以用言曰也不是如此義亦只得如此說事之宜雖若在外然所以制其義則在心也程子曰處物爲義非此一句則後人恐未免有義外之見如義者事之宜事得其宜之謂義皆說得未分曉蓋物之宜雖在外而所以處之使得其宜者則在內也曰仁言心之德便見得可包四者義言心之制却只是說義而已曰然程子說仁者天下之公善之本也固是好然說得太渾淪只恐人理會不得大抵說得寬廣自

然不受指點若說得親切又覺得意思局促不免有病知言則是要說得親切而不免有病者也又曰也須說教親切因言漢唐諸人說義理只與說夢相似至程先生兄弟方始說得分明唐人只有退之說得近旁然也只似說夢但不知所謂劉迅者如何由迅是知幾之子撰本傳說迅嘗注釋六經以爲舉世無可語者故盡焚之曰想只是他理會不得若是理會得自是著說與人廣〇至問心之德是就專言之統體說說愛之理是就偏言之一體上說雖言其體而用未嘗不包在其中心之制是說義之主於中事之宜是說義之形於外合內外而言之也曰心之制亦是就義之全體處說事之宜是就千條萬緒各有所宜處說事之宜亦非是就在外之事說看甚麼事來這裏面便有箇宜處這便是義又舉伊川曰在物爲理處物爲義又[illegible]

似一柄利刀看甚物來皆割得去非是刀之割物處是義只這
刀便是義（割制出○時舉錄）○至之問義者心之制事之宜曰事之宜
也是說在外底事之宜但我才見箇事來便知這箇事合恁地
處此便是事之宜也義如刀相似其鋒可以割制他物才到面
前便割將去然鋒與刀則初未嘗相離也（時舉）○義者心之制事
之宜所謂事之宜方是指那事物當然之理未說到處置合宜
處也（僩）○問心之制是裁制曰是裁制問莫是以制其心曰心
自有這制（心自是有制）制如快利刀斧事來劈將去可底從這一邊
去不可底從那一邊去（節）○梁惠王問利國便是爲已只管自
家國不管他人國義利之分其爭毫釐范氏只爲說不到聖賢
地位上蓋義者利之和也（謨○集義）

王立於沼上章

德修說王立於沼上一章引齊宣王見孟子於雪宮事云梁惠王
其辭遜齊宣王其辭誇先生曰此說好又說寡人願安承教一
章有和氣致祥乖氣致異之說曰恐孟子之意未到此（賀孫）

寡人之於國章

移民移粟荒政之所不廢也（義剛）

晉國天下莫强焉章

問孟子告梁王省刑罰薄稅斂便可以撻秦楚之甲兵夫魏地迫
近於秦無時不受兵割地求城無虛日孟子之言似大容易否
曰自是響應如此當時之人焦熬已甚率歡欣鼓舞之民而征
之自是見效速後來公子無忌縞素一舉直擣至函谷關可見
（德明）○孟子亦是作爲底人如云彼陷溺其民王往而征之夫誰
與王敵非不用兵也特其用兵不若當時戰國之無義理耳如
五畝之宅樹之以桑而下爲政之實行之既至則視當時無道
之國豈但可已哉（人傑）

孟子見梁襄王章

問望之不似人君此語孔子還道否曰孔子不說孟子忍不住便
說安卿煞不易他會看文字疑得都是合疑處若近思固不能
疑黃卿又疑得曲折多無事生出事又曰公疑得太過都落從
小路去了（淳）

齊宣王問齊桓晉文之事章

無道桓文之事事者營霸之事儒者未嘗講求如桓公霸諸侯一
匡天下則誰不知至於經營霸業之事儒者未嘗言也（謨）○或
問仁術字當何訓曰此是齊王見牛觳觫而不忍之心萌故以
羊易之孟子所謂無傷蓋能護得齊王仁心發見處術猶方便

也（賜）○仁術謂已將牛去殺是其仁心無可爲處了却令以羊
易之又却存得那仁心此是爲其仁之術也（揆）○陳晞周問仁
術曰術未必便是全不好且如仁術見牛之觳觫是仁心到這
裏處置不得無術以處之是自家這仁心抑遏不得流行故以
羊易之這是用術處有此術方得自家仁心流行（榦○時舉錄詳）○陳
晞周問仁術曰術字本非不好底事只緣後來把做變詐看了
便道是不好却不知天下事有難處處須著有箇巧底道理始
得當齊王見牛之時惻隱之心已發乎中又見釁鍾事大似住
不得只得以所不見者而易之乃是他既周旋得那事又不抑
遏了這不忍之心此心乃得流行若當時無箇措置便抑遏了
這不忍之心遂不得而流行矣此乃所謂術也（時舉）○見牛未見
羊也未字有意味蓋言其體則無限量言其用則無終窮充擴

得去有甚盡時要都盡時有限量方〇問先生解物皆然心爲
甚曰人心應物其輕重長短之難齊而不可不度以本然之權
度又有甚於物者不知如何是本然之權度曰本然之權度亦
只是此心此心本然萬理皆具應物之時須是仔細看合如何
便是本然之權度也如齊宣王見牛而不忍之心見此是合權
度處及至興甲兵危士臣構怨於諸侯又却忍爲之便是不合
權度失其本心又曰莫只是無所爲而發者便是本心曰固是
然人又多是忘了問如何忘了曰當惻隱時却不惻隱是也問
此莫是養之未至否曰亦是察之未精廣〇黃先之問物皆然
心爲甚曰物之輕重長短之差易見心之輕重長短之差難見
物之差無害心之差有害故曰心爲甚又曰物易見心無形度
物之輕重長短易度心之輕重長短難度物差了只是一事差

朱子語類 卷三十九 孟子 五

心差了時萬事差所以心爲甚又曰以本然之權度度心文曰
愛物宜輕仁民宜重此是權度以此去度節〇問孟子論齊王
事考之史記後來無一不効曰雖是如此已是見得遲了須看
他一部書見得句句的確有必然之効方是賀孫〇至云看孟子
已看到七八章見孟子於義利之辨王霸之辨其剖判爲甚嚴
至於顧鴻鴈麋鹿之樂與好世俗之樂此亦是人情之常故孟
子順而導之以與民同樂之意至於誤認移民移粟以爲盡心
而不能制民之產以行仁政徒有愛牛之心而不能推廣以行
仁政以開導誘掖以先王之政可謂詳明至皆未見所疑處只
伊川說孟子說齊梁之君行王政王者天下之義主也聖賢亦
何心哉視天命之改與未改爾於此數句未甚見得明先生却
問至云天命之改與未改如何見得曰與見周末時禮樂征伐

皆不出于天子生民塗炭而天王不能正其權以救之否曰如
何三晉猶尚請命於周曰三晉請命既不是而周王與之亦不
是如周公所云云便是天王已不能正其權曰如何周王與之
不是便以爲天命之改曰至見得未甚明禰曾記得程先生說
譬如一株花可以栽培則須栽培莫是那時已是栽培不得否
曰大勢已去了三晉請命於周亦不是知尊周謾假其虛聲耳
大抵人心已不復有愛戴之實自入春秋以來二百四十年間
那時猶自可整頓不知周之子孫何故都無一人能明目張膽
出來整頓到孟子時人心都已去曰程子說天命之改莫是大
勢已去曰然至〇集義

梁惠王下

莊暴見孟子章

朱子語類 卷三十九 孟子 六

孟子開道時君故曰今之樂猶古之樂至於言百姓聞樂音欣欣
然有喜色處則關閉得甚密如好色好貨亦此類也說

齊宣王問文王之囿章

孟子言文王由百里興亦未必然問孟子謂文王之囿方七十里
先生以爲三分天下有其二以後事若只百里如何有七十里
之囿然孟子所謂傳有之者如何曰想他須有據但孟子此說
其意亦只主在風齊宣王爾若文王之囿果然縱一切人往則
雖七十里之大不過幾時亦爲赤地矣又焉得有林木鳥獸之
長茂乎周之盛時雖天下山林猶有厲禁豈有君之苑囿反縱
芻獵恣往而不禁乎亦無是理漢武帝規上林苑只有二三十
里當時諸臣已皆以爲言豈有文王之囿反如是之大

問交鄰國有道章

湯事葛文王事昆夷昆夷不可考大抵湯之事葛文王事昆夷其本心所以事之之時猶望其有悔悟之心必待伐之豈得已哉亦所當然耳（燾）○問仁者爲能以大事小是仁者之寬洪惻怛也便是小國不恭亦撓他不動智者爲能以小事大蓋智者見得利害甚明故衹得事大曰也不特是見得利害明道理自合恁地小之事大弱之事强皆是道理合恁地至問樂天者保天下畏天者保其國曰只是說其規模氣象如此（時舉錄作有大小耳）○問樂天畏天者曰樂天是聖人氣象畏天是賢人氣象孟子只是說大槩聖賢氣象如此使智者當以大事小時也必以大事小使仁者當以小事大處也必以小事大不可將大王文王交互立說便失了聖賢氣象此自是兩層事孟子之說是前面一層又須是看得後面一層所以貴乎不以文害辭者正是此類

人須見得言外意好（去。僩）

問人皆謂我毀明堂章

問孟子以公劉大王之事告其君恐亦是委曲誘掖之意曰這兩事却不是告以好色好貨乃是告以公劉大王之事如此兩事看來却似易待去做時多少難大凡文字須將心體認看這箇仔細看來甚是難如孟子又說子服堯之服誦堯之言行堯之行是堯而已矣看來也似易這如何便得相似又如說徐行後長者謂之弟疾行先長者謂之不弟堯舜之道孝弟而已矣看來也似易（賀孫）○問孟子語好貨好色事使孔子肯如此答否曰孔子不如此答但不知作如何答問孟子答梁王問利直掃除之此處又却如此引導之曰此處亦自分義利特人不察耳（賜）

問湯放桀章

賊仁者無愛心而殘忍之謂也賊義者無羞惡之心之謂也（節）○先生舉賊仁者謂之賊賊義者謂之殘問何以別過思云賊仁是害心之理賊義是見於所行處傷其理曰以義爲見於所行便是告子義外矣義在內不在外義所以度事亦是心度之然此果何以別蓋賊之罪重殘之罪輕仁義皆是心仁是天理根本處賊仁則大倫大法虧滅了便是殺人底人一般義是就一節一事上言一事上不合宜便是傷義似手足上損傷一般所傷者小尚可以補（淳○錄同）寓○問孟子言賊仁賊義如何力行曰譬之伐木賊仁乃是伐其本根賊義只是殘害其一枝一葉人而賊仁則害了本心曰賊仁便是將三綱五常天叙之典天秩之理一齊壞了義隨事制宜賊義只是於此一事不是更有他事在（砺）○問賊仁是絕滅天理賊義是傷敗彞倫如臣弑君子

弑父及齊襄公鳥獸之行等事皆人倫大惡不審是絕滅天理是傷敗彞倫曰傷敗彞倫只是小小傷敗常理若此等乃是絕害天理了（義剛錄云傷敗彞倫只是小小傷敗常理如不以禮食不親迎之類若紾兄之臂踰東家墻底便是絕滅天理）丹書怠勝敬者滅即賊仁者謂之賊意欲勝義者凶即賊義者謂之殘意賊義是就一事上說賊仁是就心上說其實賊義便即是賊那仁底但分而言之則如此（淳義剛錄同）

爲巨室章

問教玉人彫琢玉集注云不敢自治而付之能者愛之甚也治國家則不能用賢而徇私欲是愛國家不如玉也此莫是餘意否曰正意是如何曰正意只是說玉人自會琢玉何消教他賢者自有所學何用教他舍其所學後譬只是申解前譬曰兩譬又似不相似不知如何做得恁地蹉哦

齊人伐燕勝之章

齊人伐燕孟子以爲齊宣史記以爲湣王溫公平生不喜孟子及作通鑑却不取史記而獨取孟子皆不可曉荀子亦云湣王伐燕然則非宣王明矣問孟子必不誤曰想得湣王後來做得不好門人爲孟子諱故改爲宣王爾問湣王若此之暴豈能慙於孟子曰既做得不是說得他底是他亦豈不愧也溫公通鑑中自移了十年據史記湣王十年伐燕今溫公信孟子改爲宣王遂硬移進前十年溫公硬拗如此又云史記魏惠王三十六年惠王死襄王立襄王死哀王立今汲冢竹書不如此以爲魏惠王先未稱王時爲侯三十六年乃稱王遂爲後元年又十六年而惠王卒即無哀王惠王三十六年了便是襄王史記誤以後元年爲哀王立故又多了一哀王汲冢是魏安釐王冢竹書記

其本國事必不會錯溫公取竹書不取史記此一段却是僩此[illegible]

有說當從春秋解後序

〇居之問取之而燕民悅則取之至文王是也竊疑文王豈有革商之念曰此等難說孔子謂可與立未可與權到那時事勢自是要住不得後人把文王說得忒恁地却做一箇道行看着不做聲不做氣如此形容文王都沒情理以詩書考之全不是如此如詩自從太王王季說來如云至于太王實始翦商如下武之詩文王有聲之詩都說文王做事且如伐崇一事是做甚麼又不是一項小小侵掠乃是大征伐詢爾仇方同爾兄弟以爾鉤援與爾臨衝以伐崇墉此見大段動衆岐山之下與崇相去自是多少因甚如此這般處要做文王無意取天下他錄作出做非都不得又如說侵自阮徂共我高岡無矢我陵我陵我阿無飲我泉我泉我池這裏見都自據有其土地自是大段施張了或曰紂命文王得專征伐紂不得已命之文王不得已受之橫渠云不以聲色爲政不以革命有中國默順帝則而天下歸之其惟文王乎若如此說恰似內無純臣之義外亦不屬於商這也未必如此只是事勢自是不可已只當商之季七顛八倒上下崩頹忽於岐山下突出許多人也是誰當得文王之事惟孟子識之故七篇之中所以告列國之君莫非勉之以王道賀孫

滕文公問滕小國也章

問孟子答滕文公三段皆是無可奈何只得勉之爲善之辭想見滕國至弱都主張不起故如此曰只是如此只是吾得正而斃焉之意蓋滕是必亡無可疑矣況王政不是一日行得底事他又界在齊楚之間二國視之猶太山之壓雞卵耳若教他粗成

次第此二國亦必不見容也當時湯與文王之興皆在空閑之地無人來覷他故日漸盛大若滕則實是難保也立之云若教他能舉國以聽孟子如何曰他若能用得孟子至二三十年使鄰國之民仰之若父母則大國亦想不能動他但世間事直是難得恰好耳齊梁之國甚彊可以有爲而孟子與其君言恬然不恤滕文公却有善意又以國小主張不起以此知機會眞不易得也[illegible]

魯平公將出章

魯平公極是箇衰弱底人不知孟子要去見他是如何孟子平生大機會只可惜齊宣一節這箇不相遇其他也應是無可成之理如見滕文公說許多井田也是一場疏脫云有王者起必來取法孟子也只是說得在這裏滕也只是做不得賀孫

終

朱子語類卷五十

孟子

公孫丑上

問夫子當路於齊章

以齊王猶反手不知置周王於何地曰此難言可以會意如湯武之事是也春秋定哀間周室猶得至孟子時天命人心已離矣僩去

問夫子加齊之卿相章

或問雖由此霸王不異矣如何分句曰只是雖由此霸王不異矣言從此爲霸爲王不是差異蓋布衣之權重於當時如財用兵甲之類盡付與他樂毅統六國之師長驅入齊[illegible] ○公孫丑問孟子動心否乎非謂以卿相富貴動其心謂伯王事大恐孟子擔當不過有所疑懼而動其心也閎祖 ○孟子之不動心非如楊雄之說霸王不異矣蓋言由此可以行王伯之事公孫丑見其重大恐孟子或懼而動心德明 ○德脩問公孫丑說不動心是以富貴而動其心先生曰公孫丑雖不知孟子必不謂以富貴動其心但謂霸王事大恐孟子了這事不得便謂孟子動心不知霸王當甚閑事因論知言養氣德脩謂養氣爲急知言爲緩曰孟子須先說我知言然後說我善養吾浩然之氣公孫丑先問浩然之氣次問知言者因上面說氣來故接續如此問不知言如何養得氣德脩云先須養有尺便量見天下長短曰須要識這尺敬之 ○先生問趙丞看不動心章如何曰已略見得分明曰公孫丑初間不動心只道加以卿相重任怕孟子心下怯懾了故有動心之問其意謂必有勇力擔當得起方敢不動其心故孟子下歷言

所以不動心之故公道那處是一章緊要處趙舉持其志無暴其氣爲對曰不如此說須舉集義所生以爲對曰然因言欲養浩然之氣則在於直要得直則在於集義集義者事事要得合義也事事合義則仰不愧俯不怍趙又問夫有所受之也是如何曰公如此看文字不得且須逐項理會理會這一項時全不知有那一項始得讀大學時心只在大學上讀論語時心只在論語上更不可又去思量別項這裏一字理會未得且理會這一字一句理會未得且理會這一句如不動心一段更着仔細去看看着方知更有未曉處須待十分曉得無一句一字窒礙方可看別處去因云横渠語錄有一段說讀書須是成誦不成誦則思不起直須成誦少間思量起便要曉得這方是浹洽賀孫 ○先生問周看公孫丑不動心章答云云先生曰公孫丑初間謂任此重事還動心不動心孟子答以不動心極容易底事我從四十已不動了告子又先我不動心公孫丑又問不動心有道理無道理孟子又告以有於是又舉北宮黝孟施舍之勇也是不動然彼之所以不動者皆強制於外不是存養之功故又舉曾子之言云自反縮與不縮所以不動只在方寸之間若仰不愧俯不怍看如何大利害皆不足以易之若有一毫不直則此心便索然公孫丑又問孟子所以不動者如何孟子遂答以我知言我善養吾浩然之氣若依序問當先問知言公孫丑只承孟子之言便且問浩然之氣賀孫 ○器之問不動心一條曰此一段爲被他轉換問所以答得亦周匝然指就前段看語脈氣象雖無後截亦自可見前一截已自見得後面許多意足賀孫 ○問告子之不動心是否曰告子之不動心是麤法或強制不動[illegible]

勳不可知武臨大事而作不金鉄能不動亦未可知非若孟子酬酢萬變而不動也又問正如北宮黝之勇一作養勇否曰然謨○去僞同○告子不動心是硬把定閎祖○北宮黝孟施舍只是粗勇不動心德明○孟施舍北宮黝是不畏死而不動心告子是不認義理而不動心告子惟恐動着他心德明○問集註云施是發語聲何也曰此是古注說後面只稱舍字可見問有何例可按曰如孟之反舟之鄉尹公之他之類德明○問集注云子夏篤信聖人何以言之曰這箇雖無事實儒用錄云此因孟子說處文義推究亦無事實可指但看他言語如曰知其所亡月無忘其所能博學而篤志切問而近思看他此處賀孫錄云便見得他有箇緊把定底意思又把孟子北宮黝來比便見它篤信聖人處夔孫○儒用錄云詳味之有篤信聖人氣象○閎祖略○問孟施舍量敵慮勝似有懼也孟子乃曰能無懼如何曰此孟施舍譏他人之言舍自

云我則能無懼而已問那是孟施舍守約處曰孟施舍本與北宮黝皆只是勇夫比曾子不同如北宮黝孟施舍孟賁只是就勇上言如子襄曾子告子就義理上言謨○去僞同○問如何是孟施舍守約處曰北宮黝便勝人孟施舍却只是能無懼而已矣如曰視不勝猶勝也此是孟施舍自言其勇如此若他人則量敵而進慮勝而會是畏三軍者爾豈能爲必勝哉能無懼而已矣去僞○引曾子謂子襄之言以明不動心之由在於自反而縮下文詳之閎祖○曾子守約不是守那約言所守者約耳僴○今人把守氣不如守約做題目此不成題目氣是實物約是半虛半實字對不得守約只是所守之約言北宮黝之守氣不似孟施舍守氣之約孟施舍之守氣又不如曾子所守之約也孟施舍就氣上做工夫曾子就理上做工夫淳○尋常人說守約二字極

未穩如云守氣不如守約分明將約字做一物遂以約字對氣字所謂守約者所守者約耳謨○去僞同○孟子說曾子謂子襄一段已自盡了只爲公孫丑問得無了期故有後面許多說話節○不得於言只是不曉道說話言只似道理字淳○不得於言勿求于心不得於心勿求於氣此告子不動心之法告子只就心上理會堅持其心言與氣皆不理會不得謂失也有失於其言則曰無害於心但心不動言雖失不必問也惟失之於心則就心上整理不復更求於氣德明○不得於言勿求於心此正孟子告子不動心之差別處當看上文云敢問夫子之不動心與告子之不動心孟子却如此答便見得告子只是硬做去更不問言之是非便錯說了也不省如與孟子論性說性猶杞柳也既而轉性猶湍水也他只不問是非信口說出定要硬把得心

定不得於言謂言之失也勿求於心謂言之失非干心事也此其學所以與孟子異故孟子章末云我故曰告子未嘗知義以其外之也蘩○不得於言勿求於心不得於心勿求於氣不得猶曰失也謂言有所不知者則不可求之於心心有不得其正者則不可求之於氣孟子謂言有所不能知正以心有所不明故不得於言勿求於心不可其不得於心者固當求之心然氣不得所養亦反能動其心故不得於心勿求於氣雖可而未盡也蓋知言只是知理告子既不務知言亦不務養氣但只硬把定中間箇心要他不動孟子則是能知言又能養氣自然心不動蓋知言本也養氣助也三者恰如行軍知言則其先鋒知虛識實者心恰如主帥氣則卒徒也孟子則前有引導後有推助自然無恐懼紛擾而有以自勝告子則前後無引助只恁孤立

以與孟子不動心異也不得於言以下但作如此看此一章血脉貫通而於知言養氣詖淫邪遁之辭方爲有下落也至於集義工夫乃在知言之後不能知言則亦不能集義言如觀古聖賢之言與聽今人之言皆是○端蒙○不得於心勿求於氣者不失其本則猶可也不得於言而不求於心以考其所失則其中頑然無所知覺無以擇其義之所安故斷之以不可端蒙○不得於言勿求於心是心與言不相干不得於心勿求於氣是心與氣不相貫此告子說也告子只去守箇心得定都不管外面事外面是亦得不是亦得孟子之意是心有所失則見於言如肝病見於目相似陸子靜說告子亦有好處今人非但不識孟子亦不識告子只去言語上討不着陸子靜却說告子只靠外面言語更不去管內面以某看告子只是守着內面更不管外面泳○問

告子謂不得於言勿求於心是自已之言耶是他人之言耶若要得後面知言處相貫則是他人之言曰這一段前後都相貫即是一樣言語告子於此不達則不復反求其理於心嘗見陸子靜說這一段大段稱告子所見高告子固是高亦是陸子之學與告子相似故主張他然陸氏之學更鶻突似告子至云陸氏之學不甚教人讀書看文字與告子相似否先生曰便是先生又謂養氣一段緊要處是自反而縮以直養而無害是集義所生者緊要處在此三句上看至○林問不得於言勿求於心曰此章文義節節相承須逐節次第理會此一節只言告子所以先我不動心者皆是以義爲外故就告子所言以辯其是非爾又問浩然之氣便是西銘意思否曰考論文義且只據所讀本文逐句逐字理會教分明不須旁引外說枝蔓游衍反爲無

益如論浩然之氣便直看公孫丑所問意思如何孟子所答如何一一逕理會去使當時問答之意一一明白了然後却更理會四旁餘意未晚今於孟子之意未能曉得又却轉從別處去末梢都只恁休去又問詖淫邪遁之意如何辨別曰詖淫邪遁雖是四般然纔有一般則其餘牽連而生大槩多從詖上起詖只是偏才偏便自是一邊高一邊低不得其正如楊氏爲我則蔽於仁墨氏兼愛則蔽於義由其蔽故多爲蔓衍推之愈闊如爛物相似只管浸淫陷在一處都轉動不得如墨者夷之所謂愛無差等施由親始愛無差等是其本說又却假托施由親始之言栽接以文其說是也淫辭如此自不知其爲邪如列子達生之論反以好色飲酒爲善事而不覺其離於道也及其說不行又走作逃遁轉從別處去釋氏毀人倫去四大人謂其不可行

則曰雖不毀棄人倫亦可以行吾說此其所以必窮也又問性善之論與浩然之氣如何曰性善自是性善何與於此方理會浩然之氣未有一些涯際又却說性善又如適來西銘之問也譬如往一處所在路留連濡滯正所要往之地愈不能達何如且一逕直截去到此處了却往他所何害此爲學者之大病謨○問氣體之充曰都是這一點母子上生出如人之五臟皆是從這上生出來燾○問血氣之氣與浩然之氣不同曰氣便只是這箇氣所謂體之充也便是炎○志乾氣坤升卿○問志至焉氣次焉曰志最緊氣亦不可緩志至焉則氣便在這裏是氣亦至了卓○李問志至焉氣次焉此是說志氣之大小抑志氣之先後曰也不是先後也不是以大小只是一箇緩急底意思志然氣亦次那志所爭亦不多蓋爲告子將氣忒放低說

了故說出此話（淳）○鄭太錫問志至焉氣次焉曰志最緊要氣
亦不可緩故曰志至焉氣次焉持其志毋暴其氣是兩邊做工
夫志只是心之所向而今欲做一件事這便是志持其志便是
養心不是持志外別有箇養心問志與氣如何分別曰且以喜
怒言之有一件事這裏便合當審處是當喜是當怒若當喜也
須喜若當怒也須怒這便持其志若喜得過分一向喜怒得過
分一向怒則氣便粗暴了便是暴其氣志却反爲所動今夫蹶
者趨者是氣也他心本不曾動只是忽然喫一跌氣纔一暴則
其心志便動了（賀孫）○或問志至焉氣次焉此是說養氣次第志
是第一件氣是第二件又云持其志無暴其氣此是言養氣工
夫內外須是交盡不可靠自已自守其志便謂無事氣纔不得
其平志亦不得其安故孟子以蹶趨形容之告子所謂不得於

朱子語類　卷之四十　孟子　七

心勿求於氣雖是未爲全論程子所以言氣動志者什一正謂
此爾曰然兩者相夾着方始德不孤（閎祖）○志至氣次只是先後
志在此氣亦隨之公孫丑疑只就志理會理會得志氣自隨之
不必更問氣也故云又曰持其志無暴其氣何也孟子下文專
說氣云蹶趨之氣亦能動心（德明）○持其志無暴其氣內外交相
養蓋既要持志又須無暴其氣持志養氣二者工夫不可偏廢
以氣一則動志志一則動氣觀之則見交相爲養之理矣（端蒙）○
既持其志不必言無暴其氣可也然所以言者聖賢有這物便
做這事公孫丑猶疑而問曰既曰志至焉氣次焉又曰持其志
無暴其氣者何也持其志只是輕輕地做得去無暴其氣只是
不縱喜怒哀樂凡人縱之（節）○問持其志無暴其氣處古人在
車聞鸞和行則佩玉凡此皆所以無暴其氣令人既無此

如何而爲無暴曰凡人多動作多語笑做力所不及底事
是暴其氣且如只行得五十里却硬要行百里只能得五十
斤却硬要舉百斤凡此類皆能動其氣今學者要須事事節約
莫教過當此便是養氣之道也（時舉）○先生問公每讀無暴其氣
如何鄭云只是喜怒哀樂之時持之不使暴戾曰此乃是持其
志志者心之所向持志却是養心也不是持志之外別有箇養
心持者把提教定當喜時也須喜當怒時也須怒當哀時也須
哀當樂時也須樂審教定後發必中節這是持志若毋暴其氣
又是下面一截事若不當喜而喜與喜之過分不當怒而怒與
怒之過分不當哀樂而哀樂與哀樂之過其節者皆是暴其氣
暴其氣者乃大段麤也（卓）○或問人之氣有清明時有昏塞時
如何曰人當持其志能持其志則氣當自清矣然孟子既說持

朱子語類　卷之四十　孟子　八

其志又說無暴其氣聖賢之言不偏於一類如此蓋恐人專於
志而略於氣故也正如說必有事焉又說勿正心說勿忘又說
勿助長皆此意也問伊川論持其志曰只這箇也是私然學者
不恁地不得先生曰此亦似涉於人爲然程子之意恐人走作
故又救之曰學者不恁地不得因舉程子云學者爲習所奪氣
所勝只可責志又問既得後須放開不然却只是守曰如從心
所欲不踰矩是也然此理既熟自是放出但未能得如此耳（人傑）
○或疑氣何以能動志曰志動氣是源頭濁者故下流亦濁也
氣動志者却是下流壅而不泄反濁了上面也（蓋卿）○氣若併在
一處自然引動着志古人所以動息有養也（□卿）○遺書曰志一
動則動氣氣一動則動志外書曰志專一則動氣氣專一則動
志二說孰是曰此必一日之語學者同聽之而所記各有淺深

類多如此志一動則動氣氣一動則動志此言未說動氣動志而先言志動氣動又添入一動字不若後說所記得其本旨蓋曰志專一則固可以動氣而氣專一亦可以動其志也(謨)○蹶者趨者是氣也而反動其心今人奔走而來偶喫一跌其氣必逆而心亦動是氣之能動其心如人於忙急之中理會甚事亦是氣未定也(卓)○問蹶趨反動其心若是志養得堅定莫須蹶趨亦不能動得否曰蹶趨自是動其心人之奔走如何心不動得曰蹶趨多遇於猝然不可支捂之際所以易動得心曰便是(蕭)○知言知理也(節)○知言然後能養氣(閎祖)○孟子說養氣先說知言先知得許多說話是非邪正(人傑錄作得失)都無疑後方能養此氣也(端蒙 人傑同)○孟子論浩然之氣一段緊要全在知言上所以大學許多工夫全在格物致知(僩)○知言養氣雖是兩事其

實相關正如致知格物正心誠意之類若知言便見得是非邪正義理昭然則浩然之氣自生(人傑 賀孫同)○問養氣要做工夫知言似無工夫得做曰豈不做工夫知言便是窮理不先窮理見得是非如何養得氣須是道理一一審處得是其氣方充大(德明)○知言則有以明夫道義而於天下之事無所疑養氣則有以配夫道義而於天下之事無所懼(燾)○敢問夫子惡乎長曰我知言我善養吾浩然之氣公孫丑既知告子之失而未知孟子之所以得敢問焉而孟子告之我知言者能識羣言之是非也浩然盛大流行之貌蓋天地之氣而吾之所得以充其體者也孟子能知人言之是非告子乃自以其言爲外而不復考其得失孟子善養其氣而告子乃以爲未而不求其得失可見矣(端蒙)○胡文定說知言知至也養氣誠意也亦自說得好(木之)○胡氏

云格物則能知言誠意則能養氣(閎祖)○問知言在養氣之先如何曰知是知得此理告子便不理會故以義爲外如云不得於言勿求於心雖言亦謂是在外事更不管着只强制其心問向看此段以告子不得於言是偶然失言非謂他人言也曰某向來亦如此說然與知言之義不同此是告子聞他人之言不得其義理又如讀古人之書有不得其言之義皆以爲無害事但心不動足矣不知言便不知義所以外義也如詖淫邪遁亦只是他人言故曰生於其心其字便是謂他人也又言聖門以言語次於德行言語亦大難若非燭理洞徹胸次坦然卽酬酢應對蹉失多矣(因論奏事而言)問此須要記問熟方臨時一一瞬得出曰亦未說記問如沙中之事張良只云陛下不知乎此乃謀反耳何嘗別有援引至借箸發八難方是援引古今問伊川龜山皆

言張良有儒者氣象先生却以良爲術數曰全是術數問養虎自遺患等事切謂機不可失曰此時便了却項羽却較容易然項羽已是無能爲終必就擒也(德明○今按圖他人言之說與集註異)○有問知言先生曰言之所發便是道理人只將做言看做外面看且如而今對人說話人說許多自家對他便是自家已事如何說是外面事坐中有聽尉亦建昌人與謙言先生向日說傅子淵是天理戰罷人欲宅脊又云傅子淵是擔着官綱擔子到處胡撞人胡把競人(謙)○氣一氣浩然之氣義理之所發也(閎祖)○浩然之氣是養得如此(方)○浩然之氣清明不足以言之才說浩然便有個廣大剛果意思如長江大河浩浩而來也富貴貧賤威武不能移屈之類皆低不可以語此公孫丑本意只是設問孟子能擔當得此樣大事否故孟子所答只說許多剛勇故說出

浩然之氣只就問答本文看之便見得仔細夔○氣只是一箇氣但從義理中出來者卽浩然之氣從血肉身中出來者爲血氣之氣耳閎祖○問浩然之氣是稟得底否曰只是這箇氣若不曾養得剛底便粗暴弱底便衰怯又曰氣魄大底雖金石也透過了夔孫○或問孟子說浩然之氣却不分稟賦淸濁說曰文字須逐項看此章孟子之意不是說氣稟只因說不動心滾說到這處似今人說氣魄相似有這氣魄便做得這事無氣魄便做不得○文振說浩然之氣曰不須多言這只是箇有氣魄無氣魄而已人若有氣魄方做得事成於世間禍福得喪利害方敵得去不被他恐動若無氣魄便做人衰颯懾怯於世間禍福利害易得恐動只是如此他本只是答公孫丑不動心纒來纒去說出許多養氣知言集義其實只是箇不動心人若能不動心

何事不可爲然其所謂不動心不在襍求只在自家知言集義則此氣自然發生於中不是只行一兩事合義便謂可以掩襲於外而得之也孔子曰不得中行而與之必也狂狷乎看來這道理須是剛硬立得脚住方能有所成只觀孔子晚年方得箇曾子曾子得子思子思得孟子此諸聖賢都是如此剛果決烈方能傳得這箇道理若慈善柔弱底終不濟事如曾子之爲人語孟中諸語可見子思亦是如此如云摽使者出諸大門之外又云以德則子事我者也奚可以與我友孟子亦是如此所以皆做得成學聖人之道者須是有膽志其決烈勇猛於世間禍福利害得喪不足以動其心方能立得脚住若不如此都靠不得況當世衰道微之時尤用硬着脊梁無所屈撓方得然其工夫只在自反常直仰不愧天俯不怍人則自然如此不在他求

也又曰如今人多將顏子做箇柔善底人看殊不知顏子乃是大勇反是他剛果得來細密不發露如箇有大氣力底人都不使出只是無人抵得他孟子則攘臂扼腕盡發於外論其氣象則孟子麤似顏子顏子較小如孔子孔子則渾然無迹顏子微有迹孟子其迹盡見然學者則須自粗以入細須先剛硬有所卓立然後漸漸加功如顏子聖人也僩○問浩然之氣卽是人所受於天地之正氣否曰然又問與血氣如何曰只是一氣義理附于其中則爲浩然之氣若不由義而發則只是血氣然人所稟氣亦自不同有稟得盛者則爲人强壯隨分亦有立作使之做事亦隨分做得出若稟得弱者則委靡巽懦都不解有所立作唯是養成浩然之氣則却與天地爲一更無限量廣○或問浩然之氣是天地正氣不是粗厲底氣曰孟子正意只說人

生在這裏便有這氣能集義以養之便可以充塞宇宙不是論其粗與細正與不正如所謂惻隱之心人皆有之只是理如此若論盜跖便幾於無此心矣不成孟子又說箇有惻隱之心無惻隱之心○問浩然之氣曰這箇孟子本說得來粗只看他一章本意是說箇不動心所謂浩然之氣只似箇麤豪之氣他做工夫處雖細膩然其成也却只似箇麤豪之氣但非世俗所謂麤豪者耳僩○浩然之氣一章說得稍麄大意只是要仰不愧於天俯不怍於人氣便浩然如彼以其富我以吾仁彼以其爵我以吾義吾何慊乎哉如在彼者皆我所不爲也在我者皆古之制也吾何畏彼哉自家有道理對着他没道理何畏之有閎祖○孟子養氣一章大綱是說箇仰不愧於天俯不怍於人上面從北宮黝孟施舍說將來只是箇不怕但二子不怕得麄孟子

不怕得細或問合而有助字之訓如何曰道理是虛底物本自孤單得這氣帖起來便自張主皆去聲無所不達如今人非不爲善亦有合於道義者若無此氣便只是一箇衰底人李先生曰配是襯貼起來又曰若說道襯貼却是兩物氣與道義只是一滾發出來思之一滾發出來說得道理好襯貼字說配字極親切從周○蓋卿錄云先生因舉延平之言曰配是襯貼起來若道箇襯貼却是兩物道義與氣只是一滾發出來思之滾發出來說得道理好襯貼字却說得配字親切孟子分明說配義與道只是襯貼不是兩物相襯貼只是一滾發出來但進學得此浩然之氣襯貼起方有力量事可擔當若無是則餒矣又曰義與道若無浩然之氣襯貼起縱有一二合於道義未免孤單後蓋卿錄或錄記黎季成所問兩條錄同聞而有詳略○浩然之氣一章孔子兩句盡之曰內省不疚夫何憂何懼偶○問他書不說養氣只孟子言之何故曰道源流便在那心廣體胖內省不疚夫何憂何懼處來大抵只是道一箇氣又不是別將箇甚底去養他但集義便是養氣知言便是知得道義人能仰不愧俯不怍時看這氣自是浩然塞乎天地之間幹○問養氣一章皆自大學誠意一章來曰不必說自那裏來只是此一箇道理說來說去自相湊着道夫○問向看誠意章或問云孟子所論浩然之氣其原蓋出於此道夫因誦其所謂浩然之氣先生謂也是恁地只是不要忙不知此語是爲始學者言養氣之理如此曰不是恁地這工夫是忙不得他所以有勿忘勿助長之論道夫○問浩然之氣如何看曰仁義禮智充溢於中睟然見面盎背心廣體胖便自有一般浩然氣象曰此說甚細膩然非孟子本意此段須從頭看來方見得孟子本意孟子當初如何便當大任而不動心如何便過孟賁遠矣如何便自反而縮千萬人吾往矣只此勇爲不懼便是有浩然之氣此說似粗而實精以程子說細攷之當初不

是說不及此只門人記錄緊要處脫一兩字便和全意失了浩然之氣只是這血氣之氣不可分作兩氣人之言語動作所以充滿於一身之中者卽是此氣只集義積累到充盛處仰不愧俯不怍這氣便能浩然問配義之配何謂合而有助之意曰此語已精如有正將又立箇副將以配他乃所以助他天下莫强於義理當然是義總名是道以道義爲主有此浩然之氣去助他方勇敢果決以進如這一事合當恁地做是義也自家勇敢果決去做便是有這浩然之氣去助他有人分明知得合當恁地做又恧縮不敢去做便是餒了無此浩然之氣如君有過臣諫之是義也有到冐死而不顧者便是浩然之氣去助此義如合說此話却恧縮不對便是氣餒便是欿然之氣只此一氣餒了便成欿然之氣不調和便成忿厲之氣所以古人車則有和鸞行則佩玉貴於養其氣問氣一則動志道氣字是厲氣否曰亦不必把作厲氣但動志則已是不好底氣了志動氣者十九氣動志者十一須是以志爲主無暴其氣孟子當初乃剩說此一句所以公孫丑復辯問集義到成此浩然之氣則氣與義爲一矣及配助義道則又恐成二物否曰氣與義自是二物只集義到充盛處則能强壯此氣便自浩然所以又反來助這道義無是氣便餒而不充了問配者助也是氣助道義而行又曰集義所生是氣又因義集而後生莫是氣與道義兩相爲用否曰是兩相助底意初下工夫時便自集義然後生那浩然之氣及氣已養成又却助道義而行淳○厚之問浩然之氣迫於患難方失曰是氣先歉故臨事不能支捂浩然之氣與淸明之氣自不同浩然猶江海浩浩可學○浩然之氣乃是於剛果處見以前

諸儒於此却不甚説只上蔡云浩然是無虧欠處因舉屏山喜
孫實一段可學○問上蔡嘗曰浩然之氣須於心得其正時識取
又曰浩然是無虧欠時竊謂夜氣清明以至平旦此氣無虧欠
而得其正即加勿忘勿助長之功以存養之如何曰夜氣者乃
清明自然之氣孟子示人要切處固當存養若浩然之氣却當
從吾嘗聞大勇於夫子之語看之至配義與道無是餒也於此
得其正而無虧欠則其氣浩然天下大事何所做不得又問浩
然之氣原本在於至大至剛若用工處只在必有事焉而勿正
心勿忘勿助長若曰勿忘勿助長亦只是涵泳底意思用工全
在集義偕○信州刊李復潏水集有一段説浩然之氣只是要
仰不愧俯不怍便自然無怯懼其言雖麤却盡此章之意前輩
説得太高如龜山爲某人作養浩堂記都説從别處去閎祖○孟

子養氣一段其説得字字甚仔細請子細看○浩然之氣須是
識得分明自會養得成若不見得直是是直是非欲説不説只
恁地含含胡胡依違鶻突要説又怕不是道如何得會浩然人
自從生時受天地許多氣自恁地周足只緣少間見得没分曉
漸漸衰颯了又不然便是行有不慊於心氣便餒了若見得道
理明白遇事打併淨潔又仰不愧俯不怍這氣自浩然如猪胞
相似有許多氣在裏面便恁地飽滿周徧若無許多氣便厭了
只有許多筋膜這氣只論箇浩然與餒又不然只是驕吝有些
善只是我自會更不肯向人説恁地包含這也只會餒天地吾
身之氣非二賀孫○兩箇其爲氣也前箇是説氣之體段如此後
箇是説這氣可將如此用僩○問伊川以至大至剛以直爲絶
句如何曰此是趙岐説伊川從之以某觀之只將至大至剛爲

絶句亦自意義分明煇曰如此却不費力曰未可如此説更宜
將伊川之説思之煇○問程子以直字爲句先生以以直字属
下句曰文勢當如此説若以直字爲句當言至大至剛至直又
此章前後相應皆是此意先言自反而縮後言配義與道所謂
以直養而無害乃自反而縮之意大抵某之解經只順聖賢語
意看其血脉通貫處爲之解釋不敢自以己意説道理也人傑○
古注及程氏皆將至大至剛以直做一句據某所見欲將至大
至剛爲一句以直養而無害爲一句今人説養氣皆謂在必有
事焉而勿正心勿忘勿助長四句上要緊未必在此藥頭只在
那以直養而無害及集義上這四句却是箇炮炙煅煉之法直
只是無私曲集義只是事事皆直仰不愧於天俯不怍於人便
是浩然之氣而今只將自家心體驗到那無私曲處自然有此

氣象文蔚云所以上蔡説於心得其正時識取曰是文蔚問纔
天地莫只是一箇無虧欠否曰他本自無虧欠只爲人有私曲
便欠却他底且如萬物皆備於我反身而誠樂莫大焉亦只是
箇無虧欠君仁臣忠父慈子孝自家欠却他底便不快活反身
而誠樂莫大焉無欠闕也以此見浩然之氣只是一箇仰不愧
於天俯不怍於人王德脩云伊川却將至大至剛以直與坤卦
直方大同説曰便是不必如此且只將孟子自看便見孟子説
得甚麤易却説得細義剛○伯豐問至大至剛以直字自絶句曰
古注如此程氏從之然自上下文推之故知以直字屬下句不
是言氣體正是説用工處若只作養而無害却似禿筆寫字其
話没頭觀此語脉自前章縮不縮來下章又云是集義所生義
亦是直意若行有不慊於心則餒矣故知是道用功夫處必有

事爲而勿正心心字連上句亦得但避大學正心字故將心字連亦句然初不相干各自取義古注正字作望字解如將心勿忘屬上文勿助長屬下文亦不須如此只是浩然之氣養之未至而望有之便是正如其正時只是望之而已至於助長則是强採力取氣未能養遽欲加人力之私是爲揠苗而已蒙○僩錄云至所謂望不得浩然時卻未能養遽欲正如加力作弄要教浩然便是助長也○黎季成問伊川於以直處點句先生卻於剛字下點句曰若於直字斷句則養字全無骨肋只是自反而縮是以直養而無害也又問配義與道曰道義在人須是將浩然之氣襯貼起則道義自然張主所謂配合而助之者乃是貼起來也先生作而言曰此語若與孟子不合者天厭之天厭之蓋卿○黎季成問至大至剛以直三者乃氣之本體闕一不可三者之中直字尤切今集注卻似以直來養此

朱子語類　卷之四十　孟子　七

氣曰不用直卻著甚底來養黎云集義工夫是養曰義便是直此直字從什了問大勇於夫子自反而縮處說起後來又說集義與此以直養而無害皆一章緊切處所謂浩然之氣纔說是仰不愧於天俯不怍於人無所疑畏故上面從北宮黝孟施舍說來只是說箇不怕但二子不怕得粗曾子不怕得細黎又問配義與道集注云配者合而有助之意切疑配字罕有以助爲釋者曰公如何說正好思量曰浩然之氣集義而成者其用則無非義其體則道也曰卻如何是合曰浩然之氣與道義無間與曰如此則是無分別此一段都緩慢了公歸去仰臥思量心必不安黎又云先生之意甚明切其所疑配字非助曰此謂道義得浩然之氣助之方有張主如以一椀水攙一椀水則剛果勇決無所疑憚有以任重做得去若箇人做得一件半件事

合道義而無浩然之氣來配助則易頹墮了未必不爲威武所屈貧賤所移做大丈夫不得又云助字釋配字乃得之李先生云助是陪貼底字先生又曰某解此段若有一字不是孟子意天厭之又曰無此氣以扶持之仁或見困於不仁義或見陵於不義震○遺書以李端伯所錄最精故冠之篇首然端伯載明道所言以至大至剛爲句以直養二字屬下句及楊遵道錄伊川之言則曰先生無此說斷然以至大至剛以直爲一句二說正相抵牾曰至大至剛以直趙臺卿如此解直養之說伊川嫌其以一物養一物故從趙注舊嘗用之後來反覆推究卻是至大至剛作一句以直養而無害作一句爲得孟子之意蓋聖賢立言首尾必相應如云自反而縮便有直養意思集義之說亦然端伯所記明道語未必不親切但恐伊川又自主張得別故有此議論今欲只從明道

朱子語類　卷之四十　孟子　八

之說也謨○問明道以以直養而無害爲句伊川云先見無此說何也曰看那一段意思明道說得似乎有理孟子所謂以直者但欲其無私意耳以前頭說自反而縮自反而不縮處都是以直養底意思氣之體段本自剛大自是能塞天地被人私意妄作一向蔽了他一箇大底體段故孟子要人自反而直不得妄有作爲以害其本體如明道所說真箇見得孟子本意又云伊川爲人執便道是先見無此言也○問伊川作以直點如何曰氣之體段若自剛大外更着一兩字形容也得然工夫卻不在上面須要自家自反而直然後能養而無害也又問詖淫邪遁曰詖只是偏詖如人足跛相似斷行不得且楊墨說爲我兼愛豈有人在天地間孑然自立都不涉着外人得又豈有視人如親一例兼愛得此二者皆偏而不正斷行不得便是蔽於此

至淫辭則是說得愈泛濫陷溺於中只知有此而不知有他
也邪辭則是陷溺愈深便一向離了正道遁辭則是說得窮後
其理既屈自知去不得便別換一箇話頭如夷之說施由親始
之類這一句本非他本意只臨時撰出來也先生又云生於其
心害於其政者是才有此心便大綱已壞了至發於其政害於
其事則是小底節目都以次第而壞矣因云孟子是甚麼底資
質甚麼底力量却纖悉委曲都去理會直是要這道理無些子
虧欠以此知學問豈是執一箇小小底見識便了得直是要無
不周匝方是道理要須整頓精神硬着脊骨與他做將去始得
(時舉僩同)○①王德脩說浩然之氣大剛直是氣之體段實養處是
必有事焉以下因孟子浩然之氣要處只在集義集義是浩然
之氣生處大剛與直伊川須要說是三箇何也大雅云欲配道

方大主德因坤直方自是要敬以直內義以方外大自是敬義
立而德不孤孔子說或三或五豈有定例據某看得孟子只說
浩然之氣至大至剛養此剛大須是直行有不慊於心是不直
也便非所以集義浩然從何而生曾子說自反而縮自反而不
縮亦此類也如必有事焉是事此集義也而勿正是勿必此浩
然之生也正待也有期必之意公羊曰師出不正反戰不正勝
古語有然心勿忘是勿忘此義也勿助長是勿助此氣也四句
是纔頭說若論浩然之氣只是剛大養之須是直蓋以直只是
無私曲之心仰不愧俯不怍如此養則成剛大之實而充塞天
地之間不難也所以必要集義方能直也龜山謂嫌以一物養
一物及他說又自作直養其所以不敢從伊川之說(大雅)○氣雖
有清濁厚薄之不齊然論其本則未嘗異也所謂至大至剛者

氣之本體如此但人不能養之而反害之故其大者小剛者弱
耳(閎祖)○以直養而無害謂自反而縮俯仰不愧故能養此氣也
與大學自慊之意不同自慊者如好好色如惡惡臭皆要自已
慊足非為人也(謨)○以直養是自反而縮集義是直養然此工
夫須積漸集義自能生此浩然之氣不是行一二件合義底事
能博取浩然之氣也集義是歲月之功襲取是一朝一夕之事
從而掩取終非已有也(德明)○養而無害要養又要無害助長是
害處又曰必有事焉只是集義(炎)○至大至剛氣之本體以直
養而無害是用功處塞乎天地乃其效也問塞乎天地氣之體
段本如此充養到浩然處然後全得箇體段故曰塞乎天地如
但能之(恐有誤字)所謂推之天地之間無往而不利恐不然曰至塞
乎天地便無往不可(德明)○問浩然之氣如何塞乎天地曰塞乎

天地之間是天地之正氣人之血氣有限能養之則與天地正
氣亦同又問塞莫是充塞否曰是遍滿之意也(蓋卿)○問塞乎天
地之間曰天地之氣無處不到無處不透是他氣剛雖金石也
透過人便是稟得這箇氣無欠闕所以程子曰天人一也更不
分別浩然之氣乃吾氣也養而無害則塞乎天地一為私意所
蔽則慊然而餒却甚小也又曰浩然之氣只是氣大敢做而今
一樣人畏避退縮事事不敢做只是氣小有一樣人未必識道
理然事事敢做是他氣大如項羽力拔山兮氣蓋世便是這樣
氣人須是有蓋世之氣方得(文蔚錄云塞天地只是氣魄大如所謂氣蓋世)又曰如古
人臨之以死生禍福而不變敢去罵賊敢去徇國是他養得這
氣大了不怕他又也是他識道理故能如此○問塞乎天地之
間是元氣體段合下如此或又言只是不撓其行無往不利何

也因只為有此體段所以無往不利不然須有礙處問程子有物如言養無物養箇甚此只要識得浩氣體段否曰只是說箇大意如此問先生解西銘天地之塞作窒塞之塞如何曰後來改了只作充塞橫渠不妥下字各有來處其曰天地之塞是用孟子塞乎天地其曰天地之帥是用志氣之帥也德明○氣只是這箇氣才存此心在此氣便塞乎天地之間泳○問人能仰不愧俯不怍便有充塞天地底氣象否曰然才有不慊於心便是餒了僩○上章既說浩然如此又言其為氣也配義與道謂養成浩然之氣以配道義方襯貼得起不然雖有道義其氣懾怯安能有為無是餒也謂無浩氣即如饑人之不飲食而餒者也德明○氣配道義有此氣道義便做得有力淳○鄭問配義與道配是合否曰配亦是合底意須思是養得道氣做得出方合得

道義益人之氣當與平時存養有素故遇事之際以氣助其道義而行之配合也助也若於氣上存養有所不足遇事之際便有十分道理亦畏怯而不敢為鄭云莫是見義而不為無勇也底意思否曰亦是這箇道理又曰所謂氣者非干他事只是自家平時仰不愧俯不怍存養於中其氣已充足飽滿以之遇事自然敢為而無畏怯若平時存養少有不足則遇事之際自是索然而無餘矣卓賀孫同○或問浩然之氣配義與道曰如今說得大錯不肯從近處說且如配字是將一物合一物義與道得此浩然之氣來貼助配合自然充實張主若無此氣便是餒了至大至剛讀斷以直養而無害以直方能養得便是前面說自反而縮道理是集義所生是氣是積集許多義理而生非是將義去外面襲取掩撲此氣來龜說只是中有主見得道理分曉

直前不畏爾孟施舍北宮黝便麤糙曾子便細膩爾謨○配義與道配從而合之也氣須是隨那道義如云地配天地須在天後隨而合之婦配夫亦然畢竟道義是本道義是形而上者氣是形而下者若道義別而言則道是體義是用體是舉他體統而言義是就此一事所處而言如父當慈子當孝君當仁臣當敬此義也所以慈孝所以仁敬則道也故孟子後面只說集義蓋卿○問配義與道曰道義是公共無形影底物事是自家身上底物道義無情若自家無這氣則道義自道義氣自氣如何能助得他又曰只有氣魄便做得出問氣是合下有否曰是合下有若不善養則無理會無主宰或消滅不可知或使從他處去亦不可知夔孫○養氣章道義與氣不可偏廢雖有此道義苟氣不足以充其體則歉然自餒道義亦不可行矣如人能勇於有

為莫非此氣苟非道義則亦強猛悍戾而已道義而非此氣以行之又如人要舉事而終於委靡不振者皆氣之餒也必有事焉而勿正趙氏以希望之意解正字看來正是如此但說得不甚分明今以為期待之意則文理不重復蓋必有事於此然後心不忘於此正之不已然後有助長之患言意先後各有重輕孟施舍似曾子北宮黝似子夏數子所為本不相侔只論養勇借彼喻此明其所養之不同爾正如公孫丑謂夫子過孟賁遠矣孟賁豈孟子之流只是言其勇爾謨○方集義以生此氣則須要勉強及到氣去配義與道則道義之行愈決剛果更無疑滯尙何恐懼之有謨○問配義與道曰此為理會得道理底也須養得氣才助得它夔孫○配義與道只是說氣會來助道義若輕易開口胡使性氣却只助得客氣人纔養得純粹便助從道

義好處夫（賀孫）○配義與道道是體一事有一理是體到隨事區處便是義（僩）○問氣之所配者廣矣何故只說義與道曰道是體義是用程子曰在物爲理處物爲義道則是物我公共自然之理義則吾心之能斷制者所用以處此理者也（廣）○配義與道如云人能弘道（可學）○氣義互相資（可學）○問浩然之氣人人有之但不養則不浩然爾曰是又問配字從前只訓合先生以助意釋之有據否曰非謂配便是助但養得那氣充便不餒氣充方合得那道義所以說有助之意（義剛）○配義與道集注云配者合而有助之謂炎謂此一句從來說不分曉先生作合而有助便覺得賓主分曉工夫亦自有徑捷曰語意是如此氣只是助得道義（炎）○問合而有助之意曰若無氣以配之則道義無助（錄）○問合而有助之意曰氣自氣道義自道義若無此氣則道

義亦不可見世之理直而不能自明者正爲無其氣耳譬如利刀不可斬割須有力者乃能用之若自無力利刀何爲（力行）○其爲氣也配義與道無是餒也有一樣人非不知道理但爲氣怯更貼襯義理不起（閎祖）○其爲氣也配義與道無是餒也配合也義者人心節制之用道者人事當然之理餒不飽也氣由道義而有而道義復乘氣以行無與體也得其所養則氣與道義初不相離而道義之行得以沛然無所疑憚者若其無此則如食之不飽雖欲勉於道義而亦無以行矣氣者道義之成質故必集義乃能生之集義猶言積善（端蒙）○配義與道無是餒也將道氣去助道義方能行得去若平時不得養此氣衰颯了合當做底事也畏縮不敢去做如朝廷欲去這一小人我道理直了有甚怕他不敢動着知他是小人不敢去他只是有這氣自餒了

其氣如此便是合下無工夫所謂是集義所生者須是平時有集義工夫始得到行這道義時氣自去助他集義是平時積累工夫配義與道是卒然臨事氣配道義行將去此兩項各自有頓放處但將麄處去看便分曉春秋時欲攻這敵國須先遣問罪之詞我這裏直了將這箇去摧他勢他雖有些小勢力亦且消沮去了漢高祖爲義帝發喪用董公言明其爲賊敵乃可服我這箇直了行去自不怕得它（賀孫）○或問配義與道盖人之能養是氣本無形聲可驗惟於事物當然之理上有所裁制方始得見其行之勇斷之決緣這道義與那氣所合出來所以無是餒也曰更須仔細是如此其間但有一兩字轉換費力便說意不出又問後面說集義所生這箇養氣底規模如何下手都由酬酢應接舉皆合義人既如此俯仰無愧所以其氣自然盛大

流行（燾錄云問養氣曰酬酢應接舉皆合義則俯仰無愧故其氣自然盛大流行）曰這後方可說配義集義與配義是相向說初間其氣由集義而生後來道義却須那氣相助是以無所疑憚（祖道）○李問無是餒也是指義是指氣曰這是說氣曰下面如何便說集義所生曰上截說須養這氣下再起說所以生此氣每一件事做得合義便會生這氣生得這氣便自會行這義伊川云既生得此氣語其體則與道合語其用則莫不是義譬之以金爲器及其器成方命得此是金器生字與取字相對說生是自裏面生出取是自外面取來且如今人有氣魄合做事便行得去若無氣魄雖自見得合做事却做不去氣只是身中底氣道義是衆人公共底天地浩然之氣到人得之便自有不全了所以須着將道理養到浩然處（賀孫）○問前賢云譬如以金爲器器成方得命爲金器舊聞此說

遂謂無是餒也是字指道義而言先生曰不知當時如何作如此說(力行)○孟子做義上功夫多大小大養氣只是一箇集義○孟子許多論氣處只在集義所生一句上(去僞)○或問集義曰只是無一事不求箇是而已矣(恪)○或問集義曰集義只是件件事要合宜自然積得多(恭淵)○或問集義曰事事都是要合道理有些子不合道理心下便不足才事事合道理便仰不愧俯不怍因云如此一章初看道如何得許多頭緒恁地多後來看得無些子窒礙(賀孫)○問集義曰集猶聚也處物爲義須是事事要合義且如初一件合義了第二第三件都要合義此謂之集義或問伊川義莫是中理否此理如何曰如此說却是義在外也蓋有是有非而我有以處之故爲義(端蒙)○集義謂如十事有一事不合義則便有愧須是集聚衆義然後是氣乃生非義襲而

取之非是於外求得是義而搏出此氣也(僩)○養浩然之氣只在集義所生一句上氣不是平常之氣集義以生之者義者宜也凡日用所爲所行一合於宜今日合宜明日合宜集得宜多自覺胸中慊足無不滿之意不然則餒矣非義襲而取之非是外取其義以養氣也配義與道者大抵以坤配乾必以乾爲主以妻配夫必以夫爲主配作隨底意思以氣配道義必竟以道義爲主而氣隨之是氣常隨着道義(謨)○或問是集義所生者一句曰是集義者言是此心中分別這是義了方做出來使配合得道義而行之非是自外面襲得來也生字便是對取字而言(卓)○或問人有生之初理與氣本俱有後來欲動情流既失其理而遂喪其氣集義則可以復其性而氣自全曰人只怕人說氣不是本來有底須要說人生有此氣孟子只說其爲氣也

至大至剛以直養而無害又說是集義所生者自不必添頭上一截說呂子約亦是如此數摺價說不了某直敢說人生時無浩然之氣只是有那氣質昏濁頹塌之氣這浩然之氣方是養得恁地孟子只謂此是集義所生未須別說若只管謂氣與道義皆是我本來有底少間要行一步既怕失了道義又怕失了氣恰似兩隻脚併着一隻袴要東又牽了西要西又牽了東更行不得(胡泳)○問此氣是當初稟得天地底來便自浩然抑是後來集義方生曰本是浩然被人自少時壞了今當集義方能生曰有人不因集義合下來便恁地剛勇如何曰此只是麄氣便是北宮黝孟施舍之勇底亦終有餒時此章須從頭節節看來看去首尾貫通見得活方是不可只略略涉說得去便是了(淳)○問孟子養浩然之氣如所謂集義勿忘勿助持其志無暴其

氣似乎皆是等級曰他祇是集義合當做底便做將去自然塞乎天地之間今若謂我要養氣便是正便是助長大抵看聖賢文字須要會得他這意若陷在言語中便做病來(道夫)○集義故能生浩然之氣問何以不言仁曰浩然之氣無他只是仰不愧俯不怍無一毫不快於心自生浩然之氣只合說得義義便事事合宜(明作)○問一之看浩然之氣處如何曰見集義意思是要得安穩如講究書中道理便也要見得安穩曰此又是窮理不是集義集義是行底工夫只是事事都要合義窮理則在知言之前窮理是做知言工夫能窮理然後能知言(謨)○問浩然之氣集義是用功夫處否曰須是先知言知言則義精而理明所以能養浩然之氣知言正是格物致知苟不知言則不能辨天下許多淫邪詖遁將以爲仁不知其非仁將以爲義不知其

非義則將何以集義而生此浩然之氣氣只是充乎體之氣元
與天地相流通只是仰不愧俯不怍自然無恐無懼塞乎天地
今人心中才有慊愧則此氣自然消餒作事更無勇銳配義與
道者配是相合而有助譬如與人鬭敵又得一人在後相助自
然愈覺氣勝告子不得於言勿求於心不得於心勿求於氣只
是一味勃然不顧義理如此養氣則應事接物皆去不得孟子
是活底不動心告子是死底不動心如孟子自是沉潛積養自
反而縮只是理會得道理是當雖加齊卿相是甚做不得此章
正要反覆仔細看公孫丑如何問孟子如何答孟子才說志至
焉氣次焉持其志無暴其氣公孫丑便以志爲至以氣爲第二
等事故又問何故又要無暴其氣孟子方告之以不持志能動
氣而氣亦能動志也氣能動志須是尋常體察如飲酒固能動

志然苟能持其志則亦不能動矣侍坐者有如此便問直方大
如何曰議論一事未分明如何隔向別處去下梢此處未明彼
又不曉一切乏然無入頭處讀書理會義理須是勇猛徑直理
會將去正如關羽擒顏良只知有此人更不知有別人直取其
頭而歸若使既要砍此人又要砍那人非惟力不給而其所得
者不可得矣又如行路欲往一處所却在道邊閑處留滯則所
欲到處何緣便達看此一章便須反覆讀誦逐句逐節互相發
明如此二三十過而曰不曉其義者吾不信也淳○養氣一段
緊要只在以直養而無害是集義所生自反而縮等處又曰非
義襲而取之其語勢如人之有是四端猶其有四體却不是說
有無四體底人言此氣須是集義方生得不是一旦向義外而
去襲取得那氣來教恁地浩然僴○問浩然之氣是集義所生

非義襲而取之也如何曰此是反覆說正如所謂仁義禮智非
由外鑠我也我固有之也是積集衆義所生非是行一事偶然
合義便可掩襲於外而得之浩然之氣我所固有者也廣○問
集義是以義爲內義襲是以義爲外否曰不必如此說此兩句
是掉轉說如云我固有之也非由外鑠我也蓋義本於心不自
外至積集此義而生此氣則此氣實生於中如北宮黝孟施舍
之勇亦自心生又集注云非由只行一事偶合於義便可以掩
襲於外而得之曰集義是集衆義故與只行一事相對說襲猶
兵家掩襲之襲出其不意如劫寨相似非順理而行有積集工
夫者也人傑○非義襲而取之謂積集於義自然生得此氣非以
浩然爲一物可以義襲取之也德明○是集義所生者非義襲而
取之也須是積習持養則氣自然生非謂一事合宜便可掩取

其氣以歸於己也閎祖○問是集義所生者非義襲而取之也曰
今說集義如學者工夫須是於平日所爲之事求其合於義者
而行之積集既久浩然氣自生若說義襲則於一事之義勇而
爲之以壯吾氣耳襲如用兵掩襲之襲猶曰於一事一行之義
勇而爲之以襲取其氣也人傑○正淳問非義襲而取之如何曰
所謂義襲而取之者襲如用兵之襲有襲奪之意如掩人不備
而攻襲之謂如才得行一件事合義便將來壯吾氣以爲浩然
之氣可以攫拏而來夫是之謂襲若集義者自非生知須是一
一見得合義而行若是本初清明自然行之無非是義此舜由
仁義行者其他須用學知凡事有義有不義便於義行之今日
行一義明日行一義積累既久行之事事合義然後浩然之氣
自然而生如金溪之學向來包子只管說集義襲義某嘗謂之

曰如此說孟子孟子初無襲義今言襲義却是包于矣其徒如
今只是將行得一事合義便指準將來長得多少精神乃是告
子之意但其徒禁錮看不說出來僩○非義襲而取之見江西
人只愛說義襲不知如何只是說非以義掩取是氣恭氣自
內而生非由外而入蓋卿○問無浩然之氣固是襯貼他義不起
然義有欠闕即氣亦餒故曰行有不慊於心則餒矣竊謂氣與
義必相須曰無義則做浩然之氣不成須是集義方成得浩然
之氣明作○浩然要事事合義一事餒便行不得可學○問明道說
浩然之氣曰一爲私意所蔽則欿然而餒却其小矣據孟子後
面說行有不慊於心則餒矣先生解曰所行一有不合於義而
自反不直則不足於心而體自有所不充只是說所行不義則
欿然而餒今說蔽字則是說知之意不知何如曰蔽是遮隔之

意氣自流通不息一爲私意所遮隔則便去不得今且以僉言
之如項羽一箇意氣如此纔被漢王數其罪十便覺沮去不得
了廣○問集注云告子外義蓋外之而不求非欲求之於外也
曰告子直是將義屏除去只就心上理會因說陸子靜云讀書
講求義理正是告子義外工夫某以爲不然如子靜不讀書不
求義理只靜坐澄心却似告子外義德明○集注非定本○養氣二項敬
以直內必有事義以方外集義○孟子論養氣只全就已發處說
程子論養志自當就未發處說養志莫如以直內各是一義自不妨內
外交養不可說孟子救告子義外之失而姑爲此言也○必有
事焉是須把做事做如主敬也須是把做事去主如求放心也
須是把做事去求如窮理也須是把做事去窮僩○鄭天禧問
必有事焉而勿正當作絕句否曰元舊是恁地讀卓○必有事

焉而勿正心此言正心自與大學語脈不同此正字是期待其
效之意仁者先難而後獲正心似先獲意思先獲是先有求獲
之心古人自有這般語公羊傳云師出不正反戰不正勝此正
字與孟子說正心之正一般言師出不可必期其反戰不可必
期其勝也賀孫○問必有事焉而勿正之義曰正猶等待之意趙
岐解云不可望其效雖說意絕了其文義却不錯此正如師出
不正反戰不正勝之正古人用字之意如此言但當從事於此
而勿便等待其效之意或問此便是助長否曰正未是助長待
其效而不得則漸漸助之長矣譬之栽木初栽即是望其長望
之之久而不如意則揠苗矣明道曰下言之漸重此言却是後
因論仁者先難而後獲洽曰先解勿正字頗有後獲之意曰頗
有此意曰如此解則於用工處儘有條理曰聖賢之言條理精

密往往如此但看得不切錯認了他文義則并與其意而失之
耳洽○必有事焉而勿正有事有所事也正預期也言人之養
氣須是集義有未充不可預期其效而必強爲以助其長也
端蒙○必有事焉而勿正這裏是天命流行處淳○勿正所以爲
預期者亦猶程子所謂思而曰善然後爲之是正之之意歟曰
程子此言稍寬今以正爲預期者却有引據所謂戰不正勝是
也燾○必有事焉而勿正心勿忘勿助長是養氣中一節目義剛
作集義中小節目不要等待不要催促淳○事正忘助相因無所事必
忘正必助長閎祖○集義如藥頭必有事焉而勿正心勿忘勿助
長如制度閎祖○必有事焉謂有所事只是集義也正則有所待
蓋必之之意勿忘勿助長但勿忘則自然長助長則速之如揠
苗者也德明○或問必有事焉而勿正曰正便是期必集義多則

浩然之氣自生若着一箇意在這裏等待他生便爲害今日集得多少義又等他氣生明日集得多少義又等他氣生這都是私意只成得一箇助長恁地則不惟氣終不會生這所集之義已不得爲是了○或問必有事焉而勿正曰正是等待之意如一邊集義一邊在此等待那氣生今日等不見明日又等不見等來等去便却去助長(恪)○勿正心勿期其浩然也勿忘者勿忘其下工夫也助長者無不畏之心而强爲不畏之形(節)○勿忘勿助長本連上文集義而言故勿忘謂勿忘集義也一言一動之間皆要合義故勿忘助長謂不待其充而强作之使充也如今人未能無懼却强作之道我不懼未能無惑却强作之道我不惑是助長也有事有事於集義也勿正謂勿預等待他聽其自充也(升卿)○必有事焉而勿正心勿忘勿助長也下兩句非

是覆解上兩句此自有淺深勿正是勿期必其如此勿助長是不到那地位了不可便要充去如未能集義不可便要浩然纔助長在我便有那欺僞之心施於事末梢必不勝任譬如十鈞之力而負千鈞故助長之害最大(寓)○必有事焉謂集義正是期望忘是不把做事助長是作弄意思世自有此等人孟子之意只是如此粗言之要之四者初無與養氣事只是立此界至如東至某西至某其中間一段方是浩然處也(炎)○問預期其效如何曰集義於此自生浩然之氣不必期待他如種木焉自是生長不必日日看覷他若助長直是拔起令長如今說不怕鬼本有懼心强云不懼又如言不畏三軍者出門聞金鼓之聲乃震怖而死(事見孟子注)須積習之功至則自然長不可助長也(賜)○養氣一章在不動心不動心在勇勇在氣氣在集義勿忘勿

助長又是那集義底節度若告子則更不理會言之得失事之是非氣之有平不平只是硬制壓那心使不動恰如說打硬修行一般(端蒙)○問必有事焉而勿正章曰必有事焉孟子正說工夫處且從上面集義處看來便見得必有事焉者言養氣當必以集義爲事勿正者勿待也勿忘者勿忘其以集義爲事也助長者是待之不得而拔之使長也言人能集義以養其浩然之氣故事物之來自有以應之不可萌一期待之心少間待之不得則必出於私意有所作爲而逆其天理矣是助之長也今人之於物苟施種植之功至於日至之時則自然成熟若方種而待其必長不長則從而拔之其逆天害物也甚矣又云集義是養氣底丹頭必有事便是集義底火法言必有事者是養氣之法度也養得這氣在此便見得這箇自重那箇自輕如公孫丑

言加齊卿相得行道焉以爲孟子動心於此不知孟子所養在此見於外者皆由這裏做出來又曰孔子與顏淵用之則行舍之則藏唯我與爾有是夫這有是夫言我有這箇道理在不是言有用舍行藏也又云心有所主宰則氣之所向者無前所謂氣蓋世之類是也有其心而無其氣則雖十分道理底事亦有不敢爲者氣不充也(卓)○看助長說曰孟子必有事焉勿忘是論集義工夫勿正與勿助長是論氣之本體上添一件物事不得若是集義便過用些力亦不妨却如何不着力得苗固不可揠若灌溉耘治豈可不盡力今謂克治則用嚴養氣則不可助長如此則二事相妨如何用功(僩)○勿忘勿助長自是孟子論養氣到這裏不得不恁地說如今學者先要把箇勿忘勿助長來安排在肚裏了做工夫却不得○明道云勿忘勿助長之間

正當處也此等語更宜玩味大凡觀書從東頭直築着西頭南頭築着北頭七穿八透皆是一理方是貫通古人所以貴一貫也必大○必有事焉只消此一句這事都了下面而勿正心勿忘勿助長恰似剩語却被這三句撑拄夾持得不活轉不自在然活轉自在人却因此三句而生只是纔喚醒這物事便在這裏點著便動只此便是天命流行處便是天命之謂性率性之謂道便是仁義之心便是惟皇上帝降衷於下民謝氏所謂活潑潑地只是這些子更不待想像尋求分明在這裏觸着便應通書中元亨誠之通利貞誠之復一章便是這意思見得這箇物事了動也如此靜也如此自然虛靜純一不待更去求虛靜不待體認只喚着便在這裏或曰吾儒所以與佛氏異者吾儒則有條理有準則佛氏則無此爾曰吾儒見得箇道理如此了又

要事事都如此佛氏則說便如此做也不妨其失正在此僩○伏師聖說必有事焉而勿正心伊川舉禪語為說曰事則不無擬心則差當時於此言下有省某甚疑此語引得不相似必有事是須有事于此勿正心是不須恁地等待今說擬心則差是如何言須擬之而後言行須擬之而後動方可中節不成不擬不議只恁地去此語似禪某不敢編入精義義剛○可學錄云擬心則差是借語

○問必有事焉而勿正心勿忘勿助長擬孟子只是養氣節次近世諸儒之語把來作一段工夫莫無妨否曰無妨只看大意如何曰諸儒如此說雖無害只是孟子意已走作先生解此却好曰此一段趙岐注乃是就孟子說只是頗緩慢可學○必有事焉而勿正却似鳶飛魚躍之言此莫是順天理自然之意否曰孟子之意只是如此養氣上說程子說得又高須是看孟子了又看程先生說便見得孟子只說勿忘勿助長程先生之言於其中却有一箇自然底氣象賀孫○問鳶飛魚躍與必有事焉之意曰說着相似又不甚相似說不相似又却相似必有事焉是才舉這事理便在裏了如說話未斷理便在此了燾○韓退之詩云強懷張不滿弱念闕易盈無是餒也雖強支撑起來亦支撑不得所謂揠苗者也閎祖○雉錄見語類○或問知言養氣一章曰此一章專以知言為主若不知言則自以為義而未必是義自以為直而未必是直是非且莫辨矣然說知言又只說知詖淫邪遁之四者蓋天下事只有一箇是與不是而已若辯得那不是底則便識得那是底了謂如人說十句話有四句不是有六句是若辯得那四句不是則那六句便是是底了然非見得道理十分分明則不能辯得親切且如集義皆是見得道理分明則動

靜出處皆循道理無非集義也而今人多見理不明於當為者反以為不當為於不當為者反以為當為則如何能集義也惟見理明則義可集義既集則那自反而縮便不必說自是存了又曰孟子先說知言後說養氣而公孫丑便問養氣某向來只以為是他承上文方論氣而問今看得不然乃是公孫丑會問處留得知言在後邊問者蓋知言是末後合尖上事如大學說正心修身只合殺在致知在格物一句蓋是用工夫起頭處燾○詖辭知其所蔽詖是偏詖只見得一邊此理本平正他只說得一邊那一邊看不見便是如物蔽了字凡從皮皆是一邊意如跛是脚一長一短坡是山一邊斜蔣○淫辭知其所陷陷是身溺在那裏如陷溺於水只是見水而不見岸也賀孫○陳正己問詖淫邪遁如何是遁底模樣曰如墨者夷之之說窮遂又牽

引古之人若保赤子之說爲問如佛家初說剃除髭髮絶滅世事後其說窮又道置生產業自無妨礙孫賀○孟子說知言處只有詖淫邪遁四者知言是幾多工夫何故只說此四字蓋天地之理不過是與非而已既知得箇非便識箇是矣且如十句言語四句是有詖淫邪遁之病那六句便是矣僩○或問詖淫邪遁曰詖辭偏詖之辭也見詖辭則知其人之蔽於一偏如楊氏蔽於爲我墨氏蔽於兼愛皆偏也淫辭放蕩之辭也見淫辭則知其人之陷於不正而莫知省悟也見邪辭則知其人之離於道見遁辭則知其人之說窮而走也銖去僞○問此四辭如何分別曰詖辭乃是偏於一邊如楊氏之仁墨氏之義蔽者蔽於一而不見其二淫者廣大無涯陷於其中而不自知邪則已離於正道而自立一箇門庭遁辭辭窮無可說又却自爲一說如佛家言治產業皆實相既如此說怎生不出來治產業如楊朱云一毛何以利天下此是且分解其說你且不拔一毛況其他乎大抵吾儒一句言語佛家只管說不休如莊周末篇說話亦此類今人與佛辯最不得便宜他却知吾說而用之如橫渠正蒙乃是將無頭事與人作言語學蒙○詖辭知其所蔽詖是偏詖之詖偏於一邊不見一邊只是蔽耳如遮蔽相似到得就偏說中說得淫辭便廣濶至有所陷溺如陷在水中不見四旁矣遂成一家邪說離於正道到得後來說不通時便作走路所謂遁辭也如釋氏論理其初既偏反復譬喻其辭非不廣矣然畢竟離於正道去人倫把世事爲幻妄後來亦自行不得到得窮處便說走路如云治生產業皆與實相不相違背豈非遁辭乎孟子知言只是從知其偏處始璘○詖是偏詖說得來一邊長一邊短

其辭如此則知其心有所蔽矣淫是放蕩既有所蔽說得來一向夸張其辭如此則知其心有所陷矣邪辭是既陷後一向邪僻離叛將去遁辭是既離後走脚底語如楊氏本自不拔一毛而利天下却說天下非一毛所能利夷子本說愛無差等却說施由親始佛氏本無父母却說父母經皆是遁辭人傑賜錄一人傑錄云詖辭是一邊長一邊短如人之跛行只見一邊都不見那一邊淫辭放蕩便知他心陷在裏面邪辭是一向遠了遁辭是說不去只管撰脚底話如墨者夷之之類云○詖是險詖不可行故蔽塞淫是說得虛大故有陷溺邪則離正道遁則窮惟窮故遁如儀秦楊墨莊列之說皆具四者德明○詖淫邪遁蔽陷離窮四者相因心有所蔽只見一邊不見一邊如楊氏爲我墨氏兼愛各只見一邊故其辭詖而不平蔽則陷溺深入之義也故其辭放蕩而過陷則離離是開去愈遠也故其辭邪離則窮窮是說不去也故其辭遁遁如夷之之言是也祖道○先之問詖淫邪遁四者相因之說如何曰詖辭初間只是偏了所以偏者止緣他蔽了一邊如被物蔽了只見一邊初間是如此後來只管陷入裏面去漸漸只管說得闊了支蔓淫溢才恁地陷入深了於是一向背却正路遂與正路相離了既離了正路他那物事不成物事畢竟用不得其說必至於窮爲是他說窮了又爲一說以自遁如佛家之說賀孫○或問詖淫邪遁四者相因之說曰詖字是遮了一邊只見一邊如陂字亦是一邊高一邊低跛字亦是脚一邊長一邊短皆是只有一邊之意淫辭知其所陷淫便是就所詖處多了被他只看得這一邊都蓋了那一邊如人擲在水裏只見得那水更不見有平正底道理詖是少了那一邊淫是添了這一邊然詖與淫只是見偏了猶自是道理在然只管淫而不止

便失了邪道理既是不正無緣立得住便至於遁遁則多討物理前來遮蓋○沈莊仲問詖淫邪遁之辭文蔚曰如莊周放浪之言所謂淫辭曰如此分不得只是心術不正便自節次生此四者如楊墨自有楊墨底詖淫邪遁佛老自有佛老底詖淫邪遁申韓自有申韓底詖淫邪遁如近世言功利者又自有一種詖淫邪遁不特是如此有一樣苟且底人議論不正亦能使是非反覆張安道說本朝風俗淳厚自范文正公一變遂爲崖異刻薄後來安道門人和其言者甚衆至今士大夫莫能辨明豈不可畏欽○問詖淫邪遁之辭楊墨似詖莊列似淫儀秦似邪佛似遁曰不必如此分別有則四者俱有其序自如此詖是偏詖不平譬似路一邊高一邊低便不可行便是蔽塞了一邊既蔽塞則其勢必至於放蕩而陷溺淫而陷溺必至於邪僻而叛道才問着便遁而窮且如楊氏爲我兼愛之說可謂是偏頗至於摩頂放踵拔一毛利天下不爲便是不可行夷之云愛無差等施由親始不是他本意只爲被孟子勘破其詞窮遂爲此說是遁也如佛學者初有桑下一宿之說及行不得乃云種種營生無非善法皆是遁也僩○淫邪辭相互可學○孟子離此四病所以知人言有四病方○問程子說孟子知言譬如人在堂上方能辨堂下人曲直所謂在堂上者莫只是喻心通於道者否曰此只是言見識高似他方能辨他是非得失若見識與他一般如何解辨得他廣○士毅錄云纔高於衆人了方見得與衆人一般底立在堂下如何辨得人長短○問孟子知言處生於其心害於其政先政而後事闢楊墨處說作於其心害於其事先事而後政曰先事而後政是自微而至著先政而後事是自大綱而至節目僩○孟子說知言養氣處

止是到聖人便起必從吾言矣住公孫丑疑孟子說知言養氣必擔當得大故引我於辭命則不能以詰孟子孟子對以惡是何言也丑又問昔者子夏子游子張皆得聖人之一體意欲以孟子比聖人故孟子推尊聖人以爲已不敢當遂云姑舍是去○問顏子具體而微微是微小或隱微之微曰微只是小然文意不在小字上只是說體全與不全寓○顏子所知所行事事只與聖人爭些子所以曰具體而微燾○具體而微伊川言合下小是言氣稟如三月不違則有些處四五聲與張說○方○問浩然之氣後面說伯夷伊尹孔子是則同處曰後面自是散說出去不須更回引前頭這裏地位極高浩然之氣又不足言不須更說氣了有百里之地則足以有天下然行一不義殺一不辜則有所不爲此是甚麼樣氣象大段是極至處了雖使可以得天下然定不肯將一毫之私來壞了這全體古之聖人其大根腳同處皆在此如伊尹非其義也非其道也一介不以與人一介不以取諸人繫馬千駟祿之以天下弗視弗顧與此所論一般聖人同處大緊皆在此於此而不同則不足以言聖人矣某舊說孟子先說知言而公孫丑先問養氣者承上文方論志氣而言也今看來他問得却自有意思蓋知言是那後面合尖末梢頭處合當留在後面問如大學所論自修身正心却說到致知格物蓋致知格物是末梢尖處須用自上說下來方爲有序也又曰公孫丑善問問得愈密盛水不漏若論他會恁地問則不當云軻之死不得其傳不知後來怎生不可曉或是孟子自作此書潤飾過不可知僩○得百里皆能朝諸侯是德之盛行一不義殺一不辜不爲是心之正不肯將那小處害了那大處亦如

伊尹雖祿之天下不顧千駟弗視到那一介處亦不輕取予○根本節目不容不同得百里之地而朝諸侯有天下此有甚次第又行一不義殺一不辜而得天下不爲直是守得定僩○問夷尹得百里之地果能朝諸侯有天下否曰孟子如此說想是如此然二子必不肯爲問孟子比顔子如何曰孟子不如顔子顔子較細問孟子亦有任底意否曰然孟子似伊尹僩○問夷惠曰伯夷格局更高似柳下惠道夫曰看他伯夷有壁立萬仞之氣曰然道夫○或問宰我子貢有若智足以知聖人汙不至阿其所好曰汙是汙下不平處或當時方言未可知當屬上文讀去○古人之政不可得而見只是當時所制之禮便知得當時所施之政淳○伯豐問見其禮而知其政聞其樂而知其德是謂夫子是謂他人曰只是大槩如此說子貢之意蓋言見人

之禮便可知其政聞人之樂便可知其德所以由百世之後等百世之王莫有能違我之見者所以斷然謂自生民以來未有孔子此子貢以其所見而知夫子之聖如此也一說夫子見人之禮而知其政聞人之樂而知其德由百世之後等百世之王莫有能逃夫子之見者此子貢所以知其爲生民以來未有也然不如前說之順

朱子語類卷

孟子三

公孫丑上之下

以力假仁章

燓叟問行仁與假仁如何曰公且道如何是行仁假仁曰莫是誠與不誠否曰這箇自分曉不須問得如由仁義行非行仁義處却好問如行仁便自仁中行出皆仁之德若假仁便是恃其甲兵之强財賦之多足以欺人是假仁之名以欺其衆非有仁之實也故下文言伯必有大國其言可見又曰成湯東征西怨南征北怨皆是拯民於水火之中此是行仁也齊威公時周室微弱夷狄强大威公攘夷狄尊王室九合諸侯不以兵車這只是仁之功終無拯民塗炭之心謂之行仁則不可卓○問以力假

仁以德行仁曰以力假仁仁與力是兩箇以德行仁仁便是德德便是仁問霸字之義曰霸即伯也漢書引哉生魄作哉生霸古者霸伯魄三字通用燾○以德行仁者王所謂德者非止謂有拯民於水火之誠心這德字又說得闊是自己身上事都做得是無一不備了所以行出去便是僩○問以德行仁者王曰且如成湯不邇聲色不殖貨利德懋懋官功懋懋賞用人惟己改過不吝克寬克仁彰信兆民是先有前面底方能彰信兆民救民於水火之中若無前面底雖欲救民於水火之中不可得也武王亶聰明作元后是亶聰明方能作元后救民於水火之中若無亶聰明雖欲救民其道何由燾

仁則榮章

仁則榮不仁則辱此亦只是爲下等人言若是上等人他豈以榮

辱之故而後行仁哉伊川易傳此象辭有云以聖人之心言之固至誠求天下之比以安民也以後王之私言之不求下民之附則危亡至矣故且得他畏危亡之禍而求所以比附其民猶勝於全不顧者政此謂也 僩

尊賢使能章

市廛而不征問此市在何處曰此都邑之市人君國都如井田樣畫爲九區面朝背市左祖右社中間一區則君之宮室宮室前一區爲外朝凡朝會藏庫之屬皆在焉後一區爲外市四面有門每日市門開則商賈百物皆入焉賦其廛者謂收其市地錢如今民間之鋪面錢蓋逐末者多則賦其廛以抑之少則不廛而但治以市官之法所以招徠之也市官之法如周禮司市平物價治爭訟譏察異服異言之類市中惟民乃得入凡公卿大

夫有爵位及士者皆不得入入則有罰如國君過市則刑人赦夫人過市則罰一幕世子過市則罰一帟命夫命婦過市則罰一蓋帷之類左右各三區皆民所居而外朝一區左則宗廟右則社稷在焉此國君都邑規模之大槩也 僩 ○或問法而不廛謂治以市官之法如何是市官之法曰周禮自有如司市之屬平價治爭訟譏權量等事皆其法也又問市廛而不征法而不廛曰市廛而不征謂使居市之廛者各出廛賦若干如今人賃鋪面相似更不征稅其所貨之物法而不廛則但治之以市官之法而已雖廛賦亦不取之也又問古之爲市者以其所有易其所無者有司者治之耳此便是市官之法否曰然如漢之獄市軍市之類皆是古之遺制蓋自有一箇所在以爲市其中自有許多事 僩 ○市廛而不征法而不廛伊川之說如何曰伊川之說不可曉橫渠作二法其說却似分明 賀孫 ○問廛無夫里之布周禮宅不毛者有里布民無職事出夫家之征鄭氏謂宅不種桑麻者罰之使出一里二十五家之布不知一里二十五家之布是如何曰亦不可考又問鄭氏謂民無常業者罰之使出一夫百畝之稅一家力役之征如何罰得恁地重曰後世之法與此正相反農民賦稅丁錢却重而遊手浮浪之民泰然都不管他因說浙間農民丁錢之重民之彫困不可開眼 至

人皆有不忍人之心章

人皆有不忍人之心者是得天地生物之心爲心也蓋無天地生物之心則沒這身才有這血氣之身便具天地生物之心矣 燾

人皆有不忍人之心人皆自和氣中生天地生人物須是和氣方生要生這人便是氣和然後能生人自和氣中生所以有不

忍人之心天地以生物爲心天包著地別無所作爲只是生物而已亘古亘今生生不窮人物則得此生物之心以爲心所以箇箇肯他本不須說以生物爲心緣做箇語句難做着箇以生物爲心 僩 ○問天地以生物爲心而所生之物因各得夫天地之心以爲心所以人皆有不忍人之心曰天地生物自是溫暖和煦這箇便是仁所以人物得之無不有慈愛惻怛之心又曰人物皆得此理只緣他上面一箇母子如此所以生物無不肖他又曰心如界方一面青一面赤一面白一面黑青屬東方仁也赤屬南方禮也白屬西方義也黑屬北方智也又如寅卯辰屬東方爲春巳午未屬南方爲夏申酉戌屬西方爲秋亥子丑屬北方爲冬寅卯辰是萬物初生時是那生氣方發這便是仁至巳午未則萬物長茂只是那生氣發得來盛及至申酉戌則

亦生氣到此生得來充足無餘那物事只有許多限量生滿了更生去不得須用收斂所以秋訓揫揫斂也揫斂箇什麽只是生氣到這裏都揫斂耳若更生去則無合殺矣及至亥子丑屬冬冬終也終藏也生氣到此都終藏了然那生底氣早是在裏面發動了可以見生氣之不息也所以說復見天地之心也胡泳

天地以生物爲心譬如甑蒸飯氣從下面滚到上面又滚下只管在裏面滚便蒸得熟天地只是包許多氣在這裏無出處滚一番便生一番物他別無勾當只是生物不似人便有許多應接所謂爲心者豈是切切然去做如云天命之豈諄諄然命之也但如磨子相似只管磨出這物事人便是小胞天地是大胞人首圓象天足方象地中間虚包許多生氣自是惻隱不是爲見人我一理後方有此惻隱而今便教單獨只有一箇人也自有這惻隱若謂見人我一理而後有之便是兩人相夾在這裏方有惻隱則是仁在外非由内也且如乍見孺子入井時有惻隱若見他人入井時也須自有惻隱在泳錄作人未見孺子入井亦自是惻隱

問怵惕莫是動處因怵惕而後惻隱否曰不知孟子怎生尋得這四箇字恁地好夔孫○孟子赤子入井章間架濶須恁地看夔孫○說仁只看孺子將入井時尤好體認季札○問如何是發之人心而不可已曰見孺子將入井惻隱之心便發出來如何已得此様說話孟子說得極分明世間事若出於人力安排底便已得若已不得底便是自然底祖道○方其乍見孺子入井時也着脚手不得縱有許多私意要譽鄉黨之類也未暇思量到但更遅霎時則了不得也是非辭遜羞惡雖是與惻隱並說但此三者皆自惻隱中發出來因有惻隱後方有此三者惻隱比三者似較大得些子義剛○非惡其聲非惡其有不救孺子之惡聲也胡泳

問惡其聲而然何爲不可曰惡其聲已是有些計較乍見而惻隱天理之所發見而無所計較也惡其聲之念一形則出於人欲矣人欲隱於天理之中其幾甚微學者所宜體察夔○或問非内交要譽惡其聲而怵惕惻隱形焉是其中心不忍之實也若内交要譽惡其聲之類一毫萌焉則爲私欲蔽其本心矣據南軒如此說集注却不如此說曰這當做兩截看初且將大界限看且分別一箇義利了却細看初看惻隱便是仁若恁地殘賊便是不仁羞惡是義若無廉恥便是不義辭遜是禮若恁地爭奪便是無禮是非是知若恁地顛顛倒倒便是不知且恁地看了又却於惻隱羞惡上面看有是出於至誠如此底有不是出於本來善心底賀孫○先生問節曰孺子入井如何不推得羞惡之類出來只推得惻隱出來節應曰節以爲當他出來便是從這一路子去感得他出來節○如孺子入井如何不推得其他底出來只推得惻隱之心出來蓋理各有路如做得穿窬底事如何令人不羞惡偶遇一人衣冠而揖我我便亦揖他如何不恭敬事有是非必辨別其是非試看是甚麽去感得他何處一般出來節○孟子論乍見孺子將入於井怵惕惻隱一段如何說得如此好只是平平地說去自是好而今人做作說一片只是不如他又曰怵惕惻隱羞惡都是道理自然如此不是安排合下制這仁字纔是那傷害底事便自然惻隱合下制這義字纔見那不好底事便自然羞惡這仁與義都在那惻隱羞惡之先未有那惻隱底事時已先有那愛底心了未有那羞惡底事時已先有那斷制裁割底心了又曰日用應接動靜之間這

箇道理從這裏迸將出去如箇寶塔那毫光都從四面迸出去(僩)○或問滿腔子是惻隱之心曰此身軀殼謂之腔子而今人滿身知痛處可見(謨○池錄作疾痛痾癢舉切吾身何處不有)○問滿腔子是惻隱之心曰此身軀殼謂之腔子能於此身知有痛便見於應接方知有箇是與不是(札子)○問滿腔子是惻隱之心只是此心常存纔有一分私意便闕了他一分曰只是滿這箇軀殼都是惻隱之心纔觸著便是這箇物事出來大感則大應小感則小應恰似大段痛傷固是痛只如針子略挑些血出也便痛故日用所當應接更無些子間隔痒痾疾痛莫不相關纔是有些子不通便是被些私意隔了(賀孫)○問滿腔子是惻隱之心或以為京師市語食飽時心動(節子約云)曰不然此是為動字所拘腔子身裏也言滿身裏皆惻隱之心心在腔子裏亦如云心只是在身裏問

心所發處不一便說惻隱如何曰惻隱之心渾身皆是無處不發如見赤子有惻隱之心見一蟻子亦豈無此心(學可)○問如何是滿腔子皆惻隱之心曰腔只是此身裏虛處問莫是人生來惻隱之心具足否曰如今也恁地看事有箇不穩處便自覺不穩這便是惻隱之心林擇之嘗說人七尺之軀一箇針劄著也痛問吾身固如此處事物亦然否曰此心應物不窮若事事物物皆是這箇心便是仁若有一事不如此便是這一處不仁了問本心依舊在否曰如今未要理會在不在論著理來他自是在那裏只是這一處不恁地便是這一處不在了如率土之濱莫非王臣忽然有一鄉人自不服化稱王稱伯便是這一處無君君也只在那裏然而他靠不得不可道是天理只在那裏自家這私欲放行不妨王信伯在館中范伯達問人須是天下物

物皆歸吾仁王指窗櫺問范曰此窗還歸仁否范默然某見之當答曰此窗不歸仁何故不打壞了如人處事但箇箇處得是便是事事歸仁且如窗也要糊得在那裏教好不成没巴鼻打壞了問仁者以萬物為一體如事至物來皆有以處之如事物未至不可得而體者如何曰只是不在這裏然此理也在這裏若來時便以此處之(砥)○問滿腔子是惻隱之心如何是滿腔子曰滿腔子是只在這軀殼裏腔子乃洛中俗語又問惻隱之心固是人心之懿因物感而發見處前輩令以此操而存之充而達之不知如何要常存得此心曰此心因物方感得出來如何強要尋討出此心常存在這裏只是因感時識得此體平時敬以存之久久會熟善端發處益見得分曉則存養之功益有所施矣又問要惻隱之心常存莫只是要得此心常有發生意

否曰四端中羞惡辭讓是非亦因事而發爾此心未當起羞惡之時而強要憎惡那人便不可如惻隱亦因有感而始見欲強安排教如此也不得如天地四時亦因發見處見得欲於冬時要尋討箇春出來不知如何尋到那陽氣發生萬物處方見得是春耳學者但要識得此心存主在敬四端漸會擴充矣(寓)○滿腔子是惻隱之心不特是惻隱之心滿腔子是羞惡之心滿腔子是辭遜之心滿腔子是是非之心彌滿充實都無空闕處滿腔子是惻隱之心如將刀割着固是痛若將針劄着也痛如爛打一頓固是痛便輕掐一下也痛此類可見(僩)○滿腔子是惻隱之心腔子猶言郎郭此是方言指盈於人身而言因論方言難曉如橫渠語錄是呂與叔諸公隨日編者多陝西方言全有不可曉者(㽦)○惻隱之心頭尾都是惻隱三者則頭是惻隱

尾是羞惡辭遜是非若不是惻隱則三者都是死物蓋惻隱是箇頭子羞惡辭遜是非便從這裏發來賀孫○既仁矣合惻隱則惻隱合羞惡則羞惡節○不成只管惻隱須有斷制德明○惻隱羞惡也有中節不中節若不當惻隱而惻隱不當羞惡而羞惡便是不中節淳○仁義禮智性也且言有此理至惻隱羞惡辭遜是非始謂之心德明○惻隱羞惡辭讓是非情也仁義禮智性也心統情性者也端緒也因情之發露而後性之本然者可得而見季札○四端本諸人心皆因所寓而後發見季札○王文說孟子惻隱之心一段論心不論性曰心性只是一箇物事離不得孟子說四端處最好看惻隱是情惻隱之心是心仁是性三者相因橫渠云心統性情此說極好閎祖○王德修解四端謂和靖言此只言心不言性如操則存舍則亡出入無時不知其鄉亦

只是言心曰固是言心畢竟那仁義禮智是甚物仁義禮智是性端便是情纔說一箇心字便是着性情果判然是二截如何此處疑有闕誤德修曰固是心統性情孟子於此只是說心文蔚○問四端之端集解以為端緒向見季通說端乃尾如何曰以體用言之有體而後有用故端亦可謂之尾若以始終言之則四端是始發處故亦可以端緒言之二說各有所指自不相礙也廣○四端未是盡所以只謂之端然四端八箇字每字是一意惻是惻然有此念起隱是惻然之後隱痛比惻是深羞者羞己之非惡者惡人之惡辭者辭己之物讓者讓與他人是非自是兩樣分明但仁是總名若說仁義便如陰陽若說四端便如四時若分四端八字便如八節又曰天地只是一氣便自分陰陽緣有陰陽二氣相感化生萬物故事物未嘗無對天便對地生便對

死語黙動靜皆然以其種如此故也所以四端只舉仁義言亦如陰陽故曰立天之道曰陰與陽立人之道曰仁與義僩○四端皆是自人心發出惻隱本是說愛愛則是說仁如見孺子將入井而救之此心只是愛這孺子惻隱元在這心裏面被外面事觸起羞惡辭遜是非亦然格物便是從此四者推將去要見裏面是甚底物事賜○仁言惻隱之端如水之動處蓋水平靜而流則不見其動流到灘石之地有以觸之則其勢必動動則有可見之端如仁之體存之於心若愛親敬兄皆是此心本然初無可見及其發而接物有所感動此心惻然所以可見如怵惕於孺子入井之類是也卓○或問四端曰看道理也有兩般看得細時却見得義理精處看得粗時却且見得大槩處四端未見精細時且見得惻隱便是仁不惻隱而殘忍便是不仁羞

惡便是義貪利無廉耻便是不義辭讓便是禮攘奪便是非禮是非便是智大段無知顛倒錯謬便是不智若見得細時雖有惻隱之心而意在於內交要譽亦是不仁了然孟子之意本初不如此只說此四端皆是心中本有之物隨觸而發方孺子將入於井之時而怵惕惻隱之心便形於物初無許多涯涘卓○惻隱羞惡是仁義之端惻隱自是情仁自是性性即是這道理仁本難說中間却是愛之理發出來方有惻隱義却是羞惡之理發出來方有羞惡禮却是辭遜之理發出來方有辭遜智却是是非之理發出來方有是非仁義禮智是未發底道理惻隱羞惡辭遜是非是已發底端倪如桃仁杏仁是仁到得萌芽却是惻隱又曰分別得界限了更須日用常自體認看仁義禮智意思是如何又曰如今只因孟子所說惻隱之端可以識得仁

意思因說羞惡之端可以識得義意思因說恭敬之端可以識得禮意思因說是非之端可以識得智意思緣是仁義禮智本體自無形影要捉摸不著得一作只得將他發動處看却自見得恰如有這般兒子便知得是這樣母程子云以其惻隱知其有仁此八字說得最親切分明也不道惻隱便是仁又不道掉了惻隱別取一箇物事說仁譬如草木之萌芽可以因萌芽知得他下面有根也不道萌芽便是根又不道掉了萌芽別取一箇根又曰孟子說性不曾說着性只說乃若其情則可以爲善看得情者則性之善可知又曰惻隱羞惡多是因逆其理而見惟有所可傷這裏惻隱之端便動惟有所可惡這裏羞惡之端便動若是事親從兄又是自然順處見之又曰人須擴而充之人誰無惻隱只是不能常如此能常如此便似孟子說火之始然

泉之始達苟能充之足以保四海若不能常如此恰似火相似自去打滅了水相似自去淤塞了如草木之萌芽相似自去蹂折了便是了更無生意又曰孟子云仁義禮智根於心心統性情故說心亦得賀孫○問喜怒哀樂未發已發之別曰未發時無形影可見但於已發時照見謂如見孺子入井而有怵惕惻隱之心便照見得有仁在裏面見穿窬之類而有羞惡之心便照見得有義在裏面蓋這惻隱之心屬仁必有這仁在裏面故發出來做惻隱之心羞惡之心屬義必有這義在裏面故發出來做羞惡之心譬如目屬肝耳屬腎若視不明聽不聰必是肝腎有病若視之明聽之聰必是肝腎之氣無病方能如此然而仁未有惻隱之心只是箇愛底心義未有羞惡之心只是箇斷制底心惟是先有這物事在裏面但隨所感觸便自是發出來故

見孺子入井便有惻隱之心見穿窬之類便有羞惡之心見尊長之屬便有恭敬之心見得是便有是之之心見得非便有非之之心從那縫罅裏迸將出來恰似寶塔裏面四面毫光放出來又云孟子此一章其初只是匹自閑容易說出來然說得來連那本末內外體用精粗都包在裏面無些欠闕處如孔子許多門弟都不曾恁地說得分曉想是曾子子思後來講來講去講得精所以孟子說得來恁地若子思亦只說得箇大體分曉而已燾○問前面專說不忍之心後面兼說四端亦是仁包四者否曰然道夫○問惻隱之心如何包得四端曰惻隱便是初動時羞惡是非恭敬亦須是這箇先動一動了方會恁地只於動處便見譬如四時若不是有春生之氣夏來長箇甚麼秋時又把甚收冬時又把甚藏學蒙○惻隱是箇腦子羞惡辭遜是非須

從這裏發來若非惻隱三者俱是死物了惻隱之心通貫此三者賜○因說仁義禮智之別曰譬如一箇物自然有四界而仁則又周貫其中以四端言之其間又自有小界限各各是兩件事惻是惻然發動處隱是漸漸及着隱痛處羞是羞己之非惡是惡人之惡辭是辭之於己遜是遜之於人是非固是兩端雉○問四端之根於心覺得一者纔動三者亦自次第而見曰這四箇界限自分明然亦有隨事相連而見者如事親孝是愛之理才孝便能敬兄便是義問有節文便是禮知其所以然便是智曰然問據看來多是相連而至者如惻隱於所傷便惡於其所以傷這是仁帶義意思惡於其所以傷便須惜其本來之未嘗傷這是義帶仁意思曰也是如此嘗思之孟子發明四端乃孔子所未發人只道孟子有闢楊墨之功殊不知他就人心上發

明大功如此看來此說那時若行楊墨亦不攻而自退闢楊墨
是打疊埽境之功發明四端是安社稷之功若常體認得來所謂
活潑潑地眞箇是活潑潑地賀孫○伊川常說如今人說力行是
淺近事惟知爲上知最爲要緊中庸說知仁勇把知做擗初頭
說可見知是要緊賀孫問孟子四端何爲以知爲後曰孟子只
循環說智本來是藏仁義禮惟是知恁地了方恁地是仁禮義
都藏在智裏面如元亨利貞貞是智貞却藏元亨利意思在裏
面如春夏秋冬冬是智冬却藏春生夏長秋成意思在裏面且
如冬伏藏都似不見到一陽初動這生意方從中出也未發露
十二月也未盡發露只管養在這裏到春方發生到夏一齊都
長秋漸成漸藏冬依舊都收藏了只是大明終始亦見得無終
故得有始所以易言先王以至日閉關商旅不行后不省方賀孫

朱子語類　卷之四十七　孟子　主

孟子四端處極好思索玩味只反身而自驗其明昧深淺如何
升卿○着意讀孟子四端之類切要處其他論事處且緩不妨○
仔細看孟子說四端處兩段未發明一段處意思便與發明底
同又不是安排須是本源有方發得出來着實見得皆是當爲
底道理又不是外面事如此知得果性善便有實有主有輕有
重又要心爲主心把得定人欲自然沒安頓處孟子言仁人心
也一段兩句下只說心道夫○至問凡有四端於我者知皆擴而
充之矣莫是知得了方能擴而充之否曰知皆擴而充之卽是
苟能知去擴充則此道漸漸生矣如火之始然泉之始達中間
矣字文意不斷充是滿其本然之量却就上有擴字則是方知
去推擴要充滿他所以如火之始然泉之始達○問知皆擴而
充之矣知字是重字還是輕字曰不能擴充者正爲不知都只

是冷過了若能知而擴充其勢甚順如乘快馬放下水船相似
文蔚○劉居之問知皆擴而充之章兩說充字寬夫未曉曰上只
說知皆擴而充之只說知得了要推廣以充滿此此心量下云
苟能充之足以保四海是能充滿此心之量上帶着一擴字說
下就能充滿說推廣而後能充能充則不必說擴也賀孫○劉居
之問人皆有不忍人之心一節曰惻隱之心仁之端也乍見孺
子入井此只是一件事仁之端只是仁萌芽處如羞惡辭遜是
非方是義禮智之萌芽處要推廣充滿得自家本然之量不待
是孺子入井便恁地其他事皆恁地如羞惡辭遜是非不特於
一件事上恁地要事事皆然方是充滿慊足無少欠闕也知皆
擴而充之矣知方且是知得如此至說到苟能充之足以保四
海卽掉了擴字只說充字蓋知字與始然始達字相應充字與

朱子語類　卷之四十七　孟子　圭

保四海相應才知得便自不能已若火始然便不可遏泉才達
便涓涓流而不絕時舉○問知皆擴而充之曰上面言擴而充之
是方知要擴充到下面苟能充之便掉了擴字蓋充字是充
滿得了如已到地頭相似擴字是方在箇路裏相似賀孫○知皆
擴而充之南軒把知做重文勢未有此意知字只帶擴充說知
皆擴而充之與苟能充之句相應上句是方知去充下句是眞
能恁地充淳○問知皆擴而充之曰這處與於止知其所止語
意略同上面在知字上下在能字上既知得則皆當擴而充之
如惻隱之心是仁則每事皆當擴而爲仁羞惡之心是義則每
事皆當擴而爲義禮爲知亦各如此今有一種人雖然知得
又道是這箇也無妨而今未能理會得又且恁地如知這事做
得不是到人憎而惱也自皐恐識得可羞又却不能改如今人

受人之物既知是不當受便不受可也心裏又要却説是我且受去莫管這便是不能充但當於知之之初便一向從這裏充將去便廣大如火之始然泉之始達始然始達能有幾多於這裏便當擴開放出使四散流出去便是能擴如怵惕孺子入井之心這一些子能做得甚事若不能充今日這些子發了又過却明日這些子發了又過却都只是閒若能擴充於這一事發見知得這是惻隱之心是仁於別底事便當將此心充去使事事是仁如不欲害人這是本心這是不忍處若能充之於每事上有害人之處便不可做這也是充其惻隱如齊宣王有愛牛之心孟子謂是乃仁術也若宣王能充着這心看甚事不可做只是面前見這一牛這心便動那不曾見底便不如此了至於興甲兵危士臣搆怨於諸侯這是多少傷害只為利心一蔽見

得生地之美却忘了這忍散孟子曰不仁哉梁惠王也仁者以其所愛及其所不愛不仁者以其所不愛及其所愛且如土地無情之物自是不當愛自家不必愛之愛他作甚梁惠王其始者愛心一萌糜爛其民以戰已自不是了又恐不勝盡驅所愛子弟以殉之這是由其不愛之心反之以至害其所愛處這又是反害那心處（銖）○凡有四端於我者知皆擴而充之只是要擴而充之而今四端之發甚有不整齊處有惻隱處有合惻隱而不惻隱處有羞惡處又有合羞惡而不羞惡處且如齊宣不忍於一牛而却不愛百姓嘑爾之食則知惡而弗受至於萬鍾之祿則不辨禮義而受之而今則要就這處理會（僩）○人於仁義禮智惻隱羞惡辭遜是非此四者須當日夕體究令分曉精確此四者皆我所固有其初發時毫毛如也及推廣將去充滿

其量則廣大無窮故孟子曰知皆擴而充之且如人有當惻隱而不惻隱當羞而不羞當惡而不惡當辭而不辭當遜而不遜是其所非非其所是者皆是失其本心此處皆當體察必有所以然也只此便是日用間做工夫處（廣）○人只有箇仁義禮智四者是此身綱紐其他更無當於其發處體驗擴充將去惻隱羞惡是非辭遜日間時時發動特人自不能擴充耳又言四者時時發動特有正不正耳如狹狠便是發錯了羞惡之心含糊不分曉便是發錯了是非之心如一種不遜便是發錯了辭遜之心日間一正一反無往而非四端之發（方子）○子武問四端須着逐處擴充之曰固是纔常常如此推廣少間便自會密曰會潤到得無間斷少間却自打合作一片去（林之）○問如何擴而充之曰這事恭敬那事也恭敬事事恭敬方是（節）○問推四

端而行亦無欠闕曰無欠闕只恐交加了合惻隱底不惻隱合羞惡底不羞惡是是非非交加了四端本是對着他後流出來恐不對窠白子問不對窠曰子莫是為私意隔了曰也是私意也是不曉節又問恭敬却無當不當曰此人不當拜他自家也去拜他便不是（節）○問推字與充字曰推是從這裏推將去如老吾老以及人之老幼吾幼以及人之幼到得此充則填得來滿了注水相似推是注下水去充則注得這一器滿了蓋仁義之性本自充塞天地若自家不能擴充則無緣得這箇殼子滿只是箇空殼子又曰充是占得這地位滿推是推（吐雷反）向前去（閎）○問推四端無出乎守曰學者須見得守底是甚底物事人只是一箇心識得箇心卓然在這裏無走作雖不守亦自在學者且恁守將去（賜）○問知皆擴而充之若火之始然至以事父

毋曰此心之量本足以包括天地兼利萬物只是人自不能充滿其量所以推不去或能推之於一家而不能推之於一國或能推之于一國而不足以及天下此皆是未盡其本然之量須是充滿其量自然足以保四海僩○胡問擴充之義曰擴是張開充是放滿惻隱之心不是只見孺子時有事事都如此今日就第一件事上推將去明日又就第二件事上推將去漸漸放開自家及國自國及天下至足以保四海處便是充得盡問擴充亦是盡已推已否曰只是擴而充之那曾有界限處如手把筆落紙便自成字不可道手是一樣字又是一樣孺子入井在彼惻隱之心在我只是一箇物事不可道孺子入井是他底惻隱之心是我底僩○問前日承教令於日用間體認仁義禮知意思且如朋友皆與鄉人一日會聚意思便自相親這可見得

愛之理形見處同門中或有做不好底事或有不好底人便使人惡之這可見得羞惡之理形見處每時升堂尊卑序齒秩然有序而不亂這可見得恭敬之理形見處聽先生教誨而不辨別得真是真非這可見得是非之理形見處凡此四端時時體認不使少有間斷便是所謂擴充之意否曰如此看得好這便是尋得路踏着了賀孫○問體認四端擴充之意如朋友相親充之而無間斷則貧病必相卹患難必相死至於仁民愛物莫不皆然則仁之理得矣如朋友責善充之而無間斷則見惡必如惡惡臭以至於除殘去穢戢暴禁亂莫不皆然則義之理得矣如尊卑秩序充之而無間斷則不肯一時安於不正以至於正天下之大倫定天下之大分莫不皆然則禮之理得矣如是是非非充之而無間斷則善惡義利公私之別截然而不可亂以

至於分別忠佞親君子遠小人莫不皆然則智之理得矣曰只要常常恁地體認若常常恁地體認則日用之間匝匝都滿密拶拶地問人心陷溺之久四端蔽於利欲之私初用工亦未免間斷曰固是然義理之心纔勝則利欲之念便消且如惻隱之心勝則殘虐之意自消羞惡之心勝則貪冒無恥之意自消恭敬之心勝則驕惰之意自消是非之心勝則含糊苟且頑冥昏謬之意自消賀孫○楊至之云看孟子見得一箇大意是性之本體仁義之良心到戰國時君臣上下都一齊埋沒了孟子所以推明發見之端猶教人去體認擴充曰孟子胸中都未有許多意思今說得一體認字蚤是遲鈍了孟子孟子大段見得敏見得快他說話恰似箇獅子跳躍相似且如他說箇惻隱之心便是仁之端羞惡之心便是義之端只他說在那裏底便是似他

說時見得聖賢大段易做全無許多等級所以程子云孟子才高學之無可依據植○周季儼云在興化攝學事因與諸生說得一部孟子先生因問孟子裏面大綱目是如何答云要得人充擴惻隱羞惡許多固要充擴如說無欲害人無穿窬之心亦要充擴先生曰人生本來合有許多好底到得被物遮蔽了却把不好處做合着做底事周云看孟子說性只是道順底是纔逆便不是曰止緣今人做不好事却順因問孟子以下諸人言性誰說得庶幾周云似乎荀子以爲惡却索性只荀子有意於救世故爲此說先生久之曰韓公之意人都看不出他初便說所以爲性者五曰仁義禮知信所以爲情者七曰喜怒哀懼愛惡欲下方說三品看其初語豈不知得性善他只欠數字便說得出黃嵩老云韓子欠說一箇氣稟不同曰然他道仁義禮知

信自是了只說到二品不知是氣稟使然所以說得不盡賀孫
因云自孟子說已是欠了下意所以費無限言語先生即舉程
子之言論性不論氣不備論氣不論性不明若如說性惡性善
惡混都只說得氣如孟子韓子之言便是不論氣所以不全賀孫
或問性中只有四端信是如何曰且如惻隱羞惡實是惻隱羞
惡便信在其中道夫○問四端不言信周子謂五性動而善惡分
如信之未發時如何已發時如何曰如惻隱眞箇惻隱羞惡眞
箇羞惡此便是信曰此却是已發時方有這信曰其中眞箇有
此理賜○問四端不言信如何曰公潑了椀中飯却去椀背拾
振○問四端便是明德曰此是大者節問明明德只是擴充得
他去曰不昏着他節○四端是理之發七情是氣之發問看得
來如喜怒愛惡欲却似近仁義曰固有相似處廣○或問孟子

言四端處有二大抵皆以心爲言明道却云惻隱之類皆情也
伊川亦云人性所以善者於四端之情可見一以四端屬諸心
一以四端屬諸情何也曰心包情性者也自其動者言之雖謂
之情亦可也去僞集義○黃景申嵩老問仁兼四端意思理會不透
曰謝上蔡見明道先生舉史文成誦明道謂其玩物喪志上蔡
汗流浹背面發赤色明道云此便見得惻隱之心公且道上蔡
聞得過失恁地慚皇自是羞惡之心如何却說道見得惻隱之
心公試思久之先生曰惟是有惻隱之心方會動若無惻隱之
心却不會動惟是先動了方始有羞惡方始有恭敬方始有是
非動處便是惻隱若不會動却不成人若不從動處發出所謂
羞惡者非羞惡所謂恭敬者非恭敬所謂是非者非是非天地
生生之理這些動意未嘗止息看如何梏亡亦未嘗盡消滅自

是有時而動學者只怕間斷了賀孫○問何謂惻隱曰惻惻然也
隱痛也又問明道先生以上蔡面赤爲惻隱之心何也曰指其
動處而言之只是羞惡之心然惻隱之心必須動則方有羞惡
之心如肅然恭敬其中必動羞惡恭敬是非之心皆自仁中出
故仁專言則包四者是箇帶子無仁則麻痺死了安有羞惡恭
敬是非之心仁則有知覺痒則覺得痒痛則覺得痛痒痛雖不
同其覺則一也又問若指動言仁則近禪曰這箇如何占得斷
是天下公共底禪家也窺見些子只是他只知得這箇合惻隱
底不惻隱合羞惡底不羞惡合恭敬底不恭敬又問他却無惻
隱羞惡恭敬是非曰然賀孫○仁言惻隱之端程云端如水之動
處蓋水平靜則不見其動流愛親敬兄皆是此心本然初無可
見及其發而接物有所感動此心惻然所以可見如怵惕於孺

子入井之類是也卓○拔萃集義○四端伊川云聖人無端故不
見其心今按遺書中正云復非天地心復則見天地心聖人無復故未嘗見其心今云無端義亦不通恐誤○問
龜山答人問赤子入井令求所以然一段好方

矢人豈不仁於函人章

問仁天之尊爵先生解曰仁者天地生物之心得之最先如何是
得之最先曰人得那生底道理所謂心生道也有是心斯具是
形以生也廣○仁者如射但那發時毫釐不可差

子路人告以有過則喜章

禹聞善言則拜猶着意做舜與人同是自然氣象聖人之拜固出
於誠意然拜是容貌間未見得行不行若舜則眞見於行事處
已未善則舍己之未善而從人之善人有善則取人之善而爲
已之善人樂於見取便是許助他爲善也淳○問是與人爲善

當然取人之際莫未有助之之意否曰然曰三者本意似只是取人但有淺深而與人爲善乃是孟子再疊一意以發明之否曰然（燾）○大舜樂取諸人以爲善是成己之善是與人爲善也是善人之善（賀孫）○與人爲善蓋舜不私己如爲人爲此善一般（升卿）

伯夷非其君不事章

問進不隱賢必以其道曰不隱賢謂不隱避其賢如己當廉却以利自汙己當勇却以怯自處之類乃是隱賢是枉道也又問所以不解作蔽賢謂其下文云必以其道若作不蔽賢說則下文不同矣曰然（人傑）○至問集注云進不隱賢不枉道也似少字曰進不隱賢便是不以其道人有所見不肯盡發出尚有所蔽便是枉道至云尋常看此二句只云進雖不敢自隱其賢凡有所蘊皆樂於發用然而却不枉進二句做兩意看曰恁地看也得

伯夷不屑就已注云屑潔也潔猶美也苟以其辭命禮意之美而就之是切切於是也然伯夷雖有善其辭命而至者亦不肯就而況不道而無禮者固速去之矣世之所謂清者不就惡人耳若善辭令而來者固有時而就之惟伯夷不然此其所以爲聖之清也柳下惠不屑之意亦然夷隘惠不恭不必言效之而不至者其弊乃如此只二子所爲已有此弊矣（僩）○不屑去說文說屑字云動作切切也只是不汲汲於就不汲汲於去屑字却是重（必大錄云不以就爲重而切切於就不以去爲重而切切於去○賀孫）○問伯夷隘柳下惠不恭莫是後來之弊至此否曰伯夷自是有隘處柳下惠自是有不恭處且如雖袒裼裸裎於我側分明是不將人做人看了（去僞）○問柳下惠不恭是待人不恭否曰是他玩世不把人做

人看如袒裼裸裎於我側是已邵堯夫正是這意思如皇極經世書成封做一卷題云文字上呈堯夫（僩）○或問明道云此非瑕疵夷惠之語言其弊必至於此今觀伯夷與惡人處如以朝衣朝冠坐於塗炭則伯夷果似隘者柳下惠雖袒裼裸裎於我側爾焉能浼我哉柳下惠果似不恭者豈得謂其弊必至於此哉曰伯夷既清必有隘處柳下惠既和必有不恭處道理自是如此孟子恐後人以隘爲清以不恭爲和故曰隘與不恭君子不由也（去僞）

朱子語類卷之四十二終

朱子語類卷之四十二

孟子四

公孫丑下

天時不如地利章

孤虛以方位言，如俗言向某方利、某方不利之類。王相指吉時。說銖 僩

孟子將朝王章

問：孟子將朝王，齊王托疾，召孟子，孟子亦辭以疾，莫是以齊王不合托疾否？曰：未論齊王托疾，看孟子意，只說他不合來召。蓋在他國時，諸侯無越境之禮，只因以幣來聘，故賢者受其幣而往見之，所謂答禮行義是也。如見梁惠王，也是惠王先來聘之。既至其國，或爲賓師，有事則王自來見，或自往見王。但名之則不可召之，則有自尊之意，故不往見之。答陳代如不待其招而往何哉，此以在他國而言；合萬章天子不召師而況諸侯乎，此以在其國而言。僩○或問：孟子將朝王一段。曰：賢者在異國，諸侯何以德幣聘之；若既在本國，賢者可以自去相見，諸侯却不當去召。他所恭異國則諸侯不能親往，故可以聘；在國則君自當去相見，又豈可以召哉！要見孟子出處之義，更兼陳代與公孫丑問不見諸侯處及天子不召師，并之齊不見平陸事一道看，方見得孟子自有一箇方法在。問：孟子不去，亦兼惡其託疾不真實否？曰：觀其終篇，不如此說。又問：平陸大夫既以幣交，得不是何故又受他底？曰：又恐他忽地自來。○夫豈不義而曾子言之，文勢似使曾子而愚人也則可，若是義理不是，則曾子豈肯恁地說。

孟子之平陸章

王子爲都，左傳邑有先君之廟曰都，看得來古之王者嘗爲都處便自有廟。賀孫錄云：古人之廟不遷。如太王廟在岐，文王廟在豐，武王則於岐祭太王，則於豐祭文王。賀孫云：鎬京無二王之廟。却王朝步自周至于豐，是自鎬至豐以告文王廟也。又如晉獻公使申生祭於曲沃，武公雖自曲沃入晉，而其先君之廟則仍在曲沃而不徙也。又如魯祖文王，鄭祖厲王，則諸侯祖天子矣；三桓祖桓公，則大夫祖諸侯矣。故禮運曰：諸侯不得祖天子，大夫不得祖諸侯。公廟之設私家，非禮也，自三桓始也。是三桓各立桓公廟於其邑也。又問：漢原廟如何？曰：原，再也，如原蠶之原，謂既有廟而再立一廟，如本朝既有太廟，又有景靈宮。又問：此於禮當否？曰：非禮也。賀孫錄云：問郡國有原廟否？曰：行幸處有之，然皆非禮也。○然以洛邑有文武廟言之，則似周亦有兩廟。又問：原廟之制如何？曰：史記月出衣冠遊之所。賀孫云：漢之原廟是藏衣冠之所。○謂藏高帝之衣冠於其中，月一取其衣冠出遊於國中也。古之廟制前廟後寢，寢所以藏亾者之衣冠，故周禮守祧掌守先王先公之廟祧，其遺衣服藏焉。至漢時却移寢於陵，所謂陵寢，故明帝於原陵見太后鏡奩中物而悲哀，蔡邕因謂上陵亦古禮，明帝猶有古之餘意。然此等議論皆是他講學不明之故，他只是偶見明帝之事，故爲是說。然何不使人君移此意於宗廟中耶？又曰：王之爲都，又恐是周禮所謂都鄙之都，周禮四縣爲都。廣○錄同賀孫。

孟子爲卿於齊章

問：孟子賓師之禮如何？曰：當時有所謂客卿者是也。大槩尊禮之而不居職任事，召之則不往，又却爲使出弔於滕。木之

沈同以其私問章

孟子答沈同伐燕一章誠爲未盡何以異於是之下合更説是弔民伐罪不行殘虐之主方可以伐之如此乃善又孟子居齊許久伐燕之事必親見之齊王乃無一語謀於孟子而孟子亦無一語諫之何也想得孟子亦必以伐之爲是但不意齊師之暴虐耳不然齊有一大事如此而齊王不相謀孟子豈可更居齊耶史記云鄒人孟軻勸齊伐燕云此湯武之舉也想承此誤然亦有不可曉者僩○勸齊伐燕如何曰孟子言伐燕處有四須合而觀之燕之父子君臣如此固有可伐之理然孟子不曾教齊不伐亦不曾教齊必伐但曰爲天吏則可以伐之又曰若殺其父兄係累其子弟則非孟子意也去僞

燕人畔章

安卿問周公誅管蔡自公義言之其心固正大直截自私恩言之其情終有不自滿處所以孟子謂周公之過不亦宜乎曰是但他豈得已哉莫到恁地較好看周公當初做這一事也大段疎脫他也看那兄弟不過本是怕武庚叛故遣管蔡霍叔去監他爲其至親可恃不知他反去與武庚同作一黨不知如何紂出得箇兒子也恁地狡猾想見他當時日夜去炒那管叔説道周公是你弟今却欲篡爲天子汝是兄今却只恁地管叔被他炒得心熱他性又急所以便發出這件事來堯卿問是時可調護莫殺否曰他已叛只得殺如何調護得蔡叔霍叔性較慢罪較輕所以只囚于郭鄰降爲庶人想見當時被管叔做出這事來驚動許多百姓想見也怕人鴟鴞鴟鴞既取我子毋毀我室當情也見被他害得猛如常棣一詩是後來制禮作樂時作這是先被他害所以當天下平定後更作此詩故其辭獨哀切不似諸詩和平義剛　周公也豈不知管叔狡猾但當時於義不得不封他曰看來不是狡猾只是獃子義剛

孟子去齊章

陳希真問孟子去齊處集注引李氏説憂則違之而荷蕢所以爲果如何曰孟子與荷蕢皆是憂則違之但荷蕢果於去不若孟子遲遲吾行蓋得時行道者聖人之本心不遇而去者聖人之不得已此與孔子去魯之心同蓋聖賢憂世濟時之心誠非若荷蕢之果於去也時舉

孟子去齊居休章

沙隨謂繼而有師命乃師友之師非師旅也正齊王欲授孟子室養弟子以萬鍾使諸大夫國人皆有所矜式時事先生曰舊已有此説但欲授孟子室乃孟子辭去時事所謂於崇吾得見王則初見齊王時事以此攷之則師旅爲當道夫

朱子語類卷之四十三

孟子五

滕文公篇

滕文公爲世子章

孟子道性善言必稱堯舜須看因何理會箇性善作甚底。賜○性善故人皆可爲堯舜必稱堯舜者所以驗性善之實。德明○孔子罕言性孟子見滕文公便道性善必稱堯舜恰似孟子告人躐等相似然他亦欲人先知得一箇本原則爲善必力去惡必勇今於義理須是見得了自然循理有不得不然若說我要做好事所謂道些意能得幾時子。端蒙○劉棟問人未能便至堯舜而孟子言必稱之何也曰道性善與稱堯舜一句正相表裏蓋人之所以不至於堯舜者是他力量不至固無可奈何然人須

當以堯舜爲法如射者之於的箭箭皆欲其中其不中者其技藝未精也人到得堯舜地位方做得一箇人無所欠闕然也只是本分事這便是止於至善。道夫○問孟子言性何必於其已發處言之曰未發是性已發是善。可學○孟子道性善其發於外也必善無惡惡非性也性不惡矣。節○問孟子道性善不曾說氣質曰是孟子不曾思量到這裏但說本性善失却這一節問氣禀是偶然否曰是偶然相值着非是有安排等待問天生聰明又似不偶然曰便是先來說主宰底一般忽生得箇人恁地便是要他出來作君作師書中多說聰明蓋一箇說白一箇說黑若不是聰明底如何遏伏得他衆人所以中庸亦云惟天下至聖爲能聰明睿知足以有臨且莫說聖賢只如漢高祖光武唐憲宗武宗他更自了得某嘗說韓退之可憐憲宗也自知他只

因佛骨一事忤意未一年而憲宗亦便休了蓋只有憲宗會用得他。淵錄作憲宗也會用人或曰用李絳亦如此曰憲宗初年許多伎倆是李絳教他絳亦傳說得詳然絳自有一書名論事記記得更詳如李德裕獻替錄之類。夔孫○李仲實問注云惟堯舜爲能無物欲之蔽而充其性人蓋有梏於嗜欲而不能充其性者何故曰不蔽於彼則蔽於此不蔽於此則蔽於彼畢竟須有蔽處物欲亦有多少般如白日須是雲遮方不見若無雲豈應不見耶此等處緊要在性字上今且合思量如何見性在我爲何物反求吾心有蔽無蔽能充不能充不必論堯如何舜又如何如此方是讀書。祖道○或問孟子道性善章看來孟子言赤子將入井有怵惕惻隱之心此只就情上見亦只說得時暫發見處如言孩提之童無不親其親亦只是就情上說得他人事初無預

於已若要看得自已日用工夫惟程子所謂天下之理原其所自未有不善喜怒哀樂未發何嘗不善發而中節即無往而不善發不中節然後不善此語最爲親切學者知此當於喜怒哀樂未發加持敬工夫於喜怒哀樂已發加省察工夫方爲切已曰不消分這箇是親切那箇是不親切如此則成兩截了蓋是四者未發時那怵惕惻隱與孩提愛親之心皆在裏面了少間發出來即是未發底物事靜也只是這物事動也只是這物事如孟子所說正要人於發動處見得是這物事蓋靜中有動者存動中有靜者存人但要動中見得靜靜中見得動若說動時見得是一般物事靜時又見得別是一般物事靜時見得是這般物事動時又見得不是這般物事沒這說話蓋動時見得是這物事即是靜時所養底物事靜時若存守得這物事則日用

流行即是這物事而今學者且要識得動靜只是一箇物事。燾

性圖

性善　性無不善

善　發而中節無往不善

惡　惡不可謂從善中直下來只是不能善則偏於一邊爲惡

孟子初見滕世子想是見其資質好遂即其本原一切爲他啓廸了世子若是負荷得時便只是如此了及其復見孟子孟子見其領略未得更不說了只是發他志但得於此勉之亦可以至彼若更說便漏逗了當時啓廸之言想見甚好惜其不全記不得一觀。揚 ○問集注云云曰大槩是如此孟子七篇論性處只此一處已說得盡須是日日認一過只是要熟又曰程子說才與孟子說才自不同然不相妨須是子細看始得。賀孫 ○問三子之事成覸則若參較彼己顏子則知聖人學之必可至公明

儀則篤信好學者也三者雖有淺深要之皆是尚志曰也略有箇淺深恁地看文字且須看他大意又曰大抵看文字不恁地子細分別出來又却鶻突到恁地細碎分別得出來不曾看得大節目處又只是在落草處尋道夫曰這般緊要節目其初在道性善其中在夫道一而已矣其終在若藥不瞑眩厥疾弗瘳曰然。夫道 ○符舜功問滕世子從孟子言何故後來不濟事曰亦是信不篤如自楚反復問孟子孟子已知之曰世子疑吾言乎則是知性不的他當時地步狹本難做又識見卑未嘗立定得志且如許行之術至淺下且延之舉此可見。學何 ○或問孟子初教滕文公如此似好後來只恁休了是如何曰滕國小絕長補短止五十里不過如今一鄉然孟子與他說時也只說猶可以爲善國而已終不成以所告齊梁之君者告之兼又不多時便爲宋所滅因言程先生說孔子爲乘田則爲乘田爲委吏則爲委吏爲司寇則爲司寇無不可者至孟子則必得賓師之位方能行道此便是他能大而不能小處惟聖人則無不遍大小方圓無所不可又曰如孟子說諸侯之禮吾未之學也此亦是講學之有闕蓋他心量不及聖人之大故於天下事有包括不盡處天下道理儘無窮人要去做又做不辦極力做得一兩件又困了唯是聖人便事事窮到徹底包括淨盡無有或遺正淳曰如夏商之禮孔子皆能言之却是當時杞宋之國文獻不足不足取以證聖人之言耳至孟子則曰吾未之學也而已皆闕其略也而已。廣

滕定公薨章

今欲處世事於陵夷之後乃一向討論典故亦果何益孟子於滕

文公乃云諸侯之禮吾未之學便說與齊疏之服飦粥之食哭泣盡哀大綱先正了。學何 ○古宗法如周公兄弟之爲諸侯者則皆以魯國爲宗至戰國時滕猶稱魯爲宗國也。燾

滕文公問爲國章

因說今日田賦利害曰某嘗疑孟子所謂夏后氏五十而貢殷人七十而助周人百畝而徹恐不解如此先王疆理天下之初做許多畎溝澮洫之類大段費人力了若自五十而增爲七十自七十而增爲百畝則田間許多疆理都合更改恐無是理孟子當時未必親見只是傳聞如此恐亦難盡信也。廣 ○孟子說夏后氏五十而貢商人七十而助周人百畝而徹恐亦難如此移改禮記正義引劉氏皇氏之說正是狀人說話蓋田地一方溝洫廬舍成之亦難自五十里而改爲七十里既是七十里却改

爲百里便都鬻那趲動此擾亂之道如此則非三代之制乃王莽之制矣（必大）○孟子說貢助徹亦有可疑者若夏后氏既定五十而貢之制不成商周再分其田遞相增補豈不大擾聖人舉事恐不如此如王莽之封國剖某地屬某國至於淮陽太守無民可治來歸京師此尤可笑正義引劉氏皇氏熊氏說皆是臆度迂僻之甚（人傑）○孟子說制度皆舉其綱而已如田之十一喪之自天子達之類（方）○世祿是食公田之人問鄉長比長之屬有祿否曰恐未必有問士者之學如何曰亦農隙而學孰與教之曰鄉（他錄作鄉）大夫有德行而致其仕者俾教之（德明）○孟子只把雨我公田證周亦有公田讀書亦不須究盡細微（因論永嘉之學於制度名物上致詳）（方子）○問滕文公爲善如何行王道不得只可爲後法曰他當時大故展拓不去只有五十里如何做得事看得來渠國

亦不甚久便亡問所謂小國七年者非是封建小國恐是燕韓之類曰然（可學）○請野九一而助國中什一使自賦如古注之說如何曰若將周禮一一求合其說亦難此二句大率有周禮制度野謂甸稍縣都行九一法國中什一以在王城豐凶易察（僩）

或問耕野九一而助國中什一使自賦曰國中行鄉遂之法如五家爲比五比爲閭四閭爲族五族爲黨五黨爲州又如五人爲伍五伍爲兩四兩爲卒五卒爲旅五旅爲師五師爲軍皆是五五相連屬所以行不得那九一之法故只得什一使自賦如鄉遂却行井牧之法次第是一家出一人兵且如五家爲比比便有一箇長了井牧之法次第是三十家方出得士十人徒十人井田之法孟子說夏五十而貢殷七十而助周百畝而徹此都是孟子拘處先是五十後是七十又是一百便是一番打碎

一番想聖人處事必不如是勞擾又如先儒說封建古者公侯百里伯七十里子男五十里至周公則斥大疆界始大封侯國公五百里侯四百里伯三百里子男百里如此則是將那小底發動添封爲大國豈有此理禹塗山之會執玉帛者萬國當時所謂國者如今溪洞之類如五六十家或百十家各立箇長自爲一處都來朝王想得禮數大段簡易後來到夏商衰時皆相吞併漸漸大了至周時只有千八百國便是萬國吞併爲千八百國不及五分之一矣可見其又大了周畢竟是因而封之豈有移去許多小國却封爲大國然聖人立法亦自有偎那不如此截然謂如封五百里國這一段四面大山如太行却有六百里不成是又挑出那百里外加封四百里這一段却有三百五十里不成又去別處討一段子五十里來添都不如此殺定蓋

孟子時去周已七八百年如今去前時既無人記得又無載籍可考所以難見得端的又周封齊魯之地是誅紂伐奄滅國者五十所以封齊魯之地極廣如魯地方千里如齊東至海西至河南至穆陵北至無棣是多少廣濶（燾）○問圭田餘夫之田是在公田私田之外否曰卿受田六十邑乃當二百四十井此外又有圭田五十畝也餘夫二十五畝乃十六歲以前所受在一夫百畝之外也孟子亦只是言大槩耳未必曾見周禮也（時舉）

有爲神農之言章

德修解君民並耕以爲有體無用曰如何是有體無用這箇連體都不是德修曰食豈可無但以君民並耕而食則不可不成因君民不可並耕却不耕耕食自不可無此是體以君民並耕則無用曰有大人之事有小人之事若是以君民並耕畢竟體已

亦是敎○排淮泗而注之江淮自不與江通大綱如此說去謨

問振德是施惠之意否曰是然不是財惠之惠只是施之以敎化上文匡直輔翼等事是也彼旣自得之復從而敎之放勛曰曰字不當音驛㽦

墨者夷之章

夷子以謂愛無差等施由親始似知所先後者其說如何曰人多疑其知所先後而不知此正是夷子錯處人之有愛本由親立推而及物自有等級今夷子先以爲愛無差等而施之則由親始[illegible]以[illegible]本矣夷子但以此解厚葬其親之言而不知愛無差等之爲二本也僩去○亞夫問愛無差等施由親始與親親而仁民仁民而愛物相類否曰旣是愛無差等何故又施由親始這便是有差等又如施由親始一句乃是夷之臨時譔出來揍孟子意却不知愛無差等一句已不是了他所謂施由親始便是把愛無差等之心施之然把愛人之心推來愛親是甚道理端蒙○問愛有差等此所謂一本蓋親親仁民愛物具有本末也所謂二本是如何曰愛無差等何止二本蓋千萬本也退與彥忠論此彥忠云愛吾親又兼愛他人之親是二愛並立故曰二本德明○或問一本曰事他人之親如己之親則是兩箇一樣重了如一本有兩根也燾○問人只是一父母所生如木只是一根株夷子却視他人之親猶己之親如牽彼樹根强合此樹根曰愛無差等便是二本至曰命之矣之字作夷子名看方成句法若作虛字看則不成句法曰是至○尹氏曰何以有是差等一本故也無僞也旣是一本其中便自然有許多差等二本則二者並立無差等矣墨子是也○僩

滕文公下

陳代曰不見諸侯章

問枉尺直尋曰援天下以道若枉己便已枉道則是已失援天下之具矣更說甚事自家身旣已壞了如何直人格○招虞人以旌不至將殺之刃鋸在前而不避非其氣不餒如何强得閎祖○能遇是做人不當做底銜除是做人不敢做底方子○子路則範我馳驅而不獲者也詭遇之功詭遇而獲禽耳燾○射者御者都合法度方中鵠矣不能正射王良以詭御就之故良不貴之御法而今尚可尋但是今人尋得亦無用處故不肯俟景及時士大夫無人會射此時御法尚存今射亦有法一學時便要合其法度若只是胡亂射將來又學其法不得其實學琴且亂彈謂待會了却依法原來不然其後遂學不得知學問安可不謹厭始楊

景春曰公孫衍張儀章

敬之問居天下之廣居立天下之正位行天下之大道曰大槩只是無些子偏曲且如此心廓然無一毫私意直與天地同量這便是居天下之廣居便是居仁到得自家立身更無些子不當於理這便是立天下之正位便是守禮及推而見於事更無些子不合於義這便是行天下之大道便是由義論上兩句則居廣居是體立正位是用論下兩句則立正位是體行大道是用要知能居天下之廣居自然能立天下之正位行天下之大道恪○居之問廣居正位大道曰廣居是廓然大公無私欲之蔽正位是所立處都無差過大道是事事做得合宜居字是就心上說擇之云廣居就存心立字是就身上說行字是就施爲上說驤先生曰是○

說賀孫○居之問廣居正位大道曰廣居是不狹隘以天下爲
家中國爲一人何廣如之正位大道只是不偏曲正位就處身
上說大道就處事上說植○居者心之所存廣居無私意也才
有私意則一分爲二二分爲四四分爲八只見分小著立者身
之所處正位者當爲此官則爲此官當在此則在此行者事之
所由大道者非偏旁之徑荆棘之場人生只是此三事僩○居
天下之廣居立天下之正位行天下之大道惟集義養氣方到
此地位富貴不能淫貧賤不能移威武不能屈以浩然之氣對
着他便能如此彼以其富我以吾仁彼以其爵我以吾義在彼
者皆我之所不爲也在我者皆古之制也吾何畏彼哉端蒙○問
居廣居立正位行大道是浩然之氣否曰然浩然之氣須是養
有下工夫處居廣居以下是既有浩然之氣方能如此大雅○問

居天下之廣居云云如欲授孟子室養弟子以萬鍾孟子若去
那裏立便不是正位林擇之云如不與驩言之事亦是正位曰
然

公孫丑問不見諸侯章

問公孫丑言孟子不見諸侯何故千里來見梁惠王曰以史記考
之此是梁惠王招之而至其曰千里而來者亦是勞慰之辭爾
孟子出處必不錯了如平日在諸侯國內雖不爲臣亦有時去
見他若諸侯來召則便不去蓋孟子以賓師自處諸侯有謀則
就之如孟子一日將見王王不合使人來道我本就見緣有疾
不可以風不知可以來見否孟子才聞此語便不肯去時坐間
有楊方縣丞者云弟子稱其師不見諸侯必是其師尋常如此
其見梁惠王亦須有說但今人不肯便信他說話只管信後人

言語所以疑得孟子如此謨○孟子之時時君重士爲士者不
得不自重故必待時君致敬盡禮而後見自是當時做得箇規
模如此定了如史記中列國之君擁篲先迎之類却非是當世
輕士而孟子有意於矯之以自高也因說孟子不見諸侯及此○僩○至云看
得孟子於辭受取舍進退去就莫非天理時中之妙無一毫人
欲之私無一毫過不及之病如謂段干木踰垣而避之泄柳閉
門而不納是皆已甚迫斯可以見矣充仲子之操則蚓而後可
謂非其有而取之者盜也充類至義之盡辭曰聞戒餽贐可受
則受之皆無一毫過不及無一毫私意曰道理固是恁地而今
有此事到面前這道理又却那裏安頓至

公都子問好辯章

居之問孟子豈好辯章先生令看大意曰此段最好看看見諸聖

賢遭時之變各行其道是這般時節其所以正救之者是這般
樣子這見得聖賢是甚麼樣大力量恰似天地有闕陷處得聖
賢出來補得教周全補得周全後過得稍久又不免有闕又得
聖賢出來補這見聖賢是甚力量直有闔闢乾坤之功賀孫○堯
晚年方遭水堯之水最可疑禹治之尤不可曉胡安定說不可
信掘地注海之事亦不知如何掘蓋堯甚以爲儆必不是未有
江河而然滔天之水如何掘以注海只是不曾見中原如何此
中江河皆有路通常疑恐只是治黃河數許多力黃河今有梁
山泊入濟河楚州振○問孔子作春秋空言無補亂臣賊子何
緣便懼且何足爲春秋之一治曰非說當時便一治只是存得
箇治法使這道理光明燦爛有能舉而行之爲治不難當時史
皆掌於此官想人不得見及孔子取而筆削之而其義大明孔

子亦何嘗有意說用某字使人知勸用某字使人知懼用某字有甚微詞奥義使人曉不得足以褒貶榮辱人來不過如今之史書直書其事善者惡者了然在目觀之者知所懲勸故亂臣賊子有所畏懼而不犯耳近世說春秋者太巧皆失聖人之意又立爲凡例加某字其例爲如何去某字其例爲如何盡是胡說問孔子所書辭嚴義簡若并三傳詳著事迹也曉得筆削不得曰想得孔子作書時事迹皆在門人弟子皆曉得聖人筆削之意三家懼其久而泯没也始皆筆之於書流傳既久是以不無訛謬然孔子已自直書在其中如云夫人姜氏會齊侯于某公與夫人姜氏會齊侯于某公薨于齊公之喪至自齊夫人孫于齊此等顯然在目雖無傳亦可曉且如楚子侵中國得齊桓公與之做頭抵攔遏住他使之不得侵齊桓公死又得晉文公

攔遏住如横流泛濫硬做隄防不然中國爲渰漫必矣此等義何難曉問讀春秋之法曰無定法只是據經所書之事迹準折之以先王之道某是某非某人是底猶有未是處不是底又有彼善於此處自將道理折衷便見如看史記秦之所以失如何漢之所以得如何楚漢交爭楚何以亡漢何以興其所以爲是非得失成敗盛衰者何故只將自家平日講明底道理去折衷看便見看春秋亦如此只是聖人言語細密要人子細斟酌考索耳問胡文定春秋解如何曰說得太深蘇子由教人看左傳不過只是看定事之本末而以義理折衷去取之耳 僩 ○孟子苦衆要與楊墨辯是如何與他有甚冤惡所以闢之如不共戴天之讎能言距楊墨者聖人之徒也才說道要距楊墨便是聖人之徒如人逐賊有人見了自不與捉這便與做賊之黨賊

是人情之所當惡若說道賊當捉當誅這便是主人邊人若說道賊也可捉可恕這只與做賊邊人 僩 ○問孟子好辯一節曰當時如縱横刑名之徒孟子却不管他蓋他只壞得箇麤底若楊墨則害了人心須着與之辯時舉謂當時人心不正趨向不一非孟子力起而闢之則聖人之道無自而明是時真箇少孟子不得曰孟子於當時只在私下恁地說所謂楊墨之徒也未怕他到後世却因其有而知聖人之道爲是知異端之學爲非乃是孟子有功於後世耳 時舉 ○因居之看好辯一章曰墨氏愛無差等故視其父如路人楊氏只理會自己所謂修其身而外天下國家者故至於無君要之楊墨即是逆理不循理耳如一株木順生向上去是順理今一枝乃逆下生來是逆理也如水本潤下今洪水乃横流是逆理也禹掘地而注之海乃順水之

性使之潤下而已暴君壞宮室以爲汙池棄田以爲園囿民有屋可居有地可種桑麻今乃壞而棄之是逆理也湯武之舉乃是順理如楊墨逆理無父無君邪說誣民仁義充塞便至於率獸食人人相食此孟子極力闢之亦只是順理而已 此一段多本先生意非全語 僩 ○敬之問楊墨曰楊墨只是差了些子其末流遂至於無父無君蓋楊氏見世間人營營於名利埋没其身而不自知故獨潔其身以自高如荷蕢接輿之徒是也然使人皆如此潔身而自爲則天下事教誰理會此便是無君也墨氏見世間人自私自利不能及人故欲兼天下之人人而盡愛之然不知或有一患難在君親則當先救在他人則後救之若君親與他人不分先後則是待君親猶他人也便是無父此二者之所以爲禽獸也孟子之辯只緣是放過不得今人見佛老家之說者或

以爲其說似勝吾儒之說或又以爲彼雖說得不是不用管他此皆是看他不破故不能與之辯若真箇見得是害人心亂吾道豈容不與之辯所謂孟子好辯者非好辯也自是住不得也僩〇問墨氏兼愛何遽至於無父曰人也只孝得一箇父母那有七手八脚愛得許多能養其父無闕則乚難矣想得他之所以養父母者粗衣糲食必不能堪葢他既欲兼愛則其愛父母也必疎其孝也不周至非無父而何墨子尚儉惡樂所以說里號朝歌墨子回車想得是箇淡泊枯槁底人其事父母也可想見又問率獸食人亦深其弊而極言之非真有此事也曰不然即它之道便能如此楊氏自是箇退步愛身不理會事底人墨氏兼愛又弄得没合殺使天下倀倀然必至於大亂而後已非率獸食人而何如東晉之尚清談此便是楊氏之學楊氏即老

莊之道少間百事廢弛遂啟夷狄亂華其禍豈不慘於洪水猛獸之害又如梁武帝事佛至於社稷丘墟亦其驗也如近世王介甫其學問高妙出入於老佛之間其政事欲與堯舜三代爭衡然所用者盡是小人聚天下輕薄無賴小人作一處以至遺禍至今他初間也何嘗有啟狄亂華率獸食人之意只是本原不正義理不明其終必至於是耳或云若論其修身行己人所不及曰此亦是他一節好其他很厲偏僻招合小人皆其資質學問之差亦安得以一節之好而葢其大節之惡哉吁可畏可畏僩〇問墨氏兼愛疑於仁此易見楊氏爲我何以疑於義曰楊朱看來不似義他全是老子之學只是箇逍遥物外僅足其身不屑世務之人只是他自愛其身界限齊整不相侵越微似義耳然終不似也僩〇論楊墨餘見端類盡心上及與〇孟子言我欲正人心葢人心正然後可以有所爲今人心都不正了如何可以理會

朱子語類卷之四十二終

朱子語類卷之四十三

孟子六

離婁上

離婁之明章

上無道揆則下無法守儻上無道揆則下雖有奉法守一官者亦將不能用而去之矣朝不信道工不信度信如憑信之信此理只要人信得及自然依那箇行不敢踰越惟其不信所以妄作如胥吏分明知得條法只是他冒法以爲姦便是不信度也因歎曰看得道理熟見世間事才是苟且底鮮有不害事雖至小之事以苟且行之必亦有害而況大事乎只是信不及所以苟且凡云且如此作且如此過去皆其弊也凡見人說某人做得事好做得事無病道便是循理若見人說某人做得有害其中

必有病如今人所以苟且者只爲見理不明故苟且之心多若是見得道理熟自然有所分別而不肯爲惡矣（卓〇僩錄略）〇上無禮下無學此學謂國之俊秀者前面工是百官守法度者此學字是責下無法守儻上無道揆則下許多無法守人並起而居高位執進退黜陟之權盡做出不好事來則國之喪亡無日矣所以謂之賊民蠹國害民非賊而何然其要只在於仁者宜在高位所謂一正君而國定矣（僩）〇問責難之恭陳善閉邪之敬何以別曰大槩也一般只恭意思較濶大敬意思較細密如以堯舜三代望其君不敢謂其不能便是責難於君便是恭陳善閉邪是就事上說蓋不徒責之以難凡事有善則陳之邪則閉之使其君不陷於惡便是敬責難之恭是尊君之詞先立箇大志以先王之道爲可必信可必行陳善閉邪是子細着工夫去

照管務引其君於當道陳善閉邪便是做那責難底工夫不特事君爲然爲學之道亦如此大立志向而細密着工夫如立志以古聖賢遠大自期便是責難然聖賢爲法於天下我猶未免爲鄉人其何以到須是擇其善者而從之其非者而去之如日用間凡一事須有箇是有箇非去其非便爲是克去己私便復禮如此雖未便到聖賢地位已是入聖賢路了（淳）〇責難於君謂之恭以堯舜責之而不敢以中才常主望之非尊之而何陳善閉邪謂之敬此是尊君中細密工夫問人臣固當望君以堯舜若度其君不足以爲善而不之諫或謂君爲中才可以致小康而不足以致大治或導之以功利而不輔之以仁義此皆是賊其君否曰然人臣之道但當以極等之事望其君責他十分事臨了只做得二三分若只責他二三分少間做不得一分矣

若論才質之優劣志趣之高下固有不同然吾之所以導之者則不可問其才志之高下優劣但當以堯舜之道望他如飯必用喫衣必用着脾胃壯者喫得來多弱者喫得來少然不可不喫那飯也人君資質縱說卑近不足與有爲然不修身得否不講學得否不明德得否此皆是必用做底到得隨他資質做得出來自有高下大小然不可不如此做也孔子曰敬事而信節用而愛人使民以時這般言語是鐵定底條法更改易不得如此做則成不如此做則敗豈可謂吾君不能而遂不以此望之也（僩）〇問責難於君謂之恭陳善閉邪謂之敬曰恭是就人君分上理會把他做箇大底人看致恭之謂也敬只是就自家身上做如陳善閉邪是在己當如此做（蓋）〇賓師不以趨走承順爲恭而以責難陳善爲敬人君不以崇高富貴爲重而以貴德

尊士爲賢則上下交而德業成矣人傑

規矩方圓之至章

問規矩方圓之至也曰規矩是方圓之極聖人是人倫之極蓋規矩便盡得方圓聖人便盡得人倫故物之方圓者有未盡處以規矩爲之便見於人倫有未盡處以聖人觀之便見惟聖人都盡無一毫之不盡故爲人倫之至燾○問欲爲君至堯舜而已矣昨因看近思錄如看二典便當求堯所以治民舜所以事君某謂堯所以治民脩己而已舜所以事君誠身以獲乎上而已曰便是不如此看此只是大槩說讀書之法而已如何恁他硬要椿定一句去包括他得若論堯所以治民舜所以事君是事事做得盡且如看堯典自欽明文思安安以至終篇都是治民底事自欽明文思至格于上下是一段自克明俊德至於變時

雍又是一段自乃命羲和至庶績咸熙又是一段後面又說禪舜事無非是治民之事舜典自濬哲文明以至終篇無非事君之事然亦是治民之事不成說只是事君了便了只是大槩言觀書之法如此或曰若論堯所以治民舜所以事君二典亦不足以盡之曰也大槩可見僴○或問道二仁與不仁而已矣不仁何以亦曰道曰此譬如說有小路有大路何疑之有僴去○道二仁與不仁而已矣猶言好底道理不好底道理也若論正當道理只有一箇更無第二箇所謂夫道一而已矣者也因言胡季隨主其家學云云已下見胡仁仲類○僴

三代之得天下章

廢興存亡惟天命不敢不從若湯武是也燾

愛人不親章

學人說話是越上去更無退後來孟子說愛人不親反其仁治人不治反其智禮人不答反其敬行有不得者皆反求諸己其身正而天下歸之這都是趲向上去更無退下來如今人愛人不親更不反求諸己教你不親也休治人不治更不反求諸己教你不治也休禮人不答更不反求諸己教你不答也休我也不解恁地得你也不仁不義無禮無智我也不仁不義無禮無智大家做箇鶻突沒理會底人范忠宣所說以恕己之心恕人且如自家不孝也教天下人不消得事其親自家不忠也教天下人不消事其君自家不弟也教天下人不消事其兄自家不信也教天下人不消信其友恁地得不得還有道道理否曰張子銘說中庸所求乎子以事父未能也到事父下點做一句看他說以聖人之所難能這正是聖人因責人而點檢自家有未盡

處如何恁地說了而今人多說章句之學爲陋某看見人多因章句看不成句却壞了道理又曰明道言忠恕二字要除一箇更除不得須是忠方可以行其恕若自家不穿窬便教你不穿窬方喚做恕若自家穿窬却教別人不穿窬這便不是恕若自家穿窬也教大家穿窬這也不是恕雖然聖人之責人也輕如所謂以人治人改而止教他且存得這道理也得小人革面教他且革面也得又不成只恁地也須有漸又曰堯舜其猶病諸聖人終是不足賀孫

爲政不難章

吳不英問不得罪於巨室曰只是服得他心佐

天下有道章

小德役大德小賢役大賢是以賢德論小役大弱役强今不論是

只是以力論振〇鄭問小役大弱役强亦曰天何也曰到那時不得不然亦是理當如此淳〇仁不可爲衆爲猶言難爲弟難爲兄之爲言兄賢難做他弟弟賢難做他兄仁者無敵難做衆去抵當他端蒙〇仁不可爲衆也毛公注亦云盛德不可爲衆也鳶飛戾天注亦云言其上下察也此語必别有箇同出處如金聲玉振兒寬云天子建中和之極兼總條貫金聲而玉振之亦必是古語㽦〇不能自强則聽天所命修德行仁則天命在我今之爲國者論爲治則曰不消做十分底事只隨風俗做便得不必須欲如堯舜三代只恁地做天下也治爲非者則曰做人也不須做到孔孟十分事且做得一二分也得盡是這樣苟且見識所謂聽天所命者也僩

自暴者章

自暴自棄之别曰孟子說得已分明有來自暴者便是剛惡之所爲自棄者便是柔惡之所爲也賀孫〇自暴是非毁道理底自棄是自放棄底賜〇言非禮義以禮義爲非而拒之以不信自暴自賊害也吾身不能居仁由義自謂不能而絶之以不爲自棄自棄絶也閎祖〇先生問梁自暴自棄如何梁未答先生曰言非禮義非如非先王之道之非謂所言必非詆禮義之說爲非道是失之暴戾我雖言而彼必不肯聽是不足與有言也自棄者謂其意氣卑弱志趣凡陋甘心自絶以爲不能我雖言其仁義之美而彼以爲我必不能居仁由義是不足有爲也故自暴者强自棄者弱伊川云自暴者拒之以不信自棄者絶之以不爲梁云平日大爲科舉累曰便是科舉不能爲累卓〇問向所說自暴作自粗暴與今集注暴害也不同曰也只是害底是如暴其民甚言非禮義謂之自暴要去非議這禮義如今人要駡道學一般只說道這許多做好事之人自做許多模樣不知這道理是人人合有底他自恁地非議是他自害了這道理賀孫〇仁人之安宅義人之正路自人身言之則有動靜自理言之則是仁義祖道

居下位章

誠是天道在人只說得思誠淳〇敬之問誠者天之道也思誠者人之道也思誠莫須是明善否曰明善自是明善思誠自是思誠明善是格物致知思誠是毋自欺謹獨明善固所以思誠而思誠上面又自有工夫在誠者都是實理了思誠者恐有不實處便思去實他誠者天之道天無不實寒便是寒暑便是暑更不待使他恁地聖人仁便真箇是仁義便真箇是義更無不實

處在常人說仁時恐猶有不仁處說義時恐猶有不義處便着思有以實之始得時舉〇問至誠而不動者未之有也不誠未有能動者也此是以實理見之於用故便有感通底道理曰不是以實理去見之於用只是既有其實便自能感動得人也因言孟子於義利間辨得毫釐不差見一事來便劈做兩片便分箇是與不是這便是集義處義是一柄刀相似才見事到面前便與他割制了時舉

伯夷辟紂章

才卿問伯夷是中立而不倚下惠是和而不流否曰柳下惠和而不流之事易見伯夷中立不倚之事何以驗之陳曰扣馬之諫餓而死此是不倚曰此謂之偏倚亦何可以見其不倚文蔚錄云如此却是倚做一邊去文蔚曰他道如此又却不念舊惡曰亦不相似劉用之曰伯夷居北海之濱

若將終身焉及聞西伯善養老遂來歸之此可見其不倚否
此下更有一轉方是不倚蓋初聞文王而歸之及武王伐紂而
去之遂不食周粟此可以見其不倚也 僩○文蔚錄意同

求也爲季氏宰章

至之問如李悝盡地力之類不過欲教民而已孟子何以謂任土
地者亦次於刑曰只爲他是欲富國不是欲爲民但强占土地
開墾將去欲爲己物耳皆爲君聚斂之徒也 時擧○辟草萊任土
地者次之如李悝盡地力商鞅開阡陌他欲致富强而已無教
化仁愛之本所以爲可罪也 僩

恭者不侮人章

聖人但顧我理之是非不問利害之當否衆人則反是且如恭儉
聖人但知恭儉之不可不爲爾衆人則以爲我不侮人則人亦

不侮我我不奪人則人亦不奪我便是計較利害之私要之聖
人與衆人做處便是五峯所謂天理人欲同行而異情者也 道夫

淳于髡曰章

事有緩急理有大小這樣處皆須以權稱之或問執中無權之權
與嫂溺援之以手之權微不同否曰執中無權之權稍輕嫂溺
援之以手之權較重亦有淺深也 僩

人不足與適章

大人格君心之非此謂精神意氣自有感格處然亦須有箇開導
底道理不但默默而已伊川解遇主于巷所謂至誠以感動之
盡力以扶持之明義理以致其知杜蔽惑以誠其意正此意也
或曰設遇庸君將如何而格之曰孔子不能格魯哀孟子不能
格齊宣諸葛孔明之於後主國事皆出於一己將出師先有排
布宮中府中許多人後主雖能聽從然以資質之庸難以變化
孔明雖親爲許多文字與之亦終不能格之凡此皆是雖有格
君之理而終不可以致格君之効者也 義剛○可學錄云問有不若如何格曰其精神
動作之間亦須有以格之要之有此理在我而在人者不可必○人不足與適至格君心之非
三句當作一句讀某嘗說此處與言不必信行不必果惟義所
在皆須急忙連下句讀若偶然脫去下句豈不害事 方

人之患章

孟子一句者如人之患在好爲人師之類當時議論須多今其所
記者乃其要語爾

孟子謂樂正子曰章

德脩謂樂正子從子敖之齊未必徒餔啜曰無此事豈可遽然加
以此罪 文蔚

仁之實章

或問事親從兄一段曰緊要在五箇實字上如仁是親親而仁民
仁民而愛物義是長長貴貴尊賢然在家時未便到仁民愛物
未事君時未到貴貴未從師友時未到尊賢且須先從事親從
兄上做將去這箇便是仁義之實仁民愛物貴貴尊賢是仁義
之英華若理會得這箇便知得其他那分明見得而守定不移
便是智之實行得恰好便是禮之實由中而出無所勉强便是
樂之實大凡一段中便有緊要處這一段便是這箇字緊要 胡
仁之實事親是也義之實從兄是也此數句某煞曾入思慮來
嘗與伯恭說實字有對名而言者謂名實之實有對理而言者
謂事實之實有對華而言者謂華實之實今這實字不是名實
事實之實正是華實之實仁之實本只是事親推廣之愛人利

字然非是仁義之實本只是從兄推廣之忠君弟長無非是者
事親從兄便是仁義之實推廣出去者乃是仁義底華采敬〇
問仁義之實一章須是理會得箇實字方曉得此章意思這實字
便是對華字且如愛親仁民愛物無非仁也但是愛親乃是切
近而真實者乃是仁最先發去處於仁民愛物乃遠而大了義
之實亦然 賀孫 〇事親是孝從兄是弟堯舜之道孝弟而已今人
將孝弟低看了孝弟之至通於神明光于四海直是如此賀問
仁之實事親是也切謂實者是事親得其驩心當此時直是和
悅此是實否曰不然此乃樂之實樂斯二者之事但事親從兄
是仁義之根實處最初發得來分曉向亦曾理會此實字却對
得一箇華字親親仁也仁民愛物亦仁也事親是實仁民愛物
乃華也 德明 〇問事親從兄有何分別曰事親有愛底意思事兄

有嚴底意思又曰有敬底意思問從兄如何爲義之實曰言從
兄則有可否問所以同處如何曰不當論同問伊川以爲須自
一理中別出此意如何曰只是一箇道理發出來偏於愛底些
子便是仁偏於嚴底些子便是義又曰某怕人便說理一 節 〇
問事之當爲者皆義也如何專以從兄言之曰從兄乃事之當
爲而最先者又問事親豈非事之當爲而不歸之義何也曰已
與親乃是一體豈可論當爲不當爲 柄 〇問義之實從兄是也
曰義是那良知良能底發端處雖小兒子莫不愛父母到長大
方理會得從兄所謂及其長也無不知敬其兄此義發端處 僩
問孟子言義之實從兄是也中庸却言義者宜也尊賢爲大甚
不同如何曰義謂得宜尊賢之等道理宜如此曰父子兄弟皆
是恩合今以從兄爲義何也曰以兄弟比父子已是爭得些問

五典之常義主於君臣今曰從兄又曰尊賢豈以隨事立言不
同其實則一否曰然 德明 〇問孟子言羞惡之心義之端也又曰
義之實從兄是也不知羞惡與從兄之意如何相似曰不要如
此看且理會一處上義理教通透了方可別看如今理會一處
未得却又牽一處來滚同說少間愈無理會處聖賢說話各有
旨歸且與他就逐句逐字上理會去 木之 〇問性中雖具四端五
常其實只是一理故孟子獨以仁義二者爲主而以禮爲節文
斯二者智爲知斯二者柄謂仁義二者之中又當以仁爲主蓋
仁者愛之理愛之得其當則義也曰義却是當愛不當愛 柄 〇
問仁之實事親是也一段似無四者只有兩箇以禮爲節文斯
二者智是知斯二者只是兩箇生出禮智來曰太極初生亦只
生陰陽然後方有其他底 節 〇問孟子言禮之實節文斯二者

知之實知斯二者禮知似無專位今以四德言却成有四箇物
事曰也只是一處如此說有言四箇底有言兩箇底有言三箇
底不成說道他只說得三箇遺了一箇不說四箇言兩箇如扇
一面青一面白一箇說這一邊謂之青扇一箇說那一邊謂之
白扇不成道說青扇底是說白扇底不是 節 〇專言仁則包三
者言仁義則又管攝禮智二者如智之實知斯二者禮之實節
文斯二者是也 德明 〇問節文之文曰文是裝裹得好如升降揖
遜 節 〇節者等級也文不直同互之貌 節 〇朱蜚卿問樂則生
矣生則惡可已也曰如今恁地勉强安排如何得樂到得常常
做得熟自然浹洽通快周流不息油然而生不能自已只是要
到這樂處實是難在若只恁地把捉安排幾忘記又斷了這如
何得樂如何得生問如今也且着恁地把捉曰固是且着恁地

須知道未是到處須知道樂則生處是當到這地頭恰似春月草木許多芽蘗一齊爆出來更止遏不得賀孫問如孩提之童無不知愛其親及其長也無不知敬其兄這箇不是旋安排這只就他初發上說曰只如今不能常會如此孩提知愛其親如今自失了愛其親意思及其長也知敬其兄如今自失了敬其兄意思須着理會孟子所以說大人者不失其赤子之心須要常常恁地要之須是知得這二者使常常見這意思方會到得樂則生矣處要緊却在知斯二者弗去是也二句上須是知得二者是自家合有底不可暫時失了到得禮之實節文斯二者旣知了又須着檢點教詳密子細節節應拍方始會不間斷方始樂方始生孟子又云知皆擴而充之若火之始然泉之始達苟能充之足以保四海苟不充之不足以事父母與知斯二者

節文斯二者一段語勢有不同一則說得緊急一則說得有許多節次次序詳密又曰樂則生如水之流撥盡許多擁塞之物只恁地滔滔流將去賀孫

天下大悅章

不得乎親不可以爲人不順乎親不可以爲子得乎親者不問事之是非但能曲爲承順則可以得其親之悅苟父母有做得不是處我且從之苟有孝心者皆可然也順乎親則和那道理也順了非特得親之悅又使之不陷於非義此所以爲尤難也僩

恭父問不得乎親以心言不順乎親以道言道謂諭父母於道恐如此看得不可爲人不可爲子兩字出曰人字只說大綱子字却說得重不得乎親之心固有人承親順色看父母做甚麼事不問是非一向不逆其志這也是得親之心然猶是淺事惟順乎親則親之心皆順乎理必如此而後可以爲子所以又說烝烝乂不格姦瞽瞍底豫而天下化瞽瞍底豫而天下之爲父子者定賀孫○不順乎親不可以爲子是無一事不是處和親之心也順了下面所以說瞽瞍底豫○舜盡事親之道而瞽瞍底豫瞽瞍底豫而天下化瞽瞍底豫而天下之爲父子者定此之謂誠性人傑

朱子語類卷之四十四終

朱子語類卷之四十五

孟子七

離婁下

舜生於諸馮章

若合符節以玉爲之篆刻文字而中分之彼此各藏其半有故則左右和合以爲信先生曰古人符節多以玉爲之如牙璋以起軍旅周禮中有以玉爲竹節又有竹符又有英蕩符蕩小節竹今使者謂之蕩節也刻之爲符漢有銅虎符竹使符銅虎以起兵竹使郡守用之凡符節右留君所左以與其人有故則君以其右合其左以爲信也曲禮曰獻田地者執右契右者取物之券也如發兵取物徵名皆以右取之也卓○僩同

子產聽鄭國之政章

鄭之虎牢即漢之成皋也虎牢之下即溱洧之水後又名爲汜水關子產以乘輿濟人之所也聞人務德以爲孟子之言非是其說以爲溱洧之水其深不可以施梁柱其淺不可以涉豈可以濟乘輿蓋溱洧之水底皆是沙故不可以施梁柱但可用舟渡而已李先生以爲疑或是偶然橋梁壞故子產用其車以渡人然此類亦何必深考孟子之意但言爲政者當務民之宜而不徒以小惠耳僩○卓錄云或問車輿豈可以渉水曰或有可渉處聞人秀州人○問子產之事以左傳考之類非不知爲政者孟子之言姑以其乘輿濟人一事而議之耳而夫子亦止以惠人目之又謂其猶衆人之母知食而不知教豈非子產所爲終以惠勝歟曰致堂於惠人也論此一段甚詳東坡云有及人之近利無經世之遠圖亦說得盡都鄙有章只是行惠人底規模若後世所謂政者便只是惠必大

中也養不中章

中也養不中才也養不才養者非速使之中使之才漸民以仁摩民以義之謂也下以善養人同節

言人之不善章

言人之不善當如後患何恐是孟子因事而言之僩

仲尼不爲已甚章

仲尼不爲已甚言聖人所爲本分之外不加毫末如人合喫八棒只打八棒不可說道人可惡更添一棒稱人之善不可有心於溢美稱人之惡不可溢惡皆不爲已甚之事也或上龜山書云徐行後長得堯舜之道不爲已甚知仲尼之心龜山謂之甚喜蓋龜山平日喜說此兩句也僩○問仲尼不爲已甚此言本分之外無所增加爾曰已訓太又問非其君不仕非其民不使治亦進亂亦進不羞汙君不辭小官氣象可謂已甚矣而目之曰聖人之清和似頗難會頃之乃曰雖是聖終有過當處又問伯夷不念舊惡求仁得仁似是清中之和下惠不以三公易其介似亦是和中之清曰然凡所謂聖者以其渾然天理無一毫私意若所謂得百里之地而君之皆能朝諸侯有天下行一不義殺一不辜而得天下者皆不爲也這便是聖人同處便是無私意處但只是氣質有偏比之失故終有不中節處所以易說中正伊川謂正重於中中不必正也言中則正已在其中蓋無正則做中不出來而單言正則未必能中也夷惠諸子其正與夫子同而夫子之中則非諸子所及也又問夷惠皆言風而不以言伊尹何哉曰或者以伊尹爲得行其道而夷惠不得施其志故有此論似不必然亦偶然爾道夫曰以意揣之竊恐伊尹勝

似夷惠得些曰也是伊尹體用較全須之後曰夷惠高似伊尹
伊尹大似夷惠道夫

大人者章

問大人不失赤子之心大人事事理會得只是無許多巧僞曲折
便是赤子之心時舉加或錄云只恁地白直做將去無許曲折○又云坦然明白事事理會得都無許多奸巧
敬之問大人不失赤子之心曰這須著兩頭看大人無不知無
不能赤子無所知無所能大人者是不失其無所知無所能之
心若失了此心使些子機關計些子利害便成箇小底人不成
箇大底人了大人心下没許多事時舉○大人無所不知無所不
能赤子無所知無所能此兩句相拘如何無所不知無所不能
却是不失其無所知無所能做出蓋赤子之心純一無僞而大
人之心亦純一無僞但赤子是無知覺底純一無僞大人是有

知覺底純一無僞賀孫○夔孫錄云大人之所以爲大人者却是它存得那赤子之心而今不可將大人
之心只作通達萬變赤子只作純一無僞說蓋大人之心通達萬變而純一無僞赤子之心未有所知而純一無僞○厚
之問赤子之心曰止取純一無僞未發時雖與聖人同然亦無
知但衆人既發時多邪僻而赤子尚未然耳可學○問赤子之心
指已發而言然亦有未發時曰亦有未發時但孟子所論乃指
其已發者耳良久笑曰今之大人也無那赤子時心義剛○問赤
子之心莫是發而未遠乎中不可作未發時看否曰赤子之心
也有未發時也有已發時今欲將赤子之心專作已發看也不
得赤子之心方其未發時亦與老稚賢愚一同但其已發未有
私欲故未遠乎中耳銖○施問赤子之心曰程子道是已發而
未遠如赤子饑則啼渴則欲便是已發寓

養生者章

王德修云親聞和靖說惟送死可以當大事曰親之生也好惡取
舍得以言焉及其死也好惡取舍無得而言當是時親之心卽
子之心子之心卽親之心故曰惟送死可以當大事先生曰亦
說得好閎僩

君子深造之以道章

君子深造之以道語勢稍倒道字合在深造之前趙岐云道者進
爲之方亦不甚親切道只是進學之具深造者從此挨向前去
如之以二字尋常這般去處多將作助語打過了要之却緊切
如夜氣不足以存與三代所以直道而行以字皆不虛設既醉
以酒既飽以德皆是也謨○問道者進爲之方如何曰此句未
甚安却只是循道以進耳道字在上可學○敬之問道者進爲之
方曰是事事皆要得合道理取之左右逢其原到得熟了自然

日用之間只見許多道理在眼前東邊去也是道理西邊去也
是道理都自湊合得着故曰逢其原如水之源流出來這邊也
撞着水那邊也撞着水賀孫○深造之以道欲其自得之曰只深
造以道便是要自得之此政與淺迫相對所謂深造者當知非
淺迫所可致若欲淺迫求之便是强探力取只是既下工夫又
下工夫直是深造便有自得處在其中又曰優游饜飫都只是
深造後自如此非是深造之外又別欲自得也與下章博學而
詳說之將以反說約之意同㽦○君子深造之以道道只是道
理恁地做恁地做深造是日日恁地做而今人造之不以其道
無緣得自得深造之以道方始欲其自得看那欲字不是深造
以道便解自得而今說得多又剩了說得少又說不出皆是不
自得燾○君子深造之以道欲其自得之也如何曰深造云者

非是急迫遽至要舒徐涵養期於自得而已自得之則自信不疑而居之安居之安則資之於道也深資之深則凡動靜語默一事一物無非是理所謂取之左右逢其原也又問資字如何說曰取也資有資藉之意資之深謂其所資藉者深言深得其力也謙○去偽略○或問君子深造之以道一章曰深造之以道語似倒了以道字在深造字上方是該道是造道之方法循此進進不已便是深造之猶言以這方法去深造之也今曰深造之以道是深造之以其方法也以道是工夫深造是做工夫如博學審問謹思明辨力行之次序即是造道之方法若人爲學依次序便是以道不依次序便是不以道如爲仁而克己復禮便是以道若不克己復禮別做一般樣便是不以道能以道而爲之不已造之愈深則自然而得之既自得之而爲我有則居之

安居之安則資之深資之深這一句又要人看蓋是自家既自得之則所以資藉之者深取之無窮用之不竭只管取只管有滾滾底出來無窮自家資他他又資給自家如掘地在下藉上面源頭水來注滿若源頭深則源源來不竭若淺時則易竭矣又如富人大寶藏裏而只管取只管有取之左右逢其原蓋這件事也撞着這本來底道理那件事也撞着這本來底道理事事物物頭頭件件皆撞着這道理如資之深那源頭水只是一路來到得左右逢原四方八面都來然這箇只在自得上才自得則下面節次自是如此又云資字如萬物之資始資於事父以事君之資皆訓取字○燾○子善問君子深造之以道欲其自得之也一節曰大要在深造之以道此是做工夫處資是他資助我資給我不是我資他他那箇都是資助我底物事頭頭撞着左邊也是右邊也是都湊着他道理源頭處源頭便是那天之明命滔滔汩汩底似那一池有源底水他那源頭只管來得不絕取之不禁用之不竭來供自家用似那魚濟活水相似却似都湊着他源頭且如爲人君便有那仁從那邊來爲人臣便有那箇敬從那邊來子之孝有那孝從那邊來父之慈有那慈從那邊來只是那道理源頭處莊子說將原而往便是說這箇自家靠着他原頭底這箇道理左右前後都見是這道理莊子說在谷滿谷在坑滿坑他那資給我底物事深遠自家這裏頭頭湊着他原頭植○賀孫錄錄用見下子善問君子深造之以道道是造道欲造道又若以道語意似以道深造曰此只是進爲不已亦無可疑公將兩箇道字來說却不分曉賀孫問深造之造字不可便做已到說但言進進做將去又必以其方曰然又問取之左右逢其原是既資之深則

道理充足取之至近之處莫非道理曰資字恰似資給資助一般資助既深看是甚事來無不湊着這道理不待自家將道理去應他只取之左右便撞着這道理如有源之水滾滾流出只管撞着他若是所資者淺略用出便枯竭了莊子說庖丁手之所觸肩之所倚足之所履膝之所踦砉然嚮然奏刀騞然莫不中音正是此意爲人君便自撞着箇仁道理爲人臣便自撞着箇敬道理爲人子便自撞着箇孝道理爲人父便自撞着箇慈道理與國人交便自撞着箇信道理無適而不然賀孫○居之安只是如人之居住得那裏安穩只是從初本原如此到熟處左右皆逢之謙○或問自得章文義莫有節次否曰此章重處只在自得後其勢自然順下來才恁地便恁地但其間自不無節次若是全無節次孟子何不說自得之則取之左右逢其原曰

尹先生却正如此說曰看他說意思自別孟子之意是欲見其曲折而詳言之尹先生之言是姑舉其首尾而略言之自孟子後更無人會下這般言語○或問程子之說何如曰必須以道方可潛心積慮優游厭飫若不以道則潛心積慮優游厭飫做甚底

博學而詳說之章

博學而詳說之將以反說約也惟先難而後易凡事皆然 道夫 ○問博學而詳說之將以反說約也如何曰約自博中來既博學又詳說講貫得直是精確將來臨事自有箇頭緒才有頭緒便見箇約若是平日講貫得不詳悉及至臨事只覺得千頭萬緒更理會不下如此則豈得爲約 去僞 ○問博學詳說將以反說約也曰貫通處便是約不是通貫了又去裏面尋討箇約公說約

處却是通貫了又别去尋討箇約豈有此理伊川說格物處云但積累多後自然脫然有貫通處積累多後便是學之博脫然有貫通處便是約楊時通老問世間博學之人非不博却又不知箇約處者何故曰他合下博得來便不是了如何會約他更不窮究道理是如何都見不透徹只是搜求隱僻之事鉤摘奇異之說以爲博如此豈能得約今世博學之士大率類此不讀正當底書不看正當注疏偏揀人所不讀底去讀欲乘人之所不知以誇人不問義理如何只認前人所未說今人所未道者則取之以爲博如此如何望到約處又曰某嘗不喜楊子雲多聞則守之以約多見則守之以卓多聞欲其約也多見欲其卓也說多聞了又更要一箇約去守他正如公說這箇是所守者約不是守之以約也 僩

徐子曰章

所謂聲聞過情這箇大段務外郎當且更就此中間言之如爲善無真實懇惻之意爲學而勉强苟且徇人皆是不實須就此反躬思量方得 僩

人之所以異於禽獸章

敬之問人之所以異於禽獸者幾希曰人與萬物都一般者理也所以不同者心也人心虛靈包得許多道理過無有不通雖間有氣禀昏底亦可克治使之明萬物之心便包許多道理不過雖其間有禀得氣稍正者亦止有一兩路明如禽獸中有父子相愛雌雄有别之類只有一兩路明其他道理便都不通便推不去人之心便虛明便推得去就大本論之其理則一纔禀於氣便有不同賀孫問幾希二字不是說善惡之間乃是指這些

好底說故下云庶民去之君子存之曰人之所以異於物者只爭這些子 賀孫○時舉錄云人物之所同者理也所不同者心也人心虛靈無所不明禽獸便昏了只有一兩路子明人之虛靈皆推得去禽獸便推不去人若以私慾蔽了這箇虛靈便是禽獸人與禽獸只爭這些子所以謂之幾希 ○徐元聘問庶民去之君子存之如何是存之曰存是存所以異於禽獸者何故至存之方問因問元聘存何物元聘云有所見曰不離日用之間曰何謂日用之間曰凡周旋運用曰此乃禽獸所以與人同須求其所以與人異者僩問佛如何是性曰耳能聞目能見他便把這箇作性不知這箇禽獸皆知人所以異者以其有仁義禮智若爲子而孝爲弟而悌禽獸豈能之哉元聘又云萬物皆備於我此言人能備禽獸之不備曰觀賢此言元未嘗究竟 可學○時舉别出 ○元聘問君子存之曰存是存其所以異於禽獸之道理今自謂能存只是存其與禽獸同者耳飲食

渴飲之類皆其與禽獸同者也釋氏云作用是性或問如何是作用云在眼曰見在耳曰聞在鼻辨香在口談論在手執捉在足運奔徧現俱該沙界收攝在一微塵此是說其與禽獸同者耳人之異於禽獸是父子有親君臣有義夫婦有別長幼有序朋友有信釋氏元不曾存得璘○知而不存者有矣未有不知而能存者也君子存之○僩○明於庶物如物格閎祖○或問明於庶物察於人倫明察之義有淺深否曰察淺於明明只是大槩明得這箇道理爾又問與孝經事天明事地察之義如何曰這箇明察又別此察字却訓著字明字訓昭字事父孝則事天之道昭明事母孝則事地之道察著孟子所謂明察與易係明於天之道察於人之故同去僞○子善問舜明庶物察人倫文勢自上看來此物字恐合作禽獸說曰不然明於庶物豈止是說禽獸禽

獸乃一物凡天地之間眼前所接之事皆是物然有多少不甚要緊底事舜看來惟是於人倫最緊要賀孫○明於庶物察於人倫明察是見得事事物物之理無一毫之未盡所謂仁義者皆不待求之於外此身此心渾然都是仁義賀孫○守約問孟子何以只說舜明於庶物察於人倫由仁義行非行仁義也曰堯自是渾然舜却是就事物上經歷一一理會過賀孫○問舜由仁義行非行仁義也若學者須是行仁義方得曰這便如適來說三月不違義他是平日身常在仁義內卽恁地行出學者身在外了且須去求仁義就上行然又須以由仁義行爲準的方得賀孫符舜功言只是由仁義行好行仁義便有着利之分曰此是江西之學豈不見上面分明有箇舜字惟舜便由仁義行他人須窮理知其爲仁爲義從而行之且如仁者安仁智者利仁旣未能安仁亦須是利仁利仁豈是不好底知仁之爲利而行之不然則以人欲爲利矣德明

禹惡旨酒章

問禹惡旨酒好善言湯執中文王望道未之見武王不泄邇不忘遠周公坐以待旦此等氣象在聖人則謂之兢兢業業純亦不已在學者則是任重道遠死而後已之意否曰他本是說聖人又曰讀此一篇使人心惕然而常存也道夫○問湯執中立賢無方莫是執中道以立賢否曰不然執中自是執中立賢自是立賢只道執中却與子莫之執中不同故集注下謂執謂守而不失湯只是要事事恰好無過不及而已時舉○問周公思兼三王以施四事上文旣是各舉一事言四聖人之事亦多周公如何施之曰此必是周公曾如此說大抵所舉四事極好此一處自

舜推之至於孔子可學○周公思兼三王以施四事此不可考恐是周公自有此語如文王我師也周公豈欺我哉此直是周公曾如此語公明儀但舉之耳四事極說得好泄字有狎底意思僩○因論泄邇忘遠老蘇說乖曰聖人心如潮水上來處坳浦激一時皆得無有遠邇方

王者之迹熄章

問王者之迹熄而詩亡詩亡而後春秋作曰這道理緊要在王者之迹熄一句上蓋王者之政存則禮樂征伐自天子出故雅之詩自作於上以教天下王迹滅熄則禮樂征伐不自天子出故雅之詩不復作於上而詩降而爲國風是以孔子作春秋定天下之邪正爲百王之大法也寓○莊仲問王者之迹熄而詩亡詩亡然後春秋作先儒謂自東遷之後黍離降爲國風而雅亡

矣恐是孔子删詩之時降之曰亦是他當時自如此要識此詩便如周南召南當初在鎬豐之時其詩爲二南後來在洛邑之時其詩爲黍離只是自二南進而爲二雅自二雅退而爲王風二南之於二雅便如登山到得黍離時節便是下坡了文蔚

可以取章

可以取可以無取是先見得可以取後來却見得可以無取如此而取之則傷廉矣蓋後來見者較是故也與死亦然閎祖○正卿問可以取可以無取取傷廉亦下二聯之義曰看來可以取是其初略見得如此可以無取是子細審察見得如此如夫子言再思一般下二聯放此庶幾不礙不然則不取却是過厚而不與不死却是過薄也壯祖○可以取可以無取此段正與孔子曰再斯可矣相似凡事初看尚未定再察則已審矣便用決斷始

得若更加之思焉則私意起而非義理之本然僩○可以取可以無取云云夫取爲傷廉固也若與者本惠死者本勇而乃云傷惠傷勇者謂其過予與無益之死耳且學者知所當予而不至於吝嗇知所當死而不至於偷生則幾矣人傑○孟子言可以取可以無取取傷廉可以與可以無與與傷惠他主意只在取傷廉上且將那與傷惠來相對說其實與之過厚些子不害其爲厚若纔過取便傷廉便是不好過與畢竟當時是好意思與了再看之方見得傷惠與傷廉不同所以子華使於齊冉子與之粟五秉聖人雖說他不是然亦不大故責他只是纔過取便深惡之如冉求爲之聚斂而欲攻之是也僩

天下之言性也章

問則故而已矣故是如何曰故是箇已發見了底物事便分明易見如公都子問性孟子却云乃若其情則可以爲善矣蓋性自是箇難言底物事惟惻隱羞惡之類却是已發見者乃可得而言只看這箇便見得性集注謂故者是已然之迹也是無箇字得下故下箇迹字時舉○問則故而已矣曰性是箇糊塗不分明底物事且只就那故上說故却是實有痕迹底故有兩件如水之有順利者又有逆行者畢竟順利底是善逆行底是惡所以說行其所無事又說惡於鑿鑿則是那逆行底又說乃若其情則可以爲善性是糊塗底物事情却便似實也如惻隱羞惡辭遜是非這便是情相○敬之問故是已然之迹如水之潤下火之炎上以利爲本是順而不拂之意曰利是不假人爲而自然者如水之就下是其性本就下只得順他若激之在山是不順其性而以人爲之也如無惻隱之心非人無羞惡之心非人皆

是自然而然惟智者知得此理不假人爲順之而行南升○時舉錄別出敬之問故者以利爲本如火之炎上水之潤下此是故人不拂他潤下炎上之性是利曰故是本然底利是他自然底如水之潤下火之炎上固是他本然之性如此然水自然潤下火自然炎上便是利到智者行其所無事方是人之得自然底從而順他時舉僩同○故是已然之迹如水之下火之上父子之必有親孟子說四端皆是然雖有惻隱亦有殘忍故當以順爲本如星辰亦有逆行大要循躔度者是順問南軒說故作本然曰如此則善外別有本然孟子說性乃是於發處見其善荀揚亦於發處說只是道不著問既云於發處見伊川云孟子說性乃探其本原之理莫因發以見其原曰然可學○器之說故者以利爲本如流水相似有向下無向上是順他去曰故是本來底以順爲本

許多惻隱羞惡自是順出來其理自是如此孟子怕人將不就底做出去故說此若將惡者爲利之本如水搏而躍之可使過顙這便是將不利者爲本如伊川說楚子越椒之生必滅若敖氏自是出來便惡了荀子因此便道人性本惡據他說塗之人皆可爲禹便是性善了他只說得氣質之性自是不覺寓○故只是已然之迹如水之潤下火之炎上潤下炎上便是故也父子之所以親君臣之所以義夫婦之別長幼之序然皆有箇已然之迹但只順利處便是故之本如水之性固下也然搏之過顙激之在山亦豈不是水哉但非其性爾仁義禮智是爲性也仁之惻隱義之羞惡去聲之辭遜智之是非此即性之故也若四端則無不順利然四端皆有相反者如殘忍饒錄作忮害之非仁不恥之非義不遜之非禮昏惑之非智即故之不利者也伊川發

明此意最親切謂此一章專主智言鑿於智者非所謂以利爲本也其初只是性上泛說起不是專說性但謂天下之說性者只說得故而已後世如荀卿言性惡楊雄言善惡混但皆說得下面一截皆不知其所以謂之故者如何遂不能以利爲本而然也荀卿之言只是橫說如此到底滅這道理不得只就性惡篇謂塗之人皆可如禹只此自可見故字若不將已然之迹言之則下文苟求其故之言如何可推曆家自今日推筭而上極於太古開闢之時更無差錯只爲有此已然之迹可以推測耳天與星辰間或躔度有少差錯久之自復其常以利爲本亦猶天與星辰循常度而行苟不如此皆鑿之謂也僩○天下之言性則故而已矣故猶云所爲也言凡人說性只說到性之故蓋故却以利爲本利順者從道理上順發出來是也是所謂善也

若不利順則是鑿故下面以禹行水言之苟求其故此故與則故却同故猶所以然之意直卿云先生言劉公度說此段意云孟子專爲智而言甚好端蒙○問天下之言性則故而已先生引程子之言曰此章意在知字此章言性只是從頭說下性者渾然不可言也惟順之則是逆之則非天下之事逆理者如何行得便是鑿也鑿則非其本然之理禹之行水亦只端的見得須是如此順而行之而已蘇秦之不成正爲不順耳砥○問伊川謂則語助也故者本如是者也今言天下萬物之性必求其故者只是欲順而不害之也伊川之說何如曰則字不可做助語看了則有不足之意性最難名狀天下之言性者止說得故而已矣故字外難爲別下字如故有所以然之意利順也順其所以然則不失其本性矣水性就下順而導之水之性也搏而躍之固可使之在山矣然非水之本性或問天下之言性伊川以爲言天下萬物之性是否曰此倒了他文勢只是云天下之言性者止可說故而已矣如此則天下萬物之性在其間矣又問後面苟求其故此故字與前面故字一般否曰然去偽

君子所以異於人者章

問君子以仁存心以禮存心是我本有此仁此禮只要常存而不忘否曰非也便這箇在存心上說下來言君子所以異於小人者以其存心不同耳君子則以仁以禮而存之於心小人則以不仁不禮而存之於心須看他上下文主甚麼說始得僩○問先生注下文言存仁存禮何也曰這箇存心與存其心養其性底存心不同只是處心又問如此則是君子之所以異於人者以其處心也曰以其處心與人不同又問何謂處心曰以仁處

於心以禮處於心本集注非定○蔡問以仁存心如何下以字不下以字也不得呂氏云以此心應萬事之變亦下一以字下是以此心是如何問程子謂以敬直內則不直矣何也曰此處又是解直方二字從上說下來敬以直內方順以敬則不順矣淳○我必不忠恐所以愛敬人者或有不出於誠實也㬊○問自反而忠之忠曰忠者盡己也盡己者仁禮無一毫不盡節○舜人也我亦人也舜爲法於天下可傳於後世我猶未免爲鄉人也是則可憂也此便是知恥知恥則進學安得不勇賀孫

禹稷當平世章

問禹稷當平世三過其門而不入似天下之事重乎私家也若家有父母豈可不入曰固是然事亦須量緩急問何謂緩急曰若洪水之患不甚爲害只是那九年泛泛底水未便會傾國覆不

過家見父母亦不妨若洪水之患其急有傾國溺都君父危亡之災也只得且奔君父之急難不過見父母亦不妨也又問鄉鄰有鬭者雖閉戶可也此便是用權若鄉鄰之鬭有親戚兄弟在其中豈可一例不救曰有兄弟固當救然事也須量大小若只是小小鬬毆救之亦無妨若是有兵戈殺人之事也只得閉門不管而已僩

公都子問匡章

孟子之於匡章蓋憐之耳非取其孝也故楊氏以爲匡章不孝孟子非取之也特哀其志而不與之絕耳據章之所爲因責善於父母不相遇雖是父不是己是然便至如此蕩業出妻屏子終身不養則豈得爲孝故孟子言父子責善賊恩之大者此便是責之以不孝也但其不孝之罪未至於可絕之地爾然當時人則遂以爲不孝而絕之故孟子舉世之不孝者五以曉人若如此五者則誠在所絕爾後世因孟子不絕之則又欲盡雪匡子之不孝而以爲孝此皆不公不正倚於一偏也必若孟子之所處然後可以見聖賢至公至仁之心矣或云看得匡章想是箇拘強底人觀其意屬於陳仲子則可見其爲人耳先生甚然之曰兩箇都是此樣人故說得合味道云舜不告而娶蓋不欲廢人之大倫以懟父母如匡章則其懟也甚矣廣

朱子語類卷之四十五終

朱子語類卷第四十六

孟子

萬章

問舜往于田章

貫先之說舜事親處見得聖人所以孝其親者全然都是天理略無一毫人欲之私所以舉天下之物皆不足以解憂惟順於父母可以解憂曰聖人一身渾然天理故極天下之至樂不足以動其事親之心極天下之至苦不足以害其事親之心一心所慕惟知有親看是甚麼物事皆是至輕施於兄弟亦然但知我是兄合當友愛其弟更不問如何且如父母使之完廩待上去又捐階焚廩到得免死下來當如何父母教他去浚井待他入又從而揜之到得免死出來又當如何若是以下等人處此定

是與不過非獨以下人雖平日極知當孝其親者到父母以此施於已此心亦與不過定是動了象爲弟日以殺舜爲事若是別人如何也須與他理會也須與不過舜只知我是兄惟知友愛其弟那許多不好景象都自不見了這道理非獨舜有之人皆有之非獨舜能爲人人皆可爲所以大學只要窮理舜明於庶物察於人倫惟是於許多道理見得極盡無有些子未盡但舜是生知不待窮索如今須着窮索教盡莫說道只消做六七分那兩三分不消做盡也得賀孫○林子淵說舜事親處曰自古及今何故衆人都不會恁地獨有舜恁地是何故須就這裏剔抉看出來始得默然久之曰聖人做出純是道理更無些子隔礙是他合下渾全都無欠闕衆人却是已虧損了須加修治之功如小學前面許多恰似勉強使人爲之又須是恁地勉强到

大學工夫方知箇天理當然之則如此上固是無限事然大要也只是幾項大頭項如爲人君止於仁爲人臣止於敬爲人子止於孝爲人父止於慈與國人交止於信須看見定是着如此不可不如此自家何故却不如此意思如何便是天理意思如何便是私慾天理發見處是如何却被私慾障蔽了賀孫○叔器問舜不能掩父母之惡如何是大孝曰公要如何與他掩他那箇頑嚚已是天知地聞了如何他掩公須與他思量得箇道理始得如此便可以責舜義剛○問象憂亦憂象喜亦喜事曰象謀害舜者舜隨即化了更無一毫在心但有愛象之心常有今人被弟激惱便常以爲恨而愛弟之心減少矣○舜誠信而喜象周公誠信而任管叔此天理人倫之至其用心一也燾

象日以殺舜爲事章

或問仁之至義之盡是仁便包義何如曰自是兩義如舜封象于有庳不藏怒宿怨而富貴之是仁之至使吏治其國而納其貢稅是義之盡因舉明皇長枕大被欲爲仁而非仁云云賀孫○不知何氏錄詳別出○仁與義相拗禮與智相拗問云須是仁之至義之盡方無一偏之病曰雖然如此仁之至自是仁之至義之盡自是義之盡舜之於象便能如此封之有庳富貴之也便是仁之至使吏治其國而納其貢賦便是義之盡後世如景帝之於梁王始則縱之大過不得謂之仁後又窘治之甚峻義又失之皆不足道唐明皇於諸王爲長枕大衾雖甚親愛亦是無以限制之無足觀者○舜之於象是平日見其不肖故處之得道封之有庳但富貴之而已周公於管蔡又別蓋管蔡初無不好底心後來被武庚煽惑至此使先有此心周公必不使之也燾

咸丘蒙問章

以意逆志此句最好逆是前去追迎之之意蓋是將自家意思去前面等候詩人之志來又曰謂如等人來相似今日等不來明日又等須是等得來方自然相合不似而今人便將意去捉志也。燾 ○董仁叔問以意逆志曰此是教人讀書之法自家虛心在這裏看他書道理如何來自家便迎接將來而今人讀書都是去捉他不是逆志。銖 ○董仁叔問以意逆志曰是以自家意去張等他譬如有一客來自家去迎他他來則接之不來則已若必去捉他來則不可。義剛

問堯以天下與舜章

董仁叔問堯薦舜於天曰只是要付他事看天命如何又問百神享之曰只陰陽和風雨時便是百神享之佐 ○問百神享之云

如祈晴得晴祈雨得雨之類。雉

問人有言章

莊仲問莫之致而至者命也曰命有兩般得之不得曰有命自是一樣天命之謂性又自是一樣雖是兩樣却只是一箇命。文蔚 ○問得之不得曰有命是所賦之分天命之謂性是所賦之理曰固是天便如君命便如命令性便如職事條貫君命這箇人去做這箇職事其俸祿有厚薄歲月有遠近無非是命天之命人有命之以厚薄脩短有命之以清濁偏正無非是命且如舜禹益相去久遠是命之在外者其子之賢不肖是命之在內者聖人窮理盡性以至於命便能贊化育堯之子不肖他便不能與子傳與舜本是箇不好底意思却被他一轉轉得好。敬 ○問莫之致而至者命也如比干之死以理論之亦可謂之正命若以氣論之恐非正命曰如何恁地說得盡其道而死者皆正命也當死而不死却是失其正命此等處當活看如孟子說桎梏而死者非正命須是看得孟子之意如何且如公冶長雖在縲絏非其罪也若當時公冶長死於縲絏不成說他不是正命有罪無罪在我而已古人所以殺身以成仁且身已死矣又成箇甚底直是要看此處孟子謂舍生取義又云志士不忘在溝壑勇士不忘喪其元學者須是如此處見得定臨利害時便將自家斬剉了也須壁立萬仞始得而今人有小利害便生計較說道恁地死非正命如何得。賜 ○夔孫錄云問人或死於干戈或死於患難如比干之類亦是正命乎曰固是正命問以理論之則謂之正命以氣論之則非正命曰如何恁地說下同 ○問外丙二年仲壬四年先生兩存趙氏程氏之說則康節之說亦未可據耶曰也怎生便信得他又問如此則堯即位於甲辰亦未可據也曰此却

據諸歷書如此說恐或有之然亦未可必問若如此則二年四年亦可推矣曰却爲中間年代不可紀自共和以後方可紀則湯時自無由可推此類且當闕之不必深考。廣 ○問外丙二年仲壬四年二說孰是曰今亦如何知得然觀外丙仲壬必是立二年四年不曾不立如今人都被書序誤書序云成湯既沒太甲元年故以爲外丙仲壬不曾立殊不知書序是後人所作豈可憑也。家

伊尹以割烹要湯章

問賓從周云如何是伊尹樂堯舜之道賓對以飢食渴飲鑿井耕田自有可樂曰龜山答胡文定書是如此說要之不然須是有所謂堯舜之道如書云人心惟危道心惟微惟精惟一允執厥中此便是堯舜相傳之道如克明俊德以親九族至協和萬邦

黎民於變時雍如欽明文思溫恭允塞之類伊尹在莘郊時須曾一一學來不是每日只耕鑿食飲過了德明問看伊尹升陑之事亦是曾學兵法曰古人皆如此如東漢李郃爲度遼將軍必是曾親歷行陳寶問傅說版築亦讀書否曰不曾讀書如何有說命三篇之文舜居深山之中與木石居與鹿豕遊後來乃能作股肱元首之歌便如顏子亦大段讀書其問爲邦夫子告以行夏之時乘殷之輅服周之冕樂則韶舞顏子平時於四代禮樂夏小正之類須一曾理會來古人詳於禮樂之事當時益自有一種書後世不得而見如孟子說葛伯事以爲有童子以黍肉餉殺而奪之便是孟子時有此等書今書中只有葛伯仇餉一句上古無書可讀今既有書亦須是讀此由博以反約之義也（德明）○問伊尹樂堯舜之道集注作誦其詩讀其書乃是指

其實事而言曰然或謂耕田鑿井便是堯舜之道此皆不實不然何以有豈若吾身親見之哉一句若是不着實只是脫空今人有一等杜撰學問皆是脫空狂妄不濟一錢事如天下歸仁只管自說天下歸仁須是天下說歸仁方是非禮勿視非禮勿聽非禮勿言非禮勿動只管去說到念慮起處却又是非禮此皆是妄論子韶之學正如此須是居處恭執事敬坐如尸立如齊方是禮不然便不是禮（蘇賡）○龜山說伊尹樂堯舜之道云日用飲食出作入息便是樂堯舜之道這箇似說得渾全却不思他下面說豈若吾身親見之哉這箇便是真堯舜却不是泛說底道皆堯舜之道如論文武之道未墜於地此亦真箇指文武之道而或者便說日用間皆是文武之道殊不知聖賢之言自實後來如莊子便說在坑滿坑在谷滿谷及佛家出來又不當

說底都說了（佐）○理不外物若以物便爲道則不可如龜山云寒衣飢食出作入息無非道伊尹耕於有莘之野以樂堯舜之道夫堯舜之道豈有物可玩哉即耕於有莘之野是已恁地說却有病物只是物所以爲物之理乃道也（閎祖）○龜山以飢食渴飲便是道是言器而遺道言物而遺則也（燾）○伊尹是二截人方其耕於莘野若將終身焉是一截人及湯三聘翻然而往便以天下之重爲己任是一截人（燾）○伊尹之耕於莘也傅說之築於傅巖也太公之釣於渭濱也其於天下非事事而究其利病也非人人而訪其賢否也明其在己者而已矣及其得志行乎天下舉而措之而已（鎬）○伊尹孔明必待三聘三顧而起者踐坤順也○先知者因事而知先覺者因理而覺知者因事因物皆可以知覺則是自心中有所覺悟（敬仲）○先覺後覺之覺是

自悟之覺似大學說格物致知豁然貫通處今人知得此事講解得道箇道理皆知之之事及其自悟則又自有箇見解處先知覺後知先覺覺後覺中央兩箇覺字皆訓喚醒是我喚醒他（僩）○衍夫問覺曰程子云知是知此事覺是覺此理蓋知是知此一事覺是忽然自理會得又問思曰睿曰視曰明是視而便見之謂明聽曰聰是聽而便聞之謂聰思曰睿是思而便通謂之睿（道夫）

或謂孔子於衛章

進以禮揖讓辭遜退以義果決斷割（閎祖）○論進以禮退以義曰三揖而進一辭而退（道夫）

萬章下

伯夷目不視惡色章

厚之問三聖事是當初如此是後來如此曰是知之不至三子不
惟淸不能和和不能淸但於淸處和處亦皆過如射者皆中而
不中鵠某問旣是如此何以爲聖人之淸和曰却是天理中流
出無駁雜雖是過當直是無纖毫査滓曰三子是資質如此否
曰然可學○問伯夷下惠伊尹謂之淸和任孟子云皆古聖人如
何曰淸和任已合於聖人問如孟子言只是得一節曰此言其
所得之極耳可學○夷淸惠和皆得一偏他人學之便有隘不恭
處使懦夫學和愈不恭鄙夫學淸愈隘也可爲百世師謂能使
薄者寬鄙者敦懦者立君子不由不由其隘與不恭謨○或問
如伯夷之淸而不念舊惡柳下惠之和而不以三公易其介此
其所以爲聖之淸聖之和也但其流弊則有隘與不恭之失曰
這也是諸先生恐傷觸二子所以說流弊今以聖人觀二子則

二子多有欠闕處才有欠闕處便有弊所以孟子直說他隘與
不恭不曾說其末流如此如不念舊惡不以三公易其介固是
淸和處然十分只救得一分救不得那九分淸和之偏處了如
[illegible]只要回互不說得大率前輩之論多是如此堯舜之禪
授湯武之放伐分明有優劣不同却要都回護教一般少間便
說不行且如孔子謂韶盡美矣又盡善也武盡美矣未盡善也
分明是武王不及舜文王三分天下有其二以服事殷武王勝
殷殺紂分明是不及文王泰伯三以天下讓其可謂至德也矣
分明太王有翦商之志是太王不及泰伯蓋天下有萬世不易
之常理又有權一時之變者如君君臣臣父父子子此常理也
有不得已處卽是變也然畢竟還那常理底是今却要以變來
壓着那常底說少間只見說不行說不通了若見以常人去比

聖賢則說是與不是不得若以聖賢比聖賢則自有是與不是
處須與他分箇優劣今若隱避回互不說亦不可又云如可與
立可與權若能可與立時固是好然有不得已處只得用權蓋
用權是聖人不得已處那裏是聖人要如此又問堯舜揖遜雖
是盛德亦是不得已否曰然○敬之問伊尹之任曰伊尹之任
是自任以天下之重雖云祿以天下弗顧繫馬千駟弗視然終
是任處多如柳下惠不以三公易其介固是介然終是和處多
恪○敬之問伊尹聖之任非獨於自任以天下之重處看如所
謂祿之以天下弗顧繫馬千駟弗視非其義非其道一介不以
與人一介不以取諸人這般也見得任處曰不要恁底看所謂
任只說他治亦進亂亦進處看其自任以天下之重如此若如
公說却又與伯夷之淸相類問聖人若處伊尹之地如何曰夫

子若處此地自是不同不如此者意或問伊尹治亦進亂亦進
無可無不可似亦可以爲聖之時曰伊尹終是有任底意思在
孫○問伊川云伊尹終有任底意思在謂他有擔當作爲底意
思只這些意思便非夫子氣象否曰然然此處極難看且放那
裏久之看道理熟自見强說不得若謂伊尹有這些意思在爲
非聖人之至則孔孟皇皇汲汲去齊去魯之梁之魏非無意者
其所以異伊尹者何也僩○問孔子時中所謂隨時而中否曰
然問三子之德各偏於一亦各盡其一德之中否曰非也旣云
偏則不得謂之中矣三子之德但各至於一偏之極不可謂之
中如伯夷雖有善其辭命而至者不受也此便是偏處若善其
辭命而至受之亦何妨只觀孔子便不然問旣云一偏何以謂
之聖曰聖只是做到極至處自然安行不待勉强故謂之聖聖

非中之謂也所謂智譬則巧聖譬則力猶射於百步之外其至
爾力也其中非爾力也中便是中處如顏子之學則已知夫小
處但力未到且若更加之功則必中矣蓋渠所知已不差也如
人學射發矢已直而未中者人謂之箭苗言其已善發箭雖未
至的而必能中的若更開拓則必能中也僩云顏子則已知中
處而力未至三子力有餘而不知中處否曰然賀孫 ○問孔子集
大成曰孔子無所不該無所不備非特兼三子之所長而已但
與三子比並說時亦皆兼其所長問始終條理如所謂始作翕
如也皦如也繹如也以成之類否言八音克諧不相奪倫各有
條理脉絡也曰不然條理脉絡如一把草從中縛之上截爲始
條理下截爲終條理若上截少一莖則下截亦少一莖上截不
少則下截亦不少此之謂始終條理又問始條理者智之事終

條理者聖之事功夫緊要處全在智字上三子所以各極於一
偏緣他合下少却致知工夫看得道理有偏故其終之成也亦
各至於一偏之極孔子合下盡得致知工夫看得道理周徧精
切無所不盡故其德之成也亦兼該畢備而無一德一行之或
闕故集注云所以偏者由其蔽於始是以闕於終所以全者由
其知之至是以行之盡智譬則巧聖譬則力三子則力有餘而
巧不足何以見之只觀其清和之德行之便到其極無所勉强
所以謂之聖使其合下工夫不倚於一偏安知不如孔子也曰
然更子細看僩 ○問孔子之謂集大成此一節在知行兩字上
面源頭若見得偏了便徹底是偏源頭若知得周匝便下來十
全而無虧所謂始終條理者集注謂條理猶言脉絡莫是猶一
條路相似初間下一步纔差便行得雖力終久是差否曰[illegible]

理猶箇絲線頭相似孔子是挈得箇絲頭故許多條絲都在這
裏三子者則是各拈得一邊耳問孟子又以射譬喻最親切孔
子是望得那準的正了又發得正又射得到故能中能至三子
者是望得箇的不正又發得不正故雖射得到只是不中耳然
不知有望得正發得正而射不至者否曰亦有之如所謂遵道
而行半塗而廢者是也如顏子却是會恁地去只是天不與之
以年故亦不能到也時舉 ○問金聲玉振舊說三子之偏在其初
不曾理會得許多洪纖高下而遽以玉振之今又却以金聲玉
振盡爲孔子事而三子無與如何曰孟子此一句只是專指孔
子而言若就三子身上說則三子自是失於其始所以虧於其
終所謂聖之清只是就清上聖所謂聖之和只是就和上聖聖
之任亦然蓋合下便就這上面徑行將去更不回頭不自覺其

爲偏也所以偏處亦只是有些私意却是一種義理上私意見
得這清和任是箇好道理只管主張這一邊重了亦是私意謨
問三子之清和任於金聲亦得其一而玉振亦得其一否曰金
聲玉振只是解集大成聲猶聲其罪之聲古人作樂擊一聲鍾
衆音遂作又擊一聲鍾衆音又齊作金所以發衆音末則以玉
振之所以收合衆音在裏面三子亦有金聲玉振但少爾不能
管攝衆音蓋伯夷合下只見得清底其終成就亦只成就得清
底伊尹合下只見得任底其終成就亦只成就得任底下惠合
下只見得和底其終成就亦只成就得和底淳 ○至之問金聲
玉振先生因說及樂金聲初打聲高其後漸低於衆樂之作必
以此聲之玉聲先後一般初打恁地響到作時也恁地響但玉
聲住時截然便住於衆樂之終必以此振之賀孫 ○金聲玉振金

聲有洪殺始震終細玉聲則始終如一叩之其聲詘然而止僩
金聲玉振一章甚好然某亦不見作樂時如何亦只是想象說
見筧金聲者考其條貫之是非玉振者斷而歸一節○或問始
條理章曰集義一段便緊要如這一段未理會也未害如今
樂之始作先撞鐘是金聲之也樂終擊磬是玉振之也始終如
此而中間乃大合樂六律五聲八音一齊莫不備舉孟子以此
譬孔子如伯夷聖之清伊尹聖之任柳下惠聖之和都如樂器
有一件相似是金聲底從頭到尾只是金聲是玉振底從頭到
尾只是玉聲是絲竹聲底從頭到尾只是絲竹之聲賀孫○問始
終條理曰條理條目件項也始終條理本是一件事但是上一
截爲始下一截爲終始是知終是行節○始條理是致知終條
理是力行如中庸說博學審問謹思明辨與大學物格知至這

是始條理如篤行與誠意正心修身以下這是終條理賀孫○敬
之問智譬則巧聖譬則力此一章智却重曰以緩急論則智居
先若把輕重論則聖爲重且如今有一等資質好底人忠信篤
實却於道理上未甚通曉又有一樣資質淺薄底人却自會曉
得道理這須是還資質忠厚底人做重始得賀孫○問聖知曰知
是知得到聖是行得到蓋卿○問巧力曰伯夷伊尹柳下惠力已
至但射不巧孔子則既聖且智巧力兼全故孔子箭箭中的三
子者皆中垛也燾○黃子功問其至爾力其中非爾力還是三
子只有力無智否曰不是無智知處偏故至處亦偏如孔子則
箭箭中紅心三子則每人各中一邊緣他當初見得偏故至處
亦偏子功曰如此則三子不可謂之聖曰不可謂之聖之大成
畢竟那清是聖之清和是聖之和雖使聖人清和亦不過如此

顏子則巧處功夫已至點點皆可中但只是力不至耳使顏子
力至便與孔子一般敬○問集大成章以智比聖智固未可以
言聖然孟子以智譬巧以聖譬力力既不及於巧則是聖必由
於智也明矣而尹和靖乃曰始條理者猶可以用智終條理則
智不容於其間矣則是以聖智淺深而言與孟子之意似相戾
惟伊川引易知至至之知終終之其意若曰夫子所以能集三
子而大成者由其始爲知之之深也蓋知之至行之必至三子
之智始爲知之未盡故其後行之雖各極其至終未免各失於
一偏非終條理者未到以其始條理者已差之矣不知伊川之
意是如此否曰甚好金聲者洪纖高下有許多節目玉振者此
始末如一兒寬亦引金聲玉振欲天子自致其知是時未有孟
子之書此必古曲中有此語非孟子知德之奧焉能語此祛○

或問玉振金聲伊川以喻始終或者之意以此有變有不變其
說孰是曰二說相關不可偏廢金聲固是喻其始然始則有變
玉振固是喻其終至終則無變也祛

北宮錡問曰章

問孟子所答周室班爵祿與周禮王制不同曰此也難考然畢竟
周禮底是蓋周禮是箇全書經聖人手作必不會差孟子之時
典籍已散亡想見沒理會何以言之太公所封東至于海西至
于河南至于穆陵北至于無棣穆稜今近徐州無棣今棣州也
這中間多少闊豈止百里孟子說太公之封於齊也地非不足
也而儉於百里恐也不然又問天子六卿諸侯大國三卿次國
二卿小國孤卿一國之土地爲卿大夫士分了國君所得殊不
多曰君十卿祿祿者猶今之俸祿蓋君所得私用者至於

貢賦賓客朝覲祭饗交聘往來又別有財儲爲公用非所謂祿
也如今之太守既有料錢至於貢賦公用又自別有錢也。僩○
問百畝之田可食九人其次八人七人又其次六人五人此等
差別是地有肥瘠耶抑糞灌之不同耶曰皆人力之不同耳然
亦大約如此祿有此五等之祿故百畝所食有此五等。問府史
胥徒不知皆民爲之抑別募游手爲之曰不可曉想只是民爲
之然府史胥徒各自有祿以代耕則又似別募游手矣以周禮
考之人數極多亦安得許多閑祿給之恭嘗疑周禮一書亦是
起草未曾得行蓋左氏所紀當時官號職位甚詳而未嘗及於
府史胥徒則疑其方出於周公草定之本而未經施行也使其
有之人數極多何不略見於他書如至没要緊職事亦設人甚
多不知何故但嘗觀自漢以來及前代題名碑所帶人從胥吏

亦甚多又不知如何皆不可曉。僩○孟子論三代制度多與周
禮不合蓋孟子後出不及見王制之詳只是大綱約度而說。廣

萬章曰敢問交際章

殷受夏周受殷所不辭也言受天下所不辭則舜受天下不爲泰
於今爲烈是暴烈之烈如宣王承厲王之烈。僩○爲之兆也兆
是事之端猶縫罅也。僩○問孔子於季桓子見行可之仕孔子
仕於定公而言桓子何也曰當時桓子執國柄定公亦自做主
不起孔子之相皆由桓子受女樂孔子便行如陳常弑齊君孔子沐浴而告
魯哀公又告桓子事勢可見問墮三都季氏何以不怨曰季氏是時自不奈陪
臣何故假孔子之力以去之及既墮三都而三桓之勢遂衰。僩
以桓子甚悔臨死謂康子曰使仲尼之去而曾不終治者由我
故也正如五代羅紹威不奈魏博牙軍何假朱溫之勢以盡

既除牙軍而魏博之勢大弱紹威大悔正此類也孔子是時也
失了這機會不曾做得成。僩○子升問孔子仕季氏之義曰此
亦自可疑有難說處因言三家後來亦被陪臣撓也是得夫子
來整頓孔子却因其機而爲之如墮邑之事若漸漸埽除得去
其勢亦自削弱可復正也孟氏不肯墮成遂不能成功因說如
今且據史傳所載亦多可疑處如魯國司徒司馬司空之官乃
是三家世爲之不知聖人如何得做司寇又問舉弟子皆仕家
臣聖人亦不甚責之曰當時列國諸臣皆世其官無插手處故
諸子不擇地而爲之耳。人之

仕非爲貧章

說位卑而言高罪也曰此只是說爲貧而仕聖賢在當時只要在
下位不當言責之地亦是聖賢打乖處若是合言處便須當說

非是教人都不得言若立乎人之本朝而道不行則耻矣故辭
尊居卑辭富居貧。僩○位卑而言高罪也以君臣之分言之固
是如此然時可以言而言亦豈得謂之出位曰前世固有草茅
韋布之士獻言者然皆有所因皆有次第未有無故忽然犯分
而言者縱言之亦不見聽徒取辱耳若是明君自無壅蔽之患
有言亦見聽不然豈可不循分而徒取失言之辱哉如史記說
商鞅范雎之事彼雖小人然言皆有序不肯妄發商鞅初說孝
公以帝道次以王道而後及霸道彼非能爲帝王之事也特借
是爲漸進之媒而後出露其胸中之所欲言先說得孝公動了
然後方深說范雎欲奪穰侯之位以擅權未敢便深說穰侯之
惡先言外事以探其君曰穰侯越韓魏而取齊之剛壽非計也
昭王信之然後漸漸深說彼小人之言尚有次序如此君子之

言發可矣發也某嘗說賈誼固有才文章亦雄偉只是言語急
迫失進言之序看有甚事都一齊說了宜絳灌之徒不說而文
帝謙讓未遑也且如一間破屋教自家修須有先後緩急之序
不成一齊拆下雖然並修看他會做事底人便別如韓信鄧禹
諸葛孔明輩無不有一定之規模漸漸做將去所以所為皆卓
然有成這樣人方是有定力會做事如賈誼胸次終是鬧著事
不得有些子在心中盡要迸出來只管跳躑爆趠不已如乘生
駒相似制御他不下所以言語無序而不能有所為也易曰艮
其輔言有序悔亡聖人之意可見矣 僩

萬章問士不託諸侯章

至之問孟子所以出處去就辭受都從禮門也義路也惟君子能
由是路出入是門也做出曰固是不出此二者然所謂義所謂

禮裏面煞有節目（至錄云其中毫釐必辨）如往役義也往見不義也周之
則受賜之則不受之類便都是義之節目如云廩人繼粟庖人
繼肉不以君命將之之類都是禮之節目此便是禮以君命將
之使已僕僕爾亟拜也便不是禮又如於齊王餽兼金一百而
不受於宋餽五十鎰而受於薛餽七十鎰而受這箇都是箇則
都有義君子於細微曲折一一都要合義所以易中說精義入
神以致用也義至於精則應事接物之間無一非義不問小事
大事千變萬化改頭換面出來自家應副他如利刀快劍相似
迎刃而解件件剖作兩片去孟子平日受用便是得這箇氣力
今觀其所言所行無不是這箇物事初見梁惠王劈初頭便劈
作兩邊去（賀孫○至錄云孟子是義精所以不放過義是一柄利刀凡事到面前便劈成兩片所以精義集義者蓋要義微細各有義入神以致用也所以要精義入神者蓋欲以致用也）

語類終

朱子語類卷第四十七

孟子

告子篇

性猶杞柳章

問告子謂以人性為仁義猶以杞柳為桮棬何也曰告子只是認
氣為性見得性有不善須拗他方善此惟是程先生斷得定所
謂性即理也 至 ○孟子與告子論杞柳處大槩只是言杞柳桮
棬不可比性與仁義杞柳必矯揉而為桮棬性非矯揉而為仁
義孟子辯告子數處皆是辯倒着告子便休不曾說盡道理 節
桮棬想如今卷杉臺子模樣杞柳只是而今做合箱底柳北人
以此為箭謂之柳箭即蒲柳也 義剛

性猶湍水章

人性無不善雖桀紂之為窮凶極惡也知此事是惡恁地做不奈
何此便是人欲奪了 銖

生之謂性章

生之謂氣生之理謂性 閎祖 ○性孟子所言理告子所言氣 同 ○問
生之謂性曰告子只說那生來底便是性手足運行耳目視聽
與夫心有知覺之類他却不知生便屬氣稟自氣稟而言人物
便有不同處若說理之謂性則可然理之在人在物亦不可做
一等說 植 ○問生之謂性曰他合下便錯了他只是說生處精
神魂魄凡動用處是也正如禪家說如何是佛曰見性成佛如
何是性曰作用是性蓋謂目之視耳之聽手之捉執足之運奔
皆性也說來說去只說得箇形而下者故孟子闢之曰生之謂
性也猶白之謂白與又闢之曰犬之性猶牛之性牛之性猶人

之性與三節謂猶戲謔然只得告子不知所答便休了竟亦不曾說得性之本體是如何或問董仲舒性者生之質也曰其言亦然大雅 ○張鄉問生之謂性莫止是以知覺運動為性否曰便是此正與食色性也同意孟子當時辨得不恁地平鋪就他蔽處撥啓他却一向窮詰他止從那一角頭攻將去所以如今難理會若要解煞用添言語犬牛人謂其得於天者未嘗不同惟人得是理之全至於物止得其偏今欲去犬牛身上全討仁義便不得告子止是不曾分曉道這子細到這裏說不得却道天下是有許多般性牛自是牛之性馬自是馬之性犬自是犬之性則又不是又曰所以謂性即理便見得惟人得是理之全物得是理之偏告子止把生為性更不說及理孟子却以理言性所以見人物之辨賀孫 ○生之謂性只是就氣上說得蓋謂人也

有許多知覺運動物也有許多知覺運動人物只一般却不知人之所以異於物者以其得正氣故具得許多道理如物則氣昏而理亦昏了或問如螻蟻之有君臣橋梓之有父子此亦是理曰他只有這些子不似人具得全然亦不知如何只是這幾般物具得些子或曰恐是元初受得氣如此所以後來一直是如此曰是氣之融結如此燾 ○告子說生之謂性二程都說他說得是只下面接得不是若如此說却如釋氏言作用是性乃是說氣質之性非性善之性文蔚問形色天性如何曰此主下文惟聖人可以踐形而言因問孔子言性相近也習相遠也亦是言氣質之性王德修曰據某所見此是孔子為陽貨而說人讀論語多被子曰字隔上下便不接續曰若如此說亦是說氣質之性文蔚 ○犬牛稟氣不同其性亦不同節 ○問犬牛之性與人之性不同天下如何解有許多性曰人則有孝悌忠信犬牛還能事親孝事君忠也無問濂溪作太極圖自太極以至萬物化生只是一箇圈子何嘗有異曰人物本同氣稟有異故不同又問是萬為一一實萬分又如何說曰只是一箇只是氣質不同問中庸說能盡其性則能盡人之性能盡人之性則能盡物之性何故却將人物滾作一片說曰他說能盡其性則能盡人之性能盡人之性則重言則字能盡物之性初未嘗一片說節 ○或說告子生之謂性章曰說得也是不須別更去討說只是子細看子細認分數各有隊伍齊整不紊始得今只是恁地說過去被人詰難便說不得知覺運動人物皆異而其中却有同處仁義禮智是同而其中却有異處須是子細與看梳理教有條理又曰物也有這性只是稟得來偏了這性便也隨氣轉了又

曰畜獸稟得昏塞底氣然間或稟得些小清氣便也有明處只是不多義剛 ○因說生之謂性曰既知此說非是便當曳翻看何者為是即道理易見也閎祖 ○孟子闢告子生之謂性處亦傷急要他倒只就他言語上撥將去已意却不曾詳說非特當時告子未必服後世亦未能便理會得孟子意也營 ○孟子答告子生之謂性與孟季子敬叔父乎敬弟乎兩段語終覺得未盡却是少些子直指人心見性成佛底語空如許勞攘重復不足以折之也只有長者義乎長之者義乎此二語折得他親切僩

食色性也章

衆朋友說食色性也先生問告子以知覺處為性如何與彼長而我長之相干皆未及對先生曰告子只知得人心却不知有道心他覺那趨利避害飢寒飽煖等處而不知辨別那利害等處

正是本然之性所以道彼長而我長之蓋謂我無長彼之心由彼長故不得不長之所以指義爲外也（[illegible]）

〇問告子已不知性如何知得仁爲內曰他便以其主於愛者爲仁故曰內以其制是非者爲義故曰外又問他說義固不是說仁莫亦不是曰固然（可學）

〇告子謂仁愛之心自我而出故謂之內食色之可甘可悅由彼有此而後甘之悅之故謂之外又云上面食色性也自是一截下面仁內義外自是一截故孟子辨告子只謂何以謂仁內義外也愛便是仁之心宜處便是義又云彼白而我白之言彼是白馬我道這是白馬如着白衣服底人我道這人是着白言之則一若長馬長人則不同長馬則是口頭道箇老大底馬若長人則是誠敬之心發自於中推誠而敬之所以謂內也（子蒙）

〇白馬之白也無以異於白人之白也看來孟子此語答之

亦未盡謂白馬白人不異亦豈可也畢竟彼白而我白之我以爲白則亦出於吾心之分別矣（僩）

〇李時可問仁內義外曰告子此說固不是然近年有欲破其說者又更不是謂義專在內只發於我之先見者便是如夏日飲水冬日飲湯之類是已若在外面商量如此便不是義乃是義襲其說如此然不知飲水飲湯固是內也如先酌鄉人與敬弟之類若不問人怎生得知今固有人素知敬父兄而不知鄉人之所在當先者亦有人平日知弟之爲尸而不知其爲尸之時乃祖宗神靈之所依不可不敬者若不因講問商量何緣會自從裏面發出其說乃與佛氏不得擬議不得思量直下便是之說相似此大害理又說義襲二字全不是如此都把文義說錯了只細看孟子之說便自可見（時舉）

性無善無不善章

告子曰性無善無不善也或曰性可以爲善可以爲不善或曰有性善有性不善此三者雖同爲說氣質之性然兩或之說猶知分別善惡使其知以性而兼言之則無病矣惟告子無善無不善之說最無狀他就此無善無惡之名渾然無所分別雖爲惡爲罪總不妨也與今世之不擇善惡而顛倒是非稱爲本性者何以異哉（僩）

〇告子說性無善無不善非惟無善幷不善亦無之謂性中無惡則可謂無善則性是何物（節）

〇性無善無不善告子之意謂這性是不受善不受惡底物事（受字饒本作管）他說食色性也便見得他只道是手能持足能履目能視耳能聽便是性釋氏說在目曰視在耳曰聞在手執捉在足運奔便是他意思（植）

〇乃若其情則可以爲善性無定形不可言孟子亦說天下

之言性者則故而已矣情者性之所發（節）

〇問乃若其情曰性不可說情却可說所以告子問性孟子却答他情蓋謂情可爲善則性無有不善所謂四端者皆情也仁是性惻隱是情惻隱是仁發出來底端芽如一箇穀種相似穀之生是性發爲萌芽是情所謂性只是那仁義禮知四者而已四件無不善發出來則有不善何故殘忍便是那惻隱反底冒昧便是那羞惡反底（植）

問乃若其情則可以爲善矣曰孟子道性善性無形容處故說其發出來底曰乃若其情可以爲善則性善可知若夫爲不善非才之罪也是人自要爲不善耳非才之不善也情本不是不好底李翺滅情之論乃釋老之言程子情其性性其情之說亦非全說情不好也（[illegible]）

〇德粹問孟子道性善又曰若其情可以爲善是如何曰且道性情才三者是一物是三物德粹云性是

性善情是反於性才是才料曰情不是反於性乃性之發處性如水情如水之流情既發則有善有不善在人如何耳才則可爲善者也彼其性既善則其才亦可以爲善今乃至於爲不善是非才如此乃自家使得才如此故曰非才之罪某問下云惻隱羞惡辭遜是非之心亦是情否曰是情舜功問才是能爲此者如今人曰才能曰然李翺復性則是云滅情以復性則非情如何可滅此乃釋氏之說陷於其中不自知不知當時曾把與韓退之看否可學○問孟子言情才皆善如何曰情本自善其發也未有染汚何嘗不善才只是資質亦無不善譬物之白者未染時只是白也德明○孟子論才亦善者是說本來善底才淳○孟子言才不以爲不善蓋其意謂善性也只發出來者是才若夫就氣質上言才如何無善惡端蒙○問孟子論才專言善何也

曰才本是善但爲氣所染故有善不善亦是人不能盡其才人皆有許多才聖人却做許多事我不能做得些子出故孟子謂或相倍蓰而無算者不能盡其才者也僩○或問不能盡其才之意如何曰才是能去恁地做底性本是好發於情也只是好到得動用去做也只是好不能盡其才是發得畧好便自阻隔了不順他道理做去若盡其才如盡惻隱之才必當至於博施濟衆盡羞惡之才則必當至於一介不以與人一介不以取諸人祿之千乘弗顧繫馬千駟弗視這是本來自合恁地滔滔做去止緣人爲私意阻隔多是畧有些發動後便遏折了天便似天子命便似將告勅付與自家性便似自家所受之職事如縣尉職事便在捕盜主簿職事便在掌簿書情便似去親臨這職事才便似去動作行移做許多工夫邵康節擊壤集序云性者

道之形體也心者性之郛郭也身者心之區宇也物者身之舟車也賀孫○天生烝民有物有則蓋視有當視之則聽有當聽之則如是而視如是而聽便是不如是而視不如是而聽便不是謂如視遠惟明聽德惟聰能視遠謂之明所視不遠不謂之明能聽德謂之聰所聽非德不謂之聰視聽是物聰明是則推至於口之於味鼻之於臭莫不各有當然之則所謂窮理者窮此而已○又舉天生烝民云云孔子曰爲此詩者其知道乎故有物必有則民之秉彝也故好是懿德聖人所謂道者是如此何嘗說物便是則○或問集注言才有材質才與材字之別如何曰才字是就理義上說材字是就用上說孟子上說人見其濯濯也則以爲未嘗有材是用木旁材字便是指適用底說非天之降才爾殊便是就理義上說又問才字是以其能解作用底

說材質是合形體說否曰是兼形體說便是說那好底材又問如說材料相似否曰是賜錄○孟子言人之才本無不善伊川言人才所遇之有善有不善也道夫○問孟子言才與程子異莫是孟子只將元本好處說否曰孟子言才正如言性不曾說得殺故引出荀楊來到程張說出氣字然後說殺了士毅○先生言孟子論才是本然者不如程子之備蜚卿曰然則才亦禀於天乎曰皆天所爲但理與氣分爲兩路又問程子謂才禀於氣如何曰氣亦天也道夫曰理純而氣則雜曰然理精一故純氣粗故雜道夫○問孟程所論才同異曰才只一般能爲之謂才問集注說孟子專指其出於性者言之程子兼指其禀於氣者言之又是如何曰固是要之才只是一箇才才之初亦無不善緣他氣禀有善惡故其才亦有善惡孟子自其同者言之故以爲出於

性程子自其異者言之故以爲稟於氣大抵孟子多是專以性
言故以爲性善才亦無不善到周子程子張子方始說到氣上
要之須兼是二者言之方備只緣孟子不曾說到氣上覺得此
段話無結殺故有後來荀楊許多議論出韓文公亦見得人有
不同處然亦不知是氣稟之異不妨有百千般樣不同故不敢
大段說開只說性有三品不知氣稟不同豈三品所能盡耶
孟子說才皆是指其資質可以爲善處伊川所謂才稟於氣氣
清則才清氣濁則才濁此與孟子說才小異而語意尤密不可
不考乃若其情非才之罪也以若訓順者未是猶言如論其情
非才之罪也蓋謂情之發有不中節處不必以爲才之罪爾退
之論才之品有三性之品有五其說勝荀楊諸公多矣說性之
品便以仁義禮智言之此尤當理說才之品若如此推究則有

千百種之多姑言其大槩如此正是氣質之說但少一箇氣字
耳伊川謂論氣不論性不明論性不論氣不備正謂如此如性
習遠近之類不以氣質言之不可正是二程先生發出此理濂
溪論太極更有此意漢魏以來忽生文中子已不多得至唐有
退之所至尤高大抵義理之在天地間初無泯滅今世無人曉
此道理他時必有曉得底人○金問公都子問性首以情對如
曰乃若其情則可以爲善矣是也次又以才對如曰若夫爲不
善非才之罪是也繼又以心對如曰惻隱羞惡之類是也其終
又結之曰或相倍蓰而無算者不能盡其才者也所問者性而
所對者曰才曰情曰心更無一語及性何也明道曰稟於天爲
性感爲情動爲心伊川則又曰自性之有形者謂之心自性之
動者謂之情如二先生之說則情與心皆自夫一性之所發彼

問性而對以情與心則不可謂不切所問者然明道以動爲心
伊川以動爲情自不相侔不知今以動爲心是耶以動爲情是
耶或曰情對性言靜者爲性動者爲情是說固然也今若以動
爲情是則明道何得却云感爲情動爲心哉橫渠云心統性情
者也既是心統性情伊川何得却云自性之有形者謂之心自
性之有動者謂之情耶如伊川所言却是性統心情者也不知
以心統性情爲是耶性統心情爲是耶此性情心道者未有至
當之論也至若伊川論才則與孟子立意不同孟子此章言才
處有曰非才之罪也又曰不能盡其才者也又曰非天之降才
爾殊也又曰以爲未嘗有才焉如孟子之意未嘗以才爲不善
而伊川却說才有善有不善其言曰氣清則才善氣濁則才惡
又曰氣清則才清氣濁則才濁意者以氣質爲才也以氣質爲

才則才固有善不善之分也而孟子却止以才爲善者何也伊
川又曰孟子言非才之罪者蓋公都子正問性善孟子且答他
正意不暇一一辨之也審如是說則孟子云非天之降才爾殊
與夫以爲未嘗有才焉者豈皆答公都子之正問哉其後伊川
又引萬章之問爲證謂孟子嘗問象殺舜事孟子且答他這下
意未暇與他辨完廩浚井之非夫完廩浚井自是萬章不能燭
理輕信如此孟子且答正問未暇與他言此猶可言也如此篇
論才處盡是孟子自家說得如此即非公都子之言其曰未暇
一一辨之却是孟子自錯了未暇辨也豈其然乎又說孟子既
又答他正意亦豈容有一字之錯若曰錯了一字不惟啓公都
子之詰難傳之後世豈不惑亂學者哉此又才之一字未有至
當之論也曰近思錄中一段云心一也有指體而言者注云寂

然不動是也有指用而言者注云感而遂通天下之故是也夫寂然不動是性感而遂通是情故横渠云心統性情者也此說最爲穩當如前二先生說話恐是記錄者誤耳如用道感爲情動爲心感與動如何分得若伊川云自性而有形者謂之心某直理會他說不得以此知是門人記錄之誤也若孟子與伊川論才則皆是孟子所謂才止是指本性而言性之發用無有不善處如人之有才事事做得出來一性之中萬善完備發將出來便是才也又云惻隱羞惡是心也能惻隱羞惡者才也如伊川論才却是指氣質而言也氣質之性古人雖不曾說著考之經典却有此意如書云惟人萬物之靈亶聰明作元后與夫天乃賜王勇智之說皆此意也孔子謂性相近也習相遠也孟子辨告子生之謂性亦是說氣質之性近世被濂溪拈掇出來而横渠二程始有氣質之性之說此伊川論才所以云有善不善者蓋主此而言也如韓愈所引越椒等事若不着箇氣質說後如何說得他韓愈論性比之荀楊最好將性分三品此亦是論氣質之性但欠一箇氣字耳謨〇此下去僞人傑錄皆云又問旣是孟子指本性而言則孟子謂才無不善乃爲至論至伊川却云未服與公都子一一辨者何也曰孔伊川一時被他門逼且如此說了伊川如此等處亦多不必泥也〇揚尹叔問伊川曰語其才則有下愚之不移與孟子非天之降才爾殊語意似不同曰孟子之說自是與程子之說小異孟子只見得是性善便把才都做善不知有所謂氣稟各不同如后稷岐嶷越椒知其必滅若敖是氣稟如此若都把做善又有此等處須說到氣稟方得孟子已見得性善只就大本處理會更不思量這下面善惡所由起處有所謂氣稟各不同後人看不出所以惹得許多善惡混底說來相炒程子說得較密

因舉論性不論氣不備論氣不論性不明二之則不是雖如此然性與氣說方盡此論蓋自濂溪太極言陰陽五行有不齊處二程因其說推出氣質之性來使程子生在周子之前未必能發明到此又曰才固是善若能盡其才可知是善是好所以不能盡其才處只緣是氣稟恁地問才與情何分別情是才之動否曰情是這裏以手指心發出有箇路脉曲折隨物恁地去才是能主張運用做事底同這一事有一人會發揮得有不會發揮得同這一物有人會做得有人不會做此可見其才又問氣出於天否曰性與氣皆出於天性只是理氣則已屬於形象性之善固人所同氣便有不齊處因指天氣而言如天氣晴明舒豁便是好底氣稟得這般氣豈不好到陰沉黯淡時便是不好底氣稟得這般氣如何會好畢竟不好底氣常多好底氣常少以一歲言之一般天氣晴和不寒不暖却是好能有幾時如此看來不是夏寒便是冬暖不是愆陽便是伏陰所以昏愚凶狠底人常多又曰人之貧富貴賤壽夭不齊處都是被氣滚亂了都沒理會有清而薄者有濁而厚者顏夭而跖壽亦是被氣滚亂汨沒了堯舜自稟得清明純粹底氣又稟得極厚所以爲聖人居天子之位又做得許大事業又享許大福壽又有許大名譽如孔子之聖亦是稟得清明純粹然他是當氣之衰稟得來薄了但有許多名譽所以終身栖栖爲旅人又僅得中壽到顏子又自沒興了淳僩同〇伊川性即理也自孔孟後無人見得到此亦是從古無人敢如此道錄集注〇伊川性即理也四字攧撲不破實自己上見得出來其後諸公只聽得便說將去實不曾就己上見得故多有差處道夫〇論性不論氣不備論氣不論性不明

蓋不然之一性只是至善然不以氣質而論之則莫知其有昏明開塞剛柔强弱故有所不備徒論氣質之性而不自本原言之則雖知有昏明開塞剛柔强弱之不同而不知至善之源未嘗有異故其論有所不明須是合性與氣觀之然後盡蓋性即氣氣即性也若孟子專於性善則有些是論性不論氣韓愈三品之說則是論氣不論性〔賜〕○程子論性不論氣不備論氣不論性不明如孟子性善是論性不論氣荀揚異說是論氣則昧了性曰程子只是立說未指孟子然孟子之言却是專論性〔過〕○問氣者性之所有故論性不論氣則不備性者氣之所成故論氣不論性則不明曰如孟子說性善是論性不論氣也但只認說性善雖說得好終是欠了下面一截自荀揚而下便祇論氣不論性了道夫曰子雲之說雖兼善惡終只論得氣曰他不曾說着性〔道夫〕○論氣不論性荀子言性惡揚子言善惡混是也論性不論氣孟子言性善是也性只是善氣有善不善韓愈說生而便知其惡者皆是合下稟得這惡氣有氣便有性有性便有氣〔節〕○論性不論氣不備論氣不論性不明孟子終是未備所以不能杜絕荀揚之口厚之問氣稟如何曰稟得木氣多則少剛强稟得金氣多則少慈祥推之皆然〔可學〕○問二之則不是曰不可分作兩段說性自是性氣自是氣如何不可分作兩段說他所以說不備不明須是兩邊都說理方明備故云二之則不是二之者正指上兩句也〔眥錄云論性不論氣論氣不論性便是二之〕或問明道說生之謂性云性即氣氣即性便是不可分兩段說曰那箇又是說性便在氣稟上稟得此氣理便搭附在上面故云性即氣氣即性若只管說氣便是性性便是氣更沒分曉矣〔僩〕○或問二之則不是曰若只論性而不論氣則收拾不盡孟子是也若只論氣而不論性則不知得那原頭荀揚以下是也韓愈也說得好只是少箇氣字若只說一箇氣而不說性只說性而不說氣則不是又曰須是去分別得他同中有異異中有同始得其初那理未嘗不同才落到氣上便只是那粗處相同如飢食渴飲趨利避害人能之禽獸亦能之若不識箇義理便與他一般也又曰惟皇上帝降衷于下民民之秉彝這便是異處庶民去之君子存之須是存得這異處方能自別於禽獸不可道蠢動含靈皆有佛性與自家都一般○性氣二字兼言方備孟子言性不及氣韓子言氣不及性然韓不知爲氣亦以爲性然也○橫渠曰形而後有氣質之性善反之則天地之性存焉如稟得氣清明者這道理只在裏面稟得氣昏濁者這道理亦只在裏面只被這昏濁遮蔽了譬之水清底裏面纖微皆可見渾底裏面便見不得孟子說性善只見得大本處未說到氣質之性細碎處程子謂論性不論氣不備論氣不論性不明二之則不是孟子只論性不知論氣便不全備若三子雖論性却不論得性都只論得氣性之本領處又不透徹荀子只見得不好人底性便說做惡揚子只見得半善半惡人底性便說做善惡混韓子見得天下有許多般人故立爲三品說得較近其言曰仁義禮智信性也喜怒哀樂愛惡欲情也似又知得性善荀揚皆不及只是過接處少一箇氣字〔端蒙〕○問橫渠言氣質之性去偽終未曉曰性是天賦與人只一同氣質所稟却有厚薄人只是一般人厚於仁而薄於義有餘於禮而不足於智便自氣質上來然

富歲子弟多賴章

心之所同然者謂理也義也云了此章自當截于弟爻頗之下逐旋譬喻至此其意謂人性本善其不善者陷溺之爾同然之然如然否之然不是虛字當從上文看蓋自口之同嗜耳之同聽而言謂人心豈無同以爲然者只是理義而已故理義悅心猶芻豢之悅口 賀○問理義之悅我心理義是何物心是何物曰此說理義之在事者 節○理義之悅我心章云人之一身如目之於色耳之於聲口之於味莫不皆同於心豈無不同心之所同然者理也義也且如人之爲事自家處之當於義人莫不以爲然無有不道好者如子之於父臣之於君其分至尊無加於此人皆知君父之當事我能盡忠盡孝天下莫不以之當然此心之所同也今人割股救親其事雖不中節其心發爲善人皆以爲美又如臨難赴死其心本於愛君人莫不悅之而皆以爲不易且如今處一件事苟當於理則此心必安人亦以爲當然如此則其心悅乎不悅乎悅於心必矣先生曰諸友而今聽某這說話可子細去思量看認得某這話可以推得孟子意思 子蒙○黃先之問心之所以同然者何也謂理也義也聖人先得我心之所同然耳先生問諸公且道是如何所感皆不切先生曰若恁地看亦字某決定道都不曾將身去體看孟子這一段前面說許多只是引喻理義是人所同有那許多既都相似這箇如何會不相似理只是事物當然底道理義是事之合宜處程先生曰在物爲理處物爲義這心下看甚麼道理都有之如此做人人都道是好才不恁地做人人都道不好如割股以救母固不是王道之中然人人都道是好人人皆知愛其親這豈不是理義之心人皆有之諸公適來都說不切當都是不曾體

之於身只略說過便道是了 賀○器之問理義之悅我心猶芻豢之悅我口顏子欲罷不能便是此意否曰顏子固是如此然孟子所說正是爲衆人說當就人心同處看我恁地他人也恁地只就粗淺處看自分曉却有受用若必討箇顏子來證如此只是顏子會恁地多少年來更無人會恁地看得細了却無受用 賀○器之問理義人心之同然以顏子之樂見悅意曰不要高看只就眼前看便都是義理都是衆人公共物事且如某歸家來見說某人做得好便歡喜某人做得不好便意思不樂見說人做官做得如何見說好底自是快活見說不好底自是使人意思不好豈獨自家心下如此別人都是如此這只緣人心都有這箇義理都好善都惡不善 僩○或問口耳目心皆官也不知天所賦之氣質不昏明清濁其口耳目而獨昏明清濁其心何也然夷惠伊尹非拘於氣禀者處物之義乃不若夫子之時豈獨是非之心不若聖人乎曰口耳目等亦有昏明清濁之異如易牙師曠之徒是其最清者也心亦由是而已夷惠之徒正是未免於氣質之拘者所以孟子以爲不同而不願學也

牛山之木章

孟子激發人說放心良心諸處說得人都汗流○問牛山之木一章曰日夜之所息底是良心平旦之氣自是氣是兩件物事夜氣如雨露之潤良心如萌櫱之生人之良心雖是有梏亡而彼未嘗不生梏如被他禁械在那裏更不容他轉動亡如將自家物失去了又曰日夜之所息却是心夜氣清不與物接平旦之時即此良心發處惟其所發者少而旦晝之所梏亡者展轉反覆是以夜氣不足以存矣如睡一覺起來依前無狀又曰良心

當初本有十分被他展轉梏亡則他長一分自家止有九分明
日他又進一分自家又退止有八分他日會進自家日會退此
章極精微非孟子做不得許多文章別人縱有此意亦形容不
得它蘇們只就孟子學作文不理會他道理然其文亦實是好
賀孫○或問日夜之所息舊兼止息之義今只作生息之義如何
曰近有得只是此義問凡物日夜固有生長若良心既放而無
操存之功則安得自能生長曰放之未遠者亦能生長但夜間
長得三四分日間所爲又放了七八分却折轉來都消磨了這
些子意思所以至於梏亡也○吳仁父問平旦之氣曰氣清則
能存固有之良心如旦晝之所爲有以汩亂其氣則良心爲之
不存矣然暮夜止息稍不紛擾則良心又復生長譬如一井水
終日攪動便渾了那水至夜稍歇便有清水出所謂夜氣不足

以存者便是攪動得太甚則雖有止息時此水亦不能清矣銖
節錄○仁父問平旦之氣曰心之存不存係乎氣之清不清氣
別出清則良心方存立得良心既存立得則事物之來方不惑如先
立乎其大者則小者弗能奪也又曰大者既立則外物不能奪
又問平旦之氣何故如此曰歇得這些時後氣便清良心便長
及旦晝則氣便濁良心便著不得如日月何嘗不在天上却被
些雲遮了便不明吳知先問夜氣如何存曰孟子不曾教人存
夜氣只是說歇得些時氣便清又曰他前面說許多這裏只是
教人操存其心又曰若存得此心則氣常時清不特平旦時清
若不曾得此心雖歇得些時氣亦不清良心亦不長又曰睡夢
裏亦七擾八攘如井水不打他便清只管去打便濁了節○平
旦之氣只是夜間息得許多時節不與事物接才醒來便有得

這些自然清明之氣此心自恁地虛靜少間才與物接依舊又
汩沒了只管汩沒多雖夜間休息是氣亦不復存所以有終身
昏沉展轉流蕩危而不復者賀孫○器之問平旦之氣其初生甚
微如何道理能養得長曰亦只逐日漸漸積累工夫都在旦晝
之所爲今日長得一分夜氣便養得一分明日又長得一分明
夜又養得兩分便是兩日事日日積累歲月既久自是不可禦
今若壞了一分夜氣漸薄明日又壞便壞成兩分漸漸消只管
無故曰旦晝之所爲有梏亡之矣梏之反覆夜氣不足以存到
消得多夜氣益薄雖息一夜也存不得又以愛惜錢物爲喻逐
日省節積累日[illegible]僩錄別出寓○器之問孟子平旦之氣甚微小
如何會養得完全曰不能存得夜氣皆是旦晝所爲壞了所謂
好惡與人相近者幾希今只要得去這好惡上理會日用間於

這上見得分曉有得力處夜氣方與你存夜氣上却未有工夫
只是去旦晝理會這兩字是箇大關鍵這裏有工夫日間進得
一分道理夜氣便添得一分到第二日更進得一分道理夜氣
便添得二分第三日更進得一分道理夜氣便添得三分日間
只管進夜間只管添添來添去這氣便盛恰似使錢相似日間
使百錢使去九十錢留得這十錢這裏第二日百錢中使去九
十錢又積得二十錢第三日如此又積得三十錢積來積去被
自家積得多了人家便從容日間悠悠地過無工夫不長進夜
間便減了一分氣第二日無工夫夜間又減了二分氣第三日
如此又減了三分氣如此梏亡轉深夜氣轉虧損了夜氣既虧
愈無根脚日間愈見作壞這處便是梏之反覆其違禽獸不遠
矣亦似使錢一日使一百却侵了一百十錢所有底便自

只有九十第二日侵了百二十所留底又減了只有八十使老使去轉多這裏底日日都消磨盡了因舉老子言治人事天莫若嗇夫惟嗇是謂早復早復謂之重積德重積德則無不克大意也與孟子意相似但他是就養精神處說其意自別平旦之氣便是日晝做工夫底樣子日用間只要此心在這裏 寓 ○器遠問平旦之氣緣氣弱易爲事物所勝如何曰這也別無道理只是漸漸捱將去自有力這處只是志不果復說第一義云如這箇只有箇進步捱將去底道理這只是有這一義若於此不見得且又說今日做不得且待來日這事做不得且備員做些子這都是第二第三義 賀孫 ○問平旦之氣少頃便爲事物所奪氣稟之弱如何可以得存曰這箇不容說只是自去照顧久後自慣便自然別 卓 ○敬子問旦晝不梏亡則養得夜氣清明曰

不是靠氣爲主蓋要此氣去養那仁義之心如水之養魚水多則魚鮮水涸則魚病養得這氣則仁義之心亦好氣少則仁義之心亦微矣 僩 ○問夜氣一章又說心又說氣如何曰本是多說心若氣清則心得所養自然存得清氣濁則心失所養便自濁了 賀孫 ○或問夜氣旦氣如何曰孟子此段首尾止爲良心設爾人多將夜氣便做良心說了非也夜氣不足以存蓋言夜氣至清足以存得此良心爾平旦之氣亦清亦足以存吾良心故其好惡之公猶與人相近但此心存得不多時也至旦晝之所爲則梏亡之矣所謂梏者人多謂梏亡其夜氣亦非也謂旦晝之爲能梏亡其良心也 謨 ○夜氣不足以存是存箇甚人多說只是夜氣非也這正是說那本然底良心且如氣不成夜間方會清日間都不會清今人日用間良心亦何嘗不發見爲他又

梏亡了若存得這箇心則氣自清氣清則養得這箇心常存到夜氣不足以存則此心陷溺之甚雖是夜氣清時亦不足以存之矣此章前面譬諭甚切到得後面歸宿處極有力今之學者最當於此用功○問夜氣一節曰今人只說夜氣不知道這是因說良心來得這夜氣來涵養自家良心又便被他旦晝所爲梏亡之旦晝所爲交來得没理會到那夜氣涵養得好時清明如一箇寶珠相似在清水裏轉明徹若頓在濁水中尋不見了又曰旦晝所爲壞了清明之氣夜氣微了旦晝之氣越盛一箇會盛一箇會微消磨得盡了便與禽獸不遠 植 ○景紹問夜氣平旦之氣曰這一段其所主却在心某嘗謂只有伊川說夜氣之所存者良知也良能也諸家解注惟此說爲當仁義之心人所固有但放而不知求則天之所以與我者始有所汨没矣是

雖如此然其日夜之所休息至於平旦其氣清明不爲利欲所昏則本心好惡猶有與人相近處至其旦晝之所爲又有以梏亡之梏之反覆則雖有這些夜氣亦不足以存養其良心反覆只是循環夜氣不足以存則雖有人之形其實與禽獸不遠故下文復云苟得其養無物不長苟失其養無物不消良心之消長只在得其養與失其養爾牛山之木嘗美矣是喻人仁義之心郊於大國斧斤伐之猶人之放其良心日夜之所息雨露之所潤非無萌櫱之生便是平旦之氣其好惡與人相近處旦晝之梏亡則又所謂牛羊又從而牧之雖萌櫱之萌亦且戕賊無餘矣道夫問此莫是心爲氣所動否曰然 章未所問疑有未盡 ○道夫 ○問夜氣曰夜氣靜人心每日梏於事物斲喪戕賊所餘無幾須夜氣靜庶可以少存耳至夜氣之靜而猶不足以存則去禽獸不

這言人理都喪也前輩皆無明說某因將孟子反覆熟讀每一段三五十過至此方看得出後看程子却說夜氣之所存者良知良能也與臆見合以此知觀書不可苟須熟讀深思道理自見（大雅）○問夜氣一章曰氣只是這箇氣日裏也生夜間也生只是日間生底為物欲梏之隨手又耗散了夜間生底則聚得在那裏不曾耗散所以養得那良心且如日間目視耳聽口裏說話手足運動若不曾操存得無非是耗散底時節夜間則停留得在那裏如水之流夜間則閘得許多水住在這裏這一池水便滿次日又放乾了到夜裏又聚得些小若從平旦起時便接續操存而不放則此氣常生而不已若日間不存得此心夜間雖聚得些小又不足以勝其旦晝之梏亡少間這氣都乾耗了便不足以存其仁義之心如箇船閣在乾燥處轉動不得了心

如箇寶珠氣如水若水清則寶珠在那裏也瑩徹光明若水濁則和那寶珠也昏濁了又曰夜氣不足以存非如公說心不存與氣不存是此氣不足以存其仁義之心伊川云夜氣所存良知良能也這存字是箇保養護衛底意又曰此段專是主仁義之心說所以此豈山之性也哉下便接云雖存乎人者豈無仁義之心哉又曰此章不消論其他緊要處只在操則存上（僩）○問兩日作工夫如何某答略如舊所對曰夜氣章如何答以萌蘖生上便見得無止息本初之理若完全底人此氣無時不清明却有一等日間營營梏亡了至夜中靜時猶可收拾若於此更不清明則是真禽獸也曰今用何時氣曰總是一氣若就孟子所說用平旦氣曰夜氣不足以存先儒解多未是不足以存此心耳非謂存夜氣也此心虛明廣大却被他梏亡日間梏亡

既甚則夜一霎時靜亦不存可見其都壞了（[illegible]）○蓋卿問夜氣一章曰夜氣是母所息者是子蓋所息者本自微了旦晝只梏亡今日梏一分明日梏一分所謂梏之反覆而所息者泯夜氣亦不足以存若能存便是息得仁義之良心又曰夜氣只是不與物接時（植）○問夜氣之說曰只是借夜氣來滋養箇仁義之心（人傑）○夜氣存則清過這邊來（閎祖）○子上問夜氣曰此段緊要在苟得其養無物不長苟失其養無物不消（壽）○牛山之木譬人之良心句句相對極分明天地生生之理本自不息惟旦晝之所為有所梏亡然雖有所梏亡而夜氣之所息平旦之氣自然有所生長自此漸能存養則良心漸復惟其於梏亡之餘雖略略生長得些子至日用間依舊汩於物欲又依然壞了則是梏之反覆雖夜間休息其氣只恁地昏亦不足以存此良心

故下面又說苟得其養無物不長苟失其養無物不消見得雖梏亡之餘有以養之則仁義之心即存緣是此心本不是外面取來乃是與生俱生下又說存養之要舉孔子之言操則存舍則亡見此良心其存亡只在眇忽之間才操便在這裏才舍便失去若能知得常操之而勿放則良心常存夜之所息益有所養夜之所養愈深則旦晝之所為無非良心之發見矣又云氣與理本相依旦晝之所為不害其理則夜氣之所養益厚夜之所息既有助於理則旦晝之所為益無不當矣日間梏亡者寡則夜氣自然清明虛靜至平旦亦然至旦晝應事接物時亦莫不然（賀孫）○人心於應事時只如那無事時方好又舉孟子夜氣一章云氣清則心清其日夜之所息是指善心滋長處言之人之善心雖已放失然其日夜之間亦必有所滋長又得夜氣澄

靜以存養之故平旦氣清時其好惡亦得其同然之理曰書
所爲有梏亡之矣此言人纔有此善心便有不善底心來勝了
不容他那善底滋長耳又曰今且看那平旦之氣自別廣云如
童蒙誦書到氣昏時雖讀數百遍愈念不得及到明早又卻自
念得此亦可見平旦之氣之清也曰此亦只就氣上說故孟子
末後收歸心上去曰操則存舍則亡蓋人心能操則常存豈特
夜半平旦又曰惻隱羞惡是已發處人須是於未發時有工夫
始得賀○問良心與氣合下雖是相資而生到得後來或消或
長畢竟以心爲主曰主漸盛則客漸衰主漸衰則客漸盛客盛
然後勝這主故曰志動氣者十九氣動志者十一賀孫云若是
客勝得主畢竟主先有病賀孫○再三說夜氣一章曰氣清則心
清其日夜之所息平旦之氣蓋是靜時有這好處發見緣人有

不好處多所以纔有好處便被那不好處勝了不容他好處滋
長然孟子此說只爲常人言之其實此理日間亦有發見時不
止夜與平旦所以孟子收拾在操則存舍則亡上蓋爲此心操
之則存也僩○劉用之問夜氣之說曰他大意只在操則存舍
則亡兩句上心一放時便是斧斤之戕牛羊之牧一收斂在此
便是日夜之息雨露之潤他要人於旦晝時不爲事物所汨敬
問夜氣一章曰這病根只在放其良心上蓋心既放則氣必昏
氣既昏則心愈亡兩箇互相牽動所謂梏之反覆如下文操則
存舍則亡卻是用功緊切處是箇生死路頭又云梏之反覆都
不干別事皆是人之所爲有以致之燾○孟子言操則存舍則
亡出入無時莫知其鄉只是狀人之心是箇難把捉底物事而
人之不可不操出入便是上面操存舍亡入則是在這裏出則

是亡失了此大約泛言人心如此非指已放者而言亦不必
於此論心之本體也[illegible]○操則存舍則亡只是人能持此心則
心在若捨之便如去失了求放心不是別有一物在外旋去收
拾回來只是此心頻要省察才覺不在便收之[illegible]
[illegible]如復卦所謂出入無疾出只是指外而言入只是指內
而言皆不出乎一卦孟子謂出入無時心豈有出入只要人操
而存之耳明道云聖賢千言萬語只要人收已放之心釋氏謂
一大藏教只是一箇注脚所謂聖賢千言萬語亦只是一箇注
脚而已淳○問操則存曰心不是死物須把做活物看不爾則
是釋氏入定坐禪操存者只是於應事接物之時事事中理便
是存若處事不是當便是心不在若只管兀然守在這裏驀忽
有事至于吾前操底便散了卻是舍則亡也仲思問於未應接

之時如何曰未應接之時只是戒謹恐懼而已又問若戒謹恐
懼便是把持曰也須是持但不是硬捉在這裏只要提敎他醒
便是操不是塊然自守僩○人心操則存舍則亡須是常存得
造次顛沛必於是不可有一息間斷於未發之前須是得這虛
明之本體分曉及至應事接物時只以此處之自然有箇界限
節制揍著那天然恰好處廣○操則存舍則亡非無也逐於物
而忘返耳○子上問操則存舍則亡曰若不先明得性善有興
起必爲之志恐其所謂操存之時乃舍亡之時也燾○操則存
須於難易間驗之若見易爲力則真能操也難則是別似一物
操之未真也伯羽○某嘗謂這心若未正時雖欲強敎他正也卒
乍未能得他正若既正後雖欲邪也卒乍邪未得雖曰操則存
舍則亡也不得忽地快自是他勢恁地伯羽○操則存舍則亡出

入無時莫知其鄉人更不知去操舍上做工夫只去出入上做工夫〇孟子言操舍存亡都不言所以操存求放之法只操之求之便是知言問以放心求心如何問得來好他答不得只舉齊王見牛事殊不知只覺道我這心放了底便是心何待見牛時方求得（伯羽）〇蓋卿以爲操則存便是心未嘗放舍則亡便是此心已放曰是如此（蓋卿）〇求放操存皆兼動靜而言非塊然默守之謂（燾）〇操存舍亡只在瞬息之間不可不常常着精采也又曰孟子求放心語已是寬若居處恭執事敬二語更無餘欠（賀孫）〇操則存舍則亡出入無時莫知其鄉惟心之謂與爲仁由己而由人乎哉這箇只在我非他人所能與也非禮勿視聽言動勿與不勿在我而已今一箇無狀底人忽然有覺曰我做得無狀了便是此心存處孟子言求其放心亦說得慢了（人傑）〇問

注云出入無定時亦無定處既云操則常存則疑若有一定之所矣曰此四句但言本心神明不測不存卽亡不出卽入本無定所如今處處常要操存安得有定所某常說操則存克己復禮敬以直內等語不須講量不須論辨只去操存克復便了只今眼下便是用功處何待擬議思量與辨論是非講究道理不同若此等處只下着頭做便是不待問人（僩）〇因操舍而有存亡出入（僩）〇入不是已放之心入來（升卿）〇觸物而放去是出在此安坐不知不覺被他放去也是出故學先求放心（升卿）〇道夫言嘗與子昂論心無出入子昂謂心大無外故無出入道夫因思心之所以存亡者以放下與操之之故非真有出入也口言有出入也是一箇意思言無出入也是一箇意思但今以夫子之言求之他分明道出入無時且看自家今汨汨沒沒在這裏

非出入而何惟其神體物者是浮念此是本心浮念斷便在其實不是出入但欲人知出入之故耳無出入是一種人有出入是一種人所以云淳夫女知心而不知孟子此女當是完實不勞攘故云無出入而不知人有出入者多猶無病者不知人之疾痛也（方）〇伯豐問淳夫女子雖不識孟子却識心如何曰試且看程子當初如何說及再問方曰人心自是有出入然亦有資質好底自然純粹想此女子自覺得他箇心常湛然無出入故如此說只是他一箇如此然孟子之說却大乃是爲天下人說蓋心是箇走作底物伊川之意只謂女子識心却不是孟子所引夫子之言耳（㽦）〇范淳夫之女謂心豈有出入伊川曰此女雖不識孟子却能識心此一段說話正要人看孟子舉孔子之言曰出入無時莫知其鄉此別有說伊川言淳夫女却能

識心心却易識只是不識孟子之意（去僞）

魚我所欲章

問舍生取義曰此不論物之輕重只論義之所安耳（時舉）〇義在於生則舍死而取生義在於死則舍生而取死上蔡謂義重於生則舍生而取義生重於義則當舍義而取生既曰義在於生又豈可言舍義取生乎蜚卿問生人心義道心乎曰欲生惡死人心也惟義所在道心也權輕重却又是義明道云義無對或曰義與利對道夫問若曰義者利之和則義依舊無對曰正是恁地（道夫）〇上蔡謂義重於生則舍生取義生重於義則舍義取生此說不然義無可舍之理當死而死義在於死不當死而死義在於不死無往而非義也（閎祖）〇因論夜氣存養之說曰某嘗見一種人汲汲營利求官職不知是勾當甚事後來思量孟子說

所欲有甚於生者所惡有甚於死者非獨賢者有是心也人皆有之賢者能勿喪耳他元來亦有此心只是他自失了今却別是一種心所以不見義理文蔚云他雖是如此想羞惡之心亦須萌動亦自見得不是但不能勝利欲之心耳曰只是如此濟甚事今夜愧恥明日便不做方是若愧恥後又却依舊自做何濟於事[illegible]○或曰萬鍾於我何加焉他日或爲利害所昏當反思其初則不爲所動矣曰此是克之之方然所以克之者須是有本領後臨時方知克去得不然臨時此箇又却只是擇利處去耳[illegible]

仁人心也章

仁人心也是就心上言義人路也是就事上言伯羽○問仁人心義人路路是設譬喻仁却是直指人心否曰路字非譬喻恐人難曉故謂此爲人之路在所必行爾[illegible]○或問仁人心義人路曰此猶人之行路爾心即人之有知識者路即賢愚之所共由者孟子恐人不識仁義故以此喻之然極論要歸只是心爾若於此心常得其正則仁在其中故自捨正路而不由放其心而不知求以下一向說從心上去大雅○敬之問仁人心也曰仁是無形迹底物事孟子恐人理會不得便說道只人心便是却不是把仁來形容人心乃是把人心來指示仁也所謂放其心而不知求蓋存得此心便是仁若此心放了又更理會甚仁今人之心靜時昏動時擾亂便皆是放了時舉○問楊氏謂孟子言仁人心也最爲親切竊謂以心之德爲仁則可指人心即是仁恐未安曰仁人心也義人路也此指而示之近緣人不識仁義故語之以仁只在人心非以人心訓仁義只人之所行者是也○

朱子語類 卷之四十七 孟子

孟子說仁人心也此語最親切心自是仁底物事若能保存得此心不患他不仁孔門學者問仁不一聖人答之亦不一亦各因其人而不同然大槩不過要人保養得這物事所以學者得一句去便能就這一句上用工今人只說仁是如何求仁是如何待他許尋那道理出來却不知此心已自失了程子穀種之喻甚善若有這種種在這裏何患生理不存○人有雞犬放則知求之有放心而不知求某以爲雞犬放則有未必可求者惟是心纔求則便在未有求而不可得者道夫○孟子蓋謂雞犬不見何知求之至於心則不知求雞犬之出或遭傷害或有去失且有求而不得之時至於此心無有求而不得者便求便在更不用去尋討那失底自是失了這後底又在節節求節節在只恐段段恁地失去便不得今日這段失去了明日那段又失

朱子語類 卷之四十七 孟子

一向失却便不是[illegible]○或問求放心曰此心非如雞犬出外又着去捉他但存之只在此不用去捉他放心不獨是走作喚做放才昏睡去也是放只有些昏惰便是放[illegible]○或問求放心愈求則愈昏亂如何曰即求者便是賢心也知求則心在矣今以已在之心復求[illegible]是有兩心矣雖曰譬之雞犬雞犬却須尋求乃得此心不待[illegible]宛轉尋求即覺其失覺處即心何更求爲自此更求自然愈失此用力甚不多但只要常知提醒爾醒則自然光明不假把捉今言操之則存又豈在用把捉亦只是說欲常常醒覺莫令放失便是此事用力極不多只是些子力爾然功成後却應事接物觀書察理事事賴他如推車子初推却用些力車既行後自家却賴他以行大雅○放心只是知得便不放如雞犬之放或有隔一宿求不得底或有被人殺終身求不

得底如心則才知是放則此心便在這裏五峯有一段說得甚長然說得不是他說齊王見牛爲求放心如終身不見此牛不成此心便常不見只消說知其爲放而求之則不放矣而求之三字亦剩了從周〇或問求放心曰知得心放此心便在這裏更何用求適見道人題壁云苦海無邊回頭是岸說得極好知言中或問求放心答語舉齊王見牛事某謂不必如此說不成不見牛時此心便求不得若使某答之只曰知其放而求之斯不放矣而求之三字亦自剩了升卿〇季成問爲學當求放心曰若知放心而求之則心不放矣知之則心已在此但不要又放了可也然思之倘多了而求之三字益卿從旁而言曰益卿嘗以爲操則存便是心未嘗放舍則亡便是此心已放曰是如此蓋卿人心纔覺時便在孟子說求放心求字早是遲了夔孫〇求放心

朱子語類　卷之四十七　孟子　夫

只覺道我這心如何放了只此念纔起此言未出口時便在這裏不用擬議別去求之但常省之而勿失耳伯羽〇求放心也不是在外面求得箇放心來只是求時便在我欲仁斯仁至矣只是欲仁便是仁了義剛〇求放心非以一心求一心只求底便是已收之心操則存非以一心操一心只操底便是已存之心心雖放千百里之遠只一收便在此他本無去來也伯羽〇季成問放心曰如求其放心主一之謂敬之類不待商量便合做起若放遐要時則失之如辨明是非經書有疑之類則當商量蓋卿〇孟子言求放心你今只理會這物事常常在時私欲自無着處且須持敬祖道〇收放心只是收物欲之心如理義之心即良心切不須收須就這上看教熟見得天理人欲分明從周〇叔重問所謂求放心者不是但低眉合眼死守此心而已要須常使此

心頓放在義理上曰也須是有專靜之功始得時舉因云白[illegible]見得此理眞無內外外面有跬步不合道理便覺此心慊然爲日侍坐深有得於先生醒之一字曰若長醒在這裏更須看惻隱羞惡是非恭敬之心所發處始得當一念慮之發不知是屬惻隱羞惡是非恭敬抑須是見得分明方有受用處時舉〇心[illegible]極好然出入無時莫知其鄉難制而易放則又大不好所謂求其放心又只是以心求其心[illegible]〇求放心初用求後來不用求所以弱翁說既復其初無復之者敬〇學問之道無他求其放心而已不是學問之道只有求放心一事乃是學問之道皆所以求放心如聖人一言一語都是道理賀孫〇學問之道無他求其放心而已諸公爲學且須於此着切用工夫且學問固亦多端矣而孟子直以爲無他蓋

朱子語類　卷之四十七　孟子　羌

身如一屋子心如一家主有此家主然後能灑掃門戶整頓事務若是無主則此屋不過一荒屋爾實何用焉且如中庸言學問思辨四者甚切然而放心不收則以何者而學問思辨哉此事甚要諸公每日若有文字思量未透即可存着此事若無文字思量即收斂此心不容一物乃是用功也祖道〇學問之道孟子斷然說在求放心學者須先收拾這放心不然此心放了博學也是閑審問也是閑如何而明辨如何而篤行銖〇學須先以求放心爲本致知是他去致格物是他去格正心是他去正無忿懥等事誠意是他自省悟勿夾帶虛僞修身是他爲之主不使好惡有偏伯羽〇學問之道無他求其放心而已舊看此只云但求其放心心正則自定近看儘有道理須是看此心果如何須是心中明盡萬理方可不然只欲空守此心如何用得如

平常一件事合放重今乃放輕此心不樂放重則心樂此可見此處乃與大學致知格物正心誠意相表裏可學謂若不於窮理上作工夫遽謂心正乃是告子不動心如何守得曰然又問舊看放心一段第一次看謂不過求放心而已第二次看謂放心既求盡當窮理今聞此說乃知前日第二說已是隔作兩段須是窮理而後求得放心不是求放心而後窮理曰然可學 ○問孟子只說學問之道在求放心而已不曾欲他爲曰上面煞有事在注下說得分明公但去看又曰說得太緊切則便有病孟子此說太緊切便有病節 ○上有學問二字在不只是求放心便休節 ○孟子曰求其放心而已矣當於未放之前看如何已放之後看如何復得了又看是如何作三節看後自然習熟此心不至於放時舉 ○孟子說學問之道無他求其放心而已矣可

煞是說得切子細看來却反是說得寬了孔子只云居處恭執事敬與人忠出門如見大賓使民如承大祭若能如此則此心自無去處自不容不存此孟子所以不及孔子 ○問先生向作仁說大率以心具愛之理故謂之仁今集注仁人心也只以爲酬酢萬變之主如何曰不要如此看且理會箇仁人心也須見得是箇酬酢萬變之主若只管以彼較此失了本意看書且逐段看如喫物相似只咀嚼看如何向爲人不理會得仁故做出此等文字今却反爲學者爭論寶云先生之文似藥方服食却在學者曰治病不治病却在藥方服食見効不見効却在人寶問心中湛然清明與天地相流通此是仁否曰湛然清明時此固是仁義禮智統會處今人說仁多是把做空洞底物看却不得當此之時仁義禮智之苗脉已在裏許只是未發動及有箇

合親愛底事來便發出惻隱之心有箇可厭惡底事來便發出羞惡之心禮本是文明之理其發便知有辭遜智本是明辨之理其發便知有是非又曰仁是惻隱之母惻隱是仁之子又仁包義禮智三者仁似長兄管攝得義禮智故曰仁者善之長砥錄 ○蜚卿問孟子說求放心從仁人心也說將來莫是收此心便是仁存得此心可以存此仁否曰也只是存得此心可以存此仁若只收此心更無動用生意又濟得甚麼所以明道又云自能尋向上去這是已得此心方可做去不是道只塊然守得這心便了問放心還當將放了底心重新收來還只存此心便是不放曰看程先生所說文義自是如此意却不然只存此心便是不放不是將已縱出了底依舊收將轉來如七日來復終不是已往之陽重新將來復生舊底已自過去了這裏自然

生出來這一章意思最好須將來日用之間常常體認看這箇初無形影忽然而存忽然而亡誠無爲幾善惡通書說此一段尤好誠無爲只是常存得這箇實理在這裏惟是常存得實理在這裏方始見得幾方始識得善惡若此心放而不存一向反覆顛錯了如何別認得善惡以此知這道理雖然說得有許多頭項看得熟了都自相貫通聖賢當初也不是有意說許多頭項只因事而言節 ○明道說聖賢千言萬語云云只是大槩說如此若已放之心這箇心已放去了如何會收得轉來只是莫令此心逐物去則此心便在這裏不是如一件物事放去了又收回來且如渾水自流過去了如何會收得轉後來自是新底水周先生曰誠心復其不善之動而已只是不善之動消於外則善便實於內操則存舍則亡只是操則此心便存孟子曰人

有雞犬放則知求之有放心而不知求可謂善諭然雞犬猶有放失求而不得者若心則求着便在這裏只是知求則心便在此未有求而不可得者（池本作使反復入身來○賀孫）〇孟子說學問之道無他求其放心而已矣此最為學第一義也故程子云聖賢千言萬語只是欲人將已放之心約之使反復入身來自能尋向上去某近因病中兀坐存息遂覺有進步處大抵人心流濫則稱何有定止一日十二時中有成時在軀殼內與其四散閑走無所歸着何不收拾令在腔子中且今縱其營營思慮假饒求有所得譬如無家之商四方營求得錢雖多若無處安頓亦是徒費心力耳（銖）〇問明道云聖賢千言萬語只是收放心曰所謂講學讀書因是然要知所以講學所以讀書所以致知所以力行以至習禮習樂事親從兄無非只是要收放心孟子之意

亦是為學問者無他皆是求放心爾此政與思無邪一般所謂詩三百一言以蔽之曰思無邪使人知善而勸知惡而戒亦只是一箇思無邪耳（僩）〇明道云聖賢千言萬語只要人將已放之心反復入身來自能尋向上去下學而上達也伊川云人心本善流而為惡乃放也初看亦自疑此兩處諸公道如何須看得此兩處自不相礙乃可二先生之言本不相礙只是一時語體用未甚完備大意以為此心無不善止緣放了茍纔自知其已放則放底便斷心便在此心之善如惻隱羞惡恭敬是非之端自然全得也伊川所謂人心本善便正與明道相合惟明道語未明白故或者錯看謂是收拾放心遂於釋氏守箇空寂不知其意謂收放心只存得善端漸能充廣非如釋氏徒守空寂有體無用且如一向縱他去與事物相靡相刃則所謂惻隱羞

惡恭敬是非之善端何緣存得（賀孫）〇明道曰聖賢千言萬語只是教人將已放底心反復入身來自能尋向上去下學而上達（池本下云看下二句必不至空守此心無所用也）伊川曰心本善流入於不善須理會伊川此語若不知心本善只管去把定這箇心教在裏只可靜坐或如釋氏有體無用應事接物不得流入不善（池本云四端備於吾心心存然後能廣而充之心放則顛冥莫覺流入不善云云）是失其本心如何為身死而不受今為妻妾之奉為之若此類是失其本心又知心有怵惕恐懼好樂憂患則不得其正（池本下云心不在焉亦是放二說本若相礙○賀孫）〇問程子說聖人千言萬語云云此下學上達工夫也竊謂心若已放了恐未易收拾不審其義如何曰孟子說出入無時莫知其鄉心豈有出入只指外而言入只指內而言只是要人操而存之耳非是如物之散失而後收之也（僩）〇文字極難理會孟子要略

內說放心處又未是前夜方思量得出學問之道皆所以求放心不是學問只有求放心一事程先生說得如此自家自看不出問賀孫曉得否曰如程子說吾作字甚敬只此便是學這也可以收放心非是要字好也曰然如灑掃應對博學審問謹思明辨皆所以求放心（賀孫）〇福州陳烈少年讀書不上因見孟子求放心一段遂閉門默坐半月出來遂無書不讀亦是有力量人但失之怪耳因曰今人有養生之具一失之便知求之心却是與我同生者因甚失而不求或云不知其失耳曰今聖賢分明說向你教你求又不求何也孟子於此段再三提起說其諄諄之意豈苟然哉今初求須猛勇作力如煎藥初用猛火既沸之後方用慢火養之久之須自然也（大雅）

人之於身也章

孟子文義自分曉只是熟讀教他道理常在目前胸中流轉始得又云飲食之人無有失也則口腹豈適爲尺寸之膚哉此數句被恁地説得倒了也自難曉意謂使飲食之人眞箇無所失則口腹之養本無害然人屑屑理會口腹則必有所失無疑是以當知養其大體而口腹底他自會去討喫不到得餓了也賀孫

公都子問鈞是人也章

耳目之官不能思故蔽於物耳目一物也外物一物也以外物而交乎耳目之物自是被他引去惟心之官則思故思則得之不思則不得惟在人思不思之間耳然此物乃天之與我者所謂大者也君子當於思處用工能不妄思是能先立其大者也立字下得有力夫然後耳目之官小者弗能奪也是安得不爲大人哉大雅○耳目亦物也不能思而交於外物只管引將去心之

官固是主於思然須是思方得若不思却倒把不是做是是底却做不是心雖主於思又須着思方得其所思若不思則邪思雜慮便順他做去却害事賀孫○問不思而蔽於物蔽是遮蔽否曰然又問如目之視色從他去時便是爲他所蔽若能思則視其所當視不視其所不當視則不爲他所蔽矣曰然若不思則耳目亦只是一物故曰物交物則引之而已矣廣○問物交物曰上箇物字主外物言下箇物字主耳目言孟子説得此一段好要子細看耳目謂之物者以其不能思心能思所以謂之大體問官字如何曰官是主心主思故曰先立乎其大者昔汪尚書見焦先生問爲學如何焦先生只説一句先立乎其大者道夫心之官則思固是元有此思只恃其有此任他如何却不得須是去思方得之不思則不得也此最要緊下云先立乎其大者卽此思也心元有思須是人自主張起來賀孫○孟子説先立乎其大者則其小者弗能奪也此語最有力且看他下一箇立字昔汪尚書問焦先生爲學之道焦只説一句曰先立乎其大者以此觀之他之學亦自有要卓然豎起自心[illegible]便是立所謂敬以直內也故孟子又説學問之道無他求其放心而已矣求放心非是心放出去又討一箇心去求他如大睡着覺來睡是他自睡覺是他自覺只是要常惺惺趙昌父云學者只緣斷續處多曰只要學一箇不斷續僴○先立乎大者則小者不能奪今忘前失後心不主宰被物引將去致得膠擾所以窮他理不得端蒙○此天之所以與我者古本此皆作比趙岐注亦作比方大之與我者則心爲大耳目爲小其義則一般但孟子文恐不如此比字不似此字較好廣○問集注所載范浚心

銘不知范曾從誰學曰不曾從人但他自見得到説得此件物事如此好向見呂伯恭甚忽之問須取他銘則甚曰但見他説得好故取之曰似恁説話人也多説得到曰正爲少見有人能説得如此者此意蓋有在也廣

有天爵者章

問修其天爵而人爵從之曰從不必作聽從之從只修天爵人爵自從後面來如祿在其中矣之意修其天爵自有箇得爵祿底道理與要求者氣象大故相遠道夫○黄先之問此章曰那般處也自分曉但要自去體認那箇是內那箇是外自家是向那邊去那邊是是那邊是不是須要實見得如此賀孫○問古人尚修天爵以要人爵今人皆廢天爵以要人爵曰便是如此賀孫

欲貴者人之同心章

有欲貴人之同心說曰大槩亦是然如此說時又只似一篇文字却說不殺如孟子於此只云弗思耳三字便實知得功夫只在這裏 僩

仁之勝不仁也章

仁之勝不仁也猶水勝火以理言之則正之勝邪天理之勝人欲甚易而邪之勝正人欲之勝天理若甚難以事言之則正之勝邪天理之勝人慾甚難而邪之勝正人慾之勝天理却甚易蓋纔是蹉失一兩件便被邪來勝將去若以正勝邪則須是做得十分工夫方勝得他然猶自恐怕勝他未盡在正如人身正氣稍不足邪便得以干之矣 僩

五穀種之美者章

自來孟子五穀者種之美者也苟爲不熟不如稊稗誨諸生曰

和尚問話只是一言兩句稊稗之熟者也儒者明經若通徹了不用費辭亦一言兩句義理便明白否則却是五穀不熟不如稊稗 爲 ○苟爲不熟不如稊稗君子之志於道也不成章不達如今學者要緊也成得一箇坯模定了出治工夫却在人只是成得一箇坯模了到做出治工夫却最難正是天理人欲相勝之地自家這裏勝得一分他那箇便退一分自家這裏退一分他那箇便進一分如漢楚相持於成皋滎陽間只爭這些子 緯

告子下

任人有問屋廬子章

親迎則不得妻不親迎則得妻如古者國有荒凶則殺禮而多昏刷禮荒政十二條中亦有此法蓋貧窮不能備親迎之禮法許如此 燾

曹交問曰章

孟子道人皆可以爲堯舜何嘗便道是堯舜更不假修爲且如銀坑有鑛謂鑛非銀不可然必謂之銀不可須用烹煉然後成銀 僩 ○堯舜之道孝弟而已矣道只是對那不孝不弟底說孝弟便是堯舜之道不孝不弟便是桀紂 僩 ○歸而求之有餘師須是做工夫若茫茫恁地只是如此如前夜說讀書正是要自理會如在這裏如此讀書若歸去也須如此讀書看孟子此一段發意如此大抵在於行徐行上面要知工夫須是自理會不是別人干預得底 賀孫

淳于髡曰先名實者章

乃孔子則欲以微罪行不欲爲苟去謂孔子於受女樂之後而遂行則言之似顯君相之過不言則已爲苟去故因燔肉不至而

行則吾之去國以其不致燔爲得罪於君耳 人傑

魯欲使慎子爲將軍章

毅然問孟子說齊魯皆封百里而先生向說齊魯始封七百里者何邪曰此等處皆難考如齊東至于海西至于河南至于穆陵北至于無棣魯跨許宋之境皆不可謂非五七百里之闊淳尚王制與孟子同而周禮諸公之地封疆方五百里諸侯方四百里伯三百里子二百里男百里鄭氏以王制爲夏商制謂夏商中國方三千里周公斥而大之中國方七千里所以不同曰鄭氏只文字上說料想不然甚不曉事情且如百里之國周人欲增到五百里須併四箇百里國地方做得一國其所併四國又當別裂地以封之如此則天下諸侯東遷西移改立宗廟社稷皆爲之騷動矣若如此趲去不數大國便無地可容了許多國

何以處之恐不其然竊意其初只方百里後來吞并遂漸漸大如禹會諸侯於塗山執玉帛者萬國到周時只有千八百國自非吞并如何不見許多國武王時諸侯地已大武王亦不奈何只得就而封之當時封許多功臣之國緣當初滅國者五十得許多空地可封不然則周公太公亦自無安頓處若割取諸國之地則寧不謀反如漢晁錯之時乎然則孟子百里之說亦只是大綱如此說不是實攷得見古制淳　○古者制國土地亦廣非如孟子百里之說如齊地東至于海西至于河南至穆陵北至無棣土地儘闊禹會塗山執玉帛者萬國後來更相吞噬到周初只有千八百國是不及五分之一矣想得併來儘大周封[illegible]若只用百里之地介在其間豈不為大國所吞亦緣誅紂伐奄滅國者五十得許多土地方封許多人問周禮所載諸公之國方五百里諸侯之國方四百里云云者是否曰看來怕是如此孟子之時去周初已六七百年既無載籍可攷見不得端的如五十而貢七十而助此說自是難行問王制既載周初封建只是百里後來滅國漸廣方添至數百里曰此說非是諸國分地先來定了若後來旋添便須移動了幾國徙去別處方得豈不勞擾僩

舜發於畎畝章

動心忍性者動其仁義禮智之心忍其聲色臭味之性銖　○困心衡慮徵色發聲謂人之有過而能改者如此困心衡慮者心覺其有過徵色發聲者其過形於外人傑　○明道曰自舜發於畎畝之中云云若要熟也須從這裏過只是要事事經歷過賀孫　○問若要熟也須從這裏過人須從貧困艱苦中做來方堅牢曰若不從這裏過也不識所以堅牢者正緣不會親歷了不識他條路須舜曰從上面往來行得熟了方認得許多險阻去處若素不會行忽然一旦撞行將去少間定墮坑落塹去也僩

教亦多術矣章

予不屑之教誨也者趙氏曰屑潔也考孟子不屑就與不屑不潔之言屑字皆當作潔字解所謂不屑之教誨者當謂不以其人為潔而教誨之如[illegible]隱几而臥之類大抵解經不可便亂說當觀前後字義也僩

朱子語類卷之四十七終

朱子語類卷之四十八

孟子

盡心上

盡其心者章

盡其心者知其性也者字不可不子細看人能盡其心者只爲知
其性知性却在先 賀孫 ○李問盡其心者知其性也曰此句文勢
與得其民者得其心也相似 雉 ○人往往說先盡其心而後知
性非也心性本不可分況其語脈是盡其心者知其性心只是
包着這道理盡知得其性之道理便是盡其心若只要理會盡
心不知如何地盡 僩 ○或問盡心知性曰性者吾心之實理若
不知得盡知盡箇甚麽 ○盡其心者知其性也所以能盡其心
者由先能知其性知性則知天矣知性知天則能盡其心矣不

知性不能以盡其心物格而後知至 道夫 ○盡其心者由知其性
也先知得性之理然後明得此心知性猶格物盡心猶知至 德明
○知性者物格也盡心者知至也物字對性字知字對心字 節
○知性然後能盡心先知然後能盡未有先盡而後方能知者
蓋先知得然後見得盡 節 ○王德修問盡心然後知性曰以某
觀之性情與心固是一理然命之以心却似包着這性情在裏
面故孟氏語意却似說盡其心者以其知性故也此意横渠得
之故說心統性情者也看得精邵堯夫亦云性者道之形體心
者性之郛郭身者心之區宇物者身之舟車語極有理大雅云
横渠言心禦見聞不弘於性則又是心小性大也曰禦字不可作
止字與當字解禦有梏之意云心梏於見聞反不弘於性耳 大雅
○問横渠謂心能盡性人能弘道也性不知檢其心非道弘

人也如孟子盡其心者知其性也先生謂盡其心者必其能知性
者也知性是物格之事盡心是知至之事如何曰心與性只一
般知與性不同所謂知便是心了問知是心之神明似與四端
所謂智不同曰此知字義又大然孔子多說仁智如元亨利貞
元便是仁貞便是智四端仁智最大無貞則元無起處無智則
如何是仁易曰大明終始有終便有始智之所以爲大者以其
有知也 賀 ○問先生所解盡其心者知其性也正如云得其民
者得其心也語意同先生曰固自分曉乎此樣子亦好後見信
州教授林德久未甚信此說適因以其易曉者譬之如欲盡
其爲教授者必知其職業乃能盡也先生云存其心恰如教授
自此分明會得自職事 也 ○問盡心者知至也曰知得到時
必盡我這心去做如事君必要極於忠爲子必要極於孝不是

備禮如此既知得到這處若於心有些子未盡處便打不過便
不足 賀孫 ○問盡心只是知得盡未說及行否曰某初間
亦把做只是知得盡如大學知至一般未說及行後來子細看
如大學誠意字模樣是真箇恁地盡如惡惡臭如好好色知至
亦須兼誠意乃盡如知得七分自家去做只着得五分心力便
是未盡有時放緩又不做了如知得十分真切自家須着過二
十分心力實大恁地做便是盡盡其心者知其性也知性所以
能盡心 ○某前以孟子盡心爲如大學知至今思
之恐當作意誠說蓋孟子當時特地說箇盡心煞須用功所謂
盡心者言心之所存更無一毫不盡好善便如好好色惡惡便
如惡惡臭徹底如此沒些虛僞不實童云如所謂盡心力爲之
之盡否曰然 ○黃先之問盡心曰盡心是竭盡此心今人做

事那曾做得盡只盡得四五分心便道了若是盡心只是一
爲之更無偏旁底心如惡惡臭如好好色必定是如此如云盡
心力爲之 賀孫 ○盡心知性知天工夫在知性上盡心只是誠意
知性却是窮理心有未盡便有空闕如十分只盡得七分便是
空闕了二三分 某 是如惡惡臭如好好色孝便極其孝仁便極
其仁性即理理即天我既知得此理則所謂盡心者自是不容
已如此 ○ 不重疊既能盡心知性則胸中已是瑩白淨潔却
只要時時省察恐有汚壞故終之以存養之事 訓 ○盡心者發
必自慊而無有外之心即大學意誠之事也 道夫 ○問盡心莫是
見得心體盡或只是如盡性 池錄作盡忠盡信 之類否曰皆是 ○盡
心以見言盡性以養言 謨 ○盡心盡性之盡不是做工夫之謂
蓋言上面功夫已至至此方盡得耳中庸言唯天下至誠爲能

盡其性孟子言盡其心者知其性是也 銖 ○盡心就見處說
理無所不盡如格物致知之意然心無限量如何盡得物有多
少亦如何窮得盡但到那貫通處則纔拈來便曉得是爲盡也
存心却是就持守處說 端蒙 ○說盡心云這事理會得那事又理
會不得理會得東邊又不理會得西邊只是從來不曾盡這心
但臨事恁地胡亂挨將去此心本來無有些子不備無有些子
不該須是盡識得許多道理無些子窒礙方是盡心如今人人
有箇心只是不存使得他盡只恁地茍簡鹵莽便道是了 賀孫 ○
問季通說盡心謂聖人此心才見得盡則所行無有不盡故程
子曰聖人無俟於力行曰固是聖人有這般所在然所以爲聖
人也只說好問默而識之好古敏以求之那曾說知了便了又
曰盡心如明鏡無些子蔽翳只看鏡子若有些少照不見處便

是本身有些塵汚如今人做事有些子鶻突窒礙便只是自家
見不盡此心本來虛靈萬理具備事事物物皆所當知人人多
是氣質偏了又爲物欲所蔽故昏而不能盡知聖賢所以貴於
窮理又曰萬理雖具於吾心還使教他知始得今人有箇心在
這裏只是不曾使他去知許多道理少間遇事做得一邊又不
知那一邊見得東遺却西少間只成私意皆不能盡道理盡得
此心者洞然光明事事物物無有不合道理又曰學問之所以
傳不傳者亦是能盡心與不能盡心問若曾子易簀之事此時
若不能正也只是不盡得心曰然曾子既見得道理自然便改
了若不便改了這心下便闕了些當時季孫之賜曾子如何失
點檢去了 聲 是不是了箇子既說起須着改始得若不說不及
改也不妨方說便着改 賀孫 ○問程子解盡心知性處云心無體

以性爲體如何曰心是虛底物性是裏面穰肚餡草性之理包
在心內到發時却是性底出來性不是有一箇物事在裏面喚
做性只是理所當然者便是性只是人合當如此做底便是性
惟是孟子惻隱之心仁之端也這四句也有性也有心也有情
與橫渠心統性情一語好看 震 ○盡心謂事物之理皆知之而
無不盡知性謂知君臣父子兄弟夫婦朋友各循其理知天則
知此理之自然 人傑 ○盡心如何盡得不可盡者心之事可盡者
心之理理既盡之後謂如一物初不曾識來到面前便識得此
物盡吾心之理盡心之理便是知性知天 去僞 ○未 二句恐誤 ○黄敬之
問盡心知性曰性是吾心之實理若不知得却盡箇甚麽又問
其性則知天矣曰 僩錄云知天是知源頭來處 性以賦於我之分而言天
公共道理 僩錄作公共之本原 而言天便脫模是一箇大底人人便其

一箇小底天吾之仁義禮智即天之元亨利貞凡吾之所有者
皆自彼而來也故知吾性則自然知天矣僩錄此下云又問存心養性曰存得父子
之心盡方養得仁之性存得君臣之心盡方養得義之性○時舉○因看程子語錄心小性大
心不弘於性滯於知思說及上蔡云心有止說遂云心有何窮
盡只得此本然之體推而應事接物皆是故於此知性之無所
不有知天亦以此因省李先生云盡心者如孟子見齊王問樂
則便對云云言貨色則便對云云每遇一事便有以處置將去
此是盡心舊時不之曉蓋此乃盡心之效如此得此本然之心
則皆推得去無窮也如見牛未見羊說苟見羊則亦便是此心
矣方○盡心知性知天此是致知存心養性事天此是力行泳
盡知存養○盡心知性以前看得知字放輕今觀之卻是知字重盡
字輕知性則心盡矣存養有行底意思可學○問盡知存養四字

如何分別曰盡知是知底工夫存養是守底工夫震○問盡心
盡性曰盡心云者知之至也盡性云者行之極也盡心則知性
知天以其知之已至也若存心養性則是致其盡性之功也人傑
孟子說知性是知得性中物事既知得須盡知得方始是盡心
下面存其心養其性方始是做工夫處如大學說物格而後知
至物格者物理之極處無不到知性也知至者吾心之所知無
不盡盡心也至於知至而後意誠誠則存其心養其性也聖人
說知必說行不可勝數泳○蜚卿問盡心存心盡莫是極至地
位存莫是初存得這心否曰盡心也未說極至只是凡事便須
理會教十分周足無少闕漏處方是盡存也非獨是初工夫初
間固是操守存在這裏到存得熟後也只是存這存字無終始
只存這裏賀孫○孟子說存其心雖是緊切卻似添事蓋聖人只

爲學者立下規矩守得規矩定便心也自定如言居處恭執事
敬與人忠人能如是存守則心有不存者乎今又說存其心則
與此爲四矣如此處要人理會升卿○存之養之便是事心性便
是天故曰所以事天也德明○仲思問存心養性先後曰先存心
而後養性養性云者養而勿失之謂性不可言存○問存心養
性以事天曰天教你父子有親你便用父子有親天教你君臣
有義你便用君臣有義不然便是違天矣古人語言下得字都
不苟如存其心養其性若作養其心存其性便不得問如何是
天者理之所從出曰天便是那太虛但能盡心知性則天便不
外是矣性便有那天問四十而不惑五十而知天命不惑謂知
事物當然之理知天命謂知事物之所以然便是知天知性之
說否曰然他那裏自看得箇血脈相牽連要自子細看龜山之

說極好龜山問學者曰人何故有惻隱之心學者曰出於自然
龜山曰安得自然如此若體究此理知其所從來則仁之道不
遠矣便是此說僩○存其心則能養其性止其情養其性如不
暴方○存心便性得所養季通說存心雖是然語性已疎性有動靜
盡孟子本文甚切方○夭壽不貳不以生死爲吾心之悅戚也
人傑○問立命是豎立得這天之所命不以私意參雜倒了天之
正命否曰然問莫非命也此一句是總說氣稟之命與天命謂
性之命同否曰孟子之意未說到氣稟孟子自來不甚說氣稟
看是此句只是說人物之生吉凶禍福皆天所命人但順受其
正若桎梏而死與立乎岩牆之下而死便是你自取不干天事
未說到氣稟在僩○敬之問夭壽至命也曰既不以夭壽貳其
心又須修身以俟方始立得這命自家有百年在世百年之中

須事事教是當自家有一日在世一日之內也須教事事是當始得若既不以夭壽動其心一向胡亂做又不可如佛氏以絕滅爲事亦可謂之夭壽不貳然脩身以俟一段全不曾理會所以做底事皆無頭腦無君無父亂人之大倫〈賀孫〉○敬之問壽夭不貳修身以俟之所以立命也壽夭是天命修身是順天命安於天理之正無一毫人欲計較之私而天命在我方始流行曰夭壽不貳是不疑他若一日未死一日要是當百年未死百年要是當這便是立命夭壽不貳便是知性知天之力脩身以俟便是存心養性之功立命一句更用通下章看又問莫非命也順受其正若是人力所致者如何是命曰前面事都見不得若出門吉凶禍福皆不可知但有正不正自家只順受他正底自家身分無過恁地死了便是正命若立巖牆之下與桎梏而死

便不是正命或如比干剖心又不可不謂之正命直卿說先生向背譬喻一似受差遣三年滿罷便是君命之正若歲月間以罪去也是命便不是正底命先生曰若自家無罪便歲月間去又不可不謂之正命子善問孟子謂知命者不立巖墻之下今人知道我命若未死縱立巖墻之下也不到壓死曰莫非命者是活絡在這裏看他如何來若先說道我自有命雖立巖墻之下也不妨卽是先指定一箇命便是紂說我生不有命在天因舉橫渠行同報異與氣遇等語伊川却道他說遇處不是又曰這一段文勢直是緊若精神鈍底真箇趕他不上如龍虎變化直是捉搦他不住〈僩○時舉〉○問由太虛云云曰本只是一箇太虛漸漸細分說得密耳且太虛便是這四者之總體而不雜乎四者而言由氣化有道之名氣化是那陰陽造化寒暑晝夜雨露霜雪山川木石金水火土皆是只道箇便是那太虛只是便雜却氣化說雖雜氣化而實不離乎太虛未說到人物各具當然之理處問太虛便是太極圖上面底圓圈氣化便是圓圈裏陰靜陽動否曰然又曰合虛與氣有性之名有這氣道理便隨在裏面無此氣則道理無安頓處如水中月須是有此水方映得那天上月若無此水終無此月也心之知覺又是那氣之虛靈底聰明視聽作爲運用皆是有這知覺方運用得這道理所以橫渠說人能弘道是心能盡性非道弘人是性不知檢心又邵子曰心者性之郛郭此等語皆秦漢以下人道不到又問人與鳥獸固有知覺但知覺有通塞草木亦有知覺否曰亦有如一盆花得些水澆灌便敷榮若摧抑他便枯悴謂之無知覺可乎周茂叔窗前草不除去云與自家意思一般便是有知覺只

是鳥獸底知覺不如人底草木底知覺又不如鳥獸底又如大黃喫着便會瀉附子喫着便會熱只是他知覺只從這一路去又問腐敗之物亦有否曰亦有如火燒成灰將來泡湯喫也嶮苦因笑曰頃信州諸公正說草木無性今夜又說草木無心矣〈僩〉○〈集北〉○先生問合虛與氣有性之名如何看廣云虛只是理有是理斯有是氣曰如何說合字廣云恐是據人物而言曰有是物則有是理與氣故有性之名若無是物則不見理之所寓由太虛有天之名只是據理而言由氣化有道之名由氣之化各有生長消息底道理故有道之名既已成物則物各有理故曰合虛與氣有性之名〈廣〉○由太虛有天之名都是箇自然底由氣化有道之名是虛底物在實上見無形底物因有形而見所謂道者如天道地道人道父子之道君臣之道率性之謂道是

也合虛與氣有性之名是自然中包得許多物事夔孫○由太虛有天之名道全說理由氣化有道之名道說着事物上如率性之謂道性只是理率性方見得是道道說着事物上且如君臣父子之道有那君臣父子方見這箇道理合虛與氣有性之名虛字便說理理與氣合所以有人植○問知覺是氣之陽明否曰由太虛有天之名合虛與氣有性之名天命之謂性管此兩句由氣化有道之名率性之謂道管此一句合性與知覺有心之名此又是天命謂性道正管此一句賜○謂當無事時虛明不昧此是氣其中自然動處莫是性否曰虛明不昧此理具乎其中無少虧欠感物而動便是情橫渠說得好由太虛有天之名由氣化有道之名此是總說合虛與氣有性之名合性與知覺有心之名此是就人上說賜○問由氣化有道之名是自陰

朱子語類　卷之四十八　孟子　九

陽言曰方見其有許多節次可學○林問氣化何以謂之道曰天地間豈有一物不由其道者問合虛與氣何以有性曰此語詳看亦得其意然亦有未盡處當言虛即是性氣即是人以氣之虛明寓於中故合虛與氣有性之名雖說略盡而終有二意劉問如此則莫是性離於道邪曰非此之謂到這處則有是名在人如何看然豈有性離於道之理嵩○問合虛與氣有性之名曰惟五峰發明得兩句好非性無物非氣無形蒙○問合虛與氣有性之名合性與知覺有心之名曰虛只是說理橫渠之言大率有未瑩處有心則自有知覺又何合性與知覺之有蓋卿○由太虛有天之名至知覺有心之名橫渠如此議論極精密驤

伊川云盡心然後知性此不然盡字大知字零星僩錄無此七字却云盡心者以其知性若未知性便要盡心則懸空無下手處惟就知性上積

渠將去自然盡心學蒙○問盡心知性不假存養其惟聖人乎佛本不假於存養豈竊希聖人之事乎曰盡[illegible]儒釋氏相似而不同只是他所存所養所知所盡處道理皆不是如吾儒盡心只是盡君臣父子等心便見有是理性即是理也如釋氏所謂盡心知性皆歸於空虛其所存養却是閉着合眼全不理會道理去僞○或問伊川云心具天德心有未盡處便是天德未能盡切嘗熟味其言意者在天爲命在人爲性性無形質而含之於心故一心之中天德具足盡此心則知性知天矣游氏以心無餘蘊爲盡心謝氏以擴充得去爲盡心皆此意也然橫渠范侍講之說則又不然范謂窮理者孟子之所謂盡心也橫渠曰大其心則能體天下之物物有未體則心爲有外不知窮理體物之說亦信然否如下一段言存心養性所以事天也游

朱子語類　卷之四十八　孟子　十

氏言之詳矣其言曰存其心者閑邪以存其誠也養其性者守靜以復其本也存養如此則可以事天矣此言事天亦伊川所謂奉順之意其說恐不出乎此但不知存養之說謂存此以養彼耶亦既存本心又當養其性耶曰諸家解說盡心二字少有發明得盡字出來者伊川最說得完全然亦不曾子細開說盡字大抵盡其心只是窮盡其在心之理耳窮得此又却不能窮得彼便不可喚做盡心范侍講言窮理却是言盡心以前底事謝上蔡言充廣得去却言盡心以後事若橫渠大其心則能體天下之物之說此只是言人心要廣大耳亦不知未能盡得此心之理如何便能盡其心得兼大其心亦做盡心說不得游氏守靜以復其本此語有病守靜之說近於佛老吾聖人却無此說其言知天爲智之盡事天爲仁之至此却說得好事天只是

率脩之而已非有他也所謂存心養性非二事存心所以養
也僩夫〇問上蔡盡心知性一段曰說甚心不著可學〇問先生盡
心說曰心者天理在人之全體又曰性者天理之全體此何以
別曰分說時且恁地若將心與性合作一處說須有別淳

莫非命也章

盡其道而死者順理而吉者也桎梏死者逆理而凶者也以非義
而死者固所自取是亦前定蓋其所稟之惡氣有以致之也人傑
問桎梏死者非正命也雖謂非正然亦以命言此乃自取如何
謂之命曰亦是自作而天殺之但非正命耳使文王死於羑里
孔子死於桓魋却是命可學〇徵之問莫非命也曰在天言之皆
是正命在人言之便是不正之命問有當然而或不然不當然
而或然者如何曰如孔孟老死不遇須與作不正之命始得在
孔孟言之亦是正命然在天之命却自有差僩〇問莫非命也逆
命是指氣言之否曰然若在我無以致之則命之壽夭皆是合
當如此者如顏子之夭伯牛之疾是也賀〇問莫非命也順受
其正因推惠迪吉從逆凶之意曰若是惠迪吉從逆凶自天觀
之也得其正命自人得之也得其正命若惠迪而不吉則自天
觀之却是失其正命如孔孟之聖賢而不見用於世而聖賢亦
莫不順受其正這是於聖賢分上已得其正命若就天觀之彼
以順感而此以逆應則是天自失其正命賀孫〇莫非命也順受
其正直卿云如受得一邑之宰教做三年這是命到做得一年
被罷去也是命曰有不以罪而枉罷者亦是命有罪而被罷者
非正命無罪而被罷者是正命也賀孫〇孟子說命至盡心章方
說得盡

萬物皆備於我章

黃先之問萬物皆備於我曰如今人所以害事處只是這些
難除才有些私意隔著了便只見許多般賀孫〇萬物皆備於
須反身而實有之無虧無欠方能快活若反身而不誠雖是本
來自足之物然物自物何干我事砥〇反身而誠孟子之意主
於誠字言反身而實有此理也為父而實有慈為子而實有孝
豈不快活若反身不誠是無此理既無此理但有恐懼而已豈
得樂哉寓〇反身而誠見得本具是理而今亦不曾虧欠了他
底節〇或問反身而誠是要就身上知得許多道理否曰是道
知見得最為要緊賀孫〇反身而誠則恕從這裏流出不用勉強
未到恁田地須是勉強此因林伯松問并恕說淳〇所謂萬物皆備於我
在學者也知得此理是備於我只是未能反身而誠若勉強行
恕拗轉這道理來便是恕所謂勉強者猶未能恕必待勉強而後能也所謂恕者也
只是去得私意盡了這道理便真實備於我無欠闕僩〇或問
萬物皆備於我章後面說強恕而行求仁莫近焉如何曰恕便
是推己及物恕莫不是推己及物別不是箇什麽然道箇強恕
者亦是他見得萬物皆備於我了只爭著一箇反身而誠便須
要強恕上做工夫所謂強恕蓋是他心裏不能推己及人便須
強勉行恕拗轉這道理然亦只是要去箇私意而已私意既去
則萬理自無欠闕處矣燾〇子武問萬物皆備於我章曰這章
是兩截工夫反身而誠蓋知之已至而自然循理所以樂強恕
而行是知之未至且恁把捉勉強去少間到純熟處便是仁木之
問萬物皆備於我下文既云樂莫大焉何故復云強恕曰四句
二段皆是蒙上面一句問反身而誠樂莫大焉是大賢以上

强恕求仁是學者分身上事否曰然問大賢以上是知與行俱到大賢以下是知與行相資發否曰然頃之復曰反身而誠只是箇真知真實知得則滔滔行將去見得萬物與我爲一自然其樂無涯所以伊川云異日見卓爾有立於前然後不知手之舞足之蹈正此意也（道夫）○强是勉强而行恕是推己及物强恕而行是要求至於誠（去僞）○敬之說强恕只事事要擴充[illegible]是當雖是自家元未免有些病痛今且著事事勉强做去曰未至於反身而誠樂莫大焉處且逐事要推己及人庶幾心公理得此處好更子細看（賀孫）○問强恕而行曰此是其人元不曾恕在故當凡事勉强推己及人若反身而誠則無待於勉强矣又問莫須事然後方得曰也不須如此飢時便討飯喫（夔孫錄云見不思前後[illegible]飢餓吃飯）初頭硬要做一餉少時却只恁消殺了到沒意思（僩 用）

（夔孫同）○强恕而行求仁莫近不可將恕字低看了求仁莫近於恕恕字甚緊（蓋卿）○問萬物皆備於我曰未當如此須從孟子見梁惠王看起却漸漸進步如看論語豈可只理會吾道一以貫之一句須先自學而篇漸漸浸灌到純熟處其間義理却自然出（李杞）○問伊川說萬物皆備於我謂物亦然皆從這裏出去如何曰未須問此枉用工夫且於事上逐件窮看凡接物遇事見得一箇是處積習久自然貫通便真箇見得理一禪者云如桶底脫相似可謂大悟到底不曾曉得才遇事又却迷去（德明 集義）○或問明道說學者須先識仁仁者渾然與物同體孟子言萬物皆備於我反身而誠則爲大樂若反身未誠則猶是二物有對又安得樂訂頑意思乃備言此體橫渠曰萬物皆備於我言萬事皆有素於我也反身而誠謂行無不慊於心則樂莫大焉如明道之說則物只是物更不須作事且於下文求仁之說意思貫串橫渠解反身而誠爲行無不慊之義又似來不得不惟以物爲事如下文强恕而行求仁莫近焉如何通貫得爲一意曰橫渠之說亦好反身而誠實也謂實有此理更無不慊處則仰不愧俯不怍樂莫大焉强恕而行即是推此理以及人也我誠有此理在人亦各有此理能使人有此理亦如我焉則近於仁矣如明道這般說話極好只是說得太廣學者難入（去僞 銖同）○萬物皆備於我矣反身而誠樂莫大焉萬物不是萬物之迹只是萬物之理皆備於我如萬物莫不有君臣之義自家這裏也有萬物莫不有父子之親自家這裏也有萬物莫不有兄弟之愛自家這裏也有萬物莫不有夫婦之別自家這裏也有是道道理本來皆備於吾身反之於吾身於君臣必盡其義於父子

必盡其親於兄弟必盡其愛於夫婦必盡其別莫不各盡其當然之實理而無一毫之不盡則仰不愧俯不怍自然是快活若是反之於身有些子未盡有些子不實則中心愧怍不能以自安如何得會樂橫渠曰萬物皆備於我矣言萬物皆素定於我也行有不慊於心則餒矣故反身而誠樂莫大焉莫不是實做工夫到這裏如何見得恁地（賀孫）○萬物皆備於我橫渠一段將來說得甚實所謂萬物皆在我者便只是君臣本來有義父子本來有親夫婦本來有別之類皆是本來在我者若事君有不足於敬事親有不足於孝以至夫婦無別兄弟不友朋友不信便是我不能盡之反身則是不誠其苦有不可言者安得所謂樂（若如今世人說却是無實事如禪家之說只虛空打箇筋斗却無著力處○僩）○問樂莫大焉莫是見得萬物皆備於我所以樂否曰誠是實有此理檢點自家身

上果無欠闕事君眞箇忠事父眞箇孝仰不愧於天俯不怍於人其樂孰大如此橫渠謂反身而誠則不慊於心此說極有理（去僞）

行之而不著焉章

方行之際則明其當然之理是行之而著既行之後則識其所以然是習矣而察初間是照管向前去後來是回顧後面看所行之道理如何如人喫飯方喫時知得飯當喫既喫後則知飯之飽如此（僩）著曉也察識也方其行之而不曉其所當然既習矣而猶不識其所以然（人傑）○習矣而不察習字重察字輕（可學）○習矣不察行矣不著如今人又不如此不曾去習便要說察不曾去行便要說著可與共學未可與適道今人未曾理會可與共學便要適道（賀孫）

待文王而後興章

待文王而後興者凡民也若夫豪傑之士雖無文王猶興豪傑質美生下來便見這道理何用費力今人至於沉迷而不反聖人爲之屢言之方始肯求已是下愚了況又不知求之則終於爲禽獸而已蓋人爲萬物之靈自是與物異若迷其靈而昏之則是與禽獸何別（大雅）

霸者之民章

自王者之民皞皞如也而下至豈曰小補之哉皆說王者功用如此（人傑）○所過者化只是身所經歷處如舜歷山陶河濱者是也略略做這裏過便自感化不待久留言其化之速也謙之云所存者神是心中要恁地便恁地否曰是上下與天地同流豈曰小補之哉小補只是逐片逐些子補綴上下與天地同流重

新鑄一番過相似（僩）○問集注云所存主處便神妙不測所經歷處皆化如此即是民化之也非大而化之之化曰作大而化之化有病則是過了者化物未過時却凝滯於此只是所經歷處才過著些便化也雷一震而萬物俱生動霜一降而萬物皆成實無不化者書曰俾予從欲以治四方風動亦是此意所存主處便神妙不測立之斯立道之斯行綏之斯來動之斯和莫知其所以然而然也問同流是與天地同其神化否曰此難言各有一分（縝）去在裏曰是猶參贊意否曰亦不是參贊（德明）○存神過化程說甚精正得孟子本意過是身所經歷處無不感動如黎民於變便是化存是存主處不是主宰是存這事這事便來應二程看文字最精密如中庸說門人多不能曉其意（淳）（集義）○過化存神伊川說好過亦是經歷處以舜觀之可見存則存主處便如綏來動和之意都就事上說反覆此一段自可見（端蒙）○所過者化程子經歷之說甚好蓋不獨是所居久處只曾經涉處便見化所存者神存是自家主意處便不測亦是人見其如此（營）○黃子功問伊川說過是經歷處是否曰只是過處人便化更不待久問所存者神曰此才有所存彼便應言感應之速也所以荀子云仁人之兵所過者化所存者神只是簞食壺漿以迎王師處便是神子功曰如舞干羽于兩階七旬有苗格亦是此理曰然（文蔚）○問經歷處則無不化不經歷處如何曰此言經歷處便化如在鄉則一鄉化在天下則天下化過者言其感人之速如此只被後來人說得太重了所存者神若心之所存處便成就如神耳如書云從欲以治四方風動之意化是人化也神是事之成就如神也（去僞）○君子所過者化伊川本處解略

易傳大人虎變却說得詳荀子亦有仁人過化存神之語此必古語如克己復禮亦是古語左傳中亦引克己復禮仁也如崇德脩慝辨惑亦是古語蓋是兩夫問了燾○所過者化所存者神伊川解革卦言所過變化事理炳著所過謂身所經歷處也文蔚○君子所過者化所存者神存是存主過是經歷聖人綏之斯來動之斯和十過便化横渠說却是兩截從周○問過化存神有先後否曰初無先後便如横渠之說亦無先後夫○過化存神舊說所應之事過而不留便能所存者神神即神妙不測故上蔡云所過者化故所存者神所存者神故所過者化鄉里李欲才云譬如一面鏡先來照者既去不見了則後來者又可以照若先底只在則不復能照矣將做一事說亦自好但據孟子本文則只是身所經歷處便化心所存主處便神如綏斯來動

斯和又荀子亦言仁人之兵所過者化所存者神似是見成言語如金聲玉振之類故孟荀皆用之荀卿非孟子必不肯用其語也方子○問舜常人說皆云所過者化便能所存者神曰他是就心說據孟子意乃是就事說問注引舜事如何曰舜在下只得如此及見用則賓四門之屬皆是化聖人豈能家至戶曉蓋在吾化中者皆是過問存神與過化如何別曰過化言所過即化存神便有響應意思問上蔡云所過者化便所存者神所存者神便所過者化曰此是就心說事本不留於心便是存神存神便能過化横渠云性性爲能存神物物爲能過化亦是此說可學

人之所不學而能者章

至之問達之天下也方爲仁義曰親親仁也敬長義也不待達之天下方始謂之仁義無他達之天下只說達之天下無別道理賀孫

舜居深山之中章

問舜聞善言見善行若決江河沛然莫能禦其未有所聞見時氣象如何曰湛然而已其理充塞具備一有所觸便沛然而不可禦問學者未有聞見之時莫須用持守而不可放逸否曰纔知持守已自是聞善言見善行了道夫

無爲其所不爲章

敬之問無爲其所不爲無欲其所不欲曰人心至靈其所不當爲不當欲之事何嘗不知但初間自知了到計較利害却自以爲不妨便自冒昧爲之欲之耳今既知其所不當爲不當欲者便要來這裏截斷斷然不爲不欲故曰如此而已矣僩

人之有德慧術知章

或問德慧術知曰德慧純粹術知聰明須有朴實工夫方磨得出賀孫

廣土衆民章

敬之問君子所性雖大行不加焉雖窮居不損焉君子但當自盡吾心之天理雖達而在上做出事業功名亦只似雲浮於太虛之中於我何有哉曰中天下而立定四海之民固是人所欲與其處畎畝之中孰若進而得行其道使天下皆被其澤要得出行其道者亦是人之所欲但其用其舍於我性分之内本不相關進而大行退而窮居於我性分之内無所加損賀孫○問君子所性章曰只是這一箇道理雖達而爲堯舜在上亦不是添加些子窮而爲孔孟在下亦不是減少些子蓋這一箇道理合下

都定了更添減不得又云這所性字說得虛如堯舜性之之性
字燾〇敬之問君子所性曰此是說生來承受之性仁義禮智
根於心便見得四端着在心上相離不得才有些子私意便剗
斷了那根便無生意譬如木根着在土上方會生其色也睟然
都從那根上發出來且性字從心便見得先有這心便有許多
物在其中賀孫〇問仁義禮智根於心曰上說君子是通聖人言
着君子氣禀清明無物欲之累故合下生時這箇根便着土所
以生色形見於外衆人則合下生時便爲氣禀物欲一重隔了
這箇根便未着土在蓋有殘忍底心便沒了仁之根有頑鈍底
心便沒了義之根有忿狠底心便沒了禮之根有黑暗底心便
沒了智之根都各有一重隔了而今人只要去其氣質物欲之
隔教四者之根着土而已如堯舜性之便是根已着土了湯武

反之便是元來未曾着土而今方移得來着土了燾〇問仁義
禮智根於心曰雖是自家合下都有這箇物若有些子私欲夾
雜在其中便把好底和根都剗去了賀孫〇安卿問仁義禮智根
於心何謂根曰養得到見得明便自然生根此是人功夫做來
義剛〇看文字當看大意又看句語中何字是切要孟子謂仁義
禮智根於心只根字甚有意如此用心義理自出伯羽〇問四體
不言而喻曰是四體不待命令而自如此謂手容恭不待自家
教他恭而自然恭足容重不待自家教他重而自然重不待教
化如此而自如此也燾

孔子登東山而小魯章

遊於聖人之門者難爲言學而不從這裏則所爲雖善亦爲好事
終是有不是處因言嘗見劉子澄作某處[illegible]學記其中有雖不[illegible]

爲向上事亦可以做向下一等之意大槩是要退如此便不得
人僩〇至之問孔子登東山而小魯一節曰此一章如詩之有比
興比者但比之以他物而不說其事如何興則引物以發其意
而終說破其事也如孔子登東山而小魯至遊於聖人之門者
難爲言此興也觀水有術必觀其瀾至容光必照焉此比也流
水之爲物也至不成章不達此又是興也比者如鶴鳴於九皐
之類興者如他人有心予忖度之上引毚兔柔木之類是也流
水之爲物也不盈科不行君子之志於道也不成章不達蓋人
之爲學須是務實乃能有進若這裏工夫欠了些分毫定是要
透過那裏不得時舉〇問必觀其瀾是因其瀾處便見其本耶抑
觀其瀾知其有本了又須窮其本之所自來曰若論水之有原
本則觀其流必知其有原然流處便是那原本更去那裏別討

本只那瀾便是那本了若非本何處有那流若說觀其瀾又須
觀其本則孟子何不曰必觀其本他說觀其瀾便見就瀾處便
見其本僩

雞鳴而起章

敬之問利與善之間曰這箇利非是有心於爲利只見理不明才
差了便入那邊去曰然才差向利邊去只見利之爲美賀孫〇或問
利與善之間曰間是兩者相並在這裏一條路做這邊去一條
路做那邊去所以爲之間〇利與善之間不是冷水便是熱湯
無那中間溫吞煖處也僩〇利善若只是利善則易理會今人
所爲處都是利只管硬差排道是善今人只是差處多只一條
大路其餘千差萬別皆是私路因舉張子韶小說云云賀孫〇
問若才有心要人知要人道好要以此求利祿皆爲私

也這箇極多般樣雖所爲皆善但有一毫歆慕外物之心便是
利了如一塊潔白物事上面只着一點黑便不得爲白矣又如
好底物事如腦子之屬上面只着一點糞穢便都壞了不得爲
香矣若是糞穢上面假饒着一堆腦麝亦不濟事做善須是做
到極盡處方喚做善（僩）○用之問舜孳孳爲善未接物時只主
於敬便是爲善以此觀之聖人之道不是默然無言聖人之心
純亦不已雖無事時也常有箇主宰在這裏固不是放肆亦不
是如槁木死灰曰這便如夜來說只是有操而已一段如今且
須常存箇誠敬做主學問方有所歸着如有屋舍了零零碎碎
方有頓處不然却似無家舍人雖有千萬之寶亦無安頓處今
日放在東邊草裏明日放在西邊草裏終非己物（賀孫）○或問爲
善爲利處因舉龜山答廖尚書用中一段曰龜山說得鶻突廖

朱子語類　卷之四十八　孟子　圭

公認得不子細後來於利害上頗不分別紹興間秦氏主和建
議不決召廖公來他憒然不知却去問他平日所友善之人如
鄭邦達輩邦達亦不思量便云和是好事故廖公到闕即主和
議遂爲中丞然他亦不肯爲秦氏鷹犬（秦會之令言趙公鼎廖竟不從而出○燾）

楊子取爲我章

楊朱乃老子弟子其學專爲己列子云伯成子羔拔一毛而利天
下不爲其言曰一毛安能利天下使人人不拔一毛不利天下
則天下自治矣問老子似不與楊朱同曰老子窺見天下之事
却討便宜置身於安閑之地云清靜自治豈不是與朱同又問
伊川說老子謂先語大道後却涉些姦詐如云知其雄守其雌
知其白守其黑之類曰孔孟亦知天下有許多事何故不服他
曰孔孟見實理把作合做底看他不見實理把做無故不肯爲

問孔子曾見他書否曰未必見厚之問孔子何爲問禮於他曰
他本周家史官自知禮只是以爲不足道故一切埽除了曾子
問中自見孔子問他處邵康節亦有些小似他問淵源錄中何
故有康節傳曰書坊自增耳（學蒙）○問墨氏兼愛楊氏爲我夫兼
愛雖無差等不合聖人之正道乃是割己爲人滅去己私猶足
立教若爲我乃小己自私之事果何足以立教耶曰非子數稱
楊子居之爲人恐楊氏之學如今道流修煉之士其保嗇神氣
雖一句話也不妄與人說正孟子所謂拔一毛而利天下不爲
是也（柄）○問楊墨固是皆不得中至子莫又要安排討箇中執
之曰子莫見楊墨皆偏在一處要就二者之中而執之正是安
排尋討也原其意思固好只是見得不分明依舊不是且如三
過其門而不入在禹稷之時則可在顏子則不可居陋巷在顏

朱子語類　卷之四十八　孟子　圭

子之時則是中在禹稷之時則非中矣居陋巷則似楊氏三過
其門而不入則似墨氏要之禹稷似兼愛而非兼愛顏子似爲
我而非爲我道夫云常記先生云中一名而函二義這箇中要
與喜怒哀樂未發之中異與時中之中同曰然（道夫）

堯舜性之也章

性之是合下如此身之是做到那田地（端蒙）○堯舜性之也性字似
稟字湯武身之也是將這道理做成這箇渾身將這渾身做出
這道理五伯假之也久假而不歸惡知其非有也舊時看此句
甚費思量有數樣說今所留二說也自倒斷不下（僩）○黃仁卿
問性善之善與堯舜性之之性如何曰性善之性字實性之之
性字虛性之只是合下稟得合下便得來受用又曰反之是先
失着了反之而後得身之是把來身上做起（節）○聖人之心不

曾有箇起頭處堯舜性之合下便恁地去初無箇頭到湯武反
之早是有頭了但其起處甚微五伯則甚大○或問仁人心也
若假借爲之焉能有諸已哉而孟子却云五伯久假而不歸烏
知其非有何也曰此最難說前輩多有辨之者然卒不得其說
烏知二字爲五伯設也如云五伯自不知也五伯久假而不歸
安知其亦非已有也僩上○問久假不歸烏知其非有舊解多謂
使其能久假而不歸烏知終非其有曰諸家多如此說遂引惹
得司馬溫公東坡來闢孟子問假之之事如責楚包茅不貢與
夫初命三命之類否曰他從頭都是無一事不是如齊桓尙白
直恁地假將去至晉文公做了千般蹺蹊所以夫子有正譎
之論博議說齊桓處甚好但說得來連自家都不好了又曰假
之非利之之比若要識得假與利只看眞與不眞切與不切如

好好色如惡惡臭正是利之之事也道夫云安仁便是性之利
仁便是反之假之之規模自與此別曰不干涉如勉強而行亦
非此比安利勉強皆是眞切但有熟不熟耳頃之歎曰天下事
誰不恁地且如漢祖三軍縞素爲義帝發喪他何嘗知所謂君
臣之義所當然者但受教三老假此以爲名而濟其欲爾問如
夫子稱管仲如其仁也是從假字上說來否曰他只是言其有
仁之功未說到那假字上在且如儞了人并有一人取得出來
人且稱其仁亦未說到那納交要譽惡其聲而然道夫問如此
說則如字如何解曰此直深許其有仁耳人多說是許其似仁
而非仁以文勢觀之恐不恁地只是許其仁耳道夫云假之之
事眞所謂幽沉仁義非獨爲害當時又且流毒後世曰此孟子
所以不道桓文而卑管晏也且如興滅國繼絕誅殘禁暴懷諸侯
而尊周室百般好事他都做只是無惻怛之誠心他本欲他之
之行又恰有這題目入得故不得不舉行道夫云此邵子所以
有功之首罪之魁之論曰他合下便是恁地道夫

王子墊問曰章

王子墊問士何志一段中間反覆說仁義二字都有意須思量得僩

桃應問曰章

問瞽瞍殺人在皐陶則只知有法而不知有天子之父在舜則只
知有父而不知有天下此只是聖賢之心坦然直截當事主一
不要生枝節否曰孟子只是言聖賢之心耳聖賢之心合下是
如此權制有未暇論然到極不得已處亦須變而通之蓋法者
天下公共在皐陶亦只得執之而已若人心不許舜棄天下而

去則便是天也皐陶亦安能違天法與理便即是人心底亦須
是合下有如此底心方能爲是權制今人於事合下無如此底
心其初便從權制去則不可僩○桃應之問孟子之對楊氏有
議貴之說如何曰使舜欲爲天子又欲免瞽瞍則生議貴之法
矣人傑

孟子自范之齊章

問孟子言居移氣養移體後却只論居不論養豈非居能移人之
氣亦如養之能移人之體乎曰有是居則有是養居公卿則自
有公卿底奉養居貧賤則自有居貧賤底奉養言居則養在其
中去僞

形色天性章

至之問形色曰有這形便自有這色所以下文只說踐形蓋色便

任形裡面色猶言容貌也時舉問形色自是兩字否曰固是時舉
敬之問形色天性形是耳目口鼻之類色是如何曰一顰一笑
皆有至理時舉舜六九一顰一笑一語一默無非天理形字重色字輕故下面但云
惟聖人可以踐形直卿云形是動容貌色是正顏色曰固是升卿
問色字如何曰有形便有色如動容周旋中禮則色自正如祭
祀則必有敬之色臨喪則必有哀之色故下文只言踐形節○
問形色天性下只說踐形而不云色何也曰有此形則有此色
如鳥獸之形自有鳥獸顏色草木之形自有草木顏色言形則
色在其中矣僩去○形色上便有天性視便有視之理聽便有聽
之理僩○踐形是有這箇物事腳實踏着不闕了他箇有是形
便有是理盡得這箇理便是踐得這箇形耳目本有這箇聰明
若不盡其聰明時便是闕了這箇形不曾踐得僩○惟聖人可

以踐形踐非踐履之謂蓋言聖人所爲便踏着這箇形色之性
耳去僩○論踐形云天生形色便有本來天理在內賢人踐之而
未盡聖人則步步踏着來路也方○人之有形有色無不各有
自然之理所謂天性也惟聖人能盡其性故即形即色無非自
然之理所以人皆有是形而必聖人然後可以踐其形而無歉
也踐如踐言之踐伊川以爲充人之形是也人○盡性性有仁
須盡得仁有義須盡得義無一些欠闕方是盡踐形人有形形
必有性耳形也必盡其聰然後能踐耳之形目形也必盡其明
然後能踐目之形踐形如踐言之踐伊川云踐形是充人之形
盡性踐形只是一事閎祖○蜚卿問既是聖人如何却方可以踐
形曰踐如掩覆得過底模樣如伊川說充其形色自是說得好
了形只是這形體色如臨喪則有哀色介冑則有不可犯之色

之類天之生人人之得於天其具耳目口鼻者莫不皆有此類
耳便必當無有不聰目便必當無有不明口便必能盡別天下
之味鼻便必能盡別天下之臭聖人與常人都一般惟衆人有
氣稟之雜物欲之累雖同是耳也而不足於聰雖同是目也而
不足於明雖同是口也而不足以別味雖同是鼻也而不足以
別臭是雖有是形惟其不足故不能充踐此形惟聖人耳則十
分聰而無一毫之不聰目則十分明而無一毫之不明以至於
口鼻莫不皆然惟聖人如此方可以踐此形惟衆人如彼自不
可以踐此形賀孫

君子所以教者五章

或問君子之所以教者諸先生說得如何曰諸先生不曾說得分
明曾子學到孔子田地故孔子與他說一貫之道此所謂如時

雨化之者也時雨云者不先不後適當其時而已成德如冉雍
閔子騫者是也達材如冉有季路是也答問如孟子與公孫丑
萬章之徒是也有私淑艾者橫渠謂正己而物正非然也此五
者一節輕似一節大人正己而物正大小大事不應安排在答
問之下以某觀之此言爲不曾親聖人者設也彼雖不曾承聖
人之誨私得於善治孔子之道者亦足以發也故又在答問之
下成德成就其德如孔子於冉閔德則天資純粹者達材
通達其才如孔子於由賜才是明敏者答問則尋常言語私淑
艾如是不曾及門聞風而善者賀孫○伯豐問橫渠云顏子私淑
艾以教人隱而未見之仁也如何曰舊解於私淑艾者謂自善
其身而示教於人故橫渠如此說然考孟子所謂子未得爲孔
子徒也予私淑諸人也此人者是孟子指其師友子思之類以

謂予不得親見孔子而師之只是我私竊傳其善於人如有私淑艾者却是君子所以教者五然亦有大敘有如時雨化之者他地位已到因而發之孔子於顏曾是也其次成德達材又隨人資材成就有答問者未及師承只是來相答問而已私淑艾者未嘗親見面授只是或聞其風而思慕之或私竊傳其善言善行學之以善於其身是亦君子之教誨也橫渠集中有祭文云私淑祖考之遺訓說得文義却順當

公孫丑曰道則高矣美矣章

引而不發引引弓也發發矢也躍如如踴躍而出猶言活潑潑地也人傑○君子引而不發躍如也下三字屬君子言雖引而不發而其意中躍躍然會動如所謂活潑潑地也及入解又云躍躍然於動靜語默之間方○躍如是道理活潑潑底發出在面

前如甲中躍出升卿○君子引而不發躍如也須知得是引箇甚麽是怎生地不發又是甚麽物事躍在面前須是聳起這心與他看教此心精一無些子夾雜方見得他那精微妙處又曰道理散在天下事物之間聖賢也不是不說然也全說不得自是那妙處不容說然雖不說只才挑動那頭了時那箇物事自跌落在面前如張弓十分滿而不發箭雖不發箭然已知得真箇是中這物事了須是精一其心無些子他慮夾雜方看得出僩

引而不發躍如也與舉一隅不以三隅反同意或曰這般有問答處儘好看這也得恁地問便恁地答最是酬酢處見意思且自去看賀孫○或問范謂君子之射引而不發以待彀與的之相偶心欲必中故躍如也此說如何曰范氏此說最好矣豈有君子之射常引而不發者乎只管引而不發却成甚射也引而不發之語只緣上文說射故有此語此只是言君子之教人但開其端以示人而已其中自有箇躍如底道理學者須是識得這箇道理方知君子教人爲甚忠故下文中道而立能者從之去偽

於不可已而已章

進銳退速其病正在意氣方盛之時已有易衰之勢不待意氣已衰之後然後見其失也

知者無不知也章

知者無不知也問知在先否曰也是如此亦不專如此因是用知得賢者知不賢以賢爲否以否爲賢少間那仁上便安頓不着僩○正淳問急先務一段何如曰人人各有當務之急或勞心或勞力勞心者治人勞力者治於人此各有所急也堯以不得舜爲己憂舜以不得禹臯陶爲己憂此聖人之所急也上好禮則民莫敢不敬上好義則民莫敢不服上好信則民莫敢不用

情若學圃學稼則是不急今人讀書中亦自有合着急處若是稍慢處理會未得也且放過不妨緊要處須着理會又問急親賢也急先務也治天下莫過於親賢知却隨時因事爲之故不指言如舜之舉相去四凶是舜之先務禹之治水是禹之先務何如曰大略是如此下文云此之謂不知務須是凡事都有輕重緩急如眼下修纂禮書固是合理會若只知有這箇都困了也不得又須知自有要緊處乃是當務又如孟子答今之樂猶古之樂這裏且要得他與百姓同樂是緊急若就這裏便與理會今樂非古樂便是不知務賀孫。人傑錄別出○問如舜舉臯陶湯舉伊尹所謂親賢者乃治天下者不易之務若當務之急是隨其時勢之不同堯之曆象治水舜之舉相去凶湯之伐夏救民皆所

務之急者曰也是如此然當務之急如所謂勞心者治人勞力
者治於人堯舜之治天下豈無所用其心亦不用於耕耳又如
夫子言務民之義應係所當爲者皆是也漢唐間不能三年之
喪而思小功之察放飯流歠而問無齒決是之謂不知務却止
說智不說仁曰便是併與仁說所謂急親賢之爲務豈不爲仁
乎先生因推言學者亦有當務如孟子論今樂古樂則與民同
樂乃樂之本學者所當知也若欲明其聲音節奏特樂之一事
耳又如修漸禮書亦是學者之一事學者須要窮其源本放得
大水下來則如海潮之至大船小船莫不浮泛若上面無水來
則大船小船都動不得如講學既能得其大者則小小文義自
是該通若只於淺處用功則必不免沉滯之患矣人傑

朱子語類卷第四十九

孟子

盡心

盡信書章

孟子說盡信書不如無書者只緣當時恁地戰鬭殘戮恐當時人以此爲口實故說此然血流漂杵看上文自說前徒倒戈攻其後以北不是武王殺他乃紂之人自蹂踐相殺荀子云所以殺之者非周人也商人也賀孫

舜之飯糗茹草章

或問二女果趙氏以果爲侍有所據否曰某常推究此廣韻從女從果者亦曰侍也去僞

好名之人章

好名之人只是偶然能如此苟非其人苟非真能讓之人則簞食豆羹反見於色想見孟子亦少了幾箇字其人者指真能讓底人言謨○讓千乘之國惟賢人能之然好名之人亦有時而能之然若不是真箇能讓之人則於小處不覺發見矣蓋好名之人本非真能讓國也徒出一時之慕名而勉強爲之耳然這邊雖能讓千乘之國那邊簞食豆羹必見於色東坡所謂人能碎千金之璧而不能不失聲於破釜正此意也苟非其人其人指真能讓國者非指好名之人也僩○徐孟寶問好名之人能讓千乘之國曰會得東坡說能碎千金之璧不能不失聲於破釜否曰如此則能讓千乘之國只是好名至簞食豆羹見於色却是實情也曰然曰如此說時好名大故未是好事在曰只李守約之祖光祖刪定曾如此說來某嘗把此一段對向爲身求而

不受一段爲義蓋前段是好名之人於大處打得過小處漏綻
也動於簞食豆羹是小處遮掩得過大處發露也人傑

民爲貴章

伊尹云勾龍配食於社棄配食於稷蓋以其有功於水土故祀之
今以其水旱故易之夫二神之功萬世所賴旱乾水溢一時之
災以一時之災而遽忘萬世之功可乎曰變置社稷非是易其
人而祀之也伊川之說也蓋言遷社稷壇場於他處耳淳

仁也者人也章

或問仁者人也曰仁是仁不可說故以人爲說者是就人性上說
節○仁者人也人之所以爲人者以其有此而已一心之間渾
然天理動容周旋造次顛沛不可違也一違則私欲間乎其間
爲不仁矣雖曰二物其實一理蓋仁卽心也不是心外別有仁

也椿○仁者人也合而言之道也此是說此仁是人底道理就
人身上體認出來又就人身上說合而言之便是道也蕃○仁
者人也合而言之道也只仁與人合而言之便是道猶言公而
以人體之便是仁也燾○仁者人也非是以人訓仁且如君臣
之義君臣便是人義便是仁盡君臣之義卽是道所謂合而言
之者也孫履○人之所以得名以其仁也言仁而不言人則不見
理之所寓言人而不言仁則人不過是一塊血肉耳必合而言
之方見得道理出來因言仁字最難形容是箇柔軟有知覺相
酬接之意此須是自去體認切問而近思仁在其中矣賀○問
合而言之道也曰只說仁不說人則此道理安頓何處只說人
不說仁則人者特一塊血肉耳必合將來說乃是道也大雅○問
先生謂外國本下更有云云者何所據曰向見尤延之說高麗

本如此廣○問仁也者人也曰此仁字不是別物卽是這人底
道理將這仁與人合便是道程子謂此猶率性之謂道也如中
庸仁者人也是對義者宜也意又不同人字是以人身言之仁
字有生意是言人之生道也中庸說仁字又密上言修身以道
修道以仁便說仁者人也是切己言之孟子是統而言之徐問
禮記仁者右也道者左也仁者人也道者義也曰這般話理會
作甚淳

貉稽曰章

或問肆不殄厥慍亦不殞厥問此緜之八章孟子以是稱文王無
足恠憂心悄悄慍于羣小此邶柏舟之詩何與孔子而以此稱
孔子何也曰此不必疑如見毀於叔孫幾害于桓魋皆慍于羣
小也辭則衛詩意似孔子之事故孟子以此言孔子至於緜詩
肆不殄厥慍之語注謂說文王以詩考之上文正說太王下文
豈得便言文王如此意其間須有闕文若以爲太王事則下又
却有虞芮質厥成之語其嘗作詩解至此亦曾有說謨傳定說○今存
僞

口之於味也章

孟子亦言氣質之性如口之於味也之類是也節○徐震問口之
於味以至四肢之於安佚是性否曰豈不是性然以此求性不
可故曰君子不謂性也僩○敬之問有命焉君子不謂性也有
命焉乃是聖人要人全其正性曰不然此分明說君子不謂性
這性字便不全是就理上說夫口之欲食目之欲色耳之欲聲
鼻之欲臭四肢之欲安逸如何自會恁地這固是天理之自然
然理附於氣這許多却從血氣軀殼上發出來故君子不當以

此爲主而以天命之理爲主都不把那箇當事但看這理合如
何有命焉有性焉此命字與性字是就理上說性也君子不謂
性也命也君子不謂命也此性字與命字是就氣上說賀孫〇仁
之於父子義之於君臣禮之於賓主智之於賢者聖人之於天
道命也有性焉君子不謂命也此命字有兩說一以所稟言之
一以所值言之集注之說是以所稟言之清而厚則仁之於父
子也至若瞽瞍之於舜則薄於仁矣義之於君臣也盡若桀紂
之於逢干則薄於義矣禮薄而至於賓主之失其歡智薄而至
於賢者之不能盡知其極至於聖人之於天道有性之反之之
不同如堯舜之盛德固備於天道若禹入聖域而不優則亦其
稟之有未純處是皆所謂命也人傑〇或問聖人之於天道文勢
與上文一否曰與上文一堯舜性之則盡矣湯武身之則未也

夔孫〇性也有命焉君子不謂性命也有性焉君子不謂命是因
甚有兩樣閎祖〇性也有命焉性字兼氣稟而言命也有性焉此
性字專言其理僩〇問性也有命焉曰此性字兼物欲而言說
得緩而濁如下文有性焉之性則說得緊兩箇命字亦不同燾
性也有命焉此性是氣稟之性命則是限制人心者命也有性
焉此命是氣稟有清濁性則是道心者方子〇直卿云不謂性命
章兩性字兩命字都不同上面性字是人心下面性字是道心
上面命字是氣論富貴貧賤下面命字是理論智愚賢不肖榦
區兄問有性焉有命焉一段先生甚喜以謂某四十歲方看透
此段意思上云性也是氣稟之性有命焉是斷制人心欲其不
敢過也下云命也蓋其所受氣稟亦有厚薄之不齊有性焉是
限則道心欲其無不及也蓋卿〇褒錄云區兄以性也之性爲氣稟之性有性焉之性爲天命之性

先生云某四十歲方得此說不易公思量得〇或問君子不謂性命曰論來口之於
味目之於色耳之於聲鼻之於臭四肢之於安佚固是性然亦
便是合下賦予之命仁之於父子義之於君臣禮之於賓主智
之於賢者聖人之於天道固是命然亦便是各得其所受之理
便是性孟子恐人只見得一邊故就其所主而言舜禹相授受
只說人心惟危道心惟微論來只有一箇心那得有兩樣只就
他所主而言那箇便喚做人心那箇便喚做道心人心如口之
於味目之於色耳之於聲鼻之於臭四肢之於安佚若以爲性
所當然一向惟意所欲却不可蓋有命存焉須着安於定分不
敢少過始得道心如仁之於父子義之於君臣禮之於賓主智
之於賢者聖人之於天道若以爲命已前定任其如何更不盡
心却不可蓋有性存焉須着盡此心以求合乎理始得又曰口

之於味目之於色耳之於聲鼻之於臭四肢之於安佚這雖說
道性其實這已不是性之本原惟性中有此理故口必欲味耳
必欲聲目必欲色鼻必欲臭四肢必欲安佚自然發出如此若
本無此理口自不欲味耳自不欲聲目自不欲色鼻自不欲臭
四肢自不欲安佚賀孫〇或問命字之義曰命謂天之付與所謂
天令之謂命也然命有兩般有以氣言者厚薄清濁之禀不同
也如所謂道之將行將廢命也得之不得曰有命是也有以理
言者天道流行付而在人則爲仁義禮智之性如所謂五十而
知天命天命之謂性是也二者皆天所付與故皆曰命又問孟
子謂性也有命焉此性所指謂何曰此性字指氣質而言如性
相近之類此命字却合理與氣而言蓋五者之欲固是人性然
有命分既不可謂我性之所有而必求得之又不可謂我分可

以得而必極其欲如貧賤不能如願此固分也富貴之極可以無所不爲然亦有限制裁節又當安之於理如紂之酒池肉林却是富貴之極而不知限節之意若以其分言之固無不可爲但道理却恁地不得今人只說得一邊不知合而言之未嘗不同也命也有性焉此命字專指氣而言此性字却指理而言如舜遇瞽瞍固是所遇氣數然舜惟盡事親之道期於底豫此所謂盡性大凡清濁厚薄之禀皆命也所造之有淺有深所遇之有應有不應皆由厚薄清濁之分不同且如聖人之於天道如堯舜則是性之湯武則是身之禹則入聖域而不優此是合下所禀有清濁而所造有淺深不同仁之於父子如舜之遇瞽瞍義之於君臣如文王在羑里孔子不得位禮之於賓主如子敖以孟子爲簡智之於賢者如晏嬰智矣而不知孔子此是合下

來所禀有厚薄而所遇有應不應但其命雖如此又有性焉故當盡性大抵孟子此語是各就其所重言之所以伸此而抑彼如論語所說奢富貴而安貧賤之意張子所謂養則付命於天道則責成於已是也然又自要看得活道理不是死底物在人自着力也仁之於父子以下與集不同讀者詳之○銖○問命矣夫這只是說他一身氣數止於此否曰是它禀受得來只恁地這命便似向來說人心相似是有兩般命却不是有兩箇命有兼氣血說底有全說理底如有性焉君子不謂命也只是這一箇命前面說底是一般後面說底是一般如口之於味耳之於聲性也這便是人心然不成無後也要恁地所以說有命焉君子不謂性也這命便是指理而言若是仁之於父子義之於君臣命也有性焉君子不謂命也這命便是兼氣血而言其實只是這一箇理就氣

禀論則不同且如義之於君臣亦有未事君時先懷一箇不忠底心者子之於父亦有常常懷不孝底心者不成不管他只聽他自恁地須着區處教不恁地始得蔡仲默問相近也是氣質而言否曰是若孟子便直說曰非天之降才爾殊也其所以陷溺其心者然也說至此高聲云只是這箇道理堯舜三王治天下只是理會這箇千百年來無人曉得後都黑了到程先生後說得方分明義剛○堯卿問君子不謂性命章前段說性是物欲之性命是命分後段說性是仁義禮智之性命是禀賦之命似各不同曰只是一般此亦不難解有甚麼玄妙只將自家身看便見且如耆芻豢而厭藜藿是性如此然芻豢分無可得只得且喫藜藿如父子有親有相愛底亦有不相愛底有相愛深底亦有相愛淺底此便是命然在我有薄處便當勉强以至其厚

在彼有薄處吾當致厚感化得他亦厚如瞽瞍之頑舜便能使烝烝乂不格姦叔器問瞽瞍之惡彰彰於天下後世舜何以謂之大孝曰公且自與他畫策瞽瞍頑嚚天知地聞舜如何掩得且說今遇瞽瞍之父公便要如何淳○君子不謂性命一章只要遏人欲存天理前一節人以爲性我所有須要必得後一節人以爲命則在天多委之而不修所以孟子到人說性處却曰有命人說命處却曰有性或曰先生嘗言前段要輕看後段要重看曰固有此理想曾言之謨○問智之於賢者聖人之於天道集注尚存兩說曰兩說皆通前說又似周密問賢者必智何爲却有淺深天道必在聖人何爲却有厚薄曰聖賢固有等差如湯武之於堯舜武王之於文王便自可見謨○或問伊川曰口目與耳四肢之欲性也然有分焉不可謂我須要得是有命

也又曰仁之於父子至聖人之於天道謂之命者以其本受者
厚薄故也然其性善可學而盡故謂之性夫人之分量固有厚
薄所以其口目耳鼻四肢之欲不可以言性伊川前說是矣仁
義禮智天道此天之所以命於人所謂本然之性者也今曰命
有厚薄則是本然之性有兩般也若曰伊川以厚薄言人氣質
稟受於陰陽五行者如此孟子不應言命若以氣質厚薄言命
則是天之降才爲有殊矣又如言仁則曰仁之於父子言義則
曰義之於君臣言禮言智亦然至言天道則曰聖人之於天道
文勢至是當少變邪抑亦有意邪曰孟子言降才且如此說若
命則誠有兩般以稟受有厚薄也又不可謂稟受爲非命也大
抵天命流行物各有得不謂之命不可也命如人有富貴貧賤
豈不是有厚薄知之於賢者則有小大聖人之於天道亦有盡

朱子語類 卷之四十九 孟子 八

不盡處只如堯舜性之則是盡得天道湯武身之則是於天道
未能盡也此固是命然不可不求之於性去僞○問智之於賢者
或云君既有智則賢者必見之此說如何曰如此解似語勢倒
而不順須從横渠說晏嬰之智而不知仲尼豈非命歟然此命
字恐作兩般看若作所稟之命則是晏嬰得智之淺者若作命
分之命則晏子偶然蔽於此遂不識夫此是作兩般看賜○劉
問孟子性也有命焉命也有性焉將性命做兩件了思大命之
謂性又合性命爲一如何曰須隨聖賢文意看孟子所謂命是
兼氣稟而言子思專以天所賦而言又問易言窮理盡性以至
於命如何先生不答少頃曰不要如此看文字游定夫初見伊
川問陰陽不測之謂神伊川曰賢是疑了問只揀難底問後來
人便道游將難底問大意要且將聖賢言語次第看看得分曉

自然知得伊川易傳序云求言必自近易於近者非知言者也
此伊川深察爲人處必○或問聖人之於天道一段以示諸友
祖道曰伯豐舉錢文季之說大槩言命處只將爲所稟之命莫
是偏了曰此說亦是如集注中舉横渠說云以晏子之賢而不
識孔子豈非命也已有此意了如伯豐見識所立亦甚難得祖道

浩生不害問曰章

可欲之謂善可欲只是說這人可愛也淳○問可欲之善曰爲君
仁爲臣敬爲父慈爲子孝是也外是而求則非大雅○問可欲之
謂善若作人去欲他恐與有諸已之謂信不相協蓋有諸已是
說樂正子身上事可欲却做人說恐未安曰此便是他有可欲
處人便欲他豈不是說身上事與下句非不相協時舉○善人能
無惡矣然未必能不失也必真知其善之當然而實有於已然

朱子語類 卷之四十九 孟子 九

後能不失信者實有於已而不失之謂端蒙○問可欲之謂善有
諸已之謂信充實之謂美曰善人只是資質好底人孔子所謂
不踐跡亦不入於室者是也是箇都無惡底人亦不知得如何
是善只是自是箇好人而已有諸已之謂信是都知得了實是
如此做此是就心上說心裏都理會得充實之謂美是就行上
說事事都行得盡充滿積實美在其中而無待於外如公等說
話都是去外面旋討箇善來栽培放這裏都是有待於外如仁
我本有這仁却不曾知得却去旋討箇仁來注解了方曉得這
是仁方堅執之而不失如義我元有這義却不曾知得却旋去
討箇義來注解了方曉得這是義堅守之而勿失這都是有待
於外無待於外底他善都是裏面流出來韓文公所謂足乎已
無待於外之謂德是也有待於外底如伊川所謂富人多寶貨

子借看之喻是也又曰可欲之謂善如人有百萬貫錢世界他都不知得只認有錢使有屋住有飯喫有衣着而已有諸已之謂信則知得我有許多田地有許多步畝有許多金銀珠玉是如何營運是從那裏來盡得知了僩○問可欲之謂善至聖而不可知之謂神曰善渾全底好人無可惡之惡有可喜可欲之善有諸已之謂信真箇有此善若不有諸已則若存若亾不可謂之信自此而下雖一節深如一節却易理會充實謂積累光輝謂發見於外化則化其大之之迹聖而不可知處便是神也所以明道言仲尼無迹顔子微有迹孟子其迹著或問顔子之微有迹處曰如願無伐善無施勞皆是若孔子無迹只是人捉摸不着賀孫○古人用聖字有兩樣大而化之之謂聖是一般如知仁聖義之聖只通明亦謂之聖可學○樂正子二之中是知好

善而未能有諸已故有從子敖之失人傑○賀孫錄云二之中四之下未必皆實有諸已者故不免有失錯處○可欲之謂善人之所同愛而目為好人者謂之善人蓋善者人所同欲惡者人所同惡其為人也有可欲而無可惡則可謂之善人也橫渠曰志仁無惡之謂善誠善於身之謂信人傑○集注○問可欲之謂善曰橫渠說善人者志於仁而無惡蓋可欲底便是善可惡底便是惡若是好善又好惡却如何得有諸已此語脉亦不必深求只是指人說只是說善人信人又問至大而化之皆是指人否曰皆是又問只自善推去否曰固是然須是有箇善方推得譬如合一藥須先有真藥材然後和合羅碾得來成藥若是藥材不真雖百般羅碾畢竟不是大凡諸人解義理只知求向上去不肯不實放下去求惟程子說得平實然平實中其義自深遠如中庸中解動則變變則化只是

就外面說其他人解得太高蓋義理本平易却被人求得深了只如明則誠矣誠則明矣橫渠皆說在裏面若用都收入裏面裏面却沒許多節次安着不得若要强安排便須百端撰合都沒是處帶○或問可欲之謂善伊川云善與元者善之長同理又曰善便有箇元底意思橫渠云求仁必求於未惻隱之前明善必明於可欲之際二先生言善皆是極本窮源之論發明善字而已至於可欲之義則未有說也近世學者多要於可欲上留意有曰一性之真其未發也無思無為難以欲言無欲則無可無不可及其感而遂通則雖聖人未免有欲有欲則可不可形焉可者天理也不可者人欲也可者欲之不可者不欲非善已乎不知此說是否曰不須如此說善人只是渾全一箇好人都可愛可欲更無些憎嫌處問如是則惟已到善人地位者乃

可當之若學者可欲為善當如何用工曰可欲只是都無可憎惡處學者必欲於善字上求用工處但莫做可憎可惡事便了問充實之謂美充實云者始信有是善而已今乃充而實之非美乎易曰美在其中而暢於四肢此之謂也充實而有光輝云者和順積於中英華發於外故此有所形見彼有所觀視非大乎孟子曰大人正已而物正此之謂也橫渠謂充內形外之謂美塞乎天地之間則有光輝之意不知此說然乎曰橫渠之言非是又曰大而化之之謂聖聖而不可知之謂神非是聖上別有一般神人但聖人有不可知處便是神也又以上竿美熟習化其高為愉則其說亦既明矣但大而化之之聖此句各有一說未知其意同否伊川曰大而化之只是理與已一其未化者如人操尺度量物用之尚不免有差至於化則已便是尺度尺度

便是已橫渠云大能成性謂之聖近又聞先生云化其大之迹謂聖竊嘗玩味三者之言恐是一意不知是否曰然[謨]〇程子曰乾聖人之分也可欲之善屬焉坤賢人之分也有諸已之信屬焉一箇是自然一箇是做工夫積習而至又曰善信美大聖神是六等人可欲之謂善是說資禀好可欲是别人以爲可欲有諸已之謂信是說學又曰直方大直方然後大積習而至然後能不習無不利[祖]〇今思乾聖人之分也可欲之善屬焉坤賢人之分也有諸已之信屬焉對曰乾者純陽之卦陽氣之始也始無不善聖人之心純乎天理一念之發無非至善故曰乾聖人之分也可欲之善屬焉坤者純陰之卦陰氣之終所以成始者也賢人學而後復其初欲有諸已必積習而後至故曰坤賢人之分也有諸已之信屬焉先生曰只是一箇是自然一

箇是做工夫可欲之謂善是說資禀可欲是别人以爲可欲有諸已之謂信是說學〇乾九二聖人之學可欲之善屬焉可欲之善是自然道理未到修爲故曰聖人之學坤六二賢人之學有諸已之信屬焉有諸已便欲執持保守依文按本做故曰賢人之學忠信進德修辭立誠乾道也是流行發用朴實頭便做將去是健之義敬以直内義以方外坤道也便只簡靜循守是順之義大率乾是做坤是守乾如活龍相似有猛烈底氣象故九五曰飛龍在天文言說得活潑潑地到坤便善了六五只說黄裳元吉文言中不過說黄中通理正位居體而已看易記取陰陽二字看乾坤記取健順二字便不錯了[僩]

逃墨必歸於楊章

或問孟子云逃墨必歸於楊逃楊必歸於儒孫謂墨氏不及楊氏遠矣韓子却云孔墨必相爲用如此墨氏之學比之楊朱又在可取曰昌黎之言有甚憑據且如原道一篇雖則大意好終是疏其引大學只到誠意處便住了正如子由古史引孟子自在下位不獲乎上只到反諸身不誠處便住又如温公作通鑑引孟子立天下之正位行天下之大道却去了居天下之廣居皆是掐却一箇頭三事却相類也[蔡]

盆成括仕於齊章

盆成括恃才妄作謂不循理了便要胡做[僩]

人皆有所不忍章

叔器問充無受爾汝之實曰惡不仁者其爲仁矣不使不仁者加乎其身恐不仁而不能使不仁者不加乎其身便是不能充無受爾汝之實[賀孫]〇不直心而私意如此便是穿窬之類[又云裝飾是如

此外面却不如此外面恁地裏面却不恁地〇燾]〇問此章前面雙關說仁義後面却專說義如何曰前一截是衆人所共曉到這後又較細密難曉故詳說之又問莫有淺深否曰後面也是說得漸漸較密[道夫]〇問人能充無受爾汝之實集注云實誠也無不肯受爾汝之實者羞惡之誠也須是自治其人無不謹然後無爾汝之稱否曰這些子注中解得不分曉記得舊時解得好却因後來改來改去不分曉了看來實字對名字說不欲人以爾汝之稱加諸我是惡爾汝之名也然反之於身而去其無可爾汝之行是能充其無受爾汝之實也若我自有未是處則雖惡人以爾汝相稱亦自有所愧矣又問餂者探取之意猶言探試之探否曰餂是鉤致之意如本不必說自家却強說幾句要去動人要去悅人是以言餂之也如合當與他說却不說須故爲要難使他來問

我是以不言餂之也又問政使當言而言苟有悅人之意是亦穿窬之類否曰固是這穿窬之心便是那受爾汝之實又問此章首言仁義而後專言義者何也曰仁只是一路不過只是箇不忍之心苟能充此心便了義却頭項多又問人能充無穿窬之心是就至麄處說未可以言而言與可以言而不言是說入至細處否曰然能充無受爾汝之實處工夫却甚大了到這田地功夫大段周密了所以說無所往而不爲義也使行已有一毫未盡便不能無受爾汝之實矣達者推也是展去充填滿也填塞教滿又曰此段最好看僩　○問人能充無受爾汝之實曰某舊說恐未然看來人皆恐爾汝之名須是充此心使無受爾汝之實又曰須是就這惡其名處充到那無受爾汝之實處則無所往而不爲義矣如今面前惡穿窬之名而背後却爲穿窬

便有穿窬之實須是無穿窬之實始得莊仲問伊川爲東坡所玩侮是如何曰公是倒看了充無受爾汝之實孔子之伐木削迹不成也是有受爾汝之實子蒙

言近而指遠章

說言近指遠守約施博四方八面皆看得見此理本是遠近廣約如一而行之則自近約始道理只是一但隨許多頭面去說又不可不逐頭面理會也方　○時可問君子之言也不下帶而道存焉不下帶或作心說曰所謂心者是指箇潛天潛地底說還只是中間一塊肉底是若作心說恐未是時舉

堯舜性者也章

湯武反之其反之雖同然細看來武王終是疎略成湯却孜孜尚進如其伐桀所以稱桀之罪只平說過又放桀之後惟有慚德

武王數紂至於極其過惡於此可見矣人傑　○湯武固皆反之但細觀其書湯反之之功恐更精密又如湯誓與牧誓數桀紂之罪詞氣亦不同史記但書湯放桀而死武王遂斬紂頭懸之白旗又曰湯有慚德如武王恐亦未必有此意也僩　○或問言語必信非以正行信言語以正行莫無害否曰言語在所當信若有意以此而正行便是有所爲而然也燾　○聖人是人與法爲一己與天爲一學者是人未與法爲一己未與天爲一固須行法以俟命也道夫　○注云無意而安行性也性下合添之者二字僩

說大人則藐之章

敬之問說大人則藐之章曰這爲世上有人把大人許多崇高富貴當事有言不敢出口故孟子云爾集注說自分明論語說畏

大人此却說藐大人大人固當畏而所謂藐者乃不是藐他只是藐他許多堂高數仞榱題數尺之類賀孫

養心莫善於寡欲章

問養心莫善於寡欲曰緊要在寡字多字看那事又要這事又要便是多欲子蒙　○養心莫善於寡欲欲是好欲不是不好底欲不好底欲不當言寡振　○孟子曰其爲人也寡欲章只是言天理人欲相爲消長分數其爲人也寡欲則人欲分數少故雖有不存焉者寡矣不存焉寡則天理分數多也其爲人也多欲則人欲分數多故雖有存焉者寡矣存焉者寡則是天理分數少也端蒙　○敬之問養心莫善於寡欲養心也只是中虛曰固是若眼前事事要時這心便一齊走出了未是說無只減少便可漸存得此心若事事貪要這箇又要那箇未必便說到那僻不好底

物事只是眼前底事才多欲便將本心都紛雜了且如秀才好
讀書要讀這一件又要讀那一件又要學寫字又要學作詩這
心一齊都出外去所以伊川教人直是都不去他處用其心也
不要人學寫字也不要人學作文章這不是僻道理是合如此
人只有一箇心如何分做許多去若只管去閑處用了心到得
合用處於這本來底都不得力且看從古作爲文章之士可以
傳之不朽者今看來那箇喚做知道也是此初心下只趁向那
邊都是做外去了只是要得寡欲存這心最是難以湯武聖人
孟子猶說湯武反之也反復也反復得這本心如不邇聲色不
殖貨利只爲要存此心觀旅獒之書一箇獒受了有甚大事而
反覆切諫以此見欲之可畏無小大皆不可忽節○敬之問寡
欲曰未說到事只是纔有意在上面便是欲便是動自家心東

坡云君子可以寓意於物不可以留意於物這說得不是纔說
寓意便不得人好寫字見壁間有碑軸便須要看別是非好書
見掛畫軸便須要識美惡這都是欲這皆足以爲心病某前日
病中閑坐無可看偶中堂掛幾軸畫才開眼便要看他心下便
走出來在那上因思與其將心在他上何似閉着眼坐得此心
寧靜子善問如夏葛冬裘渴飲飢食此理所當然才是葛必欲
精細食必求飽美這便是欲曰孟子說寡欲如今且要得寡漸
至於無欲○集注云多而不節未有不失其本心者多字對寡
字說才要多些子便是欲僩

曾晳嗜羊棗章

羊棗只是北邊小棗如羊矢大者義剛

萬章問孔子在陳章

鄉原原與愿同荀子原愨注讀作愿是也說孟子意是言好不是
言不好然此一等人只是如此了自是不可進了○問鄉原之
義曰原字與愿字同義以其務爲謹愿不欲忤俗以取容專務
徇俗欲使人無所非刺既不肯做狂又不肯做狷一心只要得
人說好更不理會自己所見所得與天理之是非彼狂者嘐嘐
然以古人爲志雖行之未至而所知亦甚遠矣狷者便只是有
志力行不爲不善二者皆能不顧流俗汙世之是非雖是不得
中道卻都是爲己不爲他人彼鄉原便反非笑之曰何以是嘐
嘐也言不顧行行不顧言則言古之人此是鄉原笑狂者也行
何爲踽踽涼涼生斯世也爲斯世也善斯可矣此是鄉原笑狷
者也彼其實所向則是闇然媚於世而已孔子以他心一向外
馳更不反己故以爲德之賊而孟子又以爲不可與入堯舜之

道又問孔門狂者如琴張曾晳牧皮是也如子路子夏輩亦可謂
之狷者乎曰孔門亦有狂不成狂[illegible]狷如冉求之類是也
至於曾晳誠狂者也只爭一撮地[illegible]流[illegible]莊周之徒矣○狂狷
是箇有骨肋底人鄉原是箇無骨力底人東[illegible]西[illegible]邊去取
奉人西邊去周全人看人眉頭眼尾周遮掩蔽惟恐傷觸了人
君子反經而已矣所謂反經去其不善爲其善者而已僩○敬
之問經正則庶民興這箇經正還當只是躬行亦及政事否曰
這箇不必分做兩件說如堯舜雖是端拱無爲只政事便從這
裏做出那曾恁地便了有禹湯之德便有禹湯之業有伊周之
德便有伊周之業終不如萬石君不言而躬行凡事一切不理
會有一家便當理會一家之事有一國便當理會一國之事又
曰孟子當楊墨塞道其害非細孟子若不明白說破只理會自

行教他自化如何得化賀孫問此即大學明德新民之[illegible]
然新民必本於明德而明德所以為新民也賀孫○集義反經經
者天下之大經如父子有親君臣有義夫婦有別長幼有序朋
友有信又如大學中說止於仁止於敬之類是提起大綱然而
天下之事雖至纖悉畢不出於此理非集義不可人傑集義○○問
集義反經之說如何曰經便是大經君臣父子夫婦兄弟朋友
五者若便集義且先復此大經天下事未有出此五者其間却
煞有曲折如大學亦先指此五者為言使大綱得正則其他節
目皆可舉若不先此大綱則其他細碎工夫如何做謂如造屋
先有根腳然後葱櫳有安頓處僩

由堯舜至於湯章

問然而無有乎爾則亦無有乎爾曰惟三山林少穎向某說得最

好若禹皋陶則見而知之湯則聞而知之蓋曰若非前面見而
知得後之人如何聞而知之也孟子去孔子之世如此其未遠
近聖人之居如此其近然而已無有見而知之者則五百歲之
後又豈復有聞而知之者乎僩○蔣端夫問聞知見知所知者
何事曰只是這道理物物各具一理又問此道理如何求謂見
之於心或求之於事物曰不知所求者何物若不以心于何求
之求之於事物亦是以心

四書考彙刪（孟子）二卷

清 臧廷鑑訂釋

清康熙十九年刻本

四書考彙删序

吳郡　薛　熙撰

方正學先生云聖賢之經傳非一家之書則其說亦非一人之所能盡也昔朱子補致知格物傳而論者每以不見古人全書爲憾故欲歸經文知止以下至則近道矣以上四十二字於聽訟吾猶人也之右爲第四章則致知格物之傳爲未亡先生以爲是說雖異於朱子而不悖乎理固爲朱子之所取若夫曉曉然黨所聞而不顧理之是非者非朱子之意也長興臧受澄誦法朱子章句有年以爲朱子之言理如正學之所謂與者蓋亦鮮矣獨是四子書集注中有古人之姓氏僅存而行事不少槩

見者亦有車服禮器制度采章弗深考者、則讀者既得其神理、而無由稽其事實、非聖賢本末兼該、鉅細不遺之意也。向有人物備考一書、可以補傳注之所不及。張氏侗初、陳氏明卿、與家方山先生、先後輯之、計若干卷、則苦其太繁。往往束而不觀者有之、覽而未竟者有之、其書既不爲人人之所誦習、則一時欲購而不得者有之、嗟夫、古之學者、以一物不知爲恥、今奉功令以四子書課士、既曰理宗朱注矣、乃舉四子書中之姓氏而問其行事、曰不知、四子書中之車服禮器、問其制度云何、曰[illegible]章云何、曰不知、以至曆象之微、動植之煩、皆曰不知恥如是而發爲制舉之業、則識見未免失之淺、詞章未免四書考彙受澄爰取備考一書而增刪之、凡事之怪異不經者、字雅訓者、舊爲備考之所有、而不可以入舉業者悉去之。凡見於十三經注疏、及國語、家語、國策、史記、通鑑、諸子百家者、舊爲備考之所遺、而有裨於舉業者悉採之。其取事也簡而該。其選詞也典而贍。字有解。句有釋。輯而鋟諸板。名曰四書考彙刪、以爲舉業之助。予遇之於泰中旅次、出以見示、俾予論定之、予謂朱子之學、得正學先生、而後其道益大彰明較著、則正學爲朱子理學之宗子也、朱子當日不憚以經傳之闕者毅然補之、先生不憚以朱子之所補者欲更定之、則凡朱子之所本闕者、又奚不可輯而增益之哉、况朱子之集注、皆輯諸儒已成之說以明其理侗初明卿方山諸公之備考則存古今人物之遺以著其實其有功於聖賢之經傳則一也愛澄輯而行之亦此意也夫學者毋以其末也細故也而忽諸則予之厚望也夫時

康熙歲次庚申夏六月既望

四書考彙删序

諸城　臧　振榮撰

若水之西，維城之下，有吾宗焉，以詩禮世其家，而吾弟受澄氏尤讀書謹身，弘覽博物之君子也。與予晤於曹南官署，出其四書考彙删示予，顧得一言以弁其首。予謂小學廢，而士子專事於時文熟爛之習，則相與講章句、課文藝者，摹肖口吻而已。至若名物象數之煩，有白首而不知者矣。邨校鄙儒，字音不正，句讀不明，日笞罵其鄉人子弟，使之瀾翻背誦而已。究其書義，則雖舉堯舜與澹臺滅明之名，有不知爲何者。蓋讀書不徒貴乎能熟，而貴乎能明大義；行文不徒貴乎摹肖口吻，而貴博通乎

編序

名物象數焉是書之輯蓋小學之一助也紫陽朱夫子曰人生六歲以上甫受學每日即舉一字義之易曉者與之講說雖中人之資在一歲之中亦可以曉三百字之義積而至於三年則虛實既明首尾必貫即書義亦可以漸通也眞西山先生曰幼學必先識字今人以方寸小紙書隻字於其上令稚子輩轉移而能識認是矣然不若即其所識之一字更舉夫天文地理兵農禮樂律曆諸書中有與所識字相連屬者於正幅仍書此已識之字而後幅則書某字某字俾其止識某字而以已識字教之上文或下文聯屬之義義窮而止則學子用心於一字而徐得連屬二字之效久之可以博觀夫名物象數而有餘矣備考

一書向苦卷帙煩多。今得受澄刪葺而行之，俾凡業師於講說書復爲之句備字比，以闡明其義。俾凡學徒默識之，朗誦之，與日間而能舉以對焉，則朱真二先生之法，可以兼而有之。其於小學之功，不甚有裨乎。如是以行之鄉校，則足以記姓名，知故事。行之於黨庠術序之中，講章句，課文藝之時，則可以明典制，救容踪，舉凡聖人賢人之行止動作，以及二帝三王之服物采章，恍然如目覩其盛，而與之進退揖讓乎其間。矣實學之興也，其在是歟。受澄是編，意在便蒙。予舉朱真二子之所以啓蒙者以發其義。易曰：蒙以養正，聖功也。豈不以爲功於小學，即有功於聖學也哉。是爲序

[illegible]

康熙十有九年歲次庚申重陽前二日

四書考彙删上孟卷之五

茗西臧廷鑑受澄訂釋
葉嘉璋奉裳
受業陳士傑楚良仝校
陳士魁斗文

孟子

孟子名軻字子輿一字子車魯公族孟孫之後也世居於鄒故爲鄒人父激公宜娶仉（音掌）氏夢神人乘雲攀龍鳳自泰山來將止於嶧凝視久之忽見片雲墜而寤時閭巷皆見五色雲覆孟氏居而孟子生焉（出闕里誌）三歲喪父母有賢德挾其子以居始舍近墓孟[illegible]習[illegible]

戲爲墓間事踊躍築埋孟母曰此非所以居子也乃去
爲賈衒事母曰又非所以居子也遂徙舍學宮旁其嬉戲乃設俎豆
揖讓進退母曰此眞可以居子矣遂居之稍長就學而歸母方績問
曰學何所至矣軻曰自若也母以刀斷織軻懼問其故母曰子之廢
學若吾斷斯織矣夫君子學以立名問以廣知是以居則安寧動則
遠害今而廢之是不免於廝役而無以離於禍患也何以異於織績
而食中道廢而不爲寧能衣其夫子而長不乏食哉軻懼旦夕勤學
不息出列女傳孟子車尚幼請見子思子思見之甚說其志命子上侍坐
焉禮敬甚崇子上不願也既退子上請曰白聞士無介不見女無媒
不嫁孟孺子無介而見大人謹而敬之白也未諭敢問子思曰然吾

昔從夫子於郯遇程子（名本）於塗傾蓋而語（傾蓋猶交蓋駐車也）終日而別命子路將束帛贈焉以其道同於君子也今孟軻言稱堯舜性善仁義世所希有也事之猶可況加敬乎非爾所及也（出孔叢子）孟子道既通偪梁惠王卑禮厚幣以招賢者乃至梁既而去梁適齊齊王以爲上卿孟子處齊有憂色擁楹而歎孟母見曰子擁楹而歎若有憂色何也對曰軻聞之君子稱身而立位不爲苟得而受賞不貪榮祿今道不用於齊願行而母老是以憂也孟母曰婦人之禮精五飯（五穀之飯）冪酳酒𩜁養舅姑縫衣裳而已故有閨內之修而無境外之志易曰在中饋無攸遂（家人卦）詩曰無非無儀惟酒食是議（斯干詩）以言婦人無擅制之義而有三從之道也故年少則從乎父母出嫁則從乎[illegible][illegible]則從

乎子禮也今子成人也而我老矣子行乎子義我行乎[illegible]何憂

乎（出列女傳）孟子復去齊適梁梁惠王不果所言則見以爲迂遠而濶於事情當是時秦用商君富國彊兵楚魏用吳起戰勝弱敵齊威王宣王用孫子田忌之徒而諸侯東面朝齊天下方務於合從連衡以攻伐爲賢而孟軻乃述唐虞三代之德是以所如者不合退而與萬章之徒序詩書述仲尼之意作孟子七篇以詔來世娶田氏生子名仲子（出史記）

梁惠王

惠王名罃魏武侯子擊之子也（子擊武侯名）其先魏桓子與趙襄子韓康子共滅智伯分其地桓子之孫曰文侯文侯生武侯武侯生罃僭稱

王。是爲惠王。初武侯卒。罃與公仲緩爭爲太子。（武侯元年。封公子緩。六年。緩如邯鄲以作難。）公孫頎自宋入趙。自趙入韓。謂韓懿侯曰。魏罃與公仲緩爭爲太子。今罃得王錯。（魏大夫。）挾上黨。固半國也。因而除之。（除魏罃王錯。）破魏必矣。不可失也。懿侯悅。乃與趙成侯合兵伐魏。魏大敗。趙謂韓曰。殺罃立公仲緩。割地而退。我二國之利也。懿侯曰。不可。殺魏侯。人必曰暴。割地入。必曰貪。不如兩分之。（分立魏罃公仲緩。）魏分爲兩。不強於宋衛。則我終無魏之患矣。趙不聽。懿侯不悅。以其兵夜去。成侯亦去。罃遂殺公仲緩而立。（出史記。）十六年。與齊威王會田於郊。（郊縣名。屬沛郡。）惠王曰。齊亦有寶乎。威王曰。無有。惠王曰。寡人國雖小。尚有徑寸之珠。照車前後各十二乘者十枚。威王曰。寡人之所以爲寶者與王異。吾臣有檀子（檀。姓也）

失其名。古者大夫皆稱子。聆子黔夫種首此四臣者將照千里豈特十二乘哉惠王有慚色出資治通鑑

初魏相公叔座病惠王親往問疾公叔曰座之中庶子公孫鞅中庶子官名。蓋座之家臣也。年雖少有奇才願王舉國而聽之即不用必殺之無令出境王許諾而去公孫座召鞅謝曰今者王問可以為相者我言若王色不許我我先君後臣因謂王即弗用鞅當殺之王許我汝可疾去矣且見禽鞅曰彼王不能用君之言任臣又安能用君之言殺臣乎卒不去王出謂左右曰公叔病甚悲乎欲令寡人以國聽衛鞅也既又勸寡人殺之豈不悖哉公叔既死公孫鞅過秦見孝公公大悅任以國事致有公子卯之敗惠王始歎曰吾恨不用公叔座之言也出史記

靈臺

文王既出羑里，周公旦築爲靈臺。出六韜 太廟有八名，其體一也。肅然清靜謂之清廟，行禘祫序昭穆謂之太廟，告朔行政謂之明堂，行饗射養國老謂之辟廱，占靈物望氛祥謂之靈臺，其四門之學謂之太學，其中室謂之太室，總謂之宮。出春秋釋例 天子有靈臺，以候天地；諸侯有時臺，以候四時。登高望遠，人情所樂，動而無益於民者，雖樂不爲也。出公羊傳注

湯誓

王曰：格爾衆庶，格，來也。悉聽朕言。非台小子台音貽，我也。敢行稱亂，有夏多罪，天命殛之。今爾有衆，汝曰我后不恤我衆，舍我穡事而割正夏。斷

有夏之罪予惟聞汝衆言夏氏有罪予畏上帝不敢不正今汝其曰夏罪其如台夏王率遏衆力率割夏邑有衆率怠弗協曰時日曷喪予及汝皆亾夏德若茲今朕必往爾尚輔予一人致天之罰予其大賚汝爾無不信朕不食言爾不從誓言予則孥戮汝罔有攸赦

數罟

魯宣公夏濫於泗淵漬罟於泗水以取魚里革斷其罟而棄之曰古者大寒降土蟄發季冬寒氣初下孟春蟄虫始震水虞於是乎講罛音瓜罶音柳水虞漁師也講習也罛魚網也罶魚笱也取名魚名魚大魚也登川禽川禽鱉蜃之類也而嘗之寢廟行諸國人助宣氣也是時陽氣起魚陟負冰故令國人取之以助宣氣鳥獸孕水蟲成春時鳥獸方懷子魚鱉已成育獸虞於是乎禁罝羅禁不得取鳥獸矠音柝魚鼈以爲夏犒魚鼈夏不得取故於此助時刺魚鱉以爲夏備

生阜也（助鳥獸之生長也）鳥獸成水蟲孕水虞於是乎禁罝䍡（音鹿禁不得取魚鼈）設穽鄂（設取獸之物）以實廟庖畜功用也（畜四時之功用）且夫山不槎蘖（不斫株生之物）澤不伐夭（不伐草木之未成者）魚禁鯤鮞（鯤魚子鮞魚未成者）獸長麑䴠（麑音倪䴠音襖麑鹿子䴠麋子）鳥翼鷇（音摳）卵蟲舍蚳蝝（蝝音緣）蕃庶物也古之訓也今魚方別孕（方別於雄而懷子）不教魚長又行網罟貪無藝也公聞之曰吾過而里革匡我不亦善乎是良罟也為我得法使有司藏之使吾無忘諗（諗音審告也）師存侍曰藏罟不如寘里革於側之不忘也（出國語）

桑

季春之月命野虞（主田及山林之官）毋伐桑柘鳴鳩拂其羽戴勝降于桑具曲植籧筐后妃齋戒親東鄉躬桑禁婦女毋觀（不得為容飾）省婦使以勸

蠶事蠶事既登分繭稱絲效功以共郊廟之服毋有敢惰出禮記月令

晉

晉姬姓侯爵周武王少子唐叔虞成王母弟也初武王與叔虞母孕時夢天謂武王曰余命汝生子名虞余與之唐及生子文在其手曰虞故遂因命之曰虞武王崩成王立唐有亂周公誅滅唐成王與叔虞戲削桐葉爲珪以與叔虞曰以此封若史佚因請擇日立叔虞成王曰吾與之戲耳史佚曰天子無戲言言則史書之禮成之樂歌之於是遂封叔虞於唐唐在河汾之東方百里故曰唐叔虞出史記春秋時晉有智氏趙氏韓氏魏氏范氏中行氏號六卿後晉君失政六卿專權周定王十一年智韓趙魏共滅范中行分其地十六年趙韓魏

又共滅智氏分其地安王二十六年三家共廢晉君而分其地號曰三晉出通鑑

齊

齊姜姓侯爵出自炎帝裔孫伯益爲四嶽佐禹平水土有功虞夏之際封於呂謂之呂侯商末太公望起渭水爲周文武師號師尚父佐武王定殷封營丘受命專征其後桓公小白立齊始伯魯哀公十四年田恒弑簡公立其弟驁爲平公而相之卒移齊祚出春秋列國始末考恒弑簡公三傳至田和乃遷其君貸於海上貸齊康公名食一城既而求爲諸侯魏文侯爲之請於王及諸侯王許之後貸卒無子田氏遂并齊出通鑑

東敗於齊　按史記作魏伐趙

魏使龐涓伐韓韓請救於齊齊王召大臣而謀之成侯鄒忌曰不如勿救田忌曰不救則韓且折而入於魏不如早救之孫臏曰夫韓魏之兵未弊而救之是吾代韓受魏之兵顧反聽命於韓也且魏有破國之志韓見亡必東面而愬於齊吾因深結韓之親而晚承魏之弊則可以受重利而得尊名也王曰善乃陰許韓使因起兵使田忌將孫臏為師以救韓直走魏都涓聞之去韓而歸魏大發兵使太子申將以禦齊師臏謂忌曰三晉之兵素悍勇而輕齊齊號為怯善戰者因其勢而利導之乃使齊軍入魏地為十萬竈明日為五萬竈又明日為二萬竈涓大喜曰吾固知齊軍怯入吾地三日士卒亡者過半

矣乃倍日併行逐之臏度其行暮當至馬陵馬陵道陝而傍多阻隘可伏兵乃斫大樹白而書之曰龐涓死此樹下令善射者萬弩夾道而伏期日暮見火舉而俱發涓果夜至見白書以火燭之讀未畢萬弩俱發魏師大亂涓乃自刎曰遂成豎子之名齊因乘勝大破魏師獲太子申出綱鑑

秦

秦嬴姓伯爵顓帝裔孫女修吞玄鳥卵而生大業其子大費與禹平水土佐舜調馴鳥獸賜姓嬴是爲柏翳柏翳十九世孫非子爲周孝王主馬汧渭間馬大蕃息孝王封爲附庸而邑之秦號曰秦嬴六世至襄公將兵救周送平王東遷有功封爲諸侯使逐犬戎盡有故周

岐豐之地凡七世至穆公任好僖十五年秦晉戰韓始見春秋（出春秋列國始末考）其後孝公用商鞅以戰覇秦子惠文君自號爲王至始皇并天下自立爲皇帝（出史記）

西喪地於秦

惠王十七年魏與秦戰元里秦取魏少梁（出史記魏世家）三十一年秦孝公使衛鞅將兵伐魏魏使公子卬將而擊之軍既相距衛鞅遺魏將公子卬書曰吾始與公子驩今俱爲兩國將不忍相攻可與公子面相見盟樂飲而罷兵以安秦魏魏公子卬以爲然會盟已飲而衛鞅伏甲士而襲魏公子卬因攻其軍盡破之以歸秦魏惠王兵數破於齊秦國內空日以削恐乃使使割河西之地獻於秦以和而魏遂去安

邑徙都大梁出史記商君列傳

楚

楚芈姓芈音米子爵出自帝顓頊高陽高陽生稱稱生卷章卷章生重黎重黎爲帝嚳高辛居火政甚有功能光融天下命曰祝融其弟曰吳回帝嚳以吳回爲重黎後生陸終陸終生子六人最少曰季連季連之苗裔曰鬻熊鬻熊爲周文武師成王時舉文武勤勞之後嗣得鬻熊曾孫熊繹封於荆蠻胙以子男之田魯莊公十年荆始見經魯文公十四年莊王旅立始爭覇至戰國與秦號七雄而楚最盛出春秋列國始末考

南辱於楚

楚懷王六年使柱國昭陽將兵而攻魏破之於襄陵出史記楚世家

梁襄王

襄王名赫惠王子也襄王立惠王葬有日矣天大雨雪至於牛目壞城郭且爲棧道而葬羣臣多諫太子者曰雪甚如此而喪行民必甚病之官費又恐不給請弛期更日太子曰爲人子而以民勞與官費用之故而不行先王之喪不義也子勿復言羣臣皆不敢言而以告犀首犀首曰吾未有以言之也是以唯惠公乎請告惠公惠公曰諾駕而見太子曰葬有日矣太子曰然惠公曰昔王季歷葬於楚山之尾欒（音鸞）水囓其墓（墓爲漏流所潰）見棺之前和文王曰嘻先君必欲一見羣臣百姓也夫故使欒水見之於是出而爲之張朝百姓皆見之三日而後更葬此文王之義也今葬有日矣而雪甚及牛目難以行太子

爲及日之故得毋嫌於欲亟葬乎願太子更日先王必欲少留而扶社稷安黔首也故使雪甚因弛期而更爲日此文王之義也若此而弗爲意者羞法文王乎太子曰甚善敬弛期更擇日出戰國策

齊宣王

齊宣王名辟彊威王子也其先陳厲公佗之子田敬仲完之後數傳至恒弒簡公割齊安平以東至琅邪爲封邑封邑大於齊平公之所食田恒卒子盤立盤卒子白立白卒子和立按和遷齊康公於海上求爲諸侯周安王十六年爲田齊元年仍稱太公和卒子桓公立桓公卒子威王立威王卒子宣王立出史記田完世家

蘇秦爲趙合從說齊宣王曰齊南有泰山東有琅邪西有清河北有渤海此所謂四塞之國也齊地方二千里帶甲數十萬粟如

丘山齊車之良五家之兵（管仲軍令五家爲軌）疾如錐矢（錐音追銳也）戰如雷電解如風雨即有軍役未嘗倍泰山絕清河涉勃海也臨淄之中七萬戶臣竊度之下戶三男子三七二十一萬不待發於遠縣而臨淄之卒固已二十一萬矣臨淄甚富而實其民無不吹竽（竽似笙三十六簧）鼓瑟（似琴二十五弦）擊筑（筑音竹似琴而大頭圓五絃擊之不鼓）彈琴鬬雞（鬬雞戲不今見）走狗（田獵也）六博（六博即雙陸）蹋鞠者（蹴毬也）臨淄之塗車轂擊（車多則轂相擊）人肩摩（人衆則肩相摩）連衽成帷舉袂成幕揮汗成雨家敦而富志高而揚夫以大王之賢與齊之彊天下不能當今乃西面事秦竊爲大王羞之且夫韓魏所以畏秦者以與秦接界也兵出而相當不出十日而戰勝存亡之機決矣韓魏戰而勝秦則兵半折四境不守戰而不勝以亡隨其後是故韓魏

之所以重與秦戰而輕爲之臣也今秦攻齊則不然倍倍與背同韓魏之地至衛陽晉之道陽晉在衛西南徑亢父之險車不得方軌方并也馬不得並行百人守險千人不能過也秦雖欲深入則狼顧恐韓魏之議其後也是故恫疑虛喝秦自疑懼不敢進兵虛高躍史記作作恐喝之詞以脅韓魏驕矜而不敢進則秦不能害齊亦明矣夫不料秦之不奈我何也而欲西面事秦是羣臣之計過今臣無事秦之名而有彊國之實臣固願大王之少留計王曰寡人不敏今主君以趙王之詔詔之敬奉社稷以從出戰國策齊

宣王見顏斶曰斶前斶亦曰王前宣王不說左右曰王人君也斶人臣也王曰斶前斶亦曰王前可乎斶對曰夫斶前爲慕勢王前爲趨士與使斶爲慕勢不如使王爲趨士宣王曰嗟乎君子焉可侮哉寡

人自取病耳及今聞君子之言乃今聞細人之行願且受爲弟子且顔先生與寡人遊食必太牢出必乘車妻子衣服麗都顔斶辭去曰夫玉生於山制則破焉非弗寶貴矣然太璞不完士生乎鄙野推選則祿焉非不尊遂也然而形神不全斶願得歸晚食以當肉安步以當車無罪以當貴淸淨貞正以自娛願得賜歸安行反臣之邑屋則再拜而辭去君子曰斶知足矣歸眞反璞則終身不辱出戰國策

小雅巧言之詩大夫傷於讒無所控告而訴之於天

悠悠昊天曰父母且且音疽語辭無罪無辜亂如此憮憮大也昊天已威予愼無罪昊天泰憮予愼無辜已泰皆甚也此自訴而求免之詞亂之初生僭僭音譖始旣涵亂之又生君子信讒君子如怒亂庶遄音椽沮沮止也君子如祉亂

庶遄已。祉猶喜也。言見賢者之言。若喜而納之則亂庶幾遄已矣。君子屢盟。亂是用長。君子信盜。盜指讒人。亂是用暴。盜言孔甘。亂是用餤。餤音談。進也。言讒言之美。如食之甘。使人嗜之而不厭。則亂是用進矣。匪其止共。惟王之邛。邛音窮。病也。言此讒人不能供其職事。徒以爲王之病而已。奕奕寢廟。君子作之。秩秩大猷。聖人莫之。莫。定也。他人有心。予忖度之。躍躍毚躍音笛。毚兔。遇犬獲之。毚音讒。狡也。言躍躍毚兔。險狡甚矣。所以爲物莫能制也。忽然遇犬則獲之矣。然則讒人之心。我得而知之者。何以異是哉。荏染柔木。荏染。柔貌。君子樹之。往來行言。行道之言。心焉數之。數。辨也。蛇蛇音移。安舒也。碩言。出自口矣。巧言如簧。顏之厚矣。彼何人斯。居河之麋。音眉。無拳無勇。拳音權。力也。職爲亂階。既微且尰。尰與瘇同。骭瘍爲微。尰足爲尰。爾勇伊何。爲猶將多。爾居徒幾何。言其人又有微尰之疾。亦何能勇哉。而爲讒謀則大且多如此。是必有助之者矣。然其所與居之徒衆。幾何人哉。言亦不能甚多也。

大雅思齊之詩　此詩亦歌文王之德而推本言之

思齊音齋大音泰任文王之母思媚周姜媚愛也周姜太王妃京室之婦京周也太姒嗣徽音太姒文王妃則百斯男百男舉成數而言也言大姒又能繼美德之音而子孫衆多惠于宗公惠順也宗公宗廟先公也神罔時怨神罔時恫恫痛也刑于寡妻刑儀法也寡妻猶言寡小君至于兄弟以御于家邦雝雝在宮肅肅在廟不顯亦臨言雖居幽隱亦常若有臨之者無射亦保射音亦言雖無厭射亦當有所守焉肆戎疾不殄戎大也疾猶難也大難如羑里之囚是也殄絕也烈假不瑕烈光也假大也瑕過也不聞亦式不諫亦入式法也言入於善肆成人有德冠以上爲成人小子有造小子童子也古之人指文王無斁譽髦斯士譽名也髦俊也言一時人材皆出其所成就也

田獵

春獵爲蒐索取禽獸之不孕者夏獵爲苗除禽獸爲苗害者秋獵爲獮殺也順秋氣也冬獵爲狩狩圍守也冬物畢成獲則取之無所擇也宵田爲獠火田爲狩出爾雅天子諸侯無事則歲三田一爲乾豆二爲賓客三爲充君之庖無事而不田曰不敬田不以禮曰暴天物天子不合圍四面圍之諸侯不掩羣掩襲而羣取天子殺則下大綏天子旗名諸侯殺則下小綏諸侯旗名大夫殺則止佐車佐車止則百姓田獵獺祭魚然後虞人入澤梁豺祭獸然後田獵鳩化爲鷹然後設罻羅草木零落然後入山林昆蟲未蟄不以火田不麛不卵不殺胎不殀夭不覆巢出禮記王制中春教振旅遂以蒐畋中夏教茇舍遂以苗畋中秋教治兵遂以獮畋中冬教大閱遂以狩畋出周禮

句踐

越王句踐其先禹之苗裔而夏后少康之庶子也封於會稽以奉守禹之祀文身斷髮披草萊而邑焉後二十餘世至於允常允常之時與吳王闔廬戰而相怨伐允常卒子句踐立元年吳王闔廬聞允常死乃興師伐越越王句踐使死士挑戰三行至吳陳呼而自剄三行當作行之速意呼而自剄者誓死戰也吳師觀之越因襲擊吳師敗於檇里檇音醉射傷吳王闔廬闔廬且死告其子夫差曰必毋忘越三年句踐聞吳王夫差日夜勒兵且以報越越欲先吳未發往伐之范蠡諫曰不可越王曰吾已決之矣遂興師吳王聞之悉發精兵擊越敗之夫椒越王乃以餘兵五千人保棲於會稽吳王追而圍之越王謂范蠡曰以不聽子故至於此爲之奈何蠡對曰持滿者與天定傾者與人節事者以地

卑辭厚禮以遺之不許而身與之市句踐曰諾乃令大夫種行成於吳膝行頓首曰君王亡臣句踐使陪臣種敢告下執事句踐請爲臣妻爲妾吳王將許之子胥言於吳王曰天以越賜吳勿許也種還以報句踐句踐欲殺妻子燔寶器觸戰以死種止句踐曰夫吳太宰嚭貪可誘以利請間行言之於是句踐乃以美女寶器令種間獻太宰嚭嚭受乃見大夫種於吳王種頓首言曰願大王赦句踐之罪盡入其寶器不幸不赦句踐將盡殺其妻子燔其寶器悉五千人觸戰必有當也嚭因說吳王曰越已服爲臣若將赦之此國之利也吳王將許之子胥諫曰今不滅越後必悔之吳王弗聽卒赦越罷兵而歸句踐之困會稽也喟然嘆曰吾終於此乎種曰湯繫夏臺文王囚羑里

晉重耳奔翟齊小白奔莒其卒王霸由是觀之何遽不爲福乎吳既敗越越王句踐反國乃苦身焦思置膽於坐坐臥即仰膽飲食亦嘗膽也曰汝忘會稽之恥邪身自耕作夫人自織食不加肉衣不重采折節下賢人厚遇賓客振貧弔死與百姓同其勞欲使范蠡治國政蠡對曰兵甲之事種不如蠡鎭撫國家親附百姓蠡不如種於是舉國政屬大夫種而使范蠡與大夫柘稽行成爲質於吳二歲而吳歸蠡句踐自會稽歸七年拊循其士民士民欲用以報吳大夫逢同逢姓同名諫曰國新流亡今乃復殷給繕飾備利吳必懼懼則難必至且鷙鳥之擊也必匿其形今夫吳兵加齊晉怨深於楚越名高天下實害周室德少而功多必淫自矜爲越計莫若結齊親楚附晉以厚吳吳之

志廣必輕戰是我連其權三國伐之越承其弊可克也句踐曰善君
二年吳王將伐齊子胥諫曰未可臣聞句踐食不重味與百姓同苦
樂吳有越腹心之疾齊與吳疥癬也願王釋齊先越吳王弗聽遂伐
齊敗之艾陵讓子胥子胥曰王毋喜王怒子胥欲自殺王聞而止之
越大夫種曰臣觀吳王政驕矣請試嘗之貸粟以卜其事請貸吳王
欲與子胥諫勿與王遂與之越乃私喜子胥言曰王不聽諫後三年
吳其墟乎太宰嚭聞之乃數與子胥爭越議因讒子胥曰伍員貌忠
而實忍人其父兄不顧安能顧王王始不從乃使子胥於齊（乃及也）聞
其託子於鮑氏王乃大怒曰伍員果欺寡人欲反使人賜子胥屬鏤
劍以自殺子胥大笑曰我令而父霸我又立若若初欲分吳國半予

我我不愛已今若反以讒誅我嗟乎嗟乎一人固不能獨立報使者
曰必取吾眼置吳東門以觀越兵入也居三年句踐召范蠡曰吳已
殺子胥導諛者衆可乎對曰未可至明年春吳王北會諸侯於黄池
吳國精兵從王惟獨老弱與太子留守句踐復問范蠡蠡曰可矣乃
發習流二千教士四萬人君子六千人君子王親近者諸御千人諸御謂在軍有職事
者伐吳吳師敗遂殺吳太子吳告急於王王方會諸侯於黄池懼天
下聞之乃秘之吳王已盟黄池乃使人厚禮以請成越越自度亦未
能滅吳乃與吳平其後四年越復伐吳吳士民罷斃輕銳盡死於齊
晉而越大破吳因而留圍之三年吳師敗越遂復棲吳王於姑蘇之
山吳王使公孫雄肉袒袒衣露肉膝行而前請成越王曰孤臣夫差敢布

腹心異日嘗得罪於會稽夫差不敢逆命得與君王成以歸今君王舉玉趾而誅孤臣孤臣惟命是聽意者亦欲如會稽之赦孤臣之罪乎句踐不忍欲許之范蠡曰會稽之事天以越賜吳吳不取今天以吳賜越越其可逆天乎句踐曰吾欲聽子言吾不忍其使者范蠡乃鼓進兵曰王已屬政於執事執事，蠡自謂也。使者去不者且得罪吳使者泣而去句踐憐之乃使人謂吳王曰吾置王甬東君百家吳王謝曰吾老矣不能事君王遂自殺乃蔽其面曰吾無面以見子胥也出史記吳王夫差敗越於夫椒報檇李也遂入越越子以甲楯五千保於會稽使大夫種因吳太宰嚭以行成吳子將許之伍員曰不可臣聞之樹德莫如滋去疾莫如盡昔有過澆殺斟灌以伐斟鄩澆，寒浞子，封於過。二斟，夏同姓諸侯滅夏后相（相失國依於二斟復滅於澆）后緡（相妻）方娠逃出自竇歸於有仍生少康焉為仍牧正惎澆能戒之（懼澆之毒而能戒備之）澆使椒求之逃奔有虞為之庖正以除其害（賴以得免於害）虞思於是妻之以二姚而邑諸綸有田一成（方十里）有衆一旅（五百人）能布其德而兆（始）其謀以收夏衆撫其官職使女艾諜澆（女艾少康臣使候其隙）使季杼誘豷（季杼少康子豷澆之弟封于戈）遂滅過戈復禹之績祀夏配天不失舊物今吳不如過而越大於少康或將豐之不亦難乎（或者欲與越成而豐大之必為吳之患難）句踐能親而務施施不失人（施惠皆得其人）親不棄勞（愛人不棄小勞）與我同壤而世為仇讎於是乎克而弗取將又存之違天而長寇讎後雖悔之不可食已（食消也已止也）姬之衰也日可俟也介在蠻夷而長寇讎以是求霸必不行矣弗聽退而告人曰越十年

生聚而十年教訓二十年之外吳其爲沼乎出左傳

周頌我將之詩此宗祀文王於明堂以配上帝之樂歌

我將我享維羊維牛維天其右之將奉也享獻也右尊也神坐東向在饌之右所以尊之也言奉其牛羊以享上帝而曰天庶其降而在此牛羊之右乎儀式刑文王之典儀式刑皆法也日靖四方伊嘏文王嘏錫福也旣右享之言我儀式刑文王之典以靖天下則此能錫福之文王旣降而在此之右以享我祭矣我其夙夜畏天之威于時保之言天與文王旣皆右享我矣則我敢不夙夜畏天之威以保天與文王所以降鑒之意乎

周書泰誓天降下民

惟十有三年春大會于孟津王曰嗟我友邦冢君越我御事庶士明聽誓惟天地萬物父母惟人萬物之靈亶聰明作元后元后作民父

母今商王受弗敬上天降災下民沈湎冒色敢行暴虐罪人以族官
人以世惟宮室臺榭陂池侈服以殘害于爾萬姓焚炙忠良刳剔孕
婦皇天震怒命我文考肅將天威大勳未集肆予小子發以爾友邦
冢君觀政于商惟受罔有悛心乃夷居弗事上帝神祇遺厥先宗廟
弗祀犧牲粢盛既于凶盜乃曰吾有民有命罔懲其侮天佑下民作
之君作之師惟其克相上帝寵綏四方有罪無罪予曷敢有越厥志
同力度德同德度義受有臣億萬惟億萬心予有臣三千惟一心商
罪貫盈天命誅之予弗順天厥罪惟鈞予小子夙夜祇懼受命文考
類于上帝宜于冢土以爾有眾底天之罰天矜于民民之所欲天必
從之爾尚弼予一人永清四海時哉弗可失

轉附朝儛瑯邪

轉附乃太公之葬即武陵是也瑯邪乃桓公之墓所謂穆陵是也出景公傳轉附朝儛皆山名也出地理誌瑯邪邑名出南越誌瑯邪山名越王句踐之故國也句踐并吳欲霸中國徙都瑯邪出水經注

徵招角招

宮爲君商爲臣角爲民徵爲事羽爲物五者不亂則無怗懘之音矣宮亂則荒其君驕商亂則陂音界其臣壞角亂則憂其民怨徵亂則哀其事勤役煩而事勤羽亂則危其財匱五者皆亂迭相陵謂之慢出樂記

小雅正月之詩

佌佌彼有屋蔌蔌方有穀佌佌小貌蔌蔌窶陋貌指王所用之小人也民今之無祿天夭

是椓天禍也椓害也哿矣富人哀此惸獨佌佌然之小既已有屋矣蔌蔌窶陋者又將有穀矣而民今獨無祿者是天禍椓喪之耳亦無所歸咎之詞也亂至於此富人猶或可勝惸獨甚矣

公劉

公劉后稷之曾孫稷在陶唐虞夏之際皆有令德后稷卒子不窋立不窋末年夏后氏政衰去稷不務不窋以失其官而奔戎狄之間不窋卒子鞠立鞠卒子公劉立公劉復脩后稷之業務耕種行地宜自漆沮二水名渡渭取材用行者居者咸有以資民賴其慶乃遷邑於邠百姓懷之多徙而歸焉周道之興自此始出周本紀

大雅篤公劉之詩召康公以成王將涖政當戒以民事故詠公劉之事以告之

篤公劉匪居匪康迺場迺疆居安也康寧也場疆田畔也迺積迺倉迺裹餱糧于

橐于囊思輯用光弓矢斯張干戈戚揚爰方啓行言厚哉公劉于民其在西戎不敢寧居治其田疇實其倉廩既富且强于是裹其餱糧思以輯和其民人而光顯其國家然後以其弓矢斧鉞之備爰始啓行而遷都于豳焉篤公劉于胥斯原胥相也既庶既繁既順迺宣順安也宣徧也而無永歎無永歎得其所不思舊也陟則在巘巘山頂也復降在原何以舟之舟帶也維玉及瑤鞞琫琫音捧容刀鞞刀鞘也琫刀上飾也容刀容飾之刀也篤公劉逝彼百泉瞻彼溥原迺陟南岡迺覯于京京師之野覯見也京高丘也師衆也言高山而衆居也後世所謂京師者蓋起於此于時處處于時廬旅于時言言于時語語處處居室也廬寄也旅賓旅也直言曰言論難曰語篤公劉于京斯依蹌蹌濟濟俾筵俾几既登迺依迺造其曹造音糙曹羣牧之處也執豕于牢酌之用匏以豕爲殽用匏爲爵儉以質也食音嗣之飲之君之宗之宗尊也主也篤公劉既溥既長既景迺岡景考日景以正四方也岡登高以望也相其陰陽相視也陰陽向背寒暖之宜也

觀其流泉流泉水泉灌溉之利也其軍三單三單未詳度其隰原徹田爲糧徹通也周之徹法自此始其後周公蓋因而修之耳度其夕陽山西曰夕陽豳居允荒允信也荒大也篤公劉于豳斯館涉渭爲亂亂舟之截流横渡者也取厲取鍛厲砥也鍛鐵也止基廼理止居也基定也理疆理也爰衆爰有夾其皇澗遡其過澗皇過二澗名止旅廼密芮鞫之即芮水名鞫水外也

大雅緜之詩此亦周公戒成王之詩追述太王始遷岐周以開王業而文王因之以受天命也

緜緜瓜瓞緜緜不絶貌大曰瓜小曰瓞民之初生自土沮漆古公亶父古公號也亶父名也後乃追稱大王焉陶復陶穴陶窰竈也復重窰也穴土室也未有家室古公亶父來朝走馬早避狄難也率西水滸率循也滸水涯也至于岐下爰及姜女聿來胥宇胥宇相宅也周原膴膴周原地名膴音武膴膴肥美貌堇音謹荼如飴言周原土地肥美物之苦者亦甘爰始爰謀

爰契我龜曰止曰時時是也。築室于茲迺慰迺止迺左迺右迺疆迺理迺宣迺畝自西徂東周爰執事周徧也。言靡事不爲也。乃召司空乃召司徒俾立室家其繩則直縮版以載作廟翼翼捄音俱。盛土於器也。之陾陾音仍。衆也。度之薨薨衆聲。築之登登相應聲。削屢馮馮削屢。牆成而削治重復也。馮音憑。馮馮牆堅聲。百堵皆興鼛音臯鼓弗勝迺立臯門臯門有伉臯門王之郭門。伉音抗。高貌。迺立應門應門將將應門。王之正門。將音槍。將將。嚴正也。迺立冢土冢土。大社也。戎醜攸行戎醜。大衆也。肆不殄厥慍亦不隕厥問言太王雖不能殄絕昆夷之慍怒亦不隕墜已之聲聞柞棫拔矣拔音佩。行道兌矣混音昆。夷駾音隊。矣維其喙音誨。矣言太王至岐之後。生齒漸繁。歸附日衆。則木拔道通。昆夷畏之而奔突竄伏。維其喙息而已。言德盛而昆夷自服。蓋已爲文王之時矣。虞芮質厥成文王蹶厥生予曰有疏附予曰有先後予曰有奔奏予曰有禦侮予。詩人自予也。率下親上曰疏附。相道前後曰先後。

諭德宣譽曰奔走
武臣折衝曰禦侮

商書仲虺之誥 湯一征

成湯放桀于南巢惟有慚德曰予恐來世以台爲口實仲虺乃作誥曰嗚呼惟天生民有欲無主乃亂惟天生聰明時乂有夏昏德民墜塗炭天乃錫王勇智表正萬邦纘禹舊服茲率厥典奉若天命夏王有罪矯誣上天以布命于下帝用不臧式商受命用爽明也厥師衆也簡賢附勢實繁有徒同惡相濟肇我邦于有夏若苗之有莠若粟之有秕言爲桀所惡也小大戰戰罔不懼于非辜矧予之德言足聽聞惟王不邇聲色不殖貨利德懋懋官功懋懋賞用人惟已改過不吝克寬克仁彰信兆民乃葛伯仇餉初征自葛東征西夷怨南征北狄怨曰奚獨後予

攸徂之民室家相慶曰徯予后后來其蘇民之戴商厥惟舊哉佑賢輔德顯忠遂良善善也兼弱攻昧取亂侮亡惡惡也推亡固存邦乃其昌德日新萬邦惟懷志自滿九族乃離王懋昭大德建中于民以義制事以禮制心垂裕後昆予聞曰能自得師者王謂人莫己若者亡好問則裕自用則小嗚呼愼厥終惟其始殖有禮覆昏暴欽崇天道永保天命

滕

滕姬姓侯爵文王第十四子叔繡後也出春秋列國考

薛

薛任姓侯爵黃帝之後奚仲封於薛出春秋列國考

曾西

曾西曾子之孫也黔婁先生卒曾西哭之曰嗟乎先生之終也何以爲謚其妻曰以康爲謚西曰先生在時食不充口衣不蓋形死則手足不斂旁無酒肉生不得其美死不得其榮何樂於此而謚爲康乎其妻曰昔先生君嘗欲授之政以爲國相辭而不爲是有餘貴也君嘗賜之粟三千鍾先生辭而不受是有餘富也彼先生者甘天下之淡味安天下之卑位不戚戚於貧賤不欣欣於富貴求仁而得仁求義而得義其謚曰康不亦宜乎曾西曰惟斯人也而有斯婦出列女傳

按經典序録曾申字子西曾參之子子夏以詩傳曾申左丘明作傳以授曾申則曾西之爲曾申無疑

膠鬲

膠鬲殷之賢人也遭殷末之亂鬻販魚鹽文王舉之於殷文王沒武王立使叔旦就膠鬲於四內（地名）而與之盟曰加富三等就官一列爲三書同辭血之以牲埋之於四內皆以一歸武王伐殷至鮪水殷使膠鬲候周師武王見之膠鬲曰師將何之無欺我也武王曰不子欺將之殷也膠鬲曰以何日至之武王曰將以甲子至殷郊子以是日報矣膠鬲行天雨日夜不休武王疾行不輟軍士皆諫曰兵且疲矣請休之武王曰吾已令膠鬲以甲子之期報其主矣今甲子不至是令膠鬲不信也其主必殺之吾疾行以救膠鬲之死也武王果以甲子至殷郊因戰大克之武王入殷問膠鬲殷之所以亡膠鬲對曰王欲知之則請以日中爲期武王與周公旦明日早要期則弗得也武

王怪之周公曰吾已知之矣此君子也以其主惡告王不忍爲也若夫期而不當言而不信此殷之所以亡也以此告王矣君子曰武王遭亂世臨苦民揚其義成其功不彊其所不欲也出呂氏春秋

四十彊仕 註

人生十年曰幼學二十曰弱冠三十曰壯有室四十曰彊而仕五十曰艾服官政六十曰耆指使七十曰老而傳八十九十曰耄七年曰悼悼與耄雖有罪不加刑焉百年曰期頤出禮記

孟賁

孟賁齊之力士能振生牛角秦武王好多力人賁往歸之出通考人謂孟賁曰生乎勇乎曰勇貴乎勇乎曰勇二者人之所大難而皆不足

以易勇此其所以能攝三軍服猛獸也子

大雅文王有聲之詩此言文王遷豐武王遷鎬之事

文王有聲遹駿有聲遹義未詳疑與聿同發語詞遹求厥寧遹觀厥成文王烝哉君也哉文王受命有此武功旣伐于崇作邑于豐文王烝哉築城伊淢音洫城溝也作豐伊匹匹稱也匪棘其欲棘急也遹追來孝王后烝哉王后亦指文王也王公伊濯明也維豐之垣四方攸同來歸王后維翰以文王爲楨榦王后烝哉豐水東注維禹之績四方攸同皇王維辟武王有天下皇王烝哉鎬京武王所遷辟廱自西自東自南自北無思不服皇王烝哉考卜維王宅是鎬京維龜正之武王成之武王烝哉豐水有芑草名武王豈不仕仕事也詒厥孫謀以燕翼子武王烝哉

豳風鴟鴞之詩武王克商使其弟管叔鮮蔡叔度監於紂子武庚之國武王崩成王立周公相之而二叔以武庚叛且流言於國曰公將不利於孺子故周公東征二年乃得管叔武庚而誅之而成王猶未知周公之意也公乃作此詩以貽王

鴟鴞鴟鴞惡鳥既取我子無毀我室鳥自名其巢也恩斯勤斯恩情愛也勤篤厚也鬻子之閔斯鬻養也閔憂也迨天之未陰雨徹彼桑土綢繆牖戶今女下民或敢侮予予手拮据予所捋荼捋取也荼草可藉巢者予所蓄租租聚也予口卒瘏卒盡也瘏病也曰予未有室家巢也予羽譙譙音樵殺也予尾翛翛音消敝也予室翹翹危也風雨所漂搖予維音嘵嘵音囂急也

太甲

惟三祀十有二月朔伊尹以冕服奉嗣王歸於亳太甲終喪明年之正朔也喪既除以

袞冕吉服奉迎以歸也作書曰民非后罔克胥匡以生后非民罔以辟四方皇天眷佑有商俾嗣王克終厥德實萬世無疆之休王拜手稽首曰予小子不明于德自底不類拜手首至手也稽首首至地也太甲致敬于師保其禮如此不類猶不肖也欲敗度縱敗禮以速戾于厥躬天作孽猶可違自作孽不可逭音喚逃也既往背師保之訓弗克于厥初尚賴匡救之德圖惟厥終伊尹拜手稽首曰修厥身允德協于下惟明后先王子惠困窮民服厥命罔有不悅並其有邦厥鄰乃曰徯我后后來無罰此言湯德所以協下者王懋乃德視乃烈祖無時豫怠奉先思孝接下思恭視遠惟明聽德惟聰朕承王之休無斁太甲上見大學此太甲中伊尹申誥于王曰嗚呼惟天無親克敬惟親民罔常懷懷于有仁鬼神無常享享于克誠天位艱哉德惟治否德

亂與治同道罔不興與亂同事罔不亡終始慎厥與惟明明后先王惟時懋敬厥德克配上帝今王嗣有令緒尚監茲哉若升高必自下若陟遐必自邇無輕民事惟難無安厥位惟危慎終于始有言逆于汝心必求諸道有言遜于汝志必求諸非道嗚呼弗慮胡獲弗爲胡成一人元良萬邦以貞君罔以辯言亂舊政臣罔以寵利居成功邦其永孚于休。此太甲下

市廛

神農氏日中爲市致天下之民聚天下之貨交易而退各得其所蓋取諸噬嗑。出易經 市物邸舍曰廛。出說文 市內空地曰廛城內空地曰肆。出王制疏 國都如井田樣畫爲九區面朝背市左祖右社中一區君之宮

室宮室前一區爲外朝朝會藏庫之屬皆在焉後一區爲市市四面有門毎日市門開則商賈百物皆入惟民得入公卿大夫士皆不得入入則有罰市官之法如周禮司市平物價治爭訟譏察異物異言之類左右各三區皆民所居外朝一區左則宗廟右則社稷此國君都邑規模之大概也出朱子說

按后市之廛乃市廛而不征之廛左右各三區之廛乃廛無夫里之布之廛

夫里之布

地官載師以廛里任國中之地○廛民居之區域也里居也國中王國之內也凡宅不毛者有里布○不毛者不種桑麻也布帛也罰之使出二十五家之帛布所以勸織也○凡田不耕者出屋粟夫三爲屋有田而不耕者罰之使出三家之屋粟所以勸耕也凡民無職事者出夫家之征○民無九職三事者游

惰之民也夫征者百畝之稅也家征者出士徒車輦給徭役也游惰之民罰之使出一夫百畝之稅一家力役之征所以勸勤生也以時徵其賦出周禮

東郭氏

東郭氏姜姓齊公族景公之後出通志氏族略

孟仲子

孟仲子孟子之從昆弟出趙氏註孟仲子者子思弟子蓋與孟軻共事子思後學於孟軻著書論詩毛詩取以爲說出邢昺疏孟仲子名羼孟子之子也四十五代孫寧嘗見一書於澤山道人曰公孫子內有仲子問一篇乃知仲子實孟子之子嘗從學於公孫丑者出孟氏譜

子噲子之

子噲燕易王之子姓姬氏其先召公奭之後也噲既立齊人殺蘇秦蘇秦與燕文公夫人通懼誅乃說王使齊爲反間欲以亂齊齊大夫與之爭寵使人刺秦且死謂齊王曰臣即死車裂臣以徇於市曰蘇秦爲燕作亂於齊如此則臣之賊得矣齊王如其言而殺秦者果出遂誅之蘇秦之在燕與其相子之爲婚而其弟蘇代與子之交及蘇秦死而齊宣王復用蘇代燕噲三年與楚三晉攻秦不勝而還子之相燕貴重蘇代爲齊使於燕燕王問曰齊王何如對曰必不霸燕王曰何也對曰不信其臣蘇代欲以激燕王而尊子之也於是燕王大信子之子之因遺蘇代百金而聽其所使鹿毛壽謂燕王不如以國讓子之人之謂堯賢者以其讓天下於許由許由不受有讓天下之

名而實不失天下今王以國讓於子之子之必不敢受是王與堯同行也王因收印自三百石吏已上而效之子之（效呈也以印呈與子之）子之南面行王事而噲老不聽政顧爲臣（顧猶反也言噲反爲子之臣）國事皆決於子之三年國大亂百姓恫怨將軍市被與太子平謀將攻子之諸將謂齊王曰因而赴之破燕必矣齊宣王因令人謂平曰寡人聞太子之義將廢私而立公飭君臣之義明父子之位寡人之國小不足以爲先後雖然則惟太子所以令之太子因要黨聚衆將軍市被圍公宮攻子之不克乃與百姓反攻太子平市被死以殉因搆難數月死者數萬衆人恫怨齊王因令章子將五都之兵因北地之衆以伐燕士卒不戰城門不閉燕王噲死齊大勝燕擒子之而醢之燕人共立太子

平是爲昭王出史記

按史記戰國策俱云孟軻謂齊王曰今伐燕此文武之時不可失也王因令章子伐之戰國策又云儲子謂齊宣王曰因而赴之破燕必矣然則勸齊非孟子也其儲子乎

管叔

管叔名鮮周文王子武王弟也武王同母兄弟十人長曰伯邑考次曰武王發次曰管叔鮮次曰周公旦次曰蔡叔度次曰曹叔振鐸次曰成叔武次曰霍叔處次曰康叔封次曰冉季載唯發旦賢武王克殷封叔鮮於管在滎陽封叔度於蔡上蔡二人相紂子武庚祿父治殷遺民武王既崩成王少周公旦專王室管叔蔡叔疑周公之爲不利於成王乃挾武庚以作亂周公旦承王命伐誅武庚殺管叔而放蔡叔

出史記

魯繆公

魯繆公名顯元公之子悼公之孫也繆公問於子思曰寡人不得嗣先君之業三年矣未知所以爲令名者且欲掩先君之惡以揚先君之善使談者有述焉爲之若何子思答曰儉聞舜禹之子其父非弗欲其有述也以爲私情之細不如公議之大故弗敢私之云爾責以虛飾之教非儉所得言公曰何道可以利民子思曰君有惠百姓之心則莫如一切除非法之事也毀不居之室以賜窮民奪嬖寵之祿以賑困匱無令人有悲怨而後世有聞見抑亦可乎公曰善出孔叢子公問子思曰吾國可興乎子思曰可苟君與大夫慕周公伯禽之治行

其政化開公家之惠杜私門之利結恩百姓修理鄰國其與也勃矣

出孔叢子

齊伐魯取最、地名韓救魯魯伐齊、敗齊師於平陸是時齊田和遷其君康公於海上魯是以有辭出史記

陳莊子齊大夫死赴於魯魯人欲勿哭繆公召縣子而問焉縣子曰古之大夫束脩之問不出境人臣無外交束修雖微不以出境雖欲哭之安得而哭之今之大夫交政於國中當時大夫與國君盟會故曰交政雖欲勿哭焉得而勿哭且臣聞之哭有二道有愛而哭之有畏而哭之公曰然然則如之何而可縣子曰請哭諸異姓之廟非所當哭之人哭於非所當哭之廟於是與哭諸縣氏出檀弓上

泄柳

泄柳字子柳魯人子柳之母死子碩請具子碩子柳弟也具喪事合用之具也子柳曰

何以哉言無財為用子碩曰請鬻庶弟之母子柳曰如之何其鬻人之母以葬其母也不可既葬子碩欲以賻布之餘具祭器以物助喪曰賻布錢也子柳曰不可吾聞之也君子不家於喪惡因死者而為利也請班諸兄弟之貧者出檀弓上

繆公聞子柳賢往見之子柳閉門不納或曰子以匹夫而枉國君之駕何若是哉子柳曰吾聞君子道行則樂其治不行則樂其身天下誠有欲治之君能行其道則雖徒步以朝固猶為之不然是徒黴國君之榮也出說苑

申詳

申詳魯人子張之子也定公十四年衛公叔戍奔魯謂申詳曰吾於子思親而敬之子思未吾察也申詳以告曰人求親敬於子子何辱

焉子思答曰義也申詳曰請聞之答曰公叔氏之子愛人之同已慢而不知賢夫其親敬非心見吾所可親敬也以人口而親敬吾則亦以人口而疏慢吾矣申詳曰其不知賢奈何答曰有龍穆之徒好飾弄辭說觀於坐席相人眉睫以爲之意天下之淺人也而公叔子交之橋子良修實而不修名爲善不求人知不擅不發如大鐘然天下之深人也而公叔子與之同邑而弗能知此其所以爲愛同已而不知賢也申詳曰吾乃今知公叔子同而不和誠小人之驕者也遂謝之出孔叢子

公明儀

公明儀魯南武城人也爲子張門人甚尊其師嘗問於曾子曰夫子

可以爲孝乎曾子曰是何言與是何言與君子之所謂孝者先意承志諭父母於道參直養者也安能爲孝乎亨音烹孰音熟羶薌嘗而薦之非孝也養也養可能也敬爲難敬可能也安爲難安可能也卒爲難父母既沒慎行其身不遺父母惡名可謂能終矣出禮記祭義

子張死公明儀爲志焉志記識也蓋相禮者褚幕丹質褚者覆棺之物大夫以上其形似幄士則無褚公明儀尊其師故特爲褚不爲幄但似幕形故云褚幕以丹質之布爲之蟻結於四隅殷士也又於褚之四角畫蚍蜉之形交結在來故云蟻結於四隅此殷禮士塟飾也出禮記檀弓上

豳風七月之詩周公以成王未知稼穡之艱難故陳后稷公劉風化之所由使瞽矇朝夕諷誦以教之

七月流火九月授衣一之日觱音必發二之日栗烈無衣無褐何以卒歲七月斗建申之月夏之七月也火大火心星也下而西流則暑退將寒至九月霜降始寒而蠶績之功亦成故授衣以禦之一之日

謂建子一陽之月二之日謂建丑二陽之月觱發風寒也栗烈氣寒也蓋十一月以後風氣日寒不如是則無以卒歲矣此段言衣之始

三之日正月于耜四之日二月舉趾同我婦子饁彼南畝田畯至喜三之日則征修田器四之日則舉趾而耕我家長自我也饁餉田也少者既皆出而在田故老者率婦子而餉之治田早而用力齊是以田畯至而喜之也田畯勸農之官此言食之始

七月流火九月授衣春日載陽有鳴倉庚黃鸝也女執懿筐遵彼微行小徑也爰求柔桑稺桑也春日遲遲采蘩祁祁蘩白蒿也祁祁衆也女心傷悲殆及公子同歸公子豳公之子也再言流火授衣者將言女功之始故又本於此遂言春日始和有鳴倉庚之時而蠶始生女則執深美之筐循小徑以求稺桑然又有生而未齊者未可食桑則采蘩以啖之治蠶之女感時而預以將及公子同歸而遠父母爲悲也其上下之情交相忠愛如此

七月流火八月萑葦即蒹葭也蠶月條桑枝落之采其葉也取彼斧斨斧隋銎斨方銎以伐遠揚遠枝揚起者也猗彼女桑取葉存條曰猗女桑小桑也七月鳴鵙鵙音決伯勞也八月載績績緝也載玄載黃我朱孔陽爲公子

○裳。言七月暑退將寒，是歲禦冬之備成矣。又預擬來歲治蠶之用，於八月收萑葦爲曲薄，至來歲采桑以供蠶事。桑可條取則伐之，小桑不可條取，則取其葉而存其條，猗猗然。又以鳴鵙之後，麻熟可績，則績以爲布。凡此蠶績所成者，則染之，或玄或黃，而朱者尤鮮明，皆奉爲公子之裳也。以上二章，專言蠶績，終首章前段無衣之意。○四月秀葽，葽音腰。秀色也。葽，草名。○五月鳴蜩，蜩音條。蟬也。○八月其穫，○十月隕蘀。蘀音托。落也。○一之日于貉，貉音鶴。○取彼狐狸，○爲公子裘。二之日其同，○同，竭作以狩也。○載纘武功，○言私其豵，豵音宗。一歲豕。○獻豜，豜音堅。三歲豕。○于公。言自四月純陽，而歷一陰，四陰以至純陰之月，則大寒將至，雖蠶桑之功皆備，猶恐不足以禦寒，故于貉而取狐狸之皮，爲公子裘也。獸之小者私之，以爲已有，而大者則獻之於上，亦愛上之無已也。○此章專言狩獵，以終首章前段無褐之意。○五月斯螽動股，○六月莎雞振羽，斯螽、莎雞、蟋蟀，一物隨時變化而異其名。動股，始躍而以股鳴也。振羽，能飛而以翅鳴也。○七月在野，○八月在宇，○宇，簷下也。暑則在野，寒則依人。○九月在戶，○十月蟋蟀入我床下。蟋蟀正名，似蝗而小，正黑，有光澤如漆，有角翅，或謂之促織。○穹窒熏鼠，○塞向墐戶。向，北出墉也。墐，塗也。庶人蓽戶，冬則塗之。

嗟我婦子曰爲改歲入此室處。言觀蟋蟀之依人則知寒之將至矣於是室中空隙者塞之熏鼠使不得穴其其中塞向以當北風墐戸以禦寒氣而語其婦子曰歲將改矣天旣寒而事亦已可以入此室處矣此見老者之愛也此章亦以終首章前段禦寒之意六月食鬱及薁音奥鬱棣屬薁蘡薁也七月亨葵及菽葵菜名菽豆也八月剝剝擊也棗十月穫稻穫稻以釀酒也爲此春酒以介眉壽介助也眉壽者頌禱之稱七月食瓜八月斷壺壺瓠也食瓜斷壺亦去圃爲場之漸九月叔苴叔拾也苴麻子也采荼薪樗荼苦菜也樗惡木也食我農夫自此至卒章皆言農圃飲食祭祀燕樂以終首章後段之意此章言果酒嘉蔬以供老疾奉賓祭瓜瓠苴荼以爲常食少長之義豐儉之節然也九月築場圃十月納禾稼場圃同地物生之時耕治爲圃以種菜茹物成則築堅爲場而納禾稼禾者穀連藁秸之總名禾之秀實而在野曰稼黍稷重穋穋音六先種後熟曰重後種先熟曰穋禾麻菽麥再言禾者稻秫苽粱之屬皆禾也嗟我農夫我稼既同上入執宮功同聚也宮邑居之宅也古者民受五畝之宅二畝半爲廬在田春夏居之二畝半爲宅在邑秋冬居之功葺治之事也晝爾于

芧宵爾索綯亟其乘屋其始播百穀此章終始農事以極憂勤艱難之意二之日鑿冰
沖沖鑿冰取冰於山也沖沖鑿冰意三之日納於凌陰凌陰冰室也四之日其蚤蚤蚤朝也獻
羔祭韭韭菜名獻羔祭韭而後啟之九月肅霜肅霜氣肅而霜降也十月滌場滌場農事畢而掃場地也朋
酒斯饗兩尊曰朋曰殺羔羊躋彼公堂公堂君之堂也稱彼兕觥稱舉也兕觥以兕角爲爵也
萬壽無疆此章見民忠愛其君之甚既勤趨其藏冰之役又相戒速畢場功殺羊以獻於公舉酒而祝其壽也

鄉遂用貢法十夫有溝註

地官遂人凡治野夫間有遂遂溝洫澮皆所以通水於川遂廣深各一尺凡一夫所受之田間必有遂焉
遂上有徑徑畛涂道路皆所以通行於國都徑之廣可容牛馬者也十夫有溝十夫千畝之田也溝深廣倍於遂
溝上有畛畛之廣可容大車百夫有洫洫之廣倍於溝洫上有涂涂之廣可容車一軌千夫有
澮澮廣二尋深二仞澮上有道道之廣可容車二軌萬夫有川川所以受遂溝洫澮之水川上有路

路之虞可容車三軌以達於畿出周禮

都鄙川甽法八家同井註

冬官匠人爲溝洫九夫爲井井間廣四尺深四尺謂之溝方十里爲成百夫之田其方十里號爲一成成間廣八尺深八尺謂之洫方百里爲同千夫之田其方百里號爲一同同間廣二尋深二仞謂之澮出周禮

龍子

龍子名穆一稱龍叔與衛公叔文子之子公叔戍相友善龍子嘗謂文摯曰子之術微矣吾有疾子能已乎文摯曰請言子之疾龍子曰吾鄉譽不以爲榮國毀不以爲辱得而不喜失而不憂視生如死視富如貧處吾之家如逆旅之舍凡此衆疾爵賞不能勸刑罰不能威

盛衰利害不能易，哀樂不能移，固不可事國君、交親友、御妻子、制隸僕。此奚疾哉？奚方能已之乎？文摯乃命龍子背明而立，文摯自後向明而望之，旣而曰：嘻！吾見子之心矣，方寸之地虛矣，幾聖人也。子心六孔流通，一孔不達，今以聖智爲疾者，或由此乎？非吾淺術所能已也。出列子

小雅大田之詩此詩爲農夫之詞以誦美其上也

大田多稼，旣種旣戒，種擇其種也戒飭其具也旣備乃事。以我覃耜，覃利也俶載南畝。俶始也載事也播厥百穀，旣庭且碩，庭直也碩大也曾孫是若。若順也旣方旣皁，方房也實未堅者曰皁旣堅旣好，不稂不莠。稂莠皆害苗之草去其螟螣，螣音特及其蟊賊，食心曰螟食葉曰螣食根曰蟊食節曰賊無害我田穉。穉幼禾也田祖有神，秉畀炎火。有渰萋萋，

興雨祁祁渰雲興貌萋萋盛貌祁祁徐也雲欲盛盛則多雨雨欲徐徐則入土雨我公田遂及我私彼有不獲穉此有不歛穧音劑穧束也彼有遺秉秉禾把也此有滯穗伊寡婦之利曾孫來止以其婦子饁彼南畝田畯至喜來方禋祀精意以享謂之禋以其騂黑與其黍稷以享以祀以介景福

庠序學校

米廩有虞氏之庠也米廩謂藏粢盛之米於學宮也亦教孝之義序夏后氏之序也序者射也射以觀德有先後之次瞽宗殷學也樂師瞽矇之所宗頖宮周學也頖半也以其半辟廱之制也出明堂位天子命之教然後為學小學在公宮南之左大學在郊天子曰辟廱諸侯曰頖宮辟明也廱和也君則尊明廱和於此學中習道藝使天下之人皆明達諧和也頖之言班所以班政教也出王制凡居民量地以制邑度地以居民地邑民居必參相得也無曠

士無游民食節事時民咸安其居樂事勸功尊君親上然後興學司徒脩六禮以節民性（六禮冠婚喪祭鄉飲士相見也）明七教以興民德（七教父子兄弟夫婦君臣長幼朋友賓客）齊八政以防淫（八政飲食衣服事爲異別度量數制）一道德以同俗養耆老以致孝恤孤獨以逮不足上賢以崇德簡不肖以絀惡（此言鄉學教民取士之法而大司徒總其政令者也）命鄉簡不帥教者以告耆老皆朝於庠元日（善日）習射上功（射中爲上故曰上功）習鄉上齒（鄉飲則序年之高下故曰上齒）大司徒帥國之俊士與執事焉（大司徒教官之長也率其俊秀者與執禮事蓋欲使不帥教之人觀感而改過從善也）不變命國之右鄉簡不帥教者移之左命國之左鄉簡不帥教者移之右（左右對移以易其藏脩游息之所新其師友講切之方庶幾其變也）如初禮不變移之郊（在鄉界之外）如初禮不變移之遂（遂又遠於郊）如初禮不變屏之遠方終身不齒命鄉論秀士升之司徒（論者述其

德藝而保舉之也曰選士選而用之司徒論選士之秀者而升之學國學曰俊士升於司徒者不征於鄉免鄉之徭役升於學者不征於司徒免司徒之徭役曰造士造成也成就其才德也樂正崇四術立四教此以下言國學順先王詩書禮樂以造士春秋教以禮樂冬夏教以詩書王太子王子羣后之太子卿大夫元士之適子國之俊選皆造焉凡入學以齒將出學小胥大胥小學正皆樂官之屬簡不帥教者以告於大樂正大樂正以告於王王命三公九卿大夫元士皆入學使習禮以化之不變王親視學不變王三日不舉去食樂屏之遠方西方曰棘欲其遷善之速東方曰寄暫寓而終歸之意終身不齒大樂正論造士之秀者以告於王而升諸司馬移名於司馬曰進士言可進受爵祿司馬辨論官材司馬掌爵祿論進士之賢者以告於王而定其論論定然後官

之使之以任事。任官然後爵之位定然後祿之出王制學制之見於書者五帝曰成均虞始郎學以藏粢曰庠又曰米廩夏以射造士如行葦矍相之所言曰序商以樂造士如夔與大司樂之所言曰較又曰瞽宗周兼用之內建四學虞庠在北夏序在東商較在西當代之學居中曰膠又曰辟雍外則參行之侯國立當代學曰泮宮凡鄉立庠凡遂立序凡黨立較出許氏通考

神農初國伊繼國者又曰伊耆氏

炎帝神農氏姜姓母曰女登有媧氏之女爲少典妃感神龍而生帝人身牛首蓋言神農氏之形畧似耳非真牛首也承庖犧之木以火德王故曰炎帝以茹吞也毛飲血非生民可久之利乃斲削也木爲耜音事揉屈也木爲耒鐵日

耜柄曰耒教天下以耕稼食穀故號神農氏其爲教曰民爲邦本食爲民

天一人不耕則天下有受其饑者矣一女不織則天下有受其寒者

矣故夫必親耕婦必親織人恭重也生生生謂生業各食其力於是作蜡祭

蜡年終祭名歲報順成以赭音者鞭鞭草木赭赤色也神農以火德王故於蜡祭後以赤鞭鞭草木使萌動

也始嘗百草制醫藥以療民疾俾無夭札又作五絃之琴教人日中

爲市交易而退各得其所諸侯夙沙氏叛殺其諫臣箕文帝惟自修

德夙沙之民自攻其君而歸帝出通鑑有火瑞以火紀官故爲火師而

火名春官爲大火夏官爲鶉火秋官爲西火冬官爲北火中官爲中

火出通鑑帝謂始萬物終萬物者莫盛乎艮遂以艮爲首作連山之易

故又曰連山氏出易經繫辭下

益

益名大費，父大業娶少典之子女華所生也。與禹平水土已成，帝錫玄圭，禹受曰：「非予能成，亦大費爲輔。」帝舜曰：「咨爾費，贊禹功，其賜爾皁游，爾後嗣將大出。」乃妻之姚姓之玉女。大費拜受，佐舜調馴鳥獸，鳥獸多馴服，是爲伯翳，賜姓嬴氏。出秦本記

帝曰：「疇若予上下草木鳥獸？」僉曰：「益哉。」帝曰：「俞，咨益，汝作朕虞。」掌山澤之官。益拜稽首，讓于朱虎熊羆。四臣名，高辛氏之子，朱虎熊羆爲伯益之佐。帝曰：「俞，往哉，汝諧。」出書經

禹疏九河，瀹濟漯而注諸海；決汝漢，排淮泗而注之江。按孟子文與禹貢異。

禹敷土，敷，分也。隨山刊木，奠高山大川。奠，定也。此三者，禹治水之要。冀州帝都之地，三面距河。

冀

既載壺口載始也壺口山名治梁及岐梁岐皆冀州山名既修大原修修繕舊功也廣平日原至于岳陽岳太岳也陽卽今岳陽縣覃懷底績覃懷平地也底致也績功也至于衡漳衡漳水名厥土惟白壤無塊日壤白以辨色壤以辨性厥賦惟上上錯厥田惟中中不言貢者天子封畿之內無事于貢恒衛既從恒衛二水名大陸既作高平日陸島夷皮服海島之夷以皮服來貢夾右碣石入于河碣石在北平郡驪城縣西南河口之地濟河惟兖州九河既道九河一日徒駭二日太史三日馬頰四日覆釜五日胡蘇六日簡潔七日鉤盤八日鬲津其二則河之經流也既道者既順其道也雷夏既澤澤者水之鍾也灉沮會同灉沮二水名桑土既蠶是降丘宅土民降自高丘下居平地厥土黑墳厥草惟繇厥木惟條墳土脈墳起也繇茂也條長也厥田惟中下厥賦貞以薄爲正作十有三載乃同兖賦最薄必作治十有三年然後賦法同於他州厥貢漆絲厥篚織文浮于濟漯達于河漯者河之支流也達河者達帝都也海岱泰山惟青州嵎夷既略嵎夷今登州之地略經略

揚

也。濰淄其道。（濰淄二水名。）厥土白墳，海濱廣斥。（廣漠而斥鹵。東方爲斥，西方爲鹵。）厥田惟上下，厥賦中上。厥貢鹽絺，（絺細葛也。）海物惟錯，（非一種。）岱畎絲枲、鉛松怪石。萊夷作牧。厥篚檿絲。（山桑絲中琴瑟之弦。）浮于汶，達于濟。（達濟則達河矣。）海岱及淮惟徐州。淮沂其乂，蒙羽其藝。（蒙羽二山名。言可種藝。）大野既豬，（大野澤名。豬，水蓄復流也。）東原底平。（東原，今之鄆州也。）厥土赤埴墳，草木漸包。（埴，膩也。包，叢生也。）厥田惟上中，厥賦中中。厥貢惟土五色，（以五色土建大社，封諸侯。）羽畎夏翟，（羽山之谷。雉羽五色，可爲旌旄。）嶧陽孤桐。（嶧山之陽特生之桐，材中琴瑟。）泗濱浮磬，（泗水旁露石可爲磬。）淮夷蠙珠暨魚。（淮夷，淮上之夷。蠙音駢。服飾祭祀用。）厥篚玄（赤黑幣。）纖（黑經白緯。）縞（白經白緯。）浮于淮泗，達于河。淮海惟揚州。彭蠡既豬，（彭蠡在豫章郡。）陽鳥攸居。（陽鳥，雁也。）三江既入，（松江、婁江、東江爲三江。既入者，入于海也。）震澤底定。（太湖也。）篠簜既敷，（篠，箭竹。簜，大竹。）厥草惟夭，（少長。）厥木惟喬，（高也。）厥土惟塗泥厥田惟下下厥賦下上上錯厥貢惟金三品金銀銅瑶琨篠簜齒革齒象牙革犀兕皮也可為車甲羽毛可為旌旄惟木可備棟宇器械島夷卉服以草服來貢厥篚織貝錦名厥包橘柚包裹也小橘大柚錫貢必待命乃貢非常貢也沿于江海達于淮泗沿江入海自海而入淮泗則達河矣荆及衡陽惟荆州江漢朝宗于海九江孔殷九江即今洞庭也殷正也沱潛既道沱潛二水名雲土夢作乂雲澤土見而已夢澤可畊治雲跨江之南夢跨江之北厥土惟塗泥厥田惟下中厥賦上下厥貢羽毛齒革惟金三品杶榦栝栢杶栝栢三木名可為弓榦礪砥砮丹礪粗磨石砥細磨石砮石中矢鏃丹硃砂也惟箘簵楛箘音窘竹也簵音路亦竹也楛音戶木也三者皆可為矢三邦底貢厥名近澤三國致貢簵楛之有名者包匭菁茅匭音軌匭包又匣之所以示敬菁茅三脊有刺可供祭祀縮酒之用厥篚玄纁璣組玄纁絳色幣璣珠不圓者組綬也九江納錫大龜浮于江沱潛漢逾于洛逾越也漢與洛不通故舍舟而陸至于南河荆河

惟豫州伊洛瀍澗俱水名既入于河滎波既豬滎波二水名導菏澤被孟豬不常入故曰被厥土惟壤下土墳壚厥田惟中上厥賦錯上中厥貢漆枲絺紵厥篚纖纊細綿錫貢磬錯治磬之錯浮于洛達于河華陽黑水惟梁州岷嶓既藝岷嶓二山名沱潛既道蔡蒙旅平蔡蒙二山名旅平旅祭告平也和夷底績和夷地名厥土青黎厥田惟下上厥賦下中三錯厥貢璆音求玉磬鐵柔鐵銀鏤剛鐵砮磬熊羆狐狸織皮西傾山名因桓是來桓水名浮于潛逾于沔入于渭亂于河絕河而渡達于帝都黑水西河惟雍州弱水既西涇屬渭汭涇渭汭三水名漆沮既從漆沮二水名灃水攸同荊岐既旅終南惇物至于鳥鼠荊岐二山名終南惇物鳥鼠亦皆山名原隰底績至于豬野澤名三危既宅三危山名即竄三危之地三苗丕敘厥土惟黃壤厥田惟上上厥賦中下厥貢惟球琳瑯玕浮于積石地名至

于龍門（山名）西河會于渭汭織皮崑崙（國名）析支（國名）渠搜（國名）西戎即叙（三國皆貢皮故以織皮冠之西方戎落故以西戎總之）導岍（音牽）及岐至于荊山逾于河壺口雷首至于太岳底柱（山在河中其形如柱）析城至于王屋太行恒山至于碣石入于海（此下隨山也岍岐荊三山皆雍州山壺口雷首太岳底柱析城王屋太行恒山皆冀州山）西傾朱圉鳥鼠至于太華熊耳外方桐栢至于陪尾（西傾朱圉鳥鼠太華皆雍州山熊耳外方桐栢陪尾皆豫州山）導嶓冢至于荊山內方至于大別（內方大別亦皆山名）岷山之陽至于衡山過九江至于敷淺原（敷淺原山名）導弱水至于合黎餘波入于流沙（此下濬川也合黎山名水皆原于西北故禹叙山叙水皆自西北而東南）導黑水至于三危入于南海導河積石至于龍門南至于華陰東至于底柱又東至于孟津東過洛汭至于大伾北過洚水至于大陸又北播爲九河同爲逆河入于海嶓冢導漾

四書考彙刪　卷之一五上　孟　三三

漾水名東流爲漢又東爲滄浪之水過三澨至于大別南入于江東滙
澤爲彭蠡東爲北江入于海岷山導江東別爲沱又東至于澧過九
江至于東陵東迆北會于滙東爲中江入于海導沇水東流爲濟入
于河溢爲滎東出于陶丘北又東至于菏又東北會于汶又北東入
于海導淮自桐柏東會于泗沂東入于海導渭自鳥鼠同穴同穴山名東
會于灃又東會于涇又東過漆沮入于河導洛自熊耳東北會于澗
瀍又東會于伊又東北入于河九州攸同言水土無不平四隩既宅四隩四海水涯
之地言可宅也九山刊旅九山九州之山刊除木旅祭告九川滌原九川九州之川滌原濬泉也九澤既
陂九澤九州之澤言已有陂障四海會同會同而有所歸六府孔修庶土交正以高下肥瘠各物交
相正底慎財賦因庶土所出致慎其財賦之入咸則三壤則品節也成賦中邦錫土姓賜諸侯土

以立國姓以立宗祇台德先不距朕行治定功成敬我德以先天下則天下自不違我所行五百里甸服天子所居四面各五百里爲天子治田曰甸服百里賦納總禾本全曰總二百里納銍半藁曰銍三百里納秸服半藁去皮曰秸四百里粟五百里米五百里侯服甸服外四面各五百里爲侯國之服百里采卿大夫食邑二百里男邦三百里諸侯五百里綏服又四面各五百里爲綏服服撫安之義三百里揆文教二百里奮武衛五百里要服謂之要者要約之義羈縻之而已三百里夷二百里蔡蔡放也流放罪人於此五百里荒服荒野之地三百里蠻二百里流流放罪重人於此東漸于海西被于流沙朔南暨聲教訖于四海禹錫玄圭告厥成功出夏書禹貢

契

契帝嚳之子也契佐禹治水有功帝舜乃命契爲司徒以敷五教封

於商賜姓子氏契興於唐虞夏禹之際功業著於百姓百姓以平契卒子昭明立昭明卒子相土立相土佐夏功著於商四傳至冥爲夏司空勤於官事死於水禮曰冥勤其官而水死是也又七傳至天乙是爲成湯遂伐桀而有天下出殷紀

司徒

地官司徒帥其屬而掌邦教以佐王安擾邦國曰其性而導之曰安矯其習而馴之曰擾出周禮○帝曰契百姓不親五品不遜汝作司徒徒謂萬民也教養萬民之衆故謂之司徒敬敷五教在寬出舜典

○○○孔子沒

孔子之喪門人疑所服子貢曰昔者夫子之喪顏淵若喪子而無服

喪子路亦然。請喪夫子若喪父而無服。出檀弓　孔子之喪，公西赤為志
焉：飾棺牆，置翣，音箑設披，周也；設崇，殷也；綢練設旐，夏也。公西赤以飾棺榮夫子，故
爲從禮備三王之制，以章明志識焉。出檀弓　孔子之喪，有自燕來觀者，舍於子夏氏。子夏
曰：聖人之葬人與？人之葬聖人也，子何觀焉？子夏以爲聖人葬人則事皆合禮，人之葬聖人
則未必然也。　昔者夫子言之曰：吾見封之若堂者矣，見若坊者矣，見若覆
夏屋者矣，見若斧者矣。從若斧者焉，馬鬣封之謂也。今一日而三斬
板而已封，尚行夫子之志乎哉。此言封土有此四者之形，上三者皆用功力多而難成，斧則儉而易就，故
俗謂之馬鬣封。馬鬣，鬣之上其肉薄，封形似之也。今封築孔子之墳不假多時，一日之間三次斬板即封畢而已止矣，庶幾能行夫子之
志也。出檀弓　二三子三年喪畢，或留或去，惟子貢廬於墓六年。自後羣弟
子及魯人處於墓，如家者百有餘室，因名其居曰孔里焉。出家語

小雅伐木之詩 此燕朋友故舊之樂歌。

○伐木丁丁音爭鳥鳴嚶嚶○出自幽谷○遷于喬木○嚶其鳴矣○求其友聲○相彼鳥矣○猶求友聲○矧伊人矣○不求友生○神之聽之○終和且平○伐木許許音虎眾人共力之聲○釃音師酒有藇音序美貌○既有肥羜音佇未成羊也○以速諸父速召也朋友同姓之尊○寧適不來○微我弗顧寧使彼適有故而不來無寧使我恩意之弗至○於音烏歎辭粲鮮明貌洒埽陳饋八簋○既有肥牡○以速諸舅朋友異姓之尊○寧適不來○微我有咎○伐木于阪○釃酒有衍多也○籩豆有踐陳列也○兄弟無遠○民之失德○乾餱以愆言人所以失朋友之義者但以乾餱之愆不以分人而至於有過耳○有酒湑釃也我○無酒酤買也我○坎坎鼓我○坎坎擊鼓聲蹲蹲舞我○蹲音存蹲蹲舞貌迨我暇矣○飲此湑矣○

魯頌閟宮之詩 時修魯廟故詩人歌詠其事以爲頌禱之詞。

閟音秘閟也宫有侐音洫清静也實實枚枚赫赫姜嫄音元其德不回上帝是依無災無害彌月不遲是生后稷降之百福黍稷重穋重穋解見豳風七月之詩稙穉菽麥奄有下國俾民稼穡有稷有黍有稻有秬奄有下土纘禹之緒后稷之孫實維大王居岐之陽實始翦商至于文武纘大王之緒致天之届于牧之野無貳無虞上帝臨女敦音堆治商之旅克咸厥功王曰叔父建爾元子伯禽也俾侯于魯大啓爾宇為周室輔乃命魯公俾侯于東錫之山川土田附庸周公之孫莊公之子僖公龍旂承祀六轡耳耳耳耳柔從也春秋匪解享祀不忒皇皇后帝皇祖后稷享以騂犧是饗是宜降福既多周公皇祖亦其福女秋而載嘗夏而楅衡楅衡施牛角以止觸秋將嘗而夏楅衡其牛言夙戒也白牡騂剛周公牲用白別王禮也魯公牲用騂謹侯度也犧尊

將將音鏘毛炰音庖胾音恣切肉羹籩豆大房大房半體之俎萬舞洋洋孝孫有慶俾
爾熾而昌俾爾壽而臧保彼東方魯邦是常不虧如月常明不崩如山常固不
震如地常靜不騰如水常平三壽作朋如岡如陵三壽三卿也以之作朋保魯如岡陵之固公車千
乘朱英所以飾矛綠縢所以約弓二矛重弓公徒三萬貝冑以貝飾冑朱綅所以綴也綅音
纖烝徒增增戎狄是膺荊舒是懲則莫我敢承俾爾昌而熾俾爾壽而
富黃髮台背壽徵壽胥與試壽考者相與爲公用願所用皆老成人也俾爾昌而大俾爾
耆而艾萬有千歲眉壽無有害泰山巖巖魯邦所詹詹與瞻同奄有龜蒙
遂荒大東至于海邦淮夷來同莫不率從魯侯之功保有鳧繹遂荒
徐宅至于海邦淮夷蠻貊及彼南夷莫不率從莫敢不諾魯侯是若
若順也天錫公純嘏眉壽保魯居常與許常在薛之旁許許田也復周公之宇魯

侯燕喜令妻壽母宜大夫庶士邦國是有旣多受祉黄髮兒齒（兒齒齒落更生細者亦壽徵也）徂來之松新甫之栢（徂來新甫二山名）是斷是度是尋是尺松桷有舃路寢孔碩新廟奕奕奚斯所作孔曼（音萬）且碩萬民之若

趙簡子

趙簡子名鞅一名志父其先有趙夙者事晉夙生成子衰衰生宣子盾盾生朔大夫屠岸賈滅朔之族朔有遺腹子武賈必欲索而殺之朔客程嬰公孫杵臼相與謀立武杵臼取他兒佯爲趙武匿山中嬰出紿曰與我千金吾告趙氏孤處賈乃使人殺杵臼及他兒而趙氏獲存後武立號文子生景叔景叔生簡子鞅（出史記）晉頃公九年簡子會諸侯之大夫於黄父謀王室也（時王室有子朝之亂謀定之）令輸王粟具戍人

其人徒以戍周曰明年將納王十年遂入敬王於周出左傳昭公二十五年十三年簡子及荀寅帥師城汝濱汝濱晉所取陸渾戎之地遂賦晉國一鼓鐵以鑄刑鼎著范宣子所爲刑書焉仲尼曰晉其亡乎失其度矣夫晉國將守唐叔之所受法度以經緯其民卿大夫以序受之序位次也民是以能尊其貴貴是以能守其業貴賤不愆所謂度也文公是以作執秩之官主爵之官爲被廬之法蒐於被廬脩唐叔之法也以爲盟主今棄是度也而爲刑鼎民在鼎矣民知爭端皆在鼎矣何以尊貴棄禮徵書故不尊貴貴何業之守民不奉上則上失業貴賤無序何以爲國且夫宣子之刑夷之蒐也晉國之亂制也夷蒐在文公六年一蒐而三易中軍帥賈季箕鄭之徒遂作亂故曰亂制若之何以爲法蔡史墨曰范氏中行氏其亡乎中行寅爲下卿而干上令擅作刑器以爲國法是法姦也又加范氏

焉易之古也其及趙氏趙孟與焉趙孟即趙鞅亦與於鑄刑之役然不得已然鑄刑鼎本非趙鞅本意不得已而從之若德可以免出左傳昭公二十九年晉定公九年宋樂祁使於晉趙簡子逆而飲之酒於綿上獻楊楯六十於簡子楯干楯也以楊木爲之范獻子言於晉侯曰以君命越疆而使未致使而私飲酒不敬二君不可不討也乃執樂祁出左傳定公六年十一年簡子言於晉侯曰諸侯唯宋事晉好逆其使猶懼不至今又執之是絕諸侯也乃歸樂祁祁歸卒於太行出左傳定公八年十三年簡子帥師圍衛報夷儀也前年齊爲衛伐晉夷儀衛人懼貢五百家簡子命置之邯鄲晉地明年簡子謂邯鄲大夫趙午曰歸我衛貢五百家吾舍諸晉陽晉陽趙氏邑欲徙五百家於此午不用命簡子怒召午而囚諸晉陽午使其役者脫劍而入涉賓不可涉賓午家臣不肯脫劍入欲謀叛簡

子乃使告邯鄲人曰吾私有討於午也二三子惟所欲立午趙鞅同族別封邯
鄲故使邯鄲人更立午宗親遂殺午趙稷午之子涉賓以邯鄲叛夏六月上軍司馬
籍秦圍邯鄲趙午荀寅之甥也荀寅范吉射之姻也荀寅子娶吉射女而相
與睦故不圍邯鄲將作亂攻趙鞅董安于聞之安于趙氏臣告趙孟曰先
備諸趙孟曰晉國有命始禍者死為後可也安于曰與其害於民寧
我獨死懼見攻必傷害民寧我任始禍之責獨以身死請以我說晉國若討可殺我以自解說趙孟不可
既而范氏中行氏攻趙氏之宮趙鞅奔晉陽晉陽人圍之范皐夷無
寵於范吉射而欲為亂於范氏皐夷范氏側室子梁嬰父嬖於知文子即荀躒
文子欲以為卿韓簡子與中行文子相惡簡子韓起孫不信也中行文子荀寅也魏襄
子亦與范昭子相惡襄子魏舒孫曼多也昭子即士吉射故五子謀五子范皐夷梁嬰父知文子韓簡子

魏襄子。將逐荀寅而以梁嬰父代之逐范吉射而以范臯夷代之荀躒言於晉侯曰君命大臣始禍者死載書在河爲載書沉之河今三臣始禍范氏中行氏攻趙氏皆爲禍首而獨逐鞅刑已不均矣請皆逐之於是荀躒韓不信魏曼多奉公以伐范氏中行氏弗克二子將伐公二子范昭子中行文子國人助公二子敗奔朝歌韓魏以趙氏爲請以趙鞅非始禍請復趙氏趙鞅入於絳盟於公宮出左傳定公十三年十七年梁嬰父惡董安于謂知文子曰不殺安于使終爲政於趙氏趙氏必得晉國盍以其先發難也討於趙氏文子使告於趙孟曰范氏中行氏雖信爲亂安于則發之是安于與謀亂也晉國有命始禍者死二子既伏其罪矣敢以告趙孟患之安于曰我死而晉國寧趙氏定將焉用生人誰不死吾死莫矣莫晚也乃縊而死趙孟尸諸市而告於智氏曰主命戮罪人安于既伏其罪矣敢以告智伯從趙孟盟而後趙氏定祀安于於廟（報其忠也出左傳定公十四年）齊人輸范氏粟（范氏久居朝歌糧食不足故齊以粟輸之）鄭子姚（罕達）子般（駟弘）送之士吉射逆之趙鞅禦之遇於戚簡子誓曰范氏中行氏反易天明（反易天之明德）斬艾百姓欲擅晉國而滅其君寡君恃鄭而保焉今鄭為不道棄君助臣二三子順天明從君命經德義除詬恥在此行也克敵者上大夫受縣下大夫受郡（千里百縣縣有四郡）士田十萬庶人工商遂（得遂仕進）人臣隸圉免（免去廝役）志父無罪君實圖之（言已事濟當圖其賞）若其有罪絞縊以戮桐棺三寸不設屬辟（棺用難朽之木桐木易壞故以為罰夫子制於中都棺四寸三寸亦罰也屬辟棺之重數辟音壁）素車樸馬（車馬樸素以載柩）無入於兆（不入先人兆域）下卿之罰也（為衆設賞自設罰所以能克敵）甲戌將戰郵

無恤（王良）御簡子衛太子爲右登鐵上（升鐵丘之上）望見鄭師衆太子懼自投於車下子良（子良即王良）授太子綏而乘之曰婦人也（以蒯聵爲婦人言其怯甚）簡子巡列曰畢萬（晉獻公卿）匹夫也七戰皆獲有馬百乘死於牖下羣子勉之死不在寇（言死生有命）衛太子禱曰曾孫蒯聵敢昭告皇祖文王烈祖康叔文祖襄公鄭勝亂從（勝鄭聲公名從助臣爲從於亂）晉午在難（午晉定公名國有叛臣爲在於難）不能治亂使鞅討之蒯聵不敢自佚備持矛焉敢告（告以微福於祖）無絕筋無折骨無面傷以集大事無作三祖羞鄭人擊簡子中肩斃於車中獲其蠭旗（旗名）太子救之以戈鄭師北太子復伐之鄭師大敗獲齊粟千車趙孟喜曰可矣（簡子喜太子前怯今更勇）初周人與范氏田公孫龍稅焉（龍范氏臣爲范氏收周人所與田之稅）趙氏得而獻之（趙氏之衆得龍以獻於趙簡子）吏請殺之趙孟

曰爲其主也何罪止而與之田還其所稅及鐵之戰以徒五百人宵攻鄭師取蠭旗於子姚之幕下取鄭師所獲之蠭旗於鄭罕達帳幕之下獻曰請報主德既戰簡子曰吾伏弢弢弓衣也嘔血鼓音不衰今日我上也我功爲上太子曰吾救主於車退敵於下我右之上也我車右之功爲上郵良曰我兩靷將絕吾能止之在胸曰靷言我馬之兩靷皆將斷絕我能止使不絕我御之上也我御車之功爲上駕而乘材兩靷皆絕乘載也材橫木明細小也駕馬而載細小之橫木使簡子觀之兩靷同時皆絕以明止使不絕之功出左傳哀公二年

小雅車攻之詩周宣王復會諸侯於東都詩人作此以美之

我車既攻堅也我馬既同齊也四牡龐龐音龍充實也駕言徂東此章言將往東都洛邑也田車既好田車田獵之車四牡孔阜盛大也東有甫草甫田也駕言行狩此章指言將往狩于圃田也之子于苗之子有司也苗狩獵之通名選徒囂囂聲衆盛也建旐設旄搏獸于

敖。敖音傲。敖，地名。此章言至東都而遊徙以獵也。駕彼四牡。四牡奕奕。奕奕，連絡布散之貌。赤芾金舄。芾，冕服之韠也。金舄，赤舄而加金飾，皆諸侯之服。會同有繹。時見曰會，衆見曰同。繹，陳列聯屬之貌。此章言諸侯來會朝于東都也。決拾既佽。佽音次，比也。決以象骨爲之，著于右手大指，所以鉤弦。拾以皮爲之，著于左臂，所以遂弦。弓矢既調。調，謂弓強弱與矢輕重相得也。射夫既同。射夫，蓋諸侯來會者。同，協也。助我舉柴。柴，謂積也。使諸侯之人助而舉之，言獲多也。此章言既會同而田獵也。四黃既駕。兩驂不猗。不失其馳。舍矢如破。此章言田獵而見其能御之善也。蕭蕭馬鳴。悠悠旆旌。徒御不驚。徒，步卒。御，車御。不驚，不讙譁也。大庖不盈。大庖，君庖也。不盈，言取之有度。此章言其終事嚴而頒禽均也。之子于征。有聞無聲。至肅也。允矣君子。展也大成。此章總敘其事之始終而深美之。

公孫衍

公孫衍一名犀首、犀首，官名。魏之陰晉人也、與張儀不善、張儀爲秦之魏、魏王相張儀犀首弗利故令人謂韓公叔曰張儀已合秦魏矣其言曰此儀合秦魏之辭魏攻南陽秦攻三川魏王所以貴張子者欲得韓地也且韓之南陽已舉矣子何不少委焉以爲衍功請以事委衍有功魏乃任之則秦魏之交錯矣錯止也然則魏必圖秦而棄儀收韓而相衍公叔以爲便因委之犀首以爲功果相魏張儀去義渠君朝於魏犀首聞張儀復相秦害之犀首乃謂義渠君曰道遠不得復過言義渠道遠今日已後不復得更過相見也請謁事情謂欲以秦之緩急告語之也曰中國無事中國謂山東諸侯齊魏之六國無事不共攻秦也秦得燒掇焚杅掇馬箠也杅糞箕也君之國有事謂山東諸侯衆伐秦也秦將輕使重幣事君之國言秦若被伐則必輕使重幣事義渠之國欲令相助犀首此言令義渠君勿援秦也其後五國伐秦秦惠王七年韓趙魏燕齊共攻秦會陳軫謂秦王曰義渠君者蠻夷之賢君也不如

賂之以撫其志秦王曰善乃以文繡千純（凡絲綿布帛等一段爲一純）婦女百人遺義渠君義渠君致羣臣而謀曰此公孫衍所謂耶乃起兵襲秦大敗秦人李伯之下張儀已卒之後犀首入相秦嘗佩五國之相印爲約長（出史記）

張儀

張儀者魏人也始嘗與蘇秦俱事鬼谷先生學術蘇秦自以不及張儀已學而游說諸侯嘗從楚相飲已而楚相亡璧門下意張儀曰儀貧無行必此盜相君之璧共執張儀掠笞數百不服醳之（醳古釋字）其妻曰嘻子毋讀書游說安得此辱乎張儀謂其妻曰視吾舌尚在否其妻笑曰舌在也儀曰足矣蘇秦已說趙王而得相約從親然恐秦之

攻諸侯敗約後負念莫可使用於秦者乃使人微感張儀曰子始與蘇秦善今秦已當路子何不往游以求通子之願張儀於是之趙上謁求見蘇秦蘇秦乃誡門下人不爲通又使不得去者數日已而見之坐之堂下賜僕妾之食因而數讓之曰以子之材能乃自令困辱至此吾寧不能言而富貴子子不足收也謝去之張儀之來也自以爲故人求益反見辱怒念諸侯莫可事獨秦能苦趙乃遂入秦蘇秦已而告其舍人曰張儀天下賢士吾殆弗如也今吾幸先用而能用秦柄者獨張儀可耳然貧無因以進吾恐其樂小利而不遂故召辱之以激其意子爲我陰奉之乃言趙王發金幣車馬使人微隨張儀與同宿舍稍稍近就之奉以車馬金錢所欲用爲取給而弗告張儀

遂得以見秦惠王惠王以爲客卿與謀伐諸侯蘇秦之舍人乃辭去張儀曰賴子得顯方且報德何故去也舍人曰臣非知君知君乃蘇君蘇君憂秦伐趙敗從約以爲非君莫能得秦柄故感怒君使臣陰奉給君資盡蘇君之計謀今君已用請歸報張儀曰嗟乎此吾在術中而不悟吾不及蘇君明矣吾又新用安能謀趙乎爲吾謝蘇君蘇君之時儀何敢言且蘇君在儀寧渠音詎能乎張儀旣相秦爲文檄告楚相曰始吾從若飲我不盜若璧若笞我若善守汝國我顧且盜而城苴蜀相攻擊苴卽巴各來告急於秦秦惠王欲發兵以伐蜀以爲道險狹難至而韓又來侵秦秦惠王欲先伐韓後伐蜀恐不利欲先伐蜀恐韓襲秦之敝猶豫未能決司馬錯與張儀爭論於惠王之前司

馬錯欲伐蜀張儀曰不如伐韓王曰請聞其說儀曰親魏善楚下兵三川塞斜谷之口斜谷一作舒成皐鞏縣有寺口當屯留之道屯留縣屬潞安府魏絕南陽南陽懷州也絕南陽所謂當屯留之道斷韓上黨之路也楚臨南鄭臨南鄭所謂塞斜谷之口斷韓南陽之兵也秦攻新城宜陽新城在河南伊闕之左右宜陽城在洛州福昌縣東十四里以臨二周之郊誅周王之罪侵楚魏之地周自知不能救九鼎寶器必出據九鼎按圖籍挾天子以令於天下天下莫敢不聽此王業也今夫蜀西僻之國而戎翟之倫也敝兵勞衆不足以成名得其地不足以爲利臣聞爭名者於朝爭利者於市今三川周室天下之朝市也而王不爭焉顧爭於戎翟去王業遠矣司馬錯曰不然臣聞之欲富國者務廣其地欲強兵者務富其民欲王者務博其德三資者備而王隨之矣今王地小民

貧故臣願先從事於易夫蜀西僻之國也而戎翟之長也有桀紂之亂以秦攻之譬如使豺狼逐羣羊得其地足以廣國取其財足以富民繕治兵不傷衆而彼已服焉拔一國而天下不以爲暴利盡四海而天下不以爲貪是我一舉而名實附也而又有禁暴止亂之名今攻韓刼天子惡名也而未必利也又有不義之名而攻天下所不欲危矣臣請論其故周天下之宗室也齊韓之與國也周自知失九鼎韓自知亡三川將二國并力合謀以因乎齊趙而求解乎楚魏以鼎與楚以地與魏王弗能止也此臣之所謂危也不如伐蜀完完猶好也惠王曰善寡人請聽子卒起兵伐蜀取之蜀既屬秦秦以益強富厚輕諸侯初蜀中無路入秦惠王聞蜀有五丁力士壯勇乃以鐵作牛五頭許稱其牛食粟日糞金三斗蜀侯聞之貪金使五丁開山作

路。入秦取牛。得牛視之。知其詐而路已通矣。後五丁死。惠王遣張儀將兵伐蜀。遂滅焉。秦惠王十年使公子華與張儀圍蒲陽魏邑名。降之儀因言秦復與魏而使公子繇質於魏儀因說魏王曰秦王之遇魏甚厚魏不可以無禮魏因入上郡少梁謝秦惠王惠王乃以張儀爲相儀相秦四歲立惠王爲王居一歲爲秦將取陝築上郡塞其後二年使與齊楚之相會齧桑東還而免相相魏以爲秦欲令魏先事秦而諸侯效之魏王不肯聽儀秦王怒伐取魏之曲沃平周厚儀益甚儀慙無以歸報留四歲而魏襄王卒哀王立張儀復說哀王哀王不聽於是張儀陰令秦伐魏魏與秦戰敗明年齊又來敗魏於觀津秦復欲攻魏先敗韓申差軍斬首八萬諸侯震恐張儀復說魏哀王哀王於是乃背從約而因儀請成於秦張儀

歸復相秦秦欲伐齊齊楚從親於是張儀往相楚謂楚王曰大王誠
能聽臣閉關絕約於齊臣請獻商於之地六百里楚王大悅而許之
羣臣皆賀陳軫獨弔之楚王怒曰寡人不興師發兵得六百里地羣
臣皆賀子獨弔何也陳軫對曰不然以臣觀之商於之地不可得而
齊秦合齊秦合則患必至矣楚王曰有說乎陳軫對曰夫秦之所以
重楚者以其有齊也今閉關絕約於齊則楚孤秦奚貪夫孤國而與
之商於之地六百里張儀至秦必負王是北絕齊交西生患於秦也
善爲王計者不若陰合而陽絕於齊使人隨張儀苟與吾地絕齊未
晚也不與吾地陰合謀計也楚王曰願陳子閉口毋復言以待寡人
得地乃以相印授張儀於是遂閉關絕約於齊使一將軍隨張儀儀

至秦，佯失綏墮車，不朝三月。楚王聞之曰：「儀以寡人絕齊未甚耶？」乃使勇士至宋，借宋之符，北罵齊王。齊王大怒，折節而下秦。秦齊之交合，張儀乃朝，謂楚使者曰：「臣有奉邑六里，願以獻大王左右。」楚使者曰：「臣受令於王，以商於之地六百里，不聞六里。」還報楚王，楚王大怒，發兵而攻秦。陳軫曰：「軫可發口言乎？攻之不如割地反以賂秦，與之并兵而攻齊，是我出地於秦，取償於齊也，王國尚可存。」楚王不聽，卒發兵而使將軍屈匄（音蓋）擊秦。秦齊共攻楚，斬首八萬，殺屈匄，遂取丹陽、漢中之地。楚又復益發兵而襲秦，至藍田大戰，楚大敗。於是楚割兩城以與秦平。秦要楚欲得黔中地，欲以武關外（郎商於之地）易之。楚王曰：「不願易地，願得張儀而獻黔中。」秦王欲遣之，口弗忍言。張儀乃請行惠王曰彼楚王怒子之負以商於之地是且甚心於子張儀曰秦彊楚弱臣善靳尚尚得事楚夫人鄭袖袖所言皆從且臣奉王之節使楚楚何敢加誅假令誅臣而爲秦得黔中之地臣之上願遂使楚楚懷王至則囚張儀將殺之靳尚謂鄭袖曰子亦知子之賤於王乎鄭袖曰何也靳尚曰秦王甚愛張儀而不欲出之今將以上庸秦地之地六縣賂楚以美人聘楚以宮中善歌謳者爲媵楚王重地尊秦秦女必貴而夫人斥矣不若爲言而出之於是鄭袖日夜言懷王曰人臣各爲其主用今地未入秦秦使張儀來至重王王未有禮而殺張儀秦必大怒攻楚妾請子母俱遷江南毋爲秦所魚肉也懷王後悔赦張儀卒與秦親張儀去楚因遂之韓說韓王韓王聽儀計張儀歸

報秦惠王封儀五邑號曰武信君使張儀東說齊湣王齊王許之西說趙王趙王許之北說燕昭王昭王聽儀儀歸報秦至咸陽而惠王卒武王立武王自爲太子時不悅張儀及即位羣臣多讒張儀曰無信左右賣國以取容秦必復用之恐爲天下笑諸侯聞張儀有郤武王皆畔衡復合從秦武王元年羣臣日夜惡張儀未已而齊讓又至儀嘗曰儀之所甚憎無大齊王則儀齊所惡也而秦任之故齊責秦張儀懼誅乃因謂秦武王曰儀有愚計願效之王曰奈何對曰爲秦社稷計者東方有大變然後王可以多割得地也今聞齊王甚憎儀儀之所在齊必攻之故儀願乞其不肖之身之梁齊必興師伐梁梁齊之兵連於城下而不能相去王以其間伐韓入三川出兵函谷而毋伐以臨周祭器必出挾天子按

圖籍此王業也秦王以爲然乃具革車三十乘入儀之梁齊果興師伐之梁哀王恐張儀曰王勿患也請令罷齊兵乃使其舍人馮喜之楚借使之齊謂齊王曰王甚憎張儀雖然亦厚矣王之托儀於秦也齊王曰寡人憎儀儀之所在必興師伐之何以托儀對曰是乃王之托儀也夫儀之出也固於秦王約曰爲王計者東方有大變然後王可以多割得地今齊王甚憎儀儀之所在必興師伐之齊梁之兵連於城下而不能相去王以其間伐韓入三川出兵函谷而西伐以臨周祭器必出挾天子按圖籍此王業也秦王以爲然故具革車三十乘而入之梁也今儀入梁王果伐之是王內罷音疲國而外伐與國廣鄰敵以內自臨而信儀於秦王也此臣之所謂托儀也齊王曰善乃

使解兵張儀相魏一歲卒於魏出史記

丈夫之冠

冠者禮之始也是故古者聖王重冠古者冠禮筮日筮賓筮日所以求天之吉筮賓所以擇人之賢所以敬冠事敬冠事所以重禮重禮所以爲國本也故冠於阼主階以著代也著其傳代之意醮於客位酌而無酬酢曰醮以禮賓之禮禮其子所以爲成人者敬也三加彌尊加有成也始加緇布冠再加皮弁次加爵弁三加而服彌尊亦所以爲成人敬也冠於阼醮於客位者適子也若庶子則冠於房外南面遂醮焉所以異者不著代也已冠而字之成人之道也古者童子雖貴名之而已冠而後賓字之以成人之道故敬其名也見於母母拜之見於兄弟兄弟拜之成人而與爲禮也此禮爲適長子代父承祖者與祖爲正體故禮之異於庶子也玄冠玄端奠摯於君玄冠齊冠也玄端服天子燕居之服諸侯及卿大夫士之齊服也摯用雉遂以摯見於卿大夫鄉先生鄉先生鄉之年

德與高者。或致仕之人也。以成人見也。成人之者。將責成人禮焉也。責成人禮焉者。將責爲人子爲人弟爲人臣爲人少者之禮行焉。將責四者之行於人。其禮可不重與。故孝弟忠順之行立。而後可以爲人。可以爲人。而後可以治人也。故聖王重禮。故曰冠者禮之始也。嘉事之重者也。是故古者重冠。重冠故行之於廟。行之於廟者。所以尊重事。尊重事而不敢擅重事。不敢擅重事。所以自卑而尊先祖也。出禮記冠義

女子之嫁

父送女命之曰。戒之敬之。夙夜無違命。母施衿結帨曰。勉之敬之。夙夜無違宮事。庶母及門內施鞶。鞶。小囊盛帨巾者。男用韋。女用繒帛。申之以父母之命。命之曰。敬恭聽爾父母之言。夙夜無愆。視爾衿鞶。出儀禮

周霄

周霄魏人文子田文田需周霄相善欲罪犀首犀首患之謂魏王曰今所患者齊也嬰子言行於齊王文之父曰靖郭君田嬰王欲得齊則胡不召文子而相之彼必務以齊事王王曰善因召文子而相之犀首以倍田需周霄出國策

載贄贄同摯

以禽作六摯以等諸侯孤執皮帛束帛而加以皮也天子之孤以虎皮取其文炳也公之孤以豹皮取其文蔚也卿執羔羔小羊取其羣而不失其類也大夫執鴈取其候時而行士執雉取文明也庶人執鶩音木取其不飛遷工商執雞取其守時而動出周禮凡執天子鬯見神釀秬黍爲酒取有芬芳條暢於上下諸侯圭見天子執命圭取其比德君子卿羔大夫雁士雉庶人之摯匹音木野鴨也童

子委摯而退委摯，奠於地也。退者，不敢與成人爲禮也。野外軍中無摯以纓拾矢可也出曲禮下

耕助

孟春之月天子乃以元日上辛也。祈穀於上帝乃擇元辰郊後吉日也。天子親載耒耜措之於參保介之御間措，置也。參，參乘之人也。保介，衣甲也。言置此耕器於參乘保介及御者之間。帥三公九卿諸侯大夫躬耕帝籍天子籍田千畝，收其穀爲祭祀之粢盛，故曰帝籍。天子三推三公五推卿諸侯九推推者，執耒而進之，或三或五或九，以貴賤爲勞役之差等也。反執爵於大寢路寢也。三公九卿諸侯大夫皆御命曰勞酒出禮月令昔者天子爲籍千畝冕而朱紘纓也。躬秉耒諸侯爲籍百畝冕而青紘躬秉耒以事天地山川社稷先古先祖也。以爲醴酪齊盛於是乎取之敬之至也

出祭義

蠶繅

古者天子諸侯必有公桑蠶室公桑公家之桑近川而為之便於浴種也築宮仞有三尺棘牆而外閉之棘牆置棘於牆上也外閉戶扇在外而閉嚮內也及大昕之朝君皮弁素積大昕季春朔之旦也卜三宮之夫人三宮在天子則謂三夫人在諸侯之夫人則立三宮半后之六宮也世婦之吉者使入蠶於蠶室奉種浴於川桑於公桑風戾以食之戾乾也蠶惡溼故桑乾乃以食也歲既單矣世婦卒蠶單盡也奉繭以示於君遂獻繭於夫人夫人曰此所以為君服與遂副褘而受之副褘王后之服因少牢以禮之禮待獻繭之婦古之獻繭者其率用此與及良日夫人繅三盆手置繭於盆中而以手三次淹之遂布於三宮夫人世婦之吉者使繅遂朱綠之玄黃之以

為黼黻文章服既成君服以祀先王先公敬之至也出祭義

士無田不祭

大夫士宗廟之祭有田則祭無田則薦庶人春薦韭夏薦麥秋薦黍冬薦稻有田者既祭又薦新祭以首時薦以仲月出禮王制

武成字遂以名篇篇內有武成二

惟一月壬辰旁死魄朔日曰死魄二日曰旁死魄越翼日明日癸巳王朝步自周于征伐商底商之罪告于皇天后土所過名山大川曰惟有道曾孫周王發將有大正于商今商王受無道暴殄天物害虐烝民為天下逋逃主逋逃罪人之主萃淵藪獸聚藪如魚聚淵予小子既獲仁人敢祇承上帝以遏亂略華夏蠻貊罔不率俾惟爾有神尚克相予以濟兆民無作神羞

既戊午師度孟津癸亥陳于商郊俟天休命甲子昧爽受率其旅若
林（如林之盛）會于牧野罔有敵于我師前徒倒戈攻于後以北血流漂杵
一戎衣天下大定乃反商政政繇舊釋箕子囚封比干墓式商容閭
散鹿臺之財發鉅橋之粟大賚于四海而萬姓悅服厥四月哉生明
（哉始也始生明月三日也）王來自商至于豐乃偃武修文歸馬于華山之陽放牛
于桃林之野示天下弗服（不復用兵）既生魄（望後一日）庶邦冢君暨百工受命
于周丁未祀于周廟邦甸侯衛駿奔走執豆籩越三日庚戌柴望大
告武成王若曰嗚呼羣后惟先王建邦啓土公劉克篤前烈至于太
王肇基王迹王季其勤王家我文考文王克成厥勳誕膺天命以撫
方夏大邦畏其力小邦懷其德惟九年大統未集予小子其承厥志

恭天成命肆予東征綏厥士女惟其士女篚厥玄黃昭我周王天休震動用附我大邑周列爵惟五（公侯伯子男）分土惟三（百里七十里五十里）建官惟賢位事惟能重民五教惟食喪祭惇信明義崇德報功垂拱而天下治

段干木

段干木晉之駔（音徂）儈（音懀）也（儈者合人已察交易儈其首率也）學於卜子夏居西河之上魏文侯師之因是知段干木之賢過其閭則軾之其僕曰君胡為軾曰此非段干木之閭與段干木蓋賢者也吾安得不軾且吾聞段干木未嘗肯以己易寡人也吾安敢驕之段干木光乎德寡人光乎地段干木富乎義寡人富乎財其僕曰然則君何不相之於是

請相之致祿百萬段干木不肯受國人相與頌文侯曰吾君好正段干木之敬吾君好忠段干木之隆居無幾何秦興兵欲攻魏司馬唐且諫秦君曰段干木賢人也而魏禮之天下莫不聞無乃不可加兵乎秦君以爲然遂按兵不敢攻出呂氏春秋文侯往見段干木干木避之文侯立倦而不敢息反見翟璜踞於堂而與之語翟璜不悅文侯曰段干木官之則不肯祿之則不受今汝欲官則相位欲祿則上卿又責吾禮無乃難乎出呂氏春秋

飛廉按飛廉助紂爲惡孟子明言戮之海隅矣司馬遷安得有天賜石槨之疑

飛廉顓頊之苗裔也飛廉生惡來惡來有力飛廉善走父子俱以材力事殷紂周武王之伐紂并殺惡來是時飛廉爲紂作石槨於北方

還無所報爲壇霍太山（在河東彘縣）而報得石槨（紂既死無所歸報故爲壇於霍太山而祭紂報曰作得石槨）銘曰帝令處父（飛廉別號處父）不與殷亂賜爾石棺以華氏死遂葬於霍太山（言處父至忠國滅君死而不忘臣節故天賜石棺以光華其族）飛廉復有子曰季勝季勝以下五世有造父爲周繆王御（繆王得八駿周遊天下西過崑崙與王母觴於瑤臺之上樂而忘反徐偃王作亂造父御繆王長驅歸周一日千里）封於趙趙衰其後也惡來早死有子曰女防其五世以下生非子亦以造父之寵皆蒙趙城姓趙氏周孝王使主馬於汧渭之間馬大蕃息後賜嬴姓以有秦云（出秦本紀）

周書君牙篇（君牙臣名穆王命君牙爲大司徒此其誥命也）

王若曰嗚呼君牙惟乃祖乃父世篤忠貞服勞王家厥有成績紀于太常惟予小子嗣守文武成康遺緒亦惟先王之臣克左右亂四方

心之憂危若蹈虎尾畏其墜涉于春冰畏其陷今命爾予翼作股肱心膂纘乃舊服無忝祖考弘敷五典式和民則爾身克正罔敢弗正民心罔中惟爾之中夏暑雨小民惟曰怨咨冬祁寒小民亦惟曰怨咨厥惟艱哉思其艱以圖其易民乃寧嗚呼丕顯哉文王謨丕承哉武王烈啓佑我後人咸以正罔缺爾惟敬明乃訓用奉若于先王對揚文武之光命追配于前人王若曰君牙乃惟由先正舊典時式民之治亂在茲率乃祖考之攸行昭乃辟之有乂

楊朱

楊子名朱老子弟子也朱南之沛老聃西遊於秦至梁而遇老子老子中道仰天而嘆曰始以汝爲可教今不可教也朱至舍膝行而前

曰請問其過老子曰而睢睢而盱盱而誰與居（而汝也睢睢盱盱神駭於目顧盼不止也）太白若辱盛德若不足朱蹙然變容曰敬聞命矣其往也舍者迎將（將亦迎也）家公執席妻執巾櫛舍者避席煬者避竈其反也舍者與之爭席矣（出莊子）楊子之鄰人亡羊既率其黨又請楊子之豎追之楊子曰嘻亡一羊何追者之衆鄰人曰多岐路既反問獲羊乎曰亡之矣曰奚亡之曰岐路之中又有岐焉吾不知所之所以反也楊子蹙然變容不言者移時不笑者竟日門人怪之請曰羊賤畜又非夫子之有而損言笑者何哉楊子不答弟子孟孫陽出以告心都子心都子與孟孫陽偕入而問曰昔有昆弟三人遊齊魯之間同師而學進仁義之道而歸其父問曰仁義之道若何伯曰仁義使我愛身而後名仲

曰仁義使我殺身以成名叔曰仁義使我名身並全彼三術相反而同出於儒孰是孰非耶楊子曰人有濱河而居者習於水勇於泅（音四浮水也）操舟鬻渡利供百口裹糧就學者成徒而溺死者幾半本學泅不學溺而利害若此若以爲孰是孰非心都子默然而出孟孫陽讓之曰何吾子問之迂夫子答之僻吾惑愈甚心都子曰大道以多岐亡羊學者以多方喪生學非本不同非本不一而末異若是惟歸同反一爲無得喪子游其門習其道而不達其說也哀哉（出列子）

墨翟

墨子名翟宋人公輸般爲楚設機械以攻宋墨子聞之自魯往裂裳裹足日夜不休十日十夜而至於郢見楚王曰臣北方之鄙人也聞

大王將攻宋信有之乎王曰然墨子曰必得宋乃攻之乎不得宋且不義猶攻之乎王曰旣不得宋且又不義曷爲攻之墨子曰甚善臣以宋必不可得王曰公輸般天下之巧工也巳爲攻宋之械矣墨子曰請令公輸般試攻之臣請試守之於是公輸般設攻宋之械墨子設守宋之備九攻之墨子九郤之不能入公輸般服焉請見之王墨子見楚王曰今有人於此舍其文軒鄰有敝輿而欲竊之舍其錦繡鄰有短褐而欲竊之舍其粱肉鄰有糟糠而欲竊之此爲何若人也王曰必爲有竊疾矣墨子曰楚之地方五千里宋方五百里此猶文軒之與敝輿也楚有雲夢犀兕麋鹿盈之江漢魚鼈黿鼉爲天下饒宋所謂無雉兎鮒魚者也此猶粱肉之與糟糠也楚有長松文梓楩

楠豫章宋無長木此猶錦繡之與短褐也臣以王之攻宋與此同類也王曰善哉請無攻宋（出墨子）

匡章

匡章齊人也秦假道韓魏以攻齊齊威王使章將而應之與秦交和而舍（兩軍相對曰和）使者數相往來章爲變其徽幟而使秦君候者言章以齊入秦威王不應頃間候者復言威王復不應如此者三有司請曰言章之敗者異人而同辭王何不發將而擊之王曰此不叛寡人明矣曷爲而擊之頃間言齊兵大勝秦兵大敗於是秦王稱西藩之臣（秦在齊西故曰西藩）而謝於齊左右曰何以知之曰章子之母啓（啓母名）得罪其父其父殺之而埋馬棧之下（棧馬床也）吾使章子將也勉之曰夫子全兵

而還必更葬將軍之母對曰臣非不能更葬臣母也臣之母得罪臣之父臣之父未命而死（未有更葬之命而死）夫不得父命而更葬母是欺死父也故不敢夫爲人子而不欺死父豈爲人臣欺生君哉（出戰國策）

陳仲子

陳仲子字子終齊人也楚王遣使持金百鎰聘以爲相仲子曰僕有箕箒之妻請入計乃謂妻曰今日爲相明日結駟連騎食方於前妻曰左琴右書樂在其中矣結駟連騎所安不過容膝食方於前所甘不過一肉今以容膝之安一肉之味而懷楚國之憂恐先生不保命也仲子乃相與逃去爲人灌園（出高士傳）陳仲子欲死於齊其妻止之曰熱於就利者必先冷趨於附利者必先淡雞犬之爲天下賤者恒見

也威鳳之爲天下貴者不恒見也今子無過人之財而不劌過人之
事子行蹟矣吾與子今且灌園於齊之野乎身辟纑仲子織屨耳苦
順逆無所取予於人其兄戴憐之願讓祿焉仲子謂其妻曰可以取
償乎妻曰未也名不出於家齊王聞之使使迎之曰以社稷從仲子
又問其妻曰可以取償乎妻曰未也名不出於國其後齊王使使問
趙威后后謂使者曰於陵仲子尚存乎其爲人也上不臣於王下不
事其親中不索交於諸侯此率民而出於無用者何爲至今不殺也
齊王疑之仲子終身困於齊出史遺

四書考彙删下孟卷之六

茗西臧廷鑑受澄訂釋
葉嘉璋奉我
受業陳士傑楚良仝校
陳士魁斗文

離婁

離婁一名朱黃帝時人明察秋毫而幽室之中能辨五色橫邪曲直一見不爽絲髮也黃帝遊乎赤水之北登崑崙之丘而南望還歸遺其玄珠使智索之而不得使離朱索之而不得使契詬索之而不得乃使象罔象罔得之黃帝曰異哉象罔乃可以得之乎出莊子

公輸子按公輸般魯班之子古樂府云誰能為此器公輸與魯班今誤作一人

公輸子名班又名般魯之巧人也或以為魯昭公之子嘗為母作木人為御機關一發其車遂行又為木鳶令之自飛楚攻宋般為設機械以攻之墨翟聞之往見般曰吾自宋聞子吾欲藉子殺王般曰吾義固不殺王墨子曰聞公為雲將梯也以攻宋宋何罪之有義不殺王而攻國是不殺少而殺眾敢問攻宋何義也般不答九設攻城之機變墨子九距之般之攻械盡墨子之守固有餘般詘而言曰吾知所以距子也吾不言墨子亦曰吾知子之所以距我也吾不言般請墨子見之楚王楚王問其故墨子曰公輸子之意不過欲殺臣殺臣宋莫能守可攻也然臣之弟子禽滑釐等三百人已持臣守圉之器在

宋城上而待楚寇矣雖殺臣不能絕也楚王曰善哉吾請無攻宋城矣（出文選長笛賦注）般又嘗怨吳人殺其父於肅州城南乃作一木仙舉手指吳地大旱三年吳人卜曰此般所爲也乃賫物謝之般斷木仙一手吳中大雨（出酉陽雜俎）

師曠

師曠字子野晉之樂師也師曠侍於晉平公平公曰衛人出其君不亦甚乎師曠對曰或者其君實甚良君將賞善而刑淫養民如子蓋之如天容之如地民奉其君愛之如父母仰之如日月敬之如神明畏之如雷霆其可出乎夫君神之主而民之望也若困民之主匱神之祀百姓絕望社稷無主將安用之弗去何爲天生民而立之君使司

敎之勿使失性。有君而爲之貳，(貳卿佐也。)使師保之，勿使過度。是故天子有公，諸侯有卿，卿置側室，(支子之官。)大夫有貳宗，(宗子之副貳者。)士有朋友，庶人工商皁隷牧圉皆有親暱，以相輔佐也。善則賞之，過則匡之，患則救之，失則革之。自王以下各有父子兄弟以補察其政。史爲書，(太史君舉則書。)瞽爲詩，(瞽者爲詩以諷刺。)工誦箴諫，(樂工誦箴諫之詞。)大夫規誨，(規正諫誨其君。)士傳言，(士卑不得徑達，聞君過失，傳告大夫。)庶人謗，(庶人不與政，聞君過則誹謗。)商旅於市，(旅，陳也。陳其貨物以示時所貴尚。)百工獻藝。(獻其技藝以喻政事。)故夏書曰：遒人以木鐸徇於路，(遒人，行人之官，以木鐸徇路求歌謡之言也。)官師相規，(大夫自相規正。)工執藝事以諫。(所謂獻藝。)正月孟春，於是乎有之，諫失常也。天之愛民甚矣，豈其使一人肆於民上，以從其淫而棄天地之性？必不然矣。(出左傳。)

齊伐魯。魯會晉侯同伐齊。齊侯登巫山。(齊山。)

以望晉師晉人使司馬斥山澤之險雖所不至必斾而疏陳之斥候也疏建旌旗以爲陳示衆也使乘車者左實右僞僞以衣服爲人形也以斾先建斾以先驅輿曳柴而從之輿衆也衆曳柴從車後而揚塵齊侯見之畏其衆也乃脫歸丙寅晦師曠告晉侯曰鳥烏之聲樂齊師其遁鳥烏得空營故樂也出左傳晉人聞有楚師師曠曰不害吾驟歌北風曠聞楚伐鄭歌北風以聽晉之彊弱又歌南風又歌南風以聽楚之強弱南風不競多死聲楚必無功既而楚師多涷役徒幾盡出左傳有石言於魏榆魏邑名榆其地也有石忽作人言平公問於師曠曰石何故言對曰石不能言或馮焉或有神依而後言不然民聽濫也濫失也謂石本不言民聽之失妄爲言也抑臣又嘗聞之曰作事不時怨讟動於民則有非言之物而言乖氣致異時則有不能言之物而言今宮室崇侈民力彫盡怨讟並作莫保其性石言不亦宜乎於是晉侯

方築虒（音斯）祁之宮（築宮於虒祁之地）叔向曰子野之言君子哉（出左傳）知悼子卒未葬平公飲酒師曠侍鼓鐘杜蕢自外來聞鐘聲歷階而升酌曰曠飲斯平公曰爾飲曠何也曰子卯不樂（桀乙卯日死紂甲子日死故子卯謂之疾日君不舉樂）知悼子在堂（在殯也）其爲子卯也大矣（大臣死關國家尤重故曰爲子卯也大）曠也太師也不以詔是以飲之也（出檀弓下）

師涓從衛靈公聞鼓琴聲於濮水之上寫而習之靈公之晉見平公平公置酒於施夷之臺酒酣靈公曰今日來聞新聲請奏之平公曰可即令師涓坐師曠旁援琴鼓之未終師曠撫而止之曰此亡國之音也不可聽平公曰何道出（不知此樂作於何人）師曠曰師延（紂時樂師）所作也與紂爲靡靡之樂武王伐紂師延東走自投濮水之中今聞此聲必於濮水之上先聞此聲者國削平公曰

寡人所好者音也願遂聞之師涓鼓而終之平公曰音無此最悲乎師曠曰有平公曰可得聞乎師曠曰君德義薄恐不可以聽之平公曰寡人所好者音也願遂聞之師曠不得已援琴而鼓之一奏之有玄鶴二八集乎廊門再奏之延頸而鳴舒翼而舞平公大喜起爲師曠壽反坐問曰音無此最悲乎師曠曰有昔者黃帝以大合鬼神今君德義薄不足以聽之聽之將敗平公曰寡人老矣所好者音也願遂聞之師曠不得已援琴而鼓之一奏之有白雲從西北起再奏之大風至而雨隨之飛廊瓦左右皆奔走平公恐懼伏於廊屋之間晋國大旱赤地三年（出韓非子）平公鑄爲大鐘使工聽之皆以爲調矣師曠曰不調請更鑄之平公曰工皆以爲調矣師曠曰有知音者將知鐘

之不調也臣竊爲君恥之師涓至果知鐘之不調也（出呂氏春秋）

六律

律有十二陽六爲律陰六爲呂律以統氣類之物一曰黃鐘二曰太簇三曰姑洗四曰蕤賓五曰夷則六曰無射呂以旅陽宣氣一曰林鐘二曰南呂三曰應鐘四曰大呂五曰夾鐘六曰仲呂（出漢律歷志）周景王將鑄無射問律於伶州鳩對曰律所以立鈞出度也古之神瞽考中聲而量之以制度律均鐘（度律呂長短以平其鐘和其聲）百官軌儀紀之以三（紀聲合樂以和天地人）平之以六成於十二（律呂相生）天之道也夫六中之色也故名之曰黃鐘所以宣養六氣九德也由是第之二曰太簇所以金奏贊陽出滯也三曰姑洗所以脩潔百物考神納賓也四曰蕤賓所以安

靖神人獻酬交酢也五曰夷則所以詠歌九則平民無貳也六曰無射所以宣布哲人之令德示民軌儀也爲之六間以揚沈伏而黜散越也[六呂在陽律之間陰侶陽以成其功發揚滯氣而去散越]元間大呂助宣物也二間夾鐘出四隙之細也[四時間隙之微陽也]三間仲呂宣中氣也四間林鐘和展百事俾莫不任肅純恪也五間南呂贊陽秀也六間應鐘均利器用俾應復也律呂不易無姦物也[出國語]

五音

五聲中商章也物成熟可章度也角觸也物觸地而出戴芒角也宮中也居中央暢四方唱始施生爲四聲綱也徵祉也物盛大而繁祉也羽宇也物聚藏宇覆之也[出漢書]

大雅假樂之詩此公尸之所以荅鳧鷖者也

假樂君子顯顯令德宜民宜人受祿于天保右命之自天申之千祿百福子孫千億穆穆敬也皇皇美也宜君諸侯宜王天子不愆不忘率由舊章威儀抑抑密也德音秩秩有常也無怨無惡率由羣匹匹類也受福無疆四方之綱之紀燕及朋友百辟卿士媚于天子不解懈于位民之攸塈息也

規矩準繩

權與物均而生衡衡生規規圜生矩矩方生繩繩直生準準正則平衡而均權矣是爲五則規者所以規圜器械令得其類也矩者所以矩方器械令不失其形也規矩相須陰陽位序圓方乃成準者所以

揆平取正也繩者上下端直經緯四通也準繩連體衡權合德百工由焉以定法式出前漢書律曆志

大雅板之詩此凡伯刺厲王之詩

上帝板板板反也下民卒癉卒盡也癉音亶病也出話不然爲猶不遠猶謀也靡聖管管無所依也不實于亶誠也猶之未遠是用大諫言天反其常道使民盡病而汝之出言不合理爲謀又不久遠其心以爲無復聖人但恣己妄行而無所依據又不實之于誠信豈其謀之未遠而然乎我是用大諫于汝庶可以圖天意而安民耳天之方難無然憲憲欣欣也天之方蹶無然泄泄辭之輯矣輯和也民之洽矣洽合也辭之懌矣懌悅也民之莫矣莫定也我雖異事不同職也及爾同僚同爲王臣也我即爾謀即就也聽我囂囂自得不肯受言之貌我言維服服事也猶曰我所言者乃今之急事勿以爲笑先民有言詢于芻蕘天之方虐無然謔謔戲侮

也。老夫灌灌。款款也。小子蹻蹻。驕貌。匪我言耄。爾用憂謔。多將熇熇。熇音臛。熾盛也。不可救藥。老者知其不可而盡其款誠以告之。少者不信而驕之。故曰非我老耄而妄言。乃爾以憂爲謔耳。夫憂未至而救之猶可爲也。苟俟其益多。則如火之盛。不可復救矣。天之方懠。懠音劑。怒也。無爲夸毗。大言夸之。則以諛言毗之。毗附也。威儀卒迷。善人載尸。威儀迷亂而善人如尸。不得有所爲。民之方殿屎。屎音希。殿屎呻吟也。則莫我敢葵。葵揆也。喪亂蔑資。蔑猶滅也。資與咨同。嗟歎聲也。曾莫惠我師。惠順也。師衆也。天之牖民。如壎如篪。壎唱而篪和。如璋如圭。璋判而圭合。如取如攜。皆言易也。攜無曰益。牖民孔易。民之多辟。邪也。無自立辟。言天之開明其易如此。以明上之化下其易亦然。今民既多邪辟矣。豈可又自立邪辟以道之耶。价人維藩。价大也。大德之人也。藩籬也。大師維垣。師衆也。垣墻也。大邦維屏。大邦強國也。屏樹也。所以爲蔽也。大宗維翰。大宗強族也。翰幹也。懷德維寧。宗子維城。宗子同姓也。無俾城壞。無獨斯畏。言是六者皆君之所恃以安。而德其本也。有德則得是五者之助。不然則親戚叛之而城壞城壞則藩垣屏翰皆壞而獨居所可畏者至矣敬天之怒無敢戲豫敬天之渝變也無敢馳驅昊天曰明及爾出王王往通言昊天雖高而臨下則赫然其甚明凡爾之一出王必及也昊天曰旦及爾游衍衍寬縱之意言昊天雖遠而鑒觀則昭然其甚早凡爾之一游衍必及也

幽王

幽王名宮湼宣王子也幽王二年西周三川皆震三川涇渭洛也涇渭二水在雍州北洛水一名漆沮在雍州東北南流入渭此時以三城爲東周鎬京爲西周伯陽甫曰伯陽甫周柱下史郎老聃也周將亡矣夫天地之氣不失其序若過其序民亂之也陽伏而不能出陰迫而不能蒸蒸升也陽氣在下陰氣迫之使不能升也於是有地震今三川實震是陽失其所而塡陰也爲陰所塡陽失而在陰原必塞原塞國必亡夫水土演而民用足水土氣通爲演演則生物民得用之土無所演民乏財用不亡何待昔伊洛竭

四書考彙刪　卷之六　下孟

而夏亡河竭而商亡今周德若二代之季矣其川原又塞塞必竭夫國必依山川山崩川竭亡國之徵也川竭必山崩若國亡不過十年數之紀也（數起於一終於十故曰紀也）天之所棄不過其紀是歲也三川竭岐山崩三年幽王嬖愛褒姒褒姒生子伯服幽王欲廢太子太子母申侯女而爲后後幽王得褒姒愛之欲廢申后并去太子宜臼以褒姒爲后以伯服爲太子周太史伯陽讀史記曰周亡矣昔自夏后氏之衰也有二神龍止於夏帝庭而言曰余褒之二君（龍自號褒之二先君也）夏帝卜殺之與去之與止之莫吉卜請其漦而藏之乃吉（漦龍所吐沫沫龍之精氣也）於是布幣而策告之（以簡策之書告龍而請其漦也）龍亡而漦在櫝而去之夏亡傳此器殷殷亡又傳此器周比三代莫敢發之至厲王之末發而觀之漦

流於庭不可除厲王使婦人裸而譟之漦化爲黿（蜥蜴也）以入王後宮後宮之童妾既齔而遭之（毀齒曰齔女七歲而毀齒）既笄而孕（笄簪也女子許嫁而笄）無夫而生子懼而棄之宣王之時童女謠曰檿弧箕服（山桑曰檿弧弓也箕木名可結爲服服與箙同盛箭者）實亡周國於是宣王聞之有夫婦賣是器者宣王使執而戮之逃於道而見鄉者後宮童妾所棄妖子出於路者聞其夜啼哀而收之夫婦遂亡奔於褒褒人有罪請入童妾所棄女子者於王以贖罪棄女子出於褒是爲褒姒當幽王三年王之後宮見而愛之生子伯服竟廢申后及太子以褒姒爲后伯服爲太子太史伯陽曰禍成矣無可奈何褒姒不好笑幽王欲其笑萬方故不笑幽王爲烽燧大鼓有寇至則舉烽火諸侯悉至至而無寇褒姒乃大笑幽王說之

爲數舉烽火其後不信諸侯亦不至幽王以虢石父爲卿用事國人皆怨石父爲人佞巧善諛好利王用之又廢申后去太子也申侯怒與繒西夷犬戎攻幽王（繒姒姓夏禹後）幽王舉烽火徵兵兵莫至遂殺幽王驪山下盡取周賂而去於是諸侯乃即申侯而共立故幽王太子宜臼是爲平王東遷洛邑而西周遂亡（出史記周本紀）

厲王

厲王夷王子也厲王即位三十年好利近榮夷公大夫芮良夫諫厲王曰（芮良夫芮伯也）王室其將卑乎夫榮公好專利而不知大難夫利百物之所生也天地之所載也而有專之其害多矣天地百物皆將取焉何可專也所怒甚多而不避大難以是教王王其能久乎夫王人者

將導利而布之上下者也使神人百物無不得極猶曰怵惕懼怨之來也故頌曰思文后稷克配彼天立我烝民莫匪爾極大雅曰陳錫載周言文王布錫施利以載成周道也是不布利而懼難乎故能載周以至於今今王學專利其可乎匹夫專利猶謂之盜王而行之其歸鮮矣榮公若用周必敗也厲王不聽卒以榮公爲卿士用事三十三年王愈暴虐侈傲國人謗王召公諫曰召穆公名虎民不堪命矣王怒得衛巫使監謗者監察也以告則殺之其謗鮮矣諸侯不朝三十四年王益嚴國人莫敢言道路以目厲王喜告召公曰吾能弭謗矣乃不敢言召公曰是鄣之也防民之口甚於防川水壅而潰傷人必多民亦如之是故爲水者決之使導爲民者宣之使言故天子聽政使公卿至於列士獻

詩（上詩以諷刺）瞽獻典（樂典）史獻書（上書諫）師箴（上箴戒之文）瞍賦（無眸子曰瞍賦公卿列士所獻詩也）矇誦（有眸子而無見曰矇周禮矇主弦歌諷誦箴諫之語也）百工諫（工執藝事以諫）庶人傳語近臣盡規親戚補察瞽史教誨耆艾修之（修理瞽史之教以聞於王）而後王斟酌焉是以事行而不悖民之有口也猶土之有山川也財用於是乎出猶其有原隰衍沃也（廣平曰原下濕曰隰下平曰衍有溉曰沃）衣食於是乎生口之宣言也善敗於是乎興行善而備敗所以產財用衣食者也夫民慮之於心而宣之於口成而行之胡可壅也若壅其口其與能幾何王不聽於是國莫敢出言三年乃相與畔襲厲王厲王出奔於彘（今平陽府霍州）厲王太子靜匿召公之家國人聞之乃圍之穆公曰昔吾驟諫王王不從以及此難也今殺王太子王其以我爲讐而懟怒乎夫事君者險而不

讐懟怨而不怒况事王乎乃以其子代王太子太子竟得脫召公周公周公名渙二相行政號曰共和共和十四年厲王死於彘太子靜長於召公家二相乃共立之爲王是爲宣王出史記周本紀

大雅蕩之詩詩人知厲王之將亡故爲此詩

蕩蕩上帝下民之辟音璧君也疾威暴虐也上帝其命多辟音僻多邪辟也天生烝民其命匪諶音忱信也言其命有不可信者靡不有初鮮克有終文王曰咨託爲文王之言咨女殷商曾是彊禦暴虐之臣曾是掊克掊音裒聚斂之臣曾是在位曾是在服天降慆德女興是力乃是天降慆慢之德然非自爲之也乃汝興起此人而力爲之文王曰咨咨女殷商而秉義類而汝也彊禦多懟音隊流言以對寇攘式內侯作音詛侯祝音呪靡屆靡究文王曰咨咨女殷商女炰烋于中國炰音庖烋音哮氣健貌斂怨

以爲德不明爾德時無背無側爾德不明以無陪無卿背後側旁陪貳也言前後左右公卿之臣皆不稱其官如無人也文王曰咨咨女殷商天不湎爾以酒湎音免飲酒變色也不義從式既愆爾止靡明靡晦式號式呼俾晝作夜文王曰咨咨女殷商如蜩如螗皆蟬也如沸如羹皆亂意小大近喪人尚乎繇行尚且由此而行不知變也內奰音避怒也于中國覃及鬼方文王曰咨咨女殷商匪上帝不時殷不用舊雖無老成人尚有典刑曾是莫聽大命以傾文王曰咨咨女殷商人亦有言顛沛之揭本根蹶起之貌枝葉未有害本實先撥殷鑒不遠在夏后之世

齊景公女吳

闔廬伐齊大克取齊王女爲質子爲造齊門齊女思其國死葬虞西

山出越絕書女所嫁乃闔廬長子名終纍與早亡葬畢化爲白龍而逝闔廬破楚後景公畏而女其子也出說苑屈言

大雅桑柔之詩芮伯刺厲王而作

菀茂也彼桑柔其下侯旬旬徧也捋懦采其劉殘也瘼此下民不殄心憂殄絕也倉兄填兮倉兄與愴怳同悲憫之意也倬彼昊天倬明貌寧不我矜四牡騤騤旟旐有翩亂生不夷夷平也靡國不泯泯滅也民靡有黎黎黑也謂黑首也具禍以燼具俱也燼灰燼也於乎有哀國步斯頻步猶運也頻急促也國步蔑資蔑滅也資咨也天不我將將養也靡所止疑疑定也云徂何往君子實維秉心無競競爭也誰生厲階厲怨也至今爲梗梗病也憂心慇慇念我土宇我生不辰逢天僤怒僤音旦厚也自西徂東靡所定處多我覯痻音民病也孔棘我圉棘急也圉邊也爲謀

爲毖（慎也）亂況斯削（況滋也）告爾憂恤誨爾序爵（序爵辨別賢否之道）誰能執熱逝不以濯其何能淑載胥及溺

太公

太公望呂尚者東海上人其先祖嘗爲四岳（四岳方伯也）虞夏之際封於呂姓姜氏從其封姓故曰呂尚（出史記齊世家）呂尚嘗屠牛於朝歌賣飯於孟津其窮困年老矣聞西伯養老乃西歸於周釣渭上西伯將出獵卜之曰所獲非龍非彲非虎非熊而王者之輔也遂出獵渭濱至於磻溪見老父釣西伯問之曰叟樂此耶對曰君子樂行其志小人樂供其事吾非樂於漁也西伯謂左右曰得無是乎因載以歸與論政事大悅之曰自吾先君太公曰當有聖人適周周以興子眞是耶吾

太公望子久矣故號之曰太公望（出說苑）望曰王國富民伯國富士僅存之國富大夫將亡之國富倉庫西伯曰吾願富其民於是發倉粟賑孤獨以望爲師望左右文王德乎政平文王崩武王即位欲修文王業東伐以觀諸侯集否師行師尚父左仗黃鉞右把白旄以誓曰蒼兕蒼兕總爾衆庶與爾舟楫後至者斬遂至盟津（孟津古渡名在河南府）諸侯不期而會者八百武王封師尚父於齊營丘（營丘古邑名今屬山東道）東就國道宿行遲逆旅之人曰（逆旅客舍主人也）吾聞時難得而易失客寢甚安殆非就國者也太公聞之夜衣而行黎明至國萊侯來伐與之爭營丘營丘邊萊萊人夷也會紂之亂而商初定未能集遠方是以與太公爭國太公至國修政因其俗簡其禮通商工之業便魚鹽之利而人

民多歸齊齊爲大國及周成王少時管蔡作亂淮夷畔周乃使召康公卽召公奭命太公曰東至海西至河南至穆陵北至無棣舊說穆陵在會稽非也按今淮南有故穆陵門是楚之境無棣在遼西孤竹五侯九伯實得征之齊由此得征伐爲大國都營丘出史記齊世家

養老

凡養老有虞氏以燕禮一獻之禮既畢皆坐而飲酒夏后氏以饗禮體薦不食爵盈不飲立而不坐以尊卑爲獻殷人以食禮食音嗣有飯有殽雖設酒而不飲以飯爲主周人脩而兼用之五十養於鄉六十養於國七十養於學達於諸侯有虞氏養國老於上庠養庶老於下庠國老有爵有德之老庶老庶人及死事者之父祖上庠大學在西郊下庠小學在國中王宮之東夏后氏養國老於東序養庶老於西序東序大學在國中王宮之東西序小學在西郊殷人

養國老於右學養庶老於左學右學大學在西郊左學小學在國中王宮之東周人養國老於東膠養庶老於虞庠虞庠在國之西郊東膠大學在國中王宮之東虞庠小學在西郊有虞氏皇而祭深衣而養老皇收冔皆冕名深衣白布衣也夏后氏收而祭燕衣而養老燕衣黑衣也殷人冔而祭縞衣而養老縞生絹也周人冕而祭玄衣而養老玄衣亦朝服也凡三王養老皆引年引年者郎行引戶較年之令而恩賜其老出王制凡養老五帝憲法也王法其德行三王有乞言有文也五帝憲養氣體而不乞言有善則記之為惇史記其惇厚之德三王亦憲既養老而後乞言亦微其禮乞言之際其禮微略不誠切求之皆有惇史出內則食三老五更於太學天子袒而割牲袒衣割制牲體爲俎實執醬而饋進食執爵而酳食畢以酒嗽口出祭義

淳于髡

淳于髡者齊之贅壻也長不滿七尺滑稽多辯數使諸侯未嘗屈辱齊威王之時喜隱（謂好隱語）好為淫樂長夜之飲沈湎不治委政卿大夫百官荒亂諸侯並侵國且危亡在於旦暮左右莫敢諫淳于髡說之以隱曰國中有大鳥止王之庭三年不蜚又不鳴王知此鳥何也王曰此鳥不飛則已一飛沖天不鳴則已一鳴驚人於是乃朝諸縣令長七十二人賞一人（即墨大夫）誅一人（阿大夫）奮兵而出諸侯振驚皆還齊侵地威行三十六年威王八年楚發兵加齊齊王使淳于髡之趙請救兵賫金百斤車馬十駟淳于髡仰天大笑冠纓索絕（索盡也）王曰先生少之乎髡曰何敢王曰笑豈有說乎髡曰今者臣從東方來見道旁有禳田者操一豚蹄酒一盂而祝曰甌窶滿篝（甌窶謂高地狹小之區得滿篝籠也）

汙邪滿車下地田也五穀蕃熟穰穰滿家臣見其所持者狹而所欲者奢故笑之於是齊威王乃益齎黃金千鎰白璧十雙車馬百駟髡辭而行至趙趙王與之精兵十萬革車千乘楚聞之夜引兵而去威王大悅置酒後宮召髡賜之酒問曰先生能飲幾何而醉對曰臣飲一斗亦醉一石亦醉威王曰先生飲一斗而醉惡能飲一石哉其說可得聞乎髡曰賜酒大王之前執法在旁御史在後髡恐懼俯伏而飲不過一斗徑醉矣若親有嚴客髡帣音卷韝音溝鞠䠛音其帣收衣袖也韝臂捍也鞠曲也䠛與跽同跽小跪也侍酒於前時賜餘瀝奉觴上壽數起飲不過二斗徑醉矣若朋友交遊久不相見卒然相覩歡然道故私情相語飲可五六斗徑醉矣若乃州閭之會男女雜坐行酒稽留六博投壺相引爲曹曹同戲也

握手無罰目眙不禁眙音熾直視貌前有墮珥後有遺簪髡竊樂此飲可八斗而醉二參十分有二三分醉日暮酒闌合尊促坐男女同席履舄交錯杯盤狼籍堂上燭滅主人留髡而送客羅襦襟解微聞薌澤薌即香澤蘭當此之時髡心最歡能飲一石故曰酒極則亂樂極則悲萬事盡然言不可極極之而衰以諷諫焉齊王曰善乃罷長夜之飲以髡為諸侯主客宗室置酒髡嘗在側出史記滑稽傳淳于髡一日而見七人於宣王王曰子來寡人聞之千里而一士是比肩而立百世而一聖若隨踵而至也今子一朝而見七士則士不亦眾乎髡曰不然夫鳥同翼者而聚居獸同足者而俱行今求柴胡桔梗於沮澤則累世不得一焉及之睾黍梁父之陰則郄車而載耳郄郤同言多獲車重不前夫物各有疇今髡賢者

之疇也王求士於髡若挹水於河而取火於燧也髡將復見之豈特
七士也出齊策客有見髡於梁惠王惠王屏左右獨坐而再見之終無
言也惠王怪之以讓客曰子之稱淳于先生管晏不及及見寡人寡
人未有得也豈寡人不足爲言耶何故哉客以謂髡髡曰固也吾前
見王王志在驅逐後復見王王志在音聲吾是以默然客具以報王
王大駭曰嗟乎淳于先生誠聖人也前淳于先生之來人有獻善馬
者寡人未及視會先生至後先生之來人有獻謳者未及試亦會先
生來寡人雖屏人然私心在彼有之後淳于髡見一語連三日三夜
無倦惠王欲以卿相位待之髡因謝去於是送以安車駕駟束帛加
璧黃金百鎰終身不仕出史記淳于髡傳

曾元

曾元曾子之子曾子有疾曾元抱首曾華抱足參之二子也曾子曰吾無顏氏之才何以告汝雖無能君子務益夫華多實少者天也言多行少者人也夫飛鳥以山爲卑而層巢其顛魚鼈以淵爲淺而穿穴其中然所以得者餌也君子苟能無以利害身則辱安從至乎官怠於宦成病加於少愈禍生於懈惰孝衰於妻子察此四者愼終如始詩曰靡不有初鮮克有終出說苑　曾子後母遇之無恩供養不衰其妻蒸梨不熟因出之人曰非七出也參曰蒸梨小物也而不用命況大事乎其子元請再娶曾子曰高宗以後妻殺孝己尹吉甫以後妻放伯奇吾上不及高宗中不及吉甫庸得免於非乎遂終身不娶出家語

瞽瞍

瞽瞍舜父名有目不能分别善惡故時人謂之瞽出尚書大傳

子產濟人

子游問於孔子曰夫子之極言子產之惠也可得聞乎孔子曰惠在愛民而已矣子游曰愛民謂之德教何翅施惠哉孔子曰夫子產者猶衆人之母也能食之弗能教也子游曰可得言歟孔子曰子產以所乘之輿濟冬涉者是愛無教也出說苑

舊君有服

穆公問於子思曰爲舊君反服古與子思曰古之君子進人以禮退人以禮故有舊君反服之禮也今之君子進人若將加諸膝退人若

將擊諸淵毋爲戎首不亦善乎又何反服之禮之有出檀弓

禹惡旨酒

儀狄作酒禹飲而甘之遂疏儀狄絕旨酒曰後世必有以酒亡其國者。出戰國策

迹熄詩亡

雅詩多是王者朝會燕享樂章或是公卿大臣規諫獻納之所作東遷以後朝廷既不作公卿又無獻納故雅詩遂亡獨有民俗歌謠其體制聲節與列國之風同故止可謂之王風非塈人能降之也出陳氏說

庾公之斯尹公之他子濯孺子無考。按左傳文亦與孟子異今姑依諸本所載疑不是。

庾公之斯一名庾公差字子魚衛人尹公之他亦衛人尹公他一作佗。

學射於庾公差。庾公差學射於公孫丁。衛孫文子作亂，即孫林父使佗與差逐獻公。公孫丁爲獻公御。子魚即庾公差曰："射爲背師，不射爲戮。射爲禮乎？"禮射不求中射兩軥而還。軥音拘，車軛卷者。尹公佗曰："子爲師，我則遠矣。"佗不從丁學，故言遠。乃反之。佗始與差俱退，悔而獨還射丁。公孫丁授公轡而射之，貫臂。貫佗臂。出左傳

西子

西子姓施，美婦人也。居苧羅山若耶溪之西，故曰西子。嘗病心而矉音顰，其里之醜人見而美之，歸亦捧心而矉。其里之富人見之，堅閉門而不出；貧人見之，挈妻子而去之走。彼知美矉而不知矉之所以美也。出莊子

日至

夫天行之際遠哉微矣而使一藝之士布算積分上求數千萬歲之前必得甲子朔旦夜半冬至日月五星皆會於子謂之上元以爲曆始自是曆家之術雖世多不同而未始不本於此（出五代史司天考）

齊風南山之詩（襄公之妹文姜爲魯桓公夫人襄公通焉國人惡之而作是詩）

南山崔崔（高大貌）雄狐綏綏（狐邪媚之獸綏綏求匹之意）魯道有蕩（平易也）齊子繇歸齊子（指文姜）旣曰歸止曷又懷止葛屨五兩（兩二屨也）冠緌雙止（緌冠上飾也屨必兩緌必雙物各有耦不可亂也）魯道有蕩齊子庸止（庸用也用此道以嫁於魯也此上二章罪襄公）旣曰庸止曷又從止

藝麻如之何衡（音橫）從（音宗）其畝取妻如之何必告父母旣曰告止曷又鞠止（言欲樹麻者必先縱橫耕治其田畝欲取妻者必先告其父母今魯桓公旣告父母而娶矣又曷爲使之得窮其欲而至此哉）

析薪如之何匪斧不克取妻如之何匪媒不得旣曰得止曷又極止

極亦窮也此上二章罪極公

共工

少皞氏（金天氏之號次黃帝）有不才子毀信廢忠崇飾惡言靖譖庸回（靖安也庸用也安於讒說而用其回邪也）服讒蒐慝（服納也）以誣盛德天下之民謂之窮奇（即共工共行窮其好奇出左傳）帝曰疇咨若（若順也）予采（采事也）驩兜曰都（都歎美也）共工（官名）方鳩（聚也）僝（音剗見也）功帝曰吁靜言庸違（靜則能言用則違背）象恭滔天（象恭謂貌恭而心不然也出尚書）

驩兜

帝鴻氏（黃帝）有不才子掩義隱賊好行凶德醜類惡物頑嚚不友是與比周天下之民謂之渾敦（即驩兜渾敦不開通之貌出左傳）

三苗

縉雲氏[黃帝時官名。]有不才子，貪於飲食，冒於貨賄，侵欲崇侈，不可盈厭，聚斂積實，不知紀極，不分孤寡，不恤窮匱，天下之民以比三凶，謂之饕餮。[即三苗。貪財爲饕，貪食爲餮。出左傳]

鯀

顓頊氏有不才子，不可教訓，不知話言，告之則頑，舍之則嚚，傲狠明德，以亂天常，天下之民謂之檮杌。[即鯀也。檮杌，頑凶無儔匹之貌。出左傳]帝曰：咨四岳，[官名。一人而總四岳諸侯之事。]湯湯洪水方割，[害也。]蕩蕩懷山襄陵，[懷，包其四面也。襄，駕出其上也。]浩浩滔天。下民其咨，有能俾乂？[使治也。]僉曰：於！[嘆美也。]鯀哉。帝曰：吁！咈哉，[甚不然之辭。]方命圮族。[逆命不行，敗壞俗類也。]岳曰：异哉！[强舉也。]試可乃已。[姑試用之，可以治水而已。]帝曰：往，欽哉！九載，績用弗成。[出尚書堯典]堯殛鯀於羽山，其神化爲黃熊，

以入於羽淵實爲夏郊三代祀之出左傳

小雅北山之詩大夫行役而作此詩

陟彼北山言采其杞偕偕士子偕偕強壯貌朝夕從事王事靡盬音古憂我父母溥天之下莫非王土率土之濱莫非王臣大夫不均我從事獨賢四牡彭彭不得息也王事傍傍不得已也嘉我未老鮮我方將旅力方剛經營四方或燕燕居息或盡瘁事國或息偃在床或不已于行或不知叫號或慘慘劬勞或棲遲偃仰或王事鞅掌失容也或湛樂飲酒或慘慘畏咎或出入風議或靡事不爲

大雅雲漢之詩舊說以爲宣王承厲王之烈內有撥亂之志遇烖而懼側身修行故仍叔作此詩以美之

倬彼雲漢天河昭回于天王曰於乎何辜今之人天降喪亂饑饉薦臻

靡神不舉靡愛斯牲圭璧既卒寧莫我聽旱既太甚蘊隆蟲蟲（蘊蓄也隆盛也蟲蟲熱氣也）不殄禋祀自郊徂宮上下奠瘞（音意）靡神不宗后稷不克上帝不臨耗斁下土寧丁我躬旱既太甚則不可推兢兢業業如霆如雷周餘黎民靡有孑遺（孑無右臂貌言大亂之後無復有半身之遺者）昊天上帝則不我遺胡不相畏先祖于摧旱既太甚滌滌山川旱魃爲虐（魃旱神也）如惔（音談燎也）如焚我心憚暑憂心如熏羣公先正則不我聞昊天上帝寧俾我遯

大雅下武之詩（此章美武王能纘太王王季文王之緒而有天下也）

下武維周世有哲王三后在天（太王王季文王也）王配于京王配于京世德作求永言配命成王之孚成王之孚下土之式永言孝思孝思維則媚茲一人（一人謂武王也）應侯（侯維也）順德永言孝思昭哉嗣服昭茲來許（來後世也許猶

所也繩其祖武於萬斯年受天之祜受天之祜四方來賀於萬斯年不遐有佐

丹朱

丹朱堯帝之子也堯娶散宜氏之女曰女皇生丹朱封朱於丹故曰丹朱不肖堯信餙百官衆功皆興堯曰誰可順此事言可登用之嗣位也放齊堯臣名曰嗣子丹朱開明堯曰吁頑凶不用堯知不足授天下乃授舜出史記五帝紀堯知子丹朱之不肖不足授天下於是乃權授舜授舜則天下得其利而丹朱病授丹朱則天下病而丹朱得其利堯曰終不以天下之病而利一人而卒授舜以天下出史記

舜之子

舜二妃娥育亡子女罃生義鈞及季釐季釐封緡爲桀所克義鈞封於商是爲商均是喜歌舞出路史

啓

帝啓伯禹之子也禹之治水娶於塗山氏生啓禹行荒度土功三過門而不入塗山氏能明訓教而致其化以故啓知王事達君臣之義持禹之功禹崩啓繼世以有天下出路史甲申歲有扈氏不恭威侮五行怠棄三正三正子丑寅也丙戌三年歲啓乃以齋車載遷廟之主以行禮曰天子巡狩以遷廟主行左傳軍行祓社釁鼓然則天子親征必載其遷廟之主與其社主以行所以示賞戮之不敢專也召六卿而誓與有扈大戰於甘甘地名不勝六卿請伐之啓曰不可吾地非淺民非寡也今茲不勝是吾德薄而教不善也何以伐爲於是班師琴瑟

弗張鐘鼓弗考不因席不重席也不仍味不貳味也親親長長尊賢委能隱神期月而有邑服遂滅之復昭夏功出路史乃立五廟籩遷鼎禘黃帝而郊鯀命大廉祭鼎昆吾之谿而籩享大陵之上是爲鈞臺之享潁州陽翟縣有鈞臺陂又籩於晋之虛作旋臺於水之陽以商均爲賓奏九辯九歌舞九招中聲猶在而入皆即夏之功在位九年崩年九十一子太康立弟五人分封於衛出路史

太丁外丙仲壬

湯生太子太丁未立而卒於是乃立太丁之弟曰外丙是爲帝外丙帝外丙即位三年崩立外丙之弟仲壬是爲帝仲壬帝仲壬即位四年崩伊尹廼立太丁之子太甲出帝王世紀

顔讐由

顔讐由一名顔濁鄒衛之賢大夫孔子至衛嘗主其家顔讐由善事親子路義之後讐以非罪執子路請以金贖焉既而二三子納金於子路以入衛或謂孔子曰受人之金以贖其私昵義乎子曰義而贖之貧取於友非義而何 出孔叢子

彌子

彌子名瑕衛之嬖大夫也彌子有寵於衛衛國法竊駕君車者罪至刖既而彌子之母病人聞往夜告之彌子矯駕君車而出君聞之而賢之曰孝哉爲母之故而犯刖罪與君遊果園彌子食桃而甘不盡而奉君君曰愛我哉忘其口而念我及彌子色衰而愛弛得罪於君

君曰是嘗矯駕吾車又嘗食我以其餘桃故彌子之行未變於初也前見賢後獲罪者愛憎之至變也出韓非子說難

司城貞子

司城貞子司馬司城皆是宋之官他國則無宋是王者後故做天子禮有司馬司城一說宋以武公諱改司空爲司城宋之賢大夫也孔子自衛過曹及去曹適宋與弟子習禮大樹下宋司馬桓魋欲殺孔子遂適鄭與弟子相失遂至陳主於司城貞子家歲餘出史記

陳侯周

陳侯名周一名越懷公柳之子也陳至懷公時吳方薦食上國破楚入郢召陳懷公懷公欲往大夫曰吳新得志楚王雖亡與陳有故不

可倍懷公乃以疾謝吳四年吳復召懷公懷公恐如吳吳怒其前不往留之因卒於吳陳乃立閔是爲湣公湣公六年孔子適陳吳王夫差伐陳取三邑而去十三年吳復來伐陳陳告急於楚楚昭王來救軍於城父吳師去是年楚昭王卒於城父時孔子在陳思歸十六年吳王夫差伐齊敗之艾陵使人召陳侯陳侯恐如吳楚伐陳二十四年楚惠王以兵北伐殺陳湣公遂滅陳而有之出史記陳杞世家

百里奚

百里奚虞人也少時家甚貧流落不偶出遊以干諸國嘗之齊不用又之周周又不用又轉而之他久之不遇其主「無以自給」乃西入秦爲滕媵遂與相失後奚歸虞事虞爲大夫晉獻公伐虢道出虞境遂

以璧馬賂虞公假道意在併虞宫之奇諫奚曰是不可以不諫也奚曰貪賂玩寇蓋不可與言者也奇曰然則將遂已乎奚曰子盡子心吾行吾志耳奇諫虞公果不聽晋伐虢歸遂滅虞以虞君及奚歸晋太子申生姊穆姬適秦穆公將以奚爲媵奚耻之亡秦走宛楚鄙人執之繆公聞奚賢欲重贖之恐楚人不與乃使人謂楚人曰百里奚吾媵臣也請以五羖羊皮贖之楚人遂與之時奚年已七十餘繆公釋其囚與語國事大悦遂相之奚乃迎蹇叔於宋取由余於戎求丕豹公孫枝於晋三置晋君一救荆禍巴人致貢西戎咸服戎王遣由余欵關請見繆公之霸大都皆奚之力也出史記　奚爲秦相妻在秦知之而未敢言一日奚坐堂上作樂所賃澣婦自言知音因援琴撫絃

而歌者三其一曰百里奚五羊皮憶別時烹伏雌炊扊扅（音掩移門枋也）今日富貴忘我爲其二曰百里奚初娶我時五羊皮臨當相別時烹牝雞今適富貴忘我爲其三曰百里奚百里奚母已死葬南谿墳以瓦覆以柴舂黃藜搤伏雞西入秦五羖皮今日富貴捐我爲歌畢奚愕然問之乃其故妻也遂還爲夫婦（出風俗通）

宮之奇

宮之奇虞之大夫也晉獻公立荀息請以屈産之乘與垂棘之璧假道於虞以伐虢公曰是吾寶也對曰若得道於虞猶外府也公曰宮之奇存焉對曰宮之奇之爲人也懦而不能强諫且少長於君君暱之雖諫將不聽乃使荀息假道於虞曰冀爲不道入自顛軨（虞城）伐鄍

虞邑三門冀之既病則亦惟君故以冀況虢以虞況晉今虢爲不道保於逆旅以

侵敝邑之南鄙敢請假道以請罪於虢虞公許之且請先伐虢宮之

奇諫不聽遂起師夏晉里克荀息會虞師伐虢滅下陽先書虞賄故

也出左傳僖公二年　晉侯復假道於虞以伐虢宮之奇諫曰虢虞之表也虢

亡虞必從之晉不可啓寇不可翫一之謂甚其可再乎諺所謂輔車

相依脣亡齒寒者其虞虢之謂也公曰晉吾宗也豈害我哉對曰太

伯虞仲太王之昭也太伯不從是以不嗣虢仲虢叔文王之母弟仲叔皆虢君字

王季之穆也爲文王卿士勳在王室藏於盟府將虢是滅何愛於虞

且虞能親於桓莊乎其愛之也桓莊之族何罪而以爲戮不唯偪乎

桓叔莊伯之族晉獻公之從祖昆弟獻公患其偪盡殺之事在魯莊公二十五年親以寵偪猶尚害之況以

四書考彙刪　卷之[illegible]　下孟

國乎。公曰：吾享祀豐潔，神必據我。據猶安也。對曰：臣聞之，鬼神非人實親，惟德是依。神所憑依，將在德矣。弗聽，許晉使。宮之奇以其族行，曰：虞不臘矣。言虞不及臘祭之期。在此行也，晉不更舉矣。八月，晉侯圍上陽。虢國都。冬十二月，晉滅虢，虢公醜奔京師。師還，館於虞，遂襲虞，滅之，執虞公及其大夫井伯，以媵秦穆姬，而修虞祀，且歸其職貢於王。井伯即百里奚。穆姬，獻公女。送女曰媵，以屈辱之。故書曰晉人執虞公，罪虞，且言易也。出左傳僖公五年

虞公

虞公，姬姓，虞仲之後也。虞仲嗣太伯於句吳。太伯無子，故弟虞仲嗣焉。武王克商，封虞仲之庶孫於虞城，以爲虞仲後。傳至虞公，好賄，弟虞叔有玉，公求旃，旃之弗獻。既而悔之，曰：周諺有之：匹夫無罪，懷璧其罪。吾焉用

此其以賈害也乃獻之又求其寶劍叔曰是無厭也無厭將及我將殺我遂伐虞公故虞公出奔共池後返國有璧馬假道事出左傳

秦繆公

秦繆公名任好史記蒙恬傳曰繆公殺三良而死罪百里奚而非其罪也故謚之曰繆繆公元年自將伐茅津戎號勝之四年相百里奚授之國政號曰五羖大夫奚讓曰臣不及臣友蹇叔蹇叔賢而世莫知臣嘗遊困於齊而乞食銍人銍地名在沛縣蹇叔收臣臣因而欲事齊君無知齊君名無知蹇叔止臣臣得脫齊難遂之周周王子頹好牛臣以養牛干之及頹欲用臣蹇叔止臣臣去得不誅事虞君蹇叔止臣臣知虞公不用臣臣誠私利祿爵且留再用其言得脫一不用及虞君難是以知其賢於是繆公使人厚幣迎

蹇叔以爲上大夫秋繆公自將伐晋戰於河曲（晋地）晋驪姬作亂太子申生死新城重耳夷吾出奔九年齊桓公會諸侯於葵丘（葵丘在曹州考城縣東南）晋獻公卒立驪姬子奚齊其臣里克殺奚齊荀息立卓子克又殺卓子及荀息夷吾（即晋惠）使人請秦求入晋於是繆公許之使百里奚將兵送夷吾夷吾謂曰誠得立請割晋之河西八城與秦及至已立而使丕鄭謝秦背約不與河西城而殺里克丕鄭聞之恐因與繆公謀曰晋人不欲夷吾實欲重耳今背秦約而殺里克皆呂甥郤芮計也願君以利急召呂郤呂郤至則更入重耳便繆公許之使人與丕鄭歸召呂郤呂郤等疑丕鄭有閒乃言夷吾殺丕鄭丕鄭子丕豹奔秦說繆公曰晋君無道百姓不親可伐也繆公曰百姓苟不便何故

能誅其大臣能誅其大臣此其調也調和也不聽而陰用豹十二年齊管仲隰朋死晉旱求請粟丕豹說繆公弗與因其饑而伐之繆公問公孫枝秦大夫字子桑枝曰饑穰更事耳更易無常之事晉今雖饑安知秦後不饑也不可不與問百里奚奚曰夷吾得罪於君其百姓何罪於是用百里奚公孫枝言卒與之粟以船漕車轉自雍相望至絳雍秦國都絳晉國都也相望者前後相見無間斷也十四年秦饑請粟於晉晉君謀之羣臣虢射曰因其饑伐之可有大功晉君從之十五年興兵攻秦繆公發兵使丕豹將自往擊之九月壬戌與晉惠公夷吾合戰於韓地韓原在同州韓城縣西南晉君棄其軍與秦爭利還而馬鷙音致馬爲索所縛繆公與麾下馳追之不能得晉君反爲晉軍所圍晉擊繆公繆公傷於是岐下食善馬者三百人馳冒晉軍晉軍

解圍遂脫繆公而反生得晉君初繆公亡善馬岐下野人共得而食之者三百餘人吏逐得欲法之繆公曰君子不以畜產害人吾聞食善馬肉不飲酒傷人乃皆賜酒而赦之三百人者聞秦擊晉皆求從從而見繆公窘亦皆推鋒爭死以報食馬之德於是繆公以晉君歸令於國齊宿吾將以晉君祠上帝（欲殺而祠之）周天子聞之曰晉我同姓爲請晉君夷吾姊亦爲繆公夫人夫人聞之乃衰絰跣曰（衰喪服絰喪帶跣者徒足也）妾兄弟不能相救以辱君命繆公曰我得晉君以爲功今天子是請夫人是憂乃與晉君盟許歸之更舍上舍而饋之七牢（牛羊豕各一爲一牢）十一月歸晉君夷吾夷吾獻其河西地（即前年許秦而不與者今獻之）使太子圉爲質於秦秦妻子圉以宗女（名懷嬴）是時秦地東至河十八年齊桓公

卒二十年秦滅梁芮梁芮國皆在同州秦得其地又滅二國之君二十二年晉公子圉聞晉君病曰梁我母家也子圉母梁伯之女也而秦滅之我兄弟多即君百歲後君指惠公秦必留我而晉輕亦更立他子子圉乃亡歸晉二十三年晉惠公卒子圉立爲君秦怨圉亡去乃迎晉公子重耳於楚而妻以故子圉妻重耳初謝後乃受繆公益禮厚遇之二十四年春秦使人告晉大臣欲入重耳晉許之於是使人送重耳二月重耳立爲晉君是爲文公文公使人殺子圉子圉是爲懷公其秋周襄王弟帶以翟伐王王出居鄭二十五年周王使人告難於晉秦秦繆公將兵助晉文公入襄王殺王弟帶二十八年晉文公敗楚於城濮三十年繆公助晉文公圍鄭鄭使人言繆公曰亡鄭厚晉於晉而得矣而秦未有利晉

之疆秦之憂也繆公乃罷兵歸晉亦罷三十二年冬晉文公卒鄭人有賣鄭於秦曰我主其城門鄭可襲也繆公問蹇叔百里奚對曰徑數國千里而襲人希有得利者且人賣鄭庸知我國人不有以我情告鄭者乎不可繆公曰子不知也吾已決矣遂發兵使百里奚子孟明視蹇叔子西乞術及白乙丙將兵行日百里奚蹇叔二人哭之繆公聞怒曰孤發兵而子沮哭吾軍何也二老曰臣非敢沮君軍軍行臣子與往臣老遲還恐不相見故哭耳二老退謂其子曰汝軍必敗必於殽阨矣三十三年春秦兵遂東更晉地過周北門周王孫滿曰秦師無禮不敗何待兵至滑鄭販賣賈人弦高持十二牛將賣之周見秦兵因獻其牛曰聞大國將誅鄭鄭君謹修守禦備使臣以牛十

二勞軍士秦三將軍相謂曰將襲鄭今已覺之往無及已滅滑滑晉之邊邑也當是時晉文公喪尚未葬太子襄公怒曰秦侮我孤因喪破我滑遂墨衰絰發兵遮秦兵於殽擊之大破秦軍無一人得脫者獲秦三將以歸文公夫人秦女也爲秦三囚將請曰繆公之怨此三人入於骨髓願令此三人歸令我君得自快烹之晉君許之歸秦三將三將至繆公素服郊迎嚮三人哭曰孤不用蹇叔百里奚言以辱三子三子何罪乎子其悉心雪恥毋怠遂復三人官秩如故愈益厚之三十四年繆公於是復使孟明視等將兵伐晉戰於彭衙秦不利引兵歸戎王使由余於秦（由余戎人姓名）由余其先晉人也亡入戎能晉言聞繆公賢故使由余觀秦秦繆公示以宮室積聚由余曰使鬼爲之

則勞神矣使人爲之亦苦民矣繆公怪之退而問內史廖（內史周官也）曰孤聞鄰國有聖人敵國之憂也今由余賢寡人之害將柰之何內史廖曰戎王處辟匿未聞中國之聲君試遺其女樂以奪其志爲由余請以疏其間留而莫遣以失其期戎王怪之必疑由余且戎王好樂必怠於政繆公曰善因與由余曲席而坐傳器而食問其地形與其兵勢盡詧而後令內史廖以女樂二八遺戎王戎王受而說之終年不還於是秦乃歸由余由余數諫不聽繆公又數使人閒要由余由余遂去降秦繆公以客禮禮之問伐戎之形三十六年繆公復益厚孟明等使將兵伐晉渡河焚船示必死也大敗晉人取王官及鄗（鄗左傳作郊）以報殽之役晉人皆城守不敢出於是繆公乃自茅津渡河封殽中

尸封埋藏也為發喪哭之三日乃誓於軍曰嗟士卒聽無譁余誓告汝古之人謀黃髮皤皤則無所過以申思不用蹇叔百里奚之謀故作此誓令後世以記余過君子聞之皆為垂涕曰嗟乎秦繆公之與人周也卒得孟明之慶三十七年秦用由余謀伐戎王益國十二開地千里遂霸西戎天子使召公過賀繆公以金鼓三十九年繆公卒葬雍從死者百七十七人秦之良臣子車氏三人名曰奄息仲行鍼虎亦在從死之中秦人哀之為之作黃鳥之詩君子曰秦繆公廣地益國東服強晉西霸戎夷然不為諸侯盟主亦宜哉死而棄民收其良臣而從死且先王崩尚有遺德垂法況奪之善人良臣百姓所哀者乎是以知秦不能復東征也出史記秦本紀

晉平公

晉平公名彪悼公子也平公元年伐齊齊靈公與戰歷下齊師敗走晉追遂圍臨淄盡燒屠其郭中齊背城守晉乃引兵歸六年晉欒盈有罪奔齊八年齊莊公微遣欒盈於曲沃以兵隨之齊兵上太行欒盈從曲沃中反襲入絳絳不戒平公欲自殺范獻子止公（即范鞅宣子子）以其徒擊盈盈敗走曲沃曲沃攻盈盈死遂滅欒氏宗盈者欒書孫也其入絳與魏氏謀（即魏舒）齊莊公聞盈敗乃還取晉之朝歌去以報臨淄之役也十年齊崔杼弒其君莊公晉因齊亂伐之敗齊於高唐去報太行之役也十四年吳延陵季子來與趙文子（即趙武）韓宣子（即韓起）魏獻子（即魏舒）語曰晉國之政卒歸此三家矣十九年齊使晏嬰如晉

與叔向語叔向曰晉季世也公厚賦爲臺池而不恤政政在私門其可久乎晏子然之（出史記晉世家）平公遊於河而樂曰安得賢士與之樂此也船人盍胥（人姓名）起而對曰主君亦不好士耳夫珠出於海玉出於山無足而至者由主君之好也士有足而不至者蓋主君無好士之意耳無患乎無士也平公曰吾食客門左千人門右千人朝食不足夕收市賦暮食不足朝收市賦吾可謂不好士乎盍胥對曰夫鴻鵠一舉千里所恃者六翮耳背上之毛腹下之毳益一把飛不爲加高損一把飛不爲加下今君之客門左門右各千人亦有六翮在其中矣將皆背上之毛腹下之毳耶平公於是造亥唐而禮之（出韓詩外傳）平公藏寶之臺災士大夫皆趨車馳馬救火三日夜始息公子晏子獨

束帛而賀曰甚善矣平公勃然作色曰珠玉之所藏也國之重寶也而天火之士大夫皆趨救子獨束帛而賀何也有說則生無說則死公子晏子曰何敢無說臣聞之王者藏於天下諸侯藏於百姓商賈藏於篋匱今百姓在下短褐不蔽形糟糠不充口而賦斂無已收大半而藏之臺是以天火之且臣聞之昔者桀殘賊海內賦斂無度萬民甚苦是故湯誅之爲天下戮笑今皇天降災於藏臺是君之福也而不自知變悟亦恐君之爲鄰國笑矣公曰善自今以往請藏於百姓之間出韓詩外傳

平公春築臺叔向曰不可古者聖王貴德而務施緩刑辟而趨民時今春築臺是奪民時也夫德不施則民不歸刑不緩則百姓愁怨使不歸之民役愁怨之百姓而又奪其時是重竭也夫

牧百姓養育之而重斵之豈所以定命安存而稱爲人君於後世哉

平公乃罷臺役出說苑

平公問叔向曰歲饑民疫翟人攻我我將若何對曰歲饑來年而反矣疾疫將止矣翟人不足患也公曰患有大於此者乎對曰大臣重祿而不極諫近臣畏罪而不敢言左右顧寵於小官而君不知此誠患之大者也公於是令國中欲極諫者無隱出說苑

亥唐

亥唐晉人也高恪寡素晉國憚之平公與亥唐坐有間亥唐出叔向入平公伸一足曰吾向時與亥子坐髀痛足痺不敢伸叔向不悅公曰子欲富乎吾祿子欲貴乎吾爵子亥先生乃無欲也吾非正坐無

以養之子何不悅乎 出高士傳

旃旌旗

春官司常掌九旗之物名各有屬以待國事日月爲常 畫日月於旗端天子所建言常明也 交龍爲旂 旂倚也畫作兩龍相依倚通以赤色爲之無文采諸侯所建也 通帛爲旜 旜旃同戰也戰戰恭己而已三孤所建象無事也 雜帛爲物 以雜色綴其邊爲鷰尾將帥所建象物雜也 熊虎爲旗 旗期也言與衆期於下軍將所建象其猛如熊虎也 鳥隼爲旟 旟譽也軍吏所建急疾趨事則有稱譽也 龜蛇爲旐 旐兆也龜知氣兆之吉凶建之於後察度事宜之形兆 全羽爲旞 旞順滑貌全羽以五采繫於旞上取全而遂之之義 析羽爲旌 析羽以五采繫於旌上取析而精之之義出周禮

小雅大東之詩 東國困於役而傷於財譚大夫作此以告病

有饛簋飧 饛滿簋貌 有捄棘匕 捄音求曲貌以棘爲匕所以載鼎肉而升之於俎也 周道如砥 礪石言平

也。其直如矢。君子所履。小人所視。睠言顧之。潸（音山）焉出涕。小東大東（東方大小之國）。杼柚其空（杼柚音主逐。杼持緯者。柚受經者）。糾糾葛屨。可以履霜。佻佻公子。行彼周行。既往既來。使我心疚。有冽氿泉（氿音軌。側出曰氿泉）。無浸穫薪（穫艾也）。契契寤歎（契契憂苦也）。哀我憚人（憚勞也）。薪是穫薪。尚可載也。哀我憚人。亦可息也（言薪已艾矣。而復漬之則腐。民已勞矣。而復事之則病。故已艾則庶其載而畜之。已勞則庶其息而安之）。東人之子（諸侯之人）。職勞不來。西人之子（京師之人）。粲粲衣服。舟人之子（舟楫之人）。熊羆是裘。私人之子（私家皂隸之屬）。百僚是試。或以其酒。不以其漿。鞙鞙佩璲。不以其長（鞙鞙長貌。璲瑞也。言東人出之甚艱。西人視之甚賤）。維天有漢（天河）。監亦有光。跂彼織女（星名）。終日七襄。雖則七襄。不成報章。睆（音緩。明星貌）彼牽牛（星名）。不以服箱。東有啓明（金星以先日而出。故名）。西有長庚（亦金星以後日而入。故名）。有捄天畢。載施之行（畢星也。言無實用但施之行列而已維南有箕星名不可以簸揚簸音播言簸揚糠粃也維北有斗星名不可以挹酒漿維南有箕載翕其舌翕引也言反若有所吞噬維北有斗西柄之揭言反若有所挹取於東是助西人而見困也

尸

孫可以為王父尸子不可以為父尸為君尸者大夫士見之則下之君之所以為尸者則自下之又曰尸必筮求諸神不敢專也凡祭天地社稷山川及七祀之屬皆有尸外神不問同姓異姓祭勝國之社稷則士師為尸惟祭殤無尸出禮記君迎牲而不迎尸別嫌也尸在廟門外則疑於臣在廟中則全於君君在廟門外則疑於君入廟門則全於臣全於子是故不出者明君臣之義也夫祭之道孫為王父尸所使為

尸者於祭者子行也父北面而事之所以明子事父之道也（此祭統）

易牙

易牙雍人名巫牙其字也善調味能辨淄澠之水（淄澠齊二水名）齊桓公好內多內嬖雍巫（即易牙）有寵於衛共姬（桓公姬）因寺人貂以薦羞於公（寺人奄官名貂者有寵於桓公故易牙因之而薦食味於公羞食味也）公曰子善調味乎吾蓋盡嘗天下之味矣唯蒸嬰兒之味未嘗易牙遂蒸其首子而獻之自是亦有寵於公（出左傳）管仲有疾公曰仲父之疾革矣將何以教寡人管仲對曰願君之遠易牙公曰易牙烹其子以慊寡人尚何疑耶管仲曰人之情非不愛其子也其子之忍將何有於君公曰諾管仲卒公逐易牙三年復召用之及桓公疾易牙與寺人貂相與作亂塞宮門築以公

令有婦人踰垣入至公所公曰我饑欲食我渴欲飲而無所得何故對曰易牙作亂塞宮門飲食不可得矣公嘆曰死者有知我何面目見仲父乎遂蒙衣袂而絕出呂氏春秋

子都

子都鄭大夫公孫閼也鄭詩曰山有扶蘇隰有荷花不見子都乃見狂且蓋謂此人也有寵於鄭莊公莊公三十二年將伐許授兵於大宮鄭祖廟子都與穎考叔爭車穎考叔挾輈以走授車之所未有馬故以手挾轅而走子都拔棘即戟以逐之及大逵路九達謂之逵弗及子都怒及師傅於許師傅於許之城下穎考叔取鄭伯之旗蝥弧以先登考叔取鄭莊公之旗名蝥弧者率先鄭兵以登許國之城子都自下射之顛考叔顛墜而死出左傳隱公十一年鄭厲公篡立祭仲專仲逐昭公立厲公遂專國

政厲公患之將使其婿雍糾殺之雍姬知之以告祭仲子都黨祭仲殺雍糾厲公出奔蔡入櫟櫟鄭別都也居之出左傳桓公十五年既厲公自櫟入治預於雍糾之亂者遂殺子都出左傳桓公十七年

牛山

景公游於牛山之上北望齊曰美哉國乎鬱鬱泰山使古而無死者則寡人將去此而何之俯而泣沾襟國子高子曰然臣賴君之賜疏食惡肉可得而食也駑馬柴車可得而乘也且猶不欲死況君乎俯泣晏子曰樂哉今日之遊也見怯君一而諛臣二使古而無死者則太公至今猶存吾君方將被蓑笠而立乎畎畝之中惟事之恤何暇念死乎景公慙舉觴自罰因罰二臣出晏子春秋

趙孟

天王使劉定公勞趙孟於潁館於雒汭劉子曰美哉禹功明德遠矣微禹吾其魚乎吾與子弁冕端委以治民臨諸侯禹之力也子盍亦遠績禹功而大庇民乎對曰老夫罪戾是懼焉能恤遠吾儕偷食朝不謀夕何其長也劉子歸以語王曰諺所謂老將知而耄及之者其趙孟之謂乎爲晉正卿以主諸侯而儕於隸人朝不謀夕棄神人矣神怒民叛何以能久趙孟不復年矣神怒不歆其祀民叛不即其事祀事不從又何以年（出左傳）

秦后子來奔趙文子見之問曰秦君道乎對曰不識文子曰公子辱於敝邑必避不道也對曰有焉文子曰猶可以久乎對曰鍼聞之國無道而年穀龢熟鮮不五稔文子視日曰

朝夕不相及，誰能俟五？文子出，后子謂其徒曰：趙孟將死矣。夫君子寬惠以恤後，猶恐不濟。今趙孟相晉國，以主諸侯之盟，思長世之德，歷遠年之數，猶懼不終其身。今忨日而潵歲，怠偷甚矣，非死逮之，必有大咎。冬，趙文子卒。出國語

大雅既醉之詩此父兄所以答行葦之詩。

既醉以酒，既飽以德。君子萬年，介爾景福。此享其飲食恩意之厚，而願其受福如此。既醉以酒，爾殽既將。君子萬年，介爾昭明。猶光大也。昭明有融，高朗令終。令終有俶，始也。公尸嘉告。公尸，君尸也。嘉告，以善言告之，謂嘏詞也。其告維何？籩豆靜嘉。精潔而美。朋友攸攝，朋友指賓客助祭者。攝，檢也。攝以威儀。皆有威儀，當神意。威儀孔時，甚得其宜。君子有孝子。孝子不匱，永錫爾類。善也。

任

任伯爵本巳姓帝魁母家逮黃帝以封幼子周之繼絕也以居風姓出路史魯隱公十一年滕侯薛侯來朝爭長公使羽父請於薛侯曰周之宗盟異姓爲後寡人若朝於薛不敢與諸任齒出左傳

烏獲

烏獲秦武王時人秦武王有力好戲力士任鄙烏獲孟說皆至大官王與孟說舉龍文之鼎絕臏也脛骨武王死族孟說出古御覽秦武王好多力之士烏獲之徒皆歸焉秦王於洛陽舉周鼎烏獲兩目血出出帝王世說

小雅小弁之詩幽王太子宜臼被廢而作此詩

弁彼鸒斯弁飛拊翼貌鸒音豫烏也小而多羣腹下白江東呼鴨烏歸飛提提羣鳥安閒之貌民莫不穀
善也我獨于罹憂也何辜于天我罪伊何心之憂矣云如之何踧踧周道
踧踧平易也周道大道也鞫為茂草鞫窮也我心憂傷惄焉如擣惄思也擣舂也假寐永嘆
不脫衣冠而寐曰假寐維憂用老心之憂矣疢如疾首憂之之甚雖不病猶病也維桑與梓
桑梓二木古者五畝之宅樹之墻下以遺子孫給蠶食具器用者也必恭敬止靡瞻匪父瞻者尊而仰之靡依
匪母依者親而倚之不屬于毛不離于裏屬連也毛麗體之餘氣未屬也離麗也裏心腹也言被棄而不見愛
豈我不屬于毛不離于裏而非父母之一體耶天之生我我辰安在菀彼柳斯菀音鬱茂盛貌鳴蜩
嘒嘒蜩蟬也嘒嘒聲也有漼者淵漼音崔上聲深也萑葦淠淠淠音譬衆也譬彼舟流不知
所屆心之憂矣不遑假寐鹿斯之奔維足伎伎舒貌雉之朝雊雊雉鳴也尚
求其雌譬彼壞木疾用無枝我之見棄譬如傷病之木憔悴而無枝心之憂矣寧莫之

知相彼投兎尚或先之投奔也行有死人尚或墐之墐藏也君子秉心維其忍之心之憂矣涕既隕之君子信讒如或醻之君子不惠不舒究之言王惟讒是聽如受醻爵得即飲之曾不加惠愛舒緩而究察之伐木掎矣掎倚也析薪杝矣杝隨其理也舍彼有罪予之佗矣佗加也莫高匪山莫浚匪泉君子無易由言耳屬於垣恐耳屬于垣者有所觀望而生讒也無逝我梁無發我笱我躬不閱遑恤我後

邶風凱風之詩衛風七子之母不安其室作此自責

凱風自南南風謂之凱風長育萬物者也吹彼棘心棘小木叢生多刺難長而心又其稚弱而未成者棘心夭夭母氏劬勞劬勞病苦也凱風自南吹彼棘薪母氏聖善我無令人令善也爰有寒泉在浚之下浚衛邑有子七人母氏勞苦睍睆黃鳥睍睆清和圓轉之意載好其音有子七人莫慰母心

宋牼

宋牼一名鈃，齊宣王同時人（蓋尹文之弟子）。聞墨子之風而悅之，作爲華山之冠以自表（華山上下均平，作冠以表其心之均平也），接萬物以別宥爲始（始，首也。以別善惡宥不及爲首），語心之容（謂形容此心之廣大），命之曰心之行，以聏合驩以調海內（聏，音而，和也。調和也。言其薰然慈仁，與物同春，宜使天下一家，中國一人），請欲置之以爲主（請得若此者，立之以爲主），見侮不辱，救民之鬬，禁攻寢兵，救世之戰，以此周行天下，上說下教，雖天下不取，强聒而不舍者也。於是有彭蒙、田駢、慎到聞其風而悅之。（出莊子）

公儀子

公儀休者，魯博士也，以高第爲魯相，奉法循理，無所變更，百官自正。使食祿者不得與下民爭利，受大者不得取小。（出史記）公儀休相魯而嗜魚一國盡爭買魚而獻之公儀休不受客曰夫子嗜魚而不受何也曰夫唯嗜魚故不受也老子曰後其身而身先外其身而身存非以其無私乎故能成其私出韓詩外傳

華周杞梁

華周即華旋杞梁即杞殖皆齊大夫也莊公四年將伐衛及晉爲軍五乘之賓殖與周皆不與殖恥之歸而不食其母曰汝生而無義死而無名則雖非五乘孰不汝笑也汝生而有義死而有名則五乘之賓盡汝下也趣食乃行出說苑齊侯襲莒門於且于莒邑且音徂傷股而退明日將復戰期於壽舒莒地杞殖華還音旋載甲夜入且于之隧隧狹路宿於莒郊明日先遇莒子於蒲侯氏近莒之邑莒子重賂之使無死曰請有

盟。欲以盟要二子無致死戰華周對曰貪貨棄命亦君所惡也貪莒子之賄賂棄齊君之命令有臣如此亦莒子所惡也昏而受命日未中而棄之何以事君莒子親鼓之從而伐之獲杞梁莒人行成齊侯歸遇杞梁之妻於郊梁戰死妻行迎喪使弔之辭曰殖之有罪何辱命焉言若有罪不足弔若免於罪猶有先人之敝廬在下妾不得與郊弔杞梁之妻無子乃枕其夫之屍於城下而哭內誠動人道路過者莫不爲之揮涕十日城爲之阤而隅爲之崩既葬遂赴淄水而死齊侯弔諸其室出左傳

葵丘之會

僖公九年夏公會宰周公齊侯宋子衛侯鄭伯許男曹伯於葵丘出春秋夏會於葵丘尋盟且修好禮也王使宰孔賜齊侯胙曰天子有事於文武使孔賜伯舅胙齊侯將下拜孔曰且有後命天子使孔曰以

伯舅耋老加勞賜一級無下拜對曰天威不違顔咫尺小白余余身也敢貪天子之命無下拜恐隕越於下以貽天子羞敢不下拜下拜登受出左傳

秋齊侯盟諸侯於葵丘曰凡我同盟之人旣盟之後言歸於好宰孔先歸遇晉侯曰可無會也齊侯不務德而勤遠略故北伐山戎南伐楚西爲此會也東畧之不知西則否矣其在亂乎君務靖亂無勤於行晉侯乃還出左傳

慎子

慎子名到魯人與彭蒙田駢爲友學墨子弟子禽滑釐之術趙岐以滑釐爲慎子名又聞宋鈃之風而悅之欲棄智去已塊不失道稍稍以禁攻寢兵爲尚出莊子

白圭

白圭周人也、或以爲魏人。圭之中山、中山之王欲留之、圭固辭而去、又之齊、齊王欲留之、又辭而去、人問其故、曰之二國者皆將亡、有五盡矣、何謂五盡、曰莫之忠則信盡矣、莫之譽則名盡矣、莫之愛則親盡矣、行者無糧、居者無食、則財盡矣、不能用人、又不能自用、則功盡矣、國有此五者、無幸必亡、中山齊皆當此。出說

孟嘗君問於白圭曰、魏文侯名過於桓公、而功不及五伯、何也、圭對曰、魏文侯師子夏、友田子方、敬段干木、此名之所以過於桓公也、卜相則曰成與璜、魏成、翟璜。孰可、此功之所以不及五伯也、以私愛妨公舉、在職者不堪其事、故功廢、然而名號顯榮者、三士子夏、子方、干木。翊之也、如相三士、則王功成、豈特伯

哉。出呂氏春秋、中山惡圭於魏文侯文侯不信投圭以夜光之璧出鄒陽書、圭謂新城君曰夜行者能無爲奸不能禁狗使無吠已也故臣能無可議不能禁人議於己也出戰國策

傅說

傅說者殷之傅巖人也傅巖在北海之州虞虢之界通道所經有澗水壞道當使胥靡刑人築護之胥靡聯繫相從服役囚徒之名說賢而隱居貧不能自給乃代胥靡築之以供食武丁即位思復興殷而未得其佐夜夢得聖人名曰說以夢所見視羣臣百吏皆非也於是乃使百工營求之野得說於傅巖中見於武丁武丁曰是也得而與之語果聖人舉以爲相殷國大治出史記王宅憂亮陰三祀既免喪其惟弗言羣臣咸

諫于王曰嗚呼知之曰明哲明哲實作則天子惟君萬邦百官承式王言惟作命不言臣下罔攸稟令王庸作書以誥曰以台正于四方台恐德弗類茲故弗言恭默思道夢帝賚予良弼其代予言此喻羣臣以不言之意也乃審厥象俾以形旁求于天下說築傅巖之野惟肖爰立作相王置諸其左右冢宰兼師保也命之曰朝夕納誨以輔台德此下命說之辭若金用汝作礪若濟巨川用汝作舟楫若歲大旱用汝作霖雨啓乃心沃朕心開其心而無隱沃我心而厥沃也若藥弗瞑眩厥疾弗瘳若跣弗視地厥足用傷弗瞑眩喻臣之言不苦口也弗視地喻我之行無所見也惟暨乃僚罔不同心以匡乃辟俾率先王迪我高后以康兆民暨其僚屬同心正救使循先王之道蹈成湯之德以安天下之民也嗚呼欽予時命其惟有終敬我是命其思有終也說復于王曰惟木從繩則正后從諫則

聖后克聖臣不命其承疇敢不祗若王之休命君果從諫臣雖不命猶且承之況命之如此誰敢不敬順其美命乎惟說命總百官乃進于王曰嗚呼明王奉若天道建邦設都樹后王君公承以大夫師長不惟逸豫惟以亂民惟天聰明惟聖時憲惟君法天惟臣欽若惟民從乂惟口起羞惟甲冑起戎惟衣裳在笥命德必謹惟干戈省厥躬討罪必審王惟戒茲允茲克明乃罔不休惟治亂在庶官官不及私昵惟其能爵罔及惡德惟其賢慮善以動動惟厥時有其善喪厥善矜其能喪厥功惟事事乃其有備有備無患無啓寵納侮無恥過作非惟厥攸居宅心也政事惟醇黷于祭祀時謂弗欽禮煩則亂事神則難王曰旨哉說乃言惟服乃不良于言予罔聞于行說拜稽首曰非知之艱行之惟艱王忱不艱能信之則行不難允協于先

王成德惟說不言有厥咎王曰來汝說台小子舊學于甘盤既乃遯于荒野入宅於河自河徂亳暨厥終罔顯爾惟訓于朕志若作酒醴爾惟麴糵若作和羹爾惟鹽梅爾交修予罔予棄予惟克邁乃訓作酒者麴多則太苦糵多則太甘麴糵得中然後成酒作羹者鹽過則鹹梅過則酸鹽梅得中然後成羹臣之于君當以柔濟剛可濟否左右規正以成其德爾交修予爾無我棄我能行爾言也說曰王人求多聞時惟建事學于古訓乃有獲事不師古以克永世匪說攸聞求多聞者資之人學古訓者反之已不師古訓而能長治久安者非說所聞也惟學遜志務時敏厥修乃來允懷于茲道積于厥躬遜其志如有所不能斂于學如有所不及則其所脩源源乎其來矣篤信而遜念乎此則道積于身不可以一二計矣惟斆學半念終始典于學厥德脩罔覺斆教也言教人居學之半始之自學學也終之教人亦學也一念始終常在于學無少間斷則德之所脩有不知其然而然者矣監于先王成憲其永無愆言德雖造于罔覺而法必監于先王惟

說式克欽承旁招俊乂列于庶位。式用也。王曰、嗚呼、說四海之內咸仰朕德時乃風。天下皆仰我德是汝之教也。股肱惟人良臣惟聖。手足備而成人良臣輔而君聖。昔先正保衡作我先王。[illegible]乃曰、予弗克俾厥后惟堯舜其心愧耻若撻于市一夫不獲則曰時予之辜佑我烈祖格于皇天爾尚明保予罔俾阿衡專美有商。商宗舉伊尹之言謂其自任如此故能輔我成湯功格于皇天爾庶幾明以輔我無使伊尹專美于我商家也。唯后非賢不乂惟賢非后不食其爾克紹乃辟于先王永綏民說拜稽首曰、敢對揚天子之休命。言君臣相遇之難如此克者責望必能之辭敢者自信之辭對者對以己揚者揚于衆休命上文商宗所命也出尚書說命

孫叔敖

孫叔敖、蔿賈之子也、莊王九年、蔿賈見叔敖於王、既而隱於民間不

仕令尹虞丘子見於王曰臣之尸祿久矣民不加治獄訟不息處士不升淫禍不止久踐高位妨賢害能臣知罪矣聞有下里之士孫叔敖者秀而多能其性無欲君能舉而授之以政則國可使理民可使附也莊王以車迎之既至使爲令尹（出史記）及爲相一國吏民皆來賀有一老父衣麤衣冠白冠後來弔曰身已貴而驕人者民亡之位已高而擅權者君惡之祿已厚而不知足者患處之叔敖再拜敬受命願聞餘教父曰位已高而意益下官益大而心益小祿已厚而愼不取君謹守此三者足以治楚（出說苑）

叔敖城沂使封人慮事（封人主築城者慮事者謀利計功也）以授司徒量功命日（量功輕重命作日數）分財用（築作之具分之使均）平板榦（立榦而後施板以築之）稱畚築（畚音本盛土器也築實土器稱量其輕重）程土物（取土用物作爲程限）議遠邇（議遠

（近均勞也）其畧基趾（畧基趾之廣狹）具餱糧度有司事三旬而成不愆於素（不過素所慮之期。傳言叔敖之能使民。出左傳）叔敖相楚期年而楚國治莊王以伯叔敖妻不衣帛馬不食粟嘗乘棧車牝馬披羖羊之裘從者曰車新則安馬肥則疾狐裘則溫何不爲也叔敖曰吾聞君子服美益恭小人服美益倨吾無德以堪之矣（出說苑）叔敖疾將死戒其子曰王亟封我矣吾不受也爲我死王必封汝必無愛利地（人所貪利之地）利地者衆之所欲也楚越間有寢丘者其地不利（人不利之）其名甚惡楚人鬼而越人機（言荆人畏鬼神越人信吉凶之機祥。此地名丘。畏惡之名。終不利也）可長有者其惟此也孫叔敖死王果以美地封其子而子辭請寢之丘故至今不失孫叔敖之知知不以利爲利矣知以人之所惡爲己之所喜此有道者之所以異乎俗也衆人利

之孫叔敖病利故曰所以異異于俗也出呂氏春秋叔敖相楚知優孟賢
人也善待之病且死屬其子曰我死汝必貧困若往見優孟言我孫
叔敖之子也居數年其子窮困負薪逢優孟與言曰我孫叔敖之子
也父且死時屬我貧困往見優孟優孟曰若無遠有所之即爲孫叔
敖衣冠抵掌説語歲餘像孫叔敖楚王左右不能別也莊王置酒優
孟前爲壽莊王大驚以爲孫叔敖復生也欲以爲相優孟曰請歸與
婦計之三日而爲相莊王許之三日後優孟復來王曰婦言謂何孟
曰婦言愼無爲楚相不足爲也如孫叔敖之爲楚相盡忠爲廉以治
楚楚王得以霸今死其子無立錐之地貧困負薪以自飲食必如孫
叔敖不如自殺因歌曰山居耕田苦難以得食起而爲吏身貪鄙者

餘財不顧恥辱身死家室富又恐受賕枉法爲姦觸大罪身死而家滅貪吏安可爲也念爲廉吏奉法守職竟死不敢爲非廉吏安可爲也楚相孫叔敖持廉至死方今妻子窮困負薪而食不足爲也於是莊王謝優孟乃召孫叔敖子封之寢丘四百戶以奉其祀後十世不絶（出史記）

魏風伐檀之詩（詩人美賢者厲志非其力不食故述其事而歎之）

坎坎伐檀兮（坎坎用力聲檀木可爲車者）寘之河之干兮（干崖也）河水清且漣猗（漣猗風行水成文）不稼不穡胡取禾三百廛兮（種之曰稼斂之曰穡一夫所居曰廛）不狩不獵胡瞻爾庭有縣貆兮（貆音暄貉類）彼君子兮不素餐兮坎坎伐輻兮（輻音福車輻也）寘之河之側兮河水清且直猗不稼不穡胡取禾三百億兮不狩不

獵胡瞻爾庭有縣特兮[獸三歲日特]彼君子兮不素食兮坎坎伐輪兮寘之河之漘兮河水清且淪猗不稼不穡胡取禾三百囷兮[囷圓倉也]不狩不獵胡瞻爾庭有縣鶉兮彼君子兮不素飧兮

八蜡 [民爲貴章註]

天子大蜡八伊耆氏始爲蜡蜡也者索也歲十二月合聚萬物而索饗之也蜡之祭也主先嗇而祭司嗇也[先嗇神農也司嗇上古后稷之官也]祭百種以報嗇也[祭司百穀之種之神報其教民樹藝之功]饗農及郵表畷禽獸仁之至義之盡也[郵者郵亭之舍也標表田畔相連畷處造爲郵舍田畯居之以督耕者故謂之郵表畷禽獸貓虎之屬也]古之君子使之必報之迎貓爲其食田鼠也迎虎爲其食田豕也迎而祭之也祭坊與水庸事也[田鼠豕皆能害稼故食之者爲有功迎者迎其神也坊隄也以蓄水亦以障水庸溝也以受水亦以洩水皆農]

事之備故日事也曰土反其宅水歸其壑昆蟲毋作草木歸其澤此祀辭也宅猶安也土安則無崩圮水歸則無泛溢昆蟲謂螟蝗之屬害稼者草木各歸根於藪澤不得生於耕稼之土也皮弁色白素服而祭素服以送終也葛帶榛杖喪殺也物之助成歲功者至此而老終如此則近於喪禮矣然必葛帶榛杖者喪禮之殺也蜡之祭仁之至義之盡也黃衣黃冠而祭息田夫也野夫黃冠黃冠草服也八蜡以祀四方四方年不順成八蜡不通以謹民財也順成之方其蜡乃通以移民也既蜡而收民息已故既蜡君子不興功出禮郊特牲

邶風柏舟之詩婦人不得於其夫故以柏舟自比

汎彼柏舟亦汎其流耿耿不寐如有隱憂微非也我無酒以敖以遊我心匪鑒鏡也不可以茹度也亦有兄弟不可以據依也薄言往愬逢彼之怒

我心匪石不可轉也我心匪席不可卷也威儀棣棣不可選也棣棣富而閑習之貌。選簡擇也。憂心悄悄慍於羣小言見怒於衆妾也。覯閔既多覯見也。閔病也。受侮不少靜言思之寤辟有摽辟拊心也。摽拊心貌。日居月諸居諸語詞。胡迭而微迭更也。微虧也。心之憂矣如匪澣衣澣音緩。靜言思之不能奮飛

琴張

子桑戶孟子反子琴張三人相與爲友子桑戶死未葬孔子聞之使子貢往待事焉或編曲或鼓琴相和而歌曰嗟來桑戶乎嗟來桑戶乎而已反其眞而我猶爲人猗子貢趨而進曰敢問臨尸而歌禮乎二人相視而笑曰是惡知禮意子貢反以告孔子曰彼何人者耶脩行無有而外其形骸臨尸而歌顔色不變無以命之彼何人者耶孔

子曰彼遊方之外者也而丘遊方之內者也外內不相及而丘使女往弔之丘則陋矣出莊子

萊朱

萊朱郎仲虺奚仲之後也爲湯左相湯放桀南巢惟有慙德仲虺乃作誥出尚書仲虺爲湯左相臣扈祖己皆其胄裔也出唐宰相世系表

散宜生

散宜生周之賢臣也散氏宜生名出尚書注惟文王尚克修和我有夏亦惟有若虢叔有若閎夭有若散宜生有若泰顛有若南宮括又曰無能往來茲迪彝教文王蔑德降于國人若此五臣者不能爲文王奔走于此導迪其常教則文王亦無德下及于國人亦惟純佑秉德迪知天威乃惟時昭文王迪見冒聞于上

亦惟天乃純佑文王三臣以文德之[illegible]蹈履至到實知天威以[illegible]

[illegible]是昭明文王，啓迪其德，使著見于上，覆冒于下，而升聞上帝，惟時受有殷命哉。出尚書君奭

合纂四書彙通（孟子）十四卷首一卷（一）

清 李戴禮纂輯

清康熙二十八年刻本

合叅諸名家擬題要旨

山陽李僊木先生纂輯

合纂四書彙通

是集也。闡孔孟之微言。昭然今古。抉程朱之秘理。炳若日星。根柢大全。旁參語錄。前則備蒙存淺達。近則採楊顧呂仇順講較纂序。而更精嚴節疏。視集成而尤融貫。正解彙解。存其簡以去其繁。崇道堂辦志堂。取其要以詳其畧。所尤妙者。昭代師儒名言必錄。闈中利鈍奥訣悉登。美玉積於雞林。百川滙乎學海。識者鑒之。

德聚堂主人識

四書彙通序

四瀆者天下之大水也而禹治之必使之朝宗於海以爲歸宿之地而民乃奠

厥居焉是即彙通之說也善治水者條分支析必有所歸不彙而能通者斷斷無之者書亦然其在易曰

多識前言往行以畜其德
尚書云學於古訓乃有獲
畜如築防以瀦水獲如舉
弋之得禽畜則彙獲則通

分之萬殊而合之一本其
孔子所謂一以貫之者乎
今夫君子之於道也達則
行之窮則明之士有總角

讀四子之書至於白首而
卒不能通一解行一言者
雖謂之未讀書焉可也若
夫眞儒樸學集思以廣益

日引而月長其積之也久其體之也深確乎能彙集羣言而貫通於精微之表於以翼經輔傳其開羣蒙

而覺來世者豈小補哉吾
友李子僊木窮經有年而
尤於四子書惟日孳孳不
自暇逸集諸家之長以補

朱註所未逮凡有發明與
旨表見不虛者雖時賢之
說制義之文亦兼採而並
錄之積二十年而書以成

名之曰彙通誠後學之津梁也嗟乎學者淺見寡聞局於一隅執其故說終以自蔽而輒求通聖賢之道

猶濬畎澮距川遂以爲星宿海具是寧有得乎予與李子有芝蘭之契勸其授之梓人與天下共傳之因

執筆而爲之序

旹

康熙巳巳歲首秋翰林院

檢討充明史纂修官年

家眷同學弟丘象隨頓首拜題

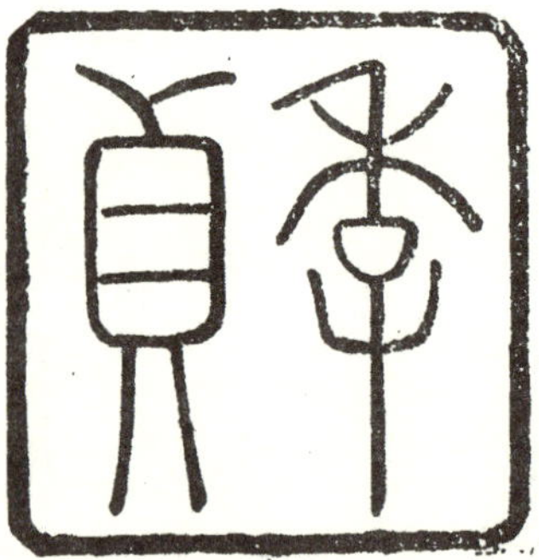

四書彙通序

夫天下何以治治於孔孟之道孔孟之道何以明明於讀孔孟之書先王慮天下不讀其書因以不明其道故開天

下功名之門於帖括帖括者教之讀書也以帖括而讀書明於書斯明於道矣今之爲帖括者不然不曰吾爲文所以明道而曰吾讀書所以爲

文於是爲文者曰若者左國

若者子史若者秦漢若者晉

魏若者唐宋大家此文之摹

乎古者也曰若者奇肆若者

幽秀若者富麗若者清健若

者變化若者平穩此文之趨乎時者也日工於文日不攻於書日不攻於書愈不工於文矣嗟乎源遠則流長不察其源而遂失其流流之既失

尚安問源哉李子僊木鍵戸讀四子書者三十餘年於是取所著述集於解書解書者明道也以程朱之說爲之宗以諸子百家之說合於程朱

者爲之佐弁取制舉子業工
於帖括深於書理者採而集
之備其覽其抉疑探奧旁搜
博採喬喬皇皇者似乎專爲
工帖括而設者然然使工帖

括者見之得其解曰此書不
可不讀讀其書卽明其道卽
使讀書以明道者見之得其
解曰此書不可不讀明其道
愈讀其書李子之解書李子

之明道也李子之意深遠矣

今

聖天子兩詣　闕里復購求經

史諸書以振興文教故天下

士皆欣欣向化各有著述以

應
聖天子作人之至意李子勉乎
哉李子與余爲垂髫交執經
於　家大人之門者最久童
年爲文務期說明書理而止

其後聚處不常各爲散去庚申辛酉歲同假館於宿預兩人幸異地知心得以雞窻風雨日夕商訂李子之書千古快事無踰於此今予勞勞於

京邸而李子裒然成書且以公之天下李子之力厚矣李子欲與天下讀其書以明其道予謂李子明其道始解其書昔人有言堯舜禹湯文武

周公之道傳於孔子孔子傳於曾子曾子傳於子思子思傳於孟子孟子沒不得其傳李子以發明程朱者發明孟子子思曾子之道以發明孟

子子思曾子之道者發明孔子之道並發明周武文湯禹舜堯之道也李子豈可量乎哉

旹

康熙己巳秋月年家眷世弟吳

晟西李氏拜譔於木天公

署

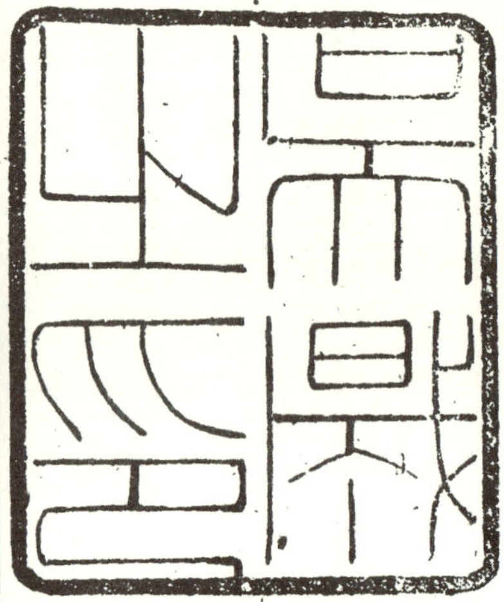

序

四書彙通爲李子僊木所考訂羣言而成者亦可謂有勞矣蓋聖人之道著於論語而曾子傳之子思傳

之孟子傳之定三綱導五常繼二帝三王之學修明參贊化育之功如是則秦火不得而焚之也久矣朱考亭曰自孔子而後得聖

人之心者曾子子思孟子
而已言乎著書立說形乎
內外之間也自漢唐宋諸
儒興起功在羽翼聖學而
得聖人之心或不得聖人

之心此偏全之所由分也而考亭乃折衷之得其大成存夫得聖人之心者黜夫不得聖人之心者是故後世儒者各有張皇幽渺

之論以自外乎考亭而妄生枝葉者可廢然返矣今僊木之爲此書也惟就考亭之所折衷者晰其字句明白其旨趣貫暢其義理

要得乎聖人之心而已舞勺舞象者不外乎是明經者不外乎是治制義者不外乎是仰合乎曾子子思孟子之心以得乎聖人之

心正朱子所謂得聖人之心者也或曰僊木盡心於此矣而功名遲暮若何嗟乎此天之所以厚僊木也僊木尊人升菴公弱冠工

舉子業謂訓詁櫛比不足
事留心理學鍵戶五十載
務登朱程之堂窺聖賢之
奧以傳其心傳而後已此
趨庭之授有自來乎僊木

出其緒餘以取青紫固自
易易乃盡心於此而功名
遲暮嗟乎此天之所以厚
僊木也初已酉歲落第僊
木眞命升菴公發憤治此

書在鉢池三歲始脫其稿
壬子落第乃下帷程氏館
凡六載再一脫稿戊午又
下帷宿預蔡氏館三載復
加參閱辛酉又七載下帷

於朱氏館至丁卯凡十九
年始畢其業是十九年訂
此書而功名遲暮也使不
訂此書而功名未必不遲
暮也使功名不遲暮而十

九年閭盈虛消長其遇於
世何如也可不謂厚乎然
則求聖人之心者當於此
書得之予老矣年八十矣
而升菴少予二歲尚欲與

升菴共商傳世之業未嘗
一刻忘也

旹

康熙歲在巳巳秋月同里

棟居胡從中譔

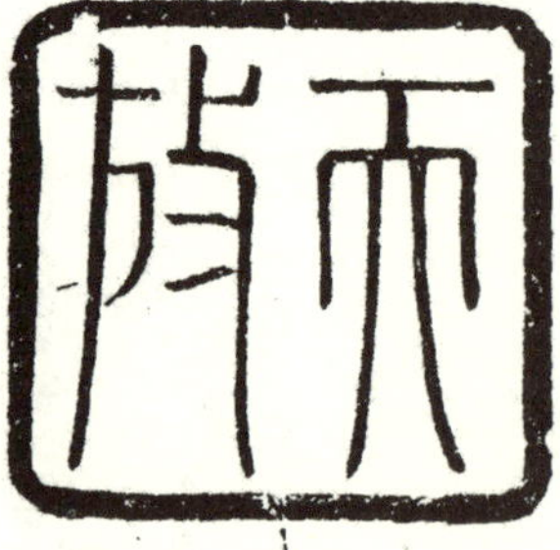

綸啓堂四書凡例

一遵朱註

四子書如天地之覆載日月之照臨得朱子集註如撥雲霧而三辰見奠山川而九州分其羽翼聖學之功在天壤爲不易者間有無註一二條各家爭訟不休槩可知矣矧功令森嚴示天下恪守傳註是書一一遵之不敢稍有違悖否則于功令與忘翼經之功其罪一也

一合訂全旨

講每章書先列全旨於前然必集合諸講家之全旨以刪繁就簡又於簡約中俾一章之意俱包括無所滲漏

一修飾正講

正講者每一章一節必欲體貼聖賢之意旨而代傳其口吻者也如直解說約彙解正解體朱集成諸書必較定畫一以修其有餘飾其不足不敢於諸書外稍出意見凡矜奇炫異不能肖像口吻及不遵朱註者一槩不錄

一鎔序義意

正講後即細剖每章每節之義理意旨諸書無不參看但引據註解必列某姓某氏列姓氏必竟一人之說則其間不免重複顛倒是書於細剖義意處鎔化其錯綜次序其位置逐句逐字順流而下庶一覽了然而於諸講家姓氏及大全諸先儒姓氏不能槩列非云掠人美而示已

長也

一採制義入講

作文本於說書而顧採文以說書者以文之抉微入奧可補書之所未逮也如大哉聖人之道則採徐健菴先生鄉墨一段以爲來龍踐其位五句則採徐孟樞先生房刻補出周公一段以顧章旨他如從者見之下補出封人與夫子敘言一段賓退上補出賓主欵洽成禮一段享禮容色後補出言詞輯懌復命成禮一段其餘採集者不可勝紀觀者一見自明誰謂翼書不在文耶

一採名家擬題要論

予自讀墨卷房書以來見先輩名家如維斗千子大士吉士諸先生及

本朝名家如汝侯健菴慕廬果亭滄柱晩村介眉諸先生評文要論採錄成帙繼則盈笥于茲有年矣纂書之餘擇其有裨擬題者附於每章講書之後此則各引所言必書諸先生姓氏以光寵是書

一虛實字類辨義

四子書中如之乎矣與諸虛字之類各有所指又如學字道字仁義字聖人字君子字諸實字之類亦各有所指今一一清出如之字何指乎字何指學是何學道是何道仁是何仁義是何義聖人是何聖人君子是何君子照類分列於前庶觀者明白顯然

山陽 李戴禮僊木謹識

大全先儒姓氏

朱子熹 晦庵　程子顥 明道

程子頤 伊川　周子敦頤 濂溪

張子載 橫渠　邵子雍 康節

鄭氏玄　孔氏穎達

呂氏大臨 與叔　尹氏焞 和靖

謝氏良佐 顯道　游氏酢 定夫

侯氏師聖 仲良　胡氏瑗 安定

楊氏時 龜山　范氏祖禹 華陽

蘇氏軾 子瞻　林氏之奇 少潁

胡氏寅 致堂
羅氏從彥 仲素

程氏迥 可久
李氏侗 延平

陸氏九淵 象山
呂氏祖謙 東萊

張氏栻 南軒
陳氏傅良 君舉

李氏襦 彥平
陸氏佃 農師

北溪陳氏淳 安卿
勉齋黃氏榦 直卿

慶源輔氏廣 潛菴
三山潘氏柄 謙之

節齋蔡氏淵 伯靜
九峯蔡氏沈 仲默

覺齋蔡氏模 仲覺
三山陳氏孔碩 膚仲

潛室陳氏植 器之
胡氏泳 伯量

鄭氏南升

栝蒼葉氏賀孫味道

莆田黃氏士毅子弘

格菴趙氏順孫

丹陽洪氏興慶善

張氏九成子韶

鄒氏亞元亞

西山真氏德秀景元

葉氏夢得少蘊

邵氏甲仁仲

兼山郭氏忠厚立之

蒙齋袁氏甫廣微

張氏庭堅才叔

江陵項氏安世平菴

巖菴程氏

顧氏元常平甫

仁壽李氏道傳仲貫

東牕李氏

陵陽李氏

溫陵陳氏知柔體仁

陳氏用之　　譚氏惟寅

何氏夢貫新之　　天台潘氏特舉子善

鄭氏汝諧舜舉　　新安王氏炎晦叔

永嘉薛氏　　歐陽氏謙之希遜

諸葛氏泰　　朱氏祖義子由

朱氏伸　　梅巖胡氏次炎濟鼎

張氏彭老　　黄氏淵

汪氏廷直　　張氏好古

張氏玉淵　　王氏回

雙峯饒氏魯仲元　　玉溪盧氏孝孫

勿齋程氏若庸逢原　劉氏彭壽
魯齋王氏侗　番陽沈氏貴向毅齋
疊山謝氏枋得君直　番陽齊氏夢龍
邢氏昺　蛟峯方氏逢辰節初
仁山金氏履祥吉甫　厚齋馮氏椅奇之
西如黃氏仲元　勿軒熊氏禾去非
新安吳氏浩義夫　吳氏仲迂
番陽李氏靖翁思正　番陽鄒氏季友晉昭
汪氏炎昶　魯齋許氏衡平仲
臨川吳氏澄幼淸　歐陽氏玄原功

雲峯胡氏 炳文 仲虎　　新安陳氏 櫟 壽翁

張氏 存中 德庸　　新安倪氏 士毅 仲弘

東陽許氏 謙 益之　　番陽朱氏 公遷 克升

明儒著述姓氏

虚齋蔡氏 清　　著蒙引

次崖林氏 希元　　著存疑

紫峯陳氏 琛　　著淺説

瓊山丘氏 濬　　著大學衍義補

方山薛氏 應旂 仲常　　著四書人物考

江陵張氏 居正 泰嶽　　著四書直解

王氏納諫觀濤　著四書翼註

楊氏彝于常

顧氏夢麟麟士　同著四書說約

國朝著述姓氏

劉氏日珩上玉　著纂序說約

張氏金鏡聖宣　著大全合參說約

蔡氏方炳九霞　著增補章旨說約

徐氏養元長善　著增刪集說

史氏以徵靜庵　著四書彙解

吳氏荃蓀右　著四書正解

仇氏兆鰲滄柱　雲居山房著說

呂氏留良晚村　天蓋樓著說

陳氏錫嘏介眉　怡室隨筆

趙氏燦英殿颺　著四書集成

山陽　李戴禮僊木謹録

本家參訂

父李挺蕃升菴命意

叔 挺茂允升參閱

弟 周禮展佩

儀禮倉明

奎璧西銘

受業 弟從京自宏

從聖自濬

子 坦平君

任斗

菜

熊

璋

鼎

筆

謙

果　習業

四書虛字類辨義

之字 凡之字乎字也字者字歟字矣字之類其有關實義者概爲辨出至無關實義者則置而不錄

學而時習之 指學之義理 求之與抑與之與 上之字屬邦君下之字屬夫子 小大由之 指禮中之和 不以禮節之 指知和之和 而衆星共之 指北辰 一言以蔽之 指全詩之義理 道之以政 四之字指民 生事之以禮 三之字指父母 知之爲知之 指所知之義理 臨之以莊 指民 之於天下也 作其字 不以其道得之 上指富貴下指貧賤 一以貫之 指事理 久而敬之 指友 三已之 指令尹 乞諸其隣而與之 指乞醯者 與之釜 之庾之五秉 三之字指子華之母 原思爲之宰 指夫子 與之粟九百 指爲宰 知之好之樂之 俱指義理 吾亦爲之 指執鞭 生而知之 敏以求之 指義理 擇其善者而從之 指善者 改之 指不善 多聞擇其善者而從之 識之 指義理 可使由之 指理之當然 不可使知之 指理之所以然 猶

恐失之指學之義理仰之鑽之瞻之指道雖欲從之指道再拜而送之指使者拜而

受之指藥君視之指夫子子路拱之指鳥如用之指禮樂附益之指季氏而攻之指求

也夫子哂之指由非曰能之指禮樂是故哂之指由商聞之矣指夫子民信之矣

指爲上者先之指行勞之指事富之指既庶之民教之指既富之民吾其與聞之指國政而子

證之指攘羊之父悅之不以道指君子器之指人才悅之雖不以道指小人是謂棄

之指民草創之四之字指命多學而識之指學之義理予一以貫之指所知之義理禮以

行之出之成之指義之事知及之仁守之得之失之指理莊以蒞之動之指民夫

子欲之指顓臾以來之既來之則安之指遠人生而知之學而知之困而學

之指理君稱之邦人稱之異邦稱之俱指邦君之妻而往拜之指陽貨患得之患失

之指富貴權勢使之聞之上之下之指悲微子去之指紂季桓子受之指女樂欲與之

言指楚狂趨而避之指孔子孔子過之指沮溺而誰以易之指變亂爲治殺雞爲黍
而食之指子路使子路反見之指丈人望之儼然指君子即之也溫指儼然之君子見
之仰之指過立之道之綏之動之指民人之其所親愛作於字心誠求之指赤子之
欲而民從之指從仁從暴忠信以得之失之指大道生之者食之者四之字指財君
子之中庸小人之中庸二之字作底字知者過之賢者過之指中庸之道而弗失之
矣指所得之善君子強者居之指南北之強唯聖者能之指依中庸二句睨而視之指視柯
之弗見聽之弗聞指鬼神或生而知之安而行之數之字俱指達道博學之四句
俱指理言即擇善的善字篤行之以理言即擇善所固執底執字人一能之人十能之指一倍十倍之功已
百之已千之指百倍之功善必先知之二句二之字俱指禍福之理誠之爲貴指擇善固執之
功今用之指文武之制作其孰能知之指至誠之經綸等百辟其刑之指天子不顯之德經之

營之攻之成之指靈臺 王往而征之指陷溺其民之君 望之就之指襄王 一之與之
指天下 王見之舍之易之指牛 王請度之指心 王欲行之指仁政 於傳有之指文王之
囿 王請大之指義理之大勇 察之用之去之指賢不賢 於傳有之指放伐 幼而學之行
之指仁義之大道 玉人彫琢之指玉 五旬而舉之指伐燕之成功 何以待之指衆諸侯 天下信
之指伐暴救民 王往而征之指燕 我將去之指不死狄人之難 相與輔相之指紂 環而攻
之指城郭 委而去之指城池兵革米粟 畔之指失道者 順之指得道者 學焉而後成之指尹 爲
王誦之指責距心之言與距心自責之言 知而使之不知而使之指管叔 見之卽之順之
指過 勞之來之等指民 濯之暴之指孔子之道德 今一見之指諸侯 請復之指乘 得志與
民由之指廣居正位大道 民之望之下之字指湯師 皆舉首而望之指行王政之君 傳之咻之
置之指學語之子 而往拜之指陽貨 往將食之指季 以易之也指食 與之食之下之字指

鶃鶃之肉出而哇之指鶃鶃之肉　小子聽之指歌中之理　自取之也指濯纓濯足　而歸之指文王　鳴鼓而攻之指冉求　蹈之舞之指孝弟　自得之居之等俱指理　而詳說之指理

庶民去之君子存之指幾希之心　仰而思之得之指三王四事　天受之民受之神享之天與之人與之俱指舜　天下之民從之指禹　以幣聘之指伊尹　人皆有之指理義之心　則知求之指雞犬　則引之而已矣指耳目　思則得之指理　子歸而求之指事親敬長　民畏之指政　民愛之指教　性之身之假之指仁義之道　其君用之指君子之言　子弟從之指君子之教　聞而知之見而知之俱指道

乎字

不亦悅乎樂乎君子乎自得之詞　不忠乎不信乎不習乎問心之詞　禮後乎有悟之詞

二仁矣乎謂必仁定之詞　不亦可乎歸重之詞　無乃太簡乎不可從之詞　以與爾鄰里

鄉黨乎歎商之詞中庸其至矣乎贊美之詞可謂仁乎一定之詞必也聖乎未定之詞問昭
公知禮乎指不知禮君子亦黨乎正言其黨回也其庶乎一定之詞盡徹乎一定之詞富哉
言乎贊嘆之詞必也正名乎一定之詞必也狂猖乎一定之詞能勿勞乎指子能勿誨乎
指君使乎使乎贊美之詞是賢乎美之之詞無乃爲佞乎譏訕之詞知我者其天乎自信之詞
有心哉擊磬乎鄙器知心之詞鄙哉硜硜乎譏訕之詞子亦有異聞乎疑問之詞學詩乎
學禮乎訓誡之詞吾其爲東周乎將然之詞女爲周南召南矣乎訓誡之詞六言六蔽
矣乎詰問之詞不如鳥乎警醒之詞中庸其至矣乎贊美之詞其斯以爲舜乎贊美之詞父
母其順矣乎贊美之詞其盛矣乎贊美之詞其達孝矣乎贊美之詞治國其如示諸掌
乎贊美之詞亦將有以利吾國乎異望之詞賢者亦樂此乎矜誇之詞賢者亦有此樂
乎矜誇之詞可復許乎震望之詞仁者固如此乎譏訕之詞

與字

其爲仁之本與一定之詞　求之與抑與之與未定之詞　異乎人之求之與一定之詞　其斯之謂與有悟之詞　女弗能救與切責之詞　然則師愈與正言其愈　可謂大臣與一定之詞　然則從之者與未定之詞　其由也與贊美之詞　栖栖者與不足之詞　知其不可而爲之者與譏訕之詞　益者與驚異之詞　多學而識之者與詰問之詞　非與疑詞　其舜也與一定之詞　無乃爾是過與切責之詞　是誰之過與切責之詞　伯夷叔齊與贊美之詞　舜其大知也與贊嘆之詞　舜其大孝也與贊嘆之詞　豈謂是與不然之詞

哉字

仁遠乎哉正言不遠　洋洋乎盈耳哉贊美之詞　庶矣哉贊美之詞　賜也賢乎哉不足之詞　鄙夫可與事君也與哉戒其不可之詞　堯舜君民親見之哉三哉字俱自任之詞

四書實字類辨義

天字 天命性皆理也而不離乎氣故或以理言或以氣言或兼理氣而言乃書之所載又各有所指不盡乎此要之不外乎理氣而已理之自然爲天積氣者爲上天

天之明命 統言上天 天命之謂性 上天兼理言 天地位焉 上天凡天地並言者放此 鳶飛戾天 上天

上不怨天 氣數之天 天之生物 上天 受祿于天 自天申之 主宰之天 不可以不知天 以理言 天之道也 在人之天以理言 高明配天 今夫天 維天之命 皆上天

天之所以爲天也 上形體之天下以理言 峻極于天 上天 建諸天地 上天兼理言 知天也 以理言 上律天時 溥博如天 天之所覆 故曰配天 皆上天 浩浩其天 言

至誠之天以性言 達天德者 在人之天德亦屬上天言天賦於人之德 上天之載 上天 五十而知天命 上天兼理言 獲罪於天 以理言 天將以夫子爲木鐸 以天意言 性與天道 上天兼理言 天

厥之上天天生德於予主宰之天唯天爲大上天天將喪斯文以天意言天縱全上欺天
乎上天天喪予全上富貴在天氣數之天不怨天全上其天乎上天畏天命上天兼理言天
何言哉 猶天之不可階而升也上天天之曆數以主宰言天油然作雲上天樂
天畏天以理言畏天之威上天天降下民全上必有天殃以天意言則天也氣數之天不
遇魯侯天也全上天作孽主宰之天天吏也 天之尊爵皆上天天未欲平治天
下主宰之天天之方蹶全上斯二者天也兼理勢言誠者天之道也與中庸全天之高也
旻天 天無二日皆上天 天與之主宰之天天不言 薦人於天皆上天 天受之
主宰之天非人之所能爲也天也 故曰天也氣數兼主宰 天視天聽 天與賢
與子 莫之爲而爲者天也 天之所廢皆主宰之天 天之生此民也 天
民 天誅 天生蒸民 天之降才 此天之所與我者 天爵皆上天

天將降大任之天主宰 知天事天上天兼理言 有天民者以理言 仰不愧於天上天兼理言 天性也二字相連以理言 聖人之於天道上天兼理言

命字命即天之理也謂之命者以理之用言之也若人之生稟有清濁厚薄所值之遇有窮通得失之屬則氣之不齊也

天之明命以理言 其命維新曆數之命 峻命不易 惟命不于常仝上 天命之謂性如命令之命所謂理之用是也 居易以俟命氣數之命 保佑命之天之寵命 必受命仝上 五十而知天命以理言 不幸短命 命矣夫以數言 與命以理言 賜不受命 死生有命 道之將行將廢命也皆以數言 見危授命 致命有生之命 畏天命以理言 不知命以數言 永言配命以理言 莫之致而至者命也 孔子曰有命以數言 所以立命也以理言 莫非命也 正命 得之有命以數言 有命焉兼氣與理言 命也兼氣與遇言 以俟命而已矣以數言

性字（性者心所具之理也天命之性渾然一理不雜氣稟而言其不離乎氣者則性相近君子不謂性之屬是也故性字從心從生從乎心者以理言從乎生者以氣言也）

天命之謂性　率性（以理言）　謂之性（性生之性）　能盡其性　人物之性（以理言）　性之德也（性分之性）　尊德性（以理言）（性之德猶言所得之德尊德性猶言所得於天之理）　性與天道（以理言）　性相近也（兼氣質言）　孟子道性善（以理言）　天下之言性也（仝上）　性猶杞柳也　以人性爲仁義（以氣言）　順杞柳之性（性生之性）　性猶湍水也　人性之無分於善不善也（以氣言）　人性之善也（以理言）　是豈水之性哉（就下之性）　其性亦猶是也（以性善言）　生之謂性（以氣言）　犬之性牛之性人之性（以理言）　性也　性無善　性可以爲善　有性善有性不善（皆以氣言）　性善（以理言）　此豈山之性也哉（生物之性）　動心忍性（氣稟之性）　知其性　養其性　君子所性（皆以理言）　性之也　性者也（性生之性）

天性也以理言 性也氣稟之性 有性焉以理言

道字道是理之統名凡化育之命日用事物之理皆謂之道而總具於人之一心率性謂道是專言之也其餘或偏言或實說或虛說或言人所抱負宜逐類而觀之

大學之道虛說箇理 則近道矣此道字稍實如能明已與民之德止於至善之理 絜矩之道虛說 君子有大道 生財有大道仝上 率性之謂道專言之道 修道 道也者 天下之達道皆是上道字 道之不行不明 道其不行 遵道而行皆中庸之道 國有道無道虛說 君子之道費而隱 道不遠人 違道不遠皆專言之道 君子之道四偏言之道 君子之道辟如行遠專言之道 人道地道虛說 修身以道 天下之達道五 修身則道立人倫之道 道前定專言之道 獲乎上有道 數道字虛說 天之道也虛說箇天理 人之道也虛說猶言人事 從容中道凡達道日用事物之理皆是非天道人道之道 果能

此道虛說已百已千之道至誠之道虛對術數說而道率性之道自道也作由字合外內之道
虛說與上二道字不同天地之道以理言大哉聖人之道專言之道故君子之道本諸身
三重之道世為天下道作由字道並行四時日月運行之道君子之道小人之道虛說本立
而道生泛說箇道先王之道作禮字看以其為事物之所共由故日道古之道也不以其道得
之虛說朝聞道士志於道專言之道君道夫子之道理之具於聖心者邦有道無
道虛說道不行抱負之道性與天道實說天之理有君子之道四焉偏言之道非不說子
之道實說中道而廢作路字何莫由斯道也志於道專言之道君子所貴乎道
守死善道皆實說天下有道則見四道字虛說是道也虛說不忮不求之道可與適道
專言之道子張問善人之道虛說說之不以道全上衛靈公無道實說君子道者三
偏言之道道之將行將廢抱負之道直道而行刑賞無私之道人能弘道君子謀道專言

之道不同（作路字看）行義以達其道（抱負之道）君子小人學道（專言之道）天下有道（虛說）

道之不行（抱負之道）君子學以致其道（專言之道）雖小道（實說）君子之道（教人之方）上失

其道（教養之道）文武之道（禮樂文章之類）王道之始（政也）配義與道（以天理言）不動心有道

乎（虛說）爲此詩者其知道乎（虛說治國之道）得道者多助（不外教養之道）是或一道也（虛說）

其尊德樂道（賢者抱負之道）夫道一而已矣（實說）民之爲道也（虛說）未聞道也（虛暗照並

耕）人之有道也（實照下人倫之道）周公仲尼之道（實說）非先王之道（實說）從許子之

道（虛暗照齊物）不直則道不見（指正道言）以薄爲其道也（虛說）儒者之道（虛說）夫婦之

道（全上）行天下之大道（以義言）獨行其道（虛居廣居立正位行大道之道）又惡不由其道（爲仕

之道）非其道如其道（實說）守先王之道（實照孝弟仁義）君子之爲道也（全上）是非君子

之道（實說）楊墨之道（爲我兼愛之道）孔子之道先聖之道（仁義之道）堯舜之道（虛照仁心說）

先王之道以仁政言上無道揆以義理言則非先王之道如仁政之屬盡君道臣道
實說道二虛猶二路也得天下有道三道字虛道在爾專言之道天之道也在人之天理人
之道也猶言人事援之以道拖負之道學古之道　舜盡事親之道實說深造之以
道進為之方盡羿之道射之法　禹稷顏回同道虛曾子章倣此責善朋友之道實說饜足
之道虛彼以愛兄之道　樂堯舜之道　非其道也皆實說以斯道覺斯
民堯舜之道去父母國之道虛其交也以道虛餽贐聞戒之類非事道與　立乎人
之本朝而道不行抱負之道非養君子之道虛說欲見賢人而不以其道上仝為
此詩者其知道乎虛性情之道學問之道虛說堯舜之道實說夫道若大路然專言
之道三子者不同道虛說務引其君以當道　君不鄉道實說由今之道虛以富强
為道子之道二十取一之道貉道也治貉狄之道皆虛堯舜之道十分取一之道實說吾夫者不能

行其道抱負之道求之有道虛說終身由之而不知其道專言之道樂其道　達不離道抱負之道佚道生道虛說爲其賊道也聖賢正之道中道則高矣美矣實說中道而正中途以道殉身三道字抱負之道身不行道專言之道使人不以道偏言之道合而言之道也率性之道未聞君子之大道也實說善道也虛說不下帶而道存焉實說孔子不得中道而與之無過不及之道不可與入堯舜之道大中至正之道

德字德者得也所得於天之理是秉彝之德行道而有得於心是德行之德又有虛說者有以恩惠說者

明德　峻德秉彝之德道盛德德行之德先慎乎德秉彝之德有德德行之德德者承有德而言鬼神之爲德虛借言性情功效　德爲聖人　故大德　令德德行之德周公成文武之德以孝思恩意言達德秉彝之德賤貨而貴德以有德者言性之德秉彝之德皆言性之德下文王之德之純德行之德苟不至德上令尊德性性之德苟無其德雖有其德德行之德小

德大德（天地之理）達天德（性之德）可與入德　不顯維德　予懷明德（皆德行之德）
民德歸厚　爲政以德　道之以德（仝上）君子懷德（性德）德不孤（德行之德）中
庸之爲德（以人有其德言）德之不修　據於德（德行之德）天生德於予（得天之理）泰伯之
至德　周之德（德行之德）吾未見好德（兼性之德人之有德者言）德行（躬行心得之德）崇德（德行之德）
君子之德　小人之德（虛德言行事）不恒其德（亦德行之德）有德者　尚德哉（德行
之德）以德報怨　三德字（以德恩信）知德者鮮（性之德）巧言亂德（亦如德行之德）修文德（禮教
信義之類）民無德而稱焉（亦德行之德）德之賊也（以義理之正言）德之棄也（以聞善之得於心者言）
何德之衰（鳳之德亦如德行之德）執德不弘（德行之德）大德小德（猶大節小節）德何如則可
以王矣　且以文王之德（德行之德）德之流行（仁政之德）善言德行（躬行心得之德）聞樂
知德　以德行仁（德行之德）莫如貴德（以有德者言）德一　莫如德（德行之德）其尊德

〔人之德〕文從而振德之〔恩惠〕沛然德教〔德教二字連亦如德行之德〕小德役大德〔德行之德〕無

能改於其德〔虛乃惡德也〕盛德之士　至於禹而德衰　德必若舜禹　友

其德也〔皆德行之德〕好是懿德〔性之德〕既飽以德〔詩以恩惠言引來作仁義之德〕尊德樂義〔性之

德〕德慧〔德性之德〕周于德者　盛德之至〔德行之德〕德之賊　亂德〔以義理之正言〕

心字〔人之本心兼義理知覺知覺者氣之靈也但義理之心不離乎知覺知覺之心或蔽於物不能全乎義理故當分別言之〕

先正其心〔本心〕心不在焉〔以知覺主宰言〕七十而從心所欲　其心三月不違仁

〔仝上〕盡心焉耳矣〔知覺之心〕是心足以王矣〔易牛之心亦本心也〕是誠何心哉〔易牛初心〕他人

有心〔泛言心事〕不得吾心　於我心有戚戚焉　此心之所以合於王者〔皆易

牛初心〕言舉斯心〔仁愛之心〕心為甚〔應物之心〕恒心〔本心〕我四十不動心〔以知覺主宰言〕勿求

於心不得於心〔告子只以知覺言〕行有不慊於心〔本心〕心勿忘　生於其心　中

心悅皆知覺之心 不忍人之心 惻隱羞惡辭讓是非之心本心 予有戒心知覺之心 然後盡於人心 於人心獨無恔乎愛親本心 或勞心 豈無所用其心哉知覺之心 中心達於面目 我亦欲正人心本心 今有仁心愛人之心 旣竭心思知覺之心 失其心得其心下民向背之公心 格君心之非知覺之心 如腹心如心君之心 赤子之心本心 以仁禮存心知覺之心 其設心全上 公明高以孝子之心猶言心事 以心卻之泛說對辭字言 陷溺其心本心 至於心知覺之心對口耳目言 心之所同然者 理義之悅我心承上心字皆屬知覺 豈無仁義之心哉 良心本心 惟心之謂與知覺之心 專心致志全上 非獨賢者有是心也即下本心之心 仁人心也 放其心 心不若人皆本心 心之官則思知覺之心 人之同心也嗜欲之心 苦其心志知覺之心 動心忍性本心 盡其心 存其心本心 善教得民心孝弟忠信之心 操心也危知覺之心 根於心亦知覺之

心憂心悄悄全上　無欲害人之心　無穿窬之心　養心皆本心

仁字仁者心之德愛之理愛是情理是性理亦德也但心之德以全體言愛之理專以愛言

一家仁仁愛　堯舜帥天下以仁仁德　唯仁人仁德至公無私　仁者以財發身兼無欲愛人言

上好仁仁愛　修道以仁心之德兼愛之理　仁者人也愛之理　知仁勇　力行近乎仁

心之德　成已仁也以德言　肫肫其仁以愛言　其為仁之本與全上　鮮矣仁以德言　而

親仁仁德之人　人而不仁以德言　里仁為美仁厚　不仁者　仁者安仁　利仁

惟仁者　苟志於仁　君子去仁　違仁　好仁惡不仁　其為仁矣

用其力於仁皆以德言　觀過知仁以愛言　仁而不佞　不知其仁　孟武伯

問子路仁乎數仁字　仁矣乎數仁字　三月不違仁　樊遲問仁三

仁字　仁者樂山皆以德言　仁者雖告之曰仁愛　可謂仁乎以愛利言　何事於仁

夫仁者　仁之方（兼愛人無私說）依於仁（仁德）求仁而得仁（屬德）仁遠乎哉三仁字（心之德）則民興於仁（仁愛）仁以爲己任　人而不仁　與仁　仁者不憂

顏淵問仁三章　色取仁（皆以德言）樊遲問仁（虛說照下當屬愛）不仁者遠（兼德愛）以友輔仁（心之德）必世而後仁（虛以教化浹洽言）又樊遲問仁　仁者必有勇二仁字　君子而不仁二仁字　管仲不死未仁乎（皆以德言）如其仁（以利澤言）管仲非仁　志士仁人三仁字　子貢問爲仁　士之仁者　民之於仁當仁（皆以德言）可謂仁乎（行道濟時爲仁）子張問仁　爲仁矣（以德言）好仁不好學子之不仁也（以愛言）三仁（愛之理心之德）仁在其中　然而未仁　難與並爲仁（皆以德言）不如仁人（忠君愛國爲仁）欲仁得仁（心之德）亦有仁義而已矣（兼德愛）未有仁而遺其親　施仁政　仁者無敵　是乃仁術（皆以愛言）發政施仁（以利澤言）焉

有仁人在位　仁者以大事小（以愛言）賊仁者（以天理言）仁人也（仁愛）假仁行仁（開說凡信義利澤皆是）仁則榮不仁則辱（以德言）仁之端也　矢人豈不仁於函人

里仁爲美（以愛言）夫仁天之尊爵數仁字（以德言）我以吾仁（全其心德）與周公

孰仁　是不仁也（以愛言）爲富不仁（利人之仁）將行仁政（惠民之仁）爲天下得人者

謂之仁（利澤廣被）而輕爲仁義者哉（兼德愛）充塞仁義（以愛言照無父說）不以仁政

仁心仁聞（屬愛）仁覆天下（利澤及人）惟仁者（以德言）仁與不仁（以德言兼愛說）三代之得

天下以仁　數不仁字（全上）反其仁（愛）仁不可爲衆也國君好仁　而不

以仁（皆全上）不仁者（以德言）民之歸仁（以愛利言）有好仁者　不志於仁（全上）不能

居仁　仁人之安宅　君仁莫不仁（皆以德言）仁之實（以愛言）由仁義行（兼德愛）

以仁存心數仁字　誅不仁也　象至不仁（皆以愛言）仁人固如是乎（以無私之）

德言仁人之於弟也愛以人性爲仁義告子只以愛言而禍仁義兼德愛仁內也只以

愛言惻隱之心仁也愛之理豈無仁義之心哉兼德愛仁人心也心德之全仁義忠

信飽乎仁義兼德愛仁之勝不仁也以天理言夫仁亦在乎熟之而已仁德終

去仁義下數仁字皆兼德愛親親仁也以愛言後仝仁者固如此乎行道濟時爲仁仁也

君子亦仁而已矣無私心而合天理然且仁者不爲無貪欲之謂仁志於仁而已仝上不

志於仁不好貨剝民爲仁不志於仁不黷武殃民爲仁求仁莫近焉德仁言仁聲愛仁

義禮智仁之性仁人以爲己歸德民焉有不仁者乎開說凡智禮義孝弟忠信皆是仁仁

義而已矣三仁字愛之理愛之而弗仁三仁字仁者無不愛也二仁字

不仁哉梁惠王也數仁字仁人無敵於天下三仁字國君好仁

皆以愛言不信仁賢德不仁而得國二仁字兼德愛仁也者人也心之全德仁之於

父子愛之理 達之於其所忍仁也 仁不可勝用也愛之

義字 義者心之制事之宜事之類無窮總恃心爲之裁制故專言之義皆云以心制事而得其宜餘或分屬或云義理或云行事合宜

而下不好義者也 忠敬之義 以義爲利 以理言對財利說 禘嘗之義 天理之宜 義者宜也 以心制事而得其宜 信近於義 見義不爲 義之與比 皆事之宜 喻於義 天理之宜對私利說

務民之義 聞義不能徙 不義而富且貴 皆事之宜 質直而好義 行事合宜 上好義 全上 見利思義 以理言 言不及義 全上 義以爲質 事之宜 見得思義 以理言 行義 君臣之義 義以爲上 事之宜 不仕無義 行其義也 君臣之義 亦有仁義而已矣 專言之義 後義而先利 以理言對利說 未有義而後其君 忠敬之義 孝悌之義 以理言 奚暇治禮義 如事父兄事君之義 賊義者 事之宜 禮義由賢者出 行事合宜 配義與道 心之制 集義

義襲行事合宜告子未嘗知義以心制事而得其宜行一不義事之宜義之端也心之制

無禮無義　我以吾義行事合宜夫豈不義　天下之通義事之宜君臣有義

令其之義而輕爲仁義者哉行事合宜兼敬長言不見諸侯何義虛說箇義理如知其非義

事之宜克塞仁義事君之義不義之祿不義之室事之宜君子犯義以理言事君無

義忠敬匡救之義言非禮義　由義　義人之正路事之宜君義莫不義行事合宜義

之實主敬之義非義之義　惟義所在事之宜由仁義行心之制非行仁義事之宜

其義予奪褒貶之義其義一也事之宜後仝非其義也事之宜退以義去就不苟之義義乎不

義乎事之宜克類至義之盡不苟取之義受之何義也虛說箇義理往役義也事使之義

往見不義也守己之義夫義路也事之宜　義猶桮棬也　以人性爲仁義只以事之

宜言而禍仁義專言之義義外也事之宜　且謂長者義乎長之者義乎敬由心出之謂義

何以謂義內也只作事之宜　羞惡之心義也以心制事而得其宜　謂理也義也　豈無
仁義之心哉仝上　義亦我所欲也節義之義　萬鍾則不辨禮義　義人路也事之
宜　仁義忠信　飽乎仁義　終去仁義皆專言之義　以仁義說秦楚之王罷兵
和好爲義　樂罷而悅於仁義　懷仁義專言之義　尊德樂義　窮不失義守正之義　敬
長義也主敬之義　仁義禮智性義之　非義也　義是也　由義　仲子不義與
之齊國　春秋無義戰皆事之宜　無禮義名分截然之義　義之於君臣也令其之義　達之
於其所爲義也三義皆羞惡之義制事得宜　惡佞恐其亂義以理之正言

禮字　禮者天理之節文言節文之禮皆理之所當然也禮之全體兼禮意與禮文言之書中屬禮文者居多禮制亦是文間有以理言者乂與禮意有別

上祀先公以天子之禮禮文　斯禮也上祀之禮　宗廟之禮廟中子孫序立之禮　行其禮九獻

之禮 郊社之禮 禮制 宗廟之禮 禘嘗之禮 禮所生也 以天理言 非禮不動 節文 則士之報
禮重 恭忠敬節文 禮儀 吉凶軍賓嘉之禮制 崇禮 節文 不議禮數禮字 皆禮制 禮之用 不
以禮節之 恭近於禮 富而好禮 節文 齊之以禮 制度品節 生事之以禮 節文
如禮何以 禮之理言 林放問禮之本 禮與其奢也 全體之禮 禮後乎 儀文 孰謂鄹
人之于知禮乎 禮文 是禮也 我愛其禮 禮制 事君盡禮 節文 君使臣以禮 兼文
貌恩意 管仲知禮乎 禮文 管氏而知禮 一禮字 禮制 爲禮不敬 全體之禮 禮讓 全上 約
之以禮 節文 執禮 禮經 恭而無禮四禮字 禮文 立於禮 全體之禮 麻冕禮也 禮制下仝 先
進於禮樂 如其禮樂 節文 爲國以禮 辭遜節文 復禮 節文 非禮勿視勿聽勿言
勿動 作理字看 與人恭而有禮 上好禮 文之以禮樂 禮以行之 動
之不以禮 皆節文 禮樂征伐 禮制 樂節禮樂 節文 學禮乎 禮經 君子三年不爲禮

四

惡勇而無禮者　奚暇治禮義皆節文　禮義由賢者出禮文　見其禮禮制禮
之端也禮之德　無禮無義節文　禮曰父召無諾禮經　宜與夫禮不俟駕之禮　諸侯之
禮禮制　子未學禮乎　禮曰諸侯耕助皆禮經　而惡無禮待士之禮　上無禮節文　進
退無禮辭遜節文　禮人不答恭敬之文　言非禮義節文　男女授受不親禮也禮制　禮之
實節文　禮爲舊君有服禮制　三有禮兼禮意禮文　非禮之禮節文　禮朝廷不歷位禮制
我欲行禮不歷位與言之禮　以禮存心數禮字恭敬之文　孔子進以禮辭遜之文　其接也
以禮　禮際儀文　而後託於諸侯禮也　非禮也禮制　不敢見於諸侯禮也
君臣之禮　禮門也節文　恭敬之心禮也禮之德　萬鍾則不辨禮義作理字看　禮與食孰
重數禮字禮文　宗廟祭祀之禮仝上　迎之致敬以有禮　王公不致敬盡禮
儀文　仁義禮智禮之德　用之以禮制度品節　無禮義仝上　禮之於賓主也禮文　動容周

旋中禮者節文

智字皆是性之德明乎理察於事之謂智而聰明穎悟則智之質隨事分别則智之用也

知者過之智之質舜其大知也與智之德人皆曰予知知之明人皆曰予知知禍福

知是非之明知仁勇好學近乎知智之德成物知也爲能聰明睿知聖

知德言皆以焉得知是非之明何如其知也明理之知邦有道則知行所無事之智樊遲問知

以德言可謂知矣知者樂水知者不惑皆明乎理以德言問知非之明虛說乃是若

臧武仲之知以質言知者不失人以德言知及之明理之知可謂知乎識時之知好知

不好學以德言惡徹以爲知者以質言君子一言以爲知以知人言惟智者爲能

以小事大明於理勢雖有智慧作事之智學不厭智也明理之智智之端也智之德是不

智也是非之明孰仁且智是不智料事知人之明不因先王之道可謂智乎法古圖治

（爲智）反其智（處事之智）智之實（以德言）所惡於智者（作聰明之智）如智者則無惡於智矣（泛言聰明之智）則智亦大矣（以德言）孰謂子產智（料事之明）可謂智乎（是非之明 百里奚章）可謂不智乎（識語默之宜）不可謂不智也（知存亡之幾）可謂不智乎（擇主之明）智之事也（以德言明乎萬理下智字仝）是非之心智也（智之德）無或乎王之不智也（心之明智）爲是其智弗若與（生禀之智）術智（處事之智）仁義禮智（智之性）知者無不知也 堯舜之知（以德言）智之於賢者也（知之德）

信字（信之德貫乎仁義禮智統而言之一實心而已而與忠字連說則以事言又有兼內外言者又有照疑字說者）

止於信（兼心與事言）必忠信以得之（以實事言凡忠信並言者做此）無徵不信（疑信之信）不尊不信（信服之信）敬事而信（兼內外言）與朋友交而不信乎（仝上）言而有信（踐言之信）主忠信（說見前）信近於義（以言相約）人而無信（兼內外言）吾斯之未能信 聽言信行（疑信之信）

朋友信之 我信於彼兼內外言 必有忠信 見前 斯近信矣 表裏如一 篤信好學 信從之信 悾悾

而不信 兼內外言 民信之矣 信服之信 民無信不立 信德 上好信 推誠待下 言必信 踐言

之信乎 作實字看猶言果然也 吾不信也 信以爲然 不億不信 疑信之信 言忠信 言無不實 信以

成之 實心 恭寬信 兼內外言 好信不好學 固執之信 信道不篤 信從之信 信而後勞其民

四信字 君民信我疑信之信 信則民任 兼內外 孝悌忠信 見前 信能行此五者 實也 夫夷

子信以爲之 疑信之信 言不必信 踐言之信 信斯言也 信以爲然 誠信而喜之 疑信之信 仁義

忠信 見前 人皆信之 疑信之信 有諸己之謂信 信實 似忠信 見前 恐其亂信 信實

誠字 誠只是眞實無妄之謂其類有實理實心實德之別葢兼以理言與信字單言實心實事者不同

誠意 誠於中 俱作實字看 誠之不可揜 實理 誠身 兼實心實行 誠者天之道 實理 誠

之者 以實心盡實理 誠者不勉而中 以實德言 誠明明誠 至誠 仝上 誠者自成也誠

物之終始實理不誠無物實心誠之爲貴以實心盡實理誠者非自成已而已也

實德思誠者與誠之全反身而誠實有其理

學字學有知行兩項以學與行並言則行是行學是知以學與思對舉則思是知學是行故有兼言知行者有分言知行者非徒誦讀也

大學之道兼知行道學也　或學而知之　好學近乎知　博學之　有弗學屬致知　道問學兼知行　吾學殷禮周禮誦說之學　學而時習之知行則以學文誦習之學　雖曰未學二學字亦兼知行　學則不固　可謂好學也已　而志於學知行　學而不思二學字屬行　學干祿虛說　敏而好學知　不如丘之好學　孰爲好學　有顏回者好學知行　博學於文知　學而不厭知行　學之不講知　五十學易誦習之學　弟子不能學也虛猶效也　篤信好學知　學如不及知行　博學無所成

者知能可與共學知行文學知然後爲學誦說之學願學焉講習討論學稼學圃淺說亦兼
知能古之學者二學字 下學而上達知行未之學也講習之學不如學也行學
也祿在其中知行學而知之知學詩學禮誦習之學君子學道二學字亦兼知行好
仁不好學六學字知何莫學夫詩誦習之學可謂好學也已知博學而篤志
知學以致其道知行仕而優則學知學而優則仕知行仲尼焉學知幼而學
之知能我學不厭知乃所願則學孔子猶效也重行邊學校二學字學宮名盡棄其
學知行而學焉講習之學下無學 我不意子學古之道知行雖與之俱學習其事
學問之道知能所不學而能者行
政字 政以正人之不正是以理言此屬左旁正字說法制紀綱是以事言此屬右旁文字說
爲政以德 施於有政是亦爲政奚其爲爲政 政者正也皆以理言子爲

政以理言帶權位說苟正其身矣於從政乎何有亦以理言為政於天下政令之政如正朔號令及於天下為政不難如言為政於天下照德教四溢說惠而不知為政以事言兼政之體其餘政字皆以事言不具列

聖人字

唯聖者能之卽上知行無過不及之君子雖聖人亦有所不知生知之聖人雖聖人亦有所不能安行之聖人德為聖人生知安行之聖人從容中道聖人也生知安行與天為一之聖人大哉聖人之道備道之聖人百世以俟聖人後聖唯天下至聖德造其極之聖聰明聖知睿聖之資必也聖乎有德位而行仁之聖聖人吾不得而見之矣神明不測之聖人若聖與仁道德渾全之聖夫子聖者與無所不通之聖固天縱之將聖不可限量之聖畏聖人之言往昔著述之聖人侮聖人之言全上其惟聖人乎知至行盡之聖人賢聖之君商家之君聖人復

起槩言後世之聖人然則夫子既聖矣乎言語德行兼全之聖人夫子聖矣乎知行極至之聖人

聖則吾不能全上夫子既聖矣實有仁智之聖夫聖孔子不居全上皆有聖人之一

體指孔子皆古聖人也伯夷伊尹孔子古聖人也指周公然則聖人且有過與全上聞

君行聖人之政行井田之聖人是亦聖人也全上願為聖人氓指滕君聖人有憂之

兼堯舜聖人之憂民如此全上以有若似聖人孔子閑先聖之道堯舜禹周孔聖人

復起槩言後世聖人聖人之徒也堯舜禹周孔聖人既竭目力立法之先王聖人人倫

之至也盡倫之聖人先聖後聖槩言聖人之行不同也凡為聖人者伯夷聖之清者

也三句清任和各造其極之聖孔子聖之時者也兼三子之聖聖之事也孔子德無不全之聖聖

譬則力也孔子之聖聖人先得我心全理義之聖人聖人治天下易薄時禮之聖人遊於聖

人之門孔子惟聖人然後可以踐形盡性之聖人聖人百世之師也行造其極卽下夷惠

非聖人而能若是乎清和之聖聖人之於天道也性反安勉不同之聖人去聖人之世

近聖人之居指孔子

君子字

君子無所不用其極凡有新民之責者有斐君子詩人頌美武公君子賢其賢後賢後王故君子必慎其獨也誠意之君子故君子必慎其獨也同上故君子必誠其意同上故君子不出家治國之君子是故君子有諸己治國之君子是以君子有絜矩之道也平天下之君子樂只君子詩指諸侯引來指平天下者君子先慎平天下之君子君子有大道平天下之君子君子戒慎體道之君子君子慎其獨體道之君子君子中庸即下舜回由文武周孔之君子君子之中庸同上君子居之忠厚存心之君子故君子和而以理自勝之君子君子遵道而行入德之君子君子依乎成德之君子君子之道費體道之君子君子語大君子之道

君子之道造端（體道之君子）君子以人治人（治人之君子）君子之道四（盡倫之君子）君子胡不慥慥（言行篤實之君子）君子素其（體道之君子）君子無入（素位之君子）君子居易（素位不顧之君子）射有似乎君子（有德之君子）君子之道辟如（體道之君子）嘉樂君子（詩指文王，引來指有德）君子不可以不修身（為政之君子）君子誠之為貴（自道之君子）君子尊德性（希聖之君子）君子之道本諸身（王天下之君子）君子動而（王天下之君子）君子未有不如此（王天下之君子）君子之道闇然（下學之君子）君子之道淡（同上）君子內省不疚（入德之君子）君子之所不可（同上）君子不動（同上）君子不賞（成德之君子即天子）君子篤恭（同上）不亦君子乎（成德之君子）君子務本（善於為人之君子）君子不重（為學之君子）君子食無求飽（同上）君子不器（成德之君子）子貢問君子（槩言之君子）君子周而（待人尚義之君子）君子無所爭（養成之君子）其爭也君子（君子之爭）君子之至於斯（平日至衛之君子）君子去仁處境之君子君子無終食同上君子之於天下應事之君子君子懷德從公之君子君子懷刑同上君子喻於義同上君子欲訥爲學君子哉若人成德之君子曾無君子者衆多之賢人有君子之道四焉有位可法之君子君子周急用財合宜之君子女爲君子儒爲己之君子然後君子成德而無野史之弊之君子君子可逝也仁愛而明理之君子君子博學於文爲學之君子得見君子才德出衆之君子君子不黨是非無私之君子君子亦黨乎暗指孔子躬行君子以文體於身而行於事之君子君子坦蕩蕩循理之君子君子篤於親在上之君子君子所貴乎明大體之君子暗指敬子君子人與才德兼全之君子以臣品言君子多乎哉緊言之君子君子居之夫子自喻君子不以紺即孔子君子也賢士大夫君子者乎論篤之君子以侯君子履中蹈和之君子暗指赤司馬牛問君子概言君子不憂成德之君子君子敬而無失安命而修己之君子君子質而主持世道之君子君子也意主救世君子成人之美存心本厚之君

子 君子之德風 在上之君子 君子以文 明道進德之君子 君子於其所不知 暗指由 蓋

君子名之必可 爲政之君子 君子於其言 同上 君子和而 尚義之君子 君子易事 卿大

夫之君子 君子泰而 循理之君子 君子哉若人 人品之高 君子而不仁 概言之君子 君子上

達 循理之君子 君子思不出其位 槩言之君子 君子恥其言 同上 君子道者三 指下仁智

勇 子路問君子 成德之君子 君子亦有窮乎 抱道之君子 君子固窮 同上 君子哉蘧

伯玉 出處合宜之君子 君子義以爲質 精義制事之君子 君子矜而 持己待人之君子 君子病無

能焉 爲學之君子 君子疾沒世 同上 君子求諸己 同上 君子哉 衆美兼成之君子 君子不

以言 有權位之君子 君子謀道 爲學之君子 君子不可小知 任用之君子 君子貞而 應事之君

子 君子疾夫 概言之君子 侍於君子 有德位之君子 君子有三戒 概言之君子 君子有三

畏 同上 君子有九思 同上 又聞君子 指夫子 君子學道 在位之君子 君子不入也 潔身

之君子　君子三年不爲禮居喪之君子　君子尚勇乎有德之君子　君子義以爲上同上

君子有勇有位之君子　君子亦有惡乎指夫子　君子之仕也濟世之君子　君子不強

開國之君子　君子尊賢交友之君子　是以君子不爲也經世之君子　君子學以求道之君子

君子有三變養成之君子　君子信而士大夫之君子　君子之道施教之君子　君子之道同上

君子惡居下流自愛之君子　君子之過也省身之君子　君子一言評論人物之君子　君子

惠而從政之君子　君子無衆寡同上　君子正其衣冠同上　無以爲君子也造道成德之君

子　君子之於禽獸也不忍之君子　君子遠庖廚同上　君子創業立國之君子　君子不

以其所以養人者愛民之君子　故君子莫大乎取善之君子　君子不由也學聖人君子

焉有君子守義之君子孟子自謂也　君子不以天下仁人孝子之君子　且古之君子有過之君子

今之君子同上　君子不怨天暗指孟子　君子之德風也在位之君子　將爲君子焉爲仕

（之君子）古之君子仕乎（行道之君子）君子之難仕（不見諸侯之君子指孟子）君子之爲道也

（爲仁義之君子暗指孟子）其君子（商家在位之君子）以迎其君子（周家東征之將帥）則君子之所養

（指曾子子路）君子犯義（在上之君子）君子之不教子者（爲父之君子）君子以爲猶告（原情之君子）

君子平其政（爲政之君子）君子深造（致知力行之君子）故君子欲其自得（同上）君子恥

之（務本之君子）君子存之（即舜禹諸人）君子之澤（有位之君子）諸君子皆與驩言（指同弔者）

君子之所以異於人者（成德之君子以下俱同上）由君子觀之（有道之君子）君子可欺以

其方（明理之君子）此非君子之言（同上）斯君子受之（暗指孟子）敢問國君欲養君子

（在國之賢人）非養君子之道也（子思自喻）惟君子能由之（知明守固之君子）君子所履（在上之君

子）君子之所爲（就孔子推開說孟子自謂也）君子之事君也（暗指慎子）無君子（百官有司）況無

君子乎（同上）君子不亮（應事之君子）古之君子何如則仕（抱道之君子）君子所過者

化卽王者　君子有三樂無位之君子　君子欲之盡性之君子　君子樂之同上　君子所性

同上　君子之志於道也學聖之君子　君子之不耕抱道之君子暗指孟子　君子居是國也

同上　君子不可虛拘抱道之君子　君子之所以教者五施教之君子　君子之所以教

也同上　君子引而教人之君子　君子之於物也施恩有序之君子　君子之戹於陳蔡之

閒指孔子　君子不謂性安命之君子　君子不謂命盡性之君子　君子用其一取民有制之君

子　未聞君子之大道利國保身之君子　君子之言善言之君子　君子之守善道之君

子行法反之之聖人　君子反經主持世道之君子

小人字

小人樂其後世之民　小人閒居自欺之小人　小人之使爲國家聚斂之臣　小人反中庸

索隱行怪者　小人而無忌憚仝上　小人行險不素位而願外之小人　小人之道爲學務外之小人

小人比而不周尚利之小人　小人懷土懷惠趨向從私之小人　小人喻于利從欲之小人　無爲小人儒爲人之小人　小人長戚戚狥欲之小人　小人反是忌刻之小人　小人之德草在下之小人　小人哉草野細民　硜硜然小人哉識量淺狹之士　小人同而不和尚利之小人　小人難事卿大夫之小人　小人驕而逞欲之小人　未有小人而仁者也無良之小人　小人下達狥欲之小人　小人窮斯濫矣無道可抱之小人　小人求諸人依人之小人　小人不可大受任用之小人　小人不知天命槩言之小人　小人學道無位之小人　女子與小人僕隸下人　小人之過也必文憚于改過之小人　小人有勇無位之小人　我不貫與小人乘指嬖奚　其小人商之百姓　迎其小人周之卒徒　士誠小人也不知其說之小人　小人犯刑指民　小人之澤無位之小人　小人學射庾公自謙　小人所視在下之小人　養其小者爲小人卑下之小人　從其小體爲小人卑下之小人　小人之詩也非仕人孝[illegible]小人

終

史記列傳（去聲）曰。孟軻。趙氏曰孟子。魯公族孟孫之後。漢書注云。字子車。[illegible]騶人也

騶亦作鄒。本邾國也。受業子思之門人子思孔子之孫名伋。索隱云王劭以人爲衍。而趙岐注及孔叢子等書亦皆云孟子親受業於子思。未知是否道既通趙氏曰孟子通五經。尤長於詩書。程子曰。孟子曰可以仕則仕。可以止則止。可以久則久。可以速則速。孔子聖之時者也。故知易者莫如孟子。又曰王者之迹熄而詩亡。詩亡然後春秋作。又曰春秋無義戰。又曰春秋天子之事。故知春秋者莫如孟子。尹氏曰以此而言。則趙氏謂孟子長於詩書而已。豈知孟子者哉游事齊宣王。宣王不能用。適梁。梁惠王不果所言則見以爲迂遠而闊於事情。按史記梁惠王之三十五年乙酉。孟子始至梁。其後二十三年。當齊湣王之十年丁未。齊人伐燕。而孟子在齊。故古史謂孟子先事齊宣王。後乃見梁惠王。襄王。齊湣王。獨孟子以伐燕

為宣王時事。與史記荀子等書皆不合。而通鑑以伐燕之歲為宣王十九年。則是孟子先游梁而後至齊見宣王矣。然考異。亦無他據。又未知孰是也當是之時。秦用商鞅倚兩反楚魏用吳起。齊用孫子田忌。天下方務於合從子容反連衡與橫同以攻伐為賢。而孟軻乃述唐虞三代之德。是以所如者不合。退而與萬章之徒序詩書。述仲尼之意。作孟子七篇。趙氏曰。凡二百六十一章。三萬四千六百八十五字。韓子曰。孟軻之書。非軻自著。軻既沒。其徒萬章公孫丑相與記軻所言焉耳。愚按二說不同。史記近是

韓子曰。堯以是傳之舜。舜以是傳之禹。禹以是傳之湯。湯以是傳之文武周公。文武周公傳之孔子。孔子傳之孟軻。軻之死。不得其傳焉。荀與揚也。擇焉而不精。語焉而不詳。程子曰韓子此

語非是蹈襲前人又非鑿空撰得出必有所見若無所見不知言所傳者何事又曰孟氏醇乎醇者也荀與楊大醇而小疵。程子曰韓子論孟子甚善非見得孟子意亦道不到其論荀楊則非也荀子極偏駁只一句性惡大本已失楊子雖少過然亦不識性更說甚道又曰孔子之道大而能博門弟子不能徧觀而盡識也故學焉而皆得其性之所近其後離散分處上聲諸侯之國又各以其所能授弟子源遠而末益分惟孟軻師子思而子思之學出於曾子自孔子沒獨孟軻氏之傳得其宗故求觀聖人之道者必自孟子始程子曰孔子言參也魯然顏子沒後終得聖人之道者曾子也觀其啓手足時之言可以見矣所傳者子思孟子皆其學也又曰楊子雲曰古者楊墨塞先則反路孟子辭而闢之苦郭反廓如也夫（音扶）楊墨行正道廢孟子雖賢聖不得位空言無施雖切何補然賴其言而今之學者尚知宗孔氏崇仁義貴王賤霸而已其大經大法皆亡滅而不救壞（音坯）爛而不收所謂存十一於千百安在其能廓如也然向無孟氏則皆服左衽而言侏（音朱）離矣故愈嘗推尊孟氏以爲功不在禹下者爲（去聲）此也

或問於程子曰孟子還可謂聖人否程子曰未敢便道他是聖人然學已到至處（愚按至字恐當作聖字）程子又曰孟子有功於聖門不可勝（平聲）言仲尼只說一箇仁字孟子開口便說仁義仲尼只說一箇志孟子便說許多養氣出來只此二字其功甚

多。○又曰孟子有大功於世以其言性善也。○又曰孟子性善養氣之論皆前聖所未發。○又曰學者全要識時若不識時不足以言學顏子陋巷自樂（音洛）以有孔子在焉若孟子之時世既無人安可不以道自任。○又曰孟子有些英氣才有英氣便有圭角英氣甚害事如顏子便渾厚不同顏子去聖人只毫髮間孟子大賢亞聖之次也或曰英氣見（形向反）於甚處曰但以孔子之言比之便可見且如冰與水精非不光比之玉自是有溫潤含蓄（昌六反）氣象無許多光耀。

楊氏曰孟子一書只是要正人心教人存心養性收其放心

至論仁義禮智則以惻隱羞惡辭讓是非之心爲之端論邪說之害則曰生於其心害於其政論事君則曰格君心之非一正君而國定千變萬化只說從心上來人能正心則事無足爲者矣大學之修身齊家治國平天下其本只是正心誠意而已心得其正然後知性之善故孟子遇人便道性善歐陽永叔却言聖人之教人性非所先可謂誤矣人性上不可添一物堯舜所以爲萬世法亦是率性而已所謂率性循天理是也外邊用計用數假饒立得功業只是人欲之私與聖賢作處天地懸隔

山陽李戴禮僊木氏纂輯
中山王正敏膚功仝參訂
秣陵陳昌鎬彥昭

孟子總論

七篇大旨皆從仁義敷衍性善其本原也孝弟其功用也知言養氣其作爲也尊王賤霸與齊梁諸君所開陳者其事業也闢楊墨惡鄉原所以衛其防以承堯舜禹湯文武周公孔子之統者也故上下篇俱以此終之

仁義心學也知言知此心養氣養此心明善誠身皆治心之功存心養性皆事心之要幼學壯行以盡此心之量尊王賤霸以發此心之蘊牛羊雞犬之喻以覺人心之迷鴻鵠齊語之譬以開君心之蔽湍水杞柳之辨以解人心之惑其爲天下後世慮也遠矣

梁惠王上

梁惠章全旨○此見人君當躬行仁義意通章重在仁義二字斥利言仁義是孟

子一生學問一生經濟故於篇首發之何必曰利節乃一章之綱領王曰節深言求利之害未有節決言仁義之利末節結上二節與上不同亦有仁義是正說仁義未嘗不利是權說蓋戰國之君中於利已深若空空以仁義挽回必不見信故反覆指陳利害無非曲引之於仁義也篇中幾個曰字皆心口相維念茲在茲之意當時遊說之士競言利言利則僅見為吾身吾家而一意猶私為已故分出王與大夫士庶人孟子言仁義言仁義則人但見為其親其君而一體大公無我故統言不遺不後有仁有義雖貼在下者說然上所以親之君之正其亦有仁義者也

孟子見梁惠王

孟子在當時以道自重不往見諸侯適梁王卑禮厚幣以招賢者孟子自鄒至梁以見之欲行道也

先王之禮未仕不得見諸侯時士鮮自重而孟子猶守此禮故所居之國未仕

必君先就見然後往見異國君不得越境必以禮先焉然後往荅其禮梁適卑禮厚幣以招賢者是亦有可投之機往見之荅禮意輕行道意重招賢者之說不專指孟子

王曰叟不遠千里而來亦將有以利吾國乎

惠王一見孟子遂問曰自鄒至梁亦越千里矣叟不憚千里之遠而來夫豈無所挾持哉亦將有深謀長策以利益吾國而使之富強者乎梁惠王此問蓋以戰國策士所謀者望孟子也

古人尚年以叟老爲相尊之詞非必果有年也梁王志期功利之士一見孟子似有欣幸意便以利國爲問利是功利非專指財利不曰利國而曰利吾國下節數吾字皆從此出亦將字乎字是致億度之詞寓冀望之意

孟子對曰王何必曰利亦有仁義而已矣

孟子對曰王有志於致治興邦何必開口便曰利亦有育德愛民之仁制心制

事之義爲君國子民之大道在所當言而已矣外此別無可言者也

此節重在下句孟子捨下一利字只把仁義二字去提醒他言利而曰何必有斷然不必言之意言仁義而曰而已矣有捨此更無可言之意亦字對利字看曰有者見心所固有士大夫所同有而王所宜有者也此二句且從義理寬說下方指陳利害註心之德是體愛之理是用心之制是體事之宜是用與人君言仁義當重愛之理事之宜上照下遺親後君看自見但推其體則原於心之德心之制也

王曰何以利吾國大夫曰何以利吾家士庶人曰何以利吾身上下交征利而國危矣萬乘之國弒其君者必千乘之家千乘之國弒其君者必百乘之家萬取千焉千取百焉不爲不多矣苟爲後義而先利不奪不饜

夫利固不可言亦知求利自有害乎利者人心之所共趨而王者臣民之所視效者也王自籌曰何以使利吾國凡取於臣民以爲國之利者無不爲矣則言

利寧自王止哉但見利風倡於上而人爭效於下彼大夫有家者亦將自籌曰何以使利吾家勢必取之君取之民以爲家之利也士庶人有身者亦將自籌曰何以使利吾身勢必取之君取之卿大夫以爲身之利也上以利取乎下下以利取乎上上與下交相征取乎利則弑奪之禍終歸於上而國日以危矣其國危如何天子君萬乘之國以征利而或弑其君者必是千乘之家而爲公卿者也而爲萬乘者危矣諸侯君千乘之國以征利而或弑其君者必是百乘之家而爲大夫者也而爲千乘者危矣試以祿之常分言之先王制地立法天子萬乘而天子之公卿於萬乘之中十取其一而得千乘焉諸侯千乘而諸侯之大夫於千乘之中十取其一而得百乘焉各安其分之所得不爲不多矣此正義之所在也知其義之所當得而安之亦可以自足矣苟以義爲後而以利爲先則貪欲横恣不弑其君而盡奪之其心必不饜足也豈但國危已哉求利之禍必至於此

此節言求利之害皆君有以啓之以申王何必曰利之意王曰至國危自利推到害處王者大夫士庶人之表率利國亦利家利身的樣子王曰句提起作主纔說利吾國便只曉得有我並不知有大夫士庶人矣味曰字何以字是一點謀利的念頭自爲商量籌畫只求必得顧已而不顧人之意大夫士庶人皆效此而然也然天下之利止有此數上思利國惟有取下下思利家利身惟有取上交征只在三個何以內見但謀利自上始而受害仍歸於上故國危萬乘六句正見國危千乘是國對萬乘則爲家弑萬必千弑千必百以相近之勢言多寡相形則忌嫉易生形勢相逼則篡弑尤便二必字正見上下交征究竟上之人吃虧萬取二句指臣之所當得者言乃先王頒祿之定制而非侵取之謂也萬取千千取百只以十分取一大槩言之二取字當二得字看即此便是義之所在而各安於分之所當得便是義苟爲二句乃推原國危之由又以申萬乘之國六句之意後義先利雖說臣下却要根上好利來方見禍根都在王曰利

吾國上前後兼言仁義此单言義者與利相對也蓋仁有温然慈愛之意義有截然斷制之意取其斷制以勝私夫利則義之用尤切而亦可以該仁矣不必補出仁字

未有仁而遺其親者也未有義而後其君者也

言利之害如此其爲遺親後君不待言矣若仁義豈有是哉王誠躬行仁義而使大夫士庶人皆化而爲仁義則不求利而自有其利焉蓋仁主於愛而愛莫切於愛親故不仁而遺其親者有矣未有人心既仁而或遺其親者也義主於敬而敬莫先於尊君故不義而後君者有矣未有人心既義而或後其君者也是仁義爲君民固有之良心而感應之必然如此夫使一國之人皆爲孝子忠臣而愛敬乎君親國家之利孰大於此

上面說危說弑說奪則遺親後君極矣此節反上文而决言仁義之利註中利字與上文不同此是仁義中之利天理之公也上文是仁義外之利人欲之私

也二句須先提人君躬行仁義於上而大夫士庶人皆化於仁義方有根原故亦有仁義與亦曰仁義正是在上人事蓋仁義人性所固有君有以倡之則人心之固有者亦自興起矣以分言則君也以情言則親也君不愛其親而愛他人者謂之遺仁則慈愛惻怛良心真切豈遺乎親不急君事而先食後事者謂之後義則直方正大念念在君舉一事必以君爲先而在己利害得喪都不計較豈後乎君二者字正應大夫士庶人說此於君親大倫何等惇厚國家大體何等安榮帝王崇功偉業皆從此出回視國危君弒真天壤矣不曰忠其君孝其親而曰未有仁而遺未有義而後正與上節對照見出於此則入於彼兩下緊相形照其悚醒梁王特甚未有者也四字俱是決詞非有或然之意

未有　二句

姚承菴曰二者也字正應大夫士庶說見舉國去利懷仁義以相接由上先行仁義來

馮易齋曰二句仁義只是論理不遺不後雖屬在下者説然非上倡之安能得此仍須要歸重君身註仁者必愛其親義者必急其君正貼本題人君躬行仁義而無求利之心則推原之意也

王亦曰仁義而已矣何必曰利

夫以謀利之私卽無其害猶不必言也況其害之在國家者若彼乎以仁義之正卽無其利猶所當言也況其利之在君親者若此乎此天理人欲之間關於治亂安危者大矣王有志於親親尊君之治亦惟曰仁義而已矣何必曰利以取危亡之禍哉夫孟子之於惠王始終抑其利而以仁義啓之所以遏人欲而擴天理者至矣奈之何不足以有爲卒虛孟子格心之論也

此頂上二節而結之以致其丁寧之意見得求利始於上而害亦歸於上仁義始於上而利亦歸於上欲其急於仁義而絶乎利以收尊親之效而免弑奪之禍也上文亦有仁義是實行仁義此節亦曰仁義是講求仁義然實行必自講

四書待進　卷之一

求始王茍一人先講求之而大夫士庶人無不向化矣若夫言利之害如此王其禁絶之而不言可也

沼上章全旨○此見人君當公其樂於民意以樂字作骨重賢者而後樂此句不賢句是反足上之詞惠王看得樂字小孟子推而進之看得樂字大指出一借字正賢者之君所以能樂處指出一獨字正不賢者之君雖有此不樂處可見君之賢不賢由民情而見君之樂不樂亦由民情而分文王夏桀一法一戒重在法文王上

孟子見梁惠王王立於沼上顧鴻鴈麋鹿曰賢者亦樂此乎

孟子在梁時他日再進見梁惠王蓋欲因啓沃以决其仁義之行也其時王適立於池沼之上而顧鴻鴈麋鹿一見孟子有慚而不寧者乃問孟子曰賢者之君亦有所玩所顧而樂此乎蓋慚其非所當樂也

此見乃在梁時進見曲池曰沼賢者指君之賢者勿誤作賢士既[illegible]立所

顧勿单指鴻鴈麋鹿惠王此問亦其一念可進於賢處兹孟子迎機而導之以可樂也

孟子對曰賢者而後樂此不賢者雖有此不樂也

孟子不縱其欲亦不拂其欲惟因其所樂而引之於當道故對曰王意謂賢者不樂乎此以臣觀之必賢者之君而後能樂此若不賢之君雖有此可樂者亦不能享其樂也

此二句且虛說下正詳言之上句包有同樂意下句包有獨樂意不可露出

詩云經始靈臺經之營之庶民攻之不日成之經始勿亟庶民子來王在靈囿麀鹿攸伏麀鹿濯濯白鳥鶴鶴王在靈沼於牣魚躍文王以民力爲臺爲沼而民歡樂之謂其臺曰靈臺謂其沼曰靈沼樂其有麋鹿魚鼈古之人與民偕樂故能樂也

何以謂賢者之君而後樂此觀於文王之事可見矣大雅靈臺之詩有云文王

經畫之始欲作靈臺方其經之以度其地址營之以正其方位但見庶民相與攻治之協力競勸不日之間即已成之雖其經始之時王恐煩民戒令勿亟而庶民踴躍如子趨父事不召而自來也臺下有囿王在靈囿則見麀鹿馴伏而不驚麀鹿濯濯而肥澤白鳥鶴鶴而鮮潔囿中有沼王在靈沼則見於哉充滿於中者魚之跳躍蓋合囿沼之物無不得其所焉詩人之言如此夫文王以民力爲臺之高爲沼之深宜乎民以爲厲已而生怨矣而民乃趨事亟成而歡樂之且加以美名謂其臺曰靈臺謂其沼曰靈沼言其倏忽而成若神靈之所爲者而又慶幸無巳樂其臺下之有麋鹿沼中之有魚鼈焉民樂文王之樂如此則文王能享其樂可知矣而文王所以能樂者果何故哉蓋由古之人平日愛民所欲與聚所惡勿施而與之偕樂故民之得所樂者亦樂君之樂而文王遂能樂其所樂長享太平無事之休也臣所謂賢者而後樂此者如此

此節申賢者而後樂此意靈臺之作所以候日景占星象望雲物也其下有囿

有沼並以遊觀子來以上六句是始為靈臺時事王在以下六句是臺沼既成時事數之字俱指靈臺不日只形容其速非不終日於物魚躍是民樂之詞不是文王自樂引詩不在寫景物在寫民情引詩意輕只重釋詩上形容文王以民力一段只就上詩詞而衍其意文王以民力句應攻之句而民歡樂之應子來句謂其臺二句應王在六句此段重歡樂之句靈臺二句是歡樂而因加以美名樂其有句是歡樂而因及其所有樂其有不是民也去樂那麋鹿魚鱉乃是見文王有此可賞心之處民心裏也歡喜與芻蕘雉兔之往不同古之人二句乃是孟子議論與民偕樂不是推臺池鳥獸之樂於民是推好樂之心以行仁政平日有恩惠及民使無一夫不得其所而民亦樂其樂也偕字雖云兩邊同樂只重在上之人能同乎民耳故能樂也重民樂其樂而文王亦得享其樂也

湯誓曰時日害喪予及女偕亡民欲與之偕亡雖有臺池鳥獸豈能獨樂哉

何以謂不賢者之君有此不樂觀於夏桀之事可知矣昔夏桀無道湯伐之誓
士衆之詞有曰桀嘗自言吾有天下如天之有日日亡吾乃亡耳民怨其虐因
就其言而指日曰此日何時亡乎予寧及汝偕亡是民怨夏桀而欲其亡之速
湯誓之言如此以書言觀之爲人君者獨樂而不恤其民至於民怨之而欲與
之偕亡則人心散離喪亡無日雖有臺池鳥獸豈能獨享其樂於上哉臣所謂
不賢者雖有而不樂如此王誠以賢者爲師以不賢者爲鑒民心惟恐王之不
樂即洽上之立鴻鴈麋鹿之顧眷何傷哉
此節申不賢者雖有此不樂意不說夏桀如何獨樂但就民欲偕亡看出上不
能獨樂民欲三句是釋書之詞泛就爲君者言勿指桀說豈能獨樂正與上節
故能樂也相應言民不樂其樂而君不能獨享其樂也
盡心章全旨○此章見人君當盡心於王道爲收拾民心之計不當以小惠而責
效於民意盡心二字是主蓋王者之政王者之心爲之也首節是梁王以小惠

爲盡心次節是孟子因其明以通其蔽不遠節是因天地自然之利盡樽節愛養之方全以體恤民心爲王道之先務五畝節是詳言王道教養之事而底於成重養不重教若民未知教猶屬養道未全重農不重桑重穀不重材木魚鱉治貴因民不貴移民貴在平時不在臨荒時貴得民心不貴較民數貴屢恤天下不貴轉移一國王無罪歲包華弊政行王道在內故天下之民至緊與加多隣國何也二字對照大約惠王平日好戰以殘民命厚斂以養禽獸至歲凶而不檢不發徒移民間之粟爲盡心盡心豈是耶

梁惠王曰寡人之於國也盡心焉耳矣河內凶則移其民於河東移其粟於河內河東凶亦然察隣國之政無如寡人之用心者隣國之民不加少寡人之民不加多何也

梁惠王語孟子曰寡人之於治國也憂勤撫字所以計安斯民者盡竭盡其心力焉耳矣然盡心於民之政莫要於救荒如有時河內凶荒則移河內之壯民

於河東之熟處以就食又移河東之粟於河內以給老稚之不能移者或有時河東凶荒其移民移粟亦如救河內者然救災恤患不遺餘術寡人之盡心於國也如此然在隣國豈無歲凶之時及徧察隣國救荒之政皆漫無料理無如寡人之用心於民者宜乎隣國之民分外加少而竟不見消耗寡人之民分外加多而不見蕃衍其故何也

盡心就下救荒說焉耳矣懇至之詞此三字內有已竭無餘徒竭無益意河內四句正其盡心處重在移粟然所移仍是民間之粟非能自發倉廩此何足爲善政而惠王自負盡心如此假令兩河俱凶則惠王之技窮矣可笑在一察字纔移民移粟便去覘察隣國便是爲名非實實盡心處政是救荒之政分外曰加少是消耗多是蕃衍不可以逃亡爲少歸附爲多何也二字隱然歸咎歲凶把自已虐政殺民倉廩不發等事毫不自反了若曰此亦歲凶所爲人力終無如之何也

孟子對曰王好戰請以戰喻塡然鼓之兵刃既接棄甲曳兵而走或百步而後止或五十步而後止以五十步笑百步則何如曰不可直不百步耳是亦走也曰王如知此則無望民之多於隣國也

孟子知惠王蔽於反已乃卽其所明者而對之曰王平素好戰請以戰爲比喻將戰之時塡然鼓之及兩軍相當兵刃既接而勝敗以分敗者棄其甲曳其兵而走或有走至百步而後止者或有走至五十步而後止者彼走至五十步者乃笑百步之遠爲無勇則王以爲何如王曰笑不可也夫戰以勝負爲勇怯不以走之遠近爲强弱彼走五十步者但不曾百步耳百步固是敗走五十步亦是敗走烏可以近而笑遠乎孟子曰王如知此五十步者不可笑百步則無望民之多於隣國也夫戰貴勝敵治貴行王道以五十步之走而比之百步之走其不能勝敵一也以王之行小惠而比之隣國之不恤民其不行王道一也知敗軍不可以言勇則知小惠不足以得民王何厚望於民也

移民移粟亦荒政之所不廢然不能行先王之道而徒以是爲盡心則末矣固不可說移民移粟之爲是亦不可於移民移粟上駁他不是但以爲盡心且望民之加多則不可也故引戰爲喻兩軍之進皆用鼓塡者言鼓音充滿於戰陣之際鼓之之字非虛指戰士而言也棄甲以身披甲難行故棄之曳兵以手曳兵器猶可禦道者則何如是詰其可笑與不可笑棄甲曳兵不能行王道之喻也或百步猶隣國之不恤其民也或五十步猶惠王能行小惠也王曰察隣國無如寡人以五十步笑百步也敗軍不能勝敵走之遠近一也不行王道小惠之有無一也故下二節遂言行王道

不違農時穀不可勝食也數罟不入洿池魚鼈不可勝食也斧斤以時入山林材木不可勝用也穀與魚鼈不可勝食材木不可勝用是使民養生喪死無憾也養生喪死無憾王道之始也

王欲得民亦惟盡心於王道而已試爲王陳王道如五穀者農時之所出也蓋

有與作上之人必愛惜民力而不妨違民務農之時則民得盡力於農畝而五穀饒穰不可勝食也若夫魚鱉材木所以佐其食者洿池乃魚鱉之所聚凡細密之網所以捕小魚鱉者上之人必禁之使不得入洿池則魚鱉得以遂其生養而不可勝食也山林乃材木之所生上之人必待草木黃落時然後許斧斤入山林樵採則材木得以蓄植而不可勝用也山澤且有餘裕而穀更可知矣至於穀與魚鱉不可勝食材木不可勝用是使民有飲食宮室以養生有祭祀棺槨以送死皆得以遂其生而無不足之憾也夫民事莫重於養生送死今皆無憾是乃爲治之初法制未備且因天地自然之利而爲樽節愛養之宜則民心得而邦本固此王道之始事也自此綱紀法度施行有地矣

不違農時三段重首段蓋粟之移由於食之匱則足食爲先然恒產未能遽制必先之以不違說一不違說一時字是盡心之中絕不費委曲氣力者乃養民之初事此二句已暗破移民移粟之非見王者自有正大作用無事一切權宜

之術也然欲足穀必使無不足之食無不足之用故畜産未能遽立樹藝未能遽興又必先之以不入時入洿是地勢自然者池是人所鑿者高者爲山平而多草木者爲林不可勝食勝用只說生植繁多尚未及人之食用至養生送死方及人之食用喪平聲是活字包得廣祭祀棺椁言喪其死也王道之始不是且料理此等事停當了然後再圖所以治之之事亦不是行五畝之宅等事便可將不違農時等事都丟了但行王道大段先從不違等事做起而五畝百畝次第即舉之蓋此節不過言其大畧而下節乃其詳密處也故爲王道之始下文不曰王道之終而曰以成字補之註法制未備謂未行井田以前天地自然之利謂穀魚材木之類撙節愛養謂不違不入之類王道之始謂王制未備王道未成不過初焉者之事成字正對始

不違　　三段

蔡九霞曰舉天地自然之利見移民移粟之非本於自然示以有餘之象見歲

凶之不致憂於不足三事與授田樹畜一意但下文是務本之圖此是救急之着尤當細條盡心隱含王道之始則章旨節旨俱照定

巢訒菴曰題面本自三平章旨注穀食一邊下二段又從上一段來照定歲凶與移民移粟方與章旨關切

張敦復曰此是法制未備時樽節愛養之事下節方是經畫詳盡處俱主自然之利說注定王道之始不可侵下分田制產一切管商語無用

呂晚村曰當法制未備時即樽節愛養亦未見政令規條但人君清心寡慾以開其源不爲民物之害則天地自然之利始出然後又議法制耳俱要歸重在君心

不違　一段

李坦園曰不違者上之人不違之也農時與農隙不同農時是治田之時農隙是不治田之時食足而無憂歲凶而足食之道在乎不違農時曰不可勝食正

瑣碎移粟之非也而其所以不違尚在下面呆發便非王道之始

王道　一句

張觀文曰王道二字原冒下節在內但此節是王者法制未備先爲之撙節裁制立下面教養根地故曰王道之始一始字貼本節說又與下節小註云是王道之成也對照此句語語要發揮本題語語要照顧下節

五畝之宅樹之以桑五十者可以衣帛矣雞豚狗彘之畜無失其時七十者可以食肉矣百畝之田勿奪其時數口之家可以無饑矣謹庠序之教申之以孝弟之義頒白者不負戴於道路矣七十者衣帛食肉黎民不饑不寒然而不王者未之有也

由是而盡法制品節之詳極裁成輔相之道使百姓各遂其生各復其性者宜無不至焉必也一夫授以百畝之田外有五畝之宅令其宅之周圍墻下樹以養蠶之桑則帛有所出而五十非帛不煖者可以衣帛矣不待臨時而慮其衣

也雞豚狗彘之畜令其無失孕字之時則肉有所出而七十非肉不飽者可以食肉矣不待臨時而慮其食也夫始之不違農時田猶未有定制至此與井田之制經界正井地均一夫吾授以百畝之田爲上者勿以非時之典作奪其耕耘收獲之時則民得盡力於農畝而其所入足供粒食之用數口之家可以仰事俯育而無饑餓之患矣不待臨時而慮其饑也凡此者所以養民也蓋養道既成因而教化可舉故鄉學有庠有序教化之官也必加謹以屏其邪說舉凡俊秀及鄉之民皆教之五倫之理皆在所教而教之中又以孝弟爲重丁寧特切以申明其義理蓋孝之義既申而民知愛親弟之義既申而民知敬長於是子弟任其勞父兄享其逸而心各安之年高頒白者無有負且戴於道路矣夫七十之老者衣帛食肉黎髮少壯之民雖不得衣帛食肉可不饑不寒是老稚温飽禮義修行四方無不歸往而就我之教養矣然而不可一統以王天下者未之有也此王道之成不待移民而民自足不待移粟而粟自充人君必如此

而後爲盡心也

五畝至無饑矣是盡心於養謹庠序王道路矣是盡心於教後七十者二句再申前說補出教行意但此節重在養一邊因王言救荒故備言養民之道如此而教正所以成其養也勿奪其時與不違農時同但順其所欲曰不違逆體其惡曰勿奪須重在樹桑勿失勿奪上三截衣帛食肉等乃其效也三可以字重在制法者身上看衣帛食肉必曰五十七十者未五十者不得衣未七十者不得食盡民之欲無窮而蠶桑畜養人力爲之其利有限不似魚鱉自生養其小而食其大爲老幼之所同也若不爲之制則民皆爭遂其欲而老者或不得衣之食之矣且此使民知老者之當養而教即行乎其中矣庠序是原有的是鄉學不是國學庠序之教如春秋教以禮樂冬夏教以詩書是也謹以學術言凡所以立教者屏邪說黜具文覈覈乎一稟天命人心之正不使異端得雜其間也教不止於孝弟而孝弟尤良心所最切者故於教之中更加丁寧申字從謹

字來七十者衣帛食肉不惟兼五十者在內並不負於道路亦在內此承上三段而言而黎民不饑不寒則承百畝之田一段而言夫養道旣成而教以終養可見王道何等周詳豈區區小惠可及由是老幼咸歸天下皆望風仰德故王可決也此王道之成也節中每段上二句皆言法制下一句皆言品節蓋法制品節之詳即所以極裁成輔相之道極裁成輔相之道即所以左右斯民俱根教養來

謹庠　二句

陳臥子曰庠序所以明倫就中申說孝弟重庠序尤重孝弟然教民總歸養民也

狗彘食人食而不知檢塗有餓莩而不知發人死則曰非我也歲也是何異於刺人而殺之曰非我也兵也王無罪歲斯天下之民至焉

今梁則不然王平日不行王道以養民乃厚斂於民以養禽獸反使狗彘奪人

之食而食之而不知檢制則與先王制度品節者異矣塗有餓莩而不知發倉
廩以賑濟之則其所移特民間之粟而已至於人民死而不加多則曰非我不
盡心也歲凶爲之也是何異於以兵刺人而殺之曰非我殺之也兵爲之也夫
兵不能代操兵者之罪而歲豈能代失政者之罪乎王誠惕然反已無歸罪於
歲而痛革今日之弊政勉行王道之始終以盡此心斯天下之民皆望風來歸
而可以王矣豈但加多於鄰國而已哉

此極陳時弊指梁王之不盡心處以動其不忍之心爲行仁之地兩不知是置
之膜外罔聞從未嘗在心頭念及何得曰盡始之養狗彘而食人之食則有以
致人之死後之擁倉廩而不發更無以救人之死則其罪有所歸反自謂盡心
歸功於已歸罪於歲此與殺人而委罪於兵者何異無罪歲內便含罪已意此
二句通章結穴與首節何也二字相應註自反謂引咎責躬益修其政謂先發
倉廩以紓目前之急次行王道之始事繼行王道之終事舉先王之敎養而一

一盡心如此則不獨坐撫兩河之赤子且兼致海內之黎元矣

承教章全旨○此章俱借客形主總見虐政當除意虐政既除然後王政可施耆與一利不若除一害凡害之除亦利之興也重爲民父母四字正所以悚動其不忍之心處初以梃刃相形見虐政條於兵刃繼以獸相食相形見視民不若犬馬終以作俑無後相形見實使民饑而死不惟有愧於父母且流禍於子孫上章之言婉此章之言直因其安意受教故切指其以政殺人之非使其改悔不然雖纚纚王道之陳何益哉此即所以教之也

梁惠王曰寡人願安承教

梁惠王因孟子教以行王道有心感悟而虛己以請曰行小惠不若行王道宜罪己不宜罪歲夫子所以告我者至矣然而國政多端善言必再寡人願安意以承夫子之教幸盡言而無隱可也

安者出於中心之誠而無所勉强也承教僅見虛心然無拔本塞源之力王道

難望舉行故孟子欲究出弊源告之

孟子對曰殺人以梃與刃有以異乎曰無以異也

孟子以爲虐政不除則仁政難興故設問以啓之曰今有殺人者或以梃杖與
以兵刃其殺人有以異乎王曰梃與刃器雖不同而致人於死則同無以異也
殺人二字貫兩節梃與刃不專引起下文政字

以刃與政有以異乎曰無以異也

孟子又問曰殺人者或以兵刃與以虐政其殺人有以異乎王曰兵刃與政事
雖不同而致人於死則同無以異也
王道教養之善政前已正言說盡今日切務惟在除目下所行之虐政恐王狃
於故習猶未知其所爲之病故以梃刃二端先發其意欲先除奪民之虐政也
以刃與政指已殺其人而言不然梃刃與政畢竟有異

曰庖有肥肉廄有肥馬民有饑色野有餓莩此率獸而食人也

孟子因其朔而教之曰王知虐政殺人無異梃刃則今日之政當在所更張矣如王之庖則有肥肉王之廄則有肥馬因而致王之民有饑餓之色王之野有餓莩之人王雖曰吾未嘗饑其民而莩之也然止由王厚歛民財以養禽獸故獸得人而肥人爲獸而死吾以爲此驅率禽獸而食人也虐政殺人同於挺刃者如此

此因前章狗彘食人食塗有餓莩而究言之見虐政之殺人無異於梃刃庖有四句不平因上二句致有下二句率獸食人未便到此然自肥肉肥馬論之實有此理但人主不自覺耳

獸相食且人惡之爲民父母行政不免於率獸而食人惡在其爲民父母也

且如獸與獸自相吞噬人爲其同類相殘而惡之況君者民之父母以愛養斯民者也然其所行者皆暴虐斯民之政不免於率獸而食人則是以子民之責而反行殘民之事何在其爲民之父母也亦甚忝厥職矣

此承上取一獸字形起爲民父母者以定其罪見獸自相食且人惡之爲民父母而率獸食人豈不尤可惡哉不曰君而曰父母者見其一體相關所以動其惻隱之心也爲民父母總有所屬也行政責有所歸也人君知有父母之責則宜弘如保赤子之心以躋斯民於仁壽此之謂子民之政也豈有殘虐以告之者乎行政二字其厚斂使民饑死之意俱在內不免惡在四字極冷正提醒其良心處

仲尼曰始作俑者其無後乎爲其象人而用之也如之何其使斯民饑而死也

昔仲尼有言曰始作木俑者其人殆無後乎仲尼何以惡之若此爲其作俑象人而用之以殉葬其心殘忍不仁故也夫象人以葬非真致人於死仲尼猶惡之如此如之何其剝民養物實使斯民饑而死也豈不尤見惡於仲尼乎王誠反求不忍之心而一切厚斂殘忍悉屏而更張之則必行王道而不愧父母斯民之責自見與於仲尼矣王欲安意受教舍此復何言乎

此節痛言民之不可殘又極言民之不忍殘木人設機而能踊跳故曰俑作俑是當初作爲此俑之人非槩謂用俑之人無後之言發於深惡痛絶之意不必求其象人句是孟子解孔子之言象人而用不必說到殺人殉葬之漸只象人而用便是不仁孔子所以惡之夫象人非眞是人用之則爲不仁百姓乃吾子豈可使之饑而死乎如之何三字是民之饑死直爲王使之而然故註中實使民饑而死的實字正對象字此句乃今惠王自思最是撥動他良心處

晉國章全旨○此進惠王以强仁而王之事大意以得民心爲主惠王志在報怨孟子則進以行仁政救民而興王業雖不明言報怨而報怨之長策正在於此總以百里可王一句爲主以施仁政三字爲綱以省刑罰薄稅歛爲目省刑一節與彼奪二節意實相承而句句相反上言仁政之得民下言虐政之失民一得一失相形此所以無敵此所以可王末節勉其信百里可王之言而力行之不止爲王者報怨之策也

梁惠王曰晉國天下莫強焉叟之所知也及寡人之身東敗於齊長子死焉西喪地於秦七百里南辱於楚寡人耻之願比死者一洒之如之何則可

梁惠王溺於功利之說務富強其國而孟子仁義王道之言終不能安意而受教故言曰吾晉國在先人時擅土地甲兵之強戰勝攻取天下諸侯莫有過其強盛者此叟之所素知也及傳至寡人之身東戰敗於齊而長子被殺焉是晉弱於齊矣西為秦人所侵喪失河內之地凡七百里是晉弱於秦矣南又為楚人所困辱不能與抗是晉弱於楚矣此寡人貽耻於先人也今願為我先人一洗其耻不知如之何經畫則可以東報齊仇西復秦怨南平楚憤乎夫子其有以告我

惠王之志疑若剛勇有為者然其敗於三國皆非義舉徒以爭城爭地不失之貪則失之謬事既如此猶不知所以自反乃於見賢之際歷敘其喪敗而欲為死者一洒之此正如匹夫賤人勢出無聊不勝其忿而求一快所為耳豈有人

君之度而知所謂大勇之理哉開口說莫强二字是梁王病根其遑忿殘民皆原於此晉國二句述先世之盛東敗四句嘆今日之衰寡人恥之言辱及先人也故曰願比死者一洒之死者即先人也如之何句有弱小自限無能報復之意

孟子對曰地方百里而可以王

孟子對曰王何慮喪敗之餘難以雪耻也誠有志自强雖地僅足開方百里而可以王天下況堂堂千里之梁乎

此句是一章大旨下四節皆推明此意地字畧頓方百里連說方者僅足之意因惠王喪敗之餘其氣甚餒故言百里有可王之機以激動之此便是啓他爲仁意可以王是與王業而王天下然只虛論其理註能行仁政二句是預透下文宜渾

王如施仁政於民省刑罰薄稅歛深耕易耨壯者以暇日修其孝弟忠信入以事

其父兄出以事其長上可使制梃以撻秦楚之堅甲利兵矣

所謂百里可王者何如蓋王天下在於得民得民在於行仁政而已王如果施仁政於民刑罰則省之克當其罪而不戕民命稅斂則薄之惟正之供而不病民生此二者仁政之大端也行此仁政使民得以安業力農春深於耕夏易於耨而專勤於田畝焉由是衣食既足禮義可興民之壯者得乘刑賦所寬之暇日修明其孝弟忠信之義入則以此孝弟忠信事其家之父兄出則以此孝弟忠信事其國之長上是舉遂生[illegible]然於倫理教化之中矣一旦有事必能尊君親上有勇知方雖使之制木為梃以撻秦楚之堅甲利兵無不可矣又何強大之足慮乎

此正示以百里可王之本仁政廣說省薄是仁政中之最大最急者蓋刑罰稅斂皆不可廢却又不可過只要得其平耳省之薄之正是仁政中之真精神刑法也罰贖也稅徵也斂收也仁政莫先於養民省刑罰則民不至無所措手足

而得以安其生薄稅斂則民不至有所缺於衣食而得以保其生故仁政首及此二者下數句則又見其效也耕耨根省薄來暇日根耕耨來修孝弟忠信根暇日來若煩刑横征民皆重足而立安得有從容閒暇之時只是上無所擾故得以有此暇日耳蓋人君行仁政民即日耕日耨未嘗不可修其孝弟忠信也修字內有崇尚舉行二意入以出以二以字指孝弟忠信孝弟忠信總是禮義之善心不必分貼父兄長上其入事出事正是修非修以後事也制梃只甚言其可以效死之意非真謂止於制梃而已不必如斬木揭竿之說可使制梃非指戰勝只在平日遂生復性之民心決得他必然感應效死奮然而不可遏如此不可說真在鬬敵上看二句只說可以戰至王往征之方說到戰勝上

省刑　七句

周顯著曰此題全要照洒恥發議為下文可使制梃句張本若泛陳仁政與題有毫無干涉

張允文曰仁政只在省薄二句耕耨以下見養教兼優皆省之薄之之所致即仁政之所致也在未用之先平日須當爾爾

俞夢衍曰君能省之薄之則民得耕耨民既耕耨又不可不修孝弟忠信總見仁政之不可不行行仁政所以不期强國而國自無不强耳

省刑　二句

丁巢雲曰民既苦於兵不堪困以刑罰稅歛須對針梁情勢言一切輕刑薄賦寬舺詘無所用

深耕　二句

李千靜曰上昭灑耻下昭無敵此節全是制勝之本乃通章大意也此題上根省薄爲仁政之大綱下對制梃爲可王之實據五句是民得於君之效又通節大意也上一句是力農下四句是修禮義一養一教爲强兵灑耻者道出與他處養教不同

彼奪其民時使不得耕耨以養其父母父母凍餓兄弟妻子離散

夫秦楚之堅甲利兵最稱雄於天下未易當也而可以制挺撻之若是其易易者何哉正以彼秦楚敵國之君不能省刑罰薄稅歛妨奪其民務農之時使不得耕耨以養其父母夫父母且不得養何有於兄弟妻子故在父母則凍餓衣食無給在兄弟妻子則離散室家不能保如此其不仁極矣當斯時也惟救死不暇何暇修孝弟忠信哉

二彼字與二王字相對奪即嚴刑重歛以妨奪之奪民時與耕耨相反凍餓離散與孝弟忠信入事出事相反乃養失而教亦失正陷溺其民處

彼陷溺其民王往而征之夫誰與王敵

彼為政不仁以陷其民於阱溺其民於水如此民怨之深矣王乃率吾尊君親上之民往而正其暴虐之罪彼民方樂歸我之不暇夫誰有與王為敵者乎此彼之堅甲利兵無所用而我之所以制梃可撻也

二節正著制梃撻秦楚之易以明百里可王之實陷溺即指上奪民時數句詐與王敵非敵不過自不與我為敵如紂之前途倒戈是也

故曰仁者無敵王請勿疑

王能發政施仁則天下之人莫不歸心不仁者陷溺其民則雖本國之民不為用命是以古語有曰凡以仁心行仁政之仁者自然無敵於天下知仁者之無敵則知百里可王非無實效而徒為是迂濶之語也王請勿以臣百里可王之言為疑而決然行仁政以王天下則怨不待報而有光於先人何雪耻之足云哉

故曰二字是古語可証蓋甲兵之勝勝於有形而有形者可以形敗仁者之勝勝以無形而無形者不待力而行勿疑是勿疑百里可王之言非勿疑仁者無敵之言然只是要王決意實實去行仁政非徒信其空言而已也

仁者　一句

楊維節曰不實發仁者無敵只作引証現成語收繳施仁節又逼下勿疑方得口氣

韓慕廬曰上文誰與王敵已結住此却從施仁政節涵泳出仁者來則知無敵二字是上文所暢言仁者事亦上文條敘既盡不可實拈

襄王章全旨○此見一天下在於不忍殘民之一心不嗜殺人四字極重一代撥亂反正豈能不殺一人但起嗜殺之念最足傷民之命若不嗜殺人者眾心之所與即眾心之所一眾心一則天下無不一矣而何難定之有蓋孟子告幼君先發其不忍之心所以正其本也通是出語人而述其問荅如此非翹君之過亦非閑閑評論總因當時未有不嗜殺人者故特為天下人敉告耳

孟子見梁襄王

孟子在梁適襄王嗣惠王即位孟子見之

此初見亦不輕蓋欲觀其動靜以卜其仁政之不能行於其父者或得行於其

子是一行道之機也

出語人曰望之不似人君就之而不見所畏焉卒然問曰天下惡乎定吾對曰定於一

及見襄王其容貌詞氣之間皆不當人意其不足有為可知矣孟子蓋將去之故見之而出也語人曰吾之見王也遠而望之不似人君之度近而就之不見有可畏之威焉且卒然急遽而問吾曰今天下列國分爭無有寧日烏乎得以安定吾對曰天下之勢分則爭合則定人君能合天下而一統之則號令出自一人而無敢違命者天下自此定矣

溫文之度性必好生狂躁之人性必妄殺此孟子見其容貌詞氣而知其中藏矣故下文以不嗜殺箴之烏乎定謂天下如何能定非謂待何人而後定定以勢言兵革寧息也一以權言政歸一統也

孰能一之

王又問曰今列國之君勢均力敵莫能相尚孰能并合羣雄收其土地而統一之

孰能一之云如何等之君能一之正討問所以一之之法

對曰不嗜殺人者能一之

吾對曰必也平日以不忍爲心以好生爲德能行仁政而不嗜殺人者可以結人心而成大業爲能統一之

不嗜殺人包得廣如刑罰稅斂皆能殺人不止戰鬬已也

孰能與之

王又問曰當此之時君各民其民民各君其君雖有不嗜殺之君誰能舍其主而歸與乎

孰能一之以君言問何等君能統一孰能與之以民言問誰人肯歸向蓋當時列國既各有封疆則各盡地而守之民欲舍彼歸此必有所禁制下文沛然誰

對曰天下莫不與也王知夫苗乎七八月之間旱則苗槁矣天油然作雲沛然下雨則苗浡然興之矣其如是孰能禦之今夫天下之人牧未有不嗜殺人者也如有不嗜殺人者則天下之民皆引領而望之矣誠如是也民歸之由水之就下沛然誰能禦之

能禦之正是荅此意

吾對曰天下有分土無分民今天下之民見有可與之君自莫不歸與也王知夫苗乎七八月之間旱則苗之生意槁矣此正亟於望雨之時也是時上天油然作雲沛然下雨則苗之槁者浡然興起發生甚速矣其苗之興如是孰能禁止之使不與乎知苗則知民矣今夫天下之君職爲人牧者皆重刑厚歛爭城爭野以致民於死而不恤未有不嗜殺人者也民受其虐求其有所歸而不可得當此殘忍之時如有一不嗜殺人者出焉則天下之民中心悅服皆引領而望之欲以爲君如大旱之望雨矣誠如是其望之切也則民之相率而歸附之

者如流水之就下沛然奔赴其勢誰能禦之使止耶而何天下之不與之也王與吾問答者如此然其容貌詞氣若是則亦無異乎天下之人牧而非能有為者即吾所對之諄切又何裨焉

此節見久旱易為雨勞民易為仁意天下莫不與見有不得不與之勢此句且虛講知苗一段即其易曉者而言之以苗喻民以苗之槁於旱喻民困於嗜殺之君蓋苗不遇旱雖雨澤未必有浡然之勢孰能禦之就苗之秀而實言此下詳言莫不與之故今夫四句指當今之時說蓋嗜殺之君未有過於此時民之憔悴於虐政未有甚於此時不曰人君而曰人牧以養民為職即民之天也重在今天下之君未有不嗜殺人者如有者當嗜殺之時亦僅有之意未有不嗜殺人者即大旱而苗槁也如有不嗜殺人者即大旱之雲雨也引領而望即苗之浡然興也望則有欲歸未歸之意望以心言歸以身言既望之便歸之誠如是也指引領而望言誰能禦之只就水說而民之意自在其中此正天下莫不

與而所以定於一者不外是矣

齊宣章全旨○此孟子因齊王慕伯功而引之於王道意通章只重在保民而王一句而保民只重在不忍二字篇中反覆開陳總要王認取不忍之心以成保民之功其曰是心曰此心曰斯心處處醒出不忍的源頭即此所謂本也心之所涵爲德心之所用爲術心之所布爲政而總原於不忍然不忍之心不察識則不能知不擴充則不能推首節至是心足王是孟子黜伯崇王而許齊王不忍之心足以致王次段至遠庖廚也是啓王以察識此不忍之心三段至善推其所爲是啓王以擴充此不忍之心四段至孰能禦之是揣王不能擴充者病在求大欲言大欲不可求當保民而王末段說到制民恒產是實推此不忍之心行保民之政使老幼各得其所此所以保民而王也

齊宣王問曰齊桓晉文之事可得聞乎

戰國之時人君不知有王道而惟知慕伯功故齊宣王問於孟子曰五伯迭興

齊桓晉文爲盛其當時取威定伯之事可得而聞其槩乎

齊王志在大欲開口便問桓文桓文之功雖著於後世桓文之事未悉於今人事卽舍下闢土地等事不能保民者正在此

孟子對曰仲尼之徒無道桓文之事者是以後世無傳焉臣未之聞也無以則王乎

大齊桓晉文之事大抵先詐力而後仁義孟子不欲齊王聞之故對曰臣學本之仲尼仲尼之徒羞稱五伯無有道及桓文經營伯業之事者旣無所道是以後世無傳焉臣未之聞無可言也若王有志圖治必欲臣言之而不止則有王天下之道乎此固臣之所聞可爲王言者也

齊王只說齊王意中人孟子只說孟子意中人未聞以上是抑其伯功之小無以二句是啓以王道之大開口稱仲尼便見私淑一脈無傳承無道來未聞承無傳來桓文營伯之事儒者未嘗講求如桓公伯諸侯匡天下之功仲尼不必

不道而其徒無道之者當時雖表其功不欲使後世仍襲其事也註中道字對上事字此正王伯之辨處

曰德何如則可以王矣曰保民而王莫之能禦也

王曰人君之德行何如則可以王天下矣對曰王道甚大其要只在保民人君之德誠足以保民則得民心而王天下其勢莫之能禦也則九合不足言一匡不足道矣

問伯曰事問王曰德齊王原自有分曉但德字輕看齊王言人君之德當何如乃可王非謂王道本於德保民而王一句爲此章之綱領下文反覆詳告無非照應此句保民二字要讀而王莫之能禦相連看保民與牧民不同保民即德不是以德去保民如下文發政施仁推恩敎養皆是保民保四海闢土地之類皆是而王保有保養意含下衣食保有保全意含下老幼敎育保有保恤意含下凶年死亡保有保護意含下興兵搆怨但此處俱且泛言

曰若寡人者可以保民乎哉曰可曰何由知吾可也曰臣聞之胡齕曰王坐於堂上有牽牛而過堂下者王見之曰牛何之對曰將以釁鐘王曰舍之吾不忍其觳觫若無罪而就死地對曰然則廢釁鐘與曰何可廢也以羊易之不識有諸

王曰保民乃人君之大德凉德若寡人者亦可以保民乎哉對曰以王之德保民而王天下何不可之有王曰夫子許吾以保民而王何所由據而知其可也對曰王之臣有胡齕者臣嘗聞其言曰王一日坐於堂上有牽牛而行過堂下者王見之問曰牛將何之牽牛者對曰新鑄鐘成將殺此牛取血而塗鐘之釁郄王曰舍之吾不忍此牛之觳觫恐懼像此牛無罪而就死地誠可憐也牽牛者對曰牛既舍然則廢釁鐘之事與王曰釁鐘大典何可廢也牛可釁羊亦可釁其以羊易之胡齕之語臣如此不識果有此事否

齊王之意不知視王道何等艱難孟子只以保民二字盡之王語孟子試度吾能保民否似有以不能自諉意故孟子後面有不能不為之辨曰可是因其問

而決詞以許之何由是謂何等事實胡齕一段是孟子就他平日愛物之仁決
他可以保民而王謂有此愛物之心可以及物自可以保民也衅鐘非牛不可
以羊易之使不得只是王一時仁心發動不可遏抑姑以此替之全要得他不
及計較處然亦孟子開導其君爲遷就之語其事之是否弗計也

曰有之曰是心足以王矣百姓皆以王爲愛也臣固知王之不忍也

王曰此事向誠有之對曰王道不外乎保民而保民又不外乎此心是不忍之
心足以保民而王矣意彼時百姓皆以王爲計其費而愛吝此牛也臣由王不
忍之言思之固知王之痛其死而不忍也故許王之足以王也
是心足以王矣只爲有此不忍念頭便合個保民端倪有火然泉達的光景不
是愛一牛遂足以王天下爲有此心在擴而充之則可以王天下又恐齊王一
時不能體認故設言百姓以王爲愛臣固知王之不忍把愛與不忍字令王從
理欲發念處度出個毫釐千里之分要他察識擴充以得其本心非徒故爲設

難也講是心句註中惻隱二句且慢說察識屬知如下文註所謂乃知此心不從外得者蓋人皆有不忍人之心也擴充屬行則是自親親而仁民自仁民而愛物所謂反其本而推之由所不忍而達之於其所忍者也然欲擴充必從察識來故註云欲王察識於此而擴充之擴充是推此心去體民若認作推愛牛之心以愛民則倒行逆施矣但察識擴充亦是預透通章之意自宜渾說若說明惻隱後又何用反求說出擴充後又何用復說推恩

王曰然誠有百姓者齊國雖褊小吾何愛一牛卽不忍其觳觫若無罪而就死地故以羊易之也

王曰夫子之言誠然也夫以羊易牛迹似吝惜實有百姓如此相譏者然我之心則不如是也齊國雖褊小吾亦何至愛一牛之利卽纔所謂觳觫若無罪而就死地吾故以羊易之也此惟夫子知之而百姓不知也

齊王一時勃發之心過時不復能認取只曰然謂百姓以爲愛夫子以爲不忍

其言誠然也然字亦大槩首肯之詞誠有百姓照上爲愛句齊國以下照上不忍何褊小言財賦所出王雖知易羊爲不忍之所生不能知易羊爲不忍之妙用不過將孟子之言說一番總是信其心而不能自認其心畧不見有察識之意故下節又設法以難之

曰王無異於百姓之以王爲愛也以小易大彼惡知之王若隱其無罪而就死地則牛羊何擇焉王笑曰是誠何心哉我非愛其財而易之以羊也宜乎百姓之謂我愛也

孟子欲王察識其不忍之心故意設此以難之曰王無怪異於百姓之以王爲愛吝也以羊之小易牛之大迹有可疑彼百姓徒見其迹惡知王之心爲不忍其無罪而就死地乎王若果不忍其無罪而就死地則牛無罪羊亦無罪牛羊均是死也何所別擇焉而乃以羊易牛乎王不能察識其心但順其所難之意而笑曰牛羊果無擇也吾亦不知是以羊易牛之初心當日誠何心哉謂非不忍

歟誠隱牛之無罪而就死地謂眞不忍歟何不忍於牛而獨忍於羊歟若其[illegible]於愛財乎若使我非愛惜其財何爲以羊之小易牛之大也不忍於牛而獨忍於羊我自行之我且自昧之宜乎百姓之謂我愛其財也亦無解於此日之心已

孟子之言上三句難其心之無解於愛下二句難其心之不見其忍孟子復設以小易大牛羊何擇之難欲令王因此反求而識其本心然後可以爲擴充之地奈齊王不悟卒無以自解而曰是誠何心連自已心事自已也不識了我非愛其財三句承上王無異於百姓三句說來作自疑之詞非是直詞言我若非吝財何故以羊之小易牛之大所謂是誠何心哉而以小易大其迹可疑我且不能自知況百姓乎所以宜乎百姓之謂我愛也易之以羊之字指牛說上文誠有二字還道已爲是百姓爲非此宜乎二字竟道百姓爲是而已爲非矣是齊王被牛羊何擇之言難倒竟不知此心之發於不忍而無以自解況望其擴

而充之加功於百姓乎故下文直喚醒之註故設此難的故字是故意之故本心乃見牛未見羊之心

曰無傷也是乃仁術也見牛未見羊也君子之於禽獸也見其生不忍見其死聞其聲不忍食其肉是以君子遠庖厨也

孟子因王不能自解乃啓之曰王之以羊易牛本非愛也雖百姓皆以王爲愛然亦無害也是以羊易牛乃行仁之巧術曲全其不忍之心者也何以見之蓋當時止見牛之觳觫未見羊之觳觫也見牛則此心已發而不可遏未見羊則此理未形而無所妨故以未見之羊易已見之牛則牛得全而鐘得釁而一念不忍之心得遂於時勢難遂之際所謂仁術者如此大凡君子爲仁莫不有術焉其於禽獸也見其生則不忍見其死聞其將死哀鳴之聲則不忍食其肉此固惻隱之真心也然而祭祀燕享禮不可廢是以君子不得已寧身遠庖厨使不見死聞聲以預養此不忍之心爲廣仁之術也然則王以未見之羊易已見

之牛所爲正合於君子而同一仁術也雖有百姓之言何傷乎

此段爲王解牛羊何擇之難不忍是仁於難全之中能委曲以全其不忍是仁術是字指以羊易牛仁就發用上說仁術全重在不忍之心上觀註云無以處之則此心雖發而不得施可見不可以鐘得釁牛得全平對蓋鐘得釁與仁術無干只是起牛得全意見牛未見羊只是以羊易牛之故乃仁術頭項事非仁術之實也此術字不是有意區處乃天巧自然蓋因仁生術因術全仁亦是齊王偶爾適合乎此耳牛羊無別見與不見有別牛以見而全則無害於已感之仁故註言心已發而不可遏羊以未見而易亦無害於未感之仁故註言理未形而無所妨註兩全無害正從牛羊何擇句君子以下言齊王易牛之事有合於君子於禽獸一段猶言其所以處禽獸之道如此只重在不忍上又恐王以未見者爲可殺故又說個遠庖廚遠不待不身近其地亦有不屑屑於此等事留心意註用也以禮則字要看不然則庖廚可廢矣此正君子善養不忍之心

處所謂仁術也然只是養心的寓言勿著相遠庖廚是養其不忍於未形之先易牛是充其不忍於已發之後總是擬醒齊王使自認取不忍種子耳

王說曰詩云他人有心予忖度之夫子之謂也夫我乃行之反而求之不得吾心夫子言之於我心有戚戚焉此心之所以合於王者何也

齊王聞孟子之言有得於心而悅曰詩小雅巧言之篇有云他人有心事予忖度而得之夫子今日之謂也夫易牛之事我乃自行之及反之吾心而求以小易大之故則不得其所以不忍者於吾心夫子以見牛未見羊言之遂於我心戚戚然有動於中而當時不忍之意宛然在目焉向非夫子善忖度吾心則何自而知此心之不徒外得哉但不忍之心愛及一牛而已初無關於天下也夫子乃曰是心足王吾不知心之所以合於王者果何在也

齊王於其本心畧能察識自此以下孟子皆教之以擴充夫我乃行五句正所謂忖度處行之指以羊易牛反求二句指聞牛羊何擇之言反求而得其不忍

者夫子言之指見牛未見羊之言戚戚心動而有所感傷之意蓋因孟子見牛未見羊一句打動他而前日不忍之心復萌也那時齊王始知此心原是固有不從外得畧見能察識意而曰此心之所以合於王者何也是全未得孟子是心足王之言而不知擴充註反其本指心言而推之即下文老老一節也

曰有復於王者曰吾力足以舉百鈞而不足以舉一羽明足以察秋毫之末而不見輿薪則王許之乎曰否今恩足以及禽獸而功不至於百姓者獨何與然則一羽之不舉為不用力焉輿薪之不見為不用明焉百姓之不見保為不用恩焉故王之不王不為也非不能也

孟子因齊王未知不忍之心可擴充以保民乃設辭以詰之曰有白於王者曰吾力足以舉百鈞之重而不足以舉一羽之輕明足以察秋毫之末之細而不足以見輿薪之大則王許之以為然乎王曰否不許之也未有舉重而不能舉輕見小而不能見大者也孟子曰王既知此則知是心之合於王矣蓋人貴而

物賤人乃吾同類物乃吾異類是以惻隱之動於民切而於物緩仁術之施於民易而於物難今不忍一牛於勢緩而事難者恩足以及之是能舉百鈞察秋毫也而於百姓所在勢近而事易者保之功反不至是不能舉一羽見輿薪也其故獨何歟此其故我知之矣然則一羽之不舉非無力也只爲不用其力焉輿薪之不見非無明也只爲不用其明焉百姓之不見保非無恩也只爲不用其恩焉既不用恩於百姓又何以致王於天下故王之不保民而王乃能之而不爲也非欲爲而不能也若肯爲之於王何有哉

此答上節此心之合於王意從前節是心足王來說出幾個足字由齊王看保民而王甚難故先將此二節分疏其難易緩急使之了然而後告以用力處否以上是借事以啓其本心之明以下是比類而示以推恩之易恩足以二句是說易其所難而反難其所易獨何歟是起下不能不爲何以異仁民易而愛物難此不論事而論心蓋人之良心遇同類顛連易爲惻動遇異類物失所或

至忍遺故以一羽輿薪喻仁民以百鈞秋毫喻愛物若仁民之事豈反易於愛物乎功不至百姓便是不能保民而王故直曰王之不王及禽獸而曰恩及百姓而曰功見保民者王有許多作用在非若及禽獸者只舉一念便是三用字謂有力有明有恩但自不用耳用字正是足之精神用恩與推恩有別親親仁民愛物是用恩推及是用中之次第不爲是勢力可爲而自止不能是志欲爲而力有限說他不爲全是教他爲處

曰不爲者與不能者之形何以異曰挾太山以超北海語人曰我不能是誠不能也爲長者折枝語人曰我不能是不爲也非不能也故王之不王非挾太山以超北海之類也王之不王是折枝之類也

王曰人之不爲必其不能也今夫子謂我不爲非不能敢問不爲者與不能者之形狀何以異對曰有如責人挾泰山之至重且以超北海之至廣此天下所必無之事以此語人曰我不能是誠不能無疑也至於奉長者之命爲之折一

枝之微初無難事乃以此語人曰我不能是不肯爲之折也非不能折明矣知不能與不爲者如此而王之不王可比類而觀之矣今用吾心固有之恩以及同類之百姓於以致王亦何難之有故王之不保民而王非挾泰山以超北海而不能之類也王之不王是不爲長者折枝之類而不爲也相異之形有若此此節只完得不爲也非不能也二句之意只重不爲一邊其兩形處要得鼓舞意非徒解形字要照他不爲之心言齊王心裏豈不欣慕王業只是看得遠大不能擔當因孟子說他是不爲非不能便自悚異了故問不爲與不能之形狀孟子亦先空空說兩個形狀以與他挾泰山以超北海是挾泰山且超北海爲長者折枝不重長者之命只重折枝之易故王之不王以下方說王之形狀不類於彼而類於此可見只是不用恩耳註不待外求數語預透下節且勿說出

老吾老以及人之老幼吾幼以及人之幼天下可運於掌詩云刑于寡妻至于兄弟以御于家邦言舉斯心加諸彼而已故推恩足以保四海不推恩無以保妻子

古之人所以大過人者無他焉善推其所爲而已矣今恩足以及禽獸而功不至於百姓者獨何與

夫王之不王固由於不推恩今王之欲王惟在於推恩而已必也先盡孝弟以老吾之老而即推之以及人之老使人皆得事其老焉先施慈惠以幼吾之幼而即推之以及人之幼使人皆得撫其幼焉如是則所以及天下之老幼者不越吾老老幼幼之恩其恩之及於天下也特運諸掌耳何難之有夫老幼在一家而天下可運掌者以人同此心心同此恩也詩大雅思齊之篇云文王之德爲法於寡妻施及於兄弟以撫御乎家邦其所以刑之至之御之者不待外求也言文王能舉斯心而加彼寡妻則寡妻以正舉斯心而加彼兄弟則兄弟以和舉斯心而加彼邦家則邦家亦隨以治不過斯仁愛之心之運用而已夫自寡妻而兄弟而家邦不外乎一心之推如此然則老幼吾之老幼以及人之老幼者獨非是心之所加乎故爲人君者誠能推之一心之恩老吾老幼吾幼以

及人之老幼將見蒙恩者向化感德者歸心足以保四海之大而有之苟不能推恩當親者不親當仁者不仁則衆叛親離雖妻子不可得而保矣曷觀諸古人乎自古帝王其保四海之功業所以隆盛而非後世之所能及者豈有他哉亦惟親親而仁民仁民而愛物自內及外自近及遠自同類以及異類善推其所為之恩而不失其當然之次序而已矣今王恩足以及禽獸當後者先之而功不至於百姓當先者後之倒行逆施與古人之善推大相反者獨何與蓋必有故矣

此節正教以推恩以明是心足以保民而王之實而復詰王以推恩之失序老老二句是推恩運掌是推恩之易精神在及人二字與上今恩足以及禽獸的及字相關以字雖微有次第工夫然要說得十分自然方是歆動齊王處而所以及人老幼者尚在五畝之宅一節運掌不作治效看且未說到王天下處方不與保四海相犯天下對上人字天下則盡乎人矣天下雖大只自吾一家之

老老幼幼推去又何難且遠之有運掌與視掌不同視掌屬知是易知也運掌屬行是易行也上文兩及字分明是舉斯心以加彼但未露出引詩而申言之揭出一心字應前是心我心心對彼而言則寡妻兄弟家邦皆彼也着而已二字明其不煩擬合也此言推恩不外一心正見推恩之所以易老老至運掌是說個推恩之易的道理故推恩二句方着在人君身上推恩承吾老四句來所以下一故字不是推全牛之恩以及民蓋因全牛一事認出良心本體却從本體上推出先親親後仁民也保四海照上運掌意不重效上只見恩之不可不推無以保二句反言以見恩之當推曰妻子舉至近以該至遠也古之人以下則遞推恩之有序者而詰王之失序古之人正行仁政而王想出桓文者大過人以勲業言以心而見諸事曰爲推恩而有次序曰善言我有心即吾心而推之自此達彼皆有次第重在善推以見推恩之序方與舉斯加彼不犯重曰無他曰而已矣乃歆動齊王意上節今恩二句承有復於王來是說易其所難而

反難其所易此節今恩二句承善推所爲來是說先其所後而反後其所先獨何與起下與兵搆怨大抵心字是此章骨子王說曰以上欲其察識此心於方發之初故曰是心足以王矣有復於王以下欲其擴充此心於既發之後故曰善推其所爲而已矣

老吾　四海

顧雩園曰老幼二字只帶民物說下引詩只帶老幼說下推恩只說恩之當推未及功效俱不用實拈摘一心字自有主見

言舉　三句

申隨叔曰只重一心字舉斯心與是心足王照應下句推恩即推此心之恩耳就詩涵泳總爲一言字傳神推恩二句不泛陳功效極得足以二字神理

言舉　一句

彭蓀洲曰言字雖係釋詩然上承運掌下照推恩聳動齊王意全在言外斯心

與上文不忍之心對舉字加字與上文兩及字對而已字與上文運掌意對

張覲文曰題前老老幼幼題後推恩保四海俱包括在舉加二字之內不可全作繹詩混過而已二字說得極其容易不過藉之以動齊王耳而可舉不舉可加不加此中須透出一層責成意方與前是不爲非不能句相照應又須隱躍不露不可侵涉下文

古之　二句

吳允公曰善推所爲爲字與上文不爲也爲字相應提出古之人三字正欲齊王善推此心以法古人耳

善推　一句

仇滄柱曰舉心加彼即是善推但上文言推恩只就心之所加而言此處又說到見諸行事上故又謂之善推所爲其實親親而仁民仁民而愛物究不外上文老幼及人之說耳

權然後知輕重度然後知長短物皆然心爲甚王請度之

孟子因王昧於推恩要他心裏自爲裁度復曉之曰有稱物之權然後知其質之孰輕而孰重有丈尺之度然後知其數之孰長而孰短凡天下之物其不可無權度者皆有然也但物無權度不過失一物之輕重長短耳若心之應物其用情之當輕當重當長當短苟不以本然之理爲之權度則所行錯亂其失不止一端是心之不可無權度所係爲尤甚也今王恩及禽獸而功不至於百姓是其愛物之心重且長而仁民之心反輕且短失其當然之序而不自知也王請以本然之權度自爲稱量之則知心之仁民者宜重且長愛物者宜輕且短庶吾心之權度不差而施恩有序尚何民之不可保哉

上節已結王推恩之失此節請度以失序之故恩及禽獸而不及百姓正爲全不在心上思量若細勘源頭輕重長短了然自見輕重長短不在物亦不在心只在心之應物上民與物皆物也仁民愛物則是應物也本然之權度謂當然

之理亦只是此心此心本然萬理皆具應物之時須是仔細看合當如何便是本然之權度若一物不度失止一物若應物之心不度則所施顛倒如愛物而不愛民其失何如故曰心爲甚謂心之當度甚於物非謂其難度甚於物也王請度者度其輕重長短倒置之故病在何處下節本此註中數物字亦不同言物之輕重長短及又有甚於物二物字指斤兩丈尺之物言愛物之物字指禽獸言心之應物的物字不指兩物字義而兩物字義亦包之矣

抑王興甲兵危士臣構怨於諸侯然後快於心與

夫王仁民之心所以輕且短者必心有所蔽而失其本然之權度也王不自度臣請爲王度之抑王必欲興動其甲兵因危亡其戰士武臣以結怨於列國諸侯然後自快於心而不暇恤民命與不然何不忍一牛之死如是其重且長反忍萬民之命如是其輕且短也

上節是欲推度夫仁民與愛物孰重孰輕此是言其仁民之所以輕且短處而

欲其以此度之耳上請度是欲王自度此又是代為王度之王之所以功不至百姓者與兵構怨累之也王之所以興兵構怨者將以求大欲蔽之也與甲兵三句串說與甲兵以危士臣而與諸侯構怨重在危士臣一句正見其不保民而功不至於百姓處遮此節是齊王病痛根源惻隱之心人皆有之齊王何不忍一牛乃獨忍於百姓正由欲心一動忿心遂熾爭城爭地縻爛其民有不暇顧耳此愛民之心所以輕且短恩及禽獸而功不至於百姓者為是故也故孟子前面反覆辨論至此方發之使之將殺牛與殺人二事彼此稱量自知輕重長短之所在省愆思過頓改迷悟於以推恩而保民也上文是心斯心乃本心之發見此節快心乃欲心之錮蔽

王曰否吾何快於是將以求吾所大欲也

王曰否此三者皆非可快之事吾何快於是而為之但吾有大欲焉非藉是以求之不可得也故不得已而用以戰勝攻取耳

上句直逃其罪下句微露其意將以是不得已而為此正見恩及禽獸功不至百姓之故不知王心自有足王根本却舍其所甚易而圖其所甚難必無可成之理故下文又有反本之說註中此其愛民之心數語正與上文闗應不映於此必為此俱指三事而獨牆於此的此字指欲誘之也

曰王之所大欲可得聞與王笑而不言曰為肥甘不足於口與輕煖不足於體與抑為采色不足視於目與聲音不足聽於耳與便嬖不足使令於前與王之諸臣皆足以供之而王豈為是哉曰否吾不為是也曰然則王之所大欲可知已欲辟土地朝秦楚莅中國而撫四夷也以若所為求若所欲猶緣木而求魚也

孟子曰王之所大欲何如可使臣得而聞之與齊王有難於自言者但笑而不言孟子已知其欲之有在先設言以探之曰王之大欲意者為肥甘之味不足於口歟輕煖之衣不足於體歟抑為華采之色不足觀瞻於目歟聲音之美不足聽聞於耳歟便習嬖幸之人不足備使令於前歟凡此數者王之諸臣皆足

以供應之而不缺王豈爲是之故而興兵構怨以求哉王曰否此非吾之所大欲吾誠不爲是而興兵構怨也孟子曰然則王之所大欲雖不言臣可得而知之矣王之意蓋不安於齊之故疆也欲闢土地而廣之使尺地莫非其有不安今之列侯也欲朝秦楚而役之使大國皆聽吾令因得內而臨莅中國使皆爲吾統馭外而安撫四夷使皆於我賓貢儼然一統眞大欲也但所欲既大則所以求之者亦大以若此興兵構怨之所爲而求若此一統無外之所欲事必無濟而功必無成猶緣喬木而求生魚决無可得之理也

笑而不言非慚也以所欲之大難以語人孟子亦知王之大欲不在肥甘五者只借此以形出他好大喜功之心皆足以供不指諸臣指肥甘五者自肥甘至此只輕輕敘過重在辟土地等王之大欲在此所以發問便欲聞桓文圖伯之事辟土地數句相承說必辟土地然後朝秦楚既辟土地朝秦楚然後中國爲我莅而四夷爲我撫矣而字亦要看此正王天下事但以興兵構怨求之實無

可得之理故有緣木求魚之喻

王曰若是其甚與曰殆有甚焉緣木求魚雖不得魚無後災以若所爲求若所欲盡心力而爲之後必有災曰可得聞與曰鄒人與楚人戰則王以爲孰勝曰楚人勝曰然則小固不可以敵大寡固不可以敵衆弱固不可以敵彊海內之地方千里者九齊集有其一以一服八何以異於鄒敵楚哉蓋亦反其本矣

王聞而訝之曰大欲難求遂若是緣木求魚之甚與對曰大欲之不得比之緣木求魚殆有甚焉緣木求魚雖不得魚却無後來災禍若以此興兵構怨之所爲求若此一統無外之所欲且必內盡圖謀之心外竭全齊之力而强爲之但恐所爲不善非獨後來無功且自招災禍有必不能免者矣王曰可得聞後災之說歟對曰此事理甚明但王未加察耳且說鄒人與楚人交戰則王以爲孰能取勝王曰鄒非楚之敵也楚人必勝對曰王既知此可見戰之勝敗比權量力勢有可預推者矣然則天下土地之小者固不可以敵土地之大者人民之

寡者固不可以敵人民之衆者甲兵之弱者固不可以敵甲兵之强者此理勢之必然也今總計海内之地大約方千里者有九區焉齊國集合其地僅方千里只有九分之一耳今王欲以齊千里之一分而臣服海内千里之八分則小者寡者弱者在齊大者强者衆者在天下勢不相當何以異於鄒敵楚哉鄒既不能得志於楚則齊亦不能得志於天下豈惟不勝而敗且至矣臣所謂有後災者如此夫大欲既不可力求然終非不可得也王若必欲求而遂之盍亦反其根本之圖雖有小大衆寡强弱皆所不計而自得之者矣

王意以大欲可以力求亦可以力得若是其甚此一語有怪而疑之意孟子却又説殆有甚三字且又把後災二字去儆動恐嚇他令他一點雄心不怕不消減下來夫大欲必以戰而後得猶鄒與楚之以戰而求勝不自度量分明可見

然則三句因論鄒楚而槩論天下按輿圖則有大小較士臣則有衆寡逞甲兵則有强弱試以齊與天下比權量力則大小衆寡强弱較然明甚千里者九齊

楚燕秦趙魏韓宋中山也今一分在齊八分在天下則小者弱者寡者在齊大者衆者强者在天下以一服八吾見齊出其力與天下抗便是鄒天下各出其力以與齊抗便是楚而齊必無存矣豈不是後災此正爲齊王計利害審形勢使敗其大欲之心而爲反本之計本謂王天下之本下發正施仁是也反字當玩謂反其平日所爲興兵搆怨者轉在根本上用功故承言求大欲之本在於發政施仁此處且勿露出

今王發政施仁使天下仕者皆欲立於王之朝耕者皆欲耕於王之野商賈皆欲藏於王之市行旅皆欲出於王之塗天下之欲疾其君者皆欲赴愬於王其若是孰能禦之

求大欲之本何如亦在行仁政而已今王以不忍之心而發之爲政以施其善推之仁則功加於百姓不但本國之人被澤而心悅也將見仁恩所感自能使天下之仕者皆欲爲王之臣立於王之朝以行其道耕者皆欲爲王之農耕於

王之野以安其業商賈知王之市廛無征皆欲藏於王之市以集其貨行旅知王之關譏不暴皆欲出於王之途以便往來天下有苦於君之虐而欲疾怨其君者望王之弔民伐罪皆欲趨赴控訴於王以求解其倒懸其心之向慕如是則四海來歸孰能禦之使弗歸于所謂保民而王莫之能禦也而土地辟秦楚朝中國四夷皆附王之大欲不來而自得矣何與兵構怨之爲哉

此節即是保民而王莫之能禦意發政句是能反其致王之本以下是因成致王之勢發政施仁不平蓋政本乎仁而仁寓於政猶言發諸政事而一一皆仁恩之施但有能發政而未必施仁者亦有施仁而未能發政者發政不能施仁則所發之政皆苛令也施仁而不能發政則所施之仁皆小惠也政便是王者之政仁即此心之仁發則無壅滯廢弛之弊施則無躐等倒逆之爲此即推恩用恩而功至百姓也說一個發政施仁天下士農商旅皆有仁政及他了政字說得廣下文制產特仁政之本耳然澤被乎一邦自聲聞乎四國詎近者悅遠

者來必近者先被也使者仁聞自彰自能使之是鼓舞感動之意使天下二字直貫下仕者謂仕宦之人兼已仕未仕言欲者有心悅誠服之意五個欲字正照求吾所大欲的欲字看合天下之欲爲欲方是大欲若一人獨欲天下必不欲矣以上六句只是人心欲歸猶未歸也人心欲歸如是則其歸也誰能禦之未句方說到身之漸次來歸上

今王　五句

徐立齋曰通章俱是設詞此節方是正論仁政二字從不忍之心來

發闡圖曰天下雖大其地槪稱朝野天下之人雖衆其人總屬四民而其宰制者惟王王以吾術廣吾仁恩以仁恩敷吾仁政曾見有仁政之朝野而仕者裹足耕者懸耜者乎曾見有仁政之市塗而商賈輟業行旅倦遊者乎此皆仁政之所使也

王曰吾惛不能進於是矣願夫子輔吾志明以教我我雖不敏請嘗試之

齊王有感於孟子仁政之言遂虛心以求教曰王天下誠不外乎仁政但吾賫質昏昧未能得其所爲仁政者遽進於是而施行之矣願夫子開其昏心以輔導吾志政何如而發仁如何而施條貫指陳而明以教我我雖不敏請嘗試驗而行之以不負夫子之教可乎

孟子引到其如是孰能禦之就是保民而王的光景眞極痛快故齊王欣然請試惛以氣質言是字指發政施仁言輔者啓廸其志所不及也明以告者如何發政施仁一一條陳也

曰無恒產而有恒心者惟士爲能若民則無恒產因無恒心苟無恒心放辟邪侈無不爲已及陷於罪然後從而刑之是罔民也焉有仁人在位罔民而可爲也

孟子曰仁政莫先於養民而養民莫先於制產故人有常生之恒產斯有常存之恒心倘無恒產而有恒心者惟常學問知禮義之士爲能之若尋常小民則無恒產而爲饑寒所廹因自失其恒心苟無恒心必將恣情縱欲凡一切放縱

縱淫辟邪枉侈肆之事無所不爲而犯法者衆矣夫爲人君者平時不制恒產以養民及民陷於有罪之地然後從而加之以刑誠無異於以網羅罔民欺其不見而取之也焉有保民之仁人在於上位而肯爲罔民之事乎夫民無恒產其弊一至於此則恒產之制洵不容緩矣

此節遞推無恒產之弊見恒產所係之大恒產是常生之業卽下文所謂五畝之宅百畝之田是也恒心天理之本心人所日用而可常繼者卽下文所謂善與禮義是也此心字指其在士民者言之恒心只是一個虛而言之曰善實而言之則曰禮義惟士爲能不是誇士正見不可以律民耳言士以起民不重在士上蓋士旣不可多得而民又易以犯刑此恒產之不可不制也不制產遂至罔民罔民二字又打動他不忍之心不爲罔民正是不忍斯民而必用恩也

無恒　二句

張彤友曰題是說士意卻不是士惟士之恒心不因恒產而有則民之恒產不

可不制矣士字要說得矜貴惟字要說得斬截能字要說得鄭重下意自醒

是故明君制民之產必使仰足以事父母俯足以畜妻子樂歲終身飽凶年免於死亡然後驅而之善故民之從之也輕

恒產所係之重如此是故保民之明君其制民之產也必度地居民計口授田使民一歲之所入常仰焉足以奉事其父母俯焉足以養畜其妻子豐樂之歲則食用充足一家終身飽煖即凶荒之年亦預有蓄積可免於死亡蓋民之遂其生如此則禮義可興矣然後設教驅而之於善故民有所資而無所累其從善也自然輕易而不費力矣所謂民有恒產而有恒心惟明君之世爲然也

是故二字緊承上恒產所係之大說來明君即能保民之仁人但自其仁民愛物而言則謂之仁自其仁民愛物法制周詳處言則謂之明制民之產且虛虛說必使二字貫下四句有經畫周詳意仰足二句是制產周於老幼樂歲二句是制產裕於豐凶終身飽三年九年之積也故以樂歲與終身不是一生之終

身死是饑餓而死亡是逃散驅而之善舍下庠序二句意驅卽教也有安驅驅使之意民從之也輕有所賴藉而為善所謂有恒產而有恒心也此是泛論其理此二句且在方教他為善處說蓋此處只重制產也

今也制民之產仰不足以事父母俯不足以畜妻子樂歲終身苦凶年不免於死亡此惟救死而恐不贍奚暇治禮義哉

若今也制民之產不遵古法使民仰不足以事父母俯不足以畜妻子雖當樂歲亦終身困苦一遇凶年便不免轉死溝壑遷徙流亡當此之時民惟有救死而恐不足豈暇治禮義以為善哉所謂民無恒產而無恒心惟今之世為然也此節與上節反看亦泛言當時之君此制產是制為賦歛之法產薄而稅重名為制產民且為產所累矣所以豐年凶年皆受其苦恒心又安自而生乎

王欲行之則盍反其本矣

恒心之有無係於恒產之有無如此由此觀之發政施仁是所以王天下之本

三十九

使民有恒產又是發政施仁之本王欲發政施仁而行保民之道則何不反其本以制民恒產矣

上三節是論當制恒產此以下正教其制恒產行之即上文請嘗試之發政施仁此反本與前節反本不同是指發政施仁中之大者以為本即下所以制恒產之法也

五畝之宅樹之以桑五十者可以衣帛矣雞豚狗彘之畜無失其時七十者可以食肉矣百畝之田勿奪其時八口之家可以無饑矣謹庠序之教申之以孝悌之義頒白者不負戴於道路矣老者衣帛食肉黎民不饑不寒然而不王者未之有也

制民恒產之法何如每夫授五畝之宅使墻下樹之以桑則帛有所出而五十者可以衣之而煖矣雞豚狗彘之畜使無失其孕字之時則肉有所出而七十者可以食之而飽矣每夫受百畝之田上之人勿奪其農時則穀有所出而八

口之家可以無饑餓矣夫曰田曰宅皆恒產也分之制之樹之畜之皆所以制恒產也恒產既制恒心以生則驅而之善民易以從於是設庠序以教之而加謹以屏邪說五倫皆教又於其中取孝弟之義而申明之使之知所尤重民皆知愛親敬長而頒白者不負戴於道路矣夫恒產一制使老者有衣帛食肉之安黎民又遂其不饑不寒之願則教養兼舉治化大行而推恩以保四海者無餘術焉於以辟土地朝秦楚成一統之業不難矣然而不王天下者理之所未有也所謂保民而王者如此區區伯功何足道哉

此正制產爲推恩之實發政施仁以及人之老幼者也五畝二段是民有恒產重看所以五畝百畝正明君之制也全在規畫區處勿奪勿失上非以授田遂爲恒產俱從不忍之一念區畫出來恒產既制民可以有恒心故有謹庠序一段即上驅而之善二句意重在制產一邊庠序只帶言以應上恒心與告梁王者不同衣帛句應及人之老黎民句應及人之幼末句正見大欲不必求不可

不制恒產以盡保民之政而王天下正不必屑屑伯功也蓋黜伯功則心之所向者正行王道則心之所充者大先王有不忍人之心斯有不忍人之政今雖有不忍之心而不能推之以行不忍之政無他奪於功利之私也此孟子所以斷然以爲仲尼之徒所不道也

合纂四書彙通卷之十五　上孟

梁惠王下

莊暴章全旨。此見人君當公其樂以恤民意好樂之甚可以致王與民同樂是甚字實際重在與民同樂上同樂是仁政非是鐘鼓管籥蓋樂不別於今古而別於同獨孟子將獨樂之效與同樂之效兩兩分列以引王之能推能推則甚而樂之今古不必論矣

莊暴見孟子曰暴見於王王語暴以好樂暴未有以對也曰好樂何如孟子曰王之好樂甚則齊國其庶幾乎

齊臣莊暴來見孟子曰暴昔者曾進見於王王語暴以己之所好在於音樂暴以人主好尚宜慎可否未決彼時未有以對也因問孟子曰君好樂何如其有病於治否乎孟子曰好樂何妨特患王好之未甚耳王之好樂誠甚而推廣之以盡其量則齊國其庶幾於治乎

未有以對以爲人君好尚貴慎所趨當時欲諫未得其辭何如之問疑有妨於治甚字不是說耳目玩好之情好得真至就中有個作用處卽充滿其好樂之量暗合同樂意所謂推廣此心大同於物者是也庶幾只說近於治合可王意未便說出可王此二句雖是泛論道理而通篇之意已具但暴不能再問故他日見於王云云

他日見於王曰王嘗語莊子以好樂有諸王變乎色曰寡人非能好先王之樂也直好世俗之樂耳

孟子之意蓋引其端而待暴之再問以發其意奈暴不能然故他日見於王曰王嘗語莊子以好樂有是言乎王若自慚所好之不正而勃然變乎色曰寡人非能好古先王之樂也直好如今世俗之樂新聲俚曲取適一時之聽聞而已何可使聞於夫子耶見於王欲發其與庶幾之意引君以公樂於民齊王慚其好之不正亦是天資

質朴處世謂今世俗又時所好尚者

曰王之好樂甚則齊其庶幾乎今之樂猶古之樂也

孟子因王有慚而迎其機以導之曰世俗之樂亦何傷王但好之甚而推廣之以盡其量則齊其庶幾於治乎不必計樂之今古也古先王之樂好之能甚固足以致治今世俗之樂好之能甚亦足以致治今之樂其致治亦猶古之樂而非有異也但恐好之不甚耳

前好樂甚二句是泛論其理此好樂甚二句是激切告君之詞要得歆動齊王意樂以情言不在聲容上說猶古之樂全從甚字內發出能好樂甚便是同民則無古今之異矣非樂眞無古今也

曰可得聞與曰獨樂樂與人樂樂孰樂曰不若與人曰與少樂樂與衆樂樂孰樂曰不若與衆

王曰所謂好樂甚而齊其庶幾者可得聞其說與孟子不遽告之以其說而先

即常情以引之曰論樂者不專論夫樂而兼言夫樂樂有獨自作樂以爲樂與人作樂以爲樂二者果孰樂乎王曰獨樂而人不預情何以舒不若與人之爲甚孟子曰與少之數人作樂以爲樂與衆之多人作樂以爲樂二者又孰樂王曰與少而衆不預情亦不暢不若與衆之爲甚

可得聞與只指好樂甚而齊其庶幾不兼今樂古樂獨樂二段不是問他全是啓他的公心以爲言樂張本亦只泛論不曾着在君身上與人與衆只就常人之情言未說到治上衆字不是百姓只是多人就公私言則與人爲甚就廣隘言則與衆爲甚王既明於與人與衆之爲樂則亦不遠於人情而好樂甚的道理因此易識而可與言矣

臣請爲王言樂

孟子曰王如知此臣請爲王言好樂甚不甚之情

此承上節以起下三節下二節正言不甚與甚末節是言庶幾

今王鼓樂於此，百姓聞王鍾鼓之聲、管籥之音，舉疾首蹙頞而相告曰：吾王之好鼓樂，夫何使我至於此極也？父子不相見，兄弟妻子離散。今王田獵於此，百姓聞王車馬之音，見羽旄之美，舉疾首蹙頞而相告曰：吾王之好田獵，夫何使我至於此極也？父子不相見，兄弟妻子離散。此無他，不與民同樂也。

今王試為鼓樂之樂於此，王之百姓聞王大而所擊鐘鼓之聲，與夫細而所吹管籥之音，舉皆疾痛其首，蹙聚其頞，而彼此私相告語曰：吾王之好鼓樂固然矣，夫何使我等不得其所，至於如此之極處也？以父子則不得相見，以兄弟妻子則皆離散，窮苦如此，獨不一動念乎？今王更以好樂之故而田獵於此，百姓聞王車馬馳驅之音，見羽旄飛揚之美，舉皆疾首蹙頞而私相告語曰：吾王之好田獵固然矣，夫何使我等不得其所，至於如此之極處也？以父子則不得相見，以兄弟妻子則離散顛連，如此獨不一動念乎？夫民不樂王之樂如此，此無他故，蓋由平日獨樂其身，而民之窮困有所不恤，不與民同樂也。此好樂之不

甚也

此節虛設倘不與民同樂的樣字使王知戒舉鐘鼓管籥以該八音舉羽旄以該旌旗之屬疾首蹙頞在臨時看益百姓饑者弗食勞者弗息其心原是憂的一聞鐘鼓之聲等而憂容即隨之兩使字皆不堪之詞至於此極連下二句諸亞鼓樂一邊因好樂而及田獵以王亦好田獵故也此無他言民怨並無他故不與民同非不同其鼓樂田獵之事乃仁政之不行而流離困苦也

今王鼓樂於此百姓聞王鐘鼓之聲管籥之音舉欣欣然有喜色而相告曰吾王庶幾無疾病與何以能鼓樂也今王田獵於此百姓聞王車馬之音見羽旄之美舉欣欣然有喜色而相告曰吾王庶幾無疾病與何以能田獵也此無他與民同樂也

王獨樂而不恤民固有以致民之怨矣今王為鼓樂之樂於此百姓聞王鐘鼓之聲管籥之音舉欣欣然有喜悅之色而相告曰吾王遐來庶幾幸無疾病與

何以能如此其鼓樂也不但鼓樂篤然今王爲田獵之樂於此百姓聞王車馬之音見羽旄之美舉欣欣然有喜悅之色而相告曰吾王邇來庶幾幸無疾病歟何以如此其能田獵也夫民樂王之樂如此此無他故由平日能行仁政推其樂以及民與民同樂也此好樂之甚也

此節又虛設個與民同樂的樣字欲王知所法今王二句與上節今王三句相形王猶是王百姓猶是百姓鼓之聞之者忽何以有異也勤勞之主鐘鼓之樂卒歲有幾憂勤太過而疾病生焉小民之所恐也故一聞樂而欣欣曰庶幾無疾病歟庶幾何以皆欣幸之詞若是自相問荅曰吾王庶幾無疾病歟不然何以能鼓樂也則是於鼓樂而知其無病不見欣幸之意能字有唯恐其不能意此無他指民愛上之情言與民同樂非同民鼓樂是平日推其心以行仁政也總之此二節孟子不便遽告以好樂之甚先以作樂所應之民情而推其獨樂同樂之效以見甚與不甚正欲其觀民之情而敎之以甚也俱非齊王實事

全王與百姓同樂則王矣

夫好樂之公私不同而民之憂喜因之是可見君當與民同樂也今王好樂而即推好樂之心以行仁政能與百姓同之使得安生樂業則民心悅而歸向之而可以王矣所謂好樂甚而齊其庶幾者又何疑乎由是觀之不能公其樂而民即怨則雖好先王之樂而何補於治能公其樂而民即喜雖好世俗之樂而何損於治王亦何必以所好不古爲慚哉

上二節是泛論此節纔是實落勉齊王上句是好樂甚下句是齊其庶幾與百姓同樂謂不論今樂古樂但不思獨樂於已而必推不若與人與衆之心以行仁政使民各得其所則不特吾國之民無疾首蹙頞之容而有欣欣喜色之告即天下之民亦皆聞風歸往矣王者天下之所往也則字斷其致王之理到則王纔滿其好樂之分量未須補出不必慚今樂不如古意

文囿章全旨○此見人君當公其利以恤民意重與民同之一句何也以上是齊

王就制度上較囿之大小而異其民以下是孟子就民心上原囿之大小而異其君上下相形總是引誘齊王之意

齊宣王問曰文王之囿方七十里有諸孟子對曰於傳有之

昔齊宣王欲廣其苑囿以爲樂當時諛佞之臣必有假文王之事以解之者因問曰嘗聞文王之囿其地方七十里有諸孟子但欲引君當道而不計其事之有無故對之曰於古傳或有之也

說於傳有之切勿認眞蓋將錯就錯不與抵辯遂借來作話柄以開誘王引他到公利上去

曰若是其大乎曰民猶以爲小也曰寡人之囿方四十里民猶以爲大何也曰文王之囿方七十里芻蕘者往焉雉兔者往焉與民同之民以爲小不亦宜乎

王曰文王之囿若是其大乎蓋爲驚異之詞以寓自解之意孟子曰在王視以爲大當時之民猶嫌以爲小也王曰寡人之囿方四十里其小於文囿也遠矣

民猶以爲大何也孟子曰文王之囿雖方七十里然未嘗以爲已之私也民之欲芻以牧養與蕘以採薪者皆往其中以取焉民之欲雉以逐禽與兎以逐獸者皆往其中以取焉則是囿非文王一人之囿而一國之人之囿也以七十里之囿而與一國之民同之則用之者多而忘其大民以爲小不亦宜乎

齊王因當時之民病其囿之大故援文囿以自解而先作此驚異之詞孟子說民猶以爲小便含得與民同之意在內芻蕘雉兎民視之若固有而又自忘其爲大且文王非有心公利於民只是聽民之自取而不禁往而無罪耳兩焉字有熙熙皡皡之象民以爲小不是嫌他小只是不覺其大若說囿之所生有限民之所欲無窮是貪利而非王者之民矣

臣始至於境問國之大禁然後敢入臣聞郊關之內有囿方四十里殺其麋鹿者如殺人之罪則是方四十里爲阱於國中民以爲大不亦宜乎

若王之囿有不然者臣始至於王之境不敢遽入必先問國之大禁知所避忌

然後敢入斯時也臣因問禁而聞郊關之內有遊觀之囿方四十里不許百姓出入其中但百姓有殺其囿中之麋鹿者即如殺人之罪以百姓抵死則是方四十里乃爲阱坎於國中以陷民於死地民犯之不敢避之不能民之視此囿直是陷阱矣而以爲大不亦宜乎是可見囿一也公之於民則雖大而亦小私之於巳則雖小而亦大王可不法文王而推苑囿之樂以與民同徒專其利以爲斯民病哉

此正指出民所以大其囿之故國之大禁不止於囿囿之禁民亦不止於麋鹿此以一物見其餘也殺其麋鹿者如殺人之罪未必便有殺麋鹿者但王之設禁原自如此果爾則取利於其中者必犯此罪正如獸入阱取餌無不死者是囿爲阱麋鹿爲餌也爲阱於國中正對於民同之看爲字與國中字亦要剔明以四十里而爲囿本不爲大以四十里而爲阱便見其大況又當國中而爲之乎宜乎民以爲大矣可與文王之囿較大小耶兩不亦宜乎亦有分上民以爲

小未必有是事也是懸斷其宜此民以爲大民已有此語也是直決其宜

交隣章全旨○此見交隣伐暴之義並行不悖意上言交隣下言伐暴交隣以仁智伐暴以勇其爲安民則一也惟志在安民則仁不在於姑息智不在於苟安勇不在於逞忿以之交隣可以之伐暴亦無不可也

齊宣王問曰交隣國有道乎孟子對曰有惟仁者爲能以大事小是故湯事葛文王事昆夷惟智者爲能以小事大故大王事獯鬻句踐事吳

當時列國分爭强大者恃力而兼并弱小者不量而抗衡隣交之不睦久矣齊宣王有感而問曰交隣國而使相輯睦果有道乎孟子對曰講信修睦國之大事誠有道也但隣國於我有大小有順逆惟仁者之人寬弘而能容惻怛而不忽知有理不知有勢爲能以已之大國而撫字隣之小國雖小國或有不恭未嘗忿之而加伐是故湯事葛文王事昆夷是也夫湯文大國也葛與昆夷小國也以大事小吾於此徵湯文之仁而交小國者此其道矣惟智者之人明於義

理之當然識乎時勢之不得不然爲能以巳之小國而恭順隣之大國雖大國或見侵淩未嘗抗之而廢禮是故太王事獯鬻句踐事吳是也夫太王句踐小國也獯鬻與吳大國也以小事大吾於此徵太王句踐之智而交大國者此其道矣交隣不當以此爲法哉

齊王一問巳有息爭求寧之意以下是孟子實以交隣之道而指其人仁以度量勝智以見識勝仁者智者不是兩樣人但所處之隣不同而所交之道各異大與小皆隣也事大事小皆交隣也大事小以心言要見自不肯忿其不恭小事大以禮言要見自不敢忿其侵淩本文是大事小而註曰大字小大之字小猶未足見其仁必小國雖或不恭而字之之心自不能巳乃見大者之仁小之事大猶未足見其智必大國雖見侵淩而事之之禮猶不敢廢乃見小者之智引湯文亦見古之人有行之者而今當法之而行也然此亦是勉之以有爲意如言好貨好色而皆引之以同民故後一怒安民亦不是分外話

以大事小者樂天者也以小事大者畏天者也樂天者保天下畏天者保其國

事大事小皆天理之當然而仁智當各盡其道者也蓋以大事小者非矯情也忘其勢之在已誠心愛人而自然合理樂天者也以小事大者非屈已也順其勢之在人安分自守而不敢違理畏天者也仁者惟其樂天故其心與天爲一而包含徧覆無一物之不容其氣象足以保天下四海雖大不在吾怙冒之中乎智者惟其畏天其心以天自守而制節謹度無一時敢忽其規模足以保其國敵國雖强在我無可乘之釁其孰與侮之乎仁智之效蓋如此

此言仁智之所保無非交隣之善總見道之當盡非别其優劣也樂畏二字已在上文爲能二字內此處只點出天字以顯仁智之妙無所勉强之謂樂有所戒懼之謂畏只重二天字言這等包容是樂甚麼乃樂天者也這等敬謹是畏甚麼乃畏天者也天者理而已矣我爲大理當含容我爲小理當敬謹保天下保其國承樂天畏天來樂天畏天承事大事小來事大事小承交隣來保天下

保其國是論其理却帶效驗以歆動時君保天下是容保之保保其國是保守之保註保天下之氣象此句在保天下上面保一國之規模亦然言樂天者有保天下之氣象豈不足以保天下乎畏天者有保一國之規模豈不足以保其國乎保天下以交隣是諸侯事與王者大一統不同然大邦畏其力小邦懷其恩亦實有保天下處保一國自是實事而必言氣象規模者以氣象愈擴充愈恢弘規模愈收斂愈嚴謹

樂天至保之

朱蒲阪曰保天下保國主氣象規模而言引詩不及樂天亦是偶然要知保國者旣有以得天則保天下者自可類推矣

樂天一句

仇滄柱曰樂天天字指理言不指蒼昊之天涉憲天體天者非也保天下之氣象從樂天者心上說來本題保天下却有實事在虛摹氣象者非也保天下就

列國諸侯言仁者不忍侵凌小國使天下諸侯各得其安便是保天下泛言容保百姓者非也仁者慈愛惻怛治亂持危以保護諸侯是於交隣處曲盡其保天下之道說到無意於保天下而天下自保者非也

吳鉋菴曰本仁說樂本樂說保者字亦指湯文現成說

王惟夏曰根交隣說來保天下之氣象特就仁者心上說仁者湯文也難道湯文當日保天下亦只得其氣象乎然天下不易保有天下內原有眞實作用在不可以氣象二字盡成虛衍話頭

詩云畏天之威於時保之

詩周頌我將之篇有云人能畏上天之明威不敢違逆於是可保守天命而不失此正畏天者保其國之謂也而樂天者保天下從可知矣王欲交隣而以仁智之道自處則事大恤小保國保天下何一之不善乎

威即理之當然而不可違者違之則有禍於此而不違便是畏天威了引詩証

保國而保天下意於言外見之蓋合事大事小而總歸於天所以折人主無畏憚之念合樂天畏天而總歸於畏所以奪人主好勝之氣合國與天下而總歸於保所以破人主忿爭之習也

王曰大哉言矣寡人有疾寡人好勇

王曰仁智交鄰之道有以保國保天下大哉夫子斯言矣然寡人有氣稟之疾所好惟在剛勇倘或小國不恭大國侵凌則不勝其忿輒與之爭故入不能事小不能恤而仁以勇限智以勇昏矣夫子之言雖大其何以行之哉

勇即忿也好勇猶言不能忍氣之意以好勇爲疾以爲勇妨於仁智也不知勇正可以濟仁智之窮而成其爲仁智特其小而不能大耳王請大之直喚起下三節精神

對曰王請無好小勇夫撫劍疾視曰彼惡敢當我哉此匹夫之勇敵一人者也王請大之

孟子對曰好勇何傷但勇有大小王請無好小勇夫小勇者激於一朝之忿便按劍在手怒目而視人曰彼惡敢當我哉此匹夫血氣之勇僅足以敵一人者也何足爲王好王如好勇請於帝王之大勇好之靜則爲神武之不殺動則爲威武之奮揚此王之所當好者也

此段輕敘過大勇且虛講註義理字且勿露大之之字指勇言

詩云王赫斯怒爰整其旅以遏徂莒以篤周祜以對於天下此文王之勇也文王一怒而安天下之民

大勇之當好者何如蓋嘗觀於文王之事矣時密人距逆王命恃强侵阮直至阮之共地文王因舉兵伐之故大雅皇矣之詩有云王赫然奮怒於是整頓其師旅以止遏密人往共之衆以是抑强扶弱使我周威振德揚以篤厚其福而天下大畏小懷答其仰望之心詩言若此此文王之所以爲勇也文王赫然奮怒除密人一方之亂由是四方寧輯不敢强凌弱衆暴寡遂以安天下之民文

王之勇何如其大也

引詩言文王之勇下是斷其爲大勇文王爲方伯而密人敢違王命以侵阮則是號令不行非國家之福屏翰不舉失民心之望而民之受其荼毒者多矣故赫怒整兵而遏密則有以篤祜而答天下也怒者勇之發也因王赫斯怒一怒字發出一怒安天下之民蓋因其可怒而怒之未嘗有所畔援歆羨也以遏三句一串說下密人侵阮非侵周然侵而不已則滋蔓何窮是天下之憂也以篤二句俱承王赫三句來一怒指遏密說安天下之民即所謂對天下蓋遏密則强凌弱衆暴寡之患息而天下之民舉安矣此文王之勇句只透出勇字安天下之民方見其大勇非是大勇以安天下乃即安天下上見其勇之大也

書曰天降下民作之君作之師惟曰其助上帝寵之四方有罪無罪惟我在天下曷敢有越厥志一人衡行於天下武王恥之此武王之勇也而武王亦一怒而安天下之民

又嘗徵大勇於武王矣周書泰誓之篇有曰上天降生下民不能自理乃立之君以治之立之師以教之亦惟謂其能輔助上帝所不及以安全斯民故以君師之位而寵異之於四方也上天立君師之意如此今我既受天命作民君師則天下之有罪者我得奉天意而誅之天下之無罪者我得奉天意而安之我既在此天下曷敢有過越其心志而作亂以虐民者乎書之言如此由書言觀之當時設有一人橫行於天下以作亂者武王必以負天之任爲耻而舉兵誅之矣此武王之所以爲勇也而武王亦一怒而安天下之民武王之勇何其大也

引書言武王之勇下是將其稱大勇天降二句是言天立之惟曰二句是推言上天立君師之意有罪一句言已得而誅討之也有罪無罪泛指諸侯言天下曷敢句言已不能容之也一人泛就上下言不明指紂而紂亦在其中志謂天下人之心志也人之作亂皆過越其心志之故若守其心志則有何作亂之事

乎横行言不循道而行也有罪二句承上五句天立之意來一人以下二句是釋書意耻之言必除之以安民也耻正勇之迹武王之勇句只透出勇字安天下之民方見其大勇亦一怒的亦字從文來　文武一怒安民只從上文看出不必推開說

今王亦一怒而安天下之民民惟恐王之不好勇也

觀文武之大勇惟在於除暴安民如此當今之世君之爲暴其爲徂莒之密一人之横行者何限民之被其困而不得安者又何限王誠能效文武之所爲舉大義以征有罪奮然一怒而安天下之民將見天下之民如水火望救惟恐王之不好勇也所謂大勇而異於匹夫者如是王何以好勇爲疾乎是可見樂天者仁也而弔伐亦仁者之勇也畏天者智也而除害亦智者之勇也仁智以交鄰大勇以安天下王其審勢度德以行之可乎

此正勉齊王法文武之大勇以終王請大之之意亦字承上文武來通章須要

串發時乎處常而交隣於大國則用智於小國則用仁而勇之用以藏時乎處變而救民過密則如文誅紂則如武而仁智之用以顯蓋必能懲小忿然後能養大勇能養大勇自可以救民則交隣之道無不善而安天下之道亦無不善矣

雪宮章全旨○此見人君當同其樂於民意前三節孟子因齊王誇其與賢者同樂因以與民同樂之效廣其意下引景晏之事是証以齊之故典欲王法祖而納諫以與民同樂也樂以天下句乃一章之要領其關係實事在行補助其打動齊王處在君臣相悅然必與民同樂而後君臣相悅也借晏子畜君之論爲孟子好君之詞言微而旨顯矣

齊宣王見孟子於雪宮王曰賢者亦有此樂乎孟子對曰有人不得則非其上矣

齊宣王館孟子於雪宮而就見之王因誇其禮遇之隆曰凡爲賢士者亦有此宮室之樂乎孟子對曰人君尊禮賢士則賢者得有此樂然好樂人心所同非

特賢者有此樂凡人皆欲得其所而有此樂若人不能得其所樂則必有非怨
其上之心矣是知此樂當與凡人共之不但當與賢者共之也
賢者指賢人猶云雪宮寡人時遊以爲樂者也賢者至於是邪亦有此樂乎益
自誇其能待賢也與梁惠王所問不同賢者之君亦樂此其詞遜賢者之人亦
有此樂其詞驕雪宮之樂在賢者分上原無許多道理可説故孟子只用一個
有字荅之再不復顧只引向與民同樂上説言人君能與民同樂謂皆有此家
室安居之樂非謂以雪宮與民共之

不得而非其上者非也爲民上而不與民同樂者亦非也

夫爲下者當安爲下之分若不得其樂而非怨其上者是不安爲下之分固非
理也若爲上者猶當盡爲上之道爲民上而獨樂其樂不恤民之失所而不與
民同樂者是不盡爲君之道亦非理也所以人君當推巳之樂以公之於民不
但當與賢者共之而巳

此明人君當與民同樂以起下文重在下句上句特以助之耳不平說

樂民之樂者民亦樂其樂憂民之憂者民亦憂其憂樂以天下憂以天下然而不王者未之有也

夫不與民同樂則有非之之心能與民同樂豈無感之之效如安居粒食民之樂也人君能視如自己之樂事務爲之經營區處聚其所欲而樂民之樂則民之得有其樂者莫不懷感將必見臺池鳥獸而歡悅聞鐘鼓管籥而色喜而亦樂其君之樂饑寒困苦民之憂也人君能視如自己之憂務爲之維持保護勿施所惡而憂民之憂則民之得去其憂者莫不懷感將必有事爲之趨有難爲之赴而亦憂其君之憂夫樂民之樂而使民亦樂其樂是樂不以一人而以天下矣憂民之憂而使民亦憂其憂是憂不以一人而以天下矣休戚相通上下無間天下之民莫不傾心歸附於我其不成王業而王天下者未之有也

此節根上與民同樂來憂樂低昂說重在樂一邊樂民四句只泛言上下休戚

相關之情民之樂自是民之樂其樂自是君之樂君之樂不止雪宮遊觀而已難道以無雪宮遊觀爲憂耶其樂其憂凡人君可喜可憂之事皆是要說得濶大樂民憂民二憂樂字是我去樂之憂之包心與事俱在內二者字指那樣君言君視民之樂如已之樂而必欲遂之則民亦視君之樂如已之樂而相與樂之矣下二句做此此四句言憂樂相關報施之理也樂以天下二句就在上四句看出方着在爲上的身上說見憂樂之大同也以字着力言天下所憂所樂皆君以之以字内有多少經營區畫在二句雖兼君民以君作主言人君以已情通於民因使民情通於已是人君憂樂不以已而以天下也憂樂不平去民之憂正以同歸於樂夫憂樂通於天下則民思遂其樂而去其憂者皆歸之故可決其致王只在憂樂無外之心上見得可王歸重在上一邊至此問荅已完此下是客

樂民　四句

韓慕廬曰緊承不得非上來言不得則非得則豈無感動之效故憂樂四句皆是應感至情重在爲上者不可使民不得也亦字要挑剔得醒

樂民　二句

蔣震青曰樂民之樂四句言同民之情樂以天下二句言同民之量不王未有方是同民之效此樂民之樂四字是着力字一切設施都包在內若說得現成便與樂以天下相似上句與不得二字反照下句與非其上反照

洪暉吉曰憂樂四句側重樂上正對爲民上而不與民同樂看樂民是民樂的根原民樂是樂民的效驗語意自相環抱蓋民之仰望極切君一有以慰其望則感戴自深然須留樂以天下地步

樂以　一句

諸震坤曰上文君民同樂便含天下二字意在內此復渾君民之名而直言天下是極言同樂之量以起未有不王意非謂上句規模猶小此處又推開一步

也

昔者齊景公問於晏子曰吾欲觀於轉附朝儛遵海而南放於琅琊吾何修而可以比於先王觀也

孟子勸王與民同樂欲其聽而行之因舉齊先世之事以引之曰昔者齊景公問於其臣晏子曰省方觀民國之大事吾意欲觀於轉附朝儛之二山復遵海濱而涉於南至於琅琊之邑庶得全齊之形勝而民風亦有可窺矣然先王之遊觀爲所當法者吾不知斯行也何所修爲而可比於先王之遊觀當時後世皆以爲盛事也

此下四節只重先王二字景公原志比先王故晏子備述先王觀而旁及今時之弊隨之以先王無流連云云緊喝惟君所行正進以法先王也何修二字正與下文行字相應大有奮發有爲意如下巡所守述所職補不足助不給皆修也但景公晏子乃伯習耳孟子引之是要齊王法古不是要他法景公

晏子對曰善哉問也天子適諸侯曰巡狩巡狩者巡所守也諸侯朝於天子曰述職述職者述所職也無非事者春省耕而補不足秋省斂而助不給夏諺曰吾王不遊吾何以休吾王不豫吾何以助一遊一豫爲諸侯度

晏子對曰君以遊觀之行爲不苟而有志於先王善哉吾君之問也試以先王觀言之先王者古天子也天子十二年而適於諸侯之國其名曰巡狩謂之巡狩者巡行諸侯所守之土而察其政事之治否也諸侯六年而朝於天子之邦其名曰述職謂之述職者自陳其職事於王廷以待天子之黜陟也一以巡狩而行一以述職而行是天子諸侯皆非無事而空行者而又以每年春秋二行天子於畿内郊野之民春則省其耕其有播種不足者則發倉廩以補之秋則省其斂其有收穫不給者則發倉廩以助之而諸侯之省於國中以行補助者亦如是焉其惓惓爲民之心亦云至矣夏時畿内百姓之諺有曰吾王不來郊野行遊則補助之政不行誰知吾之不足不給而吾何以蒙上之休美吾王不

來郊野豫樂則補助之政不行誰知吾之不足不給而吾何以蒙上之資助是吾王之一遊一豫皆有恩惠以及民而爲四方諸侯之法度焉此先王之觀也景公不徇已欲而有志於法古故稱善哉以嘉之天子以下是爲事而觀春省以下是爲民而觀然爲事正以爲民總是先王遊觀之善處巡所守者自上察下也述所職者自下達上也此二者正是事一爲巡諸侯所守而行一爲述所職於天子而行是皆非無事者非訓解之詞非字只當無字看春時舊穀既沒新穀未升民之乏絶正在此時若有不足則不能盡力於耕一年之計俱失矣秋時民之所收或豰一歲之用或不豰一歲之用皆在此時若不察知預處則民將有狼狽失所者矣故省而補助之此二事在巡狩述職之外不是巡狩述職時便省民不足不給也天子只省於畿内諸侯省於國中至於天下則但巡狩以考其田野之治否而爲之賞罰耳夏諺只是天子畿内之諺孟子引以爲証不必拘於諸侯亦只帶省耕省斂不必通管巡狩述職遊與豫當分合看分

看則遊是巡遊豫是逸樂合看則巡遊即所以爲逸樂也二句疊言者咏歌之體也爲度非眞以遊豫爲令甲也雖一遊豫間亦使諸侯見其德意而欽承之蓋一法其遊之有度一法其恩之及人也須聲如此則不非其上可知矣須味註不敢無事慢遊以病其民一句見先王之觀皆大典所係與民隱所存此外別無遊觀也

天子　一節

李容齋曰天子諸侯緊承先王來巡狩述職因事以爲觀以見先王之非無事省耕省斂又在巡狩述職之外夏諺所說遊豫止爲補助作証宜於篇末輕帶

仇滄柱曰先王巡狩等事本非遊觀晏子善於引君即援古制以對大意謂君舉必書非事則不行耳若照定遊觀上說是古先王宸車所歷竟爲娛目騁懷起見矣豈晏子畜君之意乎勤事恤民虞夏商周皆然偶舉夏諺取以証上文耳

天子　六句

董圭峰曰巡狩述職自是王制中大典並非遊觀可比晏子舉以爲例正是引君法古之意

春省　二句

高爾達曰省耕省歛天子諸侯皆有此法此又在巡狩述職之外不是巡狩述職就便省民補助也須從事字入脉中間不必糾纏憂樂一說憂樂將孟子語入晏子口中說矣

仇滄柱曰先王恤民之典已在制產樹畜非止靠春秋觀省然其不足不給不過偶有其事非如後世饑饉菜色也而春秋補助意在通問民情勸穡護助而已外此杜兼並絕侵漁無不備具於此每句作兩層說方不抹殺而字

今也不然師行而糧食饑者弗食勞者弗息睊睊胥讒民乃作慝方命虐民飲食若流流連荒亡爲諸侯憂

今也諸侯之遊觀則不若先王然其無事而遊也君行則有師旅之從師行則有糧食之給於是供億之煩民實出之使民之饑者弗得食夫征之擾民實供之使民之勞者弗得息睊睊然怒目而視相與讒謗其君而民乃作慝不勝其怨恨焉蓋天子之命本敎諸侯撫一國之民今乃方逆王命以恣虐下民其飲食之侈靡若水之流而無窮極凡如此者或流或連或荒或亡無所不至而爲所屬諸侯之憂焉此所謂無事慢遊以病其民者也豈若先王之觀爲可法乎上節言先王之法此節言今時之弊今也何言今之遊觀異於古以下詳言其遊觀之害處處與上相反師行只是徬從之人其徒衆盛不必拘定二千五百人爲師師行糧食是兩事故加一而字在中間饑者二句極言其供應之煩雜不堪之狀耳不是民窮財盡讒是口裏說不是慝是心中懷怨惡胥讒者相與謗上作慝者中懷異心此則民不得而非其上矣方命虐民巡狩者不巡而命不行於下國述職者不述而虐布於小民方命者方先王愛民之命也飲食若

流又就糧食句再言之亦是虐民中事若流水流也下從流舟流也流連荒亡
承上文說即師行糧食以下至於流連荒亡也爲諸侯憂謂當時所經歷附庸
之小國也先王則能爲諸侯度時君則能爲諸侯憂兩相對照

從流下而忘反謂之流從流上而忘反謂之連從獸無厭謂之荒樂酒無厭謂之亡

流連荒亡何如蓋人君之爲樂有恣情快意遊蕩而無節者從流下如放舟隨水而下以遊蕩而忘反謂之流從流上如挽舟逆水而上以留戀而忘反謂之連從獸而無厭至於廢時謂之荒樂酒而無厭至於失事謂之亡此今時之弊也

此晏子自釋上文之義乃痛惡流連荒亡之失而反覆極言之其亡反無厭正是可厭處從字不訓順而訓逐謂自上逐流而下自下逐流而上從獸之從亦訓逐田獵者蒐苗獮狩各有其時故以廢時屬荒飲酒者祭祀賓客各有其事

故以失事屬亡

先王無流連之樂荒亡之行惟君所行也

夫先王之觀非巡狩述職則省耕省斂并無流連之樂荒亡之行如今時者二者惟在君之所行也君行先王之法則亦先王矣不則爲今時之弊矣君其自勉哉晏子之言如此

先王二句緊承何修而比句來惟君所行重在責景公行先王一邊不兼今時之弊晏子已明說先王無流連云云豈又聽其自擇所行乎蓋因景公志慕先王觀而欲比之恐其徒托之空言故言先王無流連荒亡臣所爲惟先王之道可爲後世法者至明惟君力行先王可耳非請擇之說也至此皆述晏子之言

以下則兼述其事

景公說大戒於國出舍於郊於是始興發補不足召大師曰爲我作君臣相說之樂蓋徵招角招是也其詩曰畜君何尤畜君者好君也

景公聞晏子之言中心感悅欣然以先王之法爲必可行今時之弊爲必當去轉附朝儛之觀遂不復行乃大申命令曉告國人以示更化圖新之意且不敢安處深宮而出舍於郊外一以自責一以省民於是始興發倉廩以補民之不足者其於晏子之言一一見諸行事矣既乃召樂官太師而命之曰君臣相得自古爲難今我喜得晏子而聞其言晏子亦喜得我而行其志君臣相悅如此爾當以此相悅之情爲我宣播於音樂以彰一時明良之盛可乎其所作之樂即今所傳徵招角招是也蓋徵音屬事景公晏子經營國事事已治矣故被之徵音角音屬民景公晏子補助斯民民已安矣故被之角音謂之招者因舜韶在國取其音以美其名也其樂章之詩有曰畜君何尤言晏子畜止其君之欲不至招尤而取罪也臣竊即此詩而思之忠臣之心惟恐其君之有欲畜君者似乎逆君而實愛其君也既出於愛君夫何尤哉王誠聽臣之言如景公晏子之相與有成則能與民同樂而王天下不難矣豈復有非其上者哉

此正是行先王省耕省斂之典而非今日之慢遊也景公悅至補不足是敘景公之事爲我作樂是述景公之言徵招角招是說所作之樂畜君句是說其樂章旨是晏子之言末句又是孟子解詩之意所以引景晏事者望其納誨而終在同民也上言惟君所行今言景公悅悅正是行之本也大戒是興利除害之令也凡一切勞民財傷之事盡行停免一切奸宄情弊之事盡行禁革凡諸利於國利於民者盡許陳納無隱之類盡人君但有志於圖謀政治便須有一番告命以彰境內之耳目不止示興發之事而已出舍於郊見平日深宮之內其壅蔽民隱者已多今躬親目擊以知之省民不止是省民之耕斂凡問民病苦興利除害之事皆是興發補不足是舉一端以見景公翻然圖治之意始撥始也不特是先王之法久不行而今始行之如自此著爲令每年遵而行之也想時當春耕但曰補不足若兼助不給說豈一時而耕與斂並省又豈景公遂能終歲兩行乎君臣相悅在興發補不足之後說夫晏子獻言而致景公之悅是

臣悦其君景公修政而悦晏子之言是君悦其臣故曰相悦作樂者是將此一段意思制爲詩歌以被之於樂若是說有君臣相悦之樂而今特奏之則作字無意味矣徵招角招蓋興發爲美事補助爲樂民故不及宮商也樂取招之名欲繼美都俞之意畜君者止君之欲使不行也畜君以言言好君以心言既出於好君夫何尤哉孟子此解不徒表晏子之意正借晏子以自表己意爲好君而欲宣王之聽其言而悦之也

始興　二句

胡念菴曰興發補不足著眼在始字全從君臣相悦來而君之悦臣又從臣之悦君來是景公之聽言由晏子之進言也相悦處歸功晏子不可君臣對舉

蓋徵　二句

吳小曼曰此實君臣相悦之樂章從上文引出蓋字是也二字確証之詞徵招角招將爲民爲事歆動其君蓋節樂在齊而遺音可考欲君之媲美虞帝也

明堂章全旨○此總見王政當行意首一節因其欲毀明堂而啓以行王政第三節因其問王政而舉文王之政以告之末二節因其諉於不能行王政而舉古人之事以引之見能法太王公劉同民之意則文王之政可舉矣蓋明堂是周家明堂故歷引周家來說是周之祖功宗德相傳無非同民心以出政此王業所由興而明堂所自來也王有意於明堂則亦以此心行此政而已此孟子導王之本意

齊宣王問曰人皆謂我毀明堂毀諸已乎

明堂在齊境內泰山下天子東巡狩朝諸侯之所周衰天子不復巡狩當時之人有議當毀去之者齊王疑而問孟子曰明堂在齊久矣衆人之言皆謂我宜毀去明堂寡人質之夫子果當毀之乎抑且止而勿毀乎

明堂者向明之義居南方之正中雖有青陽總章元堂太室之各異其名而總可該之曰明堂齊王羨慕明堂意在勿毀蓋已稱王即欲行天子之制也

孟子對曰夫明堂者王者之堂也王欲行王政則勿毀之矣

孟子不論堂之當毀不當毀與齊王之可毀不可毀而但以行王政誘進之對曰王亦知明堂所由建乎王者有省方之舉則居此堂以出政令夫明堂者乃王者所居以出政令之堂也今巡狩之禮雖廢而王者之政尚可行王誠欲行王政則足副王之名雖居此堂而行天子之制可也何必隨衆論而毀之哉

孟子從齊王欣羨處引之故以立明堂本意告他夫明堂者思其制之所由來王者之堂乃王者出政令之堂只重出政令不重規制上明堂出政令只是陳詩納價協時日同律度之類行王政就平日言非指居明堂朝諸侯時事觀下文治岐之政可見行王政則勿毀若不行王政毀不毀一也全要得歆動齊王意

王曰王政可得聞與對曰昔者文王之治岐也耕者九一仕者世祿關市譏而不征澤梁無禁罪人不孥老而無妻曰鰥老而無夫曰寡老而無子曰獨幼而無父

曰孤此四者天下之窮民而無告者文王發政施仁必先斯四者詩云哿以富人哀此煢獨

王曰王政之詳可得聞與對曰王政莫備於文王昔者文王未嘗稱王而所行却是王政其治岐也於民之耕者行井田之制九分之中取其一分但使之助耕公田而不復税其私田士之仕者於子孫之成材則官之而不賢者亦不使失禄葢其先世常有功德於民故報從其厚商賈之行於關藏於市者但譏察異言異服之人而不征其税聚水之澤通水之梁則聽民漁利而不禁止至於有犯罪之人則止及其身而不及其妻子文王之愛民可謂至矣乃其中則尤有加意者年老而無妻者曰鰥夫年老而無夫者曰寡婦年老而無子者曰獨夫年幼而無父者曰孤子凡民中惟此四者爲天下至困窮而無處可告愬者文王發政以施仁雖於人無所不濟而於此四窮民尤急急在所憐恤務使之各得其所焉詩小雅正月之篇有云富足之人猶可矣哀哉此煢獨無依之人

文王必先斯四者正以其可哀也所謂王政蓋如此

孟子以王政歆動齊王得聞一問便已動心了古之行王政者多矣獨舉文王之治岐之政言者文王是以諸侯而問王業者其治岐一國之政便寓有天下之規模矣耕者五句是王政之及於民者存大體老而以下是王政之及於窮民者急先務耕者九一取乎民者薄也井田各私百畝周制也文王治岐之時尚當遵殷制只說他行王政不必露百畝七十畝也仕者世祿報乎士者重也世祿與世爵不同世爵如卿大夫之類猶當以世而降世祿但有其祿以報功德而已關市譏而不征禦暴而不爲暴也澤謂水所都處梁謂水所通處澤梁無禁同利而不專利也罪人不孥惡惡短也凡民之老幼文王則導其妻子使養其老而恤其幼鰥寡孤獨之人則無父母妻子之養而官養之天下乃虛字猶云以天下人較之此則其更苦者窮民不止無財爲窮即稍足亦多愁苦處難以語人無告者心事不盡所言也想當時兵荒頻仍窮民無告者多故言之

發政施仁只虛說不指上耕者五句先只是加意於此非先恤窮民而後行九一世祿等也然非平時全無養法只臨時處置為然蓋其平日已自有養民善政老幼皆在所恤特於中不幸而有此等之人則尤所當先耳引詩只明必先意未補出王能舉此王政而行之則明堂可居矣

王曰善哉言乎曰王如善之則何為不行王曰寡人有疾寡人好貨對曰昔者公劉好貨詩云乃積乃倉乃裹餱糧于橐于囊思戢用光弓矢斯張干戈戚揚爰方啓行故居者有積倉行者有裹糧也然後可以爰方啓行王如好貨與百姓同之於王何有

宣王聞之而歎美曰善哉夫子王政之言乎真先王愛民致王之道也孟子曰聞言貴於能行王如以臣言為善何為不見諸行事乎王曰寡人有氣禀之疾好積貨財故取民無制而不能行王政孟子曲引之曰好貨何妨於王政乎昔者文王之祖公劉能行王政之君也亦會好貨詩大雅篤公劉之篇有云公劉

處西戎之間力行富民之政其民乃田有露積乃家有倉廩乃裹其乾餱於無底之槖有底之囊之中爲遷都計思以戢和其人民用以光顯其國家且弓與矢則斯張也干與戈戚與揚則俱備也於是方以啓行而遷都於豳焉由詩言觀之故公劉當遷之時必使民之居者皆有積倉行者皆有裹糧而富足如此然後可以爰方啓行而立國與業焉此莫非公劉推好貨之心以及人民也王如好貨亦如公劉與百姓同之使民皆遂其富足之願於以王天下也何難之有夫一好貨也私之一已則爲專利公之百姓則爲施仁然則王之於貨亦審其所好之公私而不當以之爲疾矣

齊王天資仁厚可與爲善聽得哀此煢獨便自動心故曰善哉何爲不行不是咎他不行其言蓋方纔說了如何見他不行只是說王何不從此見之施行乃諉其力來非咎其既往也王以好貨爲疾彼見文王之政皆是公利於民已之好貨必多取於民以遂其好故一時行不來孟子借公劉來撥轉他公劉止於

積倉裹糧而已其實非好貨者引詩只重在富民不重在遷邦思戢用光公劉居邠被西戎侵擾民不得安堵而國亦以弗振故此時此心思以安定其人民而光大其國家也干楯也用以蔽身而捍目者即今之虎頭牌是也戈戟也戟枝兵也单枝爲戈雙枝爲戟戚小斧也揚鉞也鉞大斧也四者與弓矢皆兵器播遷之際用以衛糗糧者故居者故字倒承上文謂爰方啓行非積倉餱糧不可故居者云云居者行者指民說兩個有字皆上之人行政以致其有也三句要見民富足意而公劉好貨能與民同就在其中王如好貨只空空淺說欲接與百姓同之與齊王自言好貨不同王如好色亦然與百姓同之不外個推己之心以及民只是要想到樂利之心人所同有爲之分田制產一主於足民而又無横征之擾豈有將府庫之財與民公用之理

王曰寡人有疾寡人好色對曰昔者太王好色愛厥妃詩云古公亶父來朝走馬率西水滸至於岐下爰及姜女聿來胥宇當是時也内無怨女外無曠夫王如好

色與百姓同之於王何有

王曰寡人非特好貨也又有疾在好色故心惑用俊而不能行王政對曰好色何妨於王政昔者文王之祖太王能行王政之君也亦曾好色詩大雅緜之篇有云古公亶父爲狄人所侵不得已而遷國避難朝晨而來走馬率於西河之水滸以至於岐山之下於是及其妃姜女聿來相與擇宇而居焉當是避難之時也太王之民內無怨而無家之女外無曠而無室之夫此莫非太王推好色之心以及民也王如好色亦如太王與百姓同之使民皆無怨曠之嗟於以王天下也何難之有夫能推好色之心便可王天下則好色又何足爲疾乎王果推公劉太王同民之心是卽能行文王治岐之政王政行則可以坐明堂而朝諸侯矣又何用毀爲哉

好貨而復繼好色非王多端以自諉也旣聞好貨無妨於王政便謂好色亦可無妨孟子復借太王撥轉他太王止於及姜女而已其實非好色者引詩只重

在姜女不重在遷岐避難當是時也三句要點出民室家相慶意而太王好色與民同意就在其中兩個無字非民之自能無皆上之人行政以致其無也夫公劉遷邠遂開王業太王遷岐遂興王業此意要補在敵行曠夫下方與於王何有相應王如好色與百姓同之只是保全其室家各遂其婚姻意兩節與民同之要入行王政意又須補出士農商賈鰥寡孤獨各遂其欲意思方完兩於王何有言有王者之政何難有王者之業與上文王者相照應能行王政則此二者之同民亦無害也不是去了王政只在好貨好色上求王天下之道但此二節孟子只重與民同上二君處心無一毫物我之私故不忍使民貧也而使居者有積倉行者有裹糧不忍使民無室家也而使內無怨女外無曠夫未必因已有是好而始推之與民同也在孟子曲誘齊王故因其所好而引之耳第孟子於梁惠齊宣諄諄以王天下爲言者在孟子非不欲尊周然當時列國分爭即屬意於周亦濟不得甚事欲行王政以安天下之民斷自列國始如孔子

惓惓於魯繻亦是此意

王臣章全旨○此箴齊王怠政之失意上二節設問不友不臣之事而齊王明於責人下節切問不君之事而齊王昧於責己四境不治是立言本旨全要得有心之問無心之荅意

孟子謂齊宣王曰王之臣有託其妻子於其友而之楚遊者比其反也則凍餒其妻子則如之何王曰棄之

齊宣王不治其國孟子欲勸之有爲先設二事以發之曰王之臣有寄托其妻子之衣食於其友而往遊楚國者及其自楚反齊也則其友凍餒其妻子而不之恤王之臣將何以處其友耶王曰受托而負之非可交之友也以義裁之當棄絕之而不與友焉

此節是原情托妻子只是望他照管衣食非寄於其家也非是自楚反彼乃凍餒其妻子葢反之日始知彼之凍餒其妻子也棄之之字指友

曰士師不能治士則如之何王曰已之

孟子又謂曰士師爲獄官之長其屬有鄉士遂士之官皆士師之所當治者也若士師不能治其所屬之士使刑殺不當則爲君者當何以處士師耶王曰有官守而不能盡職是爲曠職之官以法論之當罷去之而勿用焉

此節是議法鄉士掌六鄉之刑獄遂士掌六遂之刑獄而士師爲之長其獄事盡統於士師如任其出入人罪及賄賂公行皆不能治士也就刑獄失宜上說已之之字指士師

曰四境之内不治則如之何王顧左右而言他

孟子因問王曰然則爲人君者四境皆所統理乃政事廢弛人民困苦而四境之内不治是誰之任則將如之何以自處耶孟子一言切責已中王之隱王因無可諉而亦無詞於孟子矣乃顧左右以釋其愧言他事以亂其詞其憚於自責恥於下問如此其不足有爲可知矣

此是孟子箴規齊王本意先從上二事說來使他由彼識此責不可逃然只大輿冷諷他不着齊王身上四境者君之四境不治如民之失其教養臣之廢其職業皆是此與負托之友曠職之官何異王乃不能反躬自責又不能虛心求教把孟子一段啟發他的好意都糊塗過了左右或以地或以人只是無聊旁顧之意註自責下問當云此則寡人之罪也便是自責又當云如何便可治人便是下問奈無服善之心真不足以有為矣後來因孔距心之問則不憚於自責然亦耻於下問

故國章全旨○此見故國係於世臣今日當預養親臣以為世臣意預養親臣只在慎於用舍刑殺邊帶說戰國人主輕於用舍甚且輕殺日以其身立於仇讐不測之間無親臣矣安得有世臣又何以能國所以然者只是進時不慎耳如不得已四字是通章精神正所謂慎也下數然後字正其不得已處蓋進賢所以愛民愛民所以為國以民為邦本人心固結而不可解乃所以為故國

孟子見齊宣王曰所謂故國者非謂有喬木之謂也有世臣之謂也王無親臣矣昔者所進今日不知其亡也

孟子因齊王輕於進退人才故見而言曰人君基業相承歷年久遠謂之故國故國之內如高大之喬木與累世勳舊之臣皆所宜有然所以謂之故國者非謂其有喬木之謂也喬木不過故國之徵驗可有可無者也以其有世臣之謂也世臣忠貞世篤休戚與同宗社生民實憑藉之此故國所重而人主不可一日無者也然他日之世臣即今日所親信之臣今王輕視臣下無親信之臣矣至有前日所進用而將倚以爲腹心者至於今日已亡去而王不知也今日既無親臣又安望他日有世臣乎亦何以保其故國也

以故國二字爲主國何以故以有世臣也喬木引起之詞不重世臣非世官乃賢臣而用之久者有字着力其所以有者非易也此等臣全在君心上培養得來親臣亦布之腹心而與國家之議者他日爲世臣即是此人若左右便嬖之

人恐王之親信者多不重以親臣爲世臣乃謂當有親臣以托心膂保國家也之謂二字乃推原國之所以故非止爲國之所以名也王無親臣三句乃孟子發論本旨所進非泛泛進用乃倚之爲腹心者昔者昨日也昔者今日見率易之意二句活看言進退無常往往然也不知其亡指宣王輕棄大臣言全在不知其亡上見無親臣非定以亡去者爲親臣註此字指世臣彼字指喬木

王曰吾何以識其不才而舍之

王曰此亡去者皆不才之人我初不知而悞用之故今日不以其去爲意耳從今以後吾何以預識其人之不才而舍之使所用者皆真才而今日爲親臣異日爲世臣乎

曰國君進賢如不得已將使卑踰尊疏踰戚可不慎與

此不是追言前日亡去之人而懲其前失是欲求知人於未用之先而異其後得欲得真才而用之以免前日之弊舍之中含有用之之意

孟子曰人君用人所以悔之於後者皆其不能謹之於始者也是以國君進賢本不可已之事也但當將用未用之際其難其慎審之又審有如吾之初心本不欲用而勢之所使有不得不用者所以如此其謹者果何爲哉蓋尊卑有等親疏有序乃朝廷體統之常也自其用之而待以不次之位謂之尊苟尊非其人則其勢必易以賢之卑者是使卑者踰尊矣自其用之而寄以心膂之托謂之戚苟戚非其人則其勢必易以賢之疏者是使疏者踰戚矣如此則尊卑越等親疏失序而體統亂矣可不自今日尊之戚之之時卽慮其或有以踰之而存如不得已之心以加慎歟

國君進賢以下只承王曰何以識其不才而舍之說進賢之法如此則所用皆賢而不才者自不得倖進俱自初用時說親臣尚在後一層更不必牽合故國世家賢字泛說包下節皆曰賢皆曰未可兩項人在內進賢卽用之於尊戚之列也如不得已甚言始進之當慎非真不得已特如之耳蓋賢人本是要用的

特以欲得眞才故於將用未用之先不敢遽用審之再三遲慢招難有似於已本不欲用爲人所逼迫沒奈何而用之者下三句是推言其當愼之故正是說如不得已之心尊卑以勢位言疏戚以委任言將使者未然之事踰是踰越而居尊戚之位踰尊踰戚皆緣始之不愼所以進賢如不得已也

左右皆曰賢未可也諸大夫皆曰賢未可也國人皆曰賢然後察之見賢焉然後用之左右皆曰不可勿聽諸大夫皆曰不可勿聽國人皆曰不可然後察之見不可也然後去之

愼之當何如蓋人才之用舍不可徇一己之私情當參以衆人之公論有人於此左右近侍之人皆稱之曰賢恐有賄賂未可遽信也舉朝之大夫皆稱之曰賢恐涉朋黨未可遽信也至於通國之人皆稱之曰賢則其論公矣猶恐其違俗而干譽也然後從而察之因言以察其心因迹以察其實果親見其爲賢也知之深而無所疑然後從而用之舉之尊親之列任之重而無可易其不肯輕

進如此日後自不至卑踰尊疏踰戚矣若其人不可進則在退之列矣左右皆曰不可用恐或巧於排擠勿遽聽之諸大夫皆曰不可用恐或出於私毀勿遽聽之至於通國之人皆曰不可用則其論公矣然恐其特立而違俗也然後從而察之見其眞不可用也然後從而去之則不才者不得以倖進日後亦無踰等之患矣所謂進賢如不得已其愼如此

此節正詳如不得已之實左右諸大夫之言非盡不足信但不可遽信耳使盡不足信則詢之國人足矣何必使諸大夫左右得參其議乎若其人果賢則是國人與諸大夫左右之言相合矣惟要進賢極其愼耳是左右諸大夫之言至至國人而始快吾之察亦因國人而始施重國人上然後二字當醒出察不是空察乃詢事考言之事或考之素履或驗之語言或衡其才品之高下或量其行實之始終總不外内外之人言中而求其實跡也用之是進於尊親之列不但進賢如不得已退人亦如不得已其退之如不得已者正所以進之如不得

已上三段總歸於進賢下一段正恐其失賢恐其失賢正欲得真賢也蓋曰不可者亦是今日所欲進之人非是已在位而尊之親之者去之即是不進之意蓋不可進即在退之列皆進賢之初一時一事也節中未可字勿聽字然後字見字察字全是兢兢謹慎意正對何以識其不才來見者任聞不如任見也進退人才如此自無悞用不才之患矣

國人　四句

項仲展曰然後察非輕國人正是重國人必到國人皆曰賢然後察之語氣直頂左右大夫來

錢吉士曰儘有左右諸大夫皆曰賢而國人未必曰賢者國人皆曰賢以前尚有一層至國人皆曰賢一層然後察之一層見賢焉一層然後用之一層不可一串混講

左右皆曰可殺勿聽諸大夫皆曰可殺勿聽國人皆曰可殺然後察之見可殺焉

然後殺之故曰國人殺之也

然是不得已之心不惟用賢當如是也即用刑亦有然者有人於此左右皆曰其罪可殺恐其有私怨也勿聽諸大夫皆曰其罪可殺恐其有私怨也勿遽聽之至於國人皆曰其罪可殺則或當於罪矣然後察之必眞見其罪之可殺焉然後從而殺之則其殺不出於一已之私意而出於國人之公論故曰非君殺之而國人殺之也用刑猶如此其愼而用人不益可知乎

因說用人帶說刑殺蓋用舍刑殺人君大事也殺人亦如不得已總見好惡與民同也上文說未可猶待審處此說勿聽則一毫猶豫不得註天命指進退人才言天討指刑殺言

如此然後可以爲民父母

夫人君用舍以至刑殺一惟決於衆論之公如此然後民之所好好之民之所惡惡之直如父母之於赤子求中其欲而不拂其情豈不可以爲民之父母乎

故用人公而民心得民心得而邦本固此故國之所以可保也然則世臣之保於故國豈淺鮮哉

如此承上二節意側重進賢一邊正是如不得已的本意當云如此則人之所進所退推而至於人之可殺不可殺皆體民心以行之豈非好惡同民者乎故可以爲民父母與大學謂之父母不同大學重得民心此要得他兢兢業業體恤百姓如此方與上愼字相關然後可以難之也非許之也惟以父母之心用賢則尊所當尊戚所當戚今日有親臣他日不患無世臣故國之足重者以此只重用賢用刑須帶在用賢上說蓋前邊退不肖亦是進賢則此一節不可以命討平對

如此　句

孫若士曰玩如此然後語氣煞是難詞與大學不同大學引詩不妨倒挈此是因論進賢形出此意以寓咨嗟鄭重之意益見進賢之不可不愼耳倒做則不

然矣

唐實君曰此是總結上三節語爲民父母全責重國君身上不重在民愛戴之如父母也從如此然後四字頗挫紆廻要作通章結穴方是

薛蓑廬曰如此二字上下承遞精神全在此爲民父母不可涉入寬泛語俱從用舍上看出所以爲民父母益見進賢不可不慎耳

放桀章全旨〇此孟子儆齊王自省君德並以垂戒後世意齊王借湯武發問便有無君之心孟子以誅字易弒字以一夫易君字大有扶植綱常之意蓋君臣者一時之名分仁義者萬古之綱常綱常既壞名分何存湯武但見爲殘賊而誅之耳苟非獨夫雖有湯武將安用如此哉

齊宣王問曰湯放桀武王伐紂有諸孟子對曰於傳有之

齊宣王問曰吾聞湯放桀於南巢武王伐紂於牧野果有此事乎孟子對曰一載湯誓一載武成於書傳有之

宣王之問有滅東周而自帝之意但湯武之事原千古所有之事即閒閑評論亦無妨况宣王亦豈不知其果有此事但有臣弒其君可乎一段議論在他心裏故先以此問之孟子亦據記事之詞以爲荅耳

曰臣弒其君可乎

王曰桀紂天子也君也湯武諸侯也臣也臣而弒其君於理可乎

宣王此問見得弒君之事湯武亦嘗爲之便有藉爲口實意

曰賊仁者謂之賊賊義者謂之殘殘賊之人謂之一夫聞誅一夫紂矣未聞弒君也

孟子曰君臣大分豈可踰越但湯武乃奉天伐暴與稱兵犯順者不同蓋天生民而立之君謂其能盡仁義之道以爲生民之主也惟害仁之人其心凶暴淫虐滅絕天理則謂之賊害義之人其事顛倒錯亂傷敗彝倫則謂之殘此等殘賊之人天命去而人心離只是孑然一夫而已不得謂之天下君也吾聞武王

應天順人誅一夫紂矣未聞弑君也果謂之君而可弑乎知武王之非弑君則知湯矣然則爲人君者不可不以桀紂爲鑒而盡仁義之道也

此言桀紂之自絕而非湯武之得已非欲宣王爲湯武也賊仁就心上說賊義就事上說賊是忍心害理殘是斁倫爲他殘破非是殘忍一夫言其罪非言其孤蓋桀紂崇惡失其尊名既不得謂之君即不得謂之弑矣獨言紂者觀於武王則湯之伐桀亦猶是耳不必拘紂罪浮於桀及桀止於放之而紂則誅之也孟子此言所以着萬古之綱常白湯武之公心儆人君之修德俱在其中關係正自不淺

巨室章全旨○此見人君當任賢以治國必須盡賢人之才意上節喻任賢不如任木下節喻愛國不如愛玉然任賢不如任木即是愛國不如愛玉矣兩節相承說來平對言不愛國正惕其任賢蓋舉其所必愛者以惕之兩必使字何等珍重是明於小而姑舍從我何等輕忽是暗於大提醒齊王精神全在則何如

何以異二句上使其自爲衡量輕重也

孟子見齊宣王曰爲巨室則必使工師求大木工師得大木則王喜以爲能勝其任矣匠人斲而小之則王怒以爲不勝其任矣夫人幼而學之壯而欲行之王曰姑舍女所學而從我則何如

孟子以齊王不能任賢圖治見而諷之曰治室必以木王如爲高大之室則必使工人之爲師者採求大木工師得大木則王必喜以爲可作棟梁而能勝巨室之任也倘或衆匠人誤斲而小之則王必怒以爲不能勝巨室之任也任木則欲其大如此夫賢人者幼而學夫仁義之道及壯而欲遭時遇主以其所學者見諸施行以致君澤民而王不思大用以盡其才則曰姑舍汝所學之仁義而從我所謀之功利則是賢人所學者大而王顧欲其小之也夫任木則欲其大任賢則欲其小吾不知王果何見而如此也

爲巨室比治大國匠人比王斲小比舍學從我工師比賢者大木比賢者所學

者大言大木則可勝巨室之任猶人所學者大則可以勝治國之大任斲而小之則不可以勝巨室之任猶賢人舍所學則不可以勝治國之大任也幼而學其志已堅壯欲行其願不可貶欲行中便舍着不肯舍所學意二句不平趨重壯行一邊見士之挾持甚大而君不可小用之言外有自任意姑舍句王何嘗有是言但以所學日陳於前而不聽或從焉而不敢勢必舍所學之仁義而從我之功利乃可耳則何如合上則王喜則王怒來謂宜喜乎宜怒乎

今有璞玉於此雖萬鎰必使玉人雕琢之至於治國家則曰姑舍女所學而從我則何以異於教玉人雕琢玉哉

夫任賢所以治國也今任賢而欲其小則是不任賢矣不任賢則是不愛國矣今有在石中之璞玉於此雖其價值萬鎰之金之多王不能自治也必使工於治玉之人雕琢之以成其器王之愛玉亦甚矣若夫國家之重奚啻萬鎰賢人之能治國奚啻工之治玉此正宜舉國以聽之者也至於治國家乃不付之賢

者則曰姑舍汝之所學而從我之所爲不使賢者得伸其志以治之則何以故而徒異於教使玉人雕琢玉哉是愛國不如愛玉矣王誠能委任賢人而使之得盡其才其庶幾乎

賢人之能治國家猶大木可爲巨室也曰姑舍汝所學而從我則大才而小用之賢人而不賢期之矣治國家當付賢人猶萬鎰之玉必付玉人也萬鎰謂璞玉之價値萬鎰之金是多之之詞蓋物重則不[illegible]付之於人也曰姑舍汝所學而從我則王以付玉人而國不付賢人矣教字作使字看非他教訓之教何以異怪嘆之詞内有無限製肘不得使展布其伎倆意

勝之章全旨　○此見取國當順乎民心意宣王意在取故先言勿取而後言取孟子意在勿取故先言取之而後言勿取宣王托之天心幽而難知孟子决之人心顯而可據文武二段是應他兩個或謂末節是荅他取之何如

齊人伐燕勝之

齊人乘燕之亂伐燕勝之

燕王噲因鹿毛壽之言讓國於其相子之將軍市被與太子平攻子之不克而反攻太子構難數月而國大亂齊今章子將五都之兵因北地之衆以伐之燕士卒不戰城門不閉遂大勝燕蓋燕國自亂齊乘其亂而勝之非眞能勝之也曰人曰勝春秋書法也

宣王問曰或謂寡人勿取或謂寡人取之以萬乘之國伐萬乘之國五旬而舉之人力不至於此不取必有天殃取之何如

宣王實有利燕之心故托天意以問曰燕地既破土地人民當有所屬矣或謂寡人利不可貪而勿取或謂寡人機不可失而取之人言不同如此寡人以意揆之齊與燕皆萬乘之國也以齊萬乘之國伐燕萬乘之國勢均力敵宜乎雖勝矣今不待曠日持久僅五十日而遂收戰勝之全功倘以人力言之未必成功之速遽至於此殆天意亡燕陰助而默相之欲以燕與齊也天與不取是逆

天也逆天意者必有天殃今欲取之以順天心夫子以爲何如

兩或說皆宣王自爲假設之詞取之兼土地人民言取不取側重取一邊人力二句摸天意以神其事取之何如内含不得不取意不是兩可

孟子對曰取之而燕民悅則取之古之人有行之者武王是也取之而燕民不悅則勿取古之人有行之者文王是也

孟子對曰觀民心之向背可以見天意之從違王欲取燕亦決諸民心而已設取之而燕民喜悅欣然歸附王則順民心以取之古之人有行此事者武王是也武王至孟津諸侯不期而會者八百是人心已歸周故伐商而有天下倘取之而燕民不悅猶思故主則順民心而勿取古之人有行此事者文王是也文王三分天下方有其二是人心猶不忘商故終身以服事殷是燕之當取與不當取決之民心足矣

齊王本有利燕之心特托天以遂其私孟子告以當順民心蓋即民心以卜天

心也兩段雖平意重勿取一邊燕民悅不悅不是已取了方去看他悅不悅乃度之於已度之於民預料之而然武王是也文王是也只說古人有取之者亦有不取之者原各有道理非謂文王欲取商以商人不悅而止武王見商人悅已遂取之只是論其理如此非是實事不得滯看

以萬乘之國伐萬乘之國簞食壺漿以迎王師豈有他哉避水火也如水益深如火益熱亦運而已矣

夫欲知天意當觀民心而欲得民心又當施仁政今以齊萬乘之國伐燕萬乘之國燕之民乃簞食壺漿以迎犒王之師衆豈有他故哉特以燕政暴虐如在水火之中故避之而望救於齊耳王此時正宜發政施仁以順燕民之心而拯之於水火之中也若更為暴虐視燕為尤甚焉假如水之益加深假如火之益加熱則民之望救於齊者又將轉而望救於他人矣是天心不足恃而民心大可畏如此苟徒藉口於天殃而欲取之臣不知其所終矣

此節分明是說齊未得燕民之悅未便有可取之理萬乘五句推燕民望齊之心水火三句究今日失燕民之心王師王字指齊王非是王者之師豈有他哉暗見得不失天意水火是燔炙陷溺之影語非譬喻也二如字是假如之如即註若更爲暴之若字運者反覆轉運之謂而已矣三字正見民情無可奈何處分明是取之而燕民不悅也

取之章全旨○此見伐國當以仁意齊王與孟子謀寢兵尚欲得燕孟子爲齊王謀寢兵只是乘燕是動天下以上皆齊王所以召兵之由王速出令以下代他畫止兵之策

齊人伐燕取之諸侯將謀救燕宣王曰諸侯多謀伐寡人者何以待之孟子對曰臣聞七十里爲政於天下者湯是也未聞以千里畏人者也

齊人伐燕乘其兵勝遂將燕土地人民盡取之爲齊有列國諸侯不平將合謀起兵以救燕欲復其國　夫連之以諸侯之衆而假之以救燕之名齊之勢亦

危矣宣王懼而問計於孟子曰諸侯以齊取燕爲過多謀起兵以伐寡人者事勢至此我將何以設備而預待之以寢兵於未發之先乎孟子對曰臣聞古之王者有以七十里之小國伐暴救民爲政於天下而無與敵者成湯是也未聞以千里之大國而畏人伐已者也王何不以之自反乎

伐燕取之是不用孟子上章之言之字指人民國土諸侯將謀救燕是謀已定而兵尚未興此非眞激於恤隣不過借以爲名不忿齊之併有其國耳何以備待先自失其服人之機會故不免有畏人之私夏爲政是伐暴救民之政且慢說王於天下臣聞二句且虛講下二節詳言之

書曰湯一征自葛始天下信之東面而征西夷怨南面而征北狄怨曰奚爲後我民望之若大旱之望雲霓也歸市者不止耕者不變誅其君而弔其民若時雨降民大悅書曰徯我后后來其蘇

以湯爲政於天下上言之書仲虺之誥有曰湯與葛爲隣葛伯無道湯初征則自

葛始而天下已信其志之在於救民矣由是東面而征則極西之人皆怨望南面而征則極北之人皆怨望怨之者皆曰東西南北均一水火中也何爲不先來征我之國書之言如此由書言觀之可見湯所未征之國民之望之與其來又惟恐其不來若大旱之時望雲合而雨又恐霓見而止也是湯師未至而望之切如此及湯師之既至也兵不擾民民之歸於市而交易者仍不停止民之耕於野而治田者仍不更變湯惟誅其有罪之君而救其無罪之民王澤遍及若時雨降於大旱有以慰雲霓之望而民心皆大喜悅書又述其室家相慶之言曰待我后久矣后今來我其復生乎是湯師既至而慰之深又如此此所以七十里爲政於天下矣

此言湯所以七十里而爲政於天下處自湯一征自奚爲後我是書詞民望至雲霓是孟子語此言湯師未至之前民望之切如此歸市以下是孟子語又引書以証民悅見湯師既征之後其慰民之望如此天下信之信其非有富天下

之心此不在一時在平日能行仁政來說天下信則非特葛之民爲然也西夷北狄舉其遠者言則近者可知雲合則雨虹見則止若望雲者仰其來也若望霓者又疑其不來也願其雨又恐其不雨故只管望着是雲是霓耳湯之行仁全在誅君弔民然誅其君乃所以撫恤其民不平看不止二句只在弔其民中摘出其景象如此重在湯師不擾上蓋湯師之未加者則怨望其來其所征伐者則妻孥相慶曰待我后久矣后來其復蘇乎引此以証民悅之深上段較輕只重在既至而慰民之望上以見齊之不然也

今燕虐其民王往而征之民以爲將拯己於水火之中也簞食壺漿以迎王師若殺其父兄係累其子弟毀其宗廟遷其重器如之何其可也天下固畏齊之彊也今又倍地而不行仁政是動天下之兵也

若齊之伐燕則不然今燕無道暴虐其民與葛伯無異矣王興師往伐以正其罪亦與征葛無異矣燕民皆以爲將拯己於水火之中是以簞食壺漿以迎王

師之來又無異於雲霓之望矣若如此殺其父兄係縛其子弟毀燕之宗廟而絕其祭祀遷燕之寶器而爲齊有王之覆燕自利視夫誅君弔民者何如燕民之如水益深如火益熱視夫不止不變者又何如是民之望王者日深王之害民者愈甚如之何其可爲也夫齊千里之强天下固畏忌之久矣苐無可乘之釁耳今又取燕千里以倍其地而不行仁政以慰燕民之望服諸侯之心則在我有釁而人得執以爲詞天下之兵因此而起是齊實挑動天下之兵而不免千里畏人也

此齊所以不免千里畏人處所行與上節湯所行相反可也以上言其無以慰燕民之望以下指其有以名諸侯之兵蓋燕之暴不減於葛而簞食壺漿之迎不異雲霓之望是以望湯者望齊矣民以爲將拯已雖有望意却與信之者不同若殺其父兄的若字是若像這等之君四句正是取燕的實事不作未然之言殺其父兄等則與誅君弔民不變不止者不同是齊之師非時雨之師矣如

之何其可不指民心說如云怎的使得天下畏齊以平日言今又倍地以伐燕
時言不行仁政不指革只是不誅君弔民而殺其父兄等事非謂取燕之後
文不行仁政也□天下之兵有三畏齊之强則有乘我之心倍地則益起人之
忌□□仁政則又開兵之端是兵之動乃吾動之非天下動也夫天下有名之
兵旦夕且屯之臨淄即墨間齊其危矣固宜宣王有懼心矣

王速出令反其旄倪止其重器謀於燕衆置君而後去之則猶可及止也

天下之兵已動則謀所以待諸侯者蓋岌岌矣爲今之計王當速出揭燕之號
令以曉諭國人反其旄倪之已係累者止其重器之未遷者謀於燕臣民之衆
擇其賢而當立者置爲燕君而後引兵去之以示土地人民貨財一無所利焉
則燕無恙而諸侯不得以救燕爲名猶可及其兵之未動而止之也待諸侯之
策如是而已否則王其如彼何哉

此節爲王畫弭兵之策正荅其何以待之之問出令包下三事在反之止之謀

之之前速字最重謂先將此意布告燕人而使風聞於諸侯也若不速便無及
矣反旄倪補已殺者不可復生止重器補已毀者未能遽建置君是別求燕之
後之賢者而立之重在此何益燕之亂生於王噲子之只宜誅此二人置君而
去此是第一着齊王見不及此行了許多暴虐直至諸侯謀救方曰何以待之
孟子於無所待之中代爲畫策亦只有置君而去一着必謀於燕衆者必衆以
爲可而後立之恐終拂衆心也曰去之不屯兵其國不利其有也夫燕之土地
人民寶貨咸如故而且新君儼然在焉則燕已無釁彼諸侯縱有忌我之心將
以何名爲兵端此今日弭兵之上策也猶可及三字對上速字看止字正應待
字待在兵已動之後止在兵未動之先

鄒魯章全旨○此見人君當行仁政以恤民意首節穆公要歸罪於民中節示以
民怨之故末節示以得民之道穆公全是責民孟子却罪有司而責之君行仁
政是爲本原之論重在君一邊蓋人君欲得民一時之死力當恤民平日之生

命民之疾視有司正猶憤於君也君不當尤民當尤有司不當尤有司還當尤

已緊要在出爾反爾若行仁政即出爾之仁親上死長即反爾之義

鄒與魯鬨穆公問曰吾有司死者三十三人而民莫之死也誅之則不可勝誅不誅則疾視其長上之死而不救如之何則可也

昔鄒與魯鬨然交兵而戰為魯所敗鄒穆公問於孟子曰今茲之敗吾有司赴敵而死者三十三人而民莫有救有司而為之死者也將欲誅之則人衆不可勝誅若不誅之則有司民之長上也似此疾怨以視其死而不救悖逆甚矣不正其罪則無以謝有司將誅之乎抑且止乎如之何則可以處此民也穆公此問徒知咎民而不知咎已知愛有司而不知愛民矣

鄒本邾國魯附庸近魯而小鄒與魯鬨是書法鬨不成戰也便見鄒之必敗有司之必死有司死者為君死於敵也民莫之死言民莫有救有司而為之死者非無一人死於戰也穆公設誅不誅兩路只重在誅一邊以情可惡漸不可長

也如之何則可言如何處之爲當可是問所以處民之策使刑不濫而民知罪以治前日之罪非懲戒後來此便有尤民之意註民怨其上意在下節勿露

孟子對曰凶年饑歲君之民老弱轉乎溝壑壯者散而之四方者幾千人矣而君之倉廩實府庫充有司莫以告是上慢而殘下也曾子曰戒之戒之出乎爾者反乎爾者也夫民今而後得反之也君無尤焉

孟子對曰君意責之於民不知民之疾視長上者有由也蓋有司爲君養民者也乃當兵戎疾疫之凶年五穀不登之饑歲君之民老者弱者以饑餓之故輾轉於溝壑之中壯者離散而之四方以就食者幾千人矣民之死亡困苦如此豈非君與有司所當共恤哉而君倉廩之粟自實府庫之財自充有司竟無一人陳救荒之策於君而散財發粟以賑恤之是君與有司在上暴慢不仁而殘虐在下之民也上既虐下下有不疾怨其上者乎曾子有言曰凡人於世當戒之當戒之而出乎爾者如此反乎爾者即如此也施報蓋不爽矣夫有司疾視

民之死已非一日特未有隙得反耳今於戰鬬之日因以疾視有司之死而不救今而後得以出之有司者反之也此固出爾反爾之常一施一報理之當然也君無歸罪於民焉

曾子曰以上言其殘下之實而有以積怨於民下即報施之理而言其不可歸咎於民穆公說三十三人若以爲最多孟子說幾千人更爲不少穆公說不救長上孟子說當時恰有視民之死而不救者今日恰好相當穆公只曉得有司是君的不知民也是君的故說君之民三字有司莫以告正是民莫之死之故倉廩實府庫充是君之慢莫以告是有司之慢此上字兼君與有司殘下總是坐視其死亡而不救曾子之言本兼德怨引之只重怨一邊所報一一視其所施正見當戒意今而後得反之言平日無隙可乘今於戰鬬始得反報之君無尤焉見不當尤民只當罪已推本於君者所以儆穆公也罪及有司者承問意而答之也

君行仁政斯民親其上死其長矣

夫民之不救有司者由有司之不恤民而有司之所以不知恤者由君之不行仁政耳君若自反而行愛民之仁政薄其稅斂恤其凶饑則有司皆體君之心以爲心而無敢不愛其民斯民無不愛有司平日則親其上愛戴而不忘有事則死其長捐軀而不顧矣豈有疾視長上之死而不救者哉由是言之則今日之處斯民也無誅也亦無尤焉惟在君反求諸巳行仁政以爲有司之倡而巳

此正應感必然之理專責在君行仁政在不求富而兼恤荒說君行仁政以倡有司則有司體君心以愛民平素必不苛虐凶歉必請與發長上之道盡矣此長上单指有司親上就平日言死長就臨難言親以心言死以身言行仁政而親上死長正出爾反爾之理親上死長正應疾視長上一句斯字亦出反之遠也可見君不當尤民只當尤有司不當尤有司只當尤巳故結到君行仁政以倡有司上

小國章全者○此見立國貴乎自强意以五十里之滕介在兩大勢誠難以自全然與其恃强國以爲援不若固結人心爲自守之計正不欲其僥倖於旦夕耳但事齊楚只爲自家計利害說到效死而民弗去方知是爲百姓須知如何方得效死弗去

滕文公問曰滕小國也間於齊楚事齊乎事楚乎

滕文公問曰滕方五十里之小國也東則有齊南則有楚而滕介居於兩大國之間將不事之則勢孤而難以自保欲並事之則力薄而有所不能今欲擇一尤强者而事之以爲自全之策將事齊乎抑事楚乎夫子其爲我決之

事齊事楚是於並事之中欲擇一尤强者而加厚之庶得其所依如事齊便可借力以禦楚事楚便可借力以禦齊

孟子對曰是謀非吾所能及也無已則有一焉鑿斯池也築斯城也與民守之效死而民弗去則是可爲也

孟子對曰依於人以苟安總非可恃是事齊事楚之謀非吾智慮之所能及也然必欲言之無已則有一道焉滕國雖小有斯池在加鑿之而使益深也有斯城在加築之而使益高也則地利已可恃矣於是率其民而與共守之設有變故之臨為君者效死以盡守國之義民亦感君平日之恩為之固守雖危難亦弗忍委棄而去此則以我之人和保吾之地利自強以圖存理之可為者也若舍其自強而求所以恃人者吾不能為滕策矣

是謀句非謙其自短於謀是說僥倖苟免之策不足言耳無已言無可奈何却有自立之策在城池不是創新只使之益高益深是守之具也與民守是君率其民以與守觀一與守可見三句全是勵精自強不敢苟安之意效死而民弗去是變故之時效死指君於效死見守義之正守義者守國君死社稷之義也弗去指民於弗去見愛民之意愛民在平時看必平時有許多仁義來感激斯民所以當變故而不散不是空空共與守國便是社稷一大捍衞也則是可為

是致他此處着力下手做所謂求己之策可爲而恃人之策不能及非謂可以抗衡齊楚也此句正對上是字

築薛章全旨○此見守國者惟爲善可以自信意文公以築薛爲恐而欲求免禍之策則於前章守國之說亦不能行矣此外只有個遷國一策故舉太王遷岐之事以告之究其所以子孫王者在爲善不在能遷下節勸其爲善以自盡謂近可以保守其統業遠可以昌大其子孫齊雖强當無可乘之釁也但前章是守義愛民當盡其在我而不可僥倖其在人此章勉强爲善當盡其在我而不可僥倖其在天

滕文公問曰齊人將築薛吾甚恐如之何則可

滕文公問曰滕與薛同處齊之西境今齊人併得薛將築其城以逼於滕則滕之勢益孤而齊之侵凌益廹吾恐其將及己不知如之何可以自免乎

如之何則可要求免禍之策有遷之不能居之不可意

孟子對曰昔者大王居邠狄人侵之去之岐山之下居焉非擇而取之不得已也

孟子對曰蔽國外患從古有之昔者太王居邠狄人每侵擾之太王力不能禦乃去之岐山之下建都邑而居焉當時非謂邠地不如岐山之美謂可以興王業揀擇而取之乃廹於狄人之難不得已而遷國以圖存耳

引太王事以其失地者言之見滕即失地而善卒不可不爲不重效太王遷國蓋滕何地可遷即遷亦誰與我處然非平日爲善以得民則不能遷也據後來太王遷岐以開王業便似擇而取之其實是不得已不得已三字見非遷國之常法

苟爲善後世子孫必有王者矣君子創業垂統爲可繼也若夫成功則天也君如彼何哉彊爲善而已矣

至於後來周家興起王業則太王爲善之所致耳使爲君者實能修德行仁如太王爲善即不王其身後世子孫必有王者若周家矣然爲善而得報理之自

然也爲善而望報非君子之本心也君子凡事創基業於前以垂統緒於後但能爲所當爲而不失乎天理之正可使後世子孫繼續而行耳若夫興王之成功則氣數之天也豈可必乎今齊強滕弱勢不相敵君之力將奈彼何哉但當勉強爲善使爲可繼盡其在我以聽其在天而已矣蓋爲善以固人心乃圖存之要策毋僥倖於所難必可也亦何以甚恐爲哉

賢如太王亦不得已而遷後來興王却由於修德行仁可見在德不在險正要可守德可備也苟爲善至天也是據理而示其當爲善末二句是審勢而申其當爲善爲善指修德行仁而言非以遷國不爭爲善爲善必有王雖爲太王避狄而言却是概說觀註言能爲善則如太王云云可見太王與王意上節非擇而取內已有之創業即創此爲善之業也創業垂統不平有次第之謂業爲之自我謂之創傳之於後謂之統可繼繼此善也爲此善可傳一時可傳後世然繼在後人使之可繼則在我要看爲字見只是爲此更不念及成功此二句應

為善者夫成功見天必不負為善之人此句應子孫必有王君如彼何哉郎太王不得已意強為善因國小隣强為善有許多難處故下一强字不但恐其不用力也而已矣三字見盡我本分修我實事原非教他遷國滕不比太王有可遷之處正以斷文公僥倖之念引他一心為善以自守耳

竭力章全旨○此孟子陳經權之策以使滕之自守意如之何則可是文公求自安之策中二節孟子告以遷國圖存之權守正俟死之經末節欲其擇而取之重在守一邊

滕文公問曰滕小國也竭力以事大國則不得免焉如之何則可孟子對曰昔者太王居邠狄人侵之事之以皮幣不得免焉事之以犬馬不得免焉事之以珠玉不得免焉乃屬其耆老而告之曰狄人之所欲者吾土地也吾聞之也君子不以其所以養人者害人二三子何患乎無君我將去之去邠踰梁山邑於岐山之下居焉邠人曰仁人也不可失也從之者如歸市

滕文公問曰滕小國也雖致敬盡禮竭力以奉事齊楚之大國則不得免其侵伐焉如之何則可蓋欲於遷守之外別求所以自安之策也孟子對曰吾為君圖所以自免者既悉矣究何越遷守之兩策哉昔者太王居邠狄人時侵淩之初事之以皮幣意其欲我財帛也不得免焉再事之以犬馬意其欲我奇獸也不得免焉又事之以珠玉意其欲我寶玩也不得免焉太王乃會集其耆老而告之曰吾如此事狄人而不得免是狄人之所欲者吾土地也夫土地本生物以養人若爭地以戰則殺人盈野是反以害人矣吾聞之也君子以愛民為心不忍以其所以養人者害人而吾豈獨忍之乎二三子何患乎無君我將去之而不死於難則汝輩皆有君矣於是去邠踰梁山作邑於岐山之下居焉但見邠人皆曰吾君平日愛養吾民恩德及人深矣乃仁人也不可舍而失之也於是從之者人衆而爭先以遷於岐山之下如歸市焉古人追於難而遷國以圖存者如此此一策也

此舉太王之得民以警文公歷言事之不免正以破他竭力事大之失尊土地生物養人爭地殺人便以養人者害人曰君子不爲見巳之所不忍爲也爭地而或死於狄人之難便是無君我將去之而不死大家其圖安樂則有君矣非云我去則無君將赤子委之狄人也此二句不是與民訣別之言乃率其民而去之之辭仁人以平日有德及民言不必兼今日失猶舍也二句是邠民自相告勉急於從遷之辭但邠人曰一段乃在屬耆老之後去邠踰梁之前非太王巳到岐山而邠人始謀所以歸之也如歸市要體註人衆爭先意

或曰世守也非身之所能爲也效死勿去

或者又曰土地乃受之先人傳之子孫而世世守之者非吾身之所能專也設有患難但當效死守之國存與存國亡與亡不可舍之而他往也此守正以殉國者又如此此又一策也

世守二字註云先人所受受字暗指夫子而以先人爲主非身之所能爲言非

欲去則去者但先說大王後引此論見此說甚為有理蓋就滕之時勢而權之也

君請擇於斯二者

合而觀之遷國者權也效死者義也君請審己之力觀勢之便擇於斯二者能如太王則避之不能則謹守常法可也外此而求僥倖苟免之策非吾之所能及也

承上二節來教以審經權之宜意重在守一邊蓋文公當日只有死守一法然必曰擇於斯二者其時文公驚慌無措必有僥倖苟免之念孟子想來如此先景惟有遷國及死守兩路故借太王言之蓋設為難行之事以堅其自固之心不是教他擇其可遷謂其宜遷也但擇之則不可遷矣

平公章全旨○此見君子之出處在天不在人故孟子以天自信正是不怨不尤本領前二節是孟子將有所遇而阻於人末節因有所告而歸諸天蓋行藏在

我用舍在人而主宰者則在天也平公將見魯將用孟子行道之機也孟子用
則臧倉憂故以論喪之說進孟子不用則樂克憂故以貧富之說進然樂克不
求勝臧倉則天也以天字壓倒嬖人天字是一章之主

魯平公將出嬖人臧倉者請曰他日君出則必命有司所之今乘輿已駕矣有司未知所之敢請公曰將見孟子曰何哉君所為輕身以先於匹夫者以為賢乎禮義由賢者出而孟子之後喪踰前喪君無見焉公曰諾

樂正子仕於魯稱孟子之賢於平公一日孟子至魯平公將往見之有公嬖佞之人臧倉者知之而故請曰人君一出一入甚不輕也他日凡君出則必命掌駕之有司以所往之地今君之乘輿已駕矣有司尚未知所往敢請命公曰將往見孟子臧倉沮之曰君千乘之主也孟子一匹夫而已何哉君所為輕已身之貴以先加禮於匹夫之賤者無乃以孟子為賢乎使其誠賢則倉聞賢者之人其所以品節人事裁制人情使厚薄一致者皆禮義也禮義必出賢者然

禮義又莫大於親喪而孟子之後喪母其厚過於前喪父之禮以父母之喪而厚薄任情如此是不知所謂禮義不得謂之賢乎　君何輕身往見哉公惑之曰諾遂因之不往見焉

平公與宣王會於梟繹山下樂正子備道孟子於平公曰孟子私淑子思願學孔子其德輔世長民其道發政施仁公何爲不見乎公因許之見要先點出稱道其賢之意以爲後面張本一將字便有猶豫意所由開倖人窺伺之門也倉佯爲不知以詰而究其所往此正士之進亦邪人之憂耳何哉何故也二句一氣落帶是詰君之詞倉所謂禮義淺只在品節人事裁制人情上見豊儉中節便是禮厚薄合宜便是義彼謂厚毋薄父爲不知禮義見其非賢豈知聖賢處此自有隨分而順理因時而制宜者乎

樂正子入見曰君奚爲不見孟軻也曰或告寡人曰孟子之後喪踰前喪是以不往見也曰何哉君所謂踰者前以士後以大夫前以三鼎而後以五鼎與曰否謂

棺椁衣衾之美也曰見非所謂踰也貧富不同也

樂正子入見平公曰君何也欲見孟軻今奚為中止而不見也公曰始吾欲見孟子爲其賢也今有或告寡人曰孟子之後喪踰前喪夫父母一體今乃厚母薄父違禮義之中未得爲賢是以不往見也曰何哉君所指以謂踰者豈謂其前喪父以士之禮後喪母以大夫之禮前以士之禮祭則三鼎所以爲薄後以大夫之禮祭則五鼎所以爲厚歟爲士爲大夫喪禮各有分制賢者固不得而違也公曰此言否也寡人謂其棺椁衣衾之美人人得以自盡非士與大夫所得拘而孟子後喪之美過乎前喪之不盡美也曰非可以此之故謂之踰而譏之也蓋前喪父之時爲士無祿則其家貧而無財不可以爲悦後喪母之時爲大夫有祿而富則不以天下儉其親喪具厚薄稱家有無是皆出於禮義之當然非賢者不能得其宜也君何訝焉

臧倉無忌憚之言正子必已聞知矣爲不見雖是究所以不見之由畢竟是欲

破其說使平公終見之耳何哉一問言君所謂後喪踰前喪者指何事以上二句且虛三鼎五鼎乃其實也四句俱是祭禮然非問詞乃欲折倒平公也公亦知士三鼎大夫五鼎不叫做踰若棺椁衣衾則得自盡故謂之踰不知所謂踰者使時皆貧而獨有厚於母使時皆富而獨有薄於父此之謂踰貧富在俸祿上見蓋貧富不同正是孟子之順禮合義處正所以見其賢也安得謂踰而何公意承之以默耶

樂正子見孟子曰克告於君君爲來見也嬖人有臧倉者沮君君是以不果來也曰行或使之止或尼之行止非人所能也吾之不遇魯侯天也臧氏之子焉能使予不遇哉

無如平公之終不見孟子也樂正子因見孟子曰克前以夫子之賢告於君君已爲此來見夫子也嬖人有臧倉者爲毀訾言以沮君君是以不果來也小人之害正如此孟子曰是何必尤人哉凡人之遇主而行或有人薦揚而使之者其

不遇而止或有人阻抑而尼之者然其人之所以行所以止實非人之所能爲使能爲尼也天爲之也今吾之不遇魯侯以行其道乃時數當衰天之未欲平治天下也彼臧氏之子一嬖人耳焉能使予不遇哉吾與天亦安之而已於倉又何責耶

小人一言即挽其見賢之轍君子屢言不足釋先入之疑此正是天意所在未可盡歸於人正予入見之言全有尤人之意故孟子總歸於天以曉之行止以道言即當出處二字看在賢者身上說使字含稱道意對克告於君二句尼字含毀謗意對嬖人二句說道之行止在人然其行其止皆或有使之尼之者即暗含天字意故接非人之所能爲也遇字有君臣契合而吾道得行之意不止於一見天以氣數言謂氣數適逢其否臧倉特人耳焉能使予不遇哉而又何尤也要之君子當盡力於斯道而不必全諉於氣數孟子之爲此言特以安樂正子耳與夫子答景伯意同

合纂四書蒙通卷之十五終

公孫丑上

公孫章全旨○此見伯功不足爲而王道有可致意以齊王由反手以王是黜伯功而崇王道以下是齊王之易齊有可王之時勢[illegible]德耳德卽仕政引齊人言已標出時勢二柱夏后二節又言時易勢易時勢並重德是根本德必藉時勢而後行以見王之之易區區伯顯何足道哉

公孫丑問曰夫子當路於齊管仲晏子之功可復許乎

公孫丑問曰夫子固有志用世矣設使今日得當要路於齊而秉齊國之政如當日管仲晏子之功業可復自期許乎

當路謂操政柄凡事出入必由於我卽下章加齊卿相也管晏之功卽含伯顯且勿露許自己期得定意震望之詞也復字對管晏而言管晏既能之於前孟子亦可復自許於今否言外有孟子未必敢自許之意

孟子曰子誠齊人也知管仲晏子而已矣

蓋大道之不明也久而功利之入人也深故雖以公孫之徒尚未敢必孟子之能為管晏不知其卑管晏而不為也故斥之曰齊人之所知者惟管仲晏子耳今子眞齊人也亦惟知有管仲晏子而已矣此外學術事功有高出管晏萬萬者皆所不知也

上句斥其局於所處下句責其狃於所見雖是薄公孫然已薄管晏矣丑固齊人受業門墻宜不囿於習俗今所言如此故曰誠齊人也只言是齊國人品知管晏正見其為齊人處而已矣三字見此外有聖賢作用掀天揭地大事業皆所不知也

或問乎曾西曰吾子與子路孰賢曾西蹵然曰吾先子之所畏也曰然則吾子與管仲孰賢曾西艴然不悅曰爾何曾比予於管仲管仲得君如彼其專也行乎國政如彼其久也功烈如彼其卑也爾何曾比予於是

子謂知管晏之功固仲尼之徒所羞稱者乎昔者或問乎曾西曰聖門有子路者吾子自度與子路孰賢曾西以擬之太高蹵然不安曰子路聞過則喜見義必行其學已造乎高明正大之域乃吾先子所敬畏而推讓之者也豈予之所敢比者乎或又問曰吾子既不敢比子路然則吾子自度與管仲孰賢曾西以擬之太卑艴然不悅曰爾何乃曾比予於管仲且以管仲之事言之自古聖賢功業不至大就者或以得君不專委任未久耳夫管仲得遇桓公之君志同意合尊信之至如彼其專也獨操國柄以行其政至四十餘年如彼其久也宜其功烈之遠且大矣乃不率桓公行王道而行伯政不過假仁假義以富強其國區區功烈如彼其卑也仲之人品如此爾何曾比予於是得君專行政久而功烈卑者耶夫管仲爲聖門之羞稱者如此子何謂我之可復許乎

兩孰賢就人品說非事功也蹵然謂擬之太高而不敢安畏是敬畏不敢玩忽意非不相及而畏避也或人又以管仲問未必是以其詞太高而以次者相擬

彼或素艷管仲又舉其意中最高者以看其自擬何如艴然者爲其擬之太卑而不悅也得君專便含有可爲之勢行政久便含有可爲之時功烈卑歸重在德不足烈指功之著見於外者言把專與久兩路相形見得總無解於功烈之卑歸重在此句是字指得君專三句曾西重言何比於我耻見比之甚也此便是曾西不爲故下文遂承言之第丑言管晏孟子偶借曾西與或人之言因而单言管仲其實知管仲則知晏子不必作晏子人無可譏事無可議之説

曰管仲曾西之所不爲也而子爲我願之乎

孟子曰由曾西此言觀之則管仲之功烈曾西之所不屑爲也但曾西與我同道曾西不爲亦我所不爲而子爲我願望之乎

此援曾西以例已不可說曾西且不爲况於我乎是抑曾西以尊自已也凡人願則爲不願則不爲願字爲字緊相呼應爲我願猶云替我期望上可復許從孟子說故許爲自期此爲我願從公孫丑說故願爲相望不爲管仲則晏子可

知

曰管仲以其君霸晏子以其君顯管仲晏子猶不足爲與

丑猶未之達也曰管仲相桓公九合諸侯一匡天下以其君成霸業晏子相景公布德緩刑以其君顯名於諸侯二子之功亦盛矣丑雖爲夫子許之尚未敢必其能爲今觀夫子之言則管仲晏子猶不足爲與

孟子言功烈卑未嘗說出其所以卑故丑又盛稱伯顯之績以豔孟子見得管晏之功烈不卑諸侯之雄長曰霸霸以功業言諸侯之聲聞當時名傳後世曰顯顯以聲名言兩以字誇其才能大有作爲在内前可復許是疑其不能此不足爲是訝其不屑言外有此而不爲夫子將何所爲之意故孟子承以齊王云云

曰以齊王猶反手也

孟子曰若我當路於齊而得君行道則輔佐齊君以成王業其易猶反手也豈

特伯顯之功而已哉

此是孟子自負語以齊王非齊能王乃孟子能以之耳以字承上文二以字說來能輔佐之以致其君也王謂成王業說出一王字將伯顯二字形容的一些不値反手與運掌不同運掌是順治反手是轉亂為治下文解倒懸正是其反手處猶反手則不必其專且久矣以齊王合下德字猶反手合下時勢

曰若是則弟子之惑滋甚且以文王之德百年而後崩猶未洽於天下武王周公繼之然後大行今言王若易然則文王不足法與

丑曰夫子以管晏為不足為弟子既已惑矣今又以齊王猶反手若是言則弟子之惑益甚也然管晏姑無論且以文王言之其恩澤及人之德可謂極盛矣又享壽百年而後崩則其德之施不為不久矣然三分有二其德猶未遍洽於天下及武王克商永清大定周公相武王制禮作樂得此兩聖人繼之然後教化大行洋溢四海是文王尚不能及身而王王業之難如此今言齊王若反手

之易然則文王之德猶不足以爲法歟此丑之不能不滋惑也

丑疑不在於王而在於反手文王以下正明其惑之所以滋甚且以二字重㸃之詞言無論其他在下者且以聖如文王言之德主恩澤及人說卽治岐之仁政下文德行速亦恩澤也百年後崩非在位百年只言其壽之長以見在位之久未洽德未洽也大行則洽於天下而王業成矣蓋王業莫盛於文武猶必數聖相繼纔可以致王則王若是之難若易然猶如反手之易不足法就德言與下文何可當也相應今言王太易此丑所以滋惑不是不足孟子只是疑孟子有過於期許之意

曰文王何可當也由湯至於武丁賢聖之君六七作天下歸殷久矣久則難變也武丁朝諸侯有天下猶運之掌也紂之去武丁未久也其故家遺俗流風善政猶有存者又有微子微仲王子比干箕子膠鬲皆賢人也相與輔相之故久而後失之也尺地莫非其有也一民莫非其臣也然而文王猶方百里起是以難也

孟子曰文王之德至盛何可當也其所以不及身致王者非其德不足所值之時勢難也試以時言之商家之王業始於成湯由湯之聖敬日躋及太甲之克終允德太戊之天命自度祖乙之任賢致治盤庚之祗綏四方以至武丁之恭默思道賢聖之君作而興起者凡六七矣其累世德澤深洽於人心天下之歸殷久矣久則人心固結難以變而之他也其世德在人如此當武丁之時國運雖衰王業未改一加振作赫然中興遂能朝侯而有天下以復湯之故業猶運之掌之易也紂之去武丁相去七世尚未久也其在下則累世勳舊之故家與舊民淳龐之遺俗其在上則修身齊家之流風紀綱法度之善政俱猶有存者其餘澤未泯如此又有同姓之微子微仲王子比干箕子異姓之膠鬲五臣皆賢人也相與同心匡救以輔相之其多士維持又如此故紂雖無道國不遽亡必待日久而後失之也又以勢言之當紂之時天下大勢依然一統尺地莫非紂之有也一民莫非紂之臣也然而文王由方百里之國而起焉是文王所值

「之時勢皆難是以致王亦難也若其德則何敢當而可遂以爲不足法哉
此節反覆發明文王何可當一句以破丑文王不足法之疑何可當以德言正
反不足法句由湯至難變也一段見人心戴商之舊武丁至猶有存一段見商
家遺澤之遠微子至輔相一段見衆賢維持之力由湯至於武丁以湯與武丁
作主其中賢聖之君特點綴遞衍之歸殷久見殷之浹洽於民者久也難變是
難變動也復舉武丁言之者爲盤庚沒而殷道衰諸侯久不來朝天下已非其
有此時亦變動之一會武丁能用人修政商道復興故又表中興之盛見先代
之世澤益培以厚也朝諸侯就是有天下非既失而復有也只是振起之耳猶
運之掌分明有藉世澤意武丁至紂凡八世一百八年故家以勲舊言遺俗以
沿習言澤之在下者流風以修齊教化言善政以紀綱紀度言澤之在上者曰
故曰遺曰流曰善皆自商先王身上來雖不能如商先王之盛而商先王之遺
澤至紂時猶有存也微子微仲紂之庶兄仲名衍于之弟也比干箕子紂之諸

父言王之親之也相與輔相之又有以維持主德挽回氣化故字承世澤賢人來之字指天下久而後失言失之於武王時非失在文王手也此句總承上見文王之時之難尺地二句加一況字轉下二其字指紂言商家一統之盛即文王之百里亦在其臣其有之中此二句言文王之勢之難是以難也句總承上時勢言所以致王之難兩難字正應上易字須知文王以服事殷何心計及於時勢之難易但言文之難以見齊之易耳蓋時勢之難易前後俱未明言只借齊人語一點出耳宜善會

齊人有言曰雖有智慧不如乘勢雖有鎡基不如待時今時則易然也

文王時勢之難如此則興王必籍時勢可知矣子齊人也抑聞齊人有言曰人之作事者必以智慧之巧然雖有智慧不如乘其事勢之便乃可以有爲而建功不則智慧無所施矣種田者必以鎡基之器然雖有鎡基不如乘天時之至乃可以力作而有獲不則鎡基無所用矣可見時勢爲王天下之藉也若今日

齊之時勢於興王則易然也吾故曰猶反手也

此節承上起下引齊人之言見人非超俗言可垂鑒上二句以作事言下二句以耕種言勢者事機利便之際時者乘此可爲之會鎡基耒耜之屬也以智慧鎡基平對待時乘勢爲有智慧鎡基者言之若無智慧鎡基雖有時勢何益今時只作今日字看補時勢在下

夏后殷周之盛地未有過千里者也而齊有其地矣鷄鳴狗吠相聞而達乎四境而齊有其民矣地不改辟矣民不改聚矣行仁政而王莫之能禦也

何以見齊勢之易彼夏后氏與殷周之盛時雖普天皆王土率土皆民然其王畿之地未有過於千里者也而齊方千里有其地矣且居民稠密鷄鳴狗吠之聲處處相聞自國都達乎四境而齊有其民矣若地不廣則須再辟今齊有其地是地已辟而不待再辟矣民不衆則須再聚今齊有其民是民已聚而不待再聚矣地廣民衆澤可遠施以視尺土一民皆商之有而文王猶方百里起者不

倖矣乘此勢而行仁政則澤之所及者遠而力之所加者亦大以王天下莫之能禦止之也

此節言齊勢之易夏后商周言彼盛時只如此有千里之地與文王百里之地異有千里之民與文王百里之民異有民則有雞犬鳴吠相聞是國都之居民稠密達乎四境是四境之居民稠密見人烟湊集無間斷處也改者再也謂更圖也兩不改讀住謂不改而已辟已聚矣二句承上文來行仁政本勢來乘勢而行仁政利用恩也二句與下饑者二句相對勢易以齊之力量言不可說到富強上下文時易以天下機會言

且王者之不作未有疏於此時者也民之憔悴於虐政未有甚於此時者也饑者易爲食渴者易爲飲

齊之所以易王者不但有可乘之勢又有可爲之時且周自文武至今無有聖君無世是王者之不作未有疏濶於此時者也王者不作故諸侯分爭而干戈

憊於無時休息民之憔悴於暴虐之政未有日甚一日如此時者也於此仁政一行不待深恩厚澤而民即感德歸心譬如饑者得食即以爲美而易爲之食渴者得飲即以爲美而易爲之飲其致王何難之有哉

且字緊承上節說來有其勢固易矣有其勢而兼有其時故加一且字作層折便見兼有之意不作謂文武以前無王者未有疏於此時與賢聖繼作者異矣未有甚於此時與猶有流風善政異矣饑渴易爲飲食見久暴之後易於行仁要補仁政在饑渴上補致王在爲飲食下易飲易食屬在與民飲食者身上說饑渴即下文之倒懸也但此二句在見德上說下文解倒懸在歸心上說兩易字對上兩難字

孔子曰德之流行速於置郵而傳命

得時乘勢固易於行仁而況仁政之行又本自速乎昔孔子有言曰人君之德政出乎身而加乎民其流行之機更速於置郵而傳命蓋置郵傳命雖速尚必

計程而後至若德之流行則沛然旁達此感而彼即應不待疾之而自速不待行之而自至是德行本速如此況又有時勢之可乘乎

孔子之言只專論德不兼時勢所以引之者蓋上文極言時勢之易似把德看輕了故引此以見德行自速而況乘時得勢乎以起下仁政得時勢則反手可王也德即本之心而措之事者即仁政也作恩澤看與上文王之德一例流行德之及民也始於朝廷迄於四海號令所及仁恩布焉不疾而速不令而行感應自神視置郵爲尤速焉馬遞曰置步遞曰郵置以遞置郵以遞郵甚言其速猶或有廢閣之時而德則自此及彼捷於影響也

德之　節

呂用晦曰孟子引孔子之言只重一德字亦以有時有勢而無其德未見與王之易若引言內牽入時勢及管晏文周便非孔子語氣

唐賓君曰順孔子口中不便照顧章脉從孟子口中點逗出孔子語恰是引述

口氣則還顧文王映帶時勢方有旁敲横出之妙

當今之時萬乘之國行仁政民之悦之猶解倒懸也故事半古之人功必倍之惟此時爲然

夫德行之速本不假於時勢然當時易勢易而又有德以行之其成功之速當何如者乃當今之時亂極思治時則易矣萬乘之國地廣民稠勢又易矣使我當路於齊輔君行仁政之德以慰民心將見民之悦之猶如有倒懸之苦而忽解之其感人之速入人之深不啻如饑者之食渴者之飲而已夫古人如文王積德百年而猶未洽於天下爲時勢之難故也在今日所行之事不必如文王之百年繼世只半於古人而其成王天下之功必較古人而加倍之不止如文王之三分有二而已矣惟此日之時勢易而德行速爲然故能用力少而成功多也吾謂以齊王猶反手者豈虛語哉子何以管晏爲我願耶

上三節平敘此節總承而申斷之方連時勢易而德行速然亦不是時勢易故

德行速只重在德行速耳當今之時時易也應王者不作一節萬乘之國勢易也應夏后一節民悅二句德行速也應流行節使得當路而憑萬乘之國斥伯功而行王道施恩澤以甦饑渴之民不必如文王當日之事而倍收前人致王之功古之人節文王事半古人不必百年繼世功必倍可反手王齊惟字要見非今人之過於古人也此日之時勢易而德行速與今時則易然也相應見得德爲致王之本時勢爲致王之資此時爲然有屬望當時切莫錯過之意

動心章全旨○此見孟子之不動心由於希聖之學意通章以不動心爲主其所以不動心者由於知言養氣而知言養氣從願學孔子來吾嘗聞大勇於夫子已伏願學之根後盛推孔子以見堯舜百王且不足道而心法孔子者豈以卿相而爲其所動乎細分之首節言已當大任而不動心二節至守約也大槩言不動心之有道自敢問夫子之不動心至而反動其心言告子之不動心而斷其失自敢問夫子惡乎長至必從吾言矣言已之不動心所以異於告子者在

知言養氣自宰我至學孔子也言巳不敢當孔子而實願學孔子自伯夷至末則皆言孔子之尤盛於羣聖以見其所以願學也

公孫丑問曰夫子加齊之卿相得行道焉雖由此霸王不異矣如此則動心否乎

孟子曰否我四十不動心

公孫丑見孟子卑管晏不足爲以齊王猶反手而猶未能遽信故又設問曰夫子若加以齊卿相之位得行其所學之道焉雖由此位而建功立業小則成伯大則致王亦其能事無足怪異矣然任大責重如此夫子亦因而動其心否乎孟子曰否不動心也葢我年至四十道明而無所疑德立而無所懼此心巳不動矣今雖居高位行大道亦沛然行其所無事而巳又何動心之有

上章問事功此章問心學加是一旦加之由此由字指得位行道說動心否乎非謂孟子以卿相動其心謂伯王事大恐孟子擔當不過孟子曰否巳見當大任而不動心又言我四十不動心者見心之不動非臨事把持全是生平涵養

已到心體已完未用世時已如此及當大任只是尋常應酬一般更何幾微搖動此句內便含知言養氣學問在內了註恐懼疑惑是說心之所以動恐懼爲下文養氣張本疑惑爲下文知言張本道明屬疑惑本下文集義以知言來德立屬恐懼本下而集義以養氣來俱未可露出

曰若是則夫子過孟賁遠矣曰是不難告子先我不動心

丑曰當大任而不動心若是則夫子之勇過於孟賁遠矣蓋孟賁之力僅能舉一物之重而夫子之心則能荷一世之重也是豈易及者哉孟子曰人若固守其心而使之不動是亦不難卽如告子之爲人乃能未至四十已先我而不動心何難也

賁絕力其負重必不動心故以相較曰過者謂其勇於擔當也不動心甚難而孟子曰是不難者蓋不問所以不動心者何故而但曰不動心是不難也此不難爲告子言之先我言較捷於我是不待四十先定內已含强制意了註中未

爲知道且勿露跡

曰不動心有道乎曰有

丑又問曰敢問不動心固有道乎曰一心而應天下之事惟其有主乃能不動是有道也

丑是大槩問不動心問孟子有道只泛論有個方法曰有亦只虛虛說有個方法使之不動註心有所主包得潤下文黝舍曾孟之不動心皆是有主黝以必勝爲主舍以無懼爲主曾孟以守約爲主但有精粗之分

北宮黝之養勇也不膚撓不目逃思以一毫挫於人若撻之於市朝不受於褐寬博亦不受於萬乘之君視刺萬乘之君若刺褐夫無嚴諸侯惡聲至必反之

所謂不動心有道者且不論當大任先以勇士觀之嘗聞北宮黝之養其勇也挺身而鬬其膚不至被刺而屈撓怒目而視其目不至被刺而轉睛逃避不但不爲人所刺挫其心雖一毫小挫辱於人即若撻之於市朝之大挫辱而在所

必報即其不肯受辱之心非惟不受挫於褐寬博之賤必欲有以報之亦不受挫於萬乘之君之貴必欲有以報之以故視刺萬乘之君之貴一若刺褐夫之賤視天下又安有可嚴憚之諸侯乎非惟不受挫而必欲刺而報之也即人有惡聲至已已必以惡聲報之況挫辱之不止於惡聲者乎此以必勝為主而不動心者也

若止論强制不動則勇可制心不必告子即黝舍皆可云不動也故孟子先說黝舍借來作告子的証案後說曾子借來作自已的証案黝以必勝為主舍以無懼為主各有其道各能不動黝之必勝在一思字中舍之無懼在一視字中不膚二句是不為人所屈不撓不逃勿作被刺若被刺無不撓不逃之理但黝務勝人不至於被刺也二句是孟子畫出他勇猛的形像思以至反之是必報人之辱一毫以下非真有是事特極言其勇如此故下一思字惡以下相承說去一節深似一節總見其必勝人也一毫挫於人謂所辱者至小若撻於市朝

有不勝其愧耻之甚者不受二句承必報人之辱意說下視刺萬乘正不受辱處
乘之實也惡聲必反又即小以見大不專指諸侯謂不惟辱來必報雖言小不
善亦必報未便是行刺此一節是則北宮黝不動心之道也

孟施舍之所養勇也曰視不勝猶勝也量敵而後進慮勝而後會是畏三軍者也
舍豈能爲必勝哉能無懼而已矣

又聞孟施舍之所以養其勇也嘗自負曰人貴敢戰無論我能勝人就使有時
彼不可勝而以我敢戰之心視之猶夫能勝而勇往直前也他人如必量敵人
之可勝而後進兵慮謀在己之能勝而後會戰則設有三軍之多彼必不敢進
與會矣是畏三軍之衆者也一有畏心雖勝不足以言勇矣但勝敗兵家之常
舍豈能爲有戰而必勝哉只是膽氣素定能無懼而已矣惟其無懼則生死利
害皆不足撓其中而視不勝猶勝也此以無懼爲主而不動心者也
二子之勇俱云養只緣他自始至終成就這一家不肯因別的念頭壞了他的

勇氣而舍又加一所守若云黝之養勇固若是矣若舍之所養則何如視不勝以下皆舍之言視不勝是視彼不可勝二句是逆料語尚未戰也量敵三句是舍譏別人量是量其虛實强弱慮是算計勝負之形算在我也進方是進兵或攻或拒但未必戰會則合戰耳我則能無懼而已矣是舍自云此二句正視不勝猶勝之意此一節是則孟施舍不動心之道也但孟子於二子不是實叙當時行事總是極其形容要知二子不是重只借二子引到曾子上去只因公孫丑以孟賁比孟子故孟子亦以勇士之類言之若論二子不動心是粗猛之不動心又在告子之下

孟施舍似曾子北宮黝似子夏夫二子之勇未知其孰賢然而孟施舍守約也。

黝舍之養勇固皆能不動其心矣若論其所守則亦有不同者姑就二子之氣象而擬之孟施舍非可比曾子也其氣象似曾子蓋舍之取必於己彷彿曾子之反求諸己也北宮黝非可比子夏也其氣象似子夏蓋黝之務在敵人彷彿

子夏之篤信聖人也夫二子之勇均出於血氣其是非等級原不足深論固未知其孰賢然即二子之所守較之黝之心主於必勝是取必於人者也人或以力勝之其心未免爲之動矣舍之心主於無懼是取必於在己者也若戰勝而懼其不動心罔矣雖戰而不戰我之無懼自在其心初不爲之動也是舍不動心之道比於黝之所守爲得其要也若進而反諸義理之勇舍與黝又何足道哉

此節不重較二子優劣只作過文引起下曾子所聞於夫子之大勇以明己之所以不動心似曾子似子夏只在人己二字其氣象彷彿近似似者不相同而相比之詞不可着實說究竟舍何嘗似曾子黝何嘗似子夏夫二子之勇總之血氣故未知其孰勝但必勝則不可取必於人無懼則可必之於己故舍與黝爲守約也守約不是守道約言所守者得其要也

昔者曾子謂子襄曰子好勇乎吾嘗聞大勇於夫子矣自反而不縮雖褐寬博吾

不惴焉自反而縮雖千萬人吾往矣

就黝舍以觀黝舍則皆謂之勇而非勇之大也就黝以觀舍則舍爲守約而非守之正也昔者曾子謂其門人子襄曰子好勇乎然血氣之勇小必好大勇而後可吾嘗聞義理之大勇於夫子矣夫子有言曰天下之氣以理爲主人之所恃以當伸而不屈者此也苟自反諸已理有不直理曲則氣不伸無論人多即一褐寬博之賤亦爲之屈吾得不惴焉懼之乎苟自反諸已理無不直理直則氣自壯無論人少雖千萬人之衆在所必伸吾亦往而敵之矣此所謂大勇而子所當好者也觀此則曾子之不動心以義理之直爲主可知矣

此承上節說來見得舍雖似曾子特以氣勝而未聞聖賢之大勇故以此大勇言之以見曾子之大勇得於夫子是以理爲主而不動心者也且聞大勇於夫子已理顯學之根用力全在自反孟子直養之本原在此下文告子兩勿求全是不自反勇而自大已隱隱露出浩然之氣來自反二段形容理隨氣轉的模

樣兩自反甚重乃曾子大勇最得力處自反工夫在平日不在臨時已包有集義在內縮不縮指理言不惴吾往指氣言不縮二句引起下文之詞重理直氣壯一邊吾不惴焉猶云吾得不怕他焉字作乎字看自反而縮已寓養字意二句所謂內省不疚夫何憂何懼也蓋自反則是內自省直則是不疚千萬人吾往則是不憂不懼也二雖字可味不直者雖褐寬博亦惴之況其貴焉者乎直者雖千萬人亦往況其少焉者乎重二吾字非惴褐寬博也惴以吾之不縮耳非藐千萬人也藐以吾之縮耳縮不縮吾心自知千萬人吾往總是不動心便有塞天地氣象註恐懼之而敵之二之字指人言

孟施舍之守氣又不如曾子之守約也

以曾子之大勇得於夫子者觀之則曾子之所守者理也若孟施舍之氣象雖近似之然舍之所守不過一身之大勇耳未嘗反之於身以自省其直與不直也其視曾子之反身循理以直爲大勇者其所守之尤得其要又豈舍之所可

此乎此曾子不動心之道也

上文只輕敘過此節方是斷案上文說許多般養勇到此乃以一氣字斷之守字下當一住言其所守者氣正見未得其要惟若曾子自反乃得其要耳蓋舍以勝爲勇曾子以直爲勇其勝者氣其直者理也以人與己觀則己爲約以氣與理觀則理又爲約舍之守氣乃一身之血氣與下浩然之氣不同守約的約字不與上氣字對與上約字對註反身謂自反循理謂直也平居無事步步天理一遇天下大事此中有主自可從容應之而有餘這所守豈不爲要又不如謂大相懸遠也說出一理字舍黝之所不能識者在此孟子告子之所以得失者亦在此此曾子之守約爲最得其道者也承不動心有道來註孟子之不動心三句言孟子之不動心在集義以養浩然之氣而孟子此言正以直養氣之說也是孟子得之於曾子曾子得之於孔子者故曰其原皆出於此然孟子之不動心實兼知言養氣而中間許多節目皆未及也故曰下文詳之　自章首

至此爲第一節言已不動心只畧露其端蓋舉黝舍之勇便見告子之不動心者有道舉曾子之勇便見已之不動心者有道但未詳言其所以不動耳

守氣　二句

箕在辛曰舍之守約卻推到曾子身上只道破其似處耳不是以氣字對約字亦不是以舍對曾子只於舍與曾子現成處兩兩相形不須說舍是如何守氣曾子是如何守約

顧伊在曰上言黝之守氣不如舍之守約此言舍之守氣又不如曾子之守約氣字明指理字本文未露不必呆發如何不如曾子曾子如何守約尤補出舍之不如曾子黝之不如曾子可知黝之不如子夏亦可知孟賁之不動心僅可如黝舍而不如曾子告子之不動心僅可如孟賁黝舍而不如曾子愈可知

曰敢問夫子之不動心與告子之不動心可得聞與告子曰不得於言勿求於心不得於心勿求於氣不得於心勿求於氣可不得於言勿求於心不可夫志氣之

帥也氣體之充也夫志至焉氣次焉故曰持其志無暴其氣

夫知黝舍則知告子知曾子則知孟子矣丑猶未悟又問曰敢問夫子之四十不動心與告子先夫子之不動心其道可得聞歟孟子曰欲觀告子之不動心先觀告子之言而可見矣告子嘗有言曰人於聞言之時而理有未達是不得於言也若去用心思索以求其言是心以言而動矣故但當舍置其言而不必反求其理於心又於應物之時而心有不安是不得於心也若檢點一身之氣以求合是心以氣而動矣故但當力制其心而不必更求其助於氣告子之自言如此此其所以先我而不動心也吾即其言而論之心本也氣末也既有本末之分即有緩急之數彼謂不得於心勿求於氣者是亦知心重於氣專以根本爲急而末在所緩猶之可也若言外也心內也外之不能達其詞皆由內之不能明其理正宜反求之心也彼謂不得於言勿求於心者則言之終不達而心亦置之無用之地既失其外而遂遺其內其不可也必矣然要其極而論之

則其不可者固不可而其可者亦未必可也何也蓋心之所之爲志夫志也者運於方寸之內而氣之張弛隨之固所以宰乎氣而爲氣之將帥也氣也者爲志之卒徒以供志之用卽所以輔乎志而充滿於百體之中也夫志而曰帥則所以立此氣之體固爲至極焉然氣而曰充則所以達此志之用亦卽其次焉雖存本末而緩急非相懸也雖有內外而輕重非相遠也我故曰人之於志固當敬以持之使不失其精明之體而常足爲氣之帥其於氣也亦當順以養之使不虧其充滿之用而常足爲體之充是重乎內也而亦不輕乎外急於本也而亦不緩於末交相培養如是然後爲不偏之學盡善之道也彼告子謂不得於心勿求於氣者夫豈可哉

此兼問孟子與告子之不動心而孟子獨舉告子斷之者蓋知强制不動心之失便見巳自然不動心之得告子曰三字要善看是說告子偏拗之意如此兩勿求正告子不動心之要訣告子不得於心勿求於氣緣他平日沒有反身循

理工夫不善養氣以致應物之時必因氣而不得既到不得於心的時候卒然
要夫即心以調氣氣未必驟調則求氣亦未見其得力只索從氣强制捺定不
動不必更求其得於氣猶之可也不是說他不差只據他四句話內這兩句比
那兩句較少近些子理耳其實不可也至心與言通聞人之言而有疑蔽即其
心之疑蔽處必言達而心始定乃冥然不求則言終無時達心終無時定制擾
而滋擾其不可斷然矣不得於言之言是說他人之言方與後知言相貫夫志
以下乃孟子自表家風正苦他不動心之問兩舉志氣以見合一之體側重氣
一邊見氣不可不求以正勿求其氣之非志者心之所之謂心之發動而有所
之之處所以變心言志者單言心便渾然在中無可摹擬故以心之所之譬將
帥之出令帥者能操能縱權有獨運之意帥字雖訓主字然却在帥之以行處
如手持足行耳聽目視以及周旋進退之間心裏要想怎麽那氣纔怎麽豈不
是氣之帥體是耳目手足通身皆是充者充滿於中而流動鼓舞之意凡做甚

事都在此身之所爲而此身非此氣之所充滿流動則一些事做不得故曰體之充充字反下餒字看要見能輔志意若卒徒卑弱則主帥無衛矣至次以等言志至氣次不是先後也不是大小只是一個緩急的意思志爲至而氣即次那志所爭亦不多蓋爲告子將氣忒說低了故作此語故曰二字非是述古底語亦非覆証本章正就自巳心脈指言之志是極易放縱的故必用持要持得甚定持之以行兼靜存動察工夫所以註下一敬字暴字與善養相反置而不養固暴也養而不善亦暴也上夫志一層論志氣之相關下夫志一層論志氣之俱要帥充言其相需至次言其輕重註中固字亦字等數虛字俱要體貼而持與無暴須要說得渾淪以起丑之問下文知言養氣其根已安於此告子不得於言即不求其理於心是不知言也不得於心即不求其助於氣是不養氣也孟子告子其不動心之名雖同而其所以不動心之本則相反而全不同者在此

夫志　六句

宋翔皇曰帥與充言其用也至與次定其分也惟其至也故當持惟其次也故亦須無暴

張觀文曰前二句言志氣相須之理中二句承上起下爲過脉末二句言志氣交養之功然只說大槩留下再問地步註中數虛字最宜體認

徐果亭曰告子將心看得重未免將氣看得輕孟子將志氣較量一番見志氣交相爲用不可不交相爲養正對針告子不得於心勿求於氣二句

許生洲曰由心字出落志氣由帥與充說到至次由至次推入持與無暴不必遽置低昂而源委自見

夫志　二句

王茂京曰此二句從勿求於氣發脉將以明氣之當求也指出志字重在氣足輔志則氣不可畧耳

既曰志至焉氣次焉又曰持其志無暴其氣者何也曰志壹則動氣氣壹則動志也今夫蹶者趨者是氣也而反動其心

公孫丑未達志至氣次之義又問曰夫子既曰志爲極至焉氣在所次焉則志重氣輕專持其志可矣乃又曰持其志兼以無暴其氣者是氣亦在所當重矣果何說也孟子曰志與氣本是相關的志之所向專一固足以動夫氣而隨其運用氣之所在專一亦足以動夫志而不得安寧也今夫人意料之外忽然蹶仆者忽然有事而奔趨者是氣失其平所致也而反以動其心使不得安寧此氣一動志之一驗也夫志一動氣可見志爲至而氣一動志可見氣即次之矣此所以志必當持而氣又當無暴也

公孫丑錯認至是極至之至次是次等之次謂輕重相懸又錯認持志是一樣工夫全未曉得志氣原有合一之機故復有是問孟子所謂至次是畧分緩急之意故申明合一之理以告之丑疑原在無暴其氣一句以下只在氣上形容

以破告子勿求於氣之非志一氣一見志因不持氣因不能無暴故一志專一是主意一定要這樣去做氣專一乃正做時專在於一不復有所回轉一任做去時却由不得自已了故曰動志動氣動志俱是不當動而動非順而聽命於志也註從之謂因之而動兩個一字兩個動字俱是不好的說話兩句不平上句輕帶趕說下句故煞一也字觀註固字亦字最明氣一動志不止蹶趨凡視聽言動用氣到勝處皆能動志言蹶趨特舉顯而易見者言之耳蹶出偶然起雖少有着意亦非預擬之者舉此一端以為氣一動志之驗以見志之不可不持耳反動其心心字亦只淺看告子惟不得於心故不得於氣不得於氣愈不得於心正與黝舍之守氣同歸暴氣人安可不持其志以無暴其氣哉蓋持志所以直其內無暴所以防其外二者交致其功則養正而氣自定氣定而志益正若告子止守內而遺外此治心者所當內外之交養也　自敢問夫子之不動心至此為第二節論告子之言以見不動心之速因斷之以己意而孟子不

動心之大畧可見此且從養氣邊說而猶未詳言且未及知言故曰大畧

志壹　二句

顧麟士曰志壹句不可講好了似志帥氣一般二句不平對宜串說側重下句方是釋公孫無暴之疑方是破告子勿求於氣之非註固字亦字即此意

敢問夫子惡乎長曰我知言我善養吾浩然之氣

丑又問曰告子之不動心出於强制如此矣敢問夫子之不動心不待强制而自然不動者果何所長於告子而能然乎孟子曰心者理而已必能明天下之理而後心無所疑必能任天下之理而後心無所懼告子不得於言勿求於心是外心以求言也我則於天下之言凡是非得失今幸皆能明其所以然之故而知言告子不得於心勿求於氣是外氣以求心也我則於浩然之氣今幸全其本然盛大之體流行之用以復其初而善養吾浩然之氣夫知言則遇事有真見而彼不能惑於我養氣則臨事有擔當而我無所懼於彼此我之異於告

干而不動心者也。

告子孟子俱不動心而告子所短已見孟子所長未聞故以為問長是長於告子處註何所長而能然然字謂不動心也二句須以不動心為綱言是心之所發氣是心之所輔心之所以應天下者賴此而心之動者亦因此告子不動是撇却言與氣不用孟子不動工從言與氣用功知言則盡心知性萬理洞然心何所疑惑養氣則動皆合宜遇事即行心何所畏懼無疑無懼即心之不動處不必分兩層此總由自反心學得來我字吾字全在自身上打點正與告子相形知言養氣俱以成功言非是說工夫下集義有事却是說養氣做工夫處曰善養便含下勿忘勿助曰浩然之氣乃指其本來之體段而言謂氣本浩然善養者亦順而不害之謂耳非是必善養然後浩然也二句須要渾渾還他要得輕快現成語氣註明道義配道義預透下意宜渾註言之是非以義理言得失以利害言氣之盛大以體言流行以用言

知言　二句

徐果亭曰題之難處以知言養氣全在下文實說不得耳以我字緊對告子以言與氣緊關心字便與本題極爲切實

王玥瑚曰知言養氣是孟子四十年來絕大本領所以異於告子者此所以願學孔子者亦在此根定不動心三字照註中無所疑懼二意自與不得勿求對針

張覲文曰我字對針告子知言則與告子之不得於言勿求於心者異養氣則與告子之不得於心勿求於氣者異而知言養氣只作現成指點要包舉下文渾然不露

敢問何謂浩然之氣曰難言也

丑曰人皆有氣而夫子獨浩然敢問浩然之氣其狀何如孟子曰凡物之有形聲者可指而言之浩然之氣無形可見無聲可聞未易以言語形容甚難言也

此節問答俱就孟子身上說蓋知言人所易曉浩然之氣不特難曉亦且前聖所未發故丑置善養不問而問浩然之氣其體段光景何如難言非終言不得亦非真不可言學者須做過工夫養到此氣充滿方識得此氣方可與他言若漫無工夫以實體之縱與他言亦不肯得故難爲不知者言也此正孟子心有獨得其微妙大費形容若果言不得何以下文云云難字正對上不難說下至大二節正說出所謂浩然之氣集義一節方說出所以養浩然之氣

其爲氣也至大至剛以直養而無害則塞乎天地之間

試以難言者爲子言之其所爲浩然之氣也是極盛大的他那力量隨甚麼事皆做得而初無限量又是極剛勁的他要做這事凡物皆止他不得而不可屈撓其體段本如是也但患人不能善養耳惟以自反而縮者養之又順其自然而無所作爲以爲之害則剛大之本體不虧而其運用所及上而天下而地無不周遍而充塞于天地之間矣豈尋常可擬者哉

此節言氣之體段如此體段猶形像模樣正言浩然之氣是這般樣子勿作體用之體此其爲氣也說氣之本體與其運用就自然上說氣字猶言氣魄相似不是氣稟有這氣魄便做得這事無此氣魄便做不得至大至剛已描盡浩然之狀直養二句將塞天地來抽他剛大之狀總是本體勿涉功效此氣在人宇宙內事皆可做曰至大此氣周旋無間自强不息更無屈抑曰至剛此但言其未養時之本體剛大是氣之本來體段直養卽自反而縮但縮字在臨事自反上說此在始終一直上說卽下文所行合義而無不慊於心也害卽不縮與下文助忘皆是直養無害只一意非直養了又要無害直養便是無害卽下文集義而非襲義不是兩層直養意在本節甚輕但非直養者不能有此浩然景象耳蓋浩然之氣是乾坤靜翕動闢之正氣不以私意害之復了原初的本體仍是剛大則吾之氣卽天地之氣天地之氣卽吾之氣充滿無間直是塞乎天地之間至塞乎大地總完足至大至剛四字總不失其浩然也則字甚緊見能直

養便是塞天地塞天地總是盛大流行之所至而極其充耳

至大　節

申簡叔曰上文說難言此說其爲氣也如此剛大如此直養如此塞天地都在無可名言中想像出來正形容氣之浩然處至大至剛言氣之體段如此猶形像模樣非體用之體須說得渾成直養無害只就現成帶說若實講如何直養便侵下集義有事兩節塞天地之間皆此氣所運用不是空言吾氣貫通造化也

謝敏公曰至大初無限量至剛不可屈撓此中自有實事在下面充塞天地亦即至大至剛力量所及而言不是懸空說吾氣通乎天地蓋俯仰上下止此浩氣之流行其中高下散殊止此浩氣之磅礴其內方是塞乎天地之間若說天人一氣尚覺落空

其爲氣也配義與道無是餒也

浩然既如此若果直養無害則其所爲養成浩然之氣也乃於裁制之義與自然之道相合而有助焉蓋道義雖具於人心而不能自行惟養成浩然之氣則見義所當爲者便奮然必爲而吾心之裁制因之以果決見道所當行得便挺然必行而天理之自然因之以奮往兩相配而兩相成矣若無是浩然之氣則體有不充如饑人之不得食索然自餒而遇事多懼不足以有爲矣其何以配道義哉氣之功用如此所以貴善養之功也

上節是體段此節是致用此其爲氣也言可將如此用就人養成此氣者說上文塞天地只說得一個懸空境界配道義方見塞天地之實落處道與義在作事上看事事物物各有一自然之理謂之道從吾心裁畫區別而順以付之謂之義道義養成與氣合一臨事便一滚發出來這道義是虛的得氣襯貼起來便直前不避故曰合而有助不可以道義分體用蓋皆就行處說也下文集義是平時工夫配義與道是卒然臨事氣配道義行將去配道義正言氣之功用

既配道義所以能無疑懼而不動心下句特反言以明之無是是字指氣此氣即是那正理之精神力量處餒字指體不指道義無是直養之氣則體有不充言無以充於其體不免有所疑懼而道義亦不能舉安得不動心故謂之餒若道義豈有餒時註不免於疑懼而不足以有為正是餒處

配義　二句

杜子牧曰前言充體之氣是就未養者而言此言浩然之氣是就既養者而言蓋道義乃心志所生配道義便見氣之有功於心志處

洪暉吉曰此節是説氣不是説義道入手要從氣説起方是氣配道義不是道義配氣配者合而一之非偶而並之也配字須要説得融洽方是一滚出來

李籀史曰配道義是理資氣以行集義是氣資理以生此處説不得工夫若云如何配道義則下集義所生蛇足矣

韓慕廬曰義者人心之裁制道者天理之自然二者皆本乎心若氣能配道義

行將去則愈覺剛果可見朱子心與氣合之說即從孟子配字討出人多貪發配字昧却與字殊不知與字最宜醒出

是集義所生者非義襲而取之也行有不慊於心則餒矣我故曰告子未嘗知義以其外之也

夫浩然之氣其體段功用固如是矣若直養無害之功其詳何如當其氣之養成也道義固資氣以行而氣之始養也氣實資道義以生於此可就道義而專言夫義矣是配道義之氣乃歲月積累由一事之合義集而至於事事之合義至功候到時則自反常直此心仰不愧俯不怍不由人力安排自然發生於中而至大至剛者却非旦夕之間只一二事外面偶合於義便襲取為是故為剛强不屈之槩而强取得來者也何也葢所行偶合於義則其不合於義者多矣不合於義者多則反之於本心必有愧怍而不自快足處此氣必然消阻不能充體而餒矣如何可義襲而取之哉夫集義而心慊則浩然之氣生行有不合

於義而心不慊則氣餒是心之慊與不慊一係於義之得失可見義爲吾心固有之理在內而不在外明矣我故有言曰告子平日未嘗知義卽此心之理而以義爲外物視之也外義則必不能集義不能集義則不能生氣氣不得其浩然而曰不動心直强制耳

此節以氣之由所養而初生之處言是字緊承上文來卽指配道義之氣是字與非字對集字與襲字對生是裏面生出來取是外面取來道是體義是用體上無做工夫處故只言義而不及道集如來集之集由歲月積累之久滙義於心自反功深細微必謹務要事事皆合於義不留一毫愧怍於中久之理順心安內省不疚則精神鼓舞勇往奮發有勃然不可禦者所生的生字要見得自然而然不待安排而自生非吾心之本無而忽然生此者生字以充字照看充是已充滿流行生是方纔充滿流行也襲者平日不用功於內只一事偶合於義便外面粧飾做仗義發奮的氣槩以爲氣可取而充不知襲義如何能取得

浩然之氣此句反言以見其不可不集意行有不慊二句申非義襲而取之句不慊於心卽是不合於義上文無是餒也言體有不充則無以配道義在行事上統說此餒字根不集義來言浩然之氣不生則無以充其體就一事上細說蓋氣與心原相聯氣從義義從心義不在心外襲則氣不在心而外取也集義三句皆見得義內處彼告子不得於心勿求於氣正不得於義也彼不知心之慊處卽是氣之所生安其不慊處卽是不合於義故直以義爲外而不求究竟所以暴氣而不能持志矣註中舉上二句便可該下二句但孟子說告子不重賤他只借他印證自己所長

集義　二句

李石臺曰是字與非字相呼應猶言是如此非如彼也徽劉守約直養更爲精密紫陽謂以直養是自反而集義是以直養也

集義　一句

顧虞功曰上言配道義以氣之養成者言此言集義以氣之方養言從配字勘出集字從道字疏出義字集字對下襲字生字對下取字而所以集義又是下有事勿正勿忘勿助是也又要焰下此數事

倪闇公曰逐事細分爲義統言之則爲道故言義而道在其中雖就每事上集然所以裁制得宜處畢竟在心

故曰　二句

呂晚村曰此是宪出告子不求氣病根非辨義內外蓋告子不求氣是本章之意告子不知義是平日事然本節言氣由集義而生則知不求氣者其病正在不知義所云襲而取不慊於心正是義外也

必有事焉而勿正心勿忘勿助長也無若宋人然宋人有閔其苗之不長而揠之者芒芒然歸謂其人曰今日病矣予助苗長矣其子趨而往視之苗則槁矣天下之不助苗長者寡矣以爲無益而舍之者不耘苗者也助之長者揠苗者也非徒

無益而又害之

夫氣由集義而生非由義襲而取故養氣者但當以集義爲事事事求慊於心時時自反其縮以盡其功而勿預期其氣之充以必其效盖久之氣當自充也其或氣有未充則是集義之功未至但當勿忘其所有事時時念念只管一心在集義上做工夫不可躁進欲速有所作爲以助氣之長此集義以養氣其功候緩急之節度也夫有事勿忘皆集義也所謂直養者此也勿正勿助皆非義襲也所謂無害者此也然人多知忘之爲害而不知正與助之害視忘其有事者爲尤甚也養氣者愼無若宋人然宋人有閔其苗之不遽長而拔之使長者芒芒然歸謂其家人曰今日予勞疲而病矣苗之不長者予盡助之使長矣乃其子趨而往視之苗則已傷其生而槁矣由宋人之事觀之天下之養氣者不似宋人之助苗長者寡矣彼以集義爲無益於氣而舍之不事者猶夫不耘苗者也未甚害也至於氣之不充而妄有作爲以助之長者正如揠苗者也非徒

無益於氣而反有害於氣矣知助長之害則知非義襲而取之矣知非義襲而
取則知當以集義爲事矣以集義爲事而勿忘勿助我所爲善養浩然之氣者
以此彼告子之不得於心勿求於氣必不能集義而强制其心亦歸於襲取而
不免助長之害其所謂不動心者則亦悍然不顧而已何足以語此哉
此節正言其善養之功上節已包得有事勿正四句意此則詳言集養之節度
節度者言功候緩急之序也葢始養而求氣之充須是有事勿正既養而氣猶
未充須是勿忘勿助故註云集義養氣之節度以有事二字爲綱勿正勿忘勿
助不過純此有事之功而已必有事是集義之功正忘助是義襲之害然正者
忘助之根故先以勿正戒之有事是積累法勿忘是接續法有事如日新勿忘
如日日新又日新勿正是專其志勿助是去其私有事勿忘如先難勿正勿助
如後獲必字直貫到勿助長言必如是而後可耳謂之有事是此事之外無他
事謂之必有事是此事之外無他念也言養氣者只在義上做工夫不在氣上

着力蓋集義可爲也浩然不可爲也告子外義只冥守其空虛無用之心故示之以必有事見不落空也工夫全在必有事上事事求慊於心時時自反而縮靜存動察有許多工夫至於體之能充氣之能塞則有自然之節候如一邊集義一邊便等候氣生是正也但不可預先期必其效一有期必非厭集義之迂緩而中輟其功必慕襲之速效而助長於外而忘之助之矣養氣者於氣之其或未充但當勿忘其集義之事而不可有所作爲以助氣之長蓋助者氣未至於浩然便謂已剛强無所屈撓便要發揮去做事便是助長但正而忘其害易見助長其害難知正忘助皆切告子病痛而助長又其病之歸宿處故又引宋人一段以甚言助長之害天下之不句以下俱指養氣者言以爲無益而舍之者但是氣不能生遇事不敢向前若能培養起來尚能生浩然之氣向前去做事若助長之害則自以爲剛强要向前做事一經摧折索然阻喪再不能培養使氣復充向前去做事矣非徒無益正照直養無害上看所謂直養無害者正

欲無助之害也所謂氣之不可暴者正不可助以暴之也告子平時外義而不
求平氣正是不耘苗者也一旦欲襲義以取氣正與揠苗以助長者同也但前
說持志無暴後說養氣不及持志然言集義則持志在其中今日集義明日又
集義則此志全在義上若忘便是不能持志助便是暴其氣矣

有事　四句

張允文曰上二句是一截下二句是一截竟作兩對而氣之未充中間一折先
華墨亦如此立格不作一頭三脚看
仇滄柱曰有事勿正純於集義而不計較於氣生只此一語已足又着勿忘勿
助者葢因氣猶未充始終只求集義始終不求氣生也
唐賓君曰養氣工夫只在有事勿正上將首句重講焰註其或未充一轉落下
勿忘勿助自是不易之格

何謂知言曰詖辭知其所蔽淫辭知其所陷邪辭知其所離遁辭知其所窮生於

其心害於其政發於其政害於其事聖人復起必從吾言矣

丑又問曰養氣之說既聞命矣如何謂之知言孟子曰人之言語皆本乎心其心明乎理而無蔽然後其言平正通達而無病如其言之所發偏倚於一偏是爲詖辭必其心中見理不明有所障蔽故也我則因其詖辭而知其心之所蔽焉詖之不已至於放蕩無極是爲淫辭必其心之蔽愈入愈深至於沉溺而不悟我則因其淫辭而知其心之所陷焉淫之不已全無正說是爲邪辭必其心愈失愈遠叛去正道之外吾則因其邪辭而知其心之所離焉邪之不已至於支吾躲閃屢變以求勝是爲遁辭必其心爲正理所屈窮困不通故也我則因其遁辭而知其心之所窮焉然蔽陷離窮之失既生於其心不但發於言者有詖淫邪遁之病而已則施之於禮樂政刑皆失其中而有害於政害既發於其政則凡一舉一動皆不當理而有害於其事矣此機相因而至决然不爽者如此雖聖人復起必從吾因言知心因心知害之說而不易矣惟既知其發言之所

自而又知其遺害之無窮吾所謂知言者如此若告子不得於言勿求於心則四者之病已自不免何以知天下之言其所謂不動心者亦冥然罔覺而已其何足以語此哉此我之不動心所以異於告子也

何謂知言是究知言之實然知言要知他根源又要知他流弊詖淫邪遁知其根於蔽陷離窮是因言而知其心知其所由來也生於其心而知其害於政事是因言而知其害知其所究竟也然因言知害就在因言知心時知之總歸於知言益人之有言皆本於心即其辭之詖淫邪遁者如此知其所以蔽陷離窮者有在四所字不可忽乃照見其根源也詖淫邪遁皆是論道而偏蔽陷離窮皆是見道而謬彼非止以空言惑世實欲主持世教然天下事只有個是與不是若辨得那不是的便識得那箇是的非見得道理一分透徹豈能明辨親切故必辨之於毫釐之間從根源上討個分曉不然世必以為確不可易之論流毒不小矣生於其心害於其政是念頭錯大綱亦錯發於其政害於其事是六

綱錯節目亦錯聖人二句只根生於其心四句來決其理之必然非矜其言之必信也若告子未嘗知義安能知言孟子知義故内義内義故集義集義故配道義而言之叛道悖義者皆不能逃其鑑矣故知言養氣原非二功說養氣知言後結尾迴顧不動心方見本領　自敢問夫子惡乎長至此爲第二節詳言知言養氣見已之不動心異於告子

宰我子貢善爲說辭冉牛閔子顏淵善言德行孔子兼之曰我於辭命則不能也

然則夫子既聖矣乎

丑聞孟子知言養氣之言乃疑而問曰當日孔門弟子如宰我子貢其言能合乎道理當乎事情而善爲說詞如冉牛閔子顏淵素有得於心而見於行事之德行故說着身心道理便親切有味而善言德行數子各有所長而不能相兼如此惟孔子則言語德行皆兼有之然猶不敢自任而曰我於辭命則不能也今夫子既知人之言則在已必長於言語矣又能集義以養浩然之氣則已有

其德行矣衆賢所不能兼者而夫子兼之然則夫子豈不已造其極而既聖矣乎

公孫丑引諸子只借來分項孟子知言養氣兩項原非品第諸子善爲說詞大槩只是說善辯須知言看善言德行言字輕德行字重身有德行故言之親切而有味也須養氣看數人或優於言語或優於德行要見各不相兼以起下孔子兼之句兼之項上言語德行二項丑謂夫子既聖不必說太深只就兼言語德行上說只是推尊之詞非言其過於自任因上節言聖人必從是隱然以聖人自許故丑遂以此相排自此以後因丑提出一聖字相問故專明一聖字

宰我　三句

章素交曰說辭從孟子知言一句生來德行從孟子善養浩然句生來丑意不重在孔子能兼重在言孔子能兼葢孔子猶有下文辭命不能之謙孟子則知言養氣直任不辭此所以尊之爲聖也但本題語意未完須將說詞德行擡高則

兼之意自醒

曰惡是何言也昔者子貢問於孔子曰夫子聖矣乎孔子曰聖則吾不能我學不厭而教不倦也子貢曰學不厭智也教不倦仁也仁且智夫子既聖矣夫聖孔子不居是何言也

孟子不敢以聖自居乃驚嘆曰惡以我為聖是何言也昔者子貢問於孔子曰夫子知行俱造其極而為聖矣乎孔子曰聖豈易到得非吾所能也我但以聖人之道學於已孜孜焉而不厭又以聖人之道教諸人諄諄焉而不倦如斯而已子貢曰學而至於不厭則理無不明物無不格正是聰明天縱深知義理之無窮故能融會貫通深造不已乃所謂智也教而至於不倦則立必俱立成不獨成正是一體自然不見物我之有間故能涵育薰陶與人同善乃所謂仁也仁者聖人之體智者聖人之用仁且智夫子已造其極而實既聖矣子貢孔子相問答如此夫以聖之名孔子尚不敢居而子謂我為聖是何言也

此明孔子雖聖而猶不自聖以見己之不敢當也是字就指聖言矣乎二字不是疑詞子貢即學不厭見聖心之明通即教不倦見聖心之公溥不是由不厭不倦而造於仁智亦不是由仁智而後不厭不倦仁且智且字要玩若使一於仁止謂之仁人一於智止謂之智士惟仁熟智精兼備方謂之聖人曰夫子既聖矣見夫子有其實不得辭其名也首末二句言相應孟子雖不敢居聖隱然見得養氣得孔子之仁知言得孔子之智與不厭不倦心源實繇有闗合處

學不　六句

徐健菴曰子貢就不厭不倦看出智仁其智仁即是聖要語語推高夫子尤要語語說得現成

王惟夏曰題意只重聖字不重智仁然智仁二字亞子貢認定所以爲聖處要於不厭不倦處見智仁方於智仁處見聖

孫興公曰仁智直指心體要知是子貢說夫子又要得孟子引來影說自己仁

智在不厭不倦中發出實際二也字方有着落

學不　四句

徐果亭曰從不厭不倦看出知仁是推言其所以然也從所以厭倦處翻醒不知不仁則不厭不倦所以仁知處自透

周會觀曰智仁即從不厭不倦中涵泳而出在夫子似看得淺在子貢實看得深聖字自在言下

昔者竊聞之子夏子游子張皆有聖人之一體冉牛閔子顏淵則具體而微敢問所安

丑意孟子既不居乎聖則當居乎賢故又問曰昔者竊聞之孔子之道大而能化全體渾然者也當時及門之徒若子夏子游子張皆有聖人之一體如游夏得其文學子張得其威儀是也此偏而未全者也若冉牛閔子顏淵則氣質不偏義理完備能具有聖人之全體但未若聖人之大而化之而尚有限量之可

言而微焉耳是全體而未化者也夫子既謂不敢比孔子敢問於數子何所處也

此歷舉羣賢之所造以探孟子之所處孔子大而能化諸子各就其所見而守之以爲宗如子夏之誠篤子游之重本子張之廣大俱不至絕塵而奔故謂之一體一體者是聖之分派源流最親若具體而微則凡無一不肖所爭者精神渺忽之間是聖人之全體神化未至然一體不要說小了微字輕帶不可說壞體者四肢股肱也一體者得其一肢也具體者四肢皆具微小也比聖人之體段小也安字註謂處有止於此之意問孟子之所安者在何人也

曰姑舍是

孟子曰立志貴高取法貴上數子雖賢亦姑置之不必於數子中求所安也

我與諸賢源流雖一但數者皆非我所駐足之處謂不欲以此自限也姑且也

舍即不安勿貶壞數子

曰伯夷伊尹何如曰不同道非其君不事非其民不使治則進亂則退伯夷也何事非君何使非民治亦進亂亦進伊尹也可以仕則仕可以止則止可以久則久可以速則速孔子也皆古聖人也吾未能有行焉乃所願則學孔子也

丑又問曰夫子既不以數子自處若伯夷伊尹夫子以之自處何如孟子曰二子所行之事與我不同道試以其出處之大節言之如上則擇君而事非可事之君則不事下則擇民而使非可使之民則不使世治則進而仕世亂則退而隱超然獨立有高世絶俗之行此伯夷之道也如得君則仕何所事而非吾君得民則使何所使而非吾民世治亦進而輔其盛世亂亦進而維其衰慨然自任以救世安民爲心此伊尹之道也若夫出處不繫於一偏行藏惟安於所遇時可以仕則仕而用世時可以止則止而潔身時可以久留則久留而不爲遲時可以速去則速去而不爲廹得時中之道而無意必固我之私此則孔子之道也然此皆行各造其極而事各無所勉皆古之聖人也反之吾身未能有所

體而行之若此焉乃我之心則願學孔子之道進退無常與時咸宜也故我與孔子同道而與夷尹不同也

伯夷伊尹何如蓋以孔子則不當諸子則不居若伯夷伊尹肯處之否不同道就志行上說就是姑舍不處之意非外之之詞只渾渾說二子之道各自一種而孟子之道即孔子之道也伯夷只是止伊尹只是行孔子時止時行然伯夷無治則進事實觀亂則退可知仕止以出處言久速以去就言四可以四則字有因心化裁之妙此處便是集義慊心便是伯王不動與孟子相合處上言二子之道如彼孔子之道如此只平平說不必太分優劣亦不可說孔子勝二子因下有若是班乎一問也皆古聖人以行諸各造其極言醒出聖字見不同道而同聖未能行謂反之吾身不特孔子之時吾未能行即夷尹之清任吾亦未能行焉須提孔子作主乃所願只推尊孔子願學孔子要與不動心相關下數節盡在此句內蓋仕止久速一聽於時此心常如太虛而無芥蔕便是不動的

源頭此句正是與孔子同道處　自宰我子貢善爲說詞至此爲第四節見已
之所以知言養氣而不動心皆從願學孔子來

伯夷伊尹於孔子若是班乎曰否自有生民以來未有孔子也

丑因皆古聖人之說而問曰伯夷伊尹孔子既曰皆古聖人其三人之人品於
孔子若是齊等而無高下之分乎孟子曰否孔子非夷尹所能並班也然不但
夷尹葢自有生民以來聖人雖多求其道德事功之極致未有我孔子也孔子
爲古聖人不能及夷尹豈得而班乎
自此以下專推尊孔子以發明願學之意班字承皆古聖人來而比擬其爲齊
等由不能理會不同道意也曰否言孔子非夷尹所能班自有生民三句又推
開說民不是凡民葢自有天地生民以來聖人不知多少皆未有如孔子矣論
夷尹哉此極其推尊之詞且虛說道德事功宜暗會其意

曰然則有同與曰有得百里之地而君之皆能以朝諸侯有天下行一不義殺一

不辜而得天下皆不爲也是則同

丑又問曰孔子雖爲生民未有之聖然與夷尹既皆謂之聖人然則亦有相同之處歟孟子曰有相同之處蓋謂之聖人雖偏全不能盡同乃其根本節目之大則未嘗不一也假如得百里之地而君臨之三聖人皆能以朝諸侯而一統以有天下蓋其德之盛自然天與人歸也然雖有君天下之德而初無利天下之心若使行一不義之事殺一不辜之人其失甚小而便可以得天下三聖人皆不肯爲也蓋其心既正則内重外輕不可以富貴動也此乃其根本節目之大而凡聖人之所以爲聖人者是則其同處也

然則有同歟亦承皆古聖人來曰有言大處或有一二同者百里二句言同有聖人之力量不義二句言同有聖人之心術二段雖無此事實然不如此說不足以表其德之盛心之正德之盛根本之大也心之正節目之大也是則同言大處則同而他處未必盡同故下文又問其所以異

曰敢問其所以異曰宰我子貢有若智足以知聖人汙不至阿其所好

丑曰三聖有所以同者則必有所以異者敢問孔子之所以異於夷尹者何在孟子曰聖人不易知即宰我子貢有若之言而可見矣彼三子智識高明足以深知聖人假使其智識汙下而不高明故欲推尊其師亦必不至阿私所好而空譽之則其言之可信也明矣言既可信則觀三子之言可以知孔子之所以異矣

異字承自有生民句來智足知聖是正說只重此句下句意輕是設詞以決其言之可信也孔子與二聖之所以異直是難言故引下三子極稱孔子之言使自思而得之下三節正發明孔子之所以異須句句注着異字句句注着願學意

宰我曰以予觀於夫子賢於堯舜遠矣

宰我有言曰自古聖人首稱堯舜以予觀於夫子賢過於堯舜遠矣葢堯舜以

其道治天下成一時之勳業有限夫子刪述六經又推堯舜之道以垂教明萬世之道學無窮賢何如之以堯舜之聖而孔子且賢之況夷尹可得班乎此宰我知聖之言之可信而孔子之異見矣

宰我主事功言堯舜事功在唐虞之天下孔子推堯舜之道以垂教萬世事功又在萬世之天下是不惟並之而且賢之遠矣設當時無孔子推明其道後世之人且不知堯舜爲何如人由此言之則孔子爲天地立心爲生民立命爲往聖繼絕學爲萬世開太平其事功豈不賢於堯舜遠哉賢是勝過意不宜抑了堯舜

宰我　節

唐實君曰宰我本意只是欲推尊孔子原不必輕貶堯舜須見得夫子賢於堯舜不必說堯舜不及孔子蓋非堯舜之有未至正以夫子之有獨至也

許燕及曰堯舜千古獨絕之聖而以爲賢且遠所謂生民未有也惟將堯舜愈

擡高則孔子分量愈尊並宰我立言之旨亦愈透發下句上句亦不可輕忽

子貢曰見其禮而知其政聞其樂而知其德由百世之後等百世之王莫之能違也自生民以來未有夫子也

子貢有言曰自古聖人世代久遠其所行之政與所存之德固不得而知之然亦有可知者蓋禮所以飾政古聖之政往矣今日見其所遺之禮則當日所行之政可知如禮之尚質者其政亦簡禮之尚文者其政亦詳是也樂所以彰德古聖之德遠矣今日聞其所遺之樂則當日所存之德可知如樂之盡善者爲性之德樂之未盡善者爲反之德是也我持此法以論前代由今百世之後而差等百世以前歷傳之王者其德政之善否如在目前皆有以得之而莫能遁其情也但自生民以來百王多矣未有如我夫子一身而備帝王之政一心而兼神聖之德者也非萬世莫及者哉夫以百王之聖而孔子且過之夷尹可得班乎此子貢知聖之言之可信而孔子之異又見矣

子貢主德政言見禮二句是大槩泛說末二句推尊孔子德政與人俱往而禮樂則常在自王者言之政是紀綱法度所以爲治者禮是文爲制度所以文飾此治道者如體國經野設官分職馭臣馭民皆帝王之設施以爲治者也尊卑上下之等車旗服色之辨賓祭婚喪之儀皆帝王之制作以飾治者也其飾治者如此則其爲治者可知故觀汙樽抔飲之習則上古朴畧之政可知觀籩豆簠簋之美則後世尚文之政可知樂指聲音德指心乃得於中者聞樂知德以韶武看便見重德政不重禮樂然必據禮樂以推也等百世之王謂持見禮知政聞樂知德之法以品第百王其德政之優劣得失莫能逃其鑒而遁其情也因禮樂而知德政可以見百王之聖之實而以之比量夫子又爲生民以來未有之聖非百王之所能及不必說夫子之禮樂高於百王蓋夫子不得位未嘗制禮作樂况子貢親炙夫子又豈待見禮聞樂而後知其德與政哉

見禮　二句

吳小曼曰此子貢預立一知聖之法以概論百王四個其字指百王然其本意是借百王以表章夫子注射夫子處宜含蓄蘊籍蓋百王有禮樂夫子未嘗制禮作樂也

徐健菴曰知百王正其深知夫子處

黃維章曰由禮樂知德政終以德政爲主禮樂特以知之者耳勿似評品禮樂方是

有若曰豈惟民哉麒麟之於走獸鳳凰之於飛鳥泰山之於丘垤河海之於行潦類也聖人之於民亦類也出於其類拔乎其萃自生民以來未有盛於孔子也

有若有言曰天下皆民也天下亦共爲民而又若不共爲民也然豈惟民而爲人者哉即稱如麒麟之於走獸之常靈如鳳凰之於飛鳥之蠢高如泰山之於丘垤之卑大如河海之於行潦之小雖有不同然麒麟也是走鳳凰也是飛泰山也是峙河海也是流皆類也聖人之於民雖有不同然聖人也是人亦類也

雖是同類但人皆有形而聖人獨能踐形人皆有性而聖人獨能盡性而出於其類由是在一國則高乎一國在天下則高乎天下以拔起於萃聚之中此羣聖所以異於凡民耳然羣聖固異於凡民而孔子尤異於羣聖自生民以來非無出類拔萃之聖人而孔子道冠百王德超千古未有如此之盛者豈非出類拔萃之尤者乎夫孔子盛於羣聖豈夷尹可得班乎此有若知聖之言之可信而孔子之異更見矣由三子之言觀之則孔子之聖雖帝王羣聖皆莫能及而生民未有之言豈予一人之私言哉此我之所以願學孔子而知言養氣皆取法於孔子者也由此當大任而建大功夫何動心之有

有若主踐形盡性言豈惟民哉喚起下文這裏已含個類字故下文承之曰麒麟之於云云類也而聖人之於民亦類也又承上類也句而言以終豈惟民哉一句之意麒麟四句就同類看類也是均一流峙飛走之類聖人之於民固民中之麟鳳山海而與民亦不能別爲類也類以並生言萃以並處言出於其類

是承亦類也說拔乎其萃又自出類處說就出類之中以拔乎其萃如與人同類而聖人獨能踐形盡性是謂出類然在鄉國自然高乎鄉國在天下自然高乎天下而超出儔伍之中以拔乎其萃此二句不平對乃泛論羣聖之過於凡民未有二句言夫子知至行盡自家能踐形盡性又推明衆人所能知能行之理以教天下後世使各得以踐形盡性此所以比羣聖人爲尤盛乃出類拔萃之尤而又異於羣聖者盛字要重看　自宰我子貢至章終爲第五節言孔子之聖之盛以明所以願學之意　此章始言知言養氣以明不動心之原末復推尊孔子以申巳願學之意蓋當時伯功甚盛聖學不明管晏之術大行孔子之道不著故孟子直以學於孔子者告公孫丑所以辨王伯之大端而擴前聖之所未發也

自生　二句

孟端士曰此從出類拔萃中更進一層語總是極力推崇反覆嘆贊以深明孔

子之所以異耳其與前二節不同者在一盛字若不重講盛字則與前二節皆
可移用矣
錢宸安曰說生民以來便該括古今羣聖在內有若尊聖之至此句中已可想
見不可先提孔子竟將上句畧過
以力章全旨○此嚴王伯之辨示有國者知所決擇意上節言王伯之感人有誠
僞而實以王者之事下節言人之應之亦有誠僞而實以王者之化重以德行
仁王不待大二句下節即足上節之意以力服人非心服云云能不待大乎以
德服人中心誠服云云又何待大乎
孟子曰以力假仁者霸霸必有大國以德行仁者王王不待大湯以七十里文王
以百里
孟子曰王伯之稱其來久矣然其實不可以不辨以上地甲兵之力假托於救
世安民之仁以濟其私者此謂之伯伯必有大國方能威以制人而成其事業

若無大國則力小不足以假仁矣以躬行心得之德發之於外而行其濟人利物之仁者此謂之王王者初不待大國基其所爲全在於德無待於力誠心在我而天下信之雖無大國亦足以有爲矣不觀之湯文乎湯王者也以德行仁於商特以七十里而九圍是式不待大也文王者也以德行仁於周特以百里而三分有二不待大也知王者之不待大則伯者之必以大國益明矣

以力假仁謂假托於救世安民之仁事雖公而心則私也如包茅不入胙王不服此是假義救邢存衛之類此是假仁以德行仁德字說得濶是自巳身上事無不備所以行出來便是仁行仁不專指弔伐凡教養之政皆是然力與仁是兩個若但恃力也不能伯必假小惠兼仁以行之德與仁是一個德則仁之根本德以心言仁以事言乃及人之澤也有此德而布之政是實政從實心流出所謂以純王之心行純王之政也王伯二字是定其人品謂此是伯者此是王者非論其伯天下王天下必大國者國大則土地甲兵之衆藉此可假不待大

者德不藉勢而彰仁不待力而行耳必字不待字要看七十里百里不待大也以七十里百里謂以此行仁非以此王天下也但此節已藏以德服人以力服人意故下節遂承言之

以德　一句

李右臺曰以德二字最重就躬行心得上說仁字從德字推出與伯者假仁有分別王字伏湯文隱照孔子行只推行此心要從王者身心處推看方是無意服人氣象方是中心誠服根源

韓慕廬曰伯者亦有仁但以德行與以力假絶異故辨其爲王然以德行仁未便說向沐浴膏澤上總爲王字作註解便留得下文地步

以力服人者非心服也力不贍也以德服人者中心悅而誠服也如七十子之服孔子也詩云自西自東自南自北無思不服此之謂也

以力假仁以德行仁王伯固皆有以服人矣然以力而得人之服者人非真心

愛戴而服之也迫於强大力不足以與之敵不得已而然也所以伯必有大國也以德而得人之服者其服不徒在外乃出於中心愛悅而至誠以相服也如七十子之服孔子也夫孔子一布衣耳初無勢力位號又當時極流離困苦七十子相從不二咸心服之而毫無所强者其誠服如此詩大雅文王有聲之篇有云武王徙居鎬京講學行禮於是自鎬之西自鎬之東自鎬之南自鎬之北無所思而不服夫無思不服心服也服盡於東西南北則德之所化者廣服出於思則德之所結者深此即以德服人之謂也王不待大不可知乎彼伯者何足以語此圖治者其審於王伯之辨可矣

王伯之業皆以服人而成其假仁眞仁處說不盡故只就服人處想之服人指服列國諸侯言不可混說百姓歸心以力服人謂以力而得人之服非方去以力服人以德句亦然兩服人俱指現成已服者說服本於中心之悅便是誠心服之不待勉强獨舉孔子者見以德之意此句緊根中心句形容其心悅誠服

之事引詩証心悅誠服之義不與孔子平看四自字就鎬京言謂自鎬而東而西也言武王徙居鎬京講學行禮而天下自服也重思字思即心無思不服言無一人之心思不服武王就是行王道而得民之中心悅而誠服者故此之謂意不比他處即其相近者以爲証也

中心　二句

顧蕟在曰中心悅句是綱七十子句借來作一樣子再引詩作一証據不可以君師立柱及填寫周家事實

陸雯若曰若在王者與孔子看出服字題意便倒要在人與七十子看出服字題意自深葢人服不是服人七十子服不是服七十子也

沈韓倬曰上句是正意形容以德服人之妙神情俱在二也字

詩云　四句

顧虞功曰中心誠服上已明言引詩只流連詠嘆重無思不服句要從思字看

出心服之妙不可入周京泛語此之謂句借武王以維時[illegible]最得言外之意

仁則竟全旨。此勉世主及時强仁意蓋世主皆知喜榮惡辱而不知其由於仁

不仁而仁不仁之分途只在及是時上周公之戒成王孔子之贊詩益深有味

乎及是時之可以免侮也然及是時而仁則榮由巳及是時而不仁則辱亦由

巳故又結以自求正提策世主精神處

孟子曰仁則榮不仁則辱今惡辱而居不仁是猶惡濕而居下也

孟子曰好榮惡辱人之常情不知榮辱之來皆有所以致之也惟人君修德行善而仁則身尊國顯不期榮而自榮矣是仁乃榮之階也若驕奢淫佚而不仁則身危國亂不期辱而自辱矣是不仁乃辱之由也夫不仁爲辱所由得則惡辱者宜去其所以得之之道矣今之人君皆有惡辱之心而所爲皆不仁之事則必不能免辱是猶惡濕而居卑下之地必不能免濕也

上二句是泛論其理下二句是深致其戒仁就本諸心而行諸事者言郎下舉

賢明政刑是也不仁即下殺樂怠傲是也榮辱就國勢言榮即大國必畏是也辱即人侮是也榮不自至惟仁則榮辱不自至惟不仁則辱兩則字便含自求意居不仁即自處於不仁惡濕居下喻辱之不能免也

如惡之莫如貴德而尊士賢者在位能者在職國家閒暇及是時明其政刑雖大國必畏之矣

人君惟不知惡辱則已如知辱之可惡而誠惡之莫如去不仁而爲强仁之於德則一心以貴重之而尊顯有德之士士之賢者德成於内者也使之在輔弼統治之位士之能者德運於才者也使之在百司分理之職斯則有治人而可與圖治道矣一旦外患稍息而國家閒暇此正可以有爲之時也則遂及是時而與賢者能者修明其政使大綱小紀秩然不亂修明其刑使五刑五罰咸得其平如此以强仁則邦本以固國勢以張雖强大之國必畏服之矣何榮如之

此一節應仁則榮如惡之三字正借他一點羞惡之心去挑動他莫如二字直貫至政刑葢用人以修政明刑正是仁之作用處德以所抱言才以其人言賢是德之純能是德之用賢未嘗無才而優於德能未嘗無德而優於才賢者能者皆有德之士在位在職正貴而尊之人主預收賢能正爲修政明刑之計所謂有治人以行治法也註正君善俗修事立政皆在位在職以後事看註足以二字可見國家何以有閒暇戰國時七雄虎視無日而不干戈之逞無歲而不城野之爭國家多事常是危急存亡之秋若外患少息故國家閒暇若云用賢能而得閒暇看下今國家節便說不去國家閒暇正强仁之時也此句乃爲及是時三字鞭策語難道國家不閒暇便可於政刑上不留心抑政刑必待閒暇又豈未閒暇時止收賢才以備用而於政刑却無所事事耶及是時及字有惟恐蹉過之意亦是人主無事時當存有事之心政刑者仁之具也明字有講求振刷意與賢者能者明之使政舉而刑清亦要根仁字來如此圖維如此規畫

則其爲國家計者不但有以自治而自可以治人大國必畏則小者可知

在位　二句

馮易齋曰國家何地無才善用當在平日從預養立論方見求榮去辱之苦心而下句閒暇亦可直接須根首節爲來脉不可泛作任賢套語

明其　二句

孫與公曰明政則無虐政明刑則無淫刑正仁之極切實極關係處

韓求仲曰明政刑的明字要根仁字來一味用考政糾虔語不得

詩云迨天之未陰雨徹彼桑土綢繆牖戶今此下民或敢侮予孔子曰爲此詩者其知道乎能治其國家誰敢侮之

人君當及時圖治詩嘗言之矣豳風鴟鴞之篇托鳥言有云及天未陰雨之時往取桑根之皮用以補葺巢之牖戶使之堅固以備不測之患今此在下之民其或敢有擊射而侮予者乎此周公借鳥以明及時圖治之意也孔子讀此詩

而贊之曰爲此詩者其知思患預防之道乎夫人君能及時而任治人謹治法以治其國家如鳥及時而爲巢則無隙可乘誰敢有侮之者觀詩及孔子之言吾所謂仁則榮者豈不信哉

此引詩及孔子之言以証上節之意鳥非指鴟鴞鴟鴞鳥之害也詩所云是周公托鳥言以教成王之及時者夫子以爲明於思患預防之道而深然之蓋深有味乎及是時之可以免侮也未陰雨國家閒暇之譬也徹彼二句明政刑之譬也下民二句大國必畏之譬也責重在未陰雨上迨字與及字對鳥之巢在居民之上故曰下民不曰莫敢而曰或敢凛凛如侮予之在前惴惴不敢自必之意也能治二句亦孔子語能治者制治於未亂保邦於未危要見未然之防方與詩應能治句即詩上段意誰敢句即詩下段意

迨天　節

詩甫章曰周公老成謀國借鳥言懷孔子寤寐東周讀詩寄慨兩聖人及時圖

治之念千載相契不可重講聖言畧過詩詞

葛遡周曰迨天未雨所謂及是時也根定時字方得引証本旨然只就詩言詩

就詩言道要得引述大意

迨天　八句

孔子　二句

宋蓼天曰陰雨之詩周公憂患之所爲作也孔子志公之志不能行公之事知

道一嘆直是夢寐精神相爲契合處

今國家閒暇及是時般樂怠敖是自求禍也

若今之爲國者不能預收人才以實國用俟國家閒暇則及是時而般樂以縱

欲怠敖以偷安播棄賢能政荒而不之問刑濫而不之恤其不仁如此則國事

日非國勢日蹙而侮之者至矣是已求禍也何辱如之

此節與上文反看正應不仁則辱及是時而縱欲偷安亦惟日不足之意般樂

言樂而忘反有般旋之意所謂縱欲也就動時言怠惰敖慢所謂偷安也就靜時言般樂怠傲則惟奸諛是用而無求於賢能故不恤政刑也是自求禍見侮之者非由人也此自字作己字看

禍福無不自己求之者

由是觀之不仁之辱禍也由己之怠於間暇者取之仁之榮福也由己之及時圖治者致之可見禍與福無不由己求之者

此結上文示以禍福之機由於己無不者危言之有倚伏之機在禍福皆求之由己所以貴及時强仁此己字即上節自字此自字作由字看

詩云永言配命自求多福太甲曰天作孽猶可違自作孽不可活此之謂也

詩大雅文王之篇有云人能常念合乎天理則盛大之福自我致之伊尹訓太甲之詞有曰己無罪而天降之災猶可修救以挽回之己爲不善而陷於罪則決不可得生此詩之言即福自己求之謂也此太甲之言即禍自己求之謂也

若夫由乎仁則入乎不仁，失乎福則得乎禍，求榮去辱之機誠有不容間者。治國家而亟圖强仁之事，以貴德尊士、修政明刑，而及是時以爲之，庶辱之可免而榮之可幾矣。

詩詠福而言其自求，書辨孽而罪其自作，此正禍福自已求之謂也。不曰永念而曰永言，正見古人心口如一處。天作孽如水火盜賊之災。說到配命，說到自作孽，俱是極力提醒求榮惡辱之君。處此之謂雙頂詩書。此自字作巳字看。

尊賢章全旨〇此言王政足以收人心而王天下，望世主信能行之之意。上五節緊言王政可以得天下之心，便含當行意，重在上有以致民心之悦。末節據上文之意申繳之，精神全在信能行此一句，謂以實心行實事，方可代天理物而爲天下主也。五個願字皆從五個悦字生來。王道以得人心爲本，曰悦曰願，皆是得其心也。

孟子曰：尊賢使能，俊傑在位，則天下之士皆悦而願立於其朝矣。

孟子曰有國者孰不欲得民之心哉而欲得民之心亦在行王者之政而已王者有待士之政於國中之賢而有德者尊禮之而待以體貌之隆能而有才者器使之而委以職任之寄俾凡賢能出衆之俊傑莫不在輔相百司之位則風聲所感不但吾國之士悦之也舉天下之士皆悦吾待士之厚而願立於朝以自展其賢能矣

此節言王政待士之厚五者皆王政而賢能之士所資以行王政者故開首以待士言之尊賢二句一氣俊傑謂人中之俊傑即指賢能尊之使之便是在位尊使屬我在位屬彼此以本國之士言天下槩以他國言用本國之賢能俊傑而天下之賢能俊傑皆望風而悦以我之用得其人也則字有不待招來延訪意士是未仕者願立於朝身雖未歸而心已歸之也玩五節四其字一之字便合鄰國之政不能如此故開風者皆願歸之也

尊賢　五節

丁柯亭曰泛說五段只是條舉王道而言其理自如此非有實事然每節用則字轉下則題之肯綮俱在上之人有以動感乎下非下之自致也

尊賢　一節

馮兩廣曰有立朝之士而後商旅農民諸政可次第舉矣

巫巒樨曰五節以此節爲先者見士爲四民之首士心爲羣心之倡多士咠從正可爲商旅農民之勸

程翼蒼曰悅字願字只是尊賢禮士之風有以感動天下之士未便說到竟立於其朝也

仇滄柱曰戰國諸侯多稱好士然皆未得尊使之道孟子陳述王政首及此項與當時郊迎庭見舉國以從者有異且非結納招致聲聞千里者之所爲也

市廛而不征法而不廛則天下之商皆悅而願藏於其市矣

至於通易有市爲國家所資而通其財用者其中有官所治之市宅如逐末者

六十四

貨多則使各出市宅之賦以抑之爲其厚於利也不抑則逐末者多而不更稅其所貨之物若逐末者貨少則但治以市官之法而已亦不取其廛之稅以恤之不恤則百物不聚此不但吾國之商悅之也則天下之商皆悅吾待商之仁而願以其貨藏於吾之市矣

此節言王政待商之寬市字與下關字耕者字廛字俱讀住不與下相連市是都邑之市統言之也古者大市日昃而市日昃者日過中也日過中往來人衆也市中列肆故曰市宅此市宅官爲之者廛而不征謂居市宅者各出廛賦如取房租是也而不征其所貨之物法而不廛則但治以市官之法如司市平物價治爭訟稽察異言異服之類雖廛賦亦不取也二句串講重不征上總之法是常行的廛則時制其盈虛征則王政之所禁而決無者

關譏而不征則天下之旅皆悅而願出於其路矣

凡郊外有關但使關吏譏察異言異服之人而不征往來商賈之貨稅此不但

吾國之旅悅之也則天下之旅皆悅吾柔遠之仁而願出於其路矣

此節言王政待旅之厚凡衆途所會之地則立關以限之行旅有節傳方可度關節使者所持之節傳州縣移文也以此稽查其來歷以防奸宄在市曰商在途曰旅

耕者助而不稅則天下之農皆悅而願耕於其野矣

於農之耕者但行井田之法借其力以助耕公田而不復稅其私田此不但吾國之農悅之也則天下之農皆悅吾薄斂之仁而願耕於其野矣

此節言王政之愛農民耕者農民也助者井田什一之法助佐公家以治公田不橫賦稅若履畝之類

廛無夫里之布則天下之民皆悅而願爲之氓矣

至於民無常業者罰之使出一夫百畝之稅宅不種桑麻者罰之使出一里二十五家之布乃先王所以警遊惰之民也今一切皆取之民不堪命矣若布宅

之民以廛爲居已賦其廛稅矣其民以商賈爲業則非無常業者比故不使出夫之征其宅不可種桑麻不使出里之布此不但吾國之民悅之也則天下之民皆悅吾厚民之仁而願爲之氓矣

此節是王政之厚流民此廛字與上廛字不同上廛是市肆官爲之者毋日市門關則商賈百貨俱入所謂日中爲市也此廛是城邑之廛在王城左右是民廛乃流寓之所居也夫征是粟米之征如輸租是也里布是布縷之征如納絹是也皆爲警遊惰而設非是常制後世暴君汙吏乃承之以爲常制之名色遂使民不聊生矣民從亡謂流亡新徙之民也新徙之民嘗作食力於廛中而取其廛賦既嘗作則非無恒業其宅湫隘不可種桑麻故無夫征里布之罰只依本文看作二項不必補出一家力役之征以本文只有夫字無家字也

信能行此五者則鄰國之民仰之若父母矣率其子弟攻其父母自生民以來未有能濟者也如此則無敵於天下無敵於天下者天吏也然而不王者未之有也

夫其始也王政行於一國而其既也人心應於天下則五者誠有可行矣特患今之君莫肯舉而行之耳誠能以實心而行五者之實政則德澤徧施不特吾國之民仰之若父母卽隣國之民若士若農若商旅流民皆仰而愛戴之若父母矣仰爲父母則民卽吾子弟使隣國之君率民以攻我是率子弟以攻父母也自生民以來未有以子弟攻父母而能濟其事者也得人歸服如此則所向無敵於天下天下誰與敵哉夫無敵於天下者乃奉行天命之吏也凡逆天害民之國皆得奉天命以征討之東西南北何向不服然而不至於王天下者未有是理也不然吾國之民亦爲仇敵況隣國況天下乎信乎王政可行當時之君何憚而不行哉

上五條只列舉王政而言其理如此此節言行王政卽可以王天下而勉當時諸侯以力行方屬在當時諸侯身上看信能句是王政之可行以下是王業之可興信字作實字看實心實意舉行五者不若近世虛文假仁的作爲精神全

在此句隣國之民兼士農等在內仰之若父母即上願立願出等意率子弟而攻父母是隣國之君率之也然率之來敵之人皆吾願之悅之之人不但無敵於隣國而即無敵於天下如此二字雖指不攻還自民歸服來無敵於天下句乃一章之大旨當時諸侯不得民心惟務侵人土地故孟子以此教之蓋民之所親即爲上天之所命天吏專以征伐言吏乃君所命天吏乃天所命君所命者可以刑人殺人凡有罪者得而刑殺之天所命者可以征人伐人凡暴亂之國播棄賢能橫征商旅暴取農民者皆得奉天命征討之而無有不從者此所以無敵也無敵則王矣未有不王是反言以決其必然而何紛紛攻敵之是慮也

不忍章全旨○此勉人君充不忍之心以行仁政總爲當時殘忍之君而發首節一章之大旨言此心人所同具次節言聖人能充滿其量中三節申言人皆有不忍人之心末二節申言人當師先王以擴充其不忍之心見不忍之心不難

於行而難於充不察識者不能充故貴乎知不力行者不能充故貴乎能知充能充則有其心有其政而保四海治天下於以媲美先王不難矣主意全在擴充上

孟子曰人皆有不忍人之心

孟子曰天地以生物爲心而所生之人卽各得天地生物之心以爲心故不忍害人之本心人人皆具而有之初無聖凡之殊也

不曰不忍之心而曰不忍人之心蓋見萬物皆所不忍而於人一體之誼同類尤相親也人心慈愛惻怛纔見人便發將出來更忍不住故曰不忍人之心照下怵惕惻隱看主心之發見應感時說卽所謂情也曰人則無古今爾我曰皆則無彼此畀同曰有則非本無加益

人皆　二節

王惟夏曰不忍人之心而曰皆有見具賦畀所同但世人喪失天眞不信不忍

人之心爲人所皆有故特引先王以爲証據以字行字是先王以之先王行之

因上文政字意尚未暢故用三語我足不是推開說若作推開竟將以不忍人之心行不忍人之政屬之凡人矣此節須搶先王到底結處仍要扣轉先王

馮易齋曰不忍人之心是本體推及於政是作用能治天下是效驗

先王有不忍人之心斯有不忍人之政矣以不忍人之心行不忍人之政治天下可運之掌上

然人有是心而私欲間之故不能達之於用惟先王全體此心隨感而應纔有不忍人之心即有不忍人之政矣不待充廣更無遏抑也惟先王以不忍人之心而行不忍人之政則心以運政而心非徒善斯其澤易流政出於心而政非徒法斯其恩易遍則老老幼幼各得其所天下雖大運以一心而有餘其於治也猶運之掌上耳何難之有此先王全其皆有之心而措之政也

此節見惟先王不虛其有上二句見先王心政之相須下三句見因心運治之

無難先王使是聖人聖人全體此心無一物之蔽有此心便有此政如有不忍人饑寒之心便有制田里教樹畜之政如有不忍人近禽獸之心便有庠序學校勞來匡直之政凡政皆此心自然流行隨感而應何待擴充若衆人則有待擴充矣此二句重斯字斯字何等迅捷何等快便何煩思慮何煩停待註全體此心體也隨感而應用也下二句重行字以這樣仁心行這樣仁政天下雖大可以治之使人人各得其所而無不自遂只此心用之而有餘蓋心達於政則恩可廣被其及之天下無難矣不如運之掌乎不作效說與反掌不同但上文說人皆有如云人皆有之此節說先王有如云賢者能勿喪耳非爲先王詳也故下條即接云所以謂人皆有不忍人之心者不然是隔先王一段了

以不　二句

呂晚村曰以字行字即包下擴充意先王不待擴充自然行之若衆人必待擴充方能行得以字行字是着力意先王以實心行實政懇至周詳充滿分量故

曰聖人既竭心思不得槩以自然意埋没以字行字精神

所以謂人皆有不忍人之心者今人乍見孺子將入於井皆有怵惕惻隱之心非所以内交於孺子之父母也非所以要譽於鄉黨朋友也非惡其聲而然也

夫我所以謂人皆有不忍人之心者於何驗之吾不驗之常而驗之變不觀之暇而觀之猝無論先王即今之人乍見孺子無知而將入於井無論賢愚皆有怵惕而驚動不寧惻隱而傷痛甚切之心此心方驟發之時非欲以此納交於孺子之父母而結其好也非欲以此求仁愛之譽於鄉黨朋友也非惡彼不救人之名而欲以此避之也其乍見倉卒之間無安排矯飾而天機自動此所謂真心此所謂人皆有不忍人之心也

此合下二節總是申說人皆有不忍人之心此節即入井一事言惻隱之心出於自然以見其皆有是不忍人之証驗也今人正對先王乍見二字最重卒然之感觸之無心應之亦無心安排思慮俱着不得若既見後稍涉商量思慮便

非本心矣怵惕緣乍見而驚動惻隱由傷切而痛深怵惕是惻隱之狀非所以
三句根乍見來決言乍見之心無所僞以見不忍人之心爲人所固有非內交
者乍見時不及知有孺子父母也非要譽者乍見時不及知有鄉黨朋友也非
惡其聲者乍見時不及聞有不仁之聲也若有內交等之心便屬轉念矣俱是
天機發動未起一毫私意以此一念則知人皆有此心滿腔中渾是惻隱之良
舉心發念觸自激衷自有不容泯滅者

由是觀之無惻隱之心非人也無羞惡之心非人也無辭讓之心非人也無是非之心非人也

由是乍見孺子入井而皆有怵惕惻隱之心觀之則凡無惻隱之心必非人類
也人則必有惻隱之心矣惻隱之心無所不貫既有惻隱之心則有羞惡辭讓
是非之心可知如已有不善未有不羞耻者人有不善未有不憎惡者此心人
皆有之若無羞惡之心必非人類也人則必有羞惡之心矣理所當辭則必辭

之使去巳理所當讓則必讓以與人此心人皆有之若無辭讓之心必非人類也人則必有辭讓之心矣知其爲善則必以爲是知其爲惡則必以爲非此心人皆有之若無是非之心必非人類也人則必有是非之心矣是人之所以爲心者如此

是節本上文乍見真心來由是觀之接上甚緊不必用過文上三句是即入井而見惻隱爲人所必有下是因惻隱而悉數羞惡辭讓是非爲人所必有有惻隱則必有羞惡辭讓是非雖羞惡辭讓是非從惻隱來然皆由不忍之心發出

惻隱者不忍於陷溺而痛傷羞惡者不忍於不善而耻憎辭讓者不忍於私忌而推去是非者不忍於混淆而分別皆不忍之隨能而異應者非人也不是說名雖爲人而實無異於禽獸正見得無是心必非人既是人則必有是心也通節言其必有而反言無者何也人皆有而相忘其有把一無字返照則人皆可自信其有而并不棄其所有矣只是反說以决其必有與可離非道一側看

惻隱之心仁之端也羞惡之心義之端也辭讓之心禮之端也是非之心智之端也

然四者之心爲人所必有者則以此心皆情也而情實本之於性故性中有慈愛之仁感於物而惻隱之心自生是惻隱之心乃仁所發見之端緒也性中有裁制之義感於物而羞惡之心自生是羞惡之心乃義所發見之端緒也性中有品節之禮感於物而辭讓之心自生是辭讓之心乃禮所發見之端緒也性中有明覺之智感於物而是非之心自生是是非之心乃智所發見之端緒也使非有仁義禮智之性又安有是惻隱羞惡辭讓是非之情哉

此節以情原於性見不忍之心爲人所必有而非自外至首二句指惻隱之心爲性之所發下悉數羞惡辭讓是非爲性之所發上節以惻隱生羞惡辭讓是非此節以仁包禮義智仁義禮智是未發的道理惻隱等是已發的端倪必先有仁義禮智之性而後有惻隱等之情葢性緼於中而情發於外即其發之已

然而其中之本然者可得而見矣是以其惻隱知其有仁云云也說個端字便合下可充又合下不可不充註惻隱四者情也言心之用仁義四者性也言心之理心統乎性情言心者性情之主性是靜的情是動的心兼動靜而言統如統兵之統心有以主宰之也動靜皆主宰非是靜時無所主宰及至動時方有主宰也

人之有是四端也猶其有四體也有是四端而自謂不能者自賊者也謂其君不能者賊其君者也

四者之心固為仁義禮智之端矣然此四端非本無而暫有者也人之心必有是仁義禮智之四端也猶人之身必有是手足之四體也天下無四體不備之人亦豈有四端不具之人乎既有是四端則人皆能全之矣有是四端而自謂不能全者是不以先王自待甘置其身於不善之地是人君自為賊害者也謂其君不能全者是不以先王待其君忍置其君於不善之地是人臣賊害其君

者也夫自賊賊君而固甘心爲之乎

此節承上起下不但喻其必有正以起下當充意人字承上非人字來四端以情言即惻隱四者之心也有四體則件件隨我運用有四端則件件隨我發揮正見四體甚切於人不容一毫虧欠四端亦不容一毫虧欠兩不能謂不能如先王有是心斯有是政自謂指君言謂其君指臣言自賊責君賊其君責臣重在責君一邊蓋此爲當時之諸侯發也誑物欲蔽之是原其自謂不能之由不可入在賊字內能不能即下能充此處且渾言而賊字在損壞真心上說

凡有四端於我者知皆擴而充之矣若火之始然泉之始達苟能充之足以保四海苟不充之不足以事父母

四端皆有而皆能如此但人爲私意所蔽不能察識而擴充之耳使凡有四端於我者反而自求不以不能自諉知得四端在我隨處發見皆收此四端由一事而推之事事無不推廣之而欲充滿以極其仁義禮智本然之量將見日新

又新自不能已若火之始然而不可遏泉之始達而不可壅此知擴而充之機勢也而其功可自已乎苟能即此不已之機而充滿之以極其量則仁無所不愛義無所不宜禮無所不敬智無所不明四海之大自足以保之而無難苟不充之雖父母之在家庭亦不足以事之而況保四海乎甚矣擴充之不容已也皆有是不忍之心者其以先王自勉焉可矣

此節正勉人以擴充之全功上四句是著善端擴充之機中二句究能充之量末二句决其不可不充凡字以人言見不但先王重提有字而歸責於我見得察識由乎我力行由乎我也但有之者衆而擴充者少只緣物蔽不能自知故貴於知耳皆字兼四端不是充仁端又充義端禮端智端只是有觸便充不特入井時當如此推之事事皆然如發而爲惻隱羞惡即由所不忍以推於所忍使之皆出於不忍由所不爲以推於所爲使之皆出於不爲是也辭讓是非亦然知皆擴而充之重擴上是方去知推廣欲使充滿未便着事功說擴是用功

之始惟擴而後能充知擴而充則不自諉於不能矣註推廣是釋擴字滿其本然之量是釋充字若火二句見得是心固有不待外求欲之即至引之即起而善端之充自不能已始然狀其發越之機由微而漸顯不可遏也始達狀其流出之機至此而通彼不可禦也總言善端發處勃勃充長之意苟能充是用功既久遂能充滿也以一端言則無一念不充以四端言則無一端不充而見諸功業政事矣苟能充之與以不忍人之心行不忍人之政二句應足以保四海與治天下可運諸掌上句應此雖是勉然與先王自然之推行不同然其道一而已矣不足以事父母與上自賊賊君應註中即此二字指四端發見言由此二字指火然泉達言

矢人章全旨　此孟子教人以爲仁意重故術不可不愼一句首節言擇術當在於仁次節引聖言申明之欲人以是非之心而擇爲仁之術三節深爲不仁者儆末節欲人以羞惡之心而決爲仁之機其激之爲仁處在乎反求諸已但此

章總是教人以爲仁而旁及智禮義者葢擇術必有智之心能耻必有義之心正已必有禮之心而仁能該之也通章不必主諸侯說

孟子曰矢人豈不仁於函人哉矢人惟恐不傷人函人惟恐傷人巫匠亦然故術不可不愼也

孟子曰人皆有不忍人之心矢人之本心豈固不仁於函人之本心哉但即其爲矢爲函之心而言之矢人惟恐其矢之不利而不傷人函人惟恐其甲之不堅而至於傷人是矢人之心果不仁於函人矣然不特矢人函人爲然也即彼巫利人生匠利人死亦有然是匠者之心果不仁於巫矣此非其本心之異也而其所爲之術有以使之而異其心也夫工人且然故凡吾人之術業關係甚大不可不愼而審之也

此節借術之當擇引起人當擇仁而處首句就本初之心言中三句就今日爲術之心言矢函巫匠非人品有高下而其心之慈忍頓異者可見心非無定惟

以習殺而其術可不愼乎術字承上矢函巫匠而推廣言之凡人所肄習者皆
術不止曲藝並道術亦在其中不可不愼言當就其全吾仁者去其害吾仁者
尤重在害仁一邊但不可明說到擇仁上去不可不三字正惕其謹始之意

孔子曰里仁爲美擇不處仁焉得智夫仁天之尊爵也人之安宅也莫之禦而不仁是不智也

術何以愼正以愼所擇耳所擇惟何亦曰仁耳孔子嘗曰里有仁厚之俗擇居
者尚以爲美若人擇所以自處而不於仁則本心之明已失安得爲智乎孔子
此言何謂也謂夫仁也者自其天所與而言則天地生物之心爲最先所以統
四德該萬善而爲良貴之首乃天所與我至尊之爵也自其在人而言則仁爲
本心之全德有天理自然之安無人欲陷溺之危爲日用常處而不可離者乃
人所至安之宅也仁之關切於人者大矣夫尊爵安宅已所自有苟欲爲之本
非他人所能止乃莫之禦而自處不仁棄其所至尊舍其所至安此是非之心

不明而昧於擇術豈非不智之甚乎孔子之意蓋如此然則人之擇術不可不務求仁矣

此節言仁道之大而人不可不爲下節遂言不仁之辱總爲下文莫如爲仁張本引孔子之言以見擇術在處仁孔子本言擇里孟子引之以証擇術夫仁以下是孟子釋孔子擇不處仁焉得智意尊爵二句曲爲喚醒極力打動擇術者仁總是在人心者却以天對言是就人身上指其本然之性原於天者而言也仁爲萬善之元萬善皆出其下故獨尊註得之最先先者猶云第一件也非先後之先天之尊爵猶云天所與我之尊爵便見不可褻意人欲横行而無止天理有則而不流故獨安人之安宅猶云人所自有之安宅便見不可棄意二也字是趕下語氣莫之禦只是不肯爲仁非眞有人能禦吾仁也蓋孟子欲人擇術先言是不智也是醒以是非之心欲人擇仁後言如恥之是動以羞惡之心欲人決於爲仁

夫仁　二句

盧文子曰題為不仁者説法總是欲人處仁擡出尊爵安宅有不歆動者鮮矣然特借來形容實拈爵宅便落色相看夫仁二字二也字要得指點神情且恰定擇術針鋒相對

不仁不智無禮無義人役也人役而恥為役由弓人而恥為弓矢人而恥為矢也

夫不智而昧於擇術固所由以不仁而不仁則物欲日蔽本心日昏而益以不智不智則不知禮義所在而動必失中行必失宜又將無禮無義矣四者俱無則人道俱喪自置其身於卑賤之地而天下之有德者皆得而役使之豈不為人所役乎既為人役而顧恥於為役吾恐役之終不可免也猶如業弓業矢之人攻為小藝乃供人用而乃恥其為弓恥其為矢雖欲不為弓矢不可得也亦奚能免於恥哉

上言由不智故不擇仁此言由不仁故良知日昏而益不智蓋以用功之序言

則先智而後仁以自然之理言則先仁而後智不仁不智因之無禮無義是仁智禮義善則相因悖亦相因也四者既絶未有不爲辱人賤行之事者人役而耻爲役且照本文講是畢其詞而甚言擇術不慎之可耻猶弓人二句雖轉念自耻而術業已落其中不可復出言欲不爲人役不可得也雖耻亦無益矣

如耻之莫如爲仁

今之爲人役者不耻之則已如耻之而求免於人役莫若反其不仁而爲仁全其尊爵居其安宅此擇術之智而禮義之兼攝者皆在我矣尚何人役之耻之不可免哉

此示以去耻之方正爲人擇術處乃一章大要須也莫如二字有令人猛醒激發意仁統三者故註曰在中

仁者如射射者正己而後發發而不中不怨勝己者反求諸己而已矣

然爲仁之機初非有待於人也惟求其在我而已葢爲仁者之功如射然射者

之於射不遽發矢也必內正己之志外直己之體極其審顧而後發矢苟發而不能中則不怨人之能中而勝己者惟反求諸己以爲吾內志有未正外體有未直求所以正之直之而已矣爲仁由己而不由人何以異此蓋仁爲固有一反求而仁無不在仁統四端一爲仁而智與禮義無不該夫何患爲人役乎哉此擇術者所當必處於仁也

上言莫如爲仁其着力處只在莫如二字至其如何而爲之者尚未指證實言故復借射以發明爲字之義以見爲仁之機在己使自勉也爲仁便是仁者如射如射者之事也此句只虛講以下正見之不可露出反己意若露出下文不消又說射之事矣正己而發句極重而後二字有多少躊躇審顧意發而不中二句申明必欲正己之意非正己後尚有不中也然此節只就射說爲仁由己之意在言外爲仁而反求諸己尊爵固在安宅固在自己有可尊可安自己求之而智禮義因之而全此正擇術之慎而不爲人役者也誰謂爲仁不操之於

已乎

子路章全旨○此總見聖賢樂善之誠意自由進之禹禹進之舜愈進而愈無窮非置優劣於其間勿作三平看不可抑由禹以形舜要見由禹取善以成已已自大了舜則取善以成人又有一種曠落處只借三人以遞推善量之無窮也

孟子曰子路人告之以有過則喜

孟子曰吾嘗歷觀古昔聖賢而不禁有無窮之想也如子路賢者也亦安有過然其勇於自修惟恐已之不善失於不知而不能改設也有人告之以有過則虛心聽受不以爲人之責我而以爲人之教我便欣欣然喜於得聞而改之

此節重在喜上喜又重在得聞而改上亦是子路見得已未善而善在人便有遷善之機是子路之樂善也夫告而喜則未告之前惟恐其不告可知也已告之後又惟恐其不告可知也告之以有過而喜則有過而終恐成其過即無過而恐偶入於過可知也有過而喜其告則其不必有過而亦告與告而不專在

過而無非子路之所喜者又可知也

子路　全

孫屺瞻曰拈一善字爲通章之主雖歸重大舜然層累而下總見善量無窮不可過爲低昂後又拓開一步歸重在君子身上始得感嘆勉勵之神

禹聞善言則拜

禹聖人也其心不自滿假惟恐人之善壅於不聞而不能行故一聞人之善言則至誠屈巳拜而受之而見諸行事焉

此節重在拜上惟其好之是以拜之拜有受善意亦是禹見得善在人而巳未盡善故有受善之誠是禹之樂善也夫禹之好善固不盡於言禹之好善言亦不盡於拜而一聞善言即師保奉之不復計其言善之人與聞善之身其眞心樂善有如此

禹聞　至　人同

陸梯霞曰禹聞善言則拜猶着意做舜與人同是自然氣象從子路說到禹要有一番頓挫從禹說到舜要有一番波折大舜句雙承上二節又不可說煞以侵下文兩兩相形要得抑揚贊嘆之神

禹聞　一句

汪菴文曰總是說禹之好善拜字全要活看是偶舉一事而言不可認煞足以盡禹葢推禹之心即不必名理日陳視天下無不可拜之善即盡取工虞岳牧之美視天下猶有不盡拜之善也

大舜有大焉善與人同舍己從人樂取於人以爲善

一喜一拜由禹好善之誠已不可及矣至於大舜其胸襟度量則更有大焉者葢善乃天下之公理本無人己之別舜之心無一毫有我之私惟以天下之善公之天下之人而與之同之如己未善則不見有己無所係吝而虛心以從人不知善之在己也見人之善則不待勉强至誠樂取以行之於身亦不知善之

在人也不知孰爲在己孰爲在人所謂人己兩忘形迹俱化而善與人同如此大舜有大須先贊由禹已不可及乃大舜更有大焉不可先貶由禹亦不是與由禹比較謂子路與禹非大也此大字正與莫大乎與人爲善相照應善與人同是大之實舍己二句又是善與人同之實禹聞善言則拜猶着意猶未免見善之在人既見善在人即有見善在己之意善與人同是自然氣象舜則見得此善在天下乃人己公共之理全無爾我畀見分別障礙此則就他心上看得如此舍己二句總是見善不見人而毫不立一人己之見故曰善與人同與人同的與字屬舜此善字以天下之公善而言不可認作舜之善舍己二句正形容善與人同處是一時事交互言之以見聖人之心表裏無間也上句重舍字下句重樂字舍己不必說定己未善只是忘己之意註無所係吝解舍字無所勉强解樂字樂字正是忘人忘己的念頭不可說樂取於人以爲己之善但加一樂字以足上句之意要之舍己便是從人從人便是取人二句亦是旁人見

聖人如此若聖人與善爲一忘其爲舍爲從爲取也

大舜　二句

韓慕廬曰大字是對由禹見得然舜之大於同善見之舜之同善又於取人與人見之此處善與人同句語極渾淪須就善之本量言之而已盡大同之意

樂取　一句

繆歌起曰此是善與人同之目樂取二字見虞帝當日芻蕘必採謳吟不遺不見己之爲聖並忘人之爲愚出自中心毫無勉强極合同字分量

自耕稼陶漁以至爲帝無非取於人者

且舜之樂善豈特一時爲然哉自耕稼於歷山陶於河濱漁於雷澤以至登庸而爲帝無非取於人者葢自人而言則工瞽岳牧無非可取之善自舜而言則匹夫天子無非取善之時其生平爲人皆是如此豈以窮達而有間哉此見舜樂善之心無間上句作一氣看不要分開窮達只言其自少至老無一

特一日不取善但言取人舍己意自在內只重無非取上須側重爲帝一邊以見天子能舍己之尤難也

取諸人以爲善是與人爲善者也故君子莫大乎與人爲善

舜之取人爲善亦爲渾忘未嘗有助人爲善之意然自今想見其心而推其事其取諸人以爲善是天下之有善者以見取爲勸自然益勵於善卽天下之不善者以不見取爲戒亦皆勉而爲善是乃助人之爲善者也夫因其取善使天下皆勸於爲善則是一善所公四海廣被乃聖人成己成物之事矣故君子之善莫大於此此舜之所以大於由禹也有志取善者可不由子路之喜禹之拜以進於舜之大也哉

上二句推其樂善之公下一句贊其成善之大與人爲善是後世推原出來[illegible]人固是勸善卽其取處便是與處所謂以取之之道與之也然不要有得彼此有心如云其已嘗採納者則有幸心而益進於善其未嘗採納者則不[illegible]之心而

勉進於善若舜開其途而與之進闢其門而與之歸也非謂天下有意爲善以求取於舜君子作聖人看就舜而推廣言之以示感歎勉勵之意莫大乎與人爲善在舉一世而甄陶之上見其大蓋合天下而共成其善則善之分量始充滿而無間也上節大字就取人爲善上說此大字在成人爲善上說此大字正應上有大的大字

取諸　二句

王孫仲曰取人爲善是從上取人內重想一番與人爲善又是孟子就取善內推原出來以起下文莫大之意

伯夷章全旨○此章見君子不爲一偏之學意夷惠之高風百世原非後人可學而至但夷聖於隘惠聖於不恭後人學之依傍摹倣不得其聖反得其隘與不恭矣前二節是案一束以去字一束以就字旨歸是論去就不可挿入清和後一節是斷不可貶他隘與不恭重在君子不由一句只爲不善學夷惠者下一

針砭非謂夷惠眞不可由也

孟子曰伯夷非其君不事非其友不友不立於惡人之朝不與惡人言立於惡人之朝與惡人言如以朝衣朝冠坐於塗炭推惡惡之心思與鄉人立其冠不正望望然去之若將浼焉是故諸侯雖有善其辭命而至者不受也不受也者是亦不屑就已

孟子曰古人有伯夷者其生平爲人擇君而事非其可事之君則不事擇友而交非其可交之友則不友惡其惡也不但非君不事亦不肯一立於惡人之朝不但非友不友亦不肯一與惡人言若使立於惡人之朝與惡人言則以爲辱已如以朝衣朝冠之尊貴而坐於塗炭有不能一息安者其惡惡之心如此試由其惡惡之心而極推之又不但惡人之惡也他的心即思與鄉人並立其冠若不正亦不過失禮耳非甚可絕之惡也亦望望然去之而不顧若將浼汚於已焉惟是恐浼之故又不但鄉人也彼天下諸侯雖有善其詞命而來聘者初

無少失禮矣亦不受其聘也夫其不受也者何爲也哉葢其視今之諸侯皆非其君也皆惡人之朝也是亦不以就諸侯之爲潔而切切然必於就也已

此節敘伯夷一節緊似一節從事君交友立朝之大及與言與立致詞之微隱然有個隘的意思在看數不字若將二字及不受字伯夷心裏原自有主張堅持自守此身以外俱不足以累之不是與人忿戾塗炭以上是述其事下是孟子推其心而形容之不立深於不事不言深於不友推是孟子推思是伯夷自思要非有實事只形容其意向如此鄉人之冠不正未有甚惡也而必去辭命之善無少失禮不必深責也而不受其聘名之禮辭命亦非實事雖字可見不屑就是推其不受之故葢不以就爲潔故不切切於就而以去爲道者也

柳下惠不羞汙君不卑小官進不隱賢必以其道遺佚而不怨阨窮而不憫故曰爾爲爾我爲我雖袒裼裸裎於我側爾焉能浼我哉故由由然與之偕而不自失焉援而止之而止援而止之而止者是亦不屑去已

古人又有柳下惠者其生平爲人不以汙君爲羞而亦事之不以小官爲卑而亦爲之其進而爲小官以事汙君也不肯苟且以隱在已之賢能而必以直道而行雖至道有不合終至爲人遺佚而不怨乎人以至身處阨窮而不憂諸已故其言曰天下之人爾自爲爾而無與於我我自爲我而無與於爾雖袒裼露臂裸裎露身任爾所爲於我之側爾自無禮耳焉能浼汙我哉其言如此惟其視人皆不能浼已故不擇交遊常由由然自得與衆人同處而不自失其正焉雖其欲去之際人或有援而止之者惠即從而止之焉夫其援而止之而遂止者何爲也哉蓋以吾身自正而不能浼不自失者自在焉是亦不以去爲潔而切切然必於去也已

此節敘柳下惠一節寬似一節自其出處與其言語行止隱然有個不恭的意思在總是他心裏自有道理任他怎麼我只行我的事他都不能束縛累及於我不是貪爵慕祿苟且浮沉也自不羞至不憫是述惠之行惠自視甚高視人

甚卑故汙君小官必進者以汙君小官不足玷吾道也隱賢二句二正一反賢即道道即賢猶云不枉道事人必以道事人也遺佚自人遺我而言故易怨不怨者無尤人之心阨窮自我處困窮而言故易憫不憫者無遺世之憂二句串說言雖爲人放棄此心無入而不自得蓋以吾道固然并因之有損也故曰二句是述惠之言爾爲爾我爲我只是言不相假借意焉能浼我方承言彼自無禮故不能以無禮浼我也故由由至末是孟子推惠之心而槩舉其行止援止之說如三黜三仕亦其事也不屑去是推援止之故惠之意謂潔不在是蓋曰吾自有眞潔而不必一去以明潔此以不去爲潔故不屑屑於去以就爲道者也

孟子曰伯夷隘柳下惠不恭隘與不恭君子不由也

孟子既述夷惠之行遂從而斷之曰伯夷之行雖高潔然懼人之汙來及已視天下之人無一可與處者未免孤介絕物而失之狹隘柳下惠之行雖寬和然

輕忽待人視天下之人無一足與較者未免玩物輕世而失之不恭君子但由其清而不由其隘由其和而不由其不恭也蓋清而能通始不至違世而絶俗和而能介始不至同流而合汙乃爲中正之道而君子之所當由者也學聖人者可不知所取去乎

隘者視天下無一人之足容不恭者視天下無一人之足較然必夷而後可以隘必惠而後可以不恭此正二聖人之絶德不可說壞孟子恐後人之學夷惠者以隘爲清以不恭爲和故曰不由蓋由者循其迹不由者化其迹也註中不能無弊言清之極便有隘之弊和之極便有不恭之弊非是流弊至道貴得中意要在言外補出及願學孔子或亦是意中事口吻中未可道破

合纂四書蒙通卷之十六終　孟上

合纂四書彙通卷之十七 上孟

公孫丑下

天時章全旨。此言用兵以得人心爲本當時用兵者皆以天時地利爲務而不知以人和爲重故孟子言用兵在得人心得人心在得道得道以得人心則地利之險人爲之守天時之善人爲之乘戰則必勝矣不然雖天時地利何益之有哉首節因用兵之要而歸重於人和非天時地利可全無但不如人和耳二節三節詳天時地利之不如人和四節五節言得人和可以無敵

孟子曰天時不如地利地利不如人和

孟子曰守國用兵之法其要有三時日支干吉凶占候謂之天時金湯形勢險隘可守謂之地利人心歸附上下相親謂之人和三者固缺一不可然今之用兵者只以天時地利爲勝自我觀之得天時之善者雖可以勝敵然特適然之數耳不如地利之固其形勢可據爲尤足憑也得地利之固者雖可以取勝然

恃有形之險耳不如人心之戴其無形之險爲尤足恃也

此舉用兵所恃者而第其輕重示人以當知所重也兵法貫三才天地人不可偏廢但時不時屬天利不利屬地人心和不和則在我而已在天地者難必在我者可恃故曰不如此在用兵時較量講此二句要有含蓄若實說便碍下二節

三里之城七里之郭環而攻之而不勝夫環而攻之必有得天時者矣然而不勝者是天時不如地利也

何以見天時不如地利如三里之城七里之郭亦云小矣或以兵環向其城郭而攻之而不能得勝夫環而攻之曠日持久必有得支干王相天時之善者矣然而終不能勝者以天時猶虛不如城郭之險阻足據也夫以久攻所值之天時不勝夫三里七里之地郭則天時果足恃乎是天時不如地利也

此節申言天時不如地利在攻上說非謂天時可全無但不如耳

城非不高也池非不深也兵革非不堅利也米粟非不多也委而去之是地利不如人和也

何以見地利不如人和如敵人來攻我所築之城非不高而難犯也所鑿之池非不深而難越也兵革之所用以衛此城池者非不堅且利而可以敵人也米粟之所積以實此城池者非不蓄之多而可以持久也其爲地利固矣然不得民心相與委而去之而不爲之守焉夫以設險之既固守要之有資而不足以結乖離之人心是地利不如人和也

此節申地利不如人和在守上說因城池而言及器械輜重之備亦以器械輜重以衛此城池實此城池者故亦屬地利非謂地利可全無但不如人和耳

故曰域民不以封疆之界固國不以山谿之險威天下不以兵革之利得道者多助失道者寡助寡助之至親戚畔之多助之至天下順之

由此觀之可見人和獨重而有國者當務人和矣故曰人君域限其民不全在

乎以封疆之界固守其國不全在乎以山谿之險威行天下不全在乎以兵革之利只看人心何如耳苟能以仁心行仁政而得人和之道者則民親上死長其助之者必多不能以仁心行仁政而失人和之道者則民離心離德其助之者必寡寡助之君既失人心其極必至即親戚亦畔之況其遠焉者乎多助之君既得人心其極必至凡天下皆順之況其近焉者乎人和之所係其重如此故曰二字緊緊承接之詞域民三句非申地利只引起人和之爲重此兵革之利的利字指利便而言得道者多助須看道字該得廣然不外仁義是也得道須在平日體恤民上講如所欲與聚所惡勿施是也助字是翊戴意亦主平日看多助言衆心願輔而不離畔也只就本國而言此正是人和處人和內便含得道非是又推人和之本在於得道至者極也天下順就其多助而極言之非又出多助之外順之只是悅而願歸未便是身歸然多助等只是虛論其理下節方說到用兵上

以天下之所順攻親戚之所畔故君子有不戰戰必勝矣

惟得道而人和則其於用兵也何有以我天下所順之君攻彼親戚所畔之君是以至仁伐至不仁而誰與我爲敵乎故得道之君子有不戰則已戰則無與我敵而必勝矣又何徒恃天時之善地利之宜乎用兵者宜知務人和矣

此節以用兵言見不假天時之善地利之險只就人和上決戰勝以終首節不如人和之意所順所畔但指其國君而言非謂率天下所順之人以攻彼國有不戰戰必勝只是倒戈意

朝王章全旨○此見孟子以道自重而不可名意前三節因齊王名巳以疾而微其非疾後七節因齊臣譏巳不應名而明其不可名總是不能達辭疾之意於齊王而詳明不可名之意於齊臣也須知孟子以道自重正是敬王不是傲王望王尊德樂道正是鼓其君以大有爲處齊王托疾以名正是不好臣其所受教而無不名之臣矣安望其爲堯爲舜爲湯爲桓而大有爲耶總重君不可名

臣上蓋孟子居賓師之位故不可召若孔子居位則不俟駕行矣

孟子將朝王王使人來曰寡人如就見者也有寒疾不可以風朝將視朝不識可使寡人得見乎對曰不幸而有疾不能造朝

孟子在齊居賓師之位與受祿而守官者不同在孟子可以朝見齊王在齊王可以就見孟子而不可召見也一日孟子本將朝王王不知而使人來托詞以召之曰寡人如初願本欲往而就見者也不意有寒疾不可以遇風故不能就見來朝將欲視朝不識夫子肯一來而使寡人得見乎孟子亦以對曰不幸而亦有疾不能造至於朝此非欲其稱也其自重已默寓於托疾之中矣

不論齊王之不合托疾只是他不合來召有事宜要就見若王召之則有自尊之意若應召而往辱道甚矣故亦托疾以辭之如就見的如字以欲字代之就字內有往字不幸二句語意渾然只示以不可召而啟王以尊德樂道之誠正

望其大有爲處但賢者在他國時諸侯無越境之理只得以幣來聘故賢者受其幣而往見之答陳代如不待其招而往何哉此以在他國而言答萬章天子不名師而況諸侯乎此以在其國而言孟子之辭召即答萬章之意也

明日出弔於東郭氏公孫丑曰昔者辭以疾今日弔或者不可乎曰昔者疾今日愈如之何不弔

使王不知而以爲眞疾則已之意將無以自顯矣孟子於辭疾之明日即出弔於東郭氏齊大夫之家夫既不能造朝而又能出弔且又在明日之速者欲使齊王聞之而知其非眞疾以自警悟其不當召也公孫丑不知出弔之意而問曰昨日方辭以疾今日便以弔出則是明爲托疾矣或者不可乎孟子曰昨日有疾今日疾愈如之何不弔盖亦未告以本意也

孟子自重重王之意欲使齊王自喻之而公孫丑先不能喻之昔疾今愈只應丑之言而權詞以荅之

王使人問疾醫來孟仲子對曰昔者有王命有采薪之憂不能造朝今病小愈趨造於朝我不識能至否乎使數人要於路曰請必無歸而造於朝

王果不知孟子之非真疾於出弔之日而使人問疾且以醫來在王之意雖至愨而其不悟甚矣使孟仲子知其意而言之是亦感悟齊王之一機也孟仲子又不知出弔之意而權詞以對曰昔者有王命來召適夫子有采薪之憂因不能造朝今病小愈已趨造於朝但我不知於今能至於王朝乎抑未曾至乎既對使者後又使數人要阻孟子於路曰請必無歸而造於朝欲以實己之言也夫孟子方欲明其意於出弔而復悔於仲子之權詞其托疾悟君之意愈難明矣

孟子曰重重王之意欲使王自喻之而孟仲子又不能喻之問疾醫來亦是齊王慇懃處若以徒為虛文說煞如何以大有為望之昔者有王命至否乎是仲子失孟子之意不能達辭疾之情猶夫公孫丑之見也使數人至造於朝則又

强孟子之行猶夫景丑之見也要者固約之意

不得已而之景丑氏宿焉景子曰内則父子外則君臣人之大倫也父子主恩君臣主敬丑見王之敬子也未見所以敬王也曰惡是何言也齊人無以仁義與王言者豈以仁義爲不美也其心曰是何足以言仁義也云爾則不敬莫大乎是我非堯舜之道不敢以陳於王前故齊人莫如我敬王也

當斯時也欲從其要而造朝歟則負師之尊而名既非自重之本意欲不從其要而即歸歟則出弔之情已晦又無以儆悟乎君心故不得已而往景丑氏宿焉蓋景子齊臣也孟子宿於其家則托疾之意晦於仲子而庶幾得明於景子因景子而庶幾得明於齊王其假宿之心亦即出弔之心乎夫何景子之見蓋陋於公孫丑孟仲子之見也從而譏之曰凡人内而家庭則有父子若夫外而朝廷則有君臣此人之大倫不可廢者也父子情親故父慈子孝而所主在恩至於君臣分嚴故君禮臣恭而所主在敬凡以盡其倫焉耳矣今丑見王之乎

曰致敬於子也未見子之所以敬王也其如君臣之大倫何孟子驚嘆曰惡謂我爲不敬王此言是何言也子未知我之所以致敬於王也彼齊人但知承順爲恭其與王言者皆曰功利無以仁義之大道爲王言者豈以仁義爲不足與王致治而爲不美也其心若曰是君也但知有功利耳何足與言仁義也如此說爾是以凡庸輕忽其君則不敬莫大乎是我則平日所學之仁義即堯舜治天下之道也今我與王言者皆堯舜之道若權謀功利非堯舜仁義之道即悚惕於心而不敢以之陳述於王前是蓋以聖帝望王欲王行仁義以致唐虞之盛治故齊人莫有如我敬王者而奈何以不敬加我也

孟子自重重王之意時人皆不能喻之欲借景丑以悟之然而丑之見更陋於公孫仲子也不得已非爲人要之故爲托疾本意不能達於王故借一宿以發明之與出弔之意同亦主悟王說景丑欲責孟子先提君父大倫說起大倫以自然尊卑之分言主恩主敬以當然之道言人倫不獨父子而父子則必主恩

人倫尤重君臣而君臣則專主敬父子句是賓不重在父之主恩重在子之主恩君臣句是主不重在君之主敬重在臣之主敬其意全爲王之敬子未見敬王二句立案王敬子在平日禮遇上說不敬王含不應名上且勿露出齊人以下破未見所以敬王之意無以仁義爲王言蓋當時本無仁義之學即言之亦不親切但孟子主意只重在不敬王上非齊人本能言仁義而鄙之以不足言也言仁義凡言仁義之學仁義之事皆是堯舜是建仁義之極者堯舜之道即仁義也正心誠意之學治國平天下之理皆堯舜之道言言總是這道理便是陳堯舜之道不是止把堯舜這幾件事幾句話說了便爲陳堯舜之道陳王以堯舜正敬君以堯舜也不敢二字以心言正見敬王之意齊人莫如句正愧殺無數齊臣蓋丑之說奔走承順之敬敬君以貌也故註曰敬之小孟子所言陳善閉邪致君堯舜之敬敬君以心也故註曰敬之大

我非　二句

尹黄階曰正言之是堯舜之道必陳反言之則非堯舜之道不敢陳須知功利富强不由仁義者皆非堯舜之道也對焰藪人剔發不敢而敬王意自出

盧文子曰非堯舜不陳正齊臣笑爲迂闊齊王不耐爭教處不知齊臣不言仁義其心敢也孟子非道不陳其心不敢也敢與不敬自是敬與不敬所别

唐寶君曰題是反語口氣甚嚴切若正說以堯舜陳王反覺寬緩照定賓師發論使令齊臣無處躲閃然是對景丑語正寫出不朝王心事不得呆講看煞

景子曰否非此之謂也禮曰父召無諾君命召不俟駕固將朝也聞王命而遂不果宜與夫禮若不相似然

景子曰子以仁義告王爲敬否也我所謂不敬王者非不與王言仁義之謂也律之於君臣之禮而有所未盡耳禮有曰父命召子則子有速應之唯無緩應之諾君命名臣則臣不俟駕車而先行是急趨君命乃禮之當然也今子固已將朝王也及聞王命之名而遂稱疾不果朝較當與夫不俟駕之禮不相似然此

我之以是爲不敬王也

此景子發明上節不敬王意景子上節敬字在禮貌上說尚未明白至聞孟子之言則本意露出不字猶云你這說的不是非此之謂也猶云我說你不敬不是在這些之意引禮重不俟駕上與前父子主恩俱是引起下句之詞此景子全以臣禮律賓師矣孟子且未服與之論明以下詳明其不可名亦以賓師自處也

曰豈謂是與曾子曰晉楚之富不可及也彼以其富我以吾仁彼以其爵我以吾義吾何慊乎哉夫豈不義而曾子言之是或一道也天下有達尊三爵一齒一德一朝廷莫如爵鄉黨莫如齒輔世長民莫如德惡得有其一以慢其二哉

孟子曰以我不應名爲不敬子言固如是也而我所以不應名之故別有所在豈如子與禮不相似之謂與昔曾子嘗曰晉楚大國之富誠不可及也然彼以其富我則以吾至足之仁蓋仁統萬善不啻富也彼以其爵我則以吾至貴之

義蓋義超萬物不啻貴也吾何不足而慊然於彼乎哉曾子之言如此但世人皆知富與爵耳曾子獨伸仁義於其上夫豈不合於義之宜然而曾子言之乎蓋亦別有一種道理超乎勢分之外也其道爲何蓋通天下之所尊敬者有三樣人有爵位者一年齒高大者一道德完備者一在朝廷之上以貴臨賤名分不可或踰所尚莫如爵爵所以爲達尊也在鄉黨之中以少事長先後不可或紊所尚莫如齒齒所以爲達尊也若夫輔佐一世而致治安長率萬民而成教化惟有德者能之所尚莫如德德所以爲達尊也德卽曾子所言之仁義此所以不慊於彼之富爵也然則在朝廷者其爵雖尊不過達尊之一耳惡得以有爵之一遂以之而慢夫齒與德達尊之二哉我之意正爲此耳

此節已見己不可召而王不當召己之意但未甚顯下始明言之豈謂是的是字指景子所說言引曾子之言正對不可召說晉楚之富的富字泛言該爵在內彼以其富四句詞雖平而意重仁義有抑富貴伸仁義之意非相當也仁統

萬善無所不有故對富說義最高潔巍然物表故對爵說全在彼字以字其字
上益仁則居天下之廣居安土樂天無求自足而塵視金玉義則行天下之大
道謹進退明去就不以三公易其介而名節自高吾何慊是仁義不啻富爵意
夫豈不義正曾子重道處是或一道不是疑詞所以深明其言之可信也達尊
是無所抗壓之尊此句是解是或一道句天下有達尊至莫如德雖是推曾子
之意却暗指自家說爵一三句列達尊之目且虛說朝廷三句正實其為達尊
也三者不相值則各伸其尊而無所屈一或相值則通視其重之所在而致隆
焉此自其樹值者而言爵主君方應得齊王但有貴意重在德一邊輔世不但
俗君是維持世教而不必用世長民不但字民是師表萬民而不必治民皆不
待乘時借勢而然者不然又有待於爵富矣德字即上仁義這等人乾坤賴以
不墜生民賴以不滅下文不可召之臣正此人也惡得二句只閑閑以一二相
較說如云惡得有尊爵之一以慢其齒德之二哉主意只重在德齒字只帶言

之而齊王不可召已之意自見言表勿云今王惡得以己之一爵而慢我齒德之二哉此二句語意雖極聳峻却未嘗明指只爲賓師二字在口中道不出故爲此逗漏不盡之意耳說一慢字先破他王之敬子句後說尊德樂道不如是不足與有爲痛切發明敬王之意

輔世　一句

汪時夏曰輔世與明世與長民與治民與此中具有大學術大經濟在所以不可得而臣不可入匡弼等語莫如二字講得十分鄭重方是孟子自任語氣須從不應名上來

故將大有爲之君必有所不召之臣欲有謀焉則就之其尊德樂道不如是不足以有爲也

有一不得慢二故從來將興道致治大有所作爲之君必屈己下賢有所尊禮而不可召之臣如於民社之事欲有謀焉則就見而諮之君之所以重乎臣者

正以臣之以道自重而不可以名見也然爲臣而必欲君之敬禮如此者豈自尊大也哉葢有謀則就正所謂尊禮仁義有德之人慕樂致君堯舜之道也君必如是其有謀則就之尊德樂道乃可以大有爲於天下良以大有爲之業必資於道德而道德之賢亦惟虛心者可以致之若其不如是有謀則就之尊德樂道則自驕以勢者必求臣以謟諛不用言不從不足與之大有爲也此大有爲之君所以不名乎臣而以道自重之臣亦不爲之名也

此節正明所以不可名之故見君臣相須殷而相成甚大也故字承上不可慢來大有爲之君看一將字及下不足與有爲也仍在初起作事之人說若至後來爲臣者何不可名即聖如舜禹而堯舜以官名之亦無不應者大有爲只是行仁義而王天下也大有爲之君正起下湯桓下節遂以故字承之不名之臣猶云道德隆重名不得之臣也此言大有爲之君必能識得此人必能敬得此人必有所三字就君心言全是眞心尚賢而不敢慢重在君加禮於臣上葢君

必有所尊禮而不敢名之臣非有是君即有是臣此句不直說不名其臣而不名之意在其中謀即大有爲之謀有謀則就正是尊德樂道處緊頂不名來就之下當補出君之重臣正以臣之自重意來然後接入尊德句段落方明德就賢者身上說如仁義忠信樂善不倦其德也道就賢者所抱說如平治天下之具其道也尊是君心尊敬樂是君心愛慕然道德無非仁義即堯舜之所以治天下者人君須要尊信之惟信極專斯愈尊愈樂賢者始得以展其道德而左右挾持做出許大事業所謂上下交而德業成也其尊德樂道不如是謂不如是其尊德樂道非謂既尊德樂道而又不如是也此等簡賢棄禮便不足輔之以大有爲是賢者之心度其如此耳與字實指臣此三句是孟子不說的主意

欲有　一句

陸雯若曰重就字不重謀字下有不如是三字則此題不可說盡只重在大有爲之君之必就也

故湯之於伊尹學焉而後臣之故不勞而王桓公之於管仲學焉而後臣之故不勞而霸

惟尊德樂道如是而後大有爲故古來大有爲之君行王道而王天下者湯也湯之於伊尹知其樂堯舜之道先以師道事之從而受學焉而後任之爲相湯之尊德樂道也故伐夏救民伊尹皆身任之湯遂不勞而成王業足以大有爲也不特湯之王爲然卽行伯道而伯者桓公也桓公之於管仲知其爲天下才亦先以師道事之從而受學焉而後任之爲相桓之尊德樂道也故九合諸侯管仲皆身任之桓公遂不勞而成伯業足以大有爲也蓋王伯雖不同其所以大有爲者孰非自尊德樂道中來耶

此節援古爲証正見有不名之臣而成其大有爲處看一故字湯正大有爲之君也學卽就謀爲學當其學時正是將大有作爲之處臣之卽任以職事非是畢之之詞學而後臣猶下節云臣其所受教也非是截然先後只是所重在學

以尊禮做第一件事而以委任繼之故曰而後臣之不是先以爲師而後以爲臣况本文原無先字也不勞而王凡大有爲之事既得於啟沃之有素且資於幹旋之多方是尊禮者道易行在任事上說貼在臣一邊是豈特湯於伊尹如此即桓公之於管仲亦有然者口氣須側注不可王伯兩平致碍末句

今天下地醜德齊莫能相尚無他好臣其所教而不好臣其所受教

今天下諸侯以土地則相類以功德則相等莫有能建王伯之業而超越當時之君者此無他故只爲不肯屈已下士耳若有趨走承順聽我所教誨之人則樂以之爲臣而任用之若有懷道抱德我所當受教之人則不樂以之爲臣而疎遠之求如湯之於伊尹桓公之於管仲不可復見矣既無不召之臣又安能成王伯之業所以地醜德齊而終不能大有爲也

此與上節一正一反上言有不召之臣所以成其大有爲此言無不召之臣所以不能成其大有爲耳地醜二句不能王伯也好臣二句不能學焉後臣也今

天下指當時列國言地醜言無一人能闢土地德齊言無一人能奮發有爲故曰莫能相尚德齊之德以所就功業言臣其所教如姑舍汝所學而從我所受教謂欲見則就不敢名之也二臣字作活字用益臣之也看臣字即賓師亦未有終於不臣之理但當方經營王業之始却使不得好臣不臣用人如此則無不名之臣所以不能大有爲也

湯之於伊尹桓公之於管仲則不敢名管仲且猶不可名而況不爲管仲者乎

試覩湯之於伊尹桓公之於管仲則皆學焉後臣不敢名之來見者以其不可名故也夫伊尹爲王者佐其不可名不待言矣若管仲之賢何如且猶不可名而桓公不之名焉況其道德更有卑管仲而不屑爲之者顧可名而見之乎以不可名而名之王之不能大有爲無惑也我之聞命中止亦欲以不可名自待安得謂我不敬王而以臣禮律我乎景子亦可以自悟矣

湯之於伊尹二句輕只頂上文說來引起下二句不敢名乃敬之之至自不敢

名舉湯桓並論者言不獨王者爲然即伯者亦有之管仲且猶不可名亦借來跌起下句而況句方隱隱就自已身上說且猶不可名根桓公說來是桓公以爲不可非管仲以爲不可也而況不爲管仲者志伊尹之志學曾子之學堯舜仁義之道足以格君心輔世長民之德不媿於晉楚其高於管仲者何如而顧可以名之乎此乃孟子以道德自重之本意而賓師不得與臣同也然孟子不說已不當名只明齊王不當名已而已之不當應名自見

陳臻章全旨○此章見君子之辭受一當於理意首節陳臻即辭受之迹而疑其非以下是孟子詳辭受之意而明其是而全章問荅皆爲齊發特借宋薛以形之須抑揚重辭上蓋宋薛弱小孟子偶爾經過原不望其行道兼之有辭故受餽以荅若於齊則望其大有爲矣然徒以貨利覊縻孟子孟子必不受其籠絡兼金之餽即有處尚不肯受況無處而可貨取乎此意臻不能知孟子亦難以顯言故只就辭受上辨其非是

陳臻問曰前日於齊王餽兼金一百而不受於宋餽七十鎰而受於薛餽五十鎰而受前日之不受是則今日之受非也今日之受是則前日之不受非也夫子必居一於此矣

陳臻問曰辭受者君子之大節也夫子前日於齊王餽以兼好之金一百鎰而夫子不受今於宋餽七十鎰而受又於薛餽五十鎰而受夫同一餽也而受不受異焉吾恐前日之不受於齊者合於理而是則今日之受宋與薛者不合於理而非也若今日之受宋與薛者合於理而是則前日之不受齊者不合於理而非也夫子必居一非於此矣臻是以不能無疑也

臻意問孟子久居齊國則於齊之交際宜受其與宋薛暫交不同即曰同爲交際亦當同受而於齊不受於宋薛反受問意重在不受齊餽上前日四句側重在非一邊今日之受非謂其似近於傷廉前日之不受非謂其似失於過矯必居一於此謂其非之必不可免也總是泥辭受之迹以爲疑執一是非不知有

義也　二十四兩爲鎰

孟子曰皆是也

孟子曰辭受何常惟義之歸耳吾之不受與受均適於義皆是而無非也固未可泥辭受之迹以議我也

皆是字還他問意對上非字看言受者固是即不受者亦未嘗不是意注不受一邊惟其皆適於義故皆得爲是也

當在宋也予將有遠行行者必以贐辭曰餽贐予何爲不受

當其在宋也予將之他國而有遠行禮遠者必有贐以資途費故宋君致辭曰餽贐今以禮餽義可以受矣予何爲不受此受於宋者是也

當在薛也予有戒心辭曰聞戒故爲兵餽之予何爲不受

當其在薛也予有備戒不虞之心薛君致詞曰聞子戒懼彼將爲備兵之資而餽義亦可以受矣予又何爲不受此受於薛者是也

必以賮可受也爲兵餽可受也爲兵餽如僱人護送之類曰餽賮曰聞戒是二君來餽金時所致之詞然致詞只說聞戒餽金意未出故孟子自補爲兵餽一句蓋以上文餽賮可接受字此止曰聞戒不可接受字所以補此句自對行者必以賮句亦倒裝文法時必孟子已出薛之疆其薛君之令不可行故只得以金爲備兵之資也

若於齊則未有處也無處而餽之是貨之也焉有君子而可以貨取乎

若前日於齊則於遠行戒心之事吾皆未有所處也無處而餽之是欲以貨財餌之也衆人動於利斯可以貨取焉有守義之君子而可以貨誘致之者乎此我之所以不受也受與不受一視夫義之當否故曰皆是也

處字是孟子未有所處全重自家說不重他人處猶當也値也旣非値遠行之時又非當戒備之事是予旣無所處而齊王乃以百鎰餽此餽何名所以不受不受止以明辭齊之爲是貨之謂以物餌之是將其物以往貨取謂從其餌是

得其人以來焉有若孟子推開說分明指齊王不舉國而任孟子以行道却借貨利以羈孟子之身孟子豈能爲貨所餌哉

平陸章全旨○此孟子欲齊之君臣各盡其職以恤民意蓋不自盡其恤民之職者臣之罪使臣不得伸其恤民之志者君之罪孟子未言之先君與臣交諉其責孟子一言之後君與臣交承其罪所謂仁人之言其利溥哉惜乎齊之君臣但知引罪而終不能發政施仁也

孟子之平陸謂其大夫曰子之持戟之士一日而三失伍則去之否乎曰不待三

孟子在齊一日之平陸見其民不聊生謂其邑宰孔距心曰凡事各有職守子之持戟之軍士設於行師之時一日三次離失行伍之列則以兵法誅之抑否乎大夫曰行伍軍之重政也失伍軍之大僇也一日而一失伍則師行無紀法當誅以儆衆奚待於三失乎

之平陸因平陸饑荒而特往責之　於此將正距心失職之罪故先以失伍發其

端失伍是不在伍也一日字最妙 曰失官亦可一曰曠民不可一日
夫養此孟子隱寓責讓意三失更無以自解三字照下多字

然則子之失伍也亦多矣凶年饑歲子之民老羸轉於溝壑壯者散而之四方者幾千人矣曰此非距心之所得爲也

孟子因責之曰官之有職猶士之有伍也然則子之曠廢職守如軍士之失伍也亦多矣子之職在養民者也今凶荒之年饑饉之歲子之民年老與羸病者不能移動則輾轉僵仆死於溝壑之中年少壯者流離於四方以求食其死與散者幾千人矣子爲養民之官使百姓失所如是較之軍士之失伍相去遠矣其如國法何距心曰民之死與散距心非不知之但倉廩不敢自發賦稅不敢擅寬此其事非距心之所得專爲也

然則句承上失伍來而責其失職口氣甚緊失伍字直是借用不作譬喻亦多矣與上三失照應凶年如水旱疾疫之類饑歲是五穀不熟說子之民就合受

之於王無容或諉惡老羸二句是失養之實幾千人總承溝壑四方說所謂失伍之多者正在此此字指溝壑四方非距心之所得為全無引咎於己之意故下文又設喻以責之註中王之失政使然且勿直出

曰今有受人之牛羊而為之牧之者則必為之求牧與芻矣求牧與芻而不得則反諸其人乎抑亦立而視其死與曰此則距心之罪也

孟子乃設喻以曉之曰子勿以不得為諉也設今有受人之牛羊而為之牧養之者則必為牛羊求牧地與芻草以養之矣使求牧與芻而不得是不得專其牧牛羊之任則以牛羊反諸其人而去乎抑亦立視其牛羊之死而不顧乎今子為王牧民既不能請於君以賑之又不去而坐視民之死此其罪將安歸哉距心乃悟曰牧民而不知預求所以養之而又不能去徒然立視其死此則距心之罪誠有不容辭者也

此節非必謳其以民反之王正言其罪不容諉以申明失伍亦多之意兩為之

一様猶言替他也求牧令其就地食草芻則刈而儲之以補其不足受字見責有所歸求是求之主人不得則其權在人不求則其罪在已正見不可不告於王以賑發也罪在不求不在不反只是以不去而明其罪不容諉非專責距心之不去距心亦不是專以不去爲已責言我現居此官則民之失所所謂立視視其死者此字承立視其死來

他日見於王曰王之爲都者臣知五人焉知其罪者惟孔距心爲王誦之王曰此則寡人之罪也

然是罪也孟子固欲距心知之以恤此民尤欲警悟於王使王知之以恤此民也故他日又自平陸之齊見於王曰王之大夫爲都邑而治民者臣所識有五人焉而能自知其失職之罪者惟平陸大夫孔距心一人而已於是以巳所以責距心之言與距心所以自責之言一一爲王陳誦之欲王知百姓之流離失所有司之掣肘難行庶幾王心有所感悟耳王果自任曰奉命者雖在臣制命

者則在君不能發政施仁而使民不得聊生臣不得盡職此則寡人失政不恤民隱之罪也敢不承夫子之敎乎夫孟子一言而使齊之君臣皆知其罪似可以有爲矣然終不能使齊之民得被其澤亦何貴於徒知其罪也哉

距心雖知罪而所以發政施仁必由於王所謂廟堂無德意則臣誰爲奉行大君惜倉廩則臣誰爲疏請故見王主於悟王也都者其邑嘗爲先君所都後遷而之他乃只爲邑故猶有廟在而稱都邑曰都尊之也此亦大槩語非謂廟有五處治者五人也知以相識言爲王誦之非稱距心特爲百姓訴一番困苦以諷王此何乃記述之言非孟子曰爲王誦之此字指民之輾轉流亡與臣不得盡職言齊王自認失政之罪正與前註失政使然相應

蚳鼃章全旨○此章見去就各有其道上二節蚳鼃感孟子之諷因可以去而去孟子所以爲蚳鼃者正也下二節孟子因或人之譏明可以留則留孟子所以自爲者正也蓋蚳鼃守官孟子守道守官而言不用則當去守道則不妨從容

以俟非可以一槩論也

孟子謂蚳鼃曰子之辭靈丘而請士師似也爲其可以言也今旣數月矣未可以言與

孟子謂齊大夫蚳鼃曰人臣居是官當盡是職子之辭靈丘之邑宰而請爲士師其所爲近似有理也葢士師司刑而又近於王王之刑罰不中則可以爲已責而言之也故一居士師之任當卽有所言今旣爲士師數月矣近君旣久聞君刑罰之得失不爲不熟矣豈王之刑罰皆中未有可以言之者與其於子之初意謂何也

謂字作諷字看辭靈丘舍官守意請士師舍言責意似也乃原其迹而諒其心也且虛說爲其可以言也正解似也句意數月二句正激之使言不曾諷之使去未可以言與根數月句來註云諫刑罰之不中可見當時刑罰不中可言處必多

蚳鼃諫於王而不用致爲臣而去

蚳鼃因此感動於是以刑罰之不中者進諫於王而王不能用遂致其爲臣之職事而去雖蚳鼃明於進退之義而實孟子一激之力也

上句見其盡事君之忠下句見其得守己之義重孟子有以激之

齊人曰所以爲蚳鼃則善矣所以自爲則吾不知也

齊人因此譏孟子曰蚳鼃之當言必言當去必去此皆孟子有以教之也是其所以爲蚳鼃謀而成其去就之義者則善矣乃在齊而道不行不能勇於一去所以自爲其身謀者則吾不知其何故也何明於爲人而暗於自爲耶

齊人以此譏孟子道不行而不能去是以臣道律之也

公都子以告

公都子聞齊人非議孟子之言遂述以告孟子

曰吾聞之也有官守者不得其職則去有言責者不得其言則去我無官守我無

言責也則吾進退豈不綽綽然有餘裕哉

孟子曉之曰吾聞之也人臣分理政事有以官之職爲守者必盡其職乃可居其位倘君不信任而使不得盡其職則當致其官而去人臣專司諫諍有以進言爲責者必盡其言乃可居其位倘君不聽從而使不得盡其言則當致其責而去兩者不去則尸位而素餐矣此人臣進退之常理也若我之於齊雖在三卿之中而不受萬鍾之祿無政事之任以官爲守無諫諍之任以言爲責也既不得以人臣之職事責望於我亦何得以一身之去就受制於人進而留可也退而去亦可也則吾進退固非常法之所得而拘者豈不綽綽然寬舒而有餘裕哉齊人何得以蚳鼃之去而譏我也

此正明不去之故官守四句泛言以起下意古者封疆之臣或守一郡或守一邑各有土地人民之寄謂之官守朝廷之臣爲腹心耳目凡有所知皆得上聞謂之言責不得其職爲君所制也不得其言爲君所拒也二則字甚緊纔不得

便去無可寬轉處與下綽綽相反進退二句正破他自爲不知意主退說進字帶言之進退二字活看不進便退餘裕寬緩自得兼有俟其自悟意盡處實師之位從容規諷以漸而入如朋友相似少有不入亦當去但不如有官守言責者之逼迫耳若蚳鼃有官守言責去就聽之官孟子行道濟時去就聽之道豈可同日語哉

爲卿章全旨○此見君子待小人不惡而嚴意與之同行不惡也不與之言嚴也上節是孟子待王驩之嚴下節因門人致疑而荅之婉上節是全王命下節是杜私交陽以存忠厚之道陰以維交道之防全是孔子之待陽貨家法

孟子爲卿於齊出弔於滕王使蓋大夫王驩爲輔行王驩朝暮見反齊滕之路未嘗與之言行事也

昔孟子在齊不受其祿而爲客卿於齊過滕國有喪爲王出弔於滕王使蓋邑大夫王驩爲副輔佐其行王驩雖朝暮進見由往而返乎齊滕之路相接甚久

孟子竟未嘗少假以詞色與之言出弔所行之事也蓋以驩非可與言之人故耳

前章註孟子於齊處賓師之位大槩禮之而不居職任事名之則不往所謂客卿也又後章註我前日爲卿嘗辭十萬之祿則是實爲卿但不受其祿以示齊王非利富貴耳故有爲卿出弔之事王命孟子出弔特借以爲重也孟子受其命亦或委曲行道之一節乃使王驩爲輔行看王使二字分明是齊王擡舉王驩而使與大賢周旋行事朝夕議論爲嬖臣生色不悟小人之不可與共事也朝暮見固相接之慇亦小人致媚欲得孟子之色笑爲重然朝暮見亦無鎮日默然相對不交一言之理只是未嘗與言出使行弔之事以示不與小人共事之意如此處之驩之氣阻而王之計亦窮矣事如牲帛祝幣之文往來交際之儀皆是

公孫丑曰齊卿之位不爲小矣齊滕之路不爲近矣反之而未嘗與之言行事何

也曰夫既或治之予何言哉

公孫丑不知而問曰凡人或勢分相隔或周旋不久則言有不能盡者王驩大夫今攝齊卿之位不爲小矣自齊至滕之路不爲近矣往而且反之未嘗與之言出弔所行之事何也孟子不欲顯言其故而托詞以荅之曰使事不治則與之共議可也今出弔儀文禮節夫既有從行官屬各司其事已治辦而得宜矣予又何言之有哉夫孟子之於王驩固不爲輕以狥之之事亦無顯以絶之之言君子待小人之不惡而嚴有如此

齊卿之位不爲小則勢分相次非懸隔而不得言路不爲近則相接日久非忙迫而不得言四句總要起下未嘗言行事句何也二字求解其意夫既二句正荅丑未嘗言行事一問乃托詞耳勿得認眞或字指幹辦人役言弔事自有人以理之既得其宜而又何俟與王驩言哉所以不與言之意終未之及益欲使丑自悟耳

自齊章全旨○此見人子當盡其心意首節門人疑厚葬之禮以下明厚葬之宜總以盡於人心句爲主先王之不禁人厚人子之所以用其厚總是個盡心悅字恔字皆從心來不以天下儉其親則心盡矣要段段破充虞木若以美然之疑○

孟子自齊葬於魯反於齊止於嬴充虞請曰前日不知虞之不肖使虞敦匠事嚴虞不敢請今願竊有請也木若以美然

孟子爲卿於齊在齊喪母乃自齊歸葬其母於魯及葬事畢復反於齊未至齊之國都止宿於齊之嬴邑弟子充虞請曰夫子前日有母之喪不知虞之不肖無治事之才使虞董治匠事當時喪事嚴急夫子方在哀痛廹切之中虞雖有疑而不敢請問今事畢從容竊願有請以釋其疑向者所用之棺木若似乎太美治喪恐不必如是其過厚也

止於嬴是回齊丘墓餘哀未忘不能遽前意嚴是喪事匆匆也屬孟子敦治也

彼蔣虞見孟子之待母疑其太厚隱然有惜物儉親之意而不知孝子欲盡之心也

曰古者棺椁無度中古棺七寸椁稱之自天子達於庶人非直爲觀美也然後盡於人心

孟子曉之曰子疑木之太美不知喪葬之從厚其來久矣古者夏殷以前禮制未備棺椁厚薄無尺寸之度及至中古周公制禮棺如用七寸而椁亦稱之上自天子以下達於庶人皆得用之古人制必從厚如此非但爲人觀視之美已也蓋必如是之堅厚然後可歷久遠而人子愛親之本心借此以少盡耳

此節說先王之制以解木若以美然之疑古者二句輕只引起下三句下三句是原古人制禮之意人心是人子之心非他人之心蓋必如是然後盡人子報本之心而無憾耳註堅厚久遠宜渾以下有且比化者一節

不得不可以爲悅無財不可以爲悅得之爲有財古之人皆用之吾何爲獨不然

凡居親之喪有限於法制而不得爲者則分不容厚而不得以盡其心固不可以爲悅若貧乏無財則力不能厚而不能盡其心亦不可以爲悅分既得爲而又爲有財此正人子盡心之時古之人皆用之而從厚吾何爲獨不然哉棺椁之美亦猶行古之道也

此節說已所以美其木之意應上節古者棺椁至達於庶人等句不得得之主木說無財二句不平重得之上有財只輕帶悅快也猶云如意所謂盡於人心也古之人指周公制禮以後之人言用之謂用厚葬之禮

且比化者無使土親膚於人心獨無恔乎

且棺椁堅厚非無所取爾也爲吾親已死者爲久遠之計無使土親近其肌膚則死者之體魄安父母既安於下其於人子愛親之心獨不快然無遺恨乎此其所以以此爲悅此其所以然後盡於人心也

此節即應上節盡於人心二句意見得用之正欲無使土親膚也且字緊承上

來生變爲死故曰化猶逝者也無使土親膚是木之堅厚久遠處其所以以此爲盡心以此爲悅者總盡在於無使土親膚而已恔訓快但終天之恨豈有快時只此心無歉然不到處便是恔

吾聞之也君子不以天下儉其親

向使得盡其心而不自盡是爲天下惜此棺椁之費而薄於其親也吾聞之也君子不以天下財物而儉其親葢慎終之禮必當盡心也則吾向用木之美者正盡人子之心而不敢以薄爲道耳子何疑焉

此節述所聞言君子不薄其親正以見已當厚乎親而木之美非過也乃反言以結上文之意君子指仁人孝子言天下猶言世上以猶爲也君子不爲世上之財物而儉其親言人之至情不匱所包者廣不專指棺椁儉者此心有不足處便是儉非專指爲下財物惟不以天下儉其親斯心盡矣但不儉內仍含得之有財財二義不嫌之前喪及士庶之無財者儉其親多矣難道便不是看

子。

沈同章全旨○此章總見天討之不可私意上節就燕有可伐之罪下節就齊論齊見齊非可伐燕之人上節只發明可字下節只發明未也二字孟子不肯輕貸燕亦不肯輕與齊私字是一章之斷王字天字是一章之案

沈同以其私問曰燕可伐與孟子曰可子噲不得與人燕子之不得受燕於子噲有仕於此不告於王而私與之吾子之祿爵夫士也亦無王命而私受之於子則可乎何以異於是

沈同齊用事之臣也時爲齊謀伐燕乃不由王命以其私意來問於孟子曰燕君臣以國相授受其罪可伐與孟子據理答之曰可伐夫諸侯之土地人民受之天子傳之先君在子噲之爲君也宜世守之不得舉王朝之分土先君之舊封而私以與人燕在子之之爲相也宜輔君守之不得奸天子之命僭先公之統而私受燕於子噲即如有來仕者於此而子悅之不請於王而私與之吾子

之祿爵夫彼士也亦無王命而私受大夫之祿爵於子則可乎其不可也必矣彼以土地人民私相授受者亦何異於以祿爵私相授受者哉夫私祿爵是無王也私土地人民是無天子也是無先君也其罪一而已矣燕之君臣固王法所必討也此其所以可伐也

私問非奉王命只是閑論故孟子亦泛荅之若以王命問明是以齊伐燕孟子亦就齊王立論矣子噲二句正明可字之意不得二字是以王章律之正燕君臣罪案有仕一段喻燕之所以可伐則可乎非疑詞言私祿爵者之不可也何以異於是是字指祿爵私相授受言此句方明著其罪以見其可伐然只據燕論燕未曾一字及齊註受之天子傳之先君二意觀下喻似重天子一邊

齊人伐燕或問曰勸齊伐燕有諸曰未也沈同問燕可伐與吾應之曰可彼然而伐之也彼如曰孰可以伐之則將應之曰爲天吏則可以伐之今有殺人者或問之曰人可殺與則將應之曰可彼如曰孰可以殺之則將應之曰爲士師則可以

殺之今以燕伐燕何爲勸之哉

齊人借孟子之言而伐燕或問孟子曰夫子勸齊伐燕有諸孟子曰未嘗勸齊伐燕也彼謂我勸齊伐燕者亦有由矣沈同嘗問我燕可伐歟吾應之曰可伐彼之君臣上下不爲致詳遂然吾之言而伐之也葢沈同就燕而問吾特就燕可伐之罪而言之此豈究竟之論哉彼如復問曰孰可以伐之則吾將應之曰惟有道之君奉天討罪而爲天吏者則可以伐之若非天吏則不免擅伐之罪矣譬如今有殺人者或問之曰此殺人之人有可殺之罪歟則將應之曰有可殺之罪彼如復問曰孰可以殺之則吾將應之曰必奉君執法而爲士師者則可以殺之若非士師則不免擅殺之罪矣夫惟士師可以殺人則非士師而殺人是亦殺人之儔也非可以語之殺也惟天吏可以伐國則非天吏而伐國是亦叛逆之類也非可以語之伐也今燕之無道似天討可加矣而齊亦無道則非天吏之兵也是燕雖爲可伐之國而齊非伐燕之人以齊伐燕無異於以燕

伐燕也吾何爲勸之哉

夫燕雖可伐而齊非伐燕之人彼然而伐之以上正言已未嘗有勸齊以伐燕之語天吏以下明已所以不勸齊伐燕之意上節重一王字此節重一天字蓋沈同誤聽孟子齊人又誤聽沈同勸者以言相成也曰可特據理答之也彼然而伐謂遽然吾言更不致詳而輕爲伐也然字含不能再問意惟士師奉君命可以殺有罪之人若泛泛如何可以擅殺天吏奉天命以其有道故天命之伐無道之國如湯武是也若諸侯如何可以擅相征伐沈同安曉此理但知人之可伐而不知已之不可以伐人說出以燕伐燕則非勸自明

燕人竟全旨○此見人臣不可長君之惡意上二節是陳賈因齊王有慚而諛以釋之下二節是孟子因陳賈釋慚而深以責之但此章意有兩層於論周公處見王之無可自解於論過處見賈之不宜爲王曲解

燕人畔王曰吾甚慙於孟子

齊取燕後燕人共立太子平爲王乃畔於齊宣王曰吾初欲取燕孟子嘗勸我順民心既諸侯謀救燕孟子又勸我置君而去我不曾用其言而今其言皆驗吾甚慙愧焉而無以見之也此其羞惡之本心不容自已亦可以引之於道之一機也

畔背也非畔逆之畔慙於孟子謂不用其言正悔過之萌也

陳賈曰王無患焉王自以爲與周公孰仁且智王曰惡是何言也曰周公使管叔監殷管叔以殷畔知而使之是不仁也不知而使之是不智也仁智周公未之盡也而況於王乎賈請見而解之

陳賈齊大夫乃逢其君曰王無以無可解慙爲患焉試問王之自視以爲與周公孰仁且孰智乎王以擬已太高乃驚嘆曰惡是何言也我豈敢望周公哉賈曰昔武王克商立紂子武庚以嗣商後周公使管叔監守武庚之國及成王初立管叔遂與武庚同謀而以殷畔周是畔周者雖在管叔而使管叔者則周公也

假使周公預知其欲畔而故使之是陷管叔於死不仁之甚也假使不知管叔欲畔而誤使之是無先見之明不智之甚也周公非出於不仁則出於不智仁智兼盡雖聖如周公且未之能也而況於王乎然則王之取燕而致其畔卽於仁智有未盡而要之周公之所不能者亦難責王以必能矣賈請往見孟子而爲王解之何慙之足患也

此賈妄引周公之事曲爲辨說見事固難料如此以解其慙在一畔字映帶無患謂勿憂無以解慙也以下正見無患之實賈明知齊王比不得周公而反令其自擬玩且字重智一邊不仁是釀禍天倫不智是識昧逆料雖仁智並提意在坐周公以不智而使管叔解釋齊王不智而取燕況字見周公尚不能料親王又何能料遠是不可以周公之所未能者責之王也賈請見而解之見孟子辨得周公有不智之過則王之慙自解

見孟子問曰周公何人也曰古聖人也曰使管叔監殷管叔以殷畔也有諸曰然

曰周公知其將畔而使之與曰不知也然則聖人且有過與曰周公弟也管叔兄也周公之過不亦宜乎

賈遂見孟子問曰周公何等人也孟子曰古之聖人也賈曰周公使管叔監殷管叔以殷畔也有是事乎孟子曰然有是事也賈曰周公預知其將畔而使之歟孟子曰不知也知則不使之矣賈曰然則周公聖人也宜其有知人之明也乃智不足以知其兄之畔而誤使之且有不能知人之過歟孟子曰凡待他人可以逆料其惡而棄之自不宜有誤使之過今周公乃管叔之弟管叔乃周公之兄也公以愛兄之心誠信任之實不料其中變至此然則周公之過不亦天理人情之至爲所宜有者乎而豈後世所可以之藉口哉

周公何人以品言聖人以德言陳賈明曉得周公不知其將畔而使之亦曉得孟子不以周公爲知其將畔而使之只要以不智之過坐在周公身上以爲王解釋之地耳及孟子不知之荅便曰聖人且有過歟設問之意全在於此既曰

不知也則過字只就不智上說不必再說到不仁亦不必說以不仁而成其不智看且字見周公且然下於周公者可知夫周公所處在兄弟之間其用心只在天理人情上雖是爲管叔所欺然聖人於天理人情之外更不着一毫意見何害其爲明況管叔之畔與意外之變周公心在王室而管叔爲其兄亦信其心在王室以已之心爲管叔之心而不忍以管叔之心有所異同於已之心故寧可爲兄受過而不忍逆探其惡此過是天理人情所宜有者過出於天理人情之所宜有即謂之無過也亦可而曾得以之病周公哉宜字只說是該有的此中有多少含蓄不可說當理若說當理則非過矣蓋不知管叔之畔與不知燕人之畔其不智亦相類但所爭只在周公弟也管叔兄也二句孟子不說周公無過只說周公以兄弟之故不忍逆料自宜有過若在他人不可以此例論矣

且古之君子過則改之今之君子過則順之古之君子其過也如日月之食民皆

見之及其更也民皆仰之今之君子豈徒順之又從而爲之辭

日夫人之處過亦自有古今之不同者古之君子於事不及察而有過卽能自認其過而改之以圖新今之君子於事不及察而有過不肯認已之錯卽順其過做去而憚改以成其過古之君子方其有過也明白示人無所掩覆如日月之食而暫晦其明天下誰不見之及其汲汲改圖復於無過如日月之食而復其明天下之人誰不瞻仰此等心事何其光明正大卽有一時之過安足爲病至於今之君子豈徒有過不改順之而已哉又必假借掩飾曲爲之辭以欺人之耳目人欲仰之見之不可得矣此古之君子所以卒復於無過之地而今之君子所以卒重其過也是可見自愛者固當以古人自處而愛人者亦不當以今人教人若陳賈者不以古之君子事其君而以今之君子事其君眞鄙夫也哉

此節總泛論古今君子不特其過不相及卽處過亦不相及以寓責賈之意上

段一是言改過一是言順過下段古之君子又是於過則改之上添出不諱過意下段今之君子又是於過則順之下添出文過意總即上段意而擴充言之意思實重在文過上古今君子只泛論暗詆賈爲君文過賈意本欲借周公不智之過以解齊王之慙是乃爲君文過而反陷其君於有過也註責賈不能勉君二句是朱子推出意宜繳在後

致臣章全旨○此總見君子不可以利爲去就意首二節婉荅齊王見行道之心下面深拒時子見守道之義不知齊王留孟子之詞與處孟子之法全無好賢眞心徒以利來籠絡孟子而時子陳子俱以王命爲可從而不悟其非君臣師弟之間有市心矣故孟子引季孫之言釋龔斷之說詳言利之一字以曉之而道之行與不行勿論蓋孟子之留齊爲行道也其去齊爲道不行也此意難以顯言只粗粗說個不欲富使知志不屑此而所以不可留之故自在言外

孟子致爲臣而歸

孟子仕齊爲卿雖不受祿任事亦臣位也及其久於齊而道不行乃致爲臣而歸去

致送至也言送還其客卿之位於君而歸鄉以道不行也

王就見孟子曰前日願見而不可得得侍同朝甚喜今又棄寡人而歸不識可以繼此而得見乎對曰不敢請耳固所願也

王因就見孟子曰前日夫子未至吾國之時寡人願一見而不可得及至吾國而寡人得侍夫子之左右不獨寡人心喜凡我同朝之臣其心皆甚喜焉今又欲棄寡人而歸是違寡人願見之懷而且辜同朝之望不識繼此一別之後尚可再來使寡人得見否乎夫不能用之於在國之時乃欲繼見於去國之後其詞雖若眷眷而實非由衷者也孟子忠愛不忘之心則有不容已者故對之曰異日至齊未可預必不敢以請於王耳然繼此得見吾心固所願也豈以一去而遂忘乎哉此可見行道爲君子本心而枉道爲君子之大戒也

就見是就孟子之館而別之非留之也願見不可得道其渴慕之懷得侍以自
已言謙言已得侍賢者同朝以臣言本是孟子千里見王今日得侍本是齊王
自喜今日同朝甚喜則王之喜又當何如亦善爲說詞也曰繼此得見是日下
已不留了孟子言不敢請者恐涉于進之嫌言固所願者出於愛君之意願與
請俱主去後繼見說

他日王謂時子曰我欲中國而授孟子室養弟子以萬鍾使諸大夫國人皆有所矜式子盍爲我言之

孟子雖欲去而猶不忍遽去其望王可知至於他日王見其去之未成因謂其
臣時子曰我待孟子以卿相之位而猶不肯留必謂我尊敬之未至耳我欲當
齊國之中而授孟子以居室養其從游弟子以萬鍾之祿使上而諸大夫下而
國人皆尊之爲師有所矜敬而取法焉子何不爲我言之而使之勿去也夫不
留於就見之日而留於他日之後非所以留賢者矣

王實無意留孟子，見其他日未即去，故姑留以博好賢之名，室與祿不平，只重祿上，故下只言萬鍾，但言臣民矜式，則不使道得行於上矣。此皆托言尊養孟子，以為光寵，全是自己顧恤體面，與行道之意無干，此孟子所以必去也。

時子因陳子而以告孟子，陳子以時子之言告孟子。

時子以王命之嚴重，不可以不傳，又以大賢之望隆，亦不容以徑達而已。與陳臻皆齊人也，臻於孟子則師弟也，乃以齊王之言因托陳子以轉告孟子。陳子既受時子之托，乃以時子奉王命之言告之孟子，此非特時子不知孟子之不可留，雖陳子亦未必以留之為不可矣。

此是記者之詞。齊王不敢自達而托於其臣，齊臣亦不敢徑達而托於門人，亦可謂知所尊矣。然以利誘之，實非能尊孟子者，而時子、陳子轉相告語，亦意王命為可從，而未能知孟子也。時子之言即齊王之言也。

孟子曰：然。夫時子惡知其不可也？如使予欲富，辭十萬而受萬，是為欲富乎？

齊王之所以待孟子者未爲不可然道既不行而諄諄以祿養爲言近於利誘
矣孟子又難於顯言姑婉以拒之曰子所述時子傳王命留行之言是如此耶
夫時子惡知我之不可以留齊也且王以萬鍾留我不過以我爲欲富耳如假
使予欲富而惟利祿之是慕宜乎受多而辭寡乃我前日爲卿嘗辭十萬之祿
而不受今乃受此萬鍾之餽辭多而受少是爲欲富者之所爲乎我雖欲富必
不爲此而況本非欲富者也又豈可以萬鍾而留哉彼時子惡知之也
此因萬鍾之餽是以利留故亦借利上言不可留之意而不顯言其不可留之
故蓋齊王原不疑孟子欲富孟子自辨何也此數語引而不發正以見已之志
在行道意若云欲留予者必諒予之所欲如設使予欲富必不辭多而就少既
非欲富則所欲殆別有在矣而可以苟留耶王言養弟子以萬鍾孟子言辭十
萬而受萬似乎不爲弟子辭而爲巳辭曰養弟子是齊王之隱語辭萬鍾是孟
子之直詞也其正言以辭王者止此下皆因欲富二字引證明之註道不行二

句意且勿露孟子自始至終未嘗說出　註難於顯言者何若顯言則揚齊王之失而反戾於我固願見之意矣

季孫曰異哉子叔疑使已爲政不用則亦已矣又使其子弟爲卿人亦孰不欲富貴而獨於富貴之中有私龍斷焉

我今既辭卿位若復以萬鍾留齊是不得於彼而求得於此與昔之子叔疑無異矣季孫嘗譏子叔疑曰怪異哉子叔疑之爲人也如人君使已得位爲政至不見用則亦已焉矣叔疑又必百計使其子弟爲卿以代已專政是既不得於此而又求得於彼此其志不過欲富貴耳夫人情亦孰不欲富貴而子叔疑獨於富貴之中存患得患失之念輾轉營謀不肯割捨有私登龍斷者之所爲也豈不異哉季孫之言如此

此舉季孫譏子叔疑之事以見已不效此之意全是借他人的話表自已的心事以申明上節之不可也異字虛以下正明其異使已是君使使子弟是叔疑

使之獨字與孰不相應私字又從獨字生來龍斷指叔疑斷是絕頂高處叔疑是客龍斷是客中之客叔疑是不得此求得彼龍斷是欲得此兼得彼與辭彼受此者迹雖不同爲利之心則一也私竊據也以人所同欲者而已獨專之便有竊據意釋龍斷在下節此處宜渾註中以明道既不行復受其祿孟子未嘗顯言只將爲政不用照辭十萬使子弟爲卿照受萬鍾而本意總未露出

古之爲市者以其所有易其所無者有司者治之耳有賤丈夫焉必求龍斷而登之以左右望而罔市利人皆以爲賤故從而征之征商自此賤丈夫始矣

所謂龍斷者何如蓋古之爲市者不過各以其所有易其所無使彼此得以相濟有司之官平其物價息其爭訟耳初未征其稅也後有丈夫中之賤者貪得無厭必求龍斷最高處而登於上以左顧右盼凡居積與販之物既欲得此又欲得彼而網取市中之利思盡得之於是人皆惡其專利而以爲賤故從而征其稅以懲之後世緣此遂征商人之稅是征商實自此賤丈夫始矣此季孫龍

斷之說也所以譏子叔疑不得於已又欲求得於子弟也龍斷可爲哉使我辭十萬而受萬是亦龍斷之行矣此子之所以不可留而時子惡知之耶

此釋龍斷之謂只就登龍斷者之可羞可賤而私龍斷者可知以所有易所無見無專利之計有司者治之見無征商之法此四句言古之不征商以起下征商丈夫而曰賤賤之者惡其專利也左右望是看何處利多罔市利則便去趨之罔如網羅即所謂一網打盡之意始者言自此征商之法立皆由此賤丈夫之專利而始是以一人而貽萬世之厲階也左右望萬一不得於此亦可得於彼不得於此喻辭十萬得於彼喻受萬此孟子引喻以終之而不復說上文正意者此章是也

宿晝章全旨○此見留賢者必開悟君心以君命來留非可以已意輕留也首節去齊而猶有所望次節因人之自留而示以絕之之意下二節因人之不悅而明其絕之之由

孟子去齊宿於晝

孟子已去齊而仍宿於晝邑亦遲遲吾行而未忍遽去也

看後章三宿而後出晝則此宿大有望王意若王能改過而實心能留孟子非必不可留者

有欲爲王留行者坐而言不應隱几而臥

時有以己意自欲爲王留孟子之行者坐而言其所留之意孟子不應其言且憑几而臥若置之罔聞焉

爲王留行者亦是王平日親信之人但爲王留行雖是美意然必先於齊王之前稱道孟子之賢使改其失以動其懇切之意然後傳王命道達誠意於賢者之側則所留不虛而亦可止其行耳今不稱道於王前而不奉王命以己意來留是雖有愛賢之意而不知待賢之禮故孟子不應者不欲聞其言也隱几而臥不欲接其人也蓋爲王留行是記者書法臥而不應在無王命上不在坐而

言上總是絕之之意隱几者手憑几上几掩手下有隱伏意

客不悅曰弟子齊宿而後敢言夫子臥而不聽請勿復敢見矣曰坐我明語子昔者魯繆公無人乎子思之側則不能安子思泄柳申詳無人乎繆公之側則不能安其身

留行之客見孟子不應而臥因不悅曰弟子以夫子之行不敢輕率而留齋戒越宿而後敢進言其意專其誠預以異夫子之聽之也夫子乃臥而不聽拒人如此請從此辭勿復敢見夫子矣乃起而欲去孟子止之曰坐子不知我隱几不應之意我明以語子凡人君之留賢與賢者之爲君留皆有道焉昔者魯繆公尊禮子思常使人伺候於子思之側以通其敬賢之誠所以能安子思也若使無人乎子思之側以道達其誠意則不能安子思而久於魯矣泄柳申詳在魯時有薦賢者在繆公之側稱道二子之賢而啟君以重道之心所以安其身也若使無人乎繆公之側以維持調護之則二子必去不能安其身而久於魯

矣蓋賢者必以君之敬禮而留如此
留行之客全不解事孟子說到昔者二字須一頓昔者之君能安賢者不一賢
得君而安者亦不一第就子思等二事曉之正是援昔況今爲自己寫照以見
已之不可留也二段語有軒輊重子思一邊四句俱重在繆公身上繆公能留
子思以公自使人道達已之誠意於子思子思方盡其誠而留泄柳申詳之留
於魯以魯廷之上自有善類在公之側常常稱道其賢啟公之重道而不失禮
於賢人不然二子亦不苟容何以安其身於魯兩無人乎俱反言以見其有人
人字正爲留行者反照上人字是繆公使之道達誠意欲子思知君之敬賢也
下人字非泄柳申詳所使乃魯廷自有其人維持調護恐公失禮於賢人非謂
三子之心倚君側之人但語其勢則然耳若使三子之心如此則與世之垢面
汙行而事君側便嬖之人者何以異乎子思一段影客常奉王命來留泄柳一
段影客當開悟齊王敬賢之意其實孟子非泄柳申詳之匹亦非欲齊王待孟

子以泄柳申詳之禮而泄柳一段因引子思而兼及之故下文只言子思
子以子思自處也

子爲長者慮而不及子思子絶長者乎長者絶子乎

觀繆公之於子思則留賢之道可知矣使子之留我出自王之誠意則待我以禮安得不留今齊王不使子來而子自欲爲王留我是子爲長者謀慮而不及繆公留子思之事是不以子思待我而薄待長者矣子試思之留我而實輕我豈非子先絶長者乎而顧可謂長者先絶子乎是可知我隱几不應之故矣而顧不悦焉何哉

魯人安子思周旋於未去之先齊人安孟子私言於既去之後子爲二句是責其人不能平日調和上下致有此去非只指留行一事若單説無王命則時子不常奉王命乎且子思見留於繆公亦非臨去時事子絶二句勿滯作兩詰之詞上句承不及子思來是先絶長者也臥而不應分明是絶但不爲先絶子耳

二平字甚活只令他自悟其非

尹士章全旨。此見君子行道之心去留皆有深情通以三宿出晝句爲主尹士之譏爲其三宿而譏雖或言不明或言干澤不過即前日來齊之失以形今日濡滯之失孟子之辨亦在三宿上或言去之不得已或言望王出晝之初或言望王出晝之後或言小人窮日之去總以明其不忍舍王之心而王猶足爲善故欲輔之以行其道而不忍遽去非濡滯於三宿也

孟子去齊尹士語人曰不識王之不可以爲湯武則是不明也識其不可然且至則是干澤也千里而見王不遇故去三宿而後出晝是何濡滯也士則兹不悅

孟子去齊而遲遲其行齊人有尹士者私語人曰去就乃士人之大節王之非湯武人皆知之使孟子不識王之不可以爲湯武而必欲輔之以立功業則無擇君之智是不明也若既識其不可然且至齊而就之則是志在利祿而干澤也千里而見王志在遇合及以不得遇之故而去宜其速矣乃三宿於晝而後

出境是何濡滯而戀戀不决也孟子平日所爲我所悅服士則因此一節而有所不悅於心也

孟子一腔心事全在王猶足用爲善數句所以留連顧盼有許多不舍處尹士譏孟子只重在濡滯上不明于澤不遇伴說兹字指濡滯言不悅者不悅其有此也觀下文千里而見王是予所欲也便見王未必不可以爲湯武而非干澤之意尤明故孟子於不明于澤不辨而以下只辨濡滯一節

高子以告

高子以尹士相譏之言告於孟子

曰夫尹士惡知予哉千里而見王是予所欲也不遇故去豈予所欲哉予不得已也

孟子曰夫尹士惡知予之心哉予之千里而見王誠望王之可以爲湯武而因之以行道濟時是予之本心所欲也今以道之不行而不遇故去豈予至齊之

初頗如此哉心不欲去而義不容以不去輾轉思維予蓋有所不得已於此也去既出於不得已則其去亦不能以遽舍矣此予所以三宿而後出晝也此來齊之始欲去之際惓惓屬望之情一致意也惡知予哉空說以下正曉以去就之情是予所欲欲王之爲湯武而已得行其道則非不明非干澤可見矣不遇故去有大違初心意不得已三字重看有無限凄凉至情惟不得已則其去不能遽舍又豈是濡滯下二節俱跟不得已一句說去

予三宿而出晝於予心猶以爲速王庶幾改之王如改諸則必反予

予惟不得已而去則三宿出晝尹士以爲濡滯於予心猶以爲速而不能恝然者焉何也蓋人情每暫蔽而復明王之所以使我去雖是一時迷惑然或從容悔悟庶几能改之不至於終迷而不悟也王如知既往之失而改諸則以王道爲必可行以吾言爲必可信必將追予而反之而吾道之遇未可知也此三宿出晝之心即千里至齊之心安容遽出境哉而豈得爲濡滯也

此方出晝之時惓惓屬望之情二致意也二節俱跟不得已來三宿出晝在尹士以爲濡滯在孟子猶以爲速非眞以爲速也要想他徘徊偃蹇的意思速字正破他濡滯意改字照下用字改之斯能用之矣庶几者望之之詞言庶几萬一如此耳

夫出晝而王不予追也予然後浩然有歸志予雖然豈舍王哉王由足用爲善王如用予則豈徒齊民安天下之民舉安王庶幾改之予日望之

三宿出晝猶與王之追我也夫惟出晝而王不予追也則王心終於不悟而義不容於不去矣予然後浩然有歸志而長往以决也予雖然歸志决矣豈能終舍王哉王之天資材實推其不忍廣其所好猶足引用之以行王道而爲善也使王果有志於爲善而用予以輔之則保民而王豈徒齊國之民安即天下之民舉被其治安之澤而安之矣是湯武之功未嘗不可致也王庶几改其過乎予於去後猶切切然日望其反予而豈能終舍之乎此予出晝决歸之後而其

心猶千里見王之心而豈得爲濡滯耶

此既出晝之後惓惓屬望之情三致意也歸志以上言齊王不反予而去志始決雖然又一轉語謂出晝後此心猶不舍王也王猶足用以下正明豈舍王意

王猶足用爲善以天資材實而可轎之以大有爲也足用爲善即下安民安天下乃後日事安民安天下乃孟子大經濟如施仁政於民制田里教樹畜省刑薄歛徃征陷溺一怒安天下是也然必齊王先用孟子孟子方能用齊王以安天下重齊王身上説非謂已有安天下之具而不負王之用此正明王猶足用爲善止孟子不忍遽去之根不徒作自負語也王庶幾改之二句仍是王如改諸則必反予之意非有他也

予豈若是小丈夫然哉諫於其君而不受則怒悻悻然見於其面去則窮日之力而後宿哉

夫子之民生在念而故主情深豈若是規模狹隘之小丈夫然哉有所諫於其

君而君或不受則心懷忿怒悻悻然不平之色見於其面惄然而去窮晝一日馳驅之力而後止宿全無愛君憂國之心哉然則我之所以不遽去齊者正不肯爲小丈夫之所爲耳濡滯之名予寧受之也尹士惡足以知之

此合上二節只是一意反覆言之以見其不嫌於濡滯意予豈若是四字一氣讀下直貫一節小丈夫以量言謂不以君民爲心而以小嫌介意與大人正巳正物者不同然字即下三句意諫君以下正小丈夫之所爲也悻悻窮日有惟恐不速意此與不遇故去猶惓惓屬望相反蓋爲行道此等客氣俱用不着矣

尹士聞之曰士誠小人也

尹士聞之自悟其失曰由孟子之言觀之士誠小人也士但見得去就之際不可不明豈知行道濟時愛君澤民之念惓惓不釋君子之所爲有如此也夫孟子初至齊國只望齊王能行其道及不遇而去又望齊王能改其失其忠愛之心不容自已以視硜硜一節之士以去就爲名者分相懸矣惜乎齊王竟不能

留而齊終未能治也

尹士見孟子把始末心事說出方見君子惓惓遇主之心委曲行道之意故聞言而自屈耳小人以識言集註本心謂其初本欲如此也餘意則後來不得已之意耳

充虞章全旨○此見孟子憂世之心以時可爲而不得爲也充虞以不豫當怨尤孟子曉之以不怨尤者處而修己之學而非必忘乎世不豫者出而憂世之心而不得爲怨尤蓋不怨不尤是聖賢一生心事悲天憫人是聖賢一生擔當數過時可而王者不作此不豫之所由來也

孟子去齊充虞路問曰夫子若有不豫色然前日虞聞諸夫子曰君子不怨天不尤人

孟子不遇去齊充虞於路中問曰夫子自出晝以來若有憂形於色而不豫悅者然前日虞聞諸夫子曰窮通得喪天也君子不得於天而不怨天用舍予奪

人也君子不合於人而不尤人卽前日之言觀之夫子宜俯仰自適卽有所不得不合而無往不豫矣今夫子何爲而有不豫之色哉

孟子去齊而歸不無憂世之感充虞之請問是安慰孟子語注釋其憂説不是譏孟子之詞不豫者悲天憫人正聖賢與物同憂之意與怨尤毫無干涉不怨天二句亦是寛解之詞

曰彼一時此一時也

孟子解之曰時有不同未可以槩論也彼一時尋常無事之時也此一時吾道行止之時也有不可以彼時之言而律今時之所處也

前日言不怨尤之時與今日所遇之時不同前日是平居無事之時其有不得於天不合於人之事不過關係一時惟當反求諸巳故無怨尤今日乃吾道行止之時世道之治亂係焉此實憂天憫人之念自有不容恝然者能不爲吾道悲乎雖欲不悲不可得也安得執前日不怨尤之言而律此時之不豫色乎況

其不豫色又非所謂怨天尤人也二句須抑揚重下句五百年以下皆是言此一時之意

五百年必有王者興其間必有名世者

且子抑知此時何時乎自古明良相遇必有一定之期而不可易歷覽往世大約五百年貞元會合必有繼天立極之王者受命而興以開太平其間必有德業聞望可名於一世之大賢出而輔之是君臣際會率有定期固自古而已然矣何今之不然也

此言明良相遇必有定期以爲下節數與時張本其間指將興未興時言之是以名世卜王者非以王者卜名世若泥上句看下似乎名世因王者而有此時王者不作亦遂無名世乎此却說名世先王者而有爲王者之所必賴遂覺孟子壯懷若揭而已當爲名世意必有二字乃斷斷之詞正是孟子不豫根原五百年亦大約之詞惟以五百年爲期則七百餘歲王者不興名世不出實不能

遺諸懷也

名世　句

楊采芹曰名世二字不可說得膚套要從遲回困頓中看出覺孟子自任神情亦可透出其間二字有多少留連正爲決王者之必興耳

由周而來七百有餘歲矣以其數則過矣以其時考之則可矣

君臣之遇會有期何以今之不然也由周文武而來王者不作已七百有餘歲矣以五百年之數計之則已過其曆矣以當今之時考之則亂極思治王者當興而名世可以有爲之日矣於此時而不得一王者以輔之有爲而立名世之事業此所以不能無不豫也

此節承上而言卽今之時數見已之不得有爲所以不豫由周至過矣是一段事數已過而王者不興則不得有所遇以立吾名世之事業以時句又是一段意時當可爲而不得有爲則更無可爲之時以成吾名世之功此正說不能無

不豫之故蓋王者之興有一定之期名世之出又有遭逢之會今數過時可言
王者十分該興再去不得了名世十分該有佐王者以建立事業再遲不得了
所謂此一時也全是目下要做不得做的口氣非僅以前事相比付之浩歎已
也時字根數字來不平言不得於一定之數則考於宜然之時耳

夫天未欲平治天下也如欲平治天下當今之世舍我其誰也吾何爲不豫哉

夫世之治亂皆天爲之當此之時而使我不遇於齊是特天之未欲平治天下
也如天意一轉而欲平治天下則王者之業非我莫之能轉治世之功非我莫
之能建當今之時懷名世之具者舍我其誰也天意未可知則平治固有日而
其具又在我則大行猶有時隨吾所遇安意以待之耳吾何爲不豫哉然必如
此而無不豫則今日焉能禁其不豫也

夫天二字發論大有感慨此正是不豫意平治句根上數過時可來數過時可
而不得有爲是天未欲平治天下也主以巳上天言如欲平治指天意言包有

王者與意如欲平治則其具在我而有可望其能平治天下之道也舍我其誰確以名世自任重名世不重王者此三句正轉出所以不豫之故惟其不然所以今日正不免於不豫耳非言其豫也大天天字以氣數言註樂天天字以理言樂天意輕憂世意重

居休章全旨○此總明孟子不受祿之意首節丑疑不受祿於齊次節明其不受祿之由末節雖言所以不速去之故亦以發上不受祿之意也蓋孟子出晝而猶望反子乃言在齊時便有去志不几相背乎不知一見便有去志者是其見幾之明三宿而猶難舍者是其行道之念所以仕不受祿正欲以其身爲道見不欲以其身爲貨取也

孟子去齊居休公孫丑問曰仕而不受祿古之道乎

孟子去齊居宿於休地公孫丑問曰居人之位則當食人之祿今夫子既仕於齊而又不受其祿豈古之道有然乎

不受卿祿此孟子最高處其超然不屑進退餘裕全本於此一受其祿即爲祿所縻是爲祿而仕耳丑以不受祿指孟子非泛問也丑亦知古無是道特未解不受祿之故耳

曰非也於崇吾得見王退而有去志不欲變故不受也

孟子曰仕不受祿非古之道也吾之所以不受齊祿者亦有由矣吾始來齊於崇地得見王即知其不能用我退而遂有去志此去志一成而不可變故不受其祿也使夫志不變而復受其祿是苟祿矣

一見不合便[illegible]絕而去既近於隘而不可爲留齊而遂受其祿又近於苟且既不受祿而猶久留分明是庶几王改不忘用世之念而爲道留耳

繼而有師命不可以請久於齊非我志也

志不變則當去而不速其行者何也但因吾見王之後齊繼而有師旅之命國既被兵上下戒嚴勢有所阻不可以請去故不得不留然久於在齊實非我之

志也我始終不受祿之故如此

此節亦發明上節不受祿之意勿另作不去齊之故看不可以請兼情與勢言齊國上下戒嚴揆以所處之勢與君臣之情未可恝然而去而非久於齊也久於齊既非我志而可受其祿乎是我之不受者裁之以義而非古禮則然也丑作此疑焉去志我志兩志字相應

合纂四書彙通卷之十七終

滕文公上

滕文公章全旨。此篇見世子盡性以希聖意前二節因世子求見敘以性善而實其人後三節因世子復見斷以性善之無二復引言以堯舜之可為以勵其志

滕文公為世子將之楚過宋而見孟子。

滕文公為世子時以定公命使將往楚修交鄰聘問之禮孟子時在宋文公平日慕其賢乃先過宋而見孟子。曰世子便見本性未漓曰為世子便見後日有君國子民之責往曰將行蹤猶未定也過宋讀住乃迂道來見也若云道經於宋而見孟子猶未見好賢䏻切處曰見孟子是緩修好而急親賢即此便見性之善處

孟子道性善言必稱堯舜

觀世子急於見賢正其天性之善可與入聖之機也孟子欲從本原上啓發他故其所與言者大約是說人有此生卽有此性乃天所命於人之正理也性中仁無不全義無不備本有善而無惡而言性善之理又恐其無徵必稱堯舜實其事以實之所以互相發也蓋堯舜之德雖不易及然其所以爲聖者非於性之外有所加不過率其本善無惡之性充之以造其極耳如稱堯舜之仁便見性中固有是仁稱堯舜之義便見性中固有是義仁義不假外求則聖人可學而至而世子當不懈於用力矣孟子所以告之者其大旨如此

此敘事之詞撮其告世子之大旨不必盡悉當時所言何等也孟子道性善言孟子與世子所言不一每每所道者性善言必稱堯舜言孟子與世子言性善或心法或治法每言必稱堯舜以實其說實之中有二義一是自証其言一是去勉世子性字虛性中之仁義正是善處稱堯舜只徵性善見得全此性善便是堯舜亦見得堯舜雖聖同此性善不重贊美堯舜能盡性也其意蓋曰知性

善則知堯舜之必可爲知堯舜之可爲則其於性善也信之益篤而守之益固矣註仁義不假外求貼性善聖人可學而至貼堯舜

世子自楚反復見孟子孟子曰世子疑吾言乎夫道一而已矣

當時之人不知性之本善而以聖人爲不可企及故世子於孟子性善堯舜之言不能無疑乃自楚國反復來見孟子以決其疑孟子曰世子此來得非聞吾之言而有疑以道之在聖人者高遠難行而別求卑近易行之說乎不知吾所言之性卽道也道之在人同出於天同具於心無古今聖愚一而已矣堯舜此道吾人亦此道道無二故我今只以堯舜之所可能者望世子前言已盡無復有二說也

當戰國之時聖學不明天下之人但知功利之可求而不知自性之本善與聖賢之可學聞是說者非惟不信亦復致疑於其間世子之疑而復見以爲吾性雖善如何便做得堯舜卽此疑問便是善根不昧處孟子說個道一是把吾人

之性與聖人之性比較而見其無二致道字即性字非即性以明道蓋自理言之謂之性自行言之謂之道註不曰古今聖愚同一道而曰同一性者推本而言自上文性善說來性之外無所謂道同此性即同此道又何疑焉使有道高遠而難行有道卑邇而易行則是有二矣而已矣三字決定道之必無有二再無卑近可說註前言已盡無復有他說是解而已矣三字教世子勿疑之意不是說今日之道即前日之道今日再沒甚說也曰道一便見聖人之性與凡人之性初無二致而凡之可以爲聖不言自明夫道句明性善下成覸節明堯舜可爲見古人皆如此做去所以必稱也

成覸謂齊景公曰彼丈夫也我丈夫也吾何畏彼哉顏淵曰舜何人也予何人也有爲者亦若是公明儀曰文王我師也周公豈欺我哉

且古人之志於希聖者皆有是言矣昔成覸謂齊景公曰今人說及聖賢便慷然畏之不知彼聖賢固丈夫也我亦一丈夫也彼與我本無異也我一發憤即

至彼地位吾何長彼而不敢擔當哉顏淵有言曰古今稱聖人必推虞舜然舜果何等人遂不可企及而有異於我也我又何等人不能至於舜而有歉於舜也苟能立志有爲亦若是舜焉矣公明儀曰周公謂文王我之師法可學而至也夫文王必可師周公之言豈欺我哉三人之言相合如此此堯舜之所以可爲也世子亦惟篤信力行以師聖賢可耳何必復求他說乎

此節引三人之言以証人皆可以爲堯舜欲其信聖人之可爲而力爲之所以破世子之疑而勉其篤行也三言正與世子疑吾言對針要想見三子意氣激昂勇於希聖意與下若藥不瞑眩緊相照應丈夫當人字看甚是不敢擔當意舜何人二句非謙詞看得舜極平常有敢作敢爲氣象與下孟舜人也我亦人也作自忖度語不同文王可師周公有此言而公明儀信之重公明儀信周公上豈欺我哉見周公固能師文王吾人亦能師文王意三段中我字子字正見自性有聖賢意無異無欺乃真有爲故曰人皆可以爲堯舜

今滕絶長補短將五十里也猶可以為善國書曰若藥不瞑眩厥疾不瘳

然欲師聖賢惟患志之不奮而國勢之强弱大小非所論也今以全滕之地截其長以補其短將方五十里也國雖小猶可以立政起衰而為治安之國然亦顧其作為何如耳必以人性為必善以堯舜為可為勇猛奮發克去因循之勢然後可耳若以國小勢弱安於卑近則不足以為善去惡而身心政事舉失其道其國亦終不得為善國矣商書說命篇有云若服藥不瞑眩厥疾必不瘳苟知此說則非力行不足以有為矣世子可以因吾言而自勵豈可疑吾言為高遠而卑近之是安哉

此節恐世子以弱小自諉故既歆動之又引書以激發之也為字重看乃勵精圖治之意善國只云堪做個好國如下章新子之國之例不可云做個性善之國若藥二句見不去奮發有為決不可為善國

滕定公薨全旨○此孟子力啓世子以復古喪禮意世子志行喪禮全在於心終不

忘上得來此正直情所發見可知人性本善處而通章大旨重在親喪固所自盡一句三年之喪五句見古今貴賤各求自盡而世子亦不可不盡曰不可他求曰是在世子正堅其自盡之心世子曰是誠在我信其當自盡而不可他求矣五月居廬未有命戒果能自盡其君薨聽於冢宰之禮顏色之戚哭泣之哀果能自盡其歠粥面深墨即位而哭之禮可謂曰知弔者大悅則又自盡之所感動即此便見人性本善而堯舜可為矣

滕定公薨世子謂然友曰昔者孟子嘗與我言於宋於心終不忘今也不幸至於大故吾欲使子問於孟子然後行事

世子見孟子之後其父定公薨世子謂其傅然友曰昔者我因過宋得見孟子嘗與我言性善堯舜之說我因懷記在心終不能忘今也不幸至於先人之大变不知喪禮如何舉行方合於聖人之道我欲使子往見孟子而問之求其一一指示然後舉行喪禮庶免悖於禮之失也

此世子有感於孟子之論性而復資之以論禮於心終不忘在道義上說不在情意上說便隱然有盡性希聖之意乃世子行喪禮之根本也此一問最有關於人心世道其遣然友問於孟子便有不問父兄不問百官意

然友之鄒問於孟子孟子曰不亦善乎親喪固所自盡也曾子曰生事之以禮死葬之以禮祭之以禮可謂孝矣諸侯之禮吾未之學也雖然吾嘗聞之矣三年之喪齊疏之服飦粥之食自天子達於庶人三代共之

時孟子歸在鄒然友奉世子命之鄒問於孟子孟子曰當喪禮既壞之時世子獨不安於故習而能以此爲問是以先王爲必可師古禮爲必可復不亦善乎然人子居父母之喪其哀痛迫切之情根於天性凡送終之禮皆自己竭盡其心而非他人之所能强者宜乎世子於此有所不能自已而必欲問焉以自盡其心也然盡其心者在盡其禮曾子嘗有言曰人子於父母在生之時左右奉養當事之以禮既没之後衣衾棺椁當葬之以禮祭享之時盡物盡志當祭之

以禮自始至終禮無不盡則心亦無不盡而可謂孝矣此曾子泛論人子當盡之禮如此今世子諸侯也若夫諸侯所行之喪禮典章殘缺其詳悉吾未之學也雖然禮之大經有一定而不可易者吾嘗聞其說矣子生三年然後免於父母之懷故父母之喪必以三年爲定蓋報之也三年之內美服不安所服者齊疏之服食旨不甘所食者飦粥之食此禮上自天子以下達於庶人貴賤通行而夏商周三代以來未之有改也吾所聞之大畧如此世子其舉行之盡此禮以自盡其心而已

善之者善其於喪禮久壞之時獨能以此爲問也親喪句就人子之心上說自字指自己且泛言不着世子身上曰盡是無歉於心曰自盡見無假於人此正觸其不忍之良處下告以三年之喪之禮正所以盡其心也引曾子之言起下喪禮當盡重死葬以禮一句三年之喪句爲主齊疏飦粥皆在三年內自天子達於庶人是無貴賤之別三代共之是無古今之別未之學此其分之殊也指

節目言嘗聞其大綱言三年之喪以下此其理之一也分之殊者節文度數之詳固今日所未考理之一者乃大本大經之所在出於天命人心之不容已自盡其心喪禮之大本也三年齊疏飦粥喪禮之大經也以是爲主而酌乎人情世變以文之則禮雖先王未有亦可以義起而無容致疑於服行也

然友反命定爲三年之喪父兄百官皆不欲曰吾宗國魯先君莫之行吾先君亦莫之行也至於子之身而反之不可且志曰喪祭從先祖曰吾有所受之也

然友以孟子之言反命於世子世子以孟子之言爲必可行遂定爲三年之喪葢其良心感悟勇於爲善如此但是時古喪禮久廢滕之同姓父兄異姓百官皆不欲曰今稱秉禮之國莫如魯魯乃滕之宗國滕所當取法者也三年之喪魯先君莫之行吾滕先君亦莫之行也至於子之身而行三年之喪悉反其所爲是違魯先君也是違吾先君也斷然不可反焉且志書有言曰喪祭之禮當從先祖志之意以爲吾先祖所行之禮有所傳受於前而非始於我也惟有所

受於前則宜有所遵於後雖或禮文不同不可改也而子顧反之而不從何哉定定議也定字兩想亦與然友講求其禮而定之其事之節目甚多獨言三年舉其重也定爲三年之喪則齊疏之服飦粥之食在其中此正世子之自盡處此只世子行未有世子行而臣下不行者此處所重却在世子曾先君指文公宣公之不行喪禮者吾先君指滕後世之君言吾字泛言只說我後人夫周公滕叔之時何嘗不行三年之喪今所稱先君者不考之於開國之初而考之於數傳之後所稱從先祖者不從之於創禮之日而從之於壞禮之時此父兄百官均爲積習所溺而不自知何怪乎古禮之不復也志言先祖當是始初立法之先祖不是後來壞法之先祖蓋法本壞於後人非作於始祖子孫沿襲之久認爲始初也曰吾有所受是父兄百官自以其意釋志之言吾字指先祖引志而釋其意總是明其不可

謂然友曰吾他日未嘗學問好馳馬試劍今也父兄百官不我足也恐其不能盡

於大事子爲我問孟子然友復之鄒問孟子孟子曰然不可以他求者也孔子曰君薨聽於冢宰歠粥面深墨即位而哭百官有司莫敢不哀先之也上有好者下必有甚焉者矣君子之德風也小人之德草也草上之風必偃是在世子

世子見羣臣不從乃追悔謂然友曰親喪之禮大事也行此大事惟學問有素者當之吾他日未嘗勤學好問只好馳馬爲樂試劍爲勇於古禮未嘗考究素行不足取信於人故今也欲行三年之喪父兄百官皆不我滿足也恐其不能盡此喪禮大事故皆不欲我行之也夫不行則無以盡吾心行之又阻於衆人之議子爲我復問孟子何以盡心而行此大事使父兄百官舉無異詞乎然友復之鄒問於孟子孟子曰當喪禮廢壞之久世子生平又未足取信於人一旦欲行古禮而父兄百官不之足誠有然也然爲世子計但當求之於己而斷然行之不可他求於人彼之足不足勿論也世子但當自盡而已孔子有言曰君薨爲嗣君者命令不聞以百官政事聽命於冢宰自己居次守喪歠粥面不食

音面深墨而有戚容即喪次之位而朝夕哭臨惟自盡其哀而已於是百官有司莫敢不哀所以哀者以嗣君之哀先之而有以發動其良心也蓋凡在上之人意有所好者則在下之人效法之其所好必更有甚焉者矣故君子之德在上而主於感人譬如風也小人之德在下而主於應人譬如草也草上加之以風則草必偃仆小人而感以君子之德則必響應孔子之言如此今世子在上之君子也誠能斷行古禮以自盡其哀則父兄百官莫敢不遵行古禮而各盡其哀矣今日之大事是在世子而已豈可以他求哉

世子聞言全不說父兄百官不是却自悼其素行不足取信又自恐其不能盡於大事是世子慮阻於衆議不能盡心於喪禮也子爲我問孟子是求所以使父兄百官無異詞而使已得盡心舉行意不可他求是因其疑惑之際而贊決之與固所自盡句相應君薨一段只是發明真心在人自不容解不重上感下應說君薨的君字統天子諸侯而言聽於冢宰是國家政事皆聽命於冢宰非

聽政聽訟之謂卽位是卽哭位非卽君位也自孔子曰至先之也言人同此心在先自盡以動之而已自上有好者以下又推開說感應之必然不專指哀必偃以上皆孔子之言是在世子乃專責之不可因衆議而遊移也此句正打轉不可他求

然友反命世子曰然是誠在我五月居廬未有命戒百官族人可謂曰知及至葬四方來觀之顏色之戚哭泣之哀弔者大悅

然友再反命於世子世子因孟子不可他求是在世子之言而直承當之曰孟子此言極是是誠在我之自盡而不可以他求也於是斷然行三年之喪方其未葬也凡五月居廬守喪未有命令告戒羣人子自盡之大事先君莫行之曠典一旦毅然行之無不盡其心者由是向之百官族人不欲者俱已感悟皆可謂曰世子知禮焉及至葬期四方之人來聚觀之但見世子顏色慘戚一深墨之容也哭泣哀痛一卽位之哭也凡諸侯賓客來弔於滕者皆以其能盡禮而

大爲悅服焉蓋能自盡而近者遠者之人皆應之眞所謂上有好而下必甚天理之在人心固不可泯而人性皆善亦於此可見矣

然者然孟子之言爲是曰是誠在我是世子直任之言見當自盡而不必他求其信之眞守之篤而斷然不移亦世子天性之眞所感發處五月四句是未葬時能自盡而感近人及至五句是方葬時能自盡而感遠人居廬行諒陰之禮未有命戒行不言之禮即孔子云君薨聽於冢宰之禮也顏色二句即孔子云歠粥面深墨即位而哭之禮也則行三年之喪可必矣父兄百官始以爲不可行者蹈常習故之陋見終以爲知禮者秉彛好德之良心也百官族人既以爲知禮則從世子三年之喪可知矣正上好下必甚處四方來觀之是觀其禮不是爲弔者弔者是隣國諸侯及使其卿大夫來弔者父兄百官不在其內悅者悅其能盡禮也此以知人性之本善故孟子說到懇切處足以動世子世子行到懇切處足以動當時之人心也

爲國章全旨○此示滕君以爲國之道治地之法意告滕文與告畢戰分兩段看上言民事而望其力行下言法制而勉其潤澤上段重在養而兼言教下段重在勤而兼言貢總重民事不可緩一句

滕文公問爲國

滕文公嗣位之初以禮來聘孟子孟子至滕文公親問治國之道

文公即位不可越國故以禮聘孟子孟子雖是因其聘而至滕亦因其可與言性善也文公爲國之問是不忘可爲善國之語

孟子曰民事不可緩也詩云晝爾于茅宵爾索綯亟其乘屋其始播百穀

孟子曰國以民爲本民以食爲天農事乃有國之急務而不可以緩者人君必爲之經畫區處使民得盡力於農畝乃可也詩豳風七月之篇有云小民值此冬月農畢之時即當晝而往取茅草夜而絞之成索亟升其屋而治之蓋以來春將復始播百穀而不暇爲此也可見民自以農事爲急如此然則人君固可

緩此民事哉

國依民民依稼穡民事即國事也要含通章意講所以使民遂生復性而君子小人各得其所者俱係於此緩非全不經心但不預爲之計即是緩緩不在事爲全在精神心術此句緊照爲國言言爲國惟民事不可緩也豳風之詩爲成王初服國事故周公進以國本之語今滕文亦初服國事不可不知此意故孟子引此詩以告之只取民之自急其事者以証不可緩之意茅是覆屋者索約是絞以爲繩以束茅者另是一物非即以所取之茅晝絞之也亟其乘屋自是治屋之事與農事無干但是冬月如此正其急於來春農事也主意重在播穀不重治屋上是民不自緩其事如此爲國者可緩民事乎

民事一節

吳蓀右曰首句爲全節要領即爲通章總目須照下發議至不可緩要看得民事與國事最相關切引詩作一証據見民之自急其事正見爲國者之不可緩

民事也

民事　一句

丁柯亭曰子輿氏開口揭此一語全副經綸已自隱然在目下井田學校世祿等項總完得個民事照定爲國自今全章大旨俱包

民之爲道也有恒產者有恒心無恒產者無恒心苟無恒心放辟邪侈無不爲已及陷乎罪然後從而刑之是罔民也焉有仁人在位罔民而可爲也

且農事之所以當急者何也葢以民之爲道也有此衣食之恒產者則有所藉賴而爲善而有此固有之恒心若無此衣食之恒產則朝不謀夕無暇爲善而固有之恒心以亡此勢之必然也苟無恒心則放蕩偏辟邪淫侈肆舉凡不善之事無所不爲而犯罪者衆矣及陷乎罪然後以刑罰治之是平時不能制民恒產以培養其恒心使民迫於饑寒而犯法無異張網羅而驅民使入其中也其不仁甚矣焉有仁人在上位罔民之事而可爲也夫恒產有無所係至重如

此此農事之所以當急也

此節正說民事所以不可緩處民之爲道猶云民之爲民耳然不直曰爲民而曰爲道者道而在於爲有憑上轉移之意不宜專在好的一邊說觀下無恒產可見道字與上事字對事不失而道生於其間矣有恒產以下見恒產不可不制仁人二句反言以見人主必制恒產葢民之陷罪由於無恒心無恒心由於無恒產此恒產所以不可不制只重恒產所係之重如此曰恒心爲下文明倫地步然未有不養而能教者也

是故賢君必恭儉禮下取於民有制

惟民不可罔是故施仁於民之賢君在上位也必持已謙恭不敢以貴而驕必自奉節儉不敢以富而侈惟其恭也則恭德之所施能忠信重祿而待臣以禮惟其儉也則儉德之所施能制民常產而取於民有制此所以爲賢君而善於爲國也苟不如是則罔民而不得爲仁人矣

此見賢君能不緩乎民事是故二字承上仁人不罔民來賢君即上仁人而不緩民事者必字正不緩意恭儉以德言禮下有制德之施也以事言蓋恭者不侮人知其無人不恭也而獨見之禮下儉者不奪人知其無事不儉也而獨見之取民有制蓋禮下所以開世祿及學校之事取民有制所以開制民常產之貢助徹之法本重取民有制而兼及禮下者蓋養賢正以為民也惟其禮下則必思祿自民出愈不敢緩民事也

禮下　節

訃甫草曰從仁字看出恭儉從恭儉看出禮下有制且根民事不可緩以吸起分田制祿方是賢君之加意臣民者恭非徒文儉非過嗇也

陽虎曰為富不仁矣為仁不富矣

夫惟罔民也則緩於民事而恒產與恒心俱泯惟賢君也則急於民事而禮下與取民俱得是罔民則不得為賢君賢君則不致於罔民二者之相反固如是

耶昔有陽虎者未必知仁然其言可鑒有曰人欲爲富則必多取病民即行不得仁矣人欲爲仁則必損上益下即致不得富矣觀陽虎之言可見天理人欲不容並立爲國者可不禮下與取民有制而甘於罔民致同於爲富不仁者哉引陽虎之言以結上二節之意不制產而罔民則厲民自養便是爲富不仁恭儉而取民有制便是爲仁不富陽虎只泛說引來重爲仁不富句以見仁人在位必爲民制恒產而取民有制此分田定賦之所以不可緩也此仁字在陽虎口中只淺淺說註天理人欲是朱子釋言大義彼陽貨烏知所謂天理人欲耶

夏后氏五十而貢殷人七十而助周人百畝而徹其實皆什一也徹者徹也助者藉也

試以制民恒產與其取之之制言之彼夏殷周三代聖王皆不緩民事者也夏后氏之制民恒產也每夫受田五十畝而其取之則行貢法殷人之制民恒產也每夫受田七十畝而其取之則行助法周人之制民恒產也每夫受田百畝

而其取之則行徹法貢助徹名雖不同而其實皆十分中取其一分以供上此
中正之法而其取民也不爲無制矣且其名亦有所取義焉所謂貢者以下貢
上其義易知若所謂徹者何哉當其耕也通力合作勞逸與同是通徹之義也
當其收也計畝均分豐約與共是均徹之義也即什一取民之中而有大公不
私者以聯其民矣所謂助者何哉葢借其力以助耕公田而不復稅其私田有
藉之義也即什一取民之中而有不盡其利者以䘏其民矣此三代分田定賦
之法有如此
此以三代取民之制言之欲不緩民事者爲民制產當稽之三代以爲法也五
十畝七十畝百畝是制民恒產其實皆什一是取民有制夏時洪水方平地未
盡墾故田少殷時地漸墾故田增周時田益墾故田益多授田之際隨時而加
此三句不必如註明白說爲下有釋意在其實什一見三代取民之制田數多
寡稱名雖異而取之之實每十分得一未嘗多取於民以見三代無非不緩民

事其愛民之意無不同也徹是何等公溥助是何等簡便二句申言以見助徹之義相通以起下文用助用徹張本所以不更解貢字二句主聖王之精意言以見其爲良法不重在釋名上

夏后　四句

張闇成曰題面正大題意却虛只宜敘而不議蓋以實意在下也若將貢助徹逐一分疏則下文徹者徹也二句爲贅

龍子曰治地莫善於助莫不善於貢貢者校數歲之中以爲常樂歲粒米狼戾多取之而不爲虐則寡取之凶年糞其田而不足則必取盈焉爲民父母使民盻盻然將終歲勤動不得以養其父母又稱貸而益之使老稚轉乎溝壑惡在其爲民父母也

三代取民皆什一如此然裁其宜於今者惟助爲善焉龍子嘗有言曰古來治地取民之法莫善於殷人之助莫不善於夏后氏之貢何以見貢之不善也蓋

年有豐歉則收有多寡此難以預定者也而夏之貢者校數歲豐歉之所獲而酌乎多寡適中之數以爲取民一定之常制年年如此供於上葢謂豐年不之增凶年亦不可減也不知其流弊遂有不可勝言者如樂歲粒米饒多狼藉顛亂棄捐於地雖多取之而不爲虐則拘於常數而寡取之彼小民無知誰能留豐年之有餘以待凶年之不足一至凶年其所得者少尚不足以供糞田之費雖薄征可也則拘於常數而必取盈足焉是樂歲之寡取未足爲恩而凶歲之多取民不堪命矣夫人君爲民之父母當保其民而救其災可也乃以取盈之法困之使民盻盻然恨視將終歲勤動之所得者盡輸之於官而不得以奉養其父母猶且不足取盈之數又稱貸出息以益之使民公私交迫仰事俯育一無所資而老者稚者轉乎溝壑是以子民之君而爲虐民之舉惡在其爲民父母也貢法之不善一至於此若助法則隨公田所得之多寡而取之安有是弊哉即龍子此言可見助法之當行矣

上段既備舉先王取民有制之法此節及下二節𥡴其所宜行於今者引龍子之言極言貢法之不善正形出助法之善爲可行也治地猶云爲民制產貢者以下言貢法之不善而其不善只於凶年見之中字作酌中之中於數歲豐歉之數酌取其中以爲準而每歲征之多取之二句不是要他多取正形起取盈之爲害以見校數歲之中以爲常其法斷乎不善也寡取取盈非分外多寡只拘於常數爲民父母以下单就凶年説俱根取盈來盻盻曰氣直至益之方止夫貢法乃大禹之遺制而其不善若此何也禹貢之法九州之賦有錯出於他等者不必以爲歲之常數又因遊豫則視其豐凶而補助之龍子所言乃當時諸侯私變之貢而非禹貢則壞之初制也

夫世祿滕固行之矣

夫先王之法耕者九一仕者世祿二者皆王政之所必行也然世祿取之公田實與助法相爲表裏有不容不並舉者今世祿之制滕固現今行之矣而助法

未舉則所取於民以供世祿之需者猶未有制也今即其所已行而並舉其所未行則不惟其所未行者得因以行而其所已行者乃亦因得以行耳

上下文俱說助此句忽說世祿者蓋舉滕之既行以見助之當行也此句特引起下文不重世祿上助法所以養民世祿所以待士然世祿出自公田有公田則有私田是世祿與助法相爲表裏不行助法則世祿何所給不過隨俗加賦而取民無制矣玩固字矣字隱然見得既行世祿則所少者獨在助法也奈何不行助法乎全要得言外之意滕之世祿不出於公田集註乃曰受之土田使之食其公田之入者蓋正言之乃承註中上文耕者九一仕者世祿而云然者也

世祿　節

章素文曰世祿取諸公田此周初之制自井田既廢詔祿之需大抵多取之私田耳故觀其迹似乎世祿行而助法不行究其實則助法不行而世祿亦非其

舊矣世祿是實助法是主

詩云雨我公田遂及我私惟助爲有公田由此觀之雖周亦助也

助法之善既在所當行而滕之所以不行助者得無以其制之非周乎然助法正不獨殷行之也嘗稽小雅大田之詩云願天降雨溉我公田遂及我私田夫貢法無公田惟助內有公田助則商制而詩則周詩由詩言觀之則雖周之徹亦未始非助也信乎助法當繼世祿而行矣

此引詩証助法已行於周以見滕之當行助雨我二句周人之詩也孟子由詩中想出雖周之徹亦何嘗不是助故周止更徹之名實用助之意雖以我周經制大備而不能易其助法之善爲何如此滕之所以宜行助也不重滕法祖上

上文貢者以下明貢之失世祿以下至此明助之得助得則徹之得亦不待言而其不及徹者承上文莫善於助莫不善於貢而言也大抵周之徹法都鄙用助徹與助原是異名同實引詩只取公田二字見得周亦行助其法爲不易也

至於鄉遂用貢亦不過通助法之窮耳究竟貢法各家自賦其十分之一無所謂公田也助與徹皆有公田則行助亦即是行徹小說約誤刋徹內無公田惟助有公田便使題旨混淆矣

雨我　節

申蔵施曰周之行助原無實指從公田一詩想像推原出來見周亦行助以明助法之善爲勉勵滕君行助地耳

孟端士曰引詩只重助法當行而周亦用助却在公田二字上看出見周尚行助則滕自不可不行也

侯滄桂曰七十而助百畝而徹已自更立規制但中公外私十分取一之意則徹與助相合耳此節從周詩指出公田從公田看出周助見得行徹猶夫行助與上文莫善於助相關非謂周通用助也不然既說周行徹又說周行助不自相矛盾乎

設爲庠序學校以教之庠者養也校者教也序者射也夏曰校殷曰序周曰庠學則三代共之皆所以明人倫也人倫明於上小民親於下

果能行助則民有恒產矣然恒產既制則恒心可復而教化興焉必也設爲庠序學校以教之舉生養之民而驅之於教化之中夫是庠序校也豈無所取義哉庠之立名取養老之義示民以孝也校之立名取教民之義示民知向方也序之立名取習射之義欲民觀德也三者皆鄉學三代相繼各舉一事以爲名故在夏則曰校在殷則曰序在周則曰庠此時異而名亦異者也至於天子諸侯之國學則設於國中以教成材之士則夏殷周三代同名俱謂之學而無所變異此世異而名不異者也總之鄉學國學之建名義雖殊原其立教之意皆所以明人道之大倫使五常有序也夫人之所以爲人者以其有倫耳誠在上者建學立教將此人倫之理曉然昭示於上則小民莫不服其教以恩相接以分相維各安於倫理之中而相親睦於下情義無或乖離矣教民之法如此此

庠序校之不可不設以全民之恒心也

此節根助法既行來從養說到教正有恒心三字歸宿處不可教養對舉首句勉其立學以教民庠者至倫也原其教之所以立末句著其教之所由成庠序學校其來舊矣設者有久湮而特起之意欲公任擇其一以舉之也然辨其取義則爲養爲教爲射而夏承揖遜之後欲民富而知禮故教以六德六行殷當革命之後欲消天下干戈之習故教以習射觀德周承紂播棄遺老之後欲民知尊親之誼故教以養老尚齒此皆鄉學也鄉學是農隙而學卿大夫有德行而致仕者教之此鄉學乃隨所在而酌立者至於國學惟天子之國都以及諸侯之國都有之而三代無異名則自天子諸侯之元子衆子以及公卿大夫之適子與凡民之俊秀皆入學焉皆所以一句兼承鄉學國學就三代說末二句泛言謂人君建學立教以昭明開示之重在上之人教之不指躬行說小民親於下言民服其教自相親睦非尊君親上之親然亦該得在内倫明而民親以

視放辟邪侈者爲何如而要本於助法之行來此民事之所以不可緩也

庠序　節

盛珍示曰通章俱爲民事立論重養不重教恒心從恒產來庠序又從助法來由養及教是從助法旣行後備舉言之則教亦民事中之不可緩者設爲句總冒一節中七句申庠序學校明倫句總承上文申教字求二句推言建學之效申所以當明倫之故人倫明於上要說得現成小民親於上要說得自然民親於下是建學後方有尊親之情下百姓親睦是同井中自有相親之義

學則　一句

孫若士曰國學之名三代共之者重首善以爲立教之原也而所以建學之意尚在下明倫句

有王者起必來取法是爲王者師也

助法行而學校兼設此王道之可以世承而不易者也若能師禹湯文武如此

舉行則將來有王天下之君起焉必以其教養者來取法於我是爲後來王者之師範以仁民於無窮矣亦顧其行之者何如耳

先養後教之政歷百王而莫易此可準之先王卽可垂諸後世爲王者師以勢論極言其爲王道之粹以歆動之而期以師天下之效見三代之法當法也下節方說到文公身上此節孟子只說王者來取法未嘗說到滕便可王註滕國褊小未能興王業二語且勿露

詩曰周雖舊邦其命維新文王之謂也子力行之亦以新子之國

爲王者師此特就其勢而論之耳苟以理推之興王之業未有不基於此也詩大雅文王之篇有云周自后稷始封以來雖舊爲諸侯之邦而其受天命而有天下則自今日始詩所言乃文王之謂也言文王能行養民教民之政故至此子若能奮然而力行助法學校之政則天命日集舊業日增亦以新子之國如文王矣爲國之道孰過於是矣

此節以理推之而期以王天下之效爲王者師固是鼓動他然猶說向他人身上去至新子之國儼然文王可師矣其鼓動他處更緊切詠新命之詩正以鼓其力行耳重在力行上盡良法久廢一旦舉行人必駭疑阻難故須力行有發奮自振不阻於國勢之卑弱意然不過以恭儉之德爲制産興學之事而已新其國須爲國來在國勢恢張上看亦字對文王言滕之小國與文王之新命者小大雖不同然可以爲善便是新其國若能行助以養民之生興學以治民之心則民事全而國勢新視文王之新命不遠矣　民之爲道也三節是議論民事不可緩之意夏后四節是養民之事應上恒産設爲節是教之事應上恒心王者二節結言之以勉滕君其荅文公者止此以下荅畢戰只言分田以畢戰掌井田之事也

詩曰　四句

韓慕廬曰命新者文王新之滕君豈不可爲文王則亦無不可新着意重發文

王之新言外要得勉滕君意

使畢戰問井地孟子曰子之君將行仁政選擇而使子子必勉之夫仁政必自經界始經界不正井地不均穀祿不平是故暴君汙吏必慢其經界經界既正分田制祿可坐而定也

文王因孟子之言而知民事之不可緩遂欲治井田之事以行助法使畢戰主其事而使之來問其詳孟子曰先王仁天下之政莫大於井田今子之君將行井田之仁政選擇於羣臣之中而獨使子其任重其責專也子必勉勵為之無負其所托可耳夫井田之仁政之要必自經畫其界限始如通水道則有溝洫正阡陌則有道塗立疆塍則有所封之土堠所植之樹木劃然分明為先務也若經畫之疆界不正則公私之田無一定之分强豪者得以兼并於下而井地遂不均矣賦出於田田無定分則賦無定法貪暴者得以多取於上而穀祿亦不平矣是故暴虐之君貪汙之吏必欲慢廢其經界所以亂之而便已之私擴

下之利也若經界既正則強豪貪暴弊無所容而在下之分民田在上之制穀祿可坐而定不勞餘力矣此仁政必自經界始也

孟子之言教養兼舉文公獨使畢戰問井田者奮然欲行助法而使之問其詳蓋必先養而後教也孟子卽就民事不可緩上說去夫井一國之田而授民以常產什一以薄斂使君子小人各得其所者仁政也仁政照下分田制祿其實分田制祿特仁政之大端仁政二字自包得濶也勉字從使字來欲畢戰謹於所事以求成也此節重在夫仁政必自經界始一句以經界二字爲主經界者公私內外之界限也必自經界始言仁政必從此起手必者事期必成功期必得也經畫疆界正恒產之所以制處正字有執法秉公毅然不屈不徇意不正以下一反一正無非發明經界一句均平二字不是多少一般之說蓋井田之法公自公私自私八者在民一者在官而民無不受之田所謂均也卿大夫士俱於公田中隨其多寡各得其本分所謂平也穀祿卽井田中之公田擬其穀

以爲祿者經界一不正田便無定分則强豪者兼并而野人有失所矣賦因無定法則貪暴者多取而君子有失所矣不均領着不正不平領着不均語意相承非不均不平相對暴君不仁之君汙吏貪汙之吏吏指卿大夫士以職事言則曰吏非掾吏也暴君二句正貪暴之多取指在上者言而强豪之兼并不暇問矣若經界既正則田因界而有定分何難於分田賦因田而有定法何難於制祿意只重分田一邊而制祿在其中是一行助法則有私田必有公田有恒產必有世祿而君子小人不得不兼舉而互言之必如是乃完得一個助法此正民事之不可緩處但此節夫仁政以下是先槩論下節方指滕言

夫仁　一句

汪時夏曰孟子告滕文時距秦商鞅廢井田四十餘年但廢未久猶可復行故以正經界言之

夫滕壤地褊小將爲君子焉將爲野人焉無君子莫治野人無野人莫養君子

分田制祿之法必欲並舉者凡以君子野人皆不可無耳以滕言之夫滕截長補短將五十里壤地雖甚褊小然其間將必有食祿於朝所爲在位之君子而仕者焉將必有自食其力所爲無位之野人而耕者焉使無君子則莫爲之施政教以治野人故祿不可不制使無野人則莫爲之供賦稅以養君子故田不可不分分田制祿之不可偏廢如此安得不以正經界爲仁政之首務哉

此推原分田制祿之由將者料想之詞二句分言之以見其必有下二句又交互言之不重相須意只申上文以見其必有此二等人而分田制祿不可偏廢須側重分田上此經界之所以當正而助法之所以當行也

請野九一而助國中什一使自賦

分田制祿之法既欲並舉然必因地而制其宜耳如郊以外謂之野土地廣濶田可井授請盡田九區中一分爲公田八家助耕止收公田之所入以爲君子之祿而行助法郊以內謂之國中比閭相屬田不可井授則約田百畝使一夫

受之而自賦其十分之一以充國用而行貢法如是則隨地制宜經界以正分田制祿之法有定分而不可紊而君子養野人治矣

此正告以正經界之實所以谷井地之間也請字提起貫下二節九一以田之區畫言是都鄙用助法以八家各耕公田十畝乃八家同養公田也什一以田之畝數言是鄉遂用貢法每一夫所耕一夫自賦其什分之一之稅其中却有地之多寡賦之輕重之分蓋郊外平原曠野國中地狹民稠包山林陵麓在內所以用貢法以通助法之窮非貢助並行也註所以治野人使養君子二句每句各有一意九字十字是分田以與野人使養君子兩個一字是制祿以養君子使治野人也

卿以下必有圭田圭田五十畝

世祿各有定分此常制也又於君子世祿常制之外自卿以下至於大夫士皆使之有圭潔之田以供祭祀其田則五十畝焉所以濟世祿之不及以厚君子

也然厚君子以及君子之先祖其厚君子何至也

此節乃法外之仁所以厚君子曰卿以下而不及卿以上者蓋卿與卿以上其祿已厚故也卿以下包大夫士在內圭田取潔蠲奉神之義卿以下祿薄恐不足以養廉故於世祿常制之外又有圭田則追遠之費不分其養廉之需而君子之世祿不因之而缺也而卿以下皆同者祿必視其職之大小而尊祖敬宗之心則一也而必五十畝者準百畝而中分之亦起於井田之制大約可以備物不缺耳則凡位列浚明者無不邀王者之賜以資祭享所謂體臣而孝以教忠也

卿以　二節

杜子牧曰上文什一九一是井田正意此圭田餘夫是井田旁意於制祿分田外特設此二項以厚君子野人先王當日確有一種深謀遠慮不獨法外推恩五十畝二十五畝在井田成法之中不在井田成法之外蓋數定於常法之中

而情浮於常法之外也

餘夫二十五畝

一夫受田百畝此常制也又於一夫八口百畝常制之外其家中之子弟尚有餘力者謂之餘夫別授田二十五畝使之衣食有資所以濟分田之不及以厚小人也然厚小人以及小人之子弟其厚小人何至也凡此皆自井田而通之者也

此節乃法外之仁所以厚小人一夫受田百畝六十歲傳於其子子養其父但只是長子受父之田次子便是餘夫若不授之以田恐爲游惰今有田以自給則恤孤之費不分其養老之需而野人之養不因此而缺而必二十五畝者準百畝而四分之亦起於井田之制不使之過多以滋侈也則凡餘數未登者無不受王者之養以謀作息所謂子民而長以及幼也但此二節非在井田法制之外乃分田制祿常制之外耳亦與分田制祿爲一起事制以祿外之祿分以

田外之田此皆井田之所遺而經界中所當計及者

死徙無出鄉鄉田同井出入相友守望相助疾病相扶持則百姓親睦

夫常制餘制之行而上下兼利固莫善於助矣而民俗之厚亦係於助也誠使助法旣行則民有世業一鄉之民凡死而葬者徙而遷居者皆不出此鄉之内蓋以此鄉之人八家同井故也惟其同井所以合同井之人出而在田入而在家皆相友伴而同其勞逸近而守家遠而望盜則合同井之人相爲援助而連其聲勢不幸而有疾病則合同井之人匡其羸弱濟其困急而相扶持如此則同井之人無不相親而不疎相睦而不戾矣井田之所以善民俗者如此不益見助法之善哉

此言井田之法之有以善民俗使寓教化可興之意不作效看死徙無出鄉人懷舊土之戀也鄉字作里字看不是鄉遂之鄉鄉田同井乃結上接下之語一鄉之中其田不下萬井而每鄉之田鄉人皆耕之不耕別井耳鄉田同井人安

樂業之風也惟其同井故出入相友一作一息無先後也此句言其常守望相助備害防患無彼此也此句言其變守是護守望是瞭望相助者或此守則彼望或此望則彼守或彼此代爲守望助以守而此不可以威武奪助以望而彼不得以投隙來疾病相扶持保愛慰問無坐視也以上正見藹然仁愛和厚之俗正是相親睦處然親睦只在同井中和氣上說尚未說到教化行處

方里而井井九百畝其中爲公田八家皆私百畝同養公田公事畢然後敢治私事所以別野人也

夫井田之法一行而人心風俗旋以復古助法之美如此矣而其形體之制則又有可詳言者每地方正一里而畫爲一井井界九區而區各百畝夫井以里定而治地均矣畝以井分而經畫明矣就九百畝而分之其中百畝爲公田以爲君子之祿其外八百畝爲私田而八家各私之以自贍此八家之民同出力以治公田凡耕耘收獲之時必公田之事已畢然後敢治私田之事夫中公外

私既相聯而不相瀆一先一後又有序而不敢紊者何哉所以別野人以下服
上養君子之分宜爾周之行助有如此
上既言助法之善此又詳言井田形體之制以終惟助爲有公田請野九一而
助之說正言周之助法也蓋以上所論乃立法之意未及形體故此節詳言之
卽上九一而助行於都鄙之地者也方里三句是井田形體之大綱上句是畫
野之定制下句是分田之定數實則因地以制井因井以定田必縱橫方一百
里而後可以周井田之度惟九百畝而後可以備井田之形總是一事中公外
私以定其區有居中守制之象先公後私以別其分有環向拱居之象此又是
井田形體之細目養凡耕耘收獲之事皆是同養者不是混同去耕種八家各
耕公田十畝則同養公田八十畝矣餘二十畝爲廬舍公事卽公田耕耘收獲
之事私事卽私田耕耘收獲之事公事畢三句一連說又見助法令人有尊君
親上之意非但分別貴賤也別野人不必添出君子蓋厚小人卽以厚君子禮

下即寓於取民有制也然至此方說出中公外私井田形制則前此七十而助九一而助等皆宜渾講　按井田始於黃帝經界如井字後世因號爲井田觀此則井田之制由來久矣禹時雖行貢法未始無井田遺制也

此其大畧也若夫潤澤之則在君與子矣

然井田之法其廢已久其詳不可得聞矣凡我之所言正其經界而常制餘制之並行畫爲井疆而中公外私之有別者此其大畧以爲經畫井田之準巳耳若夫古今異時彼此異地有不可以執一者惟是變通而化裁之因時度勢使合於人情宜於土俗不拘先王之法而又不失先王之意因其大畧潤而澤之以不滯於行則在滕君主持於上而子協力於下同心共濟以急民事而行仁政使國勢日新而已豈吾說之所能盡哉

此字通承夫仁政以下說大畧謂經畫規模之大槩盡於此雖其詳不可得聞然由此倣去其法可以類推若說此不過大畧而已還有許多詳細處不是孟

子勉畢戰與文公之意了但此節須要會變通意蓋井田是個死規矩却要用得圓活方可行得只因助法久廢一旦硬行必有隔碍況文公使畢戰問井地不徒問其形體並問其所以運用之方故又教他多方委曲以用其法只完得一個正經界以行助法也潤澤非文飾之謂必因時化裁溫潤滑澤不滯先王之迹亦不失先王之意方可合人情宜土俗雖頂助法說然亦兼貢在內以貢法中亦有當潤澤者在君與子是屬望之詞言當各分其責也蓋以上是論治法此則歸重治人未有無治人而可以行治法者此句正打轉子力行之子必勉之二句

神農章全旨○通章總是闢並耕之謬以衛正道意首三節是許行陳相欲陰壞孟子之法種粟三節是就許子一身所不能兼者明治之不能耕已折倒並耕之說自當堯之時至暇耕乎是言堯舜憂民之切而不暇耕自堯以不得舜至亦不用於耕耳是言堯舜所憂之大而不必耕總以闢並耕之非自吾聞用夏

至不善變是責陳相背師之失末一節同價之說特因其遁詞而闢之不以齊價與並耕並重而其闢並耕則稱堯舜責背師則稱周孔正是孟子之學有本原處

有爲神農之言者許行自楚之滕踵門而告文公曰遠方之人聞君行仁政願受一廛而爲氓文公與之處其徒數十人皆衣褐捆屨織席以爲食

昔孟子述三代井田之法分別君子小人以告文公文公將見之施行矣時有農家者流詭托於神農之教以爲言而倡其邪說以惑衆若許行者自楚之滕踵文公之門而告曰吾遠方之人聞君獨創其奇而行井地之仁政願受一廛之居而自附於野人之列以爲君之民文公以其慕化而來遂與之居處但見其徒有數十人所衣皆褐相與捆屨織席以供食蓋以人必自食其力而後可也此亦可以微見其意之所在矣

自神農始制耒耜以教民耕未嘗身爲之耕許行乃托爲並耕之說神農始爲

市井以敎民日中爲市未嘗齊其市價許行便托價一之說可見非神農之言而着一爲字者乃假托其言以陰壞孟子之術也此一爲字便見斷案曰有爲者見從未有此令忽刱造而有之也自楚之滕欲售其術於滕也受廛爲氓志在耕也廛乃在田之廬舍非市廛也皆衣褐明無別也捆織爲食各食其力也此等行事巳露並耕而食饔飧而治之意

陳良之徒陳相與其弟辛負耒耜而自宋之滕曰聞君行聖人之政是亦聖人也願爲聖人氓

時歸滕者不止一許行也又有楚儒陳良之徒陳相者與其弟辛躬負耒耜而自宋之滕曰聞君行三代聖人井田之政是亦今之聖人也願爲聖人氓以被聖人仁政之澤焉相本學於陳良不爲出疆而舍耒耜耳非若許行直欲售其邪術而來也

先提陳良之徒巳伏下兄弟倍師一案陳相是慕滕分田之政誠心來歸但不

合後來學許行耳

陳相見許行而大悅盡棄其學而學焉陳相見孟子道許行之言曰滕君則誠賢君也雖然未聞道也賢者與民並耕而食饔飧而治今也滕有倉廩府庫則是厲民而以自養也惡得賢

乃邪說易以惑人陳相一見許行而大悅盡棄其所學於陳良者而學許行焉此其識不足其守不固而凡許行所爲神農之說遂溺於其中而深信之矣陳相既學其道乃見孟子稱述許行之言曰滕君有志復古以行仁政則誠賢君也雖然未聞古聖人治天下之大道也彼賢君平時必與民並耕而供巳之食自爲朝饔夕飧而兼理治民之事所以爲天下在勞而無所取於民也此賢君之道也今也滕有倉廩以貯穀粟有府庫以藏貨財此皆取之於民者則是病厲其民而以自安養也惡得爲賢許行此言所刺雖在滕君而所以刺則在孟子蓋欲陰壞孟子分別君子野人之法也

負耒耜亦食力之意與捆屨織席有相入之機故一見即悅此悅字與下慨慕
公仲尼之道相闢盡棄其學自無一些陳良氣味矣道許行之言即所爲神農
之言也賢君淺淺說個有志慕古慨然力行欲以惠民意若以井田歸之則無
下面話說了未聞道道字且虛說暗與神農相闢下二句正道之所在未聞道
言其志是而行非並耕二句一串說以並耕二字爲主言與民各自耕以食非
耦耕也饔飧即上食字言自爨也非必親身爲之大槩言其不食於民耳滕有
倉廩府庫率皆取民所耕者而食之正與並耕相反不自食以治民而受其養
是厲民也是未聞道也賢者惡得爲賢皆指神農之道言與上賢君不同其並
字厲字正是邪說害道處下文俱辨此二字

孟子曰許子必種粟而後食乎曰然許子必織布而後衣乎曰否許子衣褐許子冠乎曰冠曰奚冠曰冠素曰自織之與曰否以粟易之曰許子奚爲不自織曰害於耕曰許子以釜甑爨以鐵耕乎曰然自爲之與曰否以粟易之

孟子不遽辨人君不能並耕先即許子一身之所難兼者以詰之曰據子之言許子必種粟而後食乎蓋欲攻其所不能爲而先究其所能爲以起下辨難之端也陳相應之曰然許子之所食者信出於自種之粟也然許子之所資者不止一食而已許子之所當爲者不特一種粟而已又問曰有食必有衣許子必織布而後衣乎相對曰否許子衣褐見其無庸於織以逃孟子之駁也而耕之不能兼乎織其情已微露於此矣孟子姑置之又問曰有衣必有冠許子冠乎相對曰冠又問曰冠各有異制許子果奚冠恐其如衣褐之說也相對曰冠素以布爲之取其質也因即問曰褐與冠皆許子自織之歟至此則無逃處矣相對曰否以粟易之則已爲孟子闢之之地矣又問曰然則許子褐與冠奚爲不自織相對曰許子之所專務者耕耳自織則不免有妨於耕而耕之不能兼乎織其情畢露至此已可以闢之矣孟子又姑置之尤欲多得其說而辨之也復問曰許子以釜甑爲爨以鐵器爲耕具乎相對曰以器利用猶夫衣與冠也又

問曰釜甑與鐵亦自爲之歟相對曰謂許子自爲則否以其所種之粟易之其不能自爲僅其不能自織也是則許子之所能爲者獨一種粟耳自種粟之外雖一衣一冠一器用皆出於粟易而不能兼而爲之也至此則相之說已窮而孟子可以伸其辨矣

此歷詰其耕之不可兼者以爲辨之之地種粟句是一頭孟子明知許子種粟但將此句爲辨詰之端必種粟必字從上並耕而食二句來詰他以下皆根此句說但上文說捆織以爲食此云必種粟而後食蓋上文是據其事此據其教不是他在滕種粟衣冠二段是一脚言耕之外不能兼乎他釜鐵一段作一脚言耕之中不能更爲器兩言以粟易之而其說窮矣但孟子種種詰難直討出他百工之事不可耕且爲纔以治天下獨可耕且爲關之使他開口不得

以粟易械器者不爲厲陶冶陶冶亦以其械器易粟者豈爲厲農夫哉且許子何不爲陶冶舍皆取諸其宮中而用之何爲紛紛然與百工交易何許子之不憚煩

曰百工之事固不可耕且爲也

孟子承上釜甑鐵耕之說微辨而仍詰之曰子言許子之粟易如此就子之言觀之可見農有粟而陶冶有械器各爲一事而各適於用者也是則農夫以巳之粟易陶人冶人之械器者乃以濟陶冶之所無不爲有病於陶冶彼陶人冶人以巳之械器易農夫之粟者乃以濟農夫之所無豈爲有病於農夫哉我且問子許子何不自爲陶冶則凡百工器械止皆自取於其家中而用之豈不甚便乃何爲紛紛然往與百工交易是何許子之不憚煩勞如此相對曰耕者農之事陶冶者百工之事許子耕者也既有事於耕則於百工之事固不可以耕而兼爲之也此其言盖不覺自屈其並耕之說矣

此節只完以釜甑爨之詰一段意與上節俱是詰問之詞俱未斷定以粟四句見農末實相濟且許子六句見農末不相兼上四句以理言下六句以勢言以粟易械器二句就他以粟易之者出言良農能稼不能工故以粟易械器適所

以濟陶冶豈爲厲陶冶陶冶亦以二句又從以粟易械器生來言良工能器不能稼故以械器易粟適以濟農夫而豈爲厲農夫械器謂機械便當也凡民日用所資器皿皆是此四句勿平看側重工不厲農一邊正影着滕君非厲民說此處已足折倒他厲民之非却又不露出且字方轉到許子身上又爲詰難以勾引出他不可耕且爲之句以爲力折之地而相果曰百工之事不可耕且爲則彼之說益窮而治天下不可耕且爲可一言辨矣二句相非言工不能兼農乃言農不能兼工

然則治天下獨可耕且爲與有大人之事有小人之事且一人之身而百工之所爲備如必自爲而後用之是率天下而路也故曰或勞心或勞力勞心者治人勞力者治於人治於人者食人治人者食於人天下之通義也

孟子卽應其言而辨之曰子謂百工各爲其事治農者尚不可耕且爲之也然則人君自天子以下其治天下之事日有萬幾視百工之事爲何如反獨可耕

而且爲之歟其不可耕且爲者天下之大分固如此也蓋治天下者大人之事也耕者小人之事也凡在上之大人自有大人之事在下之小人自有小人之事事旣分而異自不得而相兼也大人安得爲小人之事乎且就一人之身計之凡服食器用百工之所爲備要使用如不以有無相通彼此相濟必一一自爲而後用之是率天下之人旣營此又營彼奔走道路無時休息也此可見凡有所事皆不得一有所兼而大人治天下不可兼爲小人之事有斷然也而況上下之事實以相濟乎故古語有曰或爲大人而勞心於上以思爲用操化理之原或爲小人而勞力於下以形爲用效手足之烈似不能以相濟矣然勞心於上者運其經綸而爲民立政所以治在下之人也者彼勞力者則聽其命令以受治於在上之人而已是勞力者并勞心者莫與治之而大人之有濟於小人如此也治於人者輸其貢稅而惟正是供所以食在上之人也者彼治人者則坐享其貢以受食於在下之人而已是治人者并治於人者莫能養之而小

人之有濟於大人如此也即此觀之可見食人者不爲厲君食於人者不爲厲民正猶農夫陶冶之相易而實相濟乃天下古今貴賤所通行之大義也然則治之與耕非惟勢之所難兼而亦義之所不必兼者矣豈可妄議滕君謂之厲民自養而願欲耕且爲哉

上節旣承其害於耕之説而明彼此之不相厲以見滕君非厲民以自養矣此節又承其百工不可耕且爲之説而明彼此之交相濟以見滕君之不厲民也路也以上是言上下難以相兼見不能並耕以下是言上下實以相濟見不必並耕然則二字緊承上文治天下指神農堯舜等言耕不能兼百工治天下獨可以兼耕乎此一句已折盡下文但足其説有大人二句是大槩正言其理勿遽説出治與耕來二有字重截然兩様人自是截然兩様事見各有其事而不相混也且一人四句又舉百工之事不可耕且爲意再敷暢之而因其明以通其蔽見小人且不能兼小人之事大人豈能兼小人之事乎備是件件少不得

之意講完此四句須打轉治天下獨可耕且爲歟一意方好接入故曰數句但許子只要上下勞力故孟子引古語以心字折倒他勞心應大人之事勞力應小人之事然謂之事者以其道與其所業言心力則是做那道與業的勞心者未必不用力但心上工夫重則不言力勞力者未必不用心但其心所用者都只在力上此二句宜兩開說勞心者二句方說到兩下相關處治於人者二句又說到兩下職分當然處勞心者治人重講側重在君子治小人一邊若勞力者不過治於人而已治於人者食人重講側重在小人養君子一邊若治人者不過食於人而已此六句全要體貼治不兼農意蓋許子倡並耕欲陰壞孟子分別君子野人之法孟子闢並耕仍分別君子野人闢之此是立言本旨蓋義者宜也凡爲上者皆以勞心而治凡爲下者皆以勞力而食上下相宜絕無相碍自有天下以來卽有此義自其分屬相資曰義自其一時萬世皆然曰通義說天下之通義則並耕豈爲君道通字正對厲字看此句乃是孟子斷語下文

皆反覆以証治人者食於人一句之意

當堯之時天下猶未平洪水橫流氾濫於天下草木暢茂禽獸繁殖五穀不登禽獸偪人獸蹄鳥跡之道交於中國堯獨憂之舉舜而敷治焉舜使益掌火益烈山澤而焚之禽獸逃匿禹疏九河瀹濟漯而注諸海決汝漢排淮泗而注之江然後中國可得而食也當是時也禹八年於外三過其門而不入雖欲耕得乎

治天下而可耕且爲則古聖人當先爲之矣然觀古聖君賢臣歷歷可考未聞有與民並耕而食饔飧而治者如當堯之時去洪荒之世未遠生民之害未盡除天下猶未盡平也蓋以其時洪水不由其道而散溢妄行遂至氾濫於天下水盛故草木暢茂草木盛故禽獸繁衍生殖禽獸草木皆妨害五穀者故五穀於是不登則人類稀而禽獸於是偪人凡獸蹄鳥跡之道交遍於中國天下之未平如此堯爲天子而獨勞其心以憂之然堯知天下之患非可以一人獨爲理也於是舉舜爲相而命官分任以敷布其治焉蓋堯旣以天下之憂爲憂而

托之舜舜遂以堯之憂為憂而分任於諸臣當是時草木梗塞道路禽獸巢穴於其中雖欲施治水之功不可得也舜灼見其理勢乃先使益為主火之官而掌火益將山林藪澤所生之草木一切焚之使禽獸失所依遂皆逃避而匿於他所然後舜使大禹為司空而施治水之功焉如黃河之水天下之最大者也禹則於冀州之域疏大河之流為九河以分其勢又疏通濟水漯水並九河皆注之海而北條之水有所歸矣又南決汝水漢水排淮水泗水以去其壅滯而注之江亦順其入江之勢終亦歸於海而南條之水有所歸矣夫天下大水無過於此數者今導其流而注之江海之中則地皆可耕然後中國人民可得而粒食以相生相養而免於墊溺之患也當是治水之時也禹勤事於外凡八年之中三過其家門而尚不及入見其家人骨肉之親其勤勞如此雖欲耕也得乎

上數節詳論並耕之非此下言古聖人治天下絶無並耕之事許行以神農為

並耕証佐孟子以堯舜爲不並耕証佐洪水八句以洪水爲主草木六句皆承洪水說下總言洪水之害也堯獨憂之正其勞心處此憂字及下數憂字俱從勞心生來獨字與並耕的並字相映見堯不徒憂而擇一相堯之勞心也舜承堯之命不自用其智而擇羣有司舜之勞心也二句是數節之綱乃下面禹益稷契功績之根源舜使二字直貫禹益稷契烈山句不重只起禹得施治水之功烈熾其火也焚之者灰之也禹承舜使固以水政繼火政之終而以司空開司農之始也故相天下之大勢西北爲建都之地天子之宮廟在焉堯都於冀環冀皆河不先治之恐畿甸有浸廹之虞故河自龍門積石分之爲九而疏之以殺其勢也若濟則浩漫於青兗又得漯以爲輔瀹之以去其壅也東南爲財賦之鄉九州之貢賦通焉東南之水不治其患亦係乎朝廷故出於大盂之汝發於嶓冢之漢又得桐栢之淮陪尾之泗爲控引決之以散其瀠洄排之以蕩其奔激也要之疏瀹排决皆治水之用功處不是新鑿水道只尋其舊跡以通

壅塞注江注海水有所歸也可得而食見前此有洪水則無可耕之地今無洪水故可開粒食之原未便是穀熟人育故猶待后稷之教稼穡也八年於外言其久三過不入言其急正見勢不暇意蓋懷襄之患未除十分忙殆家不得顧方於下句雖欲耕振得起夫至欲耕不得聖人之勞心爲何如乎此只就仰體堯舜憂民之心說雖欲耕得乎是提掇耕字照應前獨可耕且爲歟句

禹疏　二段

李元伏曰舉禹之治水爲大人勞心作証正以引起下文欲耕不得意耳九河諸水屬之地勢疏瀹等語屬之人事而本文所言水道多有未合此以注海注江並言亦錯舉大槩耳不必曲爲之說也

后稷教民稼穡樹藝五穀五穀熟而民人育人之有道也飽食煖衣逸居而無教則近於禽獸聖人有憂之使契爲司徒教以人倫父子有親君臣有義夫婦有別長幼有序朋友有信放勳曰勞之來之匡之直之輔之翼之使自得之又從而振

德之聖人之憂民如此而暇耕乎

水土既平則民利可興由是舜命棄爲后稷之官使敎民稼穡以種植五穀樹藝有道則五穀成熟而天下之民人乃有粒食有養而無阻饑之患矣然人之爲秉彝之道也固其自有若飽食煖衣安居逸處而無以敎之則不知由其道而滅性亂倫近於禽獸聖人有憂之又急急使契爲司徒之官敎民以人倫如父子之倫敎以慈孝而有親君臣之倫敎以令共而有義夫婦之倫敎以內外而有別長幼之倫敎以先後而有序朋友之倫敎以相交而有信此五者人之大倫亦人所固有之道也而必使之自盡則在上之敎之耳觀放勳之申命夫契者曰敎民之道因人而施汝爲司徒於民之用力於人倫而爲勞者則慰勞以安之於民之歸向於人倫而爲來者則引進以來之此長善之敎也於民之立心背乎人倫而爲邪者則開其心以匡之使歸於正理於民之所行戾乎人倫而爲枉者則矯其行以直之使歸於直道此救失之敎也凡此勞來匡直正

所以輔之使立乎人倫而不移翼之使行乎人倫而不怠委曲成就務使其遷善改過以自得其本性之善而後已此助不及之教也既自得其性矣然得之甚難而失之甚易又從而提撕警覺以加恩惠焉不使其放逸昏惰或失之以保其終也夫聖人之於民方人倫之未得則憂其不能得及人倫之既得又憂其復或失其命官敷教可嚀煩悉憂民之切如此而暇爲耕之事乎

平成之後所憂在養故舜命稷以播百穀稷乃五穀之長故以稷爲農官之稱后者有爵土之號也教民稼穡樹藝五穀作一句讀初種曰稼收獲曰穡教之者示以耕耘收獲之節高下早晚之宜只教民爲之非自爲之也五穀熟而民人育串看重養上此三句承上可得而食來重使契一段以稷起契猶上文以益起禹也生養之後教化未興又憂在教故舜又命契爲司徒以教人倫飽食三句重無教上聖人兼堯舜有憂所有字可玩到民人育時聖人還有憂在是何等汲汲不容已之心人之有道即性中自有之道下君臣父子夫婦長幼朋

友即人字親義序信别即道字五個有字皆因其固有是理而教之使歷歷分明也放勳曰一段乃施教之方蓋使契者舜而命契之言出自堯也勞之等數之字俱指人倫天下之人有善者有惡者又有中人之性出於善惡之間者勞來以勸其善匡直以懲其惡凡此勞來匡直正以輔其弱而不能自立者以志言翼其怠而不能自行者以事言使自得之使得其性之所固有有優游而無勉強意振德者是常常勞來匡直輔翼時時提撕之使不頹廢警覺之使不昏昧使自得是惠使之保其得是加惠非財惠之惠註提撕警覺解振字加惠解德字振德二字屬在上者說聖人亦承堯舜言憂民如此承勞來等說单切教上言聖人之命官教民叮嚀告戒惓惓懇懇如此其切而暇耕乎此再提掇耕字照應獨可耕且爲歟句

后稷　三句

張覲文曰要切水土初平粒食方始說非泛作勸農語令教之者只教民自爲

之耳歸重勞心方見不屑並耕處然教之者稷而使稷者實舜承堯命以使之也尤要結到堯舜上

五穀　一句

王鶴齋曰平成未奏民思恬養而無由穀熟民育從教民句來然要上顧勞心以砭並耕下注憂民以起教字

放勳　五句

王醇叔曰勞來之文不見於書乃孟子檃括放勳之意爲言耳不必逐件分疏要與章旨相關

陸雯若曰段段從契教後又看出放勳有加無已之心孟子追述一番要上接勞心下注憂民如此

聖人　一句

仇滄柱曰此句專就汲汲教民上言不兼及掌火治水在內以上文[illegible]暇耕乎

已結住前節此處以憂民如此起雖欲耕平另結本節也故以聖人兼堯舜則可以如此二字兼收兩節則不可不然反爲重複矣

堯以不得舜爲己憂舜以不得禹臯陶爲己憂夫以百畝之不易爲己憂者農夫也

夫堯舜之憂民固不暇耕矣要其所以憂民者亦急於其大者耳堯當日非事事而憂之也惟以不得舜爲己憂蓋不得舜孰與命官而敷治而天下何以平也一得舜而堯之憂舜代憂之矣舜當日亦非事事而憂之也惟以不得禹臯陶爲己憂蓋不得禹臯陶孰與分理而終堯之托而水土何以治五教何以弼也一得禹臯陶而舜之憂禹臯陶代憂之矣是其所憂者大故其所治者亦大君相之道也若夫以百畝之不治爲己憂者乃農夫一手一足之烈小人之事也豈堯舜之所憂哉

此與下節承上言堯舜憂民之大故其所及者亦大此節總結上文上二句結

上有大人之事下二句結上有小人之事惟堯得舜而天下治舜得禹臯諸人而堯之天下治自後人追論之而知堯舜當初所以汲汲者只以不得此等人為憂非預知其人而憂不得也二句要看二巳字見是自巳分內事堯舜有見於吾分內在治天下故要得人以治天下則其所憂者何等大若百畝之不治則農夫之事亦農夫之憂耳葢何用耕直至亦不用於耕耳方纔完註不暇耕不必耕預透下節意而言之宜渾渾漸次說上言禹益稷契以該臯陶此言禹臯陶以該益稷契大槩言之不必屑屑分配

分人以財謂之惠教人以善謂之忠為天下得人者謂之仁是故以天下與人易為天下得人難

堯舜之憂惟在得人者何也誠以得人之所係為甚大也且如人君憂人之困乏而以巳之財分人僅可謂之小惠而巳憂人之愚昧而以巳之善教人僅可謂之盡心之忠而巳此其所及亦有限而難久惟堯之得舜舜之得禹臯陶乃

為天下而得人則恩惠及於天下而民無不遂其生教化施於四海而民無不復其性始并濟天下而謂之仁也得人所係之大如此則得人豈容易哉是故天下大器而推以與人雖若至難然既得其人而與之則自聖人視之猶以為易惟是為天下得人以仁覆天下則必擇之至當選之至公而後可托以天下倘一毫稍差便負天下蒼生之望如何得恰好無差此為至難也此堯舜所以切切然特以不得禹皐陶為已憂真憂之至重大者也使得人不難則堯舜又何憂哉

承上憂不得人而推言之上三句重在仁以惠忠形之言得人所係甚大所以憂不得人下二句重難字以天下與人形之言得人以仁天下甚難所以憂不得人也分財教善承上文教養二意來二句當就人君身上說故集註解忠字云雖有愛民之實看一民字可見就君說若泛論衆人則二者亦未見其小矣僅謂之惠與忠者以己之財分人以己之善教人其所及有限故也又集註解

教善句云然其所及亦有限而難久者謂人君居廟堂之上教之所及不過行於朝廷畿内耳固不若得一司徒其教可徧及天下也且人君一日萬幾豈能專以教人爲事故曰難久若司徒之職終身不改何難久之有此二句總在人字上見其小若是爲天下得人起念便廣大了爲天下三字重看正見勞心之大處得人亦爲教人養人故以上二者引起爲天下得人言憂天下之不得教養而求人以代理就堯舜說觀註可見蓋仁者以天下爲一體爲天下而得人是一體中最懇切處故謂之仁註恩惠廣大便不止謂惠教化無窮便不止謂忠仁即惠忠之極至處其爲天下得人便是仁夫爲天下得人謂之仁如此則得人豈容易哉以天下與人易者只能捨與不捨耳若無私心以留天下便皆能之爲天下得人難者蓋得其人則可以仁天下不得其人則不可以仁天下其人非一官一才之寄必大聖大賢不易拔識者非有知人之明用人之公者不能也故曰難也然以天下與人非易較之爲天下得人則易甚言得人之難

而憂之不可以已此堯之所以憂不得舜舜之所以憂不得禹臯陶也

分人　三句

張覲文曰爲天下得人上面堯憂不得舜舜憂不得禹臯陶已隱該括此處特借惠忠以形出仁字以見聖人勞心之大上二句輕下一句重爲天下得人切定堯舜說得人而謂之仁惠忠云乎哉

得人　一句

孫若士曰爲天下是仁心得人是仁用得人須貼堯舜講推論不得得舜得禹臯陶上文已盡復衍不得只就勤於求賢憂勞無已上見出非作贊頌語也

唐寶君曰只看爲天下三字便與上文分財敎善止及一人一家者逈然不同卽此便見出大人之事卽此便見出仁人之心

孔子曰大哉堯之爲君惟天爲大惟堯則之蕩蕩乎民無能名焉君哉舜也巍巍乎有天下而不與焉堯舜之治天下豈無所用其心哉亦不用於耕耳

夫堯舜之所憂者在不得人其用心顧何如乎孔子有言曰大而不可限量哉堯之爲君也惟天爲大惟堯之爲君能法之其德蕩蕩乎廣遠民無得而稱焉是與天爲一者也能盡君道哉舜也其德巍巍乎高大雖富有天下若與已不相關涉而惟以治天下爲憂是克盡君道者也孔子之稱堯舜如此由孔子之言觀之然則堯舜之治天下所以蕩蕩巍巍而功業之大如許者豈無所用其心而致此哉蓋以民患未除思得人以除之民生未遂思得人以遂之民性未復思得人以復之此皆其用心所在以盡大人之事亦不屑屑然用之於耕以爲小人之事耳則並耕而治古之聖君賢臣孰有爲之者甚矣許行之謬也

此節總結上文並耕之不可意引孔子之言不重贊堯舜只將則天不與四字喝起堯舜之用心兩君字要看堯舜立萬古君道之極而成許大之治功其所用者心不曾勞力則並耕之不可也明矣則天見法天意不與見憂勤意方與論語不同方起得下用心治天下二句根上憂字來用心即上堯以不得舜二

句即憂不得人也不用於耕雖頂上句實總前不暇耕不必耕而收結之見得即暇耕即可耕而心固不用於耕也不得耕不暇耕以事勢言不用於耕以事理言正解所謂勞心者治人爲大人之事也此三提掇耕字照應前獨可耕且爲歟句自當堯之時二節是一意見不暇耕自堯以不得舜至此是一意言耕非其所用心不必作三層看

吾聞用夏變夷者未聞變於夷者也陳良楚產也悅周公仲尼之道北學於中國北方之學者未能或之先也彼所謂豪傑之士也子之兄弟事之數十年師死而遂倍之

許行之學悖謬如此子乃悅而從之亦異乎吾所聞矣吾聞用中夏禮義之教以變乎蠻夷之俗者未聞以中夏之學而反受變於蠻夷之人者也子之師陳良生長於楚者也夷也非夏也而能悅周公仲尼之道遂自楚而北遊以學於中國中國北方之士素學周孔者其造詣未能或居其先也生於楚而不囿於

楚彼所謂拔出流俗豪傑之士也其用夏變夷如此宜終身師之可矣子之兄弟乃事之已數十年聞周孔之正道已久矣師死而一旦遂倍之盡去其學是何心哉

以上已辨倒許行並耕之謬此下五節反覆責陳相倍師之罪此節說陳良之賢正見其倍師之失孔子節見聖門之不倍師南蠻二節方說到學許行又引魯頌以責他變於夷而結之也用夏以教言變夷以人言二句且虛重在變於夷一邊稱陳良見其不當倍周孔之道正中夏禮義之教悅字照上大悅周孔是堯舜之正傳能悅而北遊學於中國正用夏變夷者也學字從悅字生照上盡棄其學看未能或先只是齊等非反不及良也彼指陳良生於夷而不受變於夷可謂自拔流俗之士也事陳良則所宗旨正事之久則馴習者深師死遂倍非變於夷而何言子之兄弟並陳辛而責之矣

昔者孔子没三年之外門人治任將歸入揖於子貢相嚮而哭皆失聲然後歸子

貢反築室於塲獨居三年然後歸他日子夏子張子游以有若似聖人欲以所事孔子事之彊曾子曾子曰不可江漢以濯之秋陽以暴之皜皜乎不可尚已

子亦知孔子弟子之不忘師者乎昔者孔子没門人在魯皆服心喪三年三年之外各治行擔皆將散而歸時以子貢主喪事入揖辭之彼此相向而哭皆至失聲然後歸是門人追慕其師有如此子貢猶不忍遽去又反歸墓旁築室壇坫之上獨居三年然後歸是子貢追慕其師又如此至他日子夏子張子游以有若言行氣象有似聖人欲以平日所事孔子之禮事之以寄其思慕之意因强曾子同事之曾子曰不可以事夫子者事之也師原論道德不論形似我夫子之道德極其純粹而無一毫之雜乃江漢以濯之者也蓋凡水皆可以濯物惟江漢爲水之會而言濯之至潔者必歸之夫子之道德又極其光明而無一毫之累乃秋陽以暴之者也蓋凡日皆可以暴物惟秋陽爲暴之烈而言暴之至乾者必歸之皜皜乎舉天下之言潔白者不可得而加於其上矣是豈有若

言行氣象之似之者所能彷彿哉而以夫子事之反卑夫子矣是曾子之尊信其師而不忍倍更有如此子兄弟於陳良視此何如耶

此節一言衆人不倍師一言子貢不倍師一言三子不倍師不可抑了三子益三子欲事其似聖人者以識不忘亦是尊師之意但不若曾子之尤爲深知其師而尊信之上三段不重歸重在曾子上故下文只曰異於曾子似聖人在言行氣象上看江漢三句正發明不可之意二之字指孔子道德言不以江漢秋陽喻聖德而以江漢所濯秋陽所暴言聖德俱是假借形容不是以此喻孔子江漢以濯之言孔子之道德至淸而不可淆秋陽以暴之言孔子之道德至明而不可掩總是聖人道大德盛一疵不存萬理明淨人欲淨盡天理流行如江漢濯出來的如秋陽暴出來的皜皜卽承上濯暴說不必分單指潔白不可尚言聖德之高莫有出其上者不可尚便是不可似矣

皜皜　一句

項仲展曰不可尚謂不可尚其皜皜也然皜皜仍是虛擬字面

今也南蠻鴃舌之人非先王之道子倍子之師而學之亦異於曾子矣

夫有若雖不及聖人而猶有似於聖人曾子尚不肯以事其師者輕事之今也許行乃南蠻鴃舌之人所學不是先王所傳之道與子之師正相反也子乃倍子之師而學之亦異於曾子之尊其師矣

此節言陳相之倍師異於曾子之尊師南蠻鴃舌之人則人爲異類不是先王之道則道爲異端夫三子欲以事孔子者事有若以寄其思於無窮亦其不倍師處而曾子尚不肯事似聖之有若今陳相倍悅周孔之陳良反事非聖之許行誠異於曾子之所爲矣

吾聞出於幽谷遷於喬木者未聞下喬木而入於幽谷者

且子倍陳良而學許行其於取舍之間可謂不知所擇矣夫君子之擇術猶鳥之擇巢吾聞有出於幽谷之卑而遷於喬木之高者鳥之智如此也未聞下喬

木而反入於幽谷者

此譬陳相由高遷下不如禽能舍下遷喬雖與吾聞用夏變夷二句是一意但前節是引頭語此則承上異於曾子起下不善變兩節過脉語也只借詩意反責之不重在引詩陳良之學周孔高明之道也非喬木乎許行之學異端邪曲之術也非幽谷乎乃倍陳良而學許行是下喬木而入幽谷也但講中只就出谷遷喬言而相之棄此學彼自在言外

魯頌曰戎狄是膺荆舒是懲周公方且膺之子是之學亦爲不善變矣

魯頌頌宮之篇有曰於夷狄則擊而逐之於荆舒則伐而懲之周公輔相成王方且膺之以正夷夏之防如此今許行本戎狄之人畔於正道使周公若在正其所膺者也子乃舍中國之教而從其學所謂下喬木而入幽谷而變於夷者也眞不善變矣夫子之倍師而學許行既不若鳥之有智而又甘冐乎周公之所膺其罪亦何所逃哉

此引詩詞而深責其倍師學許之非僖公之頌孟子引之爲周公亦斷章取義之意卽直說周公不必又添出僖公來戎狄是夷故曰膺荆舒是變於夷者故曰懲然既變於夷則荆舒亦戎狄矣故總曰膺之方且二字見荆舒變於夷從爲聖教之所不容是字指許行今子變於夷俗豈能逭聖教之誅乎亦爲不善變言變於不善非爲不善所變此句正應變於夷者也一句以定其罪上文既云師死而遂倍也又云子倍子之師而學之此又云子是之學其所以反覆責陳相者至矣

從許子之道則市賈不貳國中無僞雖使五尺之童適市莫之或欺布帛長短同則賈相若麻縷絲絮輕重同則賈相若五穀多寡同則賈相若屨大小同則賈相若

陳相復變其說稱述許行曰並耕雖不可爲而其道亦有可從者從許子淳朴之道以之治市則決皆畫一可使市無二價交易得其所而國中之人不相爲詐僞雖使五尺之幼童適市亦無有增減價值以欺之者如布與帛但丈尺長

短同則長者一以長之價短者一以短之價而布帛之價卽相若麻與縷絲與絮但觔兩輕重同則輕者一以輕之價重者一以重之價而麻縷絲絮之價卽相若五穀斗斛多寡同則多者一以多之價寡者一以寡之價而五穀之價卽相若屨尺寸大小同則大者一以大之價小者一以小之價而屨之價卽相若市價如此其不二則詐僞之情舉不得施而淳朴之風由兹可返此許子之道之善而可從者也

此陳相言許行治市之道以奥其說之伸也孟子謂陳相從許行爲不善陳相謂從許子亦有好處縱不能齊人之貴賤爲同業亦能齊物之貴賤爲同價是亦化民淳朴之道國欺以上言其道之善布帛以下正言其所以善處開口說從許子之道并其倍師之失而辨之日中爲市始於神農從許子之道正附托神農之道倡爲齊價之說與並耕只是一意市價不二是主惟不二所以無僞而莫欺五尺之童無欺見其道能還淳朴君雖並耕而亦暇人雖交易而不煩

也價相若非布與帛同價謂布與布同價帛與帛同價亦非長與短同價但使長與長同價短與短同價輕重多寡大小倣此此則不論精粗美惡矣但須相口中且勿露出　麻是草皮未經辟績者縷是麻之已績條攸為縷者絲是蠶所吐絮是敝綿也

曰夫物之不齊物之情也或相倍蓰或相什伯或相千萬子比而同之是亂天下也巨屨小屨同賈人豈為之哉從許子之道相率而為偽者也惡能治國家

孟子曰許子欲一其市價殆未知物之情也夫萬物美惡異質精粗異功其不能齊同乃萬物本然之實理而為物之情也極其不齊之致其價或自一而相去一倍焉相去五倍焉或自一而相去十倍焉相去百倍焉甚之或自一而相去千倍焉相去萬倍焉其物之不齊如此子乃不論其精粗美惡之情盡比其長短多寡輕重大小之迹而同其價焉則物失其平而爭端以起是淆亂天下之道也試即子所謂屨者言之物之有精粗美惡猶屨之有巨小也設是巨屨

小屨同價則人豈肯爲其巨者哉然則精者與粗者同價人又豈肯爲其精者哉苟從許子一價之道將使天下之人相率而競爲濫惡之物以相欺乃敎人爲僞者耳欲除僞而適以滋僞欲息爭而反以啓爭惡能治國家哉故曰是亂天下也則許子治市之道亦不可從矣夫許子始托神農君民並耕之言是欲齊乎人也是妨天下之通義也不知人有大小之等不可以相兼繼托神農市價不二之言是欲齊乎物也是紊天下之物情也不知物有精粗之殊不可以同價奈許行爲之陳相從之向微孟子之辨安能去其邪說以明唐虞三代之正道也耶

此孟子闢許行齊物之非爲不可從千萬以上言物情不可强同以下推强同之害蓋天下之物形有可以相同情不能以一致天之所生有美惡人之所成有精粗相懸相殊乃自然之實理不容矯誣者也許子欲齊物之形而不知齊物之理不知不齊處便是物之理因其不齊而齊之便是因物付物順其理所

以爲聖人違其理所以爲異端許子違其理而强欲齊之便是亂天下意亂非禍亂即下句相率爲僞也屨是許行所業特指出言之巨屨以下明亂天下意此巨屨與上屨大小不同上言屨之大者與大者同價屨之小者與小者同價此是借屨之巨小以爲精粗之喻假如巨屨與小屨同價人豈肯爲其巨者精者與粗者同價人豈肯爲其精者言精粗而美惡在其中從許子之道即仍其言也僞字項上無僞來情之一字正是僞之對僞之一字正是欺之府治國家句重通章所關皆是治國家事二句須推開說

墨者章全旨○此闢兼愛以衛正道而以一本動其仁孝之心意首二句是夷子有逃墨歸儒之機願見五句托疾以覘其誠以下詳闢之以啟其悟重一本二字人以本生愛以本立本一則愛自不得不差等此人心自然不容已處夷子雖漸於墨教而厚葬其親正良心之動於一本而不自知者孟子從此處挑動他說得天理人情沉痛悲切宜夷子之聞言而悟也

墨者夷之因徐辟而求見孟子孟子曰吾固願見今吾尚病病愈我且往見夷子不來

有爲墨翟之道者夷之因徐辟而求見孟子意其慕道而來或亦反正之機也然未知其意之誠否何如孟子乃托詞曰吾固願往見夷子奈今吾尚病病愈我且往見之夷子不必再來也蓋托疾以辭之欲堅其求見之心以爲施教之地也

夷之而冠以墨者已有定屬之意學於墨而求見吾儒其心必不安於彼而慕乎此便有反正之漸蓋墨子兼愛近於無父而厚葬其親是其本心明處其求見亦以此孟子不輕見之而托疾以覸其誠否重吾道也吾固願見願往見也夷子不來是孟子令夷子不必自來非記者語

他日又求見孟子孟子曰吾今則可以見矣不直則道不見我且直之吾聞夷子墨者墨之治喪也以薄爲其道也夷子思以易天下豈以爲非是而不貴也然而

夷子葬其親厚則是以所賤事親也

他日又因徐辟來求見孟子則其意誠矣孟子卽徐辟以質之曰夷子求見至再吾今則可以見矣但夷子之來爲吾道也而吾道與墨道不同使不盡言以正彼道之非則無以見吾道之是雖見之亦無益也我且未見而先盡言以正之吾聞夷子乃學於墨氏之道者墨氏之治親喪也凡棺椁之類一槩從薄此墨氏之道也夷子既從其教將思以此墨氏之道移易天下之風俗豈反以墨氏薄葬之道爲不是而不貴重之也既以薄爲貴則必以厚爲賤矣然而夷子之葬其親反從乎厚則是不以墨氏之所貴者事親而以墨氏之所賤者事親也學其術而不遵其教是誠何心哉毋乃薄道本非貴而厚道本非賤歟

夷子雖師墨氏之教至於葬親之時天理自然發動有不得如其師之說者故不用其制而凡事從厚孟子因舉此一事以詰之而下文又舉喪葬之說以發其意吾今則可以見舉其誠也盡言以規其失之謂直不直二句乃一反一正

之詞道是吾儒之正道且字有味謂未即見而先直之也墨氏之教主於兼愛則至親與路人總無分別故曰以薄爲道治喪特其薄中之一節其失不止在治喪也夷子葬其親厚是他一點良知不泯滅處孟子說他以所賤事親是故意激他看他還認薄葬者爲是認厚葬者爲是若以厚爲是則學於墨者爲何若以薄爲是則厚葬又爲何所行與所學相反必有個緣故只要他自省這一點厚葬的念頭所以動其一本之思使知兼愛之爲非耳夷子之可教正在此

徐子以告夷子夷子曰儒者之道古之人若保赤子此言何謂也之則以爲愛無差等施由親始徐子以告孟子孟子曰夫夷子信以爲人之親其兄之子爲若親其鄰之赤子乎彼有取爾也赤子匍匐將入井非赤子之罪也且天之生物也使之一本而夷子二本故也

徐子以孟子之言告夷子夷子知孟子欲兩路辨難他若申吾之厚葬者爲是則與墨道之薄者戾矣若申墨道之薄者爲是則吾之獨厚其親又無謂矣乃

爲兩救之說曰夫子以吾兼愛爲非是也然儒者之道亦有與吾道相同者如康誥之言古之人保民如保赤子此言何謂也在之則以爲民與赤子不同而其保之則同是愛天下之人與愛吾之親皆無差等但其所施有序必由親始耳夫愛無差等無乃一兼愛乎是儒之道卽墨之道固不得以兼愛而非墨也而施由親始則吾之厚葬正施由親始也是墨之道卽儒之道亦非以所賤事親也此眞援儒之道以附於墨推墨之意以附於儒固不自知其詞之遁矣徐子以夷子之言告孟子孟子先解書意以闢之曰卽夷子援書保赤子之言而謂之愛無差等也眞以爲人之親愛其兄之子爲卽若親愛其隣之赤子無分別厚薄於其間乎彼書之言若保赤子者蓋有所取義云爾也書言以爲小民之犯法出於無知非小民之罪乃上之失敎使然亦猶赤子匍匐將入井出於無知非赤子之罪故保民當如保赤子不使無知之民陷於刑罰耳非謂愛其兄之子眞若愛其隣之赤子而一無差等也謂儒者之道亦兼愛不亦謬乎然

夷子之爲此說不但拂乎人之情而且違乎天之理矣且天生之物也受氣成形原於父母之一本而無二乃自然之理若天之使然也惟其一本故愛親之心根於天性雖愛由此立而推以及人自有差等今夷子以爲愛無差等而姑施由親始則視其親如路人視路人亦如其親是親固本也路人亦其本也非二本而何惟其二本故愛無差等如此耳豈理也哉夫夷子引書之言既失其旨而釋書之義不薄其親其蔽於墨甚矣

施由親始以上是夷子聞教而兩爲遁避之詞信以爲人以下是孟子兩闢夷子所論之非夷子之言以爲儒墨同道分明是欽慕儒者所以厚葬而又借書詞以文兼愛之意亦出於儒所同然愛無差等二句是夷子妄以已意釋書詞愛無差等卽下文人之親其兄之子二句意施由親始亦施此無差等之愛耳蓋以儒者若保赤子有似乎愛無差等之說故謂其援儒入墨施由親始一句彷彿取儒家立愛自親始之意故謂其推墨附儒此皆夷子兩路解釋之詞夫

夷子信以至罪也是折之以人情重一人字以闢其引書之謬以見儒者無兼愛之說且天之生物三句是折之以天理重一天字以正其愛無差等之誤既辨儒者無兼愛之說則不得援儒而入墨復正愛無差等之誤亦不得推墨而附儒親其兄之子爲若親其隣之赤子只是親疎一致意言兄之子則巳之子可知觀親之愛子則子之愛親可知彼有取爾言書之取譬其意有在赤子匍匐二句正解書取譬之意且天之生物也物字指人言一本見得人所本者一故所致愛者亦一若所愛者無有差等則所本者當非專獨矣說個一本便有厚薄如根幹枝葉自有大小次第若二本則天下皆是父母無分根幹枝葉矣益親親而仁民仁民而愛物各有差等夷子不識以爲愛無差等也故也二字是推他一向迷惑之故孟子此言就他良心明白處半譏半誚打動他羞惡之心令他無處躲閃

蓋上世嘗有不葬其親者其親死則舉而委之於壑他日過之狐狸食之蠅蚋姑

嘬之其顙有泚睨而不視夫泚也非爲人泚中心達於面目蓋歸反虆梩而掩之

掩之誠是也則孝子仁人之掩其親亦必有道矣

夫夷子固二本矣而其厚葬之心爲何心亦自知之耶蓋上古之世禮制未備嘗有不葬其親者其親死則子即舉而委之於壑及他日經過其處但見大而狐狸食其肉微而蠅蚋嘬其膚於是其顙泚然汗出但睨視而不忍正視夫其泚也非爲人見之發愧而有泚也蓋其哀痛之情由中心達於面目[illegible]自禁無所爲而然也使非一本之親何以如是當此之時既悔其前日委棄之非又思爲後日保全之計於是蓋歸取虆梩覆土而掩其親之尸此掩之誠合乎理之當然也後世葬親之禮起而孝子仁人之掩覆其親亦必有當然不容已之道而非以薄爲貴矣可見人必出於一本道必由於從厚夷子之厚葬其親正其天性之良而一本之眞情所自見也顧猶執愛無差等之說蔽於墨氏之學而不悉歸於儒者之道何耶

夷子二本一條只破其所謂愛無差等者以其逆夫一本之理也此又畧其道詞因厚葬之本心而痛切言之以深明夫一本之意重一心字惟其一本於故親之喪哀痛迫切非他人之所可得同者而因以見先王所制埋葬之禮必誠必信勿之有悔者皆自然之理而墨氏二本薄親之説爲不可行也上古謂生民之初人非無愛親之心實未有葬親之禮掩之就上古未有葬禮之先説誠是者揆之天理而當即之人心而安意孝子二句就既有葬禮之後説孝以情言仁以理言孝子仁人謂今日對上世言即吾儒也此掩字指厚葬言與上掩字不同亦必有道在厚而不在薄也

徐子以告夷子夷子憮然爲閒曰命之矣

徐子以孟子之言告夷子夷子聞之即自覺墨道之爲非悟儒道之爲正遂憮然不安爲之自失少頃之間曰之雖未親見孟子而仁孝一本之論已教我矣蓋其本心復明而感悟其非故反而歸正如此

孟子說到此處極痛切懇惻故夷子憮然自失有深覺今是而昨非者憮然如人迷失路逕忽被人點破倉皇悵望盡失所據之意爲間始言曰命之矣言夷之之求見與有以受其教也今則不待相見而聞其議論已有以正其非而示之趨即此已提醒我多矣之字是夷子名命字屬教字括盡上二節意

合纂四書彙通卷之十八終 上孟

合纂四書彙通卷之十九　上孟

滕文公下

陳代章全旨○通章見孟子守身之義首節是陳代欲孟子枉己以有爲下是孟子詳言己不可枉而枉己不可有爲也齊景節告以不可往見之意破他今一見之二句意言不見諸侯正士之大節所係豈可視之以爲小且夫節言枉則無所不至以見利不可爲趙簡子至枉道而從彼言枉尺直尋君子所羞爲且子過矣二句又言枉尺無能直尋益以見枉尺直尋之不可爲也此二句方露正意

陳代曰不見諸侯宜若小然今一見之大則以王小則以霸且志曰枉尺而直尋宜若可爲也

戰國時惟孟子抱道自重陳代疑其自待過高而問曰夫子不肯往見諸侯此固守身之常法然以代觀之宜若小節然使今日但一往而見之得行其道大

則爲伊爲周而以其君王小則爲管爲晏而以其君伯得志建功將在於此且古志書有曰枉僅尺而直則尋此屈小而伸大也即志言觀之以往見之小屈成王伯之大伸宜若可爲而不必過執也

孟子一生以道自守正爲不見一節是大關係所在便是正己以正天下根源陳代視屈已見諸侯無甚關係事小然以僅僅自守言今一見之不必再也即下不待其招枉道從彼意觀大則興王小則興伯爲大功業與孟子畧小節而建大功故引志之言而以宜若可爲諷之宜若二字有不敢自信之意見諸侯猶枉尺圖王伯如直尋代之論蓋囿於戰國風氣計較功利之習不知有道義也

孟子曰昔齊景公田招虞人以旌不至將殺之志士不忘在溝壑勇士不忘喪其元孔子奚取焉取非其招不往也如不待其招而往何哉

孟子曰我非不欲得君行道但揆之於義不當往見耳昔齊景公田獵虞人嘗

有職事使人持旌以招之虞人不至公將殺之孔子聞而美之曰有志之士非固窮者也常念棄在溝壑而不恨有勇之士能輕生者也常念喪其元首而不顧虞人可謂志士勇士矣夫孔子何取於虞人若是哉取夫虞人以非其所招之皮冠而卽守死不往也況君子之守道非虞人之守官比也不待其招視非其招又甚也如並不待其招而自往見諸侯是失其所守矣果何謂哉君子義不出虞人下矣

此引虞人不往非道之招以破他令一見之句如不待其招明言君子不可失義蓋不可往見是君子大節所在此一節且未暇論及王伯亦未暇論枉尺直尋之非至下三節方破他枉尺直尋之言並一見王伯亦該在其中不至將殺之有守死不往意志士不忘在溝壑言雖至溝壑之時其志不忘也勇士不忘喪其元言雖至喪其元之時其勇不忘也然只是立志如此非必定要死溝壑喪其元二句寬說孔子誦此以嘉美虞人是嘉其志也壯其勇也取守屈孔子

非其招不往五字連看屬虞人非其招尚有招也不待其招則全無聘弊之加
此不待其招以在他國者而言如梁惠王卑禮厚幣以招賢者之招非不召臣
之名如不待其招而往豈不反出虞人之下而爲孔子之所棄乎何哉二字言
如何其可也

且夫枉尺而直尋者以利言也如以利則枉尋直尺而利亦可爲與

君子旣不可不招而往而出處之際惟知有義而已且夫所謂枉尺而直尋者
爲所失者少而所得者多此以圖利而言也如以利言而有心計之則雖枉尋
直尺所失者多而所得者少至大壞名節以小就功名亦將不顧義理而爲之
歟吾知其必有所不可矣

此節全就枉尺直尋句言之正意在言外以利言也是就其言而解之如以利
以下是反其言而詰之兩利字俱就出處說陳代謂往見是枉尺伯王是直尋
失少得多宜若可爲孟子謂往見是枉尋伯王是直尺失多得少斷不可爲亦

可爲歟只究徇利之心以見其必不可爲非較利之多寡而不可爲宜較義之屈伸而不可爲耳此句與宜若可爲對照又與上如不待其招而往何哉與後雖若丘陵弗爲也如枉道而從彼何也俱是斷詞

昔者趙簡子使王良與嬖奚乘終日而不獲一禽嬖奚反命曰天下之賤工也或以告王良良曰請復之彊而後可一朝而獲十禽嬖奚反命曰天下之良工也簡子曰我使掌與女乘謂王良良不可曰吾爲之範我馳驅終日不獲一爲之詭遇一朝而獲十詩云不失其馳舍矢如破我不貫與小人乘請辭

枉尺直尋不獨君子不爲即藝士猶或耻之昔者趙簡子使王良與其嬖臣名奚者御車以田獵乃終日之久而不獲一禽嬖奚反命於簡子曰此天下不善御之賤工也或以賤工之言告王良良言於奚曰請復爲子乘欲以見巳之長也奚以良爲賤工强之而後可乃一朝之暫而遂獲十禽嬖奚又反命曰此天下善御之良工也簡子曰旣爲良工我使良專掌與汝御車簡子遂使人以此

命王良良不可曰御者曰有法度射者自有巧力原不相謀始吾於奚也爲之循我法度以馳驅彼不能左右迎射乃終日不獲一縱而廢我法度不由正道看禽獸之來迎而遇之彼亦迎而射之一朝而獲十是彼之射必使御者廢法而後可中也詩小雅車攻之篇有曰御者不失其馳驅之法而射者舍矢即中如手破物之能此射者與御者一法相成君子之事也若奚必廢法倖中小人之事也我平日止知有法不習慣與小人御請辭掌乘之命

前引虞人明不可往見之意見其能守義此引王良明不可枉尺直尋之意言其不忘義以徇利王良輕敘過重在我不貫二句正意又在下節見之即御者之不肯廢法以圖功以見君子之不可枉已以求合也請復之非欲辭賤工之名只欲明守法之初志耳謂王良想是簡子使人謂之範我至不貫似不是僞子對面語夫一良耳豈其拙於前而工於後哉廢法與不廢法耳吾爲之四句正言不可之意引詩見射者未嘗枉御者之法以徇之而自能循法而中此巧

力俱全便是君子之所爲正道也小人只在他不能射及前後喜怒反覆上說不必說到變詐小人他事上去辭掌乘之命此句正是緊要處正見在我者當重而不可徇人也說範我馳驅即直巳守道意詭遇即枉道求合意

御者且羞與射者比比而得禽獸雖若丘陵弗爲也如枉道而從彼何也且子過矣枉巳者未有能直人者也

夫射與御皆一藝耳以王良之舍法從奚而多獲禽之利宜若可爲矣爾乃目之爲小人辭之於簡子是御者且羞與射者屈意爲比推其羞與比之心倘以比而得禽獸毋論一朝獲十雖積之若丘陵之多御者亦弗肯爲之也其不爲枉尺直尋如此如以士君子之身枉其自守之道以從彼諸侯而見之果何爲也吾意王伯可成不過丘陵之禽獸耳而羞弗可免也是向者王良之所詬也此則無論枉尋直尺不可爲即枉尺直尋而亦不可爲也明矣且子枉尺直尋之言過矣君子一身乃天下之表率必能正巳方能正人若枉巳以從人則巳

先不直決未有能直人而伸其用者也是則枉尺而可以直尋君子猶且不為況枉尋並無尺之可直徒枉為何益乎甚矣枉己者決不能行其道也然則我之不見諸侯亦自守其不可往見之義而不欲比人耳此正大節所關子奈何以小視之哉

此節言王良且不肯徇利而自屈其所守如何使我為之比者舍馳驅之正法而曲意阿比之也比而得禽獸二句推其羞比之心丘陵弗為與上亦可為歟對照亦與首節宜若可為對照至於道乃出處之大閑守身之常法猶御者之有馳驅正法也何也二字亦言如何其可也且子三句言所守一屈決無能伸之理且子過矣即指其屈己以致王伯而所稱枉尺直尋者但纔說個枉字已自不好了枉己未有能直人與正己以正天下不同如云枉了己未有能直得人的道理正對陳代枉尺直尋之說見得不惟不可枉己而求直尋且枉己必不能直尋而枉己即是枉道枉道決不能行道此君子所以必直己守道而不

往見諸侯也

景春章全旨○此見大丈夫所恃在道德不在權勢意首節景春以大丈夫過許儀衍二節孟子斥儀衍不足爲大丈夫三節詳言所以爲大丈夫者以曉之蓋儀衍恃在權勢則俯仰徇人故孟子以以順爲正句道破遊士心事孟子言大丈夫恃在道德則光明俊偉主持在我居天下等是大丈夫贊即孟子自贊

景春曰公孫衍張儀豈不誠大丈夫哉一怒而諸侯懼安居而天下熄

當時列國分爭遊說之士往往以縱橫之術竊取權勢震耀一時而儀衍尤其著者故景春欣羨之問孟子曰我觀當世之士如公孫衍與張儀豈不誠大丈夫哉何以見之蓋二子遊說人國一有憤怒則能搆動強大之兵而諸侯之弱小者皆恐懼若安居無事不事遊說而天下之兵革即便止息以一人之喜怒而係天下之安危非大丈夫而何

首句虛下二句正是景春以二子爲大丈夫處一怒即兵連安居即難解遊說

便是一怒不遊說便是安居二子以縱横押闔傾動諸侯何等權勢景春只就氣焰外貌上欣慕他

孟子曰是焉得爲大丈夫乎子未學禮乎丈夫之冠也父命之女子之嫁也母命之往送之門戒之曰往之女家必敬必戒無違夫子以順爲正者妾婦之道也

孟子曰是一怒安居之爲焉得爲大丈夫乎子豈未曾學禮乎禮有云大丈夫行冠禮也父則命之而責之以成人之道女子之出嫁也母則命之而示之以婦順之義嫁時母必往而送之於門其命戒之詞曰此去往之汝家必敬慎必戒謹無違爾夫子之命禮言如此可見以順從爲正禮者乃爲人妾爲人婦之道所當然也今二子雖權勢可畏其實皆迎合其君之好惡而順從之不過妾婦之道耳丈夫且不可爲况大丈夫乎

是字指一怒安居二句言引禮重女子一邊丈夫之冠也句帶言戒之又在命之外蓋諸侯欲興兵二子便順從而說之以征伐諸侯既厭兵二子便順從而

說之以息爭陰伺逆合與妾婦從其夫者類耳以順二句是孟子解禮之意而斷之二子阿諛苟容在言外然不是二子以順爲正者與妾婦之道也

居天下之廣居立天下之正位行天下之大道得志與民由之不得志獨行其道富貴不能淫貧賤不能移威武不能屈此之謂大丈夫

所謂大丈夫者何如蓋仁以天地萬物爲一體乃天下至廣之居也惟有人焉存心以仁而無一毫之私意是居天下之廣居也禮以大中至正爲範圍乃天下至正之位也惟有人焉持身以禮而無一毫之邪曲是立天下之正位也義合經權常變而咸宜乃天下至大之道也惟有人焉制事以義而無一毫之乖戾是行天下之大道也由是得志而見用於世則推仁禮義之道於天下而與民共由之不得志而隱居在下則守仁禮義之道於身而獨行於一己故時而富貴惟知此仁禮義雖富貴不能誘我而淫蕩其心時而貧賤惟知此仁禮義雖貧賤不能撓我而變易其節時而遇威武之人惟知此仁禮義雖威武不能

脇我而挫屈其志是其具於我者隨所往而皆得自外至者隨所加而無損學術正大而無權勢假借之私舉動光明而無阿順依違之態天下所稱爲大丈夫者此之謂也彼儀衍雖得志於一時眞可謂妾婦之所爲耳子何漫以此稱之也哉

此節正寫出大丈夫的極緊要得他一段巖巖氣象非儀衍可得窺其萬一也

廣居三句是其體量之大得志二句是其出處之大富貴三句是其操持之大居字就心上說居廣居存心也此心擴然無一毫私意直與天地同量便是居天下之廣居便是居仁立字就身上說立正位持身也身不苟安履繩蹈墨更無些子不當於理便是立天下之正位便是立禮行字就事上說行大道處事也事事循理事不苟從凡措施者更無些子不合於義便是行天下之大道便是由義三個天下字最重乃第一等極至處天下所莫能加者也若不露仁禮義字更覺渾然惟所性既全則無往不善得志與民由之出而推此居立行於

人達則兼善天下也不得志獨行其道退而樂此居立行於己窮則獨善其身也由之的之字其道的道字皆指居立行皆指仁禮義大道的道字是路字单指義富貴則求得從欲易至淫蕩其心若遇富貴則惟知此居立行不知有富貴而富貴不能淫我貧賤則居約處困易至變易其節若遇貧賤則惟知此居立行不知有貧賤而貧賤不能移我有威武易至隕穫震懼多挫攝其志氣若遇威武則惟知此居立行不知有威武而威武不能屈我富貴等俱作身當其時而言不是審富貴安貧賤亦不是說我不淫不移不屈乃是說富貴等不能淫我移我屈我則富貴自富貴貧賤自貧賤威武自威武於身如浮雲也末句此字總上一節言有如此之大抱負大經濟大操持方是頂天立地不愧不怍浩然天地之間之大丈夫也此之謂三字煞有斟酌彼儀衍之諛佞順從焉得以大丈夫目之哉

廣居　三句

章素文曰三句是大丈夫眞實本領正孟子自占地步處重發天下二字爲儀衍對針廣居三項暗照仁義禮不必明指以此等學問對彼權勢尤見正人君子規模弘遠眞令妾婦一流愧殺

周霄章全旨○此總見君子不枉道而仕意前五節因問而詳君子急仕之情末節因問而詳君子難仕之故蓋急仕者君子行道之本心難仕者君子守道之大節其實並行不悖也重在末節以道字爲主

周霄問曰古之君子仕乎孟子曰仕傳曰孔子三月無君則皇皇如也出疆必載質公明儀曰古之人三月無君則弔

孟子不見詩候周霄諷之曰古之君子亦欲得位而仕乎孟子曰君子志在行道豈得不仕傳有曰孔子當日若三個月失位無君則皇皇如而不寧及其失位出疆而之他國必然載贄以往以爲見君之禮總是欲得君而仕也又公明儀有言曰古之人但三月無君則心中憂恤不樂而弔由傳與公明儀之言觀

之則君子欲仕之情可槩見矣亦何嘗不仕乎

霄之問實有諷孟子不仕意孟子曰仕此句是目下引傳及公明儀之言正發仕意皇皇與出疆相連看俱屬孔子出疆就是失位之初不可作三月後事惟其三月無君則皇皇如也所以出疆必載贄庶不至三月無君矣弔是自家憂恤郎下文不敢以宴意非他人憫其失位三月無君俱是巳仕而失位者巳仕而失位尚且皇皇則弔則未仕者豈不爲用世圖也

三月無君則弔不以急乎

霄復問曰三月未爲時之久也三月無君未爲道之終窮也而三月無君則弔古人欲仕之心不太急乎

霄之問只以爲弔不得君下文之荅則以爲不得君因以不得祭此所以可弔也

曰士之失位也猶諸侯之失國家也禮曰諸侯耕助以供粢盛夫人蠶繅以爲衣

服犧牲不成粢盛不潔衣服不備不敢以祭惟士無田則亦不祭牲殺器皿衣服不備不敢以祭則不敢以宴亦不足弔乎

孟子曰三月無君則弔非急於功名也正以仕之所關有甚重者在也夫士之有位猶諸侯之有國家也士之有位而失位猶諸侯之有國家而失國家也蓋孝子莫重於祀先而祀先必由於田祿禮有曰諸侯躬耕籍田庶人終畝及其收穫則藏之御廩以供給祭祀之粢盛黍稷諸侯之夫人親蠶受繭分絲以頒之世婦使爲黼黻以供祭祀之衣服禮言如此是諸侯之能備祭祀者以其有國家也若諸侯失國則不得行耕助親蠶之禮而犧牲不能肥腯稷稻無以致潔衣服無以致備便不敢以奉宗廟之祭雖有尊祖敬宗之心其何以自盡乎知諸侯則知士矣禮又有曰惟士無田祿則必不祭禮言又如此蓋以士必有位始得以公田之所入爲祭祀之資若士失位而無田祿則特殺之牲器皿之資祭祀之衣服皆缺然不備便不敢以祭而無以遂其孝親之心戚戚然不敢

以自安矣夫一年有四時之祭若失位三月便廢一祭則愀然抱恨故不得不憂恤而弔也夫無君不足弔因無君之故致不得孝享其親亦不足弔乎然則三月無君則弔者是弔其祭之失也非弔其位之失也此古之人所以急急於仕也

霄之意不知弔在失祭只知弔在失位故以爲急孟子明所以弔之故在失祭上以答三月太急之言必按定三月者三月一祭也通節重士一邊士是主諸侯是賓諸侯耕助四句是禮之言泛言有國之諸侯犧牲四句是孟子解禮之言主失國之諸侯說謂諸侯一失國家則身不耕籍夫人不蠶以故犧牲不成粢盛不潔衣服不備不敢以祭不祭者恐褻其祖考而反爲不敬也惟士無田二句是禮之言牲殺以下是孟子解禮之言本士之失位無田而言此處要補出士無田猶諸侯之失國家意田作圭田自卿以下至於下士之爲一官之長者皆有廟有田可以待祭也若士失位則無公田之入而牲殺器皿衣服亦不

備則不敢以祭牲必特殺不敢用現成牲肉故曰牲殺血所以覆器者此又器
與皿之别古者有田則祭無田則薦祭有專月薦無常時祭必十日薦不擇日
祭有尸薦無尸祭以三牲黍稷薦無牲其降殺不同固如此亦宜人子之不敢
以宴而至於弔也晏字只訓安字因不敢祭而遂不敢自安方有焦然抱恨之
意乃見其所以可弔以宴二句緊承士一邊說出所以可弔之意

出疆必載質何也

霄又問曰三月無君而不得祭是誠可弔矣若出疆初失位耳便必載贄以往
此等急於得君是又何也
上明三月無君則弔是爲祭此問出疆必載贄便是欲仕意疑爲太急

曰士之仕也猶農夫之耕也農夫豈爲出疆舍其耒耜哉

孟子曰仕以行道者士之事也猶之耕以謀食者農夫之事也農夫雖至他處
亦不能不耕既欲耕則必用耒耜豈爲出疆舍其耒耜而不用哉然則士必往

仕必以贄士豈爲去國可以廢仕遂舍其贄而不載哉此出疆所以必載贄也
士之仕也二句且虛説要先言士農夫豈爲句要先言農夫其所以當載贄正
意須於後面補之見士無不贄而合亦舍下由道意畢竟待其來聘方執贄以
往

曰晉國亦仕國也未嘗聞仕如此其急仕如此其急也君子之難仕何也曰丈夫生而願爲之有室女子生而願爲之有家父母之心人皆有之不待父母之命媒妁之言鑽穴隙相窺踰墻相從則父母國人皆賤之矣古之人未嘗不欲仕也又惡不由其道不由其道而往者與鑽穴隙之類也

霄得欲仕之意遂諷曰吾晉國亦君子遊宦之國也然未嘗聞無君則弔出疆載贄求仕如此其急也今由夫子之言觀之求仕既如此其急也宜其仕之易矣君子乃不見諸侯而難於仕者何也孟子曰君子豈不欲仕但仕固有仕之正道不可苟也彼君子之愛身無異於父母之愛子也如丈夫生而卽願有女

爲之室女子生而卽願有男爲之家此父母之心人皆有之者也若以其爲父母之心也遂不待父母婚媾之命媒妁通好之言竟至鑽穴隙以私相窺踰墻以私相從則內而父母外而國人皆賤惡之爲其苟合而不以正也由此觀之古之人知君臣之義以仕而顯事親之孝以仕而盡未嘗不欲仕也又惡其去就無義進退無禮而不由其仕之道之正也若不由其道之正而枉己徇人以往見諸侯者與鑽穴隙之類等也豈能免於人之賤惡哉此君子所以難急於仕而又難於仕也可見孟子不見諸侯亦由其道之正而已

君子難仕是周霄發問的本意未嘗聞二句先將孟子所言立個話柄然後逗出君子難仕以諷切孟子兩如此卽三月則弔出疆載贄君子晴指孟子難仕晴指不往見諸侯以下是孟子示以難仕之故丈夫四句起下不待父母五句意願爲之有室家指父母言人皆有之是凡爲父母者皆然不待父母五句正譬不由其道而往意賤之者惡其鑽穴踰墻而合不以正也古之人與上古之

人無君則弔相應是孟子自寓意又惡不由其道句極重此正欲仕深情也蓋忠孝之情雖不可缺而吾身之節義尤不可踰苟非其道故寧廢祭而可弔亦有不恤雖不傳贄爲臣亦有不顧也如急於祭急於見君而不由其道以往見諸侯則枉道求合鑽刺苟容吾之所喪已多亦將爲君子之所棄矣不與鑽穴隙相類而爲父母國人之皆賤者等乎此君子之所以難仕也

彭更章全旨○此見士有任道之功而當食意其有功在孝弟仁義以爲後學之繼上雖其志不在食而功不可泯奈何以食爲泰也前三節言士有功而當食後二節因其遁詞而折之

彭更問曰後車數十乘從者數百人以傳食於諸侯不以泰乎孟子曰非其道則一簞食不可受於人如其道則舜受堯之天下不以爲泰子以爲泰乎

彭更見孟子道不行而歷聘天下傳食諸侯爲無功故問曰士之自處也有常分今以一介之士而隨行之後車有數十乘隨行之從者有數百人乘傳而食

於衆諸侯之國不以後泰而過分乎孟子曰士之受於人者亦視其道之所宜耳如非其道之所當得則一簞食之微亦不可妄受於人如其道之所當得則舜以匹夫而受堯之天下亦不以得之爲泰據予以傳食爲泰之心亦將以舜受天下之大爲泰乎若不以舜受天下之大爲泰則不可以士之傳食爲泰矣後車二句泛說意實指孟子傳食謂遞續祿食并驛傳也道者理之所當然如其道非其道只是理當食不當食勿入有功無功重在如其道一邊舜受堯之天下不以位論在食四海九州之奉上說泰是過分意不以爲泰只是安受意

曰否士無事而食不可也

彭更曰否吾不以舜爲泰也吾但以士於人國無所事事而宴然食其食爲不可也吾所以疑其爲泰也

無事如未爲公卿大夫之事下文不爲農工商賈之事皆是正更不以泰乎之意這功字且勿露

曰子不通功易事以羡補不足則農有餘粟女有餘布子如通之則梓匠輪輿皆得食於子於此有人焉入則孝出則弟守先王之道以待後之學者而不得食於子子何尊梓匠輪輿而輕爲仁義者哉

孟子曰子以士爲無事而食不知士之功爲甚大也試以農工之事觀之且如農人種粟女子織布各有所爲之功與所司之事不能相兼使子不通人之功而交易其事不以所羡餘補其所不足以兩相濟則農之耕者只自有餘粟女之織者只自有餘布皆積於無用之地矣此其勢不容以不通功易事也子如通之則寧獨農得衣女得食而已哉如梓人匠人輪人輿人皆得以其功易子之食子以其食易梓匠輪輿之功而凡以一藝有功於子者皆得以食於子矣夫一通功而藝事皆以功而得食況其人之大有功者乎乃於此邪説横行之秋縱横馳騖之日而有擔當世教之人焉以先王之道莫大於仁義仁義之實不外乎孝弟於是入則盡孝出則盡弟固守先王仁義之道使有所寄而不至

晦塞於害仁害義之說於以待後之學仁學義者使有所考據有所師法以入於道此其繼往開來而有功於吾道者甚大其事爲何如之事反以爲無功而不得食於子子何尊梓匠輪輿之小而輕明行仁義之大者哉亦甚異矣

此借藝事以形士之大有功非孟子把自己與藝事相較子不通功四句反言以見功之當通不重在此只引起子如通之三句此三句亦不重只引起於此有人一段男耕女織是事其有功於衣食是功獨舉耕織以該百工技藝也功是事之已成者故曰通通者彼此相通也事所以作此功者故曰易易者彼此待作也不限定此事然後享此功只彼此互相準而交相濟也以補不足自補補人俱在內易其所無自補也以其所有者易之而彼亦有所補即補人也餘者餘於此而缺於彼也有餘二字中却含不足意多者無所用缺者無所收而生民之用缺矣梓人成器械以利用匠人營宮室以安居輪人作車輪以運行輿人作車輿以利載皆以功而得食正是通功處於此有人此字重看是戰國

異端橫議之時正道式微之日入字卽下繼往開來之人孟子自謂也入則孝
四句正士之有功處孝弟自是先王仁義之道仁義是總括而孝弟其大端也
但仁義字面在下此處且勿露守字內有兩意先王傳之而我遵守異端攻之
而我固守衛正閑邪非僅僅拘守而已待是等待以傳後之君子曰守曰待皆
所以崇重先王肩荷道統之心益見其功在古今矣此等功業正所謂如其道
者豈如梓匠輪輿所得計功論烈哉乃以爲無功而不得食於子是何所尊在
彼所輕在此哉尊字輕只在得食與不得食上見爲字重看士之功全在爲字
上爲仁義者者字指人言卽上入孝出弟守先待後之人子何尊二句是反詰
他蓋孟子非爲食辨只恐天下不能知君子之功便忽其道而不尊矣何字是
詰他何所見乃爾也

於此　五句

章素文曰五句總是駁倒無事二字有人句緊承上句作轉語則此人不同於

梓匠輪輿之人事亦不同梓匠輪輿之事其人之入也非無事也孝也其人之出也非無事也弟也乃盡之已爲孝弟者傳之世則爲道其人之守先者非無事也存之身爲孝弟者授之人則爲學其人之待後者非無事也據高身分方可接下文

曰梓匠輪輿其志將以求食也君子之爲道也其志亦將以求食與曰子何以其志爲哉其有功於子可食而食之矣且子食志乎食功乎曰食志

彭更因孟子之詰乃變其說以應之曰吾非敢尊梓匠輪輿而輕爲仁義之士也但梓匠輪輿執技藝以事人其志固將以求食也食之可也若君子之爲仁義之道也方務其遠者大者豈其志亦將以求食歟孟子折之曰人之所志固自不同然子何必論君子之志爲哉惟是有仁義之功於子理可以食則稱其功以食之而已且子平日之食人也以其志之所在而食之歟更以其功之所在而食之歟更强對曰食志當因其人之所求也

更上言傳食之無功是主於食功者孟子叙出士之大功如此遂言傳食之非志更端以必言其泰意孟子以爲我無受食之志而與食者必因當食之功子何以其三句指定君子說勿泛君子有繼往開來之功於子自宜食之以酬其功可食而食非君子居以爲功定要人之食在人之所以酬其功者自有其當然而不可已者耳且子二句又就平日泛論以詰之欲得其情以再伸其辨更又逃其說曰食志直遁詞耳更前說無事而食不可此又曰食志不論功下又云不食毀瓦畫墁者何其自相矛盾

曰有人於此毀瓦畫墁其志亦將以求食也則子食之乎曰否曰然則子非食志也食功也

彭更食志之言與前無事而食已自相馳背矣孟子又從而詰之曰子以食志爲言似也使有人於此毀子之瓦畫子之墁不但無功而且有害乃原其人之志則將以求食也子亦肯食之乎曰否不食此等人也孟子因折之曰子固食

人之志卒不食無功者之志然則子之食人本非爲其志於食而食之也還是因其有功而食之也夫既曰食功則有功於斯道者所當食矣乃以士爲無事而食貢尊梓匠輪輿而輕爲仁義者矣知爲仁義者不可輕則傳食諸侯豈以爲泰乎

毀瓦畫墁只是拙工他當初亦是要做成好事特因其才之拙美到毀瓦畫墁之處耳此無功而有害但其初志本以求食非以毀瓦畫墁求食言毀瓦畫墁之志亦將以求食其何以處之蓋甚言無功求食之人以見其志之不可徇也曰否者言我所謂食志者不是此樣人也不止說我不食他此其眞情立見矣然則何須否字來正折他上面食志何既知無功者不當與食則有功而食乃天下情理之必然而何嫌於泰反覆辨難只要歸到有功可食上蓋戰國之時功利之說盛行不知聖道之有用以爲無事而食如王子墊問士何事公孫丑問不素餐今皆是此意畢竟當時之君雖能養之而不能用之故時人有此疑

然當時諸侯尚知尊敬儒者如孔子之適衛孟子之仕齊皆有所養是亦先王之澤之未泯也

宋小章全旨○此極言王政之無敵以深望宋之有爲意首節萬章疑宋行王政而受制於人中五節未告以王政之實只言湯武能行王政而無敵於天下無有惡而伐之者先舉以爲法末節責宋不能行王政宜齊楚惡而伐之也歸重在此王政指平日修德行仁說背行五句是反言以激厲之詞

萬章問曰宋小國也今將行王政齊楚惡而伐之則如之何

萬章見宋王偃嘗滅滕伐薛敗齊楚魏之兵欲伯天下而逼於齊楚之忌問孟子曰宋小國也今將伐暴安民以行王政齊楚兩大國忌其不利於己乃惡而伐之而不與其成爲宋計者則如之何始可以行王政而不受制於人也

王偃之舉特一時之倖耳萬章錯認宋之偶勝將王而逼於兩大之忌爲之扼腕籌所以制大之策今將行王政只在用兵上淺淺說若戰國之君誰知有王

政宋王所行何嘗合於王政則如之何有代宋歷處書策當如齊楚何也

孟子曰湯居亳與葛爲鄰葛伯放而不祀湯使人問之曰何爲不祀曰無以供犧牲也湯使遺之牛羊葛伯食之又不以祀湯又使人問之曰何爲不祀曰無以供粢盛也湯使亳衆往爲之耕老弱饋食葛伯率其民要其有酒食黍稻者奪之不授者殺之有童子以黍肉餉殺而奪之書曰葛伯仇餉此之謂也

孟子曰子以宋小而王政難行乎試以湯之事言之湯宋之先祖也湯爲諸侯時居於亳邑與葛國爲隣葛伯放縱無道不祀先祖湯使人問之曰祀先大典也何爲不祀葛伯托言曰祀必備物吾無以供犧牲也湯乃使人送與之牛羊以供犧牲葛伯自食之又不以祀湯又使人問之曰犧牲既備何爲不祀葛伯又托言曰祀重黍稷吾無以供粢盛也湯乃使亳邑之民往葛而爲之耕以供粢盛亳之老弱饋耕者之食葛伯不念其代耕之勞乃率其民視其所饋有酒食黍稻者要而奪之其不肯與者從而殺之時有童子以黍肉來餉葛伯殺而

奪之故商書仲虺之誥曰葛伯仇視其餉耕者正此殺童子而奪其黍肉之謂也夫謂祭無益而甘食其黍肉謂暴無傷而忍殺其童子葛之無道至此極矣彼童子何辜而罹此殺哉彼匹夫匹婦何嘗一日而忘此仇哉

此下三節乃湯之事此節只著伯有可伐之罪以爲下節興師張本自湯居亳至爲之耕言湯之仁乎葛自老弱至仇餉言葛之絶乎湯葛之罪如此以見湯之征葛非無名之師也伯放縱無道不止不祀一端而不祀又其最大者無以供犧牲謂財用不足故遺之牛羊無以供粢盛謂其民力不足故使亳衆往爲之耕不然湯何不遺之黍稷此皆欲其奉先思孝愛人以德之意非徒在小小惠利也

爲其殺是童子而征之四海之內皆曰非富天下也爲匹夫匹婦復讎也

葛伯之虐至殺童子極矣湯於是爲其殺是童子而舉兵征之但見四海之內皆信之曰湯之心非有利於天下也爲匹夫匹婦復其無罪被殺之仇也

爲其殺是句正興師之由征者正其罪也非富天下是天下諒湯之心不在利天下而在民也匹夫匹婦概天下小民言不專指童子之父母爲匹夫匹婦復仇只說爲小民報怨若云童子何辜乃以黍肉見殺則天下之匹夫匹婦皆仇之矣

湯始征自葛載十一征而無敵於天下東面而征西夷怨南面而征北狄怨曰奚爲後我民之望之若大旱之望雨也歸市者弗止芸者不變誅其君弔其民如時雨降民大悅書曰徯我后后來其無罰

然四海之內虐民者不止一葛也書有曰湯之始征則自葛始自征葛以往凡十一征而皆無敵於天下無敵何如東面而征極西之人皆怨南面而征極北之人皆怨怨之者曰奚爲其征獨後我觀書所言可見湯師未至民之望之若大旱之望雨惟恐其不速至也及湯師既至商安於市而歸市者弗止農安於野而芸者不變惟誅其有罪之君而救其無罪之民當其時無異時雨之降有

以慰民之望而皆大悅焉書又有曰待我后之來后來其庶幾無虐政之罰乎
蓋其大悅有如此此湯以七十里而行王政於天下也
此言湯行王政但有悅而徯者無有惡而伐者湯不是從葛征起是漸向前去
征乃謂第一番舉事則自葛始也自湯始征至后我皆書詞十一征所征皆不
仁之國民望至大悅是釋書之詞民望二句言湯師未至而民望之切畧輕些
歸市六句言湯師既至而民悅之深當重看望之者望其能行仁政悅是悅其
不虛所望如時雨降言悅之甚也又引書以證民大悅無罰謂免於暴怒刑罰
也

有攸不爲臣東征綏厥士女匪厥玄黃紹我周王見休惟臣附於大邑周其君子
實玄黃於匪以迎其君子其小人簞食壺漿以迎其小人救民於水火之中取其
殘而已矣

湯之後有武王再以武王之事言之武成之書有云當紂之時有助紂爲虐而

不爲周家之臣者武王以其爲士女之害於是東征以安厥士女但見士女皆以筐篚盛元黄之幣帛以迎武王之師且言曰吾昔事殷今繼事我周王庶得蒙恩澤而見休美乎於是皆心悦誠服惟願爲臣而歸附於大邦之周也即書言觀之則武王東征一舉而民心愛戴當時商家在位之君子實元黄之幣於篚以迎周之將帥其在野之小人則以一簞之食一壺之漿以迎周之卒徒如此其臣附之恐後者何故哉蓋以商紂暴虐民皆陷於水火久矣而武王之師東征則救殷民於水火之中惟取其殘賊乎民者誅之而已矣而取殘之外並不濫及無辜焉所以各以類相迎者爲此故耳

此言武王行王政但有迎而事者無有惡而伐者只重在救民取殘上有助紂爲虐而不爲周臣者如奄與五十國之類此便虐及士女故興師東征以綏安士女之衆東征者周鎬京在西紂在東也此二句遡武王東征之由元黄二句狀商民之悦而歸周也紹我周王係士女之言親之之詞大邑周尊之之詞以

上皆書言其君子以下倒釋書詞周之君子指將帥周之小人指卒徒君子二句應轉匪厥二句救民二句應轉東征二句殘民者不止一紂凡有攸不爲臣者皆在內取殘推言武王所以得民之故以類相迎正臣附於周也而已矣見止於誅殘而不及無辜也

君子　六句

劉同人曰周師一至商民踴躍相迎非忘故主慕新朝也以武王救民苦心共諒於世故此至望風耳君子小人相迎愈形得救民取殘之意

張侗初曰題只重在救民二句爲能行王政者作一證據

救民　二句

顧修遠曰題是言商人所以迎武王之故非泛言救民也不可呆作贊武王語

大誓曰我武惟揚侵於之疆則取于殘殺伐用張于湯有光

夫武王之所以取殘者於何而見之周書大誓有曰我武王威武奮揚侵於紂

之疆界則聲罪致討取其殘民者誅之而殺伐之功用以張大比于湯之放桀
除暴救民爲有光焉觀於此言則武王之征伐信乎惟取其殘所以大得民心
而來其臣附也此武王以百里而行王政於天下也
引大誓只重則取于殘一句以証上文取殘之意也于湯有光只是同有休光
非過勝也蓋武王伐湯之子孫覆湯之宗社謂之湯仇可也然湯伐桀武王伐
紂皆以公天下爲心而非有私於已者故武王之事質之湯而無愧湯之心驗
之武王而益顯是伐湯之舉豈不于湯而爲有光哉

不行王政云爾苟行王政四海之內皆舉首而望之欲以爲君齊楚雖大何畏焉

觀湯武行王政而無敵於天下如此今宋所行惟不是王政云爾苟能以德行
仁如湯之弔民如武之取殘以行王者之政則四海之內皆舉首而望之欲以
宋爲君而有徯我之怨元黃之迎矣彼齊楚雖大必不能率其子弟攻其父母
也又何畏焉而乃切切然惡而伐之之爲慮耶惜乎宋不能行王政而又不諒

勢之不敵乃妄行暴以圖伯則亦自速其亡而已此所以未幾而爲齊所滅乎

上述湯武只輕輕敘過歸重此節正責望其行王政也不行一句謂宋實不能行王政是直折之詞非逆料也云爾二字不作助語詞如所云惡而伐之也苟能眞心實意平日修德行仁以行仁政如湯之弔民如武之取殘則四海望之爲君舉首二句且未說到身歸上已隱然有王天下之勢只指尺說齊楚二句乃就齊楚之君說說大字正抹殺他小字

不勝章全旨　此總見人臣正君當廣進善類意上節引而譬之下節正以告之相形照應說個子欲王之善便知其王未必卽善與王所諸臣未必欲王之善卽此一念在今之大夫中良不易得故特廣其識以成其志不可以上節主專下節主衆

孟子謂戴不勝曰子欲子之王之善與我明告子有楚大夫於此欲其子之齊語也則使齊人傅諸使楚人傅諸曰使齊人傅之曰一齊人傅之衆楚人咻之雖日

撻而求其齊也不可得矣引而置之莊嶽之間數年雖日撻而求其楚亦不可得
矣

昔宋臣戴不勝者蓋柄政而有心於爲國者也故孟子謂之曰吾觀子之事王
而知子之心亦欲子之王志仁當道以爲善歟我明告子以善王之道蓋臣之
欲善其君猶父之欲善其子也譬如有楚大夫於此欲其子之變楚語而爲齊
中夏之語也則使齊人傳而教諸使楚人傳而教諸不勝曰欲學齊語必使齊
人傳之孟子曰傳之以齊人誠是矣然使其子居於荊蠻之地而一齊人傳之
衆楚人於其旁讙譁雜亂以咻之所聽不專積習難變雖日加鞭撻而求其子
之齊語也不可得矣若引其子置之齊國莊嶽街里之間且歷數年之久則所
與居者皆齊人所熟聞者皆齊語多聞習見久與居化雖日撻而求其楚語也
亦不可得矣學語如此況善君乎

不勝必是得宋柄而有心於國者故孟子以此告之欲其旁招羣彥使忠賢畢

集庶幾成正君之功也子欲一句吸盡全神見宋廷之上有子與他人原不同然有其欲而未必能遂其欲也尤見王不欲善而子欲善王其事尤難此句已暗就他進賢之心說且宜虛有楚大夫以下謂臣之導君與父之教子可比類而觀故借以爲喻齊語平正喻爲善楚語咻傳喻爲不善一齊人四句喻下節末一段引而三句喻下節首一段置之莊嶽則傳之專而不咻於齊人漸之數年則傳之久而不廹於一日兩喻重下一段見得習見習聞無非齊語正與下皆薛居州意相影射然俱虛就教子者說

子謂薛居州善士也使之居於王所在於王所者長幼卑尊皆薛居州也王誰與不善在王所者長幼卑尊皆非薛居州也王誰與爲善一薛居州獨如宋王何

今子謂薛居州立心制行誠善士也是必能以善引其君者也多方引進使之居於王朝廷之上可謂得以人事君之義矣但宋之善士不止一薛居州已也其居王所者亦不可止一薛居州已也誠使在王之左右者長而老成幼而新

進卑而齊家尊而秉衡其人之善皆如薛居州也則衆正盈廷所聞皆善言所見皆善行王雖欲爲不善皆將相率而匡救之矣其誰與之爲不善哉今在王之左右者長幼卑尊皆非薛居州之善士也則善言少而諛言日進善行少而逢惡多端王雖欲爲善皆將相率而蠱惑之矣其誰與之爲善哉然則子所使者雖善士特一薛居州耳以一居州而與羣小人同居於王所吾恐羣邪必至於害正孤忠不能以悟主獨如宋王何哉此正所謂一傅衆咻日求其齊語而不可得也然則子欲子之王之善其必廣善類進同心以成其君焉可耳

看子謂二字見得王不以爲善而子以爲善既有知人之明使之居於王所復有任人之當可見居州是不勝所引此三句揚他有心愛君得以人事君之義正是欲王之善之實在於王所二段是假設以泛論其理詞雖兩平意有低昂其善君重皆薛居州一邊皆薛居州皆非薛居州兩句都有薛居州在內皆薛居州都是與居州一類之人皆非薛居州除却居州餘再無似居州者上誰與

是與爲小人下誰與是與爲君子如云王雖欲爲不善誰爲小人而與爲不善王雖欲爲善誰爲君子而與爲善逓過到一薛居州二句方着實歸到不勝身上一居州爲之傅衆非居州者爲之咻不但居州無以奏功即王心亦不知何去何從矣夫衆君子間置一小人猶足以蔽主而敗類一君子而遇衆小人且不能安其身如正君何是當廣求博採使俊乂充廷以成正君之功非責其引居州爲無功也一字獨字與上一齊衆楚相關應

不見章全旨 ○ 此孟子明不見諸侯之義古者不爲臣不見乃一章之大旨主自重說下兩引古人以明不見之義却又是說到可見蓋必迫而可見必先而可見則見仍不見也若不迫不先而無端往見無乃爲曾子子路之所譏乎君子之所養可知必不輕見諸侯矣

公孫丑問曰不見諸侯何義孟子曰古者不爲臣不見

昔孟子不肯往見諸侯公孫丑問曰君子之去就動止莫不有義存焉今夫子

不肯往見諸侯必非無義也敢問何義孟子曰古之爲士者不曾委贄爲諸侯之臣則不往見之此自重其身正不見諸侯之義也

義是當然之理援古爲例便不同意氣矯激之說見已之不見諸侯守古之道也未爲臣則無官守言責而不得律以君臣之分故自重其身而不往見此句正荅不見諸侯之義此處有古者不爲臣不見一句以下節節皆引古者之事之言歷証之

段干木踰垣而辟之泄柳閉門而不內是皆已甚迫斯可以見矣

昔魏文侯時有段干木者未爲文侯之臣文侯往見則踰垣而避之魯繆公時又有泄柳者未爲繆公之臣繆公往見則閉門而不納是皆守不見之節者也但未免過甚耳蓋不見者只是我不往見如君來求見誠意迫切斯可以出而見之矣若不廹不見也可以見而猶不見是二子之高亦守義過峻者也

二子守不臣不見之義一則踰垣而避一則閉門不納是皆已甚見二子寧過

於守義如此勿太貶二子廼字屬二君求見誠意急切說斯可以見只輕帶見論理之詞蓋士必遇文侯繆公之君是乃無傷於見者也而不見方爲已甚若未迫者而可輕一見乎

陽貨欲見孔子而惡無禮大夫有賜於士不得受於其家則往拜其門陽貨矙孔子之亡也而饋孔子蒸豚孔子亦矙其亡也而往拜之當是時陽貨先豈得不見

若夫得禮義之中者惟孔子背陽貨欲名孔子來見已而又畏人以已爲無禮因禮有云大夫有所賜於士士偶出在外不得拜受於其家則親往拜於大夫之門陽貨以大夫自處者也孔子士也貨於是窺孔子偶出在外而饋孔子以蒸豚欲使孔子之答拜而見之也孔子心不欲見陽貨亦窺其外出也而往拜之夫貨矙亡而饋然其饋也亦禮之先加者也孔子雖矙亡而拜然其拜也亦禮有往見者也正以當是時陽貨先來加禮孔子豈得不往見之若不先則不見之此孔子所以爲得其宜也

禮是往來之禮文非禮物也惡無禮故借禮爲招大夫有賜三句是貨見得禮之言如此饋豚不可謂非禮往見不可謂非見不重瞯亡只重往見當是時三句是孟子斷之之詞要看一先字若非貨先以禮來孔子豈肯輕身見之先字爲豈得不見而言與上迫字爲斯可以見而言一般上可以見者鑒其誠也豈得不見者致於禮也又要看豈得二字亦是没柰何處無非爲禮屈耳而不見之心仍在則廹斯可見豈得不見不是說到見上去而見處仍是不見要歸重到不輕見意方合本旨

曾子曰脅肩諂笑病于夏畦子路曰未同而言觀其色赧赧然非由之所知也由是觀之則君子之所養可知已矣

若不當見而輕見之不幾爲聖門高弟所譏乎夫曾子子路學孔子之學者也曾子嘗有言曰今有人脅其肩諂其笑以媚悅於人此等情狀不勝勞苦比於夏月治畦之人爲更甚焉子路嘗有言曰與人未嘗深交不相契合而乃强與

之言以邀其寵澤言則言矣但心慙面赤觀其色赧赧然若無所容者此等人品非由之所知也由二子之言觀之既惡側媚必能以禮自閑既惡强合必能以義自制則二子平日之所以涵養氣節者皆正大光明直道不阿可知已矣此皆得孔子受禮之教者其不爲諸侯之臣必高不見之節也寧待問哉此不見諸侯之義也

曾子二句深憐小人側媚之勞子路三句深惡小人强合之態不指定見諸侯大抵是趨權附勢者觀二子之言則是吾身有斷不可毀之廉隅世路有必不可由之徑竇故曰所養可知不曰所守而曰所養守猶有意養則自然養如養高養重之養而非以氣爲激昂者舍不見諸侯意君子照註指二子孟子寓意亦在其中所以引二子之言而斷之見不當往見而往見是苟賤以求合與二子之所譏者無異矣與首節意緊相對針

盈之章全旨○此見革弊當決意通章以非義二字爲斷首節盈之知弊而不速

華二節孟子先設喩以曉之三節知字速字俱重蓋因其明而激之使勇於革弊也

戴盈之曰什一去關市之征今茲未能請輕之以待來年然後已何如

宋大夫戴盈之曰吾聞什一而賦關市譏而不征此古仁政也我今欲於農行什一之法於商去關市之征但積習已久今茲時勢尚有未能驟更者請先輕之未能什一亦不至於過取未能不征亦不至於重稅不困商民以待來年然後舉重歛關市之征而盡已之以復先王之政何如此其意雖知弊之當革而有所待焉則非矣

横征暴歛至戰國極矣此亦盈之揆時度勢之言亦有一段苦心但君子自擊心傷如救焚拯溺惟恐弗及今欲復先王井田之法便有去今時厚歛之政意去今時關市之弊便有復先王譏察之政意但曰未能曰請輕雖減厚歛之數又在什一之外雖減征商之數猶不專行譏察之法曰以待來年雖有愛民之

仁殊無革弊之勇矣何如二字自以更張有漸言

孟子曰今有人日攘其隣之雞者或告之曰是非君子之道曰請損之月攘一雞以待來年然後已

孟子設喻以曉之曰此如攘雞之說矣今有人每日攘其隣之雞者或告之曰取非其有是非君子所爲之道攘雞者曰請從此損之每月攘其一雞以待來年然後已而不攘夫日攘不可月攘豈可乎來年可已今年不可已乎子之欲輕取於今日而革弊於來年也何以異於此

此先設喻以曉其有待之非橫征暴歛即日攘請輕之即請損之夫橫暴之行貴於革只在決之而已

如知其非義斯速已矣何待來年

子之欲去重賦與厚征者亦以其非義也使不知其非義猶無足怪如已知其非義在所當已斯速已之使民與商早受其惠可也何乃因循苟且以待來年

夫非義尚能安之於心以待時乎子大夫勿以攘雞貽誚可也顧請損之而不速已是亦爲隣害也不若速已之爲愈也請輕之而不速已是亦爲民害也不若速已之爲愈也孟子因盈之之明而進之以斷所以爲宋民計者亟且切矣此正言以責其革弊之不勇就正意說不必又帶攘雞如知二字要看當時君臣不知民瘼倒也不責他既知而不已已而不速何貴於知蓋弊政早革一日民困早甦一日良法早復一日惠澤早布一日如曰待來年將日復一日不必說到來年未必已得成即來年可已其如眼前非義何非義二字痛切若待則仍是不義矣已者止也與上文然後已相應

好辨章全旨　○此見聖賢扶持世道之心予豈好辨二句乃一章之大旨天下之生二句是不得已而好辨之由中間歷叙治乱或由氣化或由人事而撥亂爲治則非聖賢不爲功昔者以下又總結之見三聖人皆不得已而有爲指歸在我亦欲正人心一節正不得不辨處末節又公其責於人也自堯舜以下凡四

變而愈趨愈下始而洪水猶氣數也至暴君代作云云則人事俱失矣然猶上虐下也至弑父弑君則下逆上矣然無父無君者猶止於一身亂賊也至楊墨遍天下則天下皆亂賊而率獸食人人將相食視前數聖人又大相懸矣不特世變如此聖賢所以救之者一節難似一節孟子到七雄世界全憑口舌但一人之力挽回不來又望一世之能言者也

公都子曰外人皆稱夫子好辯敢問何也孟子曰予豈好辯哉予不得已也天下之生久矣一治一亂

當戰國時天下皆歸楊墨之言孟子獨辨之不置故外人之惑於其說者不能信孟子之言而反稱爲好辨公都子因問孟子曰外人皆稱夫子好爲辨論以求勝於人敢問好辨何故也孟子曰謂我有辨則誠然矣謂我好辨則不然予豈好辨者哉有不能相安於無言不得已而言者也何以言不得已也夫天之生民自上古以至於今其由來已久非一世矣當其氣化盛人事得則天下爲

之一治及其氣化衰人事失則天下爲之一亂治亂二者反覆相尋此理勢之常也君子當治亂相仍之日而有撥亂反治之心爲之扶持救正於其間者皆不得已而不能默然無言也豈好辯哉

外人道外之人也皆稱夫子好辨病在一好字孟子說個不得已便見不是好不得已即從維持世道上說天下之生二句是不得已之故生字對息字看自有宇宙以來生生不已天地以大生爲德聖賢以好生爲心補偏救弊扶植綱常正欲使此一段生意歷久而不息耳一治一亂兩一字見循環意生民以來未有常治之時故一治不能久其治未有常亂之理故一亂不能聽其亂重在亂一邊以起下面盡人事以扶氣化而撥亂以爲治也亦見孟子隱然自在意而一治一亂乃此章之綱領下節節分應之

當堯之時水逆行氾濫於中國蛇龍居之民無所定下者爲巢上者爲營窟書曰洚水警余洚水者洪水也

且以生民以來之一治一亂者言之如堯之先洪水爲患及當堯在位之時其水壅塞而逆行以至汎濫浸没徧於中國水生龍蛇水盛則龍蛇居民之地而民患水避之故無所定止其地之卑下者民於樹上架木爲巢以居猶鳥之有巢也其在高原之上者民則鑿岸而營度之以爲窟穴而處猶獸之有窟也生民之命至此其甚急矣故虞書有曰此洚洞無涯之水乃天降災異以警余者彼舜所云洚水者正指堯時之洪水也此氣化未開人事未施而天下一亂也此一節言洪水氣化之一亂自開闢至於堯之時不知幾爲治亂斷自堯起有徵也爲巢爲窟正是民無所定處堯時洪水是洪荒之初氣化所致舜不諉於氣化而直日警余此便是聖賢身任行道之責挽回治亂之心列聖相承如出一轍此則其源頭也不諉於氣化而反求諸人事此所以一亂卽轉爲一治也警余余字指舜說洪水爲主洚水証之不可倒看此二句非徒訓字正其爲害之大處

使禹治之禹掘地而注之海驅蛇龍而放之菹水由地中行江淮河漢是也險阻既遠鳥獸之害人者消然後人得平土而居之

洪水汎濫便蛇龍居之蓋水蛇龍之所都也二者相因為害堯憂洪水之為害而舉舜舜使禹治之禹乃掘去地之壅塞將此汎濫之水注之海以除水害驅逐蛇龍而放之菹以除物害由是水循其性乃由地中行不復汎濫地上即今江淮河漢各安其流即是當時禹功也夫水不復為災則險阻既遠龍蛇因以遠遁則凡鳥獸之害人者俱已消除然後中國之人得平土而居之不至上巢下窟而稼穡明倫由是樂生焉此禹以人事挽回氣化而天下一治也

洪水乃治世之一亂禹承命治水不得已而任其責正以人事挽回氣化也使禹是舜使亦是舜承堯之命而使者掘地二句是禹用功處下五句則成功矣嘗以治水為主蛇龍鳥獸皆以水為害只帶言勿平對海為水之所歸惟掘地而注之海然後水由地中行不復汎濫然水何嘗不由地而行但前是懷山襄

陵漫散於地上今則有涯岸可循而行乎地中矣治水不止江淮河漢行於地中者亦不止於江淮河漢此但舉其大者而言江漢南條之水河淮北條之水而四瀆以江淮河濟言若漢則統於江矣是也二字乃指今日安流者是即當時禹之功也其八載經營舉目可見險阻指水之汎濫時險而不可渡阻而不能通者而言既遠從掘地來害人者消從驅蛇龍來須輕看然後句與民無所定三句相應得平土而居非復如昔日之上爲巢而下爲窟矣玩然後二字不知禹當日費多少精神氣力方底成功此堯時之亂得禹而一治也

亂

堯舜既沒聖人之道衰暴君代作壞宮室以爲汙池民無所安息棄田以爲園囿使民不得衣食邪說暴行又作園囿汙池沛澤多而禽獸至及紂之身天下又大

夫堯舜之時天下治矣然又不能以常治也堯舜既沒聖人之正道衰歷夏與商之間暴虐之君相繼而起壞民之宮室以爲汙池使民無所安息棄民之土

田以爲園囿使民不得衣食於是害民之邪說害民之暴行又作且土田既壞爲園囿宫室既壞爲汙池則凡民之所生聚者皆化爲水草之區沛澤愈以多禽獸得所依而交至爲害百姓何得安生蓋自禹之後以至商之末季治亂亦非一矣及紂之身愈爲不道而天下又大亂焉是固人事之失而亦氣化之衰也

此一亂氣化人事相符者也堯舜既没而正道衰聖人即堯舜也道即仁民育物之道自暴君代作至使民不得衣食是一截曰代作則非一而已也已桀夏商言之矣邪說暴行又作至末爲一截邪說是倡爲一種以下奉上之說辨言亂政者也暴行即壞宫室棄田宅等事邪暴園囿等即連下屬紂矣曰又作是對上代作言園囿等即上文之說而加一多字又加禽獸至比前又甚蓋紂爲極惡大亂也邪暴指紂與飛廉等是人害禽獸至指虎豹犀象等則物害又因人害而生邪暴既作民害已甚暴君恬不知改其園囿汙池如故於是以禽獸

實其中奪民之食擾民之業而民害益甚也又大亂又字即上文又作又字惟其又作所以又大亂自堯舜至此中間治亂非一皆畧之即桀之亂湯之治亦不及蓋舉亂之尤大而撥亂之甚勞者言之也

周公相武王誅紂伐奄三年討其君驅飛廉於海隅而戮之滅國者五十驅虎豹犀象而遠之天下大悅書曰丕顯哉文王謨丕承哉武王烈佑啓我後人咸以正無缺

當紂之時天下大亂於是武王受命而興周公爲之輔佐伐暴救民奉行天討以誅獨夫紂又以奄國之君在東方助紂爲惡於外則興師伐奄以國大無道特伐之三年之久其君始就誅戮又以幸臣飛廉助紂爲虐於內則驅之於海隅而戮之又滅紂共爲亂之惡黨五十國而後人患以息且驅其園囿中所蓄之猛獸如虎豹犀象之類皆使之遠去而後物害以除當是時旣除人物之害天下亂極思治之心於是得遂皆大悅而享太平之治焉此皆周公相武王以

安天下之功也周書君牙篇有曰大能光顯哉文王創之謨大能承繼哉武王致治之烈所以建立法制以佑助開廸我後人者莫非至正無偏之道而又法制盡備無一毫之缺畧焉凡此文武貽謀孰非周公輔相而撥亂爲治以成其功乎此一治是人事之得而亦氣化之盛也

此一治又氣化人事相參者也然只重人事上周公相武王是大旨誅紂以下通跟相武王說紂爲亂首故誅紂伐奄除紂之助驅飛廉除紂之幸滅國五十除紂之黨三者除則人之爲民害者除矣虎豹犀象紂所貴之異物也驅之則物之爲民害者除矣周公輔相不止於除二者之害然害不除雖欲制禮作樂不可得也天下大悅悅其除人物之害而得以優游於咸和永清之日也大悅內要補出制作一新意凡此皆周公相武王以承其烈而承文王之謨者引書來証之須重周公一邊言文謨丕顯而武烈能丕承之所以啟佑我後人咸以正以無缺者非周公輔相之力哉謨以創業之謀言謂文王始謀造周業烈以

致治之功言謂武王功業成就咸者謂武能紀文媲美於前也咸字貫下咸正者事事出於正無缺者事事極其密蓋正可爲也無缺爲難無缺者凡正德利用之具無一之不備防僞禁邪正慝之法無一之或隳夫然後可以爲無缺此見周公之相武王撥亂爲治不得已而任其責者

大悅　八句

王鶴齋曰天下大悅四字是通章結脉語開代治象皆見於此此句須重發引書六句總是贊美周公能成文武之業以貽後人不徒誇揚文武也且要處處提喝天下二字與天下之生久矣相照

張素存曰天下大悅正是周公相武王之事正形容成周一治之氣象也以周公爲主書詞是贊文武却要語語是贊周公之相武以承文也不可於書詞中插入周公亦不可於周公意中歸美文武但作後人推論之詞可耳

世衰道微邪說暴行有作臣弒其君者有之子弒其父者有之

自王室東遷之後周世之治衰而不振文武之道微而不明於是權謀詭詐反常逆理之說與夫僭竊奸宄悖倫亂經之行又乘之而作其暴行之尤者以臣而弑其君者有之以子而弑其父者有之天理滅絶彝倫攸斁如此此尤人事之失而亦氣化之衰一大亂也

此一亂又氣化人事相符者也世是周室東遷之後道是文武經世之道衰者治不振也微者理不明也邪說是弑逆之邪說彼弑逆者見君父有不是處創造一種道理文飾其非昔無今有故曰有作弑父弑君乃暴行之尤者由上無建極之君故下有從逆之人也蓋前乎此者雖曰世亂然但禽獸繁殖有以殘民之生而猶未至賊人之性至此以後遂至傷壞人倫將使人盡爲禽獸之歸其禍又慘於前矣

孔子懼作春秋春秋天子之事也是故孔子曰知我者其惟春秋乎罪我者其惟春秋乎

孔子生當其時既不得卿相之位操賞罰之柄以施其撥亂反治之功乃深爲世道人心憂懼於是假魯史舊文以寓王者之法而作春秋其筆削所及叙先後之倫秩上下之分有德者必褒有罪者必貶其大要皆奉行天子惇典庸禮命德討罪之事也惟春秋爲天子之事所以孔子自言曰春秋之作予非得已世有諒我之心而知我者其惟春秋乎世有因我之迹而疑我者其惟春秋乎葢知我者謂其以片言之間而正一王之法使父子君臣之倫昭於天下罪我者謂其以匹夫之賤而假天子之權使黜陟賞罰之柄托於微言然知我罪我雖不同而此書之作君子有所勸而爲善則知我固所深幸小人有所懼而不爲惡則罪我亦有所不辭矣孔子作春秋之意如此雖不得興治道於一時而垂一王之法於萬世使亂臣賊子皆知所儆此又天下之一治也

此一治純乎人事者也以春秋討亂賊正孔子之不得已處懼者懼簒弑之無已時也此懼字正前聖之不得已血脉相傳處也禹周奉天子之命以除亂孔

子無權柄在手只得假魯史而作春秋春秋者何在天謂之春秋在人謂之仁
義在上謂之賞罰在下謂之是非賞以法天之春罰以法天之秋故曰春秋天
子之事謂春秋中所載惇典庸禮命德討罪皆天子之政令故褒善而尊天子
之命德貶惡而奉天子之討罪也作春秋而假魯史者以魯舊自有春秋東遷
而後書法失周公制作典禮之意善惡是非不明雖弑逆之變亦多不書其實
故孔子修之其筆削褒貶一稟文武之憲典以明天子之大法以尊周室以見
天命之未改正所以還大權於天子也不可說孔子托天子之權要看是故二
字下兩句都要粘着天子之事說知我者謂我志在尊周天子之法以是而明
雖衰周其未泯也罪我者謂天子之法明爲亂賊者罪狀顯著憲典有在舉而
行者彼將焉逃若謂罪孔子者以無位而托南而之權孔子之意恐不如此也
二句雖平重在罪我一邊誅死者於前所以懼生者於後死者指夫子以前之
臣子言生者指夫子同時之臣子及後世之臣子言若專指夫子以後之臣子

則羿我與懼字俱無着落夫春秋空言何爲一治然非說當時便一治只是存得個治法使道理光明燦爛有能舉而行之爲治不難故言孔子春秋之功此亦一治也實萬世之治也上言禹周之功此一治也乃當時之治也

聖王不作諸侯放恣處士橫議楊朱墨翟之言盈天下天下之言不歸楊則歸墨楊氏爲我是無君也墨氏兼愛是無父也無父無君是禽獸也公明儀曰庖有肥肉廐有肥馬民有饑色野有餓莩此率獸而食人也楊墨之道不息孔子之道不著是邪說誣民充塞仁義也仁義充塞則率獸食人人將相食

自孔子既沒至於今日聖王久已不作惟聖王不作故無以肅王綱而列國諸侯力戰相爭而放恣於法紀之外惟諸侯放恣故無以維世教而異端之處士各以其一家之言橫議於下如楊朱墨翟乃橫議之尤者也其言布滿天下天下之言學術者不歸於楊則歸於墨而去聖人之道遠矣橫議之惑人如此彼楊氏主於爲我但知有身而不復知有致身之義是無君也墨氏主於兼愛則

視其親無異於路人是無父也夫人之所以爲人者以其有此君臣父子之大倫也今楊墨無父無君則人道滅絶是亦禽獸而已夫楊墨禽獸之教如此正所謂横議也以此率人其爲道當何如耶昔公明儀有言曰庖有肥肉廄有肥馬以致民有饑色野有餓莩此率獸而食人也由此言觀之今日楊墨之害則更有甚於此者蓋仁以事親義以事君本萬世不易之道自堯舜以來傳之孔子者也而楊墨以爲我兼愛之道亂之其道熾而不息則孔子仁義之道蔽而不著是邪說誣惑民心充滿天下以蔽塞仁義也仁義爲楊墨充塞則使天下之人棄而君臣去而父子皆無父無君以陷於禽獸而大亂將起是楊墨倡爲禽獸之教以食人心而人又轉相傳述以相食其心也其爲生民之亂豈特如春秋時已哉此又一亂也

此一亂氣化衰人事失也此言邪說誣民之害聖王不作治統之將絶卽爲道統之將絶因聖王不作則諸侯無所拘束而并意妄行因諸侯放恣而處士得

以橫議於下言處士者位不在道亦不在也橫强橫也與吾道相角不肯遜讓也三句相承說下而歸重在處士句聖王二句是處士橫議之由楊墨是橫議之尤者爲我兼愛即是橫議楊朱三句言橫議惑人之廣爲我六句是橫議滅倫之害歸楊歸墨只說個有心附和還盡不得楊墨之害只因他的學術既出於一偏則凡氣稟之偏者皆奉爲至道凡百姓日用無不習而安之其禍已深中於人心矣葢聖人之道非不愛身然有致身事君之義有殺身成仁之時故不至於無君聖人之道非不愛物然親親而仁民仁民而愛物有自然之序故不至於無父無父無君則人道滅絶亦將視弑父弑君而寘然不覺矣是人與禽獸無異也無父無君是指目前說不是流獘到食人相食方是流弊此上節楊墨是禽獸以下只言禽獸之害大能食人也公明儀一段起下不承上只引出率獸食人一句來楊墨之道不息是邪說誣民孔子之道不著是仁義充塞夫孔子之道即春秋人倫君父之道也此道原爲人心之所同而常行於天地

之間惟邪說一起則滿天下都是邪說正道自有不能遍行之處不著由楊墨蔽之而不著誣民是竊仁義以欺陷民心無父之教便充塞了仁無君之教便充塞了義充塞者是僞者行而眞者反礙矣誣民便是食人轉相誣害便是相食二食字總是食人之心孟子以楊墨之無父無君是獸以無父無君之害人是爲率獸食人率獸獸字即指楊墨註陷於禽獸又指人之歸楊墨者說人將相食要其流弊而極言之此楊墨之說隱壞人倫天下且以爲是而趨之較之亂臣賊子顯壞人倫而天下知其非者其害尤酷此孟子所以不得不起而距之也

吾爲此懼閑先聖之道距楊墨放淫辭邪說者不得作作於其心害於其事作於其事害於其政聖人復起不易吾言矣

楊墨之誣民如此吾深爲世道人心懼欲閑衛先聖仁義之道使之著明於世而不爲異端所蔽塞故於楊墨之學則深距而痛絕之以放斥其淫蕩之詞使

天下之人曉然知其爲非而彼之爲邪說者不得復起以誣民此子衛道之心也蓋邪說之作雖發於言論而實本於心術既作於其心則日用舉止俱悖於正而害於其事既害於其事則世道綱紀俱反其常而害於其政其端甚微而其害甚大此理之必然者也雖聖人復起必以吾言爲可信而不易吾作心害事作事害政之言矣使不距而放之天下何由而治乎此吾所以使邪說之息者正以除其必然之害以閑衛聖道而與其一治也是則人事之不可不盡者也

通上八節總重在此節與正人心節而此乃閑邪衛正是孟子之不得已而有言也以上轉亂爲治重在吾字上與下節我字相應爲此懼懼楊墨之道不息而有率獸食人人將相食之禍此懼字從孔子懼一脉相通來先聖之道即堯舜禹周孔君父仁義之道閑者峻其防也仁義不必閑從人心之出入於仁義者而閑之或陰竊仁義或陽畔仁義皆不可不閑須承好辯來距放俱是閑內

事欲閑故距於距放正所以閑之之實也楊墨指其人淫詞指其言是其說之浸淫四出以蕩惑人心蟊賊聖道者距如距大敵使不得窺我之閑放如屏有惡使不得近我之閑邪說二氏之總名距之放之斯不得作不得作以成功言作於其心四句反言楊墨之邪說其害之必然如此此正世道之所以亂處邪說一作於其心所行皆無父無君成何事體一作於其事則無父無君之行轉相倣效成何政體其害於政事斷斷無疑四句甚言邪說之不可不闢以作心句爲主蓋自孔子以前亂在人身孔子以後亂在人心故孟子以正人心爲急急也不易吾言自信其言之甚者欲其言之信於人也蓋邪說之亂天下使堯舜禹周公孔子而在能無致辨以衛道哉我今日目睹其變而距之放之正所以除其必然之害以奠世之一治也此一治是孟子之功與孔子同上文又一治是周公之功與禹同然註中是亦一治作後人說孟子則可若孟子口中自說一治語意尚須含蓄

十四

吾爲　節

馮貝區曰孔子之懼懼在人倫之不立孟子之懼懼在人心之不正君父仁義爲衛道闢邪之實然欲閑聖道不得不距楊墨而距楊墨專在放淫辭上以上文天下歸楊墨之言也

昔者禹抑洪水而天下平周公兼夷狄驅猛獸而百姓寧孔子成春秋而亂臣賊子懼

合而觀之生民以來未有常治而不亂者而維持救正常在於人昔者禹排抑洪水則人得平土而居而天下平則天下非禹不能平也周公兼并夷狄驅逐猛獸則人物之害除而百姓寧則百姓非周公不能寧也孔子成春秋之書以明大義垂法戒而亂臣賊子懼則亂賊非孔子不能正也此天下轉亂爲治皆賴三聖人之功而三聖人所不能已於當世如此

上既歷叙三聖人之事以已繼之此又舉上文而申言以結之言三聖人救世

之功各以身任其事撥亂而爲治如此皆其責之不得已而有爲有言總爲世道立功非好勞也昔者二字見三聖人爲之於前有心世道者不得不繼之於後洪水等前已敘過此是結語不必實講周公滅飛廉滅國五十獨曰夷狄者五十國之中必有夷狄舉重以見輕也

詩云戎狄是膺荆舒是懲則莫我敢承無父無君是周公所膺也

況今楊墨之害不止如洪水猛獸之災更有慘於夷狄亂賊之禍者魯頌之詩有云戎狄則膺擊之荆舒則懲創之則莫有敢承而當我者此詩言周公正夷夏之防其嚴如此今楊墨無父無君與夷狄無異正是周公之所必擊而遠之者也有世道之責者豈可坐視其害而不思所以息之乎

引詩只起下節意不重周公只申言楊墨之當膺而已辨之不容已耳戎狄無父無君楊墨也無父無君與戎狄何異戎狄既周公之所膺則楊墨亦周公之所膺者說周公便可知禹孔矣生三聖之後而適當世道之亂敢不以爲已責

乎。

我亦欲正人心息邪說距詖行放淫辭以承三聖者豈好辯哉予不得已也

故我生三聖人之後知聖道之不明由人心之不正人心之不正斯邪說得以乘間而入而詖行淫詞所自出矣我在今日亦欲講明仁義之道以正陷溺之人心使不入於無父無君之教欲正人心必息楊墨之邪說使不得逞其兼愛爲我之言於邪說之見於行而爲詖行者則嚴以距之距其害人心者也於邪說之肆於言而爲淫詞者則驅而放之放其亂人心者也凡以承禹周公孔子三聖之功於不墜撥亂世反之正汲汲乎起而闢之者豈予之好爲反覆與楊墨辯哉誠懼無父無君之教害人心之仁義而其流禍不可底止故憂之深言之切有所不得已而然也不然三聖之功將無所繼生民之亂不知所終而天下何以治哉彼不知楊墨之害而無心於天下之治者烏足以知之

引詩無父無君爲周公所膺是將說到自已身上來故加之曰我亦欲正人心

以至承三聖者以申前聞先聖意見已亦不得已爲人心而有言總重在欲正人心以承三聖上我亦二字承昔者來我亦欲直貫至承三聖者四句以正人心爲主正人心者曉之以仁義之正君父之大使人心復歸於仁義也若邪說入於人心則人心益不正而聖道益不明矣正人心又以息邪說爲綱邪說如其說之主於爲我兼愛皆是息者凡遇此大界限處必爲一刀兩段禁絶之使不得作也說既邪僻其行必偏詖其詞必淫蕩俱自邪說上來詖行即邪說之措於身者二氏不止是空空說了便休他自已便造作出一段行事來如爲我則有清淨養身絶世獨行一班事躰兼愛則有慈悲方便普濟因緣一班事躰距之者凡遇他這樣事必須極力杜絶之教人莫依他行淫詞即邪說之肆於口者其說之片段成章相因不已的皆是凡遇十言一字涉於他的必盡力驅之使遠距之放之皆所以息邪說皆所以正人心也但是以言語息距放息距放方是辨之之實二項不可平對息距放皆是孟子所已爲者但云欲者爲以

承三聖句言耳承是繼其撥亂反治之功以承者即以正人心者承之也予豈好辨二句與章首二句相照應章首二句泛說此實指楊墨說言予豈好與楊墨辨哉誠懼其無父無君之教害人心之仁義以及政事而不得不辨者大有不得已而然也此不得已要實說既爲天民之先覺便當以聖道爲己責天下爲己任若墨楊不闢流毒天下人心不正而聖人之道亦終於滅矣縱欲不如此不可得也與前虛說不得已不同

我亦　四句

包長明曰我字對照禹周孔子言正息距放對抑兼驅等言非前聖人已曾正息距放而我亦欲爲之也邪說只是楊墨所以正人心處只在息此而已距詖放淫又從此句帶出非邪說之外另有詖行淫詞也

陳大士曰蔡氏謂人心不正以邪說乘間而入邪說得入其行必詖行既詖則互相唱和又有一番淫詞從人心不正講到邪說詖行淫詞是救其源又從息

邪距詖放淫講正人心是救其弊

能言距楊墨者聖人之徒也

然三聖人之道人人得而承之距楊墨之言人人得而言之自今以後不待有知道者真能息滅楊墨之害然後可以繼聖人之事但能立爲言論以距斥楊墨之邪說者則其趨向之正必聞禹周孔之風而興起者是亦禹周孔聖人之徒也爲人而可不共勉爲聖人之徒以爲天下賴哉是孟子之距楊墨既任諸已又望諸人其扶世立教之心誠切且至而其功信不在禹周孔下矣

通章之意至予不得已也已完此乃不盡之意有望於天下後世真聖賢救世之至意也能言距楊墨非徒口說楊墨當距重能字謂能倡明仁義之言以距之也言字與上好辯相照應總是鼓舞大家去距絕他聖人之徒承上心正來方與上正人心相照應蓋其心正便是禹周孔之徒所謂一脉相承者也人人爲聖人之徒他便無所容於世而其害自息此皆孟子懇懃屬意處言外見能

言距楊墨於人且有厚望况身任其責而敢自諉於辨乎謂我好辨不諒甚矣

匡章章全旨○此見人不可以小節妨大倫意首三節因匡章取其廉而據理以辨其不能廉下因匡章言其無傷於廉而據事以明其不能廉蓋仲子以矯廉而避兄離母其異端詖行等於楊墨之無父無君故孟子闢之仲子惡能廉一句貞春秋筆法兩必蚓而可非必責其爲蚓正見人生世間不能避絕如蚓總如得蚓亦於世道無補焉

匡章曰陳仲子豈不誠廉士哉居於陵三日不食耳無聞目無見也井上有李螬食實者過半矣匍匐往將食之三咽然後耳有聞目有見

齊人匡章曰廉美節也求今之士吾未見其人焉若陳仲子者豈不誠廉潔之士哉夫人之切於身者莫如居與食自食夫處此鮮有不求其安且飽者仲子則居於陵之地一介不取至於三日不食耳亦無聞目亦無見也其貧困如此亦不求食於人適井上有李螬虫食其實者已過半矣仲子乃匍匐往焉取而

食之咽至三咽然後耳有聞目有見以全其生夫潔其身而至於不顧其生非至廉其孰能之

誠者信其實而無僞也此句且虛下正見其爲廉之實居於陵所居廉也三日不食所食廉也井上有李舊植之李也李以樹言實則李之實也不作僅一遺李有食者過半言所存無幾也將取也不是將然之將蓋居食二字是通章柱子章以不食不居苦節之爲廉然仲子本非貧賤之子非無居而彼不屑居非無食而彼不屑食爲人所難故匡章稱之註中不苟取乃君子中正之廉不宜用在章問內

孟子曰於齊國之士吾必以仲子爲巨擘焉雖然仲子惡能廉充仲子之操則蚓而後可者也

孟子曰齊國之士多貪溺富貴而仲子能清苦如此吾於齊國之中必以仲子爲出衆之人如衆小指之大指焉雖然據仲子之所爲而論之亦惡能自遂其

廉哉葢仲子之操以不食不居爲廉也若就仲子一無所食一無所居之操充而極之以至於盡則如蚓而後可以成其所操也其勢果能乎不能乎齊俗貪利仲子苦節故以仲子爲第一此欲抑先揚也雖然一轉正意方出節就仲子所爲廉者論亦惡能成就他的廉不是惡能成其爲眞廉此即下充仲子之操蚓而後可勢必不能也下二句正足上惡能廉句而後可只言而後可成其操不是言而後可爲廉也非以蚓責仲子只言不充不去註蚓無求意不宜露葢此節已斷定仲子下不過逐節發明惡能廉之意

夫蚓上食槁壤下飲黃泉仲子所居之室伯夷之所築與抑亦盜跖之所築與所食之粟伯夷之所樹與抑亦盜跖之所樹與是未可知也

吾謂充仲子之操必蚓而後可者爲何葢蚓之爲物上而食也惟槁壤耳下而飲也惟黃泉耳此方能一無所求於世若人生世間豈能如此仲子居必有室室必待人而築食必有粟粟必待人而樹此居食之所從來豈能逆料其義與

不義乎且天下之言義者必歸伯夷言不義者必歸盜跖推仲子之心亦非義如伯夷者所築所樹然後居之食之稍有不然即以盜跖視之矣今仲子所居之室果義如伯夷之所築歟抑亦或不甚義而即爲盜跖之所築歟所食之粟果義如伯夷之所樹歟抑亦或不甚義而即爲盜跖之所樹歟是其從來皆未可知也仲子既不能無居無食又不能必其皆出於伯夷之義亦惡能自成其爲廉哉故欲充仲子之操必蚓而後可者也

夫蚓二句承上充仲子之操二句來言蚓無求自足正見其不能如蚓也蚓只借夷見無求意夷跖借來見義不義一舉極義者一舉極不義者詰問其居食之所從來言自以爲夷安知其不出於跖也是未可知重跖一邊稿壤黃泉蚓之操如此仲子未免居食已不能如蚓況居食所從來義不義未可知益見不能如蚓而操難充也

曰是何傷哉彼身織屨妻辟纑以易之也

臣章曰仲子居食之所從來縱非伯夷之所築所樹亦何傷於其廉哉彼其居食皆身親織屨妻子辟纑以易之也此自食其力非不義而取諸人者豈必出自伯夷而後爲廉哉然不出於盜跖亦甚明矣

是字指仲子居食何傷是臣章代仲子解釋織屨辟纑言自食其力正其無傷處以易之不但易食想於陵之居亦是以此易來者章謂仲子力作易之只是自心乾淨而已豈必問其所從來耶故下節孟子即引他平日必問其所從來者說

曰仲子齊之世家也兄戴蓋祿萬鍾以兄之祿爲不義之祿而不食也以兄之室爲不義之室而不居也辟兄離母處於於陵他日歸則有饋其兄生鵝者己頻顣曰惡用是鶃鶃者爲哉他日其母殺是鵝也與之食之其兄自外至曰是鶃鶃之肉也出而哇之

孟子曰于以自食其力遂爲廉乎不知處仲子之地亦有不必然者夫仲子素

非貧賤之人乃齊之世家也其兄名戴者食采於蓋其入有萬鍾之祿此王朝常典非得之不義者也即使仲子同食同居誰曰不義乃以兄所食之祿爲不義之祿而不屑於食也以兄所居之室爲不義之室而不屑於居也於是避其兄因而離其母挈妻子以辟處於陵之地其於天親之誼亦既薄矣及他日歸偶有饋其兄生鵝者此亦交際常禮也已乃頻顣曰惡用是鶃鶃不義之物爲哉又至他日在家其母殺是鵝也與之食而仲子食之其兄適自外至見而譏之曰是即前日所饋鶃鶃之肉也仲子一聞兄言遂出而哇之仲子之所爲如此

此節只敘其所爲如此下節方就其所爲而評斷之齊之世家非爲仲子敘家世見素非貧賤之人何必過矯夫世祿世家使非不義何必不食不居兄母天性何必辟離交際常情何必不悅是鶃鶃之肉是病其前日之譏非不欲其今日之食出而哇之益見其矯矣仲子以至義之物爲不義此所謂仲子之操也

以母則不食以妻則食之以兄之室則弗居以於陵則居之是尚爲能充其類也乎若仲子者蚓而後充其操者也

自我觀之以母之食爲不義而不食卽無有可食者矣乃以妻所易之食則又食之以兄之室爲不義而不居卽無有可居者矣乃以於陵則又居之是尚爲能充其不食不居之類也乎不能充其類則必不能充其操矣若仲子者必并其所欲而盡廢之如蚓之無求自足而後充其操者也不能爲蚓而亦不能爲廉矣吾故曰仲子惡能廉是可見仲子不惟不能爲君子中正之廉卽其自守一偏之廉亦不能充况避兄離母以廢人之大倫則所謂廉者亦小節耳何暇論哉

此正言仲子不能無食無居以足蚓而後可之意以母四句捲上文只重充其類一句若仲子者二句足是尚爲能充其類一句之意與上充仲子之操則蚓而後可句相應類乃仲子所操之類卽不食不居之操守是也充仲子不義毋

食而不食不義兄室而不居之類必一無所食一無所居而後能充滿其類者

今一食一不食一居一不居豈以兄與母之居食果見其出於盜跖而非義乎

妻與於陵之居食果見其出於伯夷而有義於兄與母乎既不能義於母之食

兄之室是尚爲能充其不食母食不居兄居之類而至於一無所食一無所居

乎是必斷斷不能矣然必如蚓而後能充其不食不居之操今仲子能如蚓哉

故曰惡能廉